ANTHONY PRITCHARD

MASERATI
DIE RENNGESCHICHTE

DELIUS KLASING VERLAG

Copyright © Anthony Pritchard, 2003
Die englische Originalausgabe mit dem Titel »Maserati - A Racing History«
erschien 2003 bei Haynes Publishing, England.

Bibliografische Information der Deutschen Nationalbibliothek
Die Deutsche Nationalbibliothek verzeichnet diese Publikation in der
Deutschen Nationalbibliografie; detaillierte bibliografische
Daten sind im Internet über http://dnb.d-nb.de abrufbar.

1. Auflage
ISBN 978-3-7688-2513-9
Die Rechte für die deutsche Ausgabe liegen beim Verlag
Delius, Klasing & Co. KG, Bielefeld

Aus dem Englischen von Dr. Bernd Wiersch
Layout: Glad Stockdale, Sutton
Schutzumschlaggestaltung: Ekkehard Schonart
Druck: Westermann Druck Zwickau GmbH, Zwickau
Printed in Germany 2008

Alle Rechte vorbehalten! Ohne ausdrückliche Erlaubnis des Verlages
darf das Werk, auch nicht Teile daraus, weder reproduziert, übertragen
noch kopiert werden, wie z. B. manuell oder mithilfe elektronischer und
mechanischer Systeme inklusive Fotokopieren, Bandaufzeichnung
und Datenspeicherung.

Delius Klasing Verlag, Siekerwall 21, D-33602 Bielefeld
Tel.: 0521/559-0, Fax: 0521/559-115
E-Mail: info@delius-klasing.de
www.delius-klasing.de

Abbildung im vorderen Bucheinband: Am 2. Oktober 1927 war Diego di Sterlich, gemeinsam mit Carlo Tonino, der Gesamtsieger beim Vermicino−Rocca-di-Papa-Bergrennen auf seinem 2-Liter-Tipo-26B. (Sammlung Guy Griffiths)

Inhalt

Vorwort 6

1. Die Maserati-Brüder 9
2. Die frühen Jahre: 1926–1931 14
3. Der Tod von Alfieri Maserati und die Zeit danach: 1932–1934 .. 30
4. Radikal neue Entwicklungen: 1935/36 50
5. Adolfo Orsi 60
6. Die späten 1930er-Jahre: 1937–1941 63
7. Die Maserati-Brüder und OSCA 79
8. Industrielle Probleme und die Aufteilung der Orsi-Gruppe ... 81
9. Die unmittelbaren Nachkriegsjahre: 1946–1951 83
10. Der Anbruch einer neuen Ära: 1952/53 102
11. Eine neue Grand-Prix-Formel: 1954/55 116
12. Maserati auf dem Zenit: 1956/57 141
13. Finanzielle Versäumnisse 185
14. Der Niedergang von Maserati: 1958–1965 187
15. Die Cooper-Maseratis: 1966/67 209
16. Citroën, de Tomaso und danach 213
17. Maserati-Fahrer – ihre Geschichten 215
18. Cameron Millars Maserati 250FS 236

Anhang 1 *Personalien – Ein Leitfaden der wichtigen Persönlichkeiten* 238
Anhang 2 *Informationen über Maserati-Grand-Prix-Fahrgestelle* 242
Anhang 3 *Spezifikationen der Maserati-Wettbewerbswagen* 246

Bibliografie 250
Register 251

Vorwort

Die italienischen Fahrzeuge der klassischen Jahre umgibt eine besondere Aura. Sie besitzen ihren eigenen Reiz und Mystizismus. Sie wurden nach hohen technischen Standards hergestellt. Sie besitzen Individualität und Charakter. Es ist ein Genuss, sie anzusehen und sie in Aktion zu beobachten, besser ist es allerdings, sie selbst zu fahren. Maserati gehört zu den größten italienischen Marken. Bis vor wenigen Jahren wurden sie nur in geringen Stückzahlen gebaut, kein Fahrzeug war identisch mit einem anderen, und wie Welpen aus einem Wurf hatte jeder Maserati seine eigene Persönlichkeit und seine Eigenheiten.

Dies ist eine Renngeschichte der Marke Maserati, die am 22. Mai 1926 begann, als Alfieri Maserati mit dem Tipo 26 auf der staubigen Straße bei Cefalu Startaufstellung zur Targa Florio nahm, und die nach der dritten Runde des 24-Stunden-Rennens von Le Mans am 19. Juni 1965 endete, als Jo Siffert mit einem in aller Eile aufgebauten Tipo 65 in die Barrieren fuhr. Als Nachtrag habe ich auch die Geschichte der Cooper-Maseratis der Jahre 1966/67 beschrieben und habe außerdem andere Automobile erwähnt, deren Besitzern das Werk Maserati-Motoren zur Verfügung gestellt hat. Außerdem gibt es ein kurzes Kapitel über die von de Tomaso gesponserten Barchetta-Wettbewerbsfahrzeuge, die 1992 gebaut wurden.

In diesem Buch werden ausschließlich die rennsportliche Seite der Aktivitäten und die Rennwagen von Maserati beschrieben. Die Tourenwagen, die im Jahr 1949 auf den Markt kamen, wurden – wie ihre rennsportlichen Vorbilder – ebenfalls nur in kleinen Stückzahlen gebaut, waren aber die Haupteinnahmequelle für Maserati, insbesondere seit der Produktion des 3500 GT im Jahr 1957. Nach der Übernahme des Unternehmens durch de Tomaso wurden diese in Stückzahlen hergestellt, die den Begriff Massenproduktion verdienen. Nachdem Maserati heute zum Fiat-Imperium gehört, ist die Marke ein wichtiger Teil der Fiat-Sonderfahrzeug-Division.

Maserati-Sportwagen wurden von Rennenthusiasten für Rennenthusiasten gebaut. Über die Jahre wurden die meisten dieser Sportwagen für private Eigentümer hergestellt, von denen viele eine ausgezeichnete Verbindung zum Unternehmen hatten. Die Hilfe, die vom Werk an Unterstützung, Ersatzteilen und Assistenz zur Verfügung gestellt wurde, war nur vergleichbar mit der von Jaguar, als die noch an Rennen teilnahmen und das »Lofty« England noch ein harmonisches Verhältnis mit den privaten Rennfahrern pflegte. Es ist erstaunlich, dass die Maserati-Brüder in ihren kleinen Werkstätten solch außergewöhnliche Fahrzeuge bauen und so viele Komponenten ihrer Autos selbst herstellen konnten. Sie hatten viele bemerkenswerte Talente.

Die Maserati-Fahrer waren einerseits echte Privatfahrer wie Whitney Straight, »Johnny« Wakefield oder Reggie Tongue aus der Vorkriegszeit, andererseits aber auch Teams, einschließlich der *Scuderia Subalpina* in den 1930er-Jahren sowie der *Scuderia Milano* und der *Scuderia Ambrosiana* in den Jahren nach dem Zweiten Weltkrieg. Alle diese Teams bekamen eine bemerkenswerte Werksunterstützung. Die *Scuderia Ambrosiana* war während der 4CL- und 4CLT-Jahre in jeder Beziehung ein Werksteam.

Nachdem Maserati sich in den 1930er-Jahren etabliert hatte, wurden Werkswagen auf einer nicht ganz uneinheitlichen Basis für die Rennen gemeldet. Lediglich zwischen 1953 und 1957 meldeten die *Officine Alfieri Maserati* Werksteams – Rennen für Rennen und Saison für Saison. Selbst dann gab es aber noch Unsicherheit darüber, welche Fahrzeuge Werkswagen waren und welche nicht. So wurden zum Beispiel für den *Supercortemaggiore*-Grand-Prix, ein sehr populäres 1000-Kilometer-Rennen für Fahrzeuge bis zu 2000 ccm Hubraum in Monza, im Jahr 1956 insgesamt 26 Maseratis gemeldet. Davon gingen neun als Werkswagen ins Rennen, sieben für Mimo Deis *Scuderia Centro-Sud,* und die übrigen waren Privatfahrer. Wann war ein Maserati ein echter Werkswagen und wann nicht, sondern nur ein Wagen, der im Werk vorbereitet worden war? Das war nicht in letzter Konsequenz feststellbar.

Manchmal, besonders bei den Fahrzeugen, die in den frühen Tagen an Rennen teilnahmen, ist es schwierig, das genaue Modell exakt zu bestimmen, selbst wenn es davon ein Foto gibt. Der Grund dafür liegt darin, dass die Fahrzeuge zwar oft die gleiche technische Basis, aber verschiedene Motoren hatten. Äußerliche Unterscheidungsmerkmale gab es in diesen Fällen nicht. Deshalb ist die Typenbestimmung bei Maserati komplex und verwirrend, zumal es acht unterschiedliche Typologien in der Renngeschichte gibt und einige Fahrzeuge mehr als eine Typenbezeichnung hatten. So war zum Beispiel der 8C-2500 auch der Typ 26M. Ein anderes interessantes Beispiel für die Konfusion in der Typologie waren die Maseratis, die von Toulo de Graffenried in der Zeit vor dem Zweiten Weltkrieg gefahren wurden.

Zwischen 1936 und 1939 fuhr de Graffenried mit seinem amerikanischen Partner John du Puy mit Maserati *Voiturette*-Rennen. Man geht davon aus – und das ist durch Starterlisten belegbar –, dass das die einzigen Maseratis waren, die er damals fuhr. Als ich ihn zum ersten Mal traf, erzählte er mir, dass er 1939 auch einen 3-Liter-Maserati gefahren hätte. Zunächst war ich skeptisch, aber er bewies, was er gesagt hatte, mit Fotos, die gemeinsam mit diesen Informationen in diesem Buch wiedergegeben werden.

Toulo hat mir bei der Vorbereitung dieses Buchs viel Unterstützung zukommen lassen. Für seine Hilfe bin ich ihm sehr dankbar. Er wurde dadurch ein guter Freund. Andere, die geholfen haben und denen ich viel verdanke sind: Cliff Allison; Barrie Baxter; Ermanno Cozza, der sehr grundlegende Hilfe leistete; Sean Danaher; Tony Gale (in dessen Apartment auf Teneriffa große Teile dieses Buchs entstanden); Guy Griffith (der so hilfreich während der Jahre meines Schreibens war); der verstorbene Bruce Halford; John Maitland; Tony Merrick; Cameron Millar; *Dottor* Adolfo Orsini; *Dottor* Matteo Panini; Roy Salvadori; Jonathan Sieff; Mike Taylor; Vic Thomas (Historic Lotus Register) und Kevin Wheatcroft (Donington Grand Prix Collection). Besonderen Dank schulde ich David Venables, der freundlicherweise das Manuskript gelesen und mich auf einige Irrtümer aufmerksam gemacht hat.

Dank muss außerdem den Arbeiten von drei Journalisten gesagt werden, von denen bedauerlicherweise zwei inzwischen verstorben sind. Obwohl ich mit Denis Jenkinson gut bekannt war, waren wir nie eng befreundet. Ich war jedoch stark an zwei Büchern beteiligt, die er geschrieben hat, und er war der größte Rennsport-Enthusiast, den ich je kennengelernt habe. Er hatte enge Verbindungen zur Firma Maserati, und seine detaillierten Berichte über die dortigen Entwicklungen in *Motor Sport* sind von unschätzbarem Wert.

Sein langer, dreiteiliger Bericht in *Motor Sport*, der von Januar bis März 1990 erschien, war besonders im Hinblick auf den V8RI hilfreich. Wichtig waren auch die Berichte über Maserati von Hans Tanner, die in dem weniger bekannten britischen Magazin *Motor Racing* veröffentlicht wurden. Verschiedene Artikel von Doug Nye waren ebenfalls sehr wertvoll, besonders der über die Geschichte der 8C- und 8CM-Chassis, der in *Classic & Sports Car* im April 1986 veröffentlicht wurde.

Ein schwieriger Aspekt aller Motorsportbücher betrifft die Gründe für den Rückzug aus diesem Sport. Manchmal kann man diese auf den Punkt genau aus den Erinnerungen der Fahrer oder schriftlichen Quellen nachvollziehen. *Stirling Moss, My Cars, My Career*, geschrieben von Doug Nye (Patrick Stephens, 1987) und *Roy Salvadori, Racing Driver*, das ich gemeinsam mit Roy geschrieben habe (Patrick Stephens, 1985) sind zwei Beispiele solch hilfreicher Werke. Sehr oft ist es aber notwendig, sich auf Magazine und Journalisten zu beziehen und sich darauf zu verlassen, was sie erfahren hatten.

Anthony Pritchard

Luigi Fagiolis schön zur Schau gestellter 8C-2500 im Oktober 1930 beim Vermicino–Rocca-di-Papa-Bergrennen. Fagioli wurde Gesamtsieger. (Sammlung Guy Griffiths)

1

Die Maserati-Brüder

Viele Unternehmen in den verschiedensten Wirtschaftsbereichen wurden patriarchalisch geführt, wo die Kunden mit Zurückhaltung behandelt wurden und sich glücklich schätzen mussten, dass die Firma sich überhaupt mit ihnen befasste. Das traf besonders auf den Motorrennsport zu. So konnte zum Beispiel der Kauf eines Autos bei Enzo Ferrari eher ein erniedrigendes als ein erfreuliches Ereignis sein.

Die Atmosphäre in Bologna – und später in Modena – unterschied sich davon deutlich. Maserati war ein Familienunternehmen, das von Enthusiasten für Enthusiasten geführt wurde. Die Partnerschaft mit Besitzern, die selbst Rennen fuhren, war über viele Jahre die Grundlage für das Geschäft. Lediglich zu einer späteren Zeit, als das Unternehmen von Alberto Orsi geführt wurde, wurden ungeheure Summen für Entwicklungen und eigene Werksteams ausgegeben, die Maserati zu einer führenden Marke machten. Aber selbst dann wurden die Kunden als Freunde behandelt, denen man Anerkennung zollte und die von Mitarbeitern der Firma willkommen geheißen wurden, die schon lange bei Maserati arbeiteten und dem Unternehmen gegenüber absolut loyal waren. Unter der Leitung von Orsi verbesserten sich die Verwaltung und die Organisation, aber in mancher Beziehung blieb Maserati immer noch erfreulich chaotisch.

In den frühen Tagen stand die Firma unter der Leitung von Alfieri Maserati. Ehrgeizig und sehr fähig, war er einer von sechs Brüdern, von denen vier aktiv in dem Unternehmen mitarbeiteten. Als die Brüder Maserati geboren wurden, war der italienische Staat noch sehr jung. Man hatte sich aus der Vorherrschaft von Österreich gelöst und am 17. März 1861 das Königreich Italien proklamiert. Dabei verdankte das junge Italien den Anstrengungen von Giuseppe Garibaldi sehr viel. Zu diesem Zeitpunkt blieben sowohl Rom als auch Venedig zunächst selbstständig. Beide schlossen sich jedoch später dem Königreich an: Venedig 1866, Rom 1870.

Italien war und blieb für eine beachtliche Reihe von Jahren ein Land, das aus mehreren Teilen bestand, die versuchten, zu einer Einheit zu werden. Selbst wenn man heute von Nord nach Süd durch Italien reist, ähnelt es drei unterschiedlichen Ländern: dem industrialisierten Norden, Mittelitalien mit dem Glanz der römischen Antike und der Renaissance und dem relativ verarmten

Der älteste der Maserati-Brüder, Carlo, mit einem Einzylindermotorrad, das er etwa im Jahr 1900 gebaut hatte. Später wurde er Generaldirektor des Bianchi-Konzerns, starb aber bereits 1910. (Sammlung Guy Griffiths)

Vincenzo Trucco am Lenkrad eines Isotta Fraschini. Neben ihm Alfieri Maserati. Dieses Foto wurde kurz vor der Targa Florio 1908 aufgenommen. (Sammlung Guy Griffiths)

Süden. Ohne Zweifel war die Bevölkerung des erst kürzlich vereinigten Landes hungrig nach nationalem Prestige und Erfolg, und sie legte später die Grundlage für die Blüte des Faschismus unter Benito Mussolini. Il Duce versprach, Italien zu einer europäischen Großmacht zu entwickeln, und seine leeren Versprechungen verlockten zwangsläufig und gewannen so viele Italiener gegen ihr besseres Wissen für seine Ideen.

Die Maserati-Brüder wuchsen in einer Atmosphäre auf, die ein starkes Interesse an der Technik förderte. Ihr Vater Rodolfo Maserati, ein Lokomotivführer bei der italienischen Eisenbahn, wohnte in Piacenza, südlich von Mailand. Zu dieser Zeit hatten Lokführer, selbst wenn sie nur Handwerker waren, ein hohes Ansehen und ein gutes Einkommen. In seiner Heimatstadt traf Rodolfo Carolina Losi und heiratete sie. Sie hatten sieben Kinder, alles Jungen: Carlo (geboren 1881), Bindo (1883), Alfieri (1885, der allerdings kurz nach seiner Geburt verstarb, sodass sein Name auf den vierten und berühmtesten Sohn, der 1887 geboren wurde, übertragen wurde), Mario (1890), Ettore (1894) und Ernesto (1898).

Mario wurde ein bekannter Künstler, aber alle anderen Jungen ergriffen technische Berufe. Ohne Zweifel besaß Carlo beachtliche technische Talente. Man erzählt, dass er im Alter von 14 Jahren funktionstüchtige Dampfmaschinenmodelle hergestellt hätte. Im Alter von 17 Jahren ging Carlo bei einem Fahrradhersteller in Affori in der Nähe von Voghera im Westen von Piacenza in die Lehre. 17 Jahre war damals ein geeignetes Alter für die Lehre, und er wurde gut ausgebildet.

In Affori konstruierte er unter Verwendung eines verstärkten Fahrradrahmens ein Motorrad mit einem Einzylinder-Viertaktmotor mit Riemenantrieb auf das Hinterrad. Sein Fleiß lenkte die Aufmerksamkeit des Marchese Carcano di Anzano del Parco auf ihn, der etwas Geld in das Projekt investierte. Carlo nahm mit der Maschine, die jetzt unter der Bezeichnung Carcano bekannt wurde, mit einigem Erfolg an lokalen Rennen teil. Es folgten weitere Entwicklungsarbeiten, und Carlo gewann das 56 Kilometer lange Rennen von Brescia nach Orzinuovi. Im Jahre 1900 belegten er und der Marchese die ersten beiden Plätze bei dem Rennen Brescia–Mantua–Brescia, das über 204 Kilometer ging.

Als Ergebnis eines Treffens mit Vincenzo Lancia, damals Mitarbeiter bei Fiat, ging Carlo zu Fiat nach Turin. Lancia hatte schnell die Fähigkeiten von Carlo erkannt und veranlasste ihn, bei dem Unternehmen anzufangen. Nach einer gewissen Zeit bei Fiat wechselte Carlo als Ingenieur und Tester zu Isotta Fraschini nach Mailand, damals ein bedeutender Automobilhersteller. Hier blieb er aber nur kurze Zeit und wechselte dann zu Bianchi, die ebenfalls in Mailand ansässig waren. Hier war er Tester und gelegentlich auch Rennfahrer. Die Erfolge von Bianchi auf den Rennstrecken waren bisher dürftig, aber Carlo belegte bei der Coppa Florio über eine Distanz von 486 Kilometern in Brescia 1907 den neunten Platz. Im selben Jahr wurde er 17. im Qualifizierungsrennen für den Kaiserpreis. Diese Position war jedoch zu schlecht, um am Rennen selbst teilnehmen zu können. Bedauerlicherweise erkrankte Carlo im darauffolgenden Jahr und verstarb 1910.

Als er bei Isotta Fraschini arbeitete, sorgte Carlo dafür, dass auch drei seiner Brüder, Alfieri, Bindo und Ettore, dort eine Anstellung fanden. Alfieri kletterte schnell die Karriereleiter hoch, wurde Testfahrer und dann Serviceingenieur. Alfieri und Ettore arbeiteten beide für die Isotta-Fraschini-Niederlassung in Buenos Aires. Während sie in Argentinien waren, fuhr Alfieri mit einem FE Isotta, dem Typ, der auch 1908 beim Voiturette-Grand-Prix in Dieppe teilgenommen hatte, in lokalen Rennen. Sie blieben anschließend eine Weile in London, bevor sie schließlich nach Italien zurückkehrten. Alfieri ging dann

Alfieri Maserati am Lenkrad eines von ihm gebauten Isotta Fraschini Spezial, den er konstruiert hatte, als er für das Unternehmen in der Niederlassung in Buenos Aires, Argentinien, arbeitete. (Sammlung Guy Griffiths)

Alfieri Maserati am Lenkrad eines 2-Liter-Diatto, der nach dem Lastenheft der damaligen Formel-2-Liter-Grand-Prix-Fahrzeuge der Jahre 1922–1925 entwickelt worden war. Das Bild zeigt das Fahrzeug beim Grand Prix von Italien 1922. Die Diattos wurden in diesem Rennen von Guido Meregalli und Alfieri gefahren.

nach Bologna, wo er die Serviceabteilung von Isotta leitete.

Es ist heute schwer, sich vorzustellen, dass Isotta Fraschini ein solch wichtiges Unternehmen in der Frühgeschichte des Automobils war. 1906 wurden nach den Geschäftsbüchern 650 Automobile ausgeliefert, zwei Jahre später hatte die Firma jedoch ihre Mitarbeiterzahl auf 700 reduziert (Lord Montagus *Lost Causes of Motoring: Europe Volume 1*, Cassell & Company, 1969).

Am 1. Dezember 1914 mietete Alfieri ein preiswertes Gebäude in der Via del Pepoli in Bologna und eröffnete seine eigene Werkstatt, die er *Officina Alfieri Maserati* nannte. Er blieb jedoch auch jetzt noch in enger Verbindung mit Isotta Fraschini. Neben dem Angebot von normalen Serviceleistungen für Isotta-Fraschini-Automobile präparierte er Isotta-Motoren für den Renneinsatz. Ettore und Ernesto arbeiteten ebenfalls in der Firma, und sie beschäftigten fünf Mechaniker.

Im Mai 1915 trat Italien als Teil der Alliierten gegen die Mittelmächte Deutschland, Österreich-Ungarn und die Türkei in den Ersten Weltkrieg ein. Alfieri und Ettore kehrten zu diesem Zeitpunkt zu Isotta Fraschini zurück, wo Bindo seit vielen Jahren arbeitete. Während des Kriegs befasste sich Isotta hauptsächlich mit der Entwicklung und dem Bau von Flugmotoren, und Alfieri arbeitete in der Entwicklungsabteilung, während seine Brüder in der Produktion und im Testbetrieb beschäftigt waren. Ernesto jedoch leitete weiterhin die Firma in Bologna.

Während dieser Zeit konstruierte Alfieri auch glimmerisolierte Zündkerzen. Nach dem Waffenstillstand im November 1918 erwarb Alfieri ein Gebäude in Mailand und errichtete dort unter dem Namen *Trucco e Maserati* eine Fabrik zur Herstellung von Zündkerzen. Der Isotta Fraschini-Fahrer Vincenzo Trucco war ein enger Freund von Alfieri und gestattete ihm nicht nur, seinen Namen zu verwenden, sondern hat sich wahrscheinlich auch finanziell an dem Unternehmen beteiligt.

Alfieris Interesse am Rennsport war nach wie vor ungebrochen. Er baute einen Isotta Fraschini Spezial, der ursprünglich einen Vierzylindermotor besaß, dem jedoch später ein Achtzylinder eingebaut wurde. Mit diesem Wagen fuhr er zwischen 1921 und 1923 viele erfolgreiche Rennen, und seinen größten Erfolg erzielte er 1922 auf der Rennstrecke von Mugello bei Florenz. Er gewann das 390 Kilometer lange Rennen über einen sehr langsamen, aber schwierigen Kurs mit einer Durchschnittsgeschwindigkeit von 67,52 km/h vor Brilli-Peri (Fiat) und Masetti (Bugatti).

1921 wurde Alfieri beratender Entwicklungsingenieur bei *Automobili Diatto* in Turin. Dieses Unternehmen, das ursprünglich Eisenbahnen baute, hatte 1906 begonnen, Autos herzustellen. Alfieri entwickelte einen 3-Liter-Wagen und fuhr mit diesem in Italien Rennen. 1922 hatte Diatto seinen Tipo 20 gebaut, ein Fahrzeug mit einem Vierzylinder-2-Liter-Motor und über eine obenliegende Nockenwelle angetrieben, das in der Serienausführung etwa 40 PS leistete und ein Vierganggetriebe besaß.

Alfieri modifizierte diesen Motor stark, sodass er schließlich eine Leistung von 70 PS hatte. Mit dieser Motorversion bekam der Wagen die Bezeichnung 20S. Alfieri fuhr diese Maschine in einer Reihe von Rennen und erzielte den dritten Platz bei dem San-Sebastian-Grand-Prix über 621 Kilometer, den er mit einigen Motorproblemen beendete. Beim Rabassada-Bergrennen in Spanien 1924 entdeckte man, dass sein 20S, angeblich ein 2-Liter-Fahrzeug, einen 3-Liter-Motor besaß, der normalerweise in den Diatto-Modellen 25 und 35 eingebaut war. Als Ergebnis dieses eklatanten Regelverstoßes wurde er unverzüglich für fünf Jahre für alle Rennen gesperrt. Irgendwie konnte er sich jedoch aus dieser Situation herausmanövrieren, sodass der

Der 2-Liter-Reihenachtzylinder Diatto aus dem Jahre 1925, der von den Maserati-Brüdern gebaut wurde. Er war die Basis für den Maserati Tipo 26, der seinen ersten Renneinsatz bei der Targa Florio 1926 hatte.

Alfieri Maserati, der unangefochtene Anführer der Brüder. Maserati wäre ein ganz anderes Unternehmen geworden, wenn Alfieri nicht an den Folgen einer Operation gestorben wäre.

Bann aufgehoben wurde. Mit einem Typ 20S gewann Meregalli das Rennen in Garda 1923 und 1924.

1925 konstruierte Alfieri für Diatto ein komplett neues Fahrzeug für die damals auf 2000 ccm limitierte Grand-Prix-Formel. Der Wagen entsprach den damaligen Konstruktionsprinzipien und hatte einen aufgeladenen Reihenachtzylindermotor, zwei oben liegende Nockenwellen, 1980 ccm Hubraum (62 × 82 mm) sowie eine ansehnliche, schlanke Karosserie. Ein Wagen wurde für den Grand Prix von Italien im Jahre 1925 in Monza über eine Distanz von 800 Kilometern gemeldet. In einem Artikel wird berichtet, dass der Wagen so spät fertiggestellt wurde, dass er lediglich eine Lackschicht erhielt. Die war so dünn, dass der Diatto eher rosa aussah als nach dem italienischen Rennrot. Der Fahrer war Emilio Materassi, aber der Wagen war nicht ausgereift und schied deshalb wegen verbogener Schrauben am Kompressor schon frühzeitig aus.

Diatto hatte von dem Auto bei seinem ersten Auftritt zu viel erwartet, aber man befand sich bereits in finanziellen Schwierigkeiten und stellte deshalb die Fahrzeugproduktion 1927 ein. Schon Ende 1925 kam man überein, dass Alfieri das Projekt übernehmen sollte. Er arbeitete jetzt an dem Achtzylinderwagen in Bologna, und im folgenden Jahr erschien die Marke Maserati auf dem Markt. Die Automobile trugen ein Markenzeichen, das von Bruder Mario entwickelt worden war. Es stellte das Wappen von Bologna, den Dreizack von Neptun, dar und war von der Neptunstatue auf der Piazza Nettuno in Bologna inspiriert worden. Die Firma wurde unter dem Namen *Officine Alfieri Maserati* (man beachte den Wechsel in den Plural) bekannt.

Nach dem ersten Rennauftritt 1926 wurde Maserati schnell erfolgreich und erhielt eine solide finanzielle Basis. Alfieri Maserati wurde vom Diktator Benito Mussolini, dessen Begeisterung für den Rennsport fast obsessiv war, der Titel eines *Cavaliere* (Ritter) verliehen. Wegen der Rennerfolge verzeichnete das Unternehmen einen starken externen Kapitalzufluss, sodass das Firmenkapital von ursprünglich 50 000 Lire auf 1 000 000 Lire anwuchs. Ende 1931 verschlechterte sich Alfieris Gesundheitszustand. Er hatte bei der Coppa Messina 1927 einen schweren Unfall, sodass ihm eine Niere entfernt werden musste. Jetzt begann seine andere Niere zu versagen. Natürlich gab es zu jener Zeit keine Dialyse, und sein Arzt schlug ihm einen chirurgischen Eingriff vor. Am 3. März 1932 verstarb Alfieri bei der Operation.

Bis zu Alfieris Tod war das Markenzeichen auf den Maseratis rechteckig gewesen, danach wurde es oval, eine Form, die bis in die Gegenwart beibehalten wurde. Man kann die Maseratis zusätzlich an den gegossenen Pedalen unterscheiden, die in der Vorkriegszeit und in den Jahren 1946/47 ebenfalls den Dreizack aufwiesen.

Trotz des Erfolgs mit den *Voiturettes* in den 1930er-Jahren verschlechterte sich die finanzielle Situation, und die Einnahmen aus dem Verkauf und dem Service der 1100-ccm- und 1500-ccm-Fahrzeuge waren unzureichend. Die finanzielle Situation der Firma verschlechterte sich durch die Entwicklungs- und Herstellungskosten des leider erfolglosen Typs 6C/34 und des Grand-Prix-Fahrzeugs V8RI in den Jahren 1934–1936. Trotz der Motivation durch den Duce war es sowohl für Maserati als auch für Alfa Romeo unmöglich, gegen die mächtigen deutschen Rennställe von Mercedes-Benz und Auto Union etwas auszurichten, die die damalige Grand-Prix-Szene dominierten. In Italien waren weder das Geld noch die technischen Voraussetzungen vorhanden.

Finanzielle Unterstützung kam für Maserati von Gino Rovere, der 1936 Präsident des Unternehmens wurde. Bedauerlicherweise waren aber seine finanziellen Mittel nicht ausreichend um eine Wende für die Firma sicherzustellen. Zu Beginn des Jahres 1936 bekundete Graf Adolfo Orsi, ein Industrieller aus Modena, Interesse an einer Übernahme. Orsi machte Geschäfte mit mehreren Firmen, einschließlich der von Rovere, die Anteile an Maserati besaß. Man unterzeichnete eine Vereinbarung, die zum 1. Januar 1937 in Kraft trat. Der Vertrag selbst ist nicht datiert, aber es war durchaus üblich, dass das Datum nachgetragen wurde, wenn der Vertrag notariell beglaubigt wurde.

Bindo, Ettore, Ernesto und Mario Maserati vor der Firma Maserati in Bologna. Bis zu einem gewissen Grad kann das Foto durch den Wagen links im Bild, einen Lancia Augusta, der 1933 präsentiert und bis 1937 gebaut wurde, datiert werden. Im Obergeschoss des Gebäudes befanden sich die Wohnungen.

2

Die frühen Jahre: 1926–1931

Es gibt keine Informationen in den Unterlagen über die Art und Weise, wie es zur Übernahme des Diatto-Reihenachtzylindermotors durch Alfieri Maserati gekommen ist, und auch kein genaues Datum. Es sieht so aus, als ob *Automobile Diatto* sich ohne Bezahlung von dem Projekt getrennt hatte, das man sich nicht mehr leisten konnte. Da der Grand Prix von Italien am 6. September 1925 stattfand, kann man dieses Datum schließlich als frühesten Zeitpunkt für die Übergabe festlegen.

Während der Jahre 1922 bis 1925 legte die Grand-Prix-Formel eine Hubraumlimitierung auf 2000 ccm sowie ein Minimalgewicht von 650 Kilogramm fest. 1925 wurde in das Reglement aufgenommen, dass die Karosserie zwei Sitze sowie eine Minimalbreite von 80 Zentimetern haben musste, obwohl keine Mechaniker bei den Rennen mitfuhren. 1926/27 wurden der Hubraum auf 1500 ccm und das Minimalgewicht auf 600 Kilogramm herabgesetzt. Immer noch wurden zweisitzige Karosserien gefordert. 1927 wurde das Leergewicht auf 700 Kilogramm angehoben. Es wäre falsch zu behaupten, dass ausschließlich die großen Grand Prix nach diesem Reglement ausgetragen wurden, aber das war auch nicht so wichtig, da viele Rennen nach einer freien Formel gefahren wurden, einschließlich der Targa Florio, die neben dem Grand Prix von Italien eines der bedeutendsten italienischen Rennen war.

Der Grand-Prix-Diatto, der von Alfieri Maserati konstruiert worden war, hatte einen Motor mit zwei oben liegenden Nockenwellen sowie einen Kompressor nach dem Roots-System, der vom vorderen Ende der Kurbelwelle angetrieben wurde. Das Vierganggetriebe war direkt an dem Motorblock angeflanscht. Das Fahrgestell bestand aus den in der damaligen Zeit üblichen U-Profilen mit Starrachsen vorn und hinten mit jeweils halbelliptischen Blattfedern. Man hat immer angenommen, dass nur ein Exemplar dieses Typs gebaut wurde, was richtig sein kann oder auch nicht, aber es hat mit großer Wahrscheinlichkeit Ersatzteile gegeben, möglicherweise einschließlich Ersatzmotoren.

Die ersten Maseratis bekamen die Typenbezeichnung 26 und waren im Wesentlichen mit dem Diatto identisch. Es war offenkundig, dass Alfieri, als er den Diatto plante, einen Motor mit 1500 ccm vorgesehen hatte, um das Grand-Prix-Reglement zu erfüllen, das 1926 kommen sollte. Die Vorzüge, einen Motor mit diesem Hubraum für den ersten Maserati vorzusehen, schienen letztlich vernünftig, denn Alfieri wünschte sich einen Motor mit kleinerer Bohrung und geringerem Hub als das Original mit 1980 ccm. 60 × 66 Millimeter ergaben einen Hubraum von 1492 ccm. Dieser Motor hatte eine Leistung von 115 PS bei 5300 U/min und ermöglichte eine Höchstgeschwindigkeit von etwa 160 km/h.

Als der Tipo 26 Anfang Mai erschien, war das Firmenzeichen mit dem Dreizack auf dem Kühlerziergitter angebracht, wurde aber später

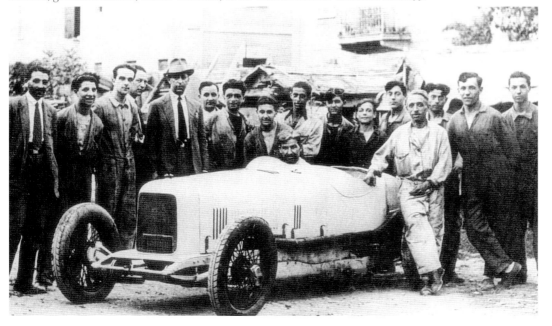

Der erste Tipo 26 mit Alfieri Maserati am Lenkrad vor dem Werk in Bologna im Jahre 1926. Der Mann mit den dunklen, gewellten Haaren, Siebter von links, ist der Karosseriebauer Menardo Fantuzzi.

in die Mitte der oberen Kühlermaske verlegt. Das wohlgeformte Heck des Diatto war abgeschnitten worden und endete jetzt hinter dem Tank, wo zwei Ersatzräder vertikal montiert worden waren. Bei Straßenrennen waren Reifenpannen häufig, sodass die Mitnahme von Ersatzrädern und dem dazugehörigen Montagewerkzeug wichtig war. Ob der erste Maserati noch der Diatto gewesen ist, bleibt reine Spekulation.

Alfieri Maserati trat, begleitet von Guerino Bertocchi, erstmalig mit dem Tipo 26 bei der Targa Florio am 2. Mai an. Zwischen 1919 und 1930 wurde dieses Rennen auf einer Version der Madonie-Rennstrecke mit einer Länge von 113 Kilometern ausgetragen. 1926 wurden fünf Runden gefahren. Es war ein Rennen nach der freien Rennformel mit Mechanikern als Beifahrern. Zu dieser Zeit waren die sizilianischen Straßen in einem fürchterlichen Zustand und fast noch genau so staubig wie in den frühen Renntagen. Man ging davon aus, dass die Bugatti 35 das Rennen dominieren würden, und so war es auch. Sie wurden von Constantini (der bereits 1925 gewonnen hatte), Minoia und Goux gefahren und belegten die ersten drei Plätze. Es kamen nur zwölf Fahrzeuge ins Ziel, und Alfieris neunter Platz und sein Klassengewinn waren bemerkenswert, wenn nicht sogar überragend.

Maserati nahm noch an einer Reihe weiterer Rennen in diesem Jahr teil. Zum Grand Prix von Italien am 5. September in Monza war noch ein zweites Fahrzeug fertig geworden, und die beiden Fahrzeuge wurden von Alfieri und Emilio Maserati gefahren. Nur zwei Bugattis konnten das Rennen beenden, die beiden Maserati fielen mit Kompressorschaden aus. Am 13. Juni gewann Ernesto Maserati ein Sprintrennen über einen Kilometer, den Chilometro Lanciato di Bologna. Im September fuhr Ernesto den Tipo 26 beim Coppa-Collina-Pistoiese-Bergrennen und gewann.

Man nimmt an, dass zwischen 1926 und 1928, als das Modell von dem verbesserten 8C-1500 abgelöst wurde, neun Tipo 26 gebaut wurden. Einige dieser Fahrzeuge wurden später mit dem 2-Liter-Motor des ansonsten identischen 26B ausgestattet. Die Fahrgestellnummern beginnen mit 10 (ohne dass ein Buchstabe vorangesetzt wurde, wie das später der Fall war), und weil die Nummer 17 im italienischen Rennsport als Unglückszahl galt, wurde diese nicht vergeben.

Ein sehr bekanntes Foto, aber eines, das sehr gut die Rennbedingungen jener Zeit wiedergibt. Der Tipo 26 auf der Targa Florio 1926. In einer Staubwolke fährt Alfieri Maserati auf den neunten Platz und gewinnt seine Klasse, während sich sein Mechaniker Bertocchi tief in das Cockpit duckt.

Der Tipo 26 während eines Tankstopps auf der Targa Florio 1926. Bertocchi, mit weißer Rennkappe, überwacht die Serviceaktivitäten. Er ist hier noch sehr schlank im Vergleich zu seiner korpulenteren Figur in den 1950er-Jahren. (Sammlung Guy Griffiths)

Die Werks-Maseratis bei der Targa Florio. Nummer 10 ist der Tipo 26 von Ernesto Maserati mit einem Hubraum von 1,5 Litern. Näher zur Kamera steht der Tipo 26 von Graf Aymo Maggi und hinter ihm der Tipo 26B mit 2 Litern Hubraum von Alfieri Maserati. Alfieri fuhr ein gutes Rennen und kam als Dritter hinter den Bugattis von Materassi und Conelli ins Ziel. (Sammlung Guy Griffiths)

1927

1927 nahm Maserati an noch mehr Rennen teil. Das erste Rennen war der nach der freien Formel auf der Mellaha-Rennstrecke ausgetragene Grand Prix von Tripoli über 422 Kilometer am 6. März. Zwischen 1911 und 1942 stand Libyen unter italienischer Herrschaft, und deshalb nahmen an den Rennen viele italienische Fahrzeuge teil. Die ersten beiden Plätze gingen an Materassi und Conelli mit ihren Bugattis, aber Ernesto beendete als Dritter das Rennen und holte den Sieg in der 1500-ccm-Klasse vor den französischen Salmsons. Später im selben Monat fuhr Carlo Tonini einen Maserati zum Klassensieg bei der Coppa Gallenga.

In diesem Jahr wurde die Targa Florio am 24. April ausgetragen, und zwar über die gleiche Distanz wie 1926. Alfieri fuhr das neue 2-Liter-Fahrzeug, Tipo 26B. Sein Motor hatte einen Hubraum von 1980 ccm (62 × 82 mm), und man ging von einer Leistung von 150 PS bei 5500 U/min aus. Die Höchstgeschwindigkeit betrug annähernd 160 km/h. Das Rennen wurde wieder von Bugatti dominiert, und Materassi und Conelli belegten mit ihren Typ 35 wieder die ersten beiden Plätze, aber Alfieri fuhr ein gutes Rennen und kam als Dritter ins Ziel. Ernesto und Graf Aymo Maggi fuhren den Tipo-26-Maserati. Ernesto fiel wegen einer gebrochenen Vorderachse aus, während peinlicherweise bei Maggis Fahrzeug das Fahrgestell brach.

Kurz darauf fuhr Alfieri mit dem 2-Liter-Fahrzeug ein Rennen bei Messina auf Sizilien. Dabei folgte er in kurzem Abstand in einer Staubwolke einem vorausfahrenden Fahrzeug und verschätzte sich in einer Kurve, sodass er schwer verunglückte. Dabei wurden auch seine Nieren gequetscht, sodass eine entfernt werden musste. Obwohl er bereits zwei Monate später wieder Rennen fuhr, hatte dieser Unfall ernsthafte Langzeitfolgen – sowohl für Alfieri als auch für die Firma Maserati.

In der Zwischenzeit nahmen die Maseratis im Jahre 1927 an kleineren Rennen teil. Da der Tipo 26 und der 26B in jener Zeit zu den wenigen direkt zu kaufenden Rennwagen gehörten, wurden sie nun häufig auf den Rennstrecken angetroffen. Tonini gewann in seiner Klasse Ende Mai den Perugina-Cup, der über eine Distanz von 328 Kilometern ging, und im Juli gewann Marquis Diego de Sterlich überlegen das Vittorio-Cansiglio-Bergrennen. Eine Woche danach, am 21. Juli, nahm Baconin Borzacchini zum ersten Mal mit einem Maserati am Coppa-Collina-Pistoiese-Bergrennen teil und gewann überlegen, während Alfieri in der 1500-ccm-Klasse siegte.

Die Coppa Acerbo, die über 510 Kilometer führte, gewann am 6. August Campari mit seinem Alfa Romeo P2, aber auch Tonini (Maserati) fuhr ein gutes Rennen, sodass er als Zweiter ins Ziel kam, noch vor Marano in seinem Bugatti. Später war auch de Sterlich erfolgreich; er siegte in zwei Bergrennen: im Trento-Monte Bondone am 18. September und im Vermicino-Rocca di Pappa am 2. Oktober. Eine Woche später war de Sterlich noch einmal in seinem Maserati erfolgreich, als er seine Klasse bei der Coppa Leonardi gewann. Am 16. Oktober fuhr Borzacchini beim Temi-Passo-della-Somma-Rennen mit seinem Maserati zum Sieg. In diesem Jahr gewann Maserati die 1500-ccm-Klasse der italienischen Meisterschaft.

Zu dieser Zeit nahm Maserati ausschließlich an italienischen Rennen teil, und die Fahrzeuge waren im restlichen Europa weitestgehend unbekannt. Es ist nicht klar, wie viele Tipo 26B gebaut wurden, aber man nimmt an, dass es elf gewesen sind, obwohl das unwahrscheinlich klingt. Da sie in die gleiche Fahrgestellnummernserie wie der Tipo 26 integriert wurden, führt das zu etwas Verwirrung.

Graf Maggi schied mit seinem Tipo 26 bei der Targa Florio im Jahre 1927 mit einem gebrochenen Fahrgestell aus. Ehrlich gesagt, lag der Grund dafür sowohl in den schlechten Straßen auf Sizilien als auch in der Schwäche der Maserati-Fahrgestelle. (Sammlung Guy Griffiths)

1928

Obwohl es für Maserati wenig Bedeutung hatte, gab es im Grand-Prix-Reglement für 1928 eine Veränderung, die zur Folge hatte, dass die ein-

Der 2-Liter-Maserati, der von Ernesto Maserati und Graf Maggi bei der Mille Miglia 1928 gefahren wurde, steht vorn rechts im Bild und wartet auf den Start. Er war schnell, schied aber bereits sehr früh aus. Die Ursache dafür deutete sich möglicherweise bereits durch die Ölpfütze auf dem Foto an. Links im Bild steht der OM von Bucchetti/Turner.

zige Beschränkung für die Fahrzeuge in der Limitierung des Gewichts zwischen 550 und 750 Kilogramm lag. Außerdem wurde die kürzeste Renndistanz auf 600 Kilometer festgelegt. In diesem Jahr gab es als einzige signifikante Maserati-Entwicklung den 8C-1500, der mit Detailverbesserungen den Tipo 26 ersetzte. Man nimmt an, dass vier 8C-1500 gebaut wurden. In diesem Jahr gewann Maserati zwei Rennen und errang zehn Klassensiege. Wichtiger waren jedoch zwei weitere Rennen, bei denen Maserati allerdings verlor.

Die Mille Miglia über eine Distanz von 1639 Kilometern wurde vom 31. März bis zum 1. April ausgetragen. Bugatti, Alfa Romeo und OM hatten starke Auftritte, während Maserati lediglich ein einziges 2-Liter-Fahrzeug für Ernesto und Graf Maggi gemeldet hatte. Zuverlässigkeit war bei Maserati in jener Zeit ein großes Problem, und bereits bei der Startaufstellung – sie ist auf dem Foto Seite 17 wiedergegeben – war eine große Öllache unter dem Maserati zu sehen. Sie könnte natürlich auch von einem anderen Fahrzeug stammen ... Ernesto machte einen Blitzstart, konnte aber zu keinem Zeitpunkt in Führung gehen. Er schied dann auch sehr frühzeitig wegen unbekannter mechanischer Probleme aus.

Das nächste wichtige Rennen war für das Team die Targa Florio am 1. Mai. Hier hatte man fünf Fahrzeuge gemeldet; die 2-Liter-Modelle wurden von Ernesto, Borzacchini und de Sterlich gefahren, während Fagioli und Marano am Lenkrad der 1,5-Liter-Fahrzeuge saßen. Das Rennen entwickelte sich zu einem harten Zweikampf zwischen Alfa Romeo und Bugatti, den schließlich Divo (Bugatti) vor Campari (Alfa Romeo) und Conelli (Bugatti) für sich entscheiden konnte. Der einzige Maserati, der ins Ziel kam, wurde von Luigi Fagioli gesteuert und belegte den siebten Platz. Die anderen vier Maseratis fielen bei diesem Rennen wegen Problemen mit dem Kompressor aus.

Die 2-Liter-Fahrzeuge von Alfieri Maserati und

Der Start der Targa Florio 1928. Am dichtesten zur Kamera steht der 2-Liter-Tipo-26B-Maserati von Diego de Sterlich. Er fiel wegen Problemen mit dem Kompressor aus. Dahinter der Bugatti Typ 35 von Graf Gaston Brilli-Peri (rechte Seite).

Eine frühe Rennfahrerin auf Maserati, Donna Antonietta Avanzo, nahm mit dem Tipo 8C-1500 an der dritten Coppa Gallenga teil und hatte als Beifahrer den Mechaniker Guerino Bertocchi. Sie belegte in ihrer Klasse den zweiten Platz. Erster wurde hier ein männlicher Konkurrent auf Maserati. (Sammlung Guy Griffiths)

Bei der Targa Florio 1928 saß Ernesto Maserati am Lenkrad, neben ihm sein Mechaniker Guerino Bertocchi. Das Fahrzeug fiel wegen Problemen an der Vorderachse aus.

Graf Maggi wurden für den Grand Prix von Europa am 9. September in Monza gemeldet, der über eine Distanz von 600 Kilometern ausgeschrieben war. Die Maseratis erreichten nicht die Geschwindigkeit der überarbeiteten 2-Liter-Alfa-Romeo 2P und der 2,3-Liter-Bugatti 35B. Chiron (Bugatti) gewann das Rennen vor Campari/Varzi (Alfa Romeo) und Nuvolari (Bugatti). Maggi und Alfieri belegten die Plätze fünf und sechs. Das Rennen wurde durch einen schrecklichen Unfall überschattet, der sowohl die Fahrer und die Offiziellen als auch die Besucher erschütterte. Materassi, am Steuer eines 1,5-Liter-Ex-Werks-Talbots, versuchte, einem Zusammenstoß mit Forestis Bugatti auszuweichen, und kam mit einer Geschwindigkeit von über 160 km/h von der Strecke ab. Als der Talbot in die Zuschauerabsperrung schoss, wurden der Fahrer und etwa zwanzig Besucher getötet.

Gegen Ende der Rennsaison erzielte Maserati zwei Gesamtsiege. Am 30. September gewann Luigi Fagioli das Tolentino-Colle-Paterno-Bergrennen, und am 21. Oktober siegte Borzacchini bei der Coppa Leonardo, während Fagioli in der 1500-ccm-Klasse erfolgreich war. Zu diesem Zeitpunkt war Maserati insgesamt jedoch weder ausreichend schnell noch zuverlässig. Der Mangel an Zuverlässigkeit wurde nicht durch ungenügende Vorbereitung verursacht, sondern durch Fehler in den Aggregaten. Alfieri Maserati war sich der Probleme seiner Fahrzeuge bewusst und nahm sich des Problems der zu geringen Geschwindigkeit 1929 mit allen Kräften an.

1929

In den Grand-Prix-Regeln wurden 1929 und 1930 wieder einige Veränderungen vorgenommen. Abgeschafft wurde die Limitierung des Hubraums, stattdessen wurde der Treibstoffverbrauch auf 14 Kilogramm für 100 Kilometer begrenzt; das entsprach einer Fahrstrecke von 3,19 Kilometern pro Liter. Handelsübliches Benzin war obligatorisch, das Mindestgewicht wurde auf 900 Kilogramm festgelegt, und die zweisitzigen Karosserien mussten eine Mindestbreite von 100 Zentimetern haben. Ein abgeschotteter Treibstofftank war Vorschrift.

Zu Beginn der Saison konnte man einige kleinere Erfolge erzielen. Beim Grand Prix von Tripoli am 24. März, der über eine Strecke von 418 Kilometern ging, kam Borzacchini hinter Brilli-Peri auf Talbot als Zweiter ins Ziel, konnte aber Nuvolari mit seinem Bugatti auf den dritten Rang verweisen. Maserati nahm wieder mit einem Fahrzeug, das von Borzacchini und Ernesto Maserati gefahren wurde, an der Mille Miglia teil, die am 13. und 14. April ausgetragen wurde. Man schrieb dem Fahrzeug verschiedenste Motorversionen zu, es muss aber ein 2-Liter-26B gewesen sein. Sie zeigten einen gediegenen Auftritt und führten in Bologna das Rennen an, indem sie mit 129 km/h einen neuen Geschwindigkeitsrekord gefahren waren. Auch in Rom waren sie immer noch vorne – vier Minuten vor Campari/Ramponi mit dem ersten 1750-ccm-Alfa-Romeo. Bedauerlicherweise fiel der Maserati dann mit einem Getriebeschaden aus, und Campari/Ramponi konnten das Rennen vor Morandi/Rosa im OM gewinnen.

Am folgenden Wochenende fand der Bordino-Grand-Prix über 256 Kilometer in Alessandria statt. Borzacchini und Ernesto Maserati belegten mit ihren 26B den zweiten und dritten Platz hinter Varzi, der den ehemaligen Alfa Romeo P2 von Campari fuhr. Auch bei der Targa Florio am 4. Mai fuhren Borzacchini und Ernesto den Tipo 26B, und Borzacchini stellte gleich in der ersten Runde einen neuen Rundenrekord auf. Bedauerlicherweise fielen alle Maserati dann in diesem Rennen aus, das von Divo (Bugatti) vor Minoia (Bugatti) und Brilli-Peri (Alfa Romeo) gewonnen wurde.

Maserati präsentierte seinen neuen Wettbewerbswagen für die freie Formel beim Großen Preis von Monza am 15. September. Das neue Fahrzeug war der Tipo V4, auch als *Sedici Cilindri* bekannt, der das Chassis des 26B besaß, allerdings mit einem um 16,5 Zentimeter verlängerten Radstand und zusätzlicher Verstärkung. Angetrieben wurde das Fahrzeug von einem V16-Motor, der aus zwei 2-Liter-Einheiten entstanden war, die im Winkel von 25 Grad nebeneinander montiert worden waren, mit miteinander verzahnten Kurbelwellen in einem gemeinsamen Kurbelgehäuse aus Leichtmetall. Der linke Zylinderblock entsprach der Serie, beim rechten Zylinderblock waren die Ein- und Auslasskanäle umgekehrt worden, sodass die Auspuffrohre auf der Außenseite des Motors lagen. Vorn an jedem Einzelmotor befand sich ein Kompressor, der nach dem Roots-Prinzip arbeitete und die jeweilige Maschine auf 1,1 bar auflud. Maserati gab eine Leistung von 305 PS bei 5200 U/min an. Die Originalkupplung, Getriebe, Kardanwelle und das Differenzial wurden beibehalten.

Das war ein sehr ehrgeiziges Projekt für ein solch kleines Unternehmen wie Maserati, und das Fahrzeug war sehr schnell und erfolgreich. Es war kein schreckliches Monster. Guy Griffith fuhr das Fahrzeug später, und obwohl es nicht zahm war, ließ es sich gut lenken, war kontrollierbar und benahm sich auf der Straße gutmütig. Zieht man den bescheidenen Ursprung des V4 in Betracht, war es ein bemerkenswert fortschrittliches Automobil.

Während der gesamten Saison erzielte Maserati Erfolge in kleineren Rennen, versagte aber bei den wichtigen Ereignissen. Das war auch so, als Alfieri den *Sedici Cilindri* beim Rennen in Monza fuhr. In diesem Jahr gab es keinen Großen Preis von Italien. Das Rennen von Monza wurde als Ausscheidungsrennen über 100 Kilometer ausgetragen sowie in einem Abschlussrennen auf dem 4,54-Kilometer-Kurs. Die Ausscheidungsrennen waren für Fahrzeuge bis 1500 ccm, bis 2000 ccm sowie für solche ohne Hubraumbegrenzung ausgeschrieben. In seinem Lauf wurde Alfieri von August Momberger in einem 7-Liter-Mercedes-Benz SSK auf den zweiten Platz verwiesen, und man hatte den Verdacht, dass Alfieri sein Fahrzeug für das Abschlussrennen geschont hatte. Im letzten Rennen fiel Alfieri aus, hatte aber einen neuen Rundenrekord mit 200 km/h aufgestellt, der niemals überboten wurde, weil die überhöhte Hochgeschwindigkeitsstrecke selten gefahren wurde.

In Cremona, am 29. September, teilten sich Borzacchini und Alfieri Maserati den V4, während Ernesto einen 26B fuhr. An diesem Wochenende fuhr Borzacchini mit dem V4 während einer privaten Testrunde auf der zehn Kilometer langen Geraden des 25-Kilometer-Kurses mit 246,17 km/h einen Klasse-F-Weltrekord. Während des Rennens fuhr Alfieri mit 200 km/h die schnellste Runde, aber der V4 musste anschließend wegen Reifenproblemen

Mit diesem Maserati, von dem einige annahmen, dass er einen 1,7-Liter-Motor hatte, führte das Team Baconin Borzacchini und Ernesto Maserati vom Start in Brescia über Rom bis nach Terni. Dort trat ein Getriebeschaden auf. Sie hatten ein Tempo vorgelegt, dem die 6C-1750-Alfa-Romeos nicht folgen konnten. Das Bild zeigt das Fahrzeug auf dem Raticosa-Pass zwischen Bologna und Florenz.

Der 16-Zylinder-Motor auf der Basis von zwei Reihenachtzylindern, der den V4 Sedici Cilindri antrieb, ein Fahrzeug mit Zwillingsmotor, der sich weitaus erfolgreicher erwies als der Zwillingsmotor des Alfa Romeo Tipo A.

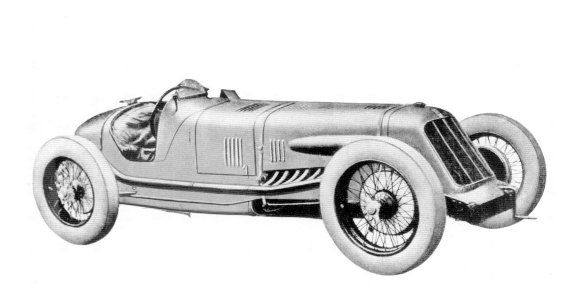

Dieses Foto aus dem Werksarchiv wurde wahrscheinlich bei der Präsentation des V4 verwendet. Die drei vertikalen Streben am Kühlergrill – nur bei diesem Fahrzeug vorhanden – sind deutlich sichtbar. Der Sedici Cilindri *hatte auf beiden Seiten Auspuffrohre. Der V4 kann auch an den Wülsten an den Seiten der Motorhaube identifiziert werden, die auf die außenliegenden Zylinderköpfe hinweisen.*

Baconin Borzacchini, einer der größten Rennfahrer seiner Zeit, am Lenkrad des Tipo V4 Sedici Cilindri. Dieses Foto wurde im Werk aufgenommen, kurz bevor Borzacchini die Höchstgeschwindigkeit von 246,17 km/h über eine zehn Kilometer lange Messstrecke auf dem 40 Kilometer langen Germana-Rennkurs bei Cremona im Osten von Mailand fuhr.

aus dem Rennen genommen werden. Das Rennen wurde von Brilli-Peri vor Varzi (beide Alfa Romeo) gewonnen, aber Ernesto brachte den 26B als Dritter über die Ziellinie.

Der neue Tipo 8C-1100 erschien erstmals beim Rennen in Cremona. Er war fast mit dem 8C-1500 identisch, aber mit einem Motor, dessen Bohrung bei gleich gebliebenem Hub auf 51 Millimeter reduziert worden war, hatte er einen Hubraum von 1077 ccm. Die Leistung betrug 100 PS bei 5500 U/min. Der Benzintank war etwas kleiner, aber sogar die Reifendimensionen waren die gleichen wie beim 8C-1500. Die Höchstgeschwindigkeit wurde mit 160 km/h angegeben. Der 8C-1100 war kein Konkurrent für den Achtzylinder-Salmson, der 1927 auf den Rennstrecken erschien. Die französischen Fahrzeuge hatten zwar eine ähnliche Leistung, waren aber wesentlich leichter.

1930

Während der 1920er-Jahre hatte es eine starke Beteiligung an Grand-Prix-Rennen von wichtigen Autoherstellern einschließlich Delage in Frankreich, der Sunbeam-Talbot-Darracq-Gruppe aus Frankreich und England sowie Fiat und Alfa Romeo in Italien gegeben. Hauptsächlich weil sich die wirtschaftlichen Bedingungen verschlechterten, hatten sich jetzt die meisten aus dem Automobil-Rennsport verabschiedet, und davon war auch der Grand-Prix-Rennsport zeitweise betroffen. Damit begann die Zeit der Privatfahrer und der freien Formel. Das änderte sich erst wieder, als Maserati 1930 seinen Tipo 26M präsentierte, der auch unter der Bezeichnung 8C-2500 bekannt wurde, und als auch andere Hersteller sich wieder im Rennsport auf einer ernsthaften Basis zurückmeldeten. Während der 1930er-Jahre entwickelte sich der Grand-Prix-Rennsport wieder, sowohl was das technische Interesse anging als auch im Hinblick auf die nationale und öffentliche Unterstützung.

Es gab kleine Veränderungen im Reglement; ein Gemisch von 30 Prozent Benzol und 70 Prozent handelsüblichem Benzin war jetzt erlaubt. Der Treibstoffverbrauch war zunächst für keinen Hersteller relevant, selbst der Grand Prix von Frankreich wurde 1930 nach der freien Formel ausgetragen. Das Jahr wurde allerdings

Am 6. April 1930 führte Arcangeli an der Steigung von Ste Devote mit einem 2-Liter-Maserati in Monaco vor einer Gruppe Bugattis. Sowohl Arcangeli als auch Borzacchini fielen später aus, sodass Bugatti die ersten drei Plätze belegte.

zum Wendepunkt in der Geschichte der Firma Maserati. Für eine kurze Zeit wurde das Unternehmen aus Bologna die dominierende Macht im Grand-Prix-Sport.

Maseratis grundsätzliche Konkurrenten blieben Bugatti in Frankreich und Alfa Romeo in Italien. Bugatti baute immer noch den Achtzylinder-Reihenmotor mit einer obenliegenden Nockenwelle und mit einem Kompressor, der einen Hubraum von 2262 ccm hatte, den Typ 35B, der gegen Ende des Jahres 1926 präsentiert worden war. Bugatti veröffentlichte keine Kenndaten des Motors, man nahm aber an, dass der Motor 135 PS leistete. Alfa Romeo bestritt die Rennen mit dem von Jano 1924/25 entwickelten P2-Reihenachtzylinder-Grand-Prix-Fahrzeug, das im Werk überarbeitet worden war. Der Hubraum des P2 war nun leicht auf 2006 ccm angewachsen. So war Maserati der einzige Hersteller, der aktuelle Rennwagen fuhr.

Der 8C-2500 wurde erstmals bei der Targa Florio eingesetzt. Er repräsentierte eine Weiterentwicklung des bekannten Reihenachtzylinder-2-Liter-Modells mit dem gleichen Fahrwerk und einer überarbeiteten zweisitzigen Karosserie. Der 8C-2500 wurde in größeren Stückzahlen hergestellt als sein Vorgänger, und er war eine erprobte Entwicklung mit einer Spezifikation, die alle Typen gemeinsam hatten. Obwohl es sich um ein verbessertes Fahrzeug handelte, waren viele Details, die nachfolgend beschrieben werden, dieselben wie in früheren Fahrzeugen.

Der Hubraum war auf 2495 ccm (65 × 94 mm) vergrößert worden. Die zwei obenliegenden Nockenwellen wurden von vorn über Zahn-

Der 8C-2500, noch immer mit einer zweisitzigen Karosserie, war im Jahre 1930 neu. Luigi Arcangeli steht vor dem Grand Prix von Neapel, den er gewann, neben seinem 8C-2500. Im Jahre 1930 gewann das neue Fahrzeug vier wichtige Rennen.

räder angetrieben. Der abnehmbare Zylinderkopf aus Leichtmetall besaß halbkugelförmige Brennräume mit zwei Ventilen pro Zylinder, die im Winkel von 90 Grad angebracht waren. Ein einfacher Magnetzünder versorgte die Zündkerzen, die in der Mitte des Zylinderkopfs saßen. Man hatte Leichtmetallkolben verwendet, und die Pleuel waren rohrförmig. Die Verdichtung variierte zwischen 7:1 und 8:1 – das war zur damaligen Zeit ein hoher Wert.

Die Kurbelwelle lief in fünf Lagern mit einem zentralen Rollenlager und einfachen äußeren Lagern. Sie war sorgfältig ausgewuchtet, um die Vibrationen auf ein Minimum zu reduzieren. Es gab keinen Schwingungsdämpfer. Weil die Kurbelwelle kurz war, war sie sehr stabil, und dadurch konnte man die Gesamtlänge des Motors gering halten. Die Schmierung erfolgte aus einem Trockensumpf mit zwei Ölpumpen: Eine versorgte die Lager, und die zweite, eine Rücklaufpumpe, brachte das Öl wieder zurück in den Vorratsbehälter. Der Motor besaß einen einfachen Weber-Vergaser und einen Kompressor, der nach dem Roots-Prinzip arbeitete und direkt von der Kurbelwelle angetrieben wurde. Die Motorleistung betrug 175 PS bei 5300 U/min. Das verhalf zu einer komfortablen Überlegenheit über die Wettbewerber.

Wie bei vorangegangenen Maseratis gab es eine trockene Mehrscheibenkupplung, die die Motorleistung an das Vierganggetriebe weiterleitete, das an den Motor angeflanscht war und ein Gehäuse aus Aluminiumguss besaß, das für Maserati von Isotta Fraschini hergestellt wurde – die Verbindungen zwischen den beiden Firmen waren immer noch gut. Vom Getriebe wurde der Antrieb durch eine in einem Rohr verlaufende Kardanwelle auf das Hinterachs-Differenzial weitergeleitet, das ebenfalls von Isotta Fraschini produziert wurde. Andere Teile, die von Isotta Fraschini für Maserati hergestellt wurden, waren die Bremsbacken und -trommeln, die einen Durchmesser von 400 und eine Breite von 50 Millimetern hatten.

In den wesentlichen Details war das Fahrgestell mit dem früherer Maseratis identisch. Es bestand aus U-Profilen mit einem abgesenkten Mittelteil und einer Dreipunkt-Aufhängung für den Motor. Die Vorder- und Hinterachse waren starr und wurden an Halbelliptik-Blattfedern aufgehängt. Wie der *Sedici Cilindri* hatte auch der 8C-2500 einen geneigten Kühlergrill, allerdings ohne die drei senkrechten Streben, die dem 16-Zylinder-Fahrzeug vorbehalten waren, sowie ein formschönes Heck, in dem auch der Benzintank untergebracht war. Technisch gesehen war der 8C-2500 eine einfache, unkomplizierte Konstruktion, aber er war der leistungsstärkste einmotorige Rennwagen jener Zeit.

Man nimmt an, dass Maserati acht Fahrzeuge dieses Typs in den Jahren 1930 und 1931 gebaut hat. Dazu kamen noch zwei ältere Fahrzeuge, die ebenfalls den neuen Motor bekamen. Während des ersten Rennjahres für den 8C-2500 absolvierte das Werk ein sehr umfangreiches Rennprogramm. Obwohl immer mehr Grand-Prix-Rennen ausgetragen wurden, fanden diese hauptsächlich in Frankreich und Italien statt. In diesem Jahr wurden die französischen Rennen zwar von Bugatti dominiert, auf italienischem Boden profilierte sich aber Maserati als die erfolgreichste Marke. Insgesamt gewann der neue 8C-2500 sechs Rennen.

Die Maserati-Saison begann am 23. März mit dem Grand Prix von Tripoli, der über vier Runden des 25,7 Kilometer langen Mellaha-Kurses ausgetragen wurde. In Abwesenheit ernsthafter Konkurrenz siegte Borzacchini mit seinem *Sedici Cilindri* leicht vor Arcangeli mit einem 2-Liter-Wagen. Dieselben Fahrer nahmen auch am Grand Prix von Monaco am 6. April teil. Dieses Rennen wurde wieder von Bugatti dominiert, und obwohl Borzacchini mit einem 2-Liter-Wagen eine Weile auf dem vierten Platz lag, fielen beide Fahrzeuge aus Bologna schließlich aus. Arcangeli und sein Partner Pastore führten mit einem 2-Liter-Maserati in Straßenausführung bei der Mille Miglia am 12./13. April, mussten aber, gerade als sie Bologna hinter sich gelassen hatten, wegen eines gebrochenen Kolbens frühzeitig das Rennen aufgeben. Auch ein 1,1-Liter-Maserati, der von Tamburi gefahren wurde, schied aus. Alfa-Romeo-Fahrer, allen voran das Team Novolari/Guidotti, belegten die ersten vier Plätze in der Gesamtwertung.

Am 6. Mai nahmen vier 8C-2500 an der Targa Florio über 541 Kilometer teil, die von Arcangeli, Borzacchini, Fagioli und Ernesto Maserati gefahren wurden. Auf den schlechten sizilianischen Straßen hatten die Fahrzeuge aus Bologna keine ernsthaften Erfolgsaussichten. Das Rennen wurde zwischen Bugatti und Alfa Romeo ausgetragen. Die einzigen Maserati-Fahrer, die das Ziel erreichten, waren Ernesto und Borzacchini auf dem achten und elften Platz. Alfa Romeo wurde Erster und Zweiter. Pastore fuhr einen 8C-2500 bei dem 304 Kilometer langen Rennen auf der Caserta-Strecke am 18. Mai, aber er fiel wegen mechanischer Probleme aus. Luigi Fagioli beendete das Rennen als Vierter in der 2-Liter-Klasse.

Beim Grand Prix von Rom, der am 13. Mai auf dem Tre-Fontana-Kurs über eine Strecke von 260 Kilometer ausgetragen wurde, gab es mit sechs Fahrzeugen eine starke Beteiligung von Maserati. Diese reichten vom 8C-2500, der von Arcangeli gefahren wurde, bis zum 8C-1100 mit Alfieri am Lenkrad. Arcangeli lieferte sich während des gesamten Rennens einen Zweikampf mit Chiron (Bugatti) und überholte ihn in der letzten Runde auf der Zielgeraden, um das Rennen mit einem Durchschnitt von 134,6 km/h zu gewinnen. Alfieri gewann die 1100-ccm-Klasse vor zwei Salmsons.

Zwei Maseratis hatte man für das 500-Meilen-Rennen in Indianapolis am 30. Mai eingeplant. Das Rennen war zu jener Zeit auf Motoren mit einem Hubraum bis zu sechs Litern limitiert, Kompressoren waren jedoch nicht erlaubt. Borzacchini fuhr den *Sedici Cilindri*, der allerdings ohne die Kompressoren »entmannt« war. Nach einer langsamen Fahrt gab er schließlich wegen Motorproblemen vorzeitig auf. Der zweite Maserati war ein 2-Liter-Fahrzeug, das von dem lokalen Fahrer Lettorio Piccolo Cucinotta (allgemein als »Piccolo Pete« bekannt) gesteuert wurde. Er wurde Zwölfter von 14 Teilnehmern. Das Rennen wurde von Harry Hartz mit einem Miller gewonnen.

Am 29. Juni beendete Fagioli mit seinem 8C-2500 hinter Nuvolari mit einem Alfa Romeo P2 das über 64 Kilometer gehende Cuneo-Colle-della-Magdalena-Bergrennen als Zweiter, ein Rennen, das für die Bergmeisterschaft gewertet wurde, die dieses Jahr erstmals ausgetragen wurde. Am 3. August wurde die Coppa Ciano über eine Strecke von 224 Kilometern bei Livorno gefahren, in der Fagioli mit dem 8C-2500 seinen zweiten Sieg mit einer Durchschnittsgeschwindigkeit von 87,69 km/h vor Campari auf einem P2 einfuhr. Als die Coppa Acerbo am 17. August bei Pescara ausgetragen wurde, hatte Achille Varzi die *Scuderia Ferrari* verlassen und fuhr das 256 Kilometer lange Rennen mit einem 8C-2500. Borzacchini war vom Alfa-Romeo-Team abgeworben worden. Diese Situation war aus der Rivalität zwischen Varzi und Nuvolari entstanden. Varzi fuhr mit seinem 8C-2500 einen überlegenen Sieg heraus, und auch Ernesto Maserati brachte einen zweiten 8C-2500 erfolgreich als Zweiter über die Ziellinie. Borzacchini beendete das Rennen in seinem P2 auf einem unglücklichen dritten Platz. Eine Woche später gewann Fagioli mit einem 8C-2500 auf der Avellino-Rennstrecke das Rennen über 300 Kilometer vor Arcangeli in einem Alfa Romeo.

Das wichtigste Rennen für Maserati war in diesem Jahr der Grand Prix von Monza, der am 7. September stattfand. Das Rennen wurde als Kombinationslauf auf der 6,86 Kilometer langen Florio-Strecke und der Hochgeschwindigkeitsstrecke im Royal Park über 240 Kilometer ausgetragen, ohne jegliche Hubraumbeschränkungen für die Motoren. Die ersten vier aus jedem Lauf, einschließlich eines Sonderlaufs für die nicht Qualifizierten, durften im Finale antreten. Im Lauf für Fahrzeuge bis 2 Liter waren zwei Maseratis und Pedrazzini wurde hinter zwei Bugatis Dritter. Den Lauf der Hubraumklasse zwischen 2 und 3 Litern dominierte Maserati trotz starker Konkurrenz von Bugatti und Alfa Romeo.

Arcangeli gewann mit seinem 8C-2500 vor Borzacchini (Alfa Romeo P2), Fagioli und Varzi (beide waren mit einem 8C-2500 unterwegs). Trotz eines Ausrutschers von der Strecke und externer Hilfe, ihn wieder zurückzubringen, gewann Ernesto Maserati mit seinem *Sedici Cilindri* die Klasse zwischen 3 und 8 Litern Hubraum vor Rudolf Caracciola (Mercedes-Benz). Dann kam der Lauf der nicht Qualifizierten, in dem die P2 die ersten beiden Plätze belegten schließlich der Lauf für die 1,1-Liter-Klasse, in der Klinger und der Chilene Juan Zanelli mit ihren Maseratis hinter den Salmsons auf dem dritten und vierten Rang landeten. Arcangeli führte mit seinem Maserati in der ersten Runde des Finallaufs, die P2 mussten bereits früh im Rennen wegen eines Reifenwechsels an die Box. Varzi, Arcangeli und Ernesto Maserati belegten die ersten drei Plätze.

Mit zwei 8C-2500 und den Fahrern Varzi und Graf Magg. nahm Maserati am 5. Oktober am

Ernesto Maserati fuhr 1930 mit seinem 8C-2500 bei der Coppa Acerbo bei Pescara hinter Varzi, ebenfalls auf einem 8C-2500, auf den zweiten Platz.

Grand Prix von Spanien über 520 Kilometer in San Sebastian teil. Die einzige Konkurrenz waren die Bugattis, weil die Meldung der P2 zurückgezogen worden war. Varzi und Maggi lagen in Führung, bis Varzi stoppte, um aufzutanken. Beide Bugatti-Fahrer, Etancelin und Dreyfus, überdrehten ihre Motoren, sodass die Maserati-Fahrer die ersten beiden Plätze vor Stoffel und Ferrand auf älteren 4-Liter-Peugeots belegen konnten.

1931

1931 hatte die Motorsportbehörde, die *Alliance Internationale de Automobile Clubs Reconnus*, alle Befugnisse und Vorschriften für das laufende und die folgenden zwei Jahre unter ihre Kontrolle gebracht, sodass Grand-Prix-Rennen nach der freien Formel ausgetragen wurden. Die minimale Renndauer betrug nun zehn Stunden. Obwohl der französische und auch der italienische Grand Prix über diese Zeit angesetzt waren, ignorierten die Organisatoren vieler anderer Rennen dieses Reglement und veranstalteten ihre Rennen über Distanzen, die sie selbst festlegten. In der Zwischenzeit dachte die *AIACR* über die Zukunft des Grand-Prix-Rennsports nach und über die Formel, die sich als zukunftsträchtig erweisen sollte. Maseratis Dominanz im Rennsport wurde im Jahr 1931 durch Alfa Romeo und Bugatti abgelöst.

Molsheim stellte zwei neue Modelle her: den Typ 51, der, einfach gesprochen, eine Version des lange etablierten Typ 35 mit zwei obenliegenden Nockenwellen war, und den Typ 54, der den 4,9-Liter-Motor mit zwei obenliegenden Nockenwellen des Typs 50 mit dem verlängerten Prand-Prix-Chassis kombinierte. Alfa Romeo präsentierte einen neuen 2,3-Liter-Achtzylinder-Reihenmotor mit zwei obenliegenden Nockenwellen, der von Vittorio Jano entwickelt worden war und in drei Modellversionen eingebaut wurde. Das schnellste Fahrzeug hatte ein verkürztes Fahrgestell; es wurde unter dem Namen *Monza* bekannt und war in den Händen der *Scuderia Ferrari* sehr erfolgreich.

1931 wurde das Maserati-Team durch den Franzosen René Dreyfus ergänzt, der bis dahin in Friderichs Bugatti-Agentur in Nizza gearbeitet und als Amateur Bugatti-Rennwagen gefahren hatte. Über die Maserati-Brüder schrieb Dreyfus *(My Two Lives)*: »Wie einander unähnlich sie waren, überhaupt nicht wie Brüder. Alfieri sah am italienischsten aus, ein sehr freundliches, aber starkes und einfaches Gesicht; Ernesto war

Der Start zum Grand Prix von Spanien in San Sebastian im Jahre 1930. In der vorderen Startreihe von links nach rechts: Arrigio Sartorio (Tipo 26B), Stoffel (Peugeot) und David (Bugatti Typ 35B). Die 8C-2500 von Varzi (Nummer 8) und Maggi (Nummer 12) belegten die ersten beiden Plätze in dem Rennen über 520 Kilometer. (Sammlung Guy Griffiths)

Das Maserati-Team der 8C-2500er beim Grand Prix von Monaco. In der Reihenfolge der Fahrzeugaufstellung waren die Fahrer René Dreyfus, Carlo Pedrazzini und Luigi Fagioli. Der junge Fagioli, der auch 20 Jahre später noch Rennen fuhr, kam zwischen Louis Chiron und Achille Varzi ins Ziel, die beide Bugatti fuhren. (Sammlung Guy Griffiths)

erheblich größer und hatte eher ein Gesicht wie ein Engländer; Bindo war der älteste ... und er war ein wenig edler, mit sehr gepflegten Haaren. Sie waren zu mir sehr freundlich.«

Was war geschehen? Achille Varzi hatte Maserati verlassen, um für Bugatti zu fahren. So hatte Maserati einen Vertrag mit dem Franzosen geschlossen. Dreyfus war mit der bedeutenden und geschäftigen Firma in Molsheim sehr vertraut und beschrieb demgegenüber die Firma Maserati als »klein und mehr an ein Renngeschäft in Nizza erinnernd ... Maserati war vergleichsweise ein Neuling und baute nur wenige Rennwagen im Jahr«. Die anderen Mitglieder des Maserati-Werksrennteams waren zu jener Zeit Ernesto Maserati, Fagioli, Maggi und Biondetti. Ein Teil des Vertrags mit Dreyfus war, dass man ihm in Nizza eine kleine Garage eingerichtet hatte, von der aus er der erste und einzige Maserati-Händler in Frankreich war. Er erinnerte sich, dass er zwei oder drei Fahrzeuge verkauft hat.

Der erste Grand Prix des Jahres war der von Tunis über 470 Kilometer am 29. März. Am Tag zuvor wurde ein Sportwagenrennen über sechs Stunden auf derselben Rennstrecke ausgetragen. Dreyfus/Castelbarco gewannen es mit einem sportlich präparierten 8C-2500. Im Grand Prix kämpfte Dreyfus (C8-2500) gegen Varzi. Er war gezwungen, wegen einer losen Ölleitung an die Box zu fahren. Als er wieder in das Rennen zurückkam, verfolgte er Varzi, bevor er durch einen Fahrfehler ausfiel, oder wie es Dreyfus ausdrückte: »Mein Fahrzeug sah eher wie ein Akkordeon aus als wie ein Maserati.« Er war durchgeschüttelt, sonst aber unverletzt. Varzi gewann mit seinem Bugatti das Rennen vor Fagioli mit einem anderen 8C-2500. Clemente Biondetti kam mit einem V4 als Vierter ins Ziel, hinter Lehoux in einem Bugatti Typ 35B.

Am 11./12. April fuhren Tuffanelli und sein Partner Bertocchi einen 1,1-Liter-Maserati auf der Mille Miglia. Sie gewannen ihre Klasse mit einem Durchschnittstempo von 83,1 km/h und unterboten den Klassenrekord um eine Stunde und 40 Minuten. Alfieri musste hart gearbeitet haben, um die Zuverlässigkeit des Fahrzeugs zu verbessern, denn der kleine Maserati war fast 20 Stunden gefahren, und es war das erste Exemplar der Marke, das auf dieser Strecke ins Ziel gekommen war. Der zweite und der dritte Platz in dieser Klasse gingen an einen Austin Seven (Goodacre/Trevisan) und einen Rally (Carnevali/Concony).

Der dritte Grand Prix von Monaco wurde am 19. April über 314 Kilometer in der freien Formel ausgetragen. Die Startaufstellung wurde durch Losentscheid ermittelt und Dreyfus stand in der Pole-Position, die er auch in den ersten drei Runden beibehielt. In der vierten Runde fiel er zurück wegen Problemen mit der Benzinpumpe, und kurz vor Ende des Rennens fiel er ganz aus, weil der Kontakt im Magnetzünder gebrochen war. Chiron gewann mit seinem Bugatti Typ 51 das Rennen vor Fagioli (8C-2500) und Varzi (Typ 51). Das nächste Rennen war das in Bordino am 26. April, das in Alessandria über eine Distanz von 280 Kilometern gefahren wurde. Keiner der führenden Maserati-Fahrer nahm daran teil, aber Graf Luigi Castelbarco, der Schwiegersohn des Dirigenten Arturo Toscanini, belegte den vierten Platz mit seinem 8C-2500, wieder einmal hinter Varzi (Bugatti Typ 51), Minozzi und von Morgen (beide mit Bugatti Typ 35).

Im folgenden Monat weigerte sich Toscanini, die faschistische Hymne, *Giovinezza*, bei einem Konzert in Bologna zu spielen, und er bestand darauf, die eigentliche italienische Nationalhymne zu spielen. Das Konzert wurde abgebrochen, Toscanini wurde von den Faschisten verprügelt und in seinem Haus in Mailand unter Arrest gestellt. Sein Reisepass wurde konfisziert. Er weigerte sich, seine antifaschistische Einstellung aufzugeben, und ging im Juni, nachdem er seinen Pass zurückerhalten hatte, ins Exil. Das alles mag wenig mit dem Motorsport zu tun haben, aber es kennzeichnet die Atmosphäre, in der sich Künstler und Sportler in Italien in den 1930er-Jahren bewegten.

Das JCC Zwei-Mal-12-Stunden-Rennen wurde vom 8. bis zum 9. Mai auf einer speziellen Strecke in Brooklands veranstaltet. Weil Nachtrennen verboten waren, wurde es an zwei Tagen in zwei Etappen über jeweils zwölf Stunden als Sportwagenrennen gefahren. Ein interessanter Teilnehmer war Captain George Eyston, der gemeinsam mit Giulio Ramponi einen 8C-2500 mit einer schlichten, im Werk hergestellten Karosserie fuhr. Das war wahrscheinlich das erste Mal, dass ein Maserati an einem Rennen in England teilnahm. Nach einem verspäteten Start begann das Fahrzeug, mit einer Geschwindigkeit von 160 km/h die anderen Fahrzeuge zu überrunden, musste aber kurz vor Ende des ersten Renntags wegen Achsproblemen aus dem Rennen genommen werden.

Drei Werks-Maseratis nahmen an der Targa Florio am 10. Mai teil. Das Rennen wurde über vier Runden auf der 149 Kilometer langen großen Madonie-Rennstrecke gefahren, die zuletzt 1911 benutzt worden war. Der Grund hierfür war, dass Stürme im März einen Erdrutsch auf einem Teil der normalen Strecke verursacht hatten. Dreyfus fuhr einen 8C-2500 Einsitzer mit einem Öltank, der sich dort befand, wo normalerweise der Mechaniker saß. Er blieb nur zwei Runden im Rennen, bevor er mit Zündproblemen ausschied. Die anderen beiden Maseratis kamen von der Straße ab und gerieten in ein Schlammbad, nachdem es begonnen hatte zu regnen. Nuvolari (Alfa Romeo) gewann vor Varzi (Typ 51). Aus unbekannten Gründen zog sich Maserati vom italienischen Grand Prix zurück (in diesem Jahr auch als europäischer Grand Prix ausgetragen), der in Monza als 10-Stunden-Rennen am 24. Mai gefahren wurde.

Das letzte irische Grand-Prix-Treffen im Phoenix Park bei Dublin fand am 5. und 6. Juni statt. Maserati hatte zwei 8C-2500 im Sporttrim gemeldet. Eyston fuhr wieder mit dem Wagen, den er bereits in Brooklands gefahren hatte, und Campari steuerte einen Viersitzer mit Ramponi als Copiloten. Die Regeln waren ziemlich kompliziert. Grundlage für das Endergebnis waren die Handicaps aus dem Saorstat Cup für Sportwagen bis 1,5 Liter für den ersten Tag und das Handicap des Eireann Cup für Fahrzeuge ohne Hubraumbegrenzung am zweiten Tag. Beide Rennen verliefen über eine Distanz von 484 Kilometern.

Trotz des heftigen Regens fuhr Campari beim Eireann Cup eine gute Führung heraus, stoppte allerdings an der Box, nachdem ein Stein seine Brille zerstört hatte und ein Stück Glas in sein Auge eingedrungen war. Während er medizinisch behandelt wurde, übernahm Ramponi das Fahrzeug, fiel aber sofort zurück. Campari nahm trotz verschwommener Sicht das Rennen wieder auf und versuchte verzweifelt, zu Birkin aufzuschließen, der mit seinem Bentley jetzt in Führung lag. Birkin gewann vor Campari und Brian Lewis (Talbot 105) und Eyston, dessen Fahrzeug während des größten Teils des Rennens Fehlzündungen hatte und der einen Platz wegen eines Tankstopps gegen Ende des Rennens verlor. Im Endergebnis, das auf beiden Rennen basierte, wurde Campari Vierter.

Das Maserati-Team war beim Grand Prix von Rom über 240 Kilometer, der am 7. Juni in einer Serie von Läufen und einem Finallauf auf der Strecke von Littorio ausgefahren wurde, nicht zu bremsen. Ernesto fuhr den *Sedici Cilindri,* René Dreyfus und Luigi Fagioli saßen hinter dem Lenkrad eines 8C-2500, und Clemente Biondetti lenkte einen 2-Liter-Wagen. Der einzige Maserati-Fahrer, der seinen Lauf gewinnen konnte, war Ernesto Maserati, denn sein einziger Konkurrent in der Klasse über 3 Liter Hubraum war di Vecchio in einem Itala mit einem alten Hispano-Suiza-Motor. Die Maserati-Fahrer hatten ihre Fahrzeuge für den Endlauf geschont. Varzi führte zunächst mit seinem Bugatti, hatte aber einen Reifenschaden, und während er an der Box stand, ging Ernesto mit seinem *Sedici Cilindri* an ihm vorbei. Varzi war kurz darauf wieder im Rennen zurück, allerdings nur, um mit einem Motorproblem aufzugeben. Ernesto gewann mit einer Durchschnittsgeschwindigkeit von 152,39 km/h vor Dreyfus, Biondetti, Ruggeri (Talbot) und Cerami mit einem privaten 8C-2500.

Drei Werks-Maseratis 8C-2500 wurden von den Teams Ernesto Maserati/Fagioli, Dreyfus/Ghersi und Biondetti/Parenti im Grand Prix von Fankreich gefahren, einem weiteren 10-Stunden-Rennen, das am 21. Juni auf der Strecke bei Montlhéry ausgetragen wurde. Birkin/Eyston fuhren einen privaten 8C-2500. Auch Bugatti und die *Scuderia Ferrari* hatten starke Teams gemeldet. Diese langen Grand Prix wurden immer mehr zu Zuverlässigkeitsrennen, hart für alle Fahrzeugkomponenten, besonders für die Bremsen. Fagioli legte eine schnelle Runde vor und erzielte mit 137,65 km/h einen neuen Rundenrekord. Chiron (Bugatti) ließ sich von ihm jedoch nicht abhängen. Es war wie beim Rennen in Le Mans, in dem die Fahrer zweier Teams losgeschickt wurden, um das Tempo anzugeben und die

Konkurrenz bereits während der ersten Stunden zu zermürben.

Chiron gewann dieses Duell, da Fagioli und Ernesto das Tempo nicht mithalten konnten, und plötzlich schieden sie aus, da ihre Bremsen Probleme verursachten. Louis Chiron und Achille Varzi, ein unglaublich starkes Paar, gewannen vor Campari/Borzacchini (*Scuderia Ferrari* Alfa Romeo *Monza*), Biondetti/Parenti und Birkin/Eyston. Nach Verzögerungen, die von mechanischen Problemen verursacht worden waren, kamen Dreyfus/Ghersi als Achte ins Ziel.

Mit seinem 8C-2500 war René Dreyfus der einzige Maserati-Fahrer, der an dem Marne-Grand-Prix in Reims über 400 Kilometer am 5. Juli teilnahm. Dreyfus kämpfte gegen ein starkes Bugatti-Feld und kam als Zweiter ins Ziel, zwei Minuten nach Lehoux, der einen Typ 51 fuhr. Am belgischen Grand Prix, der am 12. Juli ausgetragen wurde, nahmen keine Maseratis teil. Das nächste Rennen für die *Officine* war der Große Preis von Deutschland, der eine Woche später über eine Distanz von 410 Kilometern auf dem Nürburgring gefahren wurde. Fagioli und Dreyfus fuhren Werks-8C-2500, und Birkin fuhr das private Fahrzeug von Eyston.

Das Rennen wurde in strömendem Regen ausgetragen. Fagioli hatte einen ausgezeichneten Start und führte das Feld an, wurde aber in der ersten Runde von Caracciola (7-Liter-Mercedes-Benz SSKL) überholt. Chiron (Bugatti) ging dann in der achten Runde an Fagioli vorbei, und der Maserati-Fahrer verließ wenige Runden danach das Rennen. Auch der 8C-2500 von Dreyfus fiel aus. Gegen Ende des Rennens trocknete die Strecke ab, und Caracciola siegte zum dritten Mal, gefolgt von Chiron. Birkin war durch Zündprobleme zurückgefallen und kam erst als Zehnter ins Ziel.

Die Dominanz von Maserati mit dem 8C-2500 war sehr kurzlebig, und eine weitere Niederlage folgte bei der Coppa Ciano bei Livorno über 217 Kilometer am 2. August. Nuvolari gewann mit seinem Alfa Romeo *Monza*, der für die *Scuderia Ferrari* am Start war, vor Chiron (Bugatti) und Fagioli auf dem dritten Platz. Der folgende Tag war Bank Holiday in England, und Birkin fuhr den 8C-2500 von Eyston in Brooklands. Man hatte sich Hoffnungen gemacht, dass er den Rundenrekord verbessern könnte, der zu diesem Zeitpunkt mit 221,5 km/h von Kaye Don (Sunbeam Tiger 4-Liter) gehalten wurde. Die Bedingungen waren jedoch zu windig für einen Rekordversuch, aber Birkin erreichte einen Rundendurchschnitt von 218,07 km/h sowie einen neuen Rekord für die Bergstrecke über 121,1 km/h.

Für die Handicap-Tourist-Trophy am 22. August in Ard wurden zwei 8C-2500 in Sporttrim von M.C. Morris gemeldet, die von Eyston und Luis Fronteras gefahren wurden. Das Rennen wurde komplett durch die von der *Scuderia Ferrari* gemeldeten 2,3-Liter-Alfa-Romeos mit langem Chassis in der Form der Le-Mans-Fahrzeuge beherrscht, aber Black (MG) gewann durch sein Handicap, sodass die Alfas von Borzacchini und Campari schließlich nur Vierter und Sechster wurden. Fronteras fiel bereits früh aus, während Eyston den achten Platz belegte.

Maserati schlug beim Grand Prix von Monza am 6. September zurück. Bologna hatte eine vergrößerte Version des Reihenachtzylindermotor mit einem Hubraum von 2795 ccm (68 × 94 mm) gebaut, der 198 PS bei 6000 U/min leistete. Als dieser Motor eingebaut wurde, bekam der 26M die Bezeichnung 8C-2800, und man nannte eine Höchstgeschwindigkeit von 233 km/h. Die Leistungsdaten von 198 PS sind allerdings fehlerverdächtig, denn einige Sachverständige gaben die Leistung des 8C-2500 mit 175 PS an (zu einem früheren Zeitpunkt) und einige mit 195 PS. 300 ccm mehr Hubraum konnten nicht zu einer Leistungssteigerung von 23 PS führen, und 3 PS waren eigentlich nicht mehr als eine übliche Streubreite zwischen Motoren gleicher Bauart.

Das Rennen in Monza wurde auf der gleichen Strecke wie 1930 ausgetragen, und es gab wieder eine Serie von Läufen. Fagioli und Dreyfus belegten mit dem 8C-2500 die ersten beiden Plätze in den Läufen bis 3 Liter, aber Ernesto wurde mit seinem *Sedici Cilindri* nur Fünfter in dem Lauf über 3 Liter Hubraum. Die stärksten Konkurrenten für die Maseratis waren Chiron und Varzi in ihren 4,9-Liter-Bugattis des Typs 54, sie fielen allerdings durch Reifenschäden im Kampf um die Führung aus. Trotz eines Reifenschadens und eines dadurch verursachten Boxenstopps mit Radwechsel gewann Fagioli vor Borzacchini (Alfa Romeo *Monza*), Varzi und Nuvolari (die Minoias *Monza* übernommen hatten). Dreyfus fiel wegen eines durchgebrannten Kolbens aus.

Das letzte Rennen der Saison für das Maserati-Team war der Grand Prix der Tschechoslowakei in Brünn über 496 Kilometer am 27. September. Fagioli lag in Führung, als er die Kontrolle über sein Fahrzeug verlor und mit einem Brückenpfeiler kollidierte und die Brücke sofort zusammenstürzte. Die Fahrzeuge auf dem zweiten und dritten Platz, Varzi (Bugatti) und Nuvolari (Alfa Romeo), fuhren in die Trümmer und fielen aus dem Rennen. Chiron (Bugatti) gewann das Rennen. Es folgten noch einige kleinere Erfolge durch Privatfahrer, bevor die Saison beendet war, einschließlich des Gewinns der BARC Bergmeisterschaft durch Birkin in Brooklands am 17. Oktober. Sir Malcolm Campbell (Mercedes-Benz) und Clifton Penn-Hughes (Bugatti) belegten die folgenden Plätze.

Maserati gewann die italienische Meisterschaft 1931 zum zweiten Mal und *Il Duce* sprach Maserati seinen Dank aus. Er verlieh Alfieri den Titel *Cavaliere*, was einem Ritterschlag entsprach. Obwohl die 8C-2500 noch viele Jahre gefahren wurden wurde keiner nach 1931 gebaut. Es wurden acht Rennwagen hergestellt, zusammen mit einem Straßenfahrzeug, und die Fahrgestellnummern lauteten 2510 bis 2518. Das Straßenfahrzeug war eine Limousine von Castagna, und obwohl dies das einzige gebaute Exemplar war, waren weitere in Planung, einschließlich eines Cabriolets von Castagna sowie offene und geschlossene Karosserien von Zagato.

Die Verschlechterung von Alfieris Gesundheitszustand wurde im Jahre 1931 durch seine Abwesenheit in den Rennwagen offensichtlich, manchmal war er nicht einmal in der Lage, ein Rennen zu besuchen. Gegen Ende des Jahres entwickelte er seine letzte neue Konstruktion, den ersten 4-Zylinder-Maserati, der für den Verkauf an Privatfahrer vorgesehen und viel leichter zu handhaben war als die Reihenachtzylinder. Das war der Zweisitzer 4CTR-1100 mit einem aufgeladenen 1088-ccm-Motor (65 × 82 mm). Die Leistung wurde vom Werk mit 125 PS bei 6600 U/min angegeben, aber diese Daten sind wahrscheinlich zu hoch, etwa 100 PS sind wahrscheinlicher. Alle 4-Zylinder-Maseratis hatten ein vom Fiat 522 abgeleitetes Vierganggetriebe. Das Chassis war leichter und kompakter und hatte einen kürzeren Radstand. Der 4CTR-1100 wurde erstmals von Klinger beim Grand Prix von Monza 1931 gefahren.

3
Der Tod von Alfieri Maserati und die Zeit danach: 1932–1934

Alfieri folgte dem medizinischen Rat, den er erhalten hatte, und unterzog sich einer Nierenoperation. Diese fand am 3. März 1932 statt. Er verstarb bedauerlicherweise noch während des Eingriffs. Er wurde nur 44 Jahre alt. Er hätte große Jahre vor sich gehabt, und wenn er weitergelebt hätte, hätte Maserati sich zu einem völlig anderen Unternehmen entwickelt. Es ist fast sicher, dass er unabhängig geblieben wäre, aber das Ausmaß, in dem Alfieri neue und wettbewerbsfähige Fahrzeuge hätte bauen können, muss reine Spekulation bleiben. Nach Alfieris Tod wurde Ernesto Präsident des Unternehmens, und Bindo verließ Isotta Fraschini, um sich mit den noch lebenden Brüdern zusammenzutun.

Vor seinem Tod hatte Alfieri an der Entwicklung eines Autos mit Frontantrieb gearbeitet. Dabei folgte er den Spuren von Alvis, Miller und Tracta, deren Frontantriebswagen auf großes Interesse gestoßen und auch zu einem gewissen Grad erfolgreich waren. Der Prototyp des Frontantriebs-Maseratis unter der Bezeichnung TA-2800 war mit einem 2,8-Liter-Motor ausgestattet. Nach Alfieris Tod testete Ernesto das Fahrzeug auf der Via Emilia, verlor die Kontrolle und fuhr an die Mauer des San-Lazaro-di-Savena-Friedhofs. Obwohl man erwartete, dass der TA an einigen Rennen teilnehmen würde, kam es nie dazu, und das Frontantriebsprojekt geriet schnell in Vergessenheit.

Während des Jahres 1932 gab es eine Reihe neuer Maserati-Modelle. Das erste war eine Sportversion des 4CM, die unter der Bezeichnung 4CS-1100 bekannt wurde. Es hatte eine weniger starke Maschine, die 90 PS bei 5300 U/min leistete, und einen verlängerten Radstand. Man nimmt an, dass sechs Fahrzeuge dieses Typs gebaut wurden. Tuffanelli und sein Partner Bertocchi gewannen wieder die 1100-ccm-Klasse der Mille Miglia, die am 9. und 10. April gefahren wurde. Sie erreichten dabei eine Durchschnittsgeschwindigkeit von 88,71 km/h und beendeten das Rennen nach 18 Stunden, 35 Minuten und 2,2 Sekunden. Das war mehr als eine Stunde schneller als der Klassensieger von 1931.

Maserati konstruierte den 4CM-1100 auch mit einer *Monoposto-Karosserie* und baute den Tipo 4CM-1500 mit einem Vierzylindermotor mit 1496 ccm Hubraum (69 × 100 mm) in dem gleichen Chassis. Die Leistung gab man mit 150 PS bei 6100 U/min an. Diese 1,5-Liter-Fahrzeuge, von denen ungefähr zwölf gebaut wurden, hatten Fahrgestellnummern zwischen 1514 und 1559. Die Höchstgeschwindigkeit für dieses Modell wurde mit 212,5 km/h angegeben. Der letzte 4CM wurde 1935 ausgeliefert.

In Grand-Prix-Rennen war Maserati 1932 nicht besonders erfolgreich. Die Bugatti 51 waren ein echter Konkurrent für die 8C-2800, und beide wurden in der Höchstgeschwindigkeit von den neuen, von Vittorio Jano konstruierten 2,6-Liter-Reihenachtzylindern des Alfa Romeo Typ B-*Monoposti* ausgestochen (sie wurden vom Alfa-Werksteam namens *Alfa Corse* eingesetzt). Der 8C-2800, der von Fagioli beim Grand Prix von Tunis am 3. April gefahren wurde, hatte Zündprobleme und Schwierigkeiten mit dem Kompressor, sodass er schließlich zurückgezogen werden musste. Daraufhin übernahm dieser das Fahrzeug von Dreyfus und erreichte als Siebter das Ziel. Alfa Romeo nahm an diesem Rennen nicht teil, und Bugatti belegte die ersten beiden Plätze. Die 1,5-Liter-Klasse gewann ein lokaler Privatfahrer, Joly, mit einem alten Tipo 26.

Für den Grand Prix von Monaco über 314 Kilometer am 17. April meldete Maserati drei Fahrzeuge. Amadeo Ruggeri schied wegen mechanischer Probleme an seinem 8C-2000 vorzeitig aus, und Fagioli mit dem anderen 8C beendete das Rennen mit einem nicht zufriedenstellenden dritten Platz hinter Nuvolari und Caracciola (beide auf Alfa Romeo *Monza*). Dreyfus fiel aus, als sein Fahrzeug ein Rad verlor. Beim 3-Stunden-Rennen in Oran, Algerien, am 24. April belegten Joly und Pierre Veyron, beide auf Tipo 26, die ersten beiden Plätze in der 1,5-Liter-Klasse. Veyrons Fahrzeug gehörte André Vagniez und war auch von diesem gemeldet worden.

Maserati entwickelte einen zweiten *Sedici Cilindri*, der als V5 bezeichnet wurde und wesentlich leistungsfähiger war als der V4. Das Konstruktionsprinzip wurde beibehalten, aber dieses Fahrzeug erhielt zwei 2,5-Liter-Reihenachtzylindermotoren mit einem Gesamthubraum von 4905 ccm, die in der gleichen Weise wie beim V4 mit einem Getriebe verbunden waren. Wieder wurden mehrere Leistungsangaben gemacht, aber die 360 PS bei 5500 U/min scheinen die richtigen zu sein, ebenso wie die Höchstgeschwindigkeit von 250 km/h. Das Dilemma beider V16-Modelle war, dass sie wegen ihrer Probleme im Handling und wegen des Reifenverschleißes nur für relativ kurze Rennen auf schnellen Strecken einsetzbar waren.

Ein solches Rennen war der Grand Prix von Rom am 24. April, der über einen Qualifying-Lauf von 100 Kilometern und einen Finallauf von 240 Kilometern ging. Mit dem V5 gewann Fagioli sowohl seinen Lauf als auch das Finale mit einer Durchschnittsgeschwindigkeit von 158,73 km/h. Ein Alfa Romeo und drei Bugattis folgten ihm auf den Plätzen. In diesem Rennen hatte der 4CM-1100 sein Debüt mit Tuffanelli am Lenkrad.

Der einzige Maserati, der an der Targa Florio teilnahm, fuhr am 8. Mai acht Runden auf dem neuen und verkürzten Madonie-Kurs (72 Kilometer). Es war ein 8C-2800, der von Ruggeri gefahren wurde und der als Fünfter hinter den von der *Scuderia Ferrari* gemeldeten Alfa Romeos von Nuvolari und Borzacchini, dem Bugatti von Chiron/Varzi und dem Alfa 6C 1750 von Ghersi ins Ziel kam.

Eine neue Veranstaltung im Rennkalender war der Grand Prix von Nimes über 203 Kilometer am 16. Mai. Das Rennen wurde auf einem Straßenkurs durch die Stadt gefahren, und Dreyfus beendete es mit seinem 8C-2800 als Zweiter hinter Falchetto im Bugatti. Der Grand Prix von Casablanca über 415 Kilometer hatte auch eine Sonderwertung für die 1,5-Liter-Klasse. Veyron gewann diese mit seinem Tipo 26 vor Durand im Bugatti Typ 37A.

Auf der Avus fuhr Dreyfus am 22. Mai den V5 *Sedici Cilindri* und war, wie alle anderen Teilnehmer auch, von Reifenproblemen betroffen. Er versuchte, in Führung zu kommen, und fuhr die schnellste Runde, aber das Gaspedal des Maserati verklemmte sich, und die Drosselklappe des Vergasers brach ab. Ernesto Maserati bemühte sich darum, dass Dreyfus das Rennen zu Ende bringen konnte, weil sonst die schnellste Runde nicht gezählt hätte. So wurde das Fahrzeug repariert und Dreyfus nahm das Rennen wieder auf, das er als Letzter beendete. Lehoux gewann mit seinem Bugatti Typ 54. Fagioli mit einem Werks-8C-2800 fiel auch aus. Nach diesem Rennen verließ Dreyfus das Maserati-Team, weil er das Gefühl hatte, in Bologna vom Pech verfolgt zu werden, und fuhr künftig einen Bugatti Typ 51, der Louis Chiron gehörte.

Der Grand Prix von Italien am 5. Juni in Monza war ein 5-Stunden-Rennen, wobei die Hälfte der Strecke nach dem Grand-Prix-Reglement auf dem zehn Kilometer langen Straßenkurs einschließlich der Hochgeschwindigkeitsstrecke gefahren wurde. Maserati meldete den V5 *Sedici Cilindri* für Fagioli und den 8C-2800 für Ruggeri. Castelbarco und Premoli fuhren private 8C-2500. Die Wettbewerber waren zwei neue *Monoposti* von Alfa Romeo, die ihr Renndebüt hatten und von Nuvolari und Campari gefahren wurden. Das Rennen wurde zum Zweikampf zwischen Fagioli und Nuvolari, der schließlich von Maserati wegen unzureichender Boxenarbeit verloren wurde. Bei beiden Boxenstopps war die Verweilzeit für Fagioli doppelt so lang wie die von Nuvolari. Trotz seiner furiosen Fahrweise und eines neuen Rundenrekords mit 180,6 km/h lag Fagioli im Ziel ungefähr 2,5 Minuten hinter Nuvolari. Ruggeri und Premoli kamen als Achter und Neunter ins Ziel.

Maserati war eines von mehreren Unternehmen, die gegen Ende der 1920er- und zu Beginn der 1930er-Jahre mit dem Frontantrieb experimentierten. Der Maserati mit Frontantrieb hatte einen 2,8-Liter-Achtzylindermotor und wurde 1932 gebaut. Er bekam die Typenbezeichnung TA-2800 (TA steht für Trazione Anteriore).

Der V5 Sedici Cilindri, gefahren von Luigi Fagioli, beim Grand Prix von Rom am 24. April. Fagioli wartet, während die Mechaniker an seinem Fahrzeug arbeiten. Er gewann das Rennen vor Taruffi (Alfa Romeo) und Morgen (Bugatti). (Sammlung Guy Griffiths)

Veyron konnte einen weiteren Erfolg mit seinem älteren Maserati beim Lorraine-Grand-Prix in Nancy am 26. Juni über 127 Kilometer verbuchen. Ein weiterer Maserati beendete das Rennen auf dem vierten Platz. Maserati ließ den Grand Prix von Frankreich in Reims am 3. Juli aus, der von Nuvolari gewonnen wurde, und Ruggeri steuerte den einzigen Maserati beim Großen Preis von Deutschland am 17. Juli, fiel aber aus. Ruggeri übernahm jedoch den Werks-Maserati gemeinsam mit Ernesto Maserati in der 1,1-Liter-Klasse. Bei diesem Rennen gewann Caracciola in einem *Monoposto* vor Nuvolari in einem ähnlichen Fahrzeug. Die Alfa Romeo *Monoposti*, gefahren von Nuvolari, gewannen die nächsten drei Rennen. Ernesto Maserati/Ruggeri belegten den dritten Platz in der 1,5-Liter-Klasse hinter Tauber (6C 1500 Alfa Romeo) und Hartmann (Bugatti Typ 37A).

Eine Woche später beendete Veyron in seinem Tipo 26 als Zweiter das sehr kurze Rennen über nur 32 Kilometer in Nizza für 1,5-Liter-Fahrzeuge. Fagioli belegte beim 250-Kilometer-Rennen von Avellino am 24. Juli mit einem 8C-2800 einen beschämenden dritten Platz, geschlagen von Nuvolari (*Monoposto*) und D'Ippolito in einem Alfa Romeo *Monza*. Für die Coppa Ciano, ein Rennen über 200 Kilometer auf der Montenero-Strecke bei Livorno am 31. Juli, waren keine Werks-Maseratis gemeldet. Das beste Ergebnis für Bologna erzielte der Privatfahrer Castelbarco mit seinem 8C-2500. Er wurde Zehnter. Ein gewisses Trostpflaster waren der erste und der dritte Platz für Cerami und Ruggeri mit den 1,1-Liter-Maseratis beim *Voiturette*-Rennen über 100 Kilometer auf derselben Rennstrecke. Cerami wurde in diesem Jahr italienischer Meister in der 1,1-Liter-Klasse. Am gleichen Tag lief auch der Comminges-Grand-Prix auf der Rennstrecke von St. Gaudens. Dort gab es getrennte Rennen für 1,1-Liter- und 1,5-Liter-Wagen, und Veyron gewann die 315 Kilometer in der 1,5-Liter-Klasse.

Der Tipo 4CM mit einem Hubraum von 1496 ccm erschien 1932 und erzielte bemerkenswerte Erfolge in Voiturette-Rennen. Dieses Foto zeigt einen sehr jungen Roy Salvadori in einem frühen 4CM-1500 beim Stanmer-Park-Bergrennen in der Nähe von Brighton im Juni 1948. (Sammlung Guy Griffiths)

Bei der Coppa Acerbo am 14. August bei Pescara war der stärkste Maserati ein 8C-2800. Fagioli saß hinter dem Lenkrad. Ein Vorderreifen verlor ein Stück Profil, das gegen seinen Arm flog und diesen erheblich verletzte, sodass Ruggeri den Maserati übernehmen musste und das Rennen als Fünfter beendete. Beim *Voiturette*-Rennen über 101 Kilometer schlugen Scaron (Amilcar) und Chambost (Salmson) Matrullo in seinem Maserati, der den dritten Platz belegte.

Maserati war bei dem Grand Prix der Tschechoslowakei über 495 Kilometer in Brünn am 4. September erfolgreicher. Nuvolari hatte mit Zündproblemen in seinem *Monoposto* zu kämpfen, Borzacchini fiel mit seinem neuen Alfa Romeo aus, und Chiron gewann das Rennen in seinem Bugatti Typ 51. Bei diesem Rennen, das in strömendem Regen stattfand, belegte Fagioli den zweiten Platz, während der kämpfende Nuvolari mit einer halben Stunde Rückstand auf den Sieger auf den dritten Rang fuhr. In der 1,5-Liter-Klasse führte anfangs Ernesto Maserati, aber sein Fahrzeug fing Feuer. Burggaller (Bugatti) gewann die Klasse vor Veyron, und Ernesto war noch in der Lage, den fünften Platz zu belegen.

Fagioli fuhr den V5 *Sedici Cilindri* am 11. September wieder beim Grand Prix von Monza über die große Rennstrecke von zehn Kilometern Länge. In seinem Lauf kämpften Fagioli und Nuvolari Rad an Rad, bis der *Monoposto*-Fahrer in Runde sechs zurückfiel und das Rennen nach einem Boxenstopp mit Radwechsel als Zweiter beendete. *Alfa Corse* meldete einen Protest an, dass Fagioli Nuvolari von der Strecke gedrängt hätte, und erklärte, dass man die eigenen Fahrzeuge aus dem Finale nehmen würde, wenn Fagioli nicht disqualifiziert würde. Der für das Finalrennen verantwortliche Rennkommissar, Marchese Pietro Parisio, erklärte, dass er dem Protest nicht stattgeben werde.

Als die *Monoposti* bei der Aufstellung zum Finalrennen nicht antraten, protestierten die Besucher lautstark. Daraufhin intervenierte Roberto Farinacci, Sekretär der Italienischen Faschistischen Partei, und er brachte *Alfa Corse* zur Vernunft, an dem Rennen teilzunehmen. Fagioli belegte den zweiten Platz hinter Caracciola (*Monoposto*), und Nuvolari, der ge-

Die V4 *Sedici Cilindri* in späterer Zeit

Der V4 wurde 1932 mit einer Sportkarosserie von Zagato versehen und an einen Kunden in Italien verkauft. Kurz vor dem Zweiten Weltkrieg lieferte Tazio Nuvolari ihn an Eric Verkade in Brüssel aus. Nuvolari, mit der Zigarette in der Hand, erklärt die Details. (Sammlung Guy Griffiths)

Der Maserati V4 in der Sportversion mit Charles Lewis am Lenkrad bei den Brighton Speed Trials 1952. Es war ein beeindruckendes und auf normalen Straßen gut zu fahrendes Fahrzeug, selbst in starkem Verkehr. (Sammlung Guy Griffiths)

Eines der Probleme, denen sich die Maserati-Brüder gegen Ende des Jahres 1932 gegenübersahen, war, was man mit den V4 machen sollte. Sie beschlossen, diesen Typ, der als ein alter Rennwagen unverkäuflich zu sein schien, ebenso wie viele andere danach (einschließlich Whitney Straight), in einen Tourenwagen umzubauen. Zagato wurde beauftragt, eine Karosserie zu entwerfen, und das Ergebnis war ein außergewöhnlich attraktiver und eindrucksvoller Zweisitzer-Sportwagen. In dieser Form wurde er an Professor Riccardo Galliazi verkauft, der in Civitavecchia wohnte, an der Küste, nicht weit von Rom entfernt. Galliazi nahm mit dem Fahrzeug 1932 am Grand Prix von Tripoli teil, aber er schied nach fünf Runden aus.

Danach hörte man von dem V4 zunächst nichts, bis kurz vor dem Zweiten Weltkrieg, als ein bekannter Rennfahrer das Fahrzeug nach Brüssel fuhr, um es an Eric Verkade auszuliefern. Der Fahrer war Tazio Nuvolari. Wahrscheinlich konnte er die Behörden nicht überzeugen, und so wurde er inhaftiert, weil er keine Fahrzeugpapiere bei sich hatte. Verkade soll das Fahrzeug zerlegt, die Teile verpackt und sie nach Holland gebracht haben. Man sagt, dass er das Fahrzeug gegen Ende des Kriegs wieder zusammengebaut habe, möglicherweise mithilfe des holländischen Händlers Bert Loyens.

1947 befand sich das Fahrzeug in England, offensichtlich zur Reparatur. Nach einem Brief von Loyens vom 21. Oktober 1947 sollte es wieder in die Niederlande zurückkehren, da man lediglich ein *Carnet de passage* hatte, das vom Royal Dutch Automobile Club ausgestellt worden war. Zu diesem Zeitpunkt befand sich das Fahrzeug in der Obhut von Charles und David Lewis, und am 6. September 1952 fuhr Charles das Fahrzeug nach Brighton, um dort an den Speed Trials teilzunehmen. Seine beste Zeit waren 35,37 Sekunden im Vergleich zu 32,50 Sekunden, die Ronnie Symondson mit seinem stark getunten Sprint-Bugatti Typ 575C erreichte.

Ungefähr 1955/56 kam es zu einer Vereinbarung zwischen Charles Lewis und John Howell, nach der dieser das Fahrzeug für Rennen einsetzen konnte, wenn er die Kosten und die Wartung übernahm. Bei einem Rennen in Snetterton explodierte der Motor, und das Fahrzeug wurde stark beschädigt. Die Lewis-Brüder sahen sich nicht in der Lage, das Fahrzeug von Howell zurückzuholen. Man prozessierte, und 1968 wurde ein Urteil gesprochen, nach dem Howell 800 Pfund Sterling an Charles Lewis zu zahlen und das Fahrzeug zurückzugeben hatte. 1999 wurde es für 1,5 Millionen Pfund Sterling verkauft, nachdem es zuvor von dem Maserati-Experten Sean Danaher in Newmarket restauriert worden war. Es wurde in die USA gebracht, um dort die Karosserie restaurieren zu lassen.

(Diese Information über den V4 wurde freundlicherweise von Guy Griffiths zur Verfügung gestellt.)

zwungen war, einen Boxenstopp einzulegen, wurde Dritter. Ruggeri landete mit seinem 8C-2800 auf dem neunten Platz.

Das letzte Rennen der Saison war der Grand Prix von Marseille über 402 Kilometer, der auf der Miramas-Rennstrecke ausgefahren wurde. Fagioli fuhr einen V5, Ruggeri einen 8C-2800. Es kam zu einem erneuten Zweikampf zwischen Fagioli und Nuvolari, der damit endete, dass der *Sedici Cilindri* wegen mechanischer Probleme zurückfiel. Die Boxencrew der *Scuderia Ferrari* war sich jedoch ein wenig zu sicher, dass Nuvolari gewinnen würde. Ihre Boxenarbeit war etwas zu langsam, und Sommer konnte mit seinem privaten *Monza* einen guten Vorsprung herausfahren. Als Nuvolaris *Monoposto* einen platten Reifen bekam, waren alle Hoffnungen auf einen Sieg dahin. Fagioli kam auf einen dürftigen sechsten Platz.

Im Dezember brachte Maserati den V5 nach Montlhéry, wo man mit Ruggeri am Lenkrad einen 1-Stunden-Rekord fahren wollte. Wie seine Fahrweise während des Jahres gezeigt hatte, war Ruggeri kein Spitzenfahrer, und er musste möglicherweise deshalb für seine Fahrten im Maserati-Team bezahlen. Ruggeri verlor die Kontrolle über den V5 und wurde getötet. Amadeo Ruggeri war der Vater der Ruggeri-Brüder, die in den frühen Nachkriegstagen Mitglieder der *Scuderia Milano* waren.

1933

Man schätzt, dass zwischen 1926 und 1933 nur etwa 61 Maseratis gebaut wurden. Das ist wirklich eine sehr kleine Stückzahl, aber die Brüder waren davon nicht sehr betroffen, denn das Geschäft mit den Zündkerzen war immer noch sehr erfolgreich. Dann wurde die Produktion – trotz des Todes von Alfieri – gesteigert, und im Jahr 1933 präsentierten die Maserati-Brüder den Tipo 8C-3000 und den 8C-3000M (*Monoposto*) mit einer einsitzigen Karosserie.

Vom 8C wurden nur zwei Exemplare gebaut, die das Chassis des 26M als Basis hatten, mit einem 2992-ccm-Motor (69 × 100 mm), der nach Werksangaben eine Leistung von 230 PS bei 5500 U/min hatte. Dieser Motor unterschied sich von früheren Reihenachtzylindern durch einen schmaleren Motorblock. Die Höchstgeschwindigkeit wurde mit 232 km/h angegeben. Es gab nur zwei Exemplare von diesem Modell:

John Crampton mit dem 8C-3000, Motornummer 3002, in Goodwood am 19. September 1949. Dies war das ehemalige Fahrzeug von Rubin, das Birkin auf den dritten Platz beim Grand Prix von Tripoli 1933 fuhr. Dieses Fahrzeug wurde immer in tadellosem Zustand gehalten und sowohl schnell als auch mit Verstand gefahren.

mit der Fahrgestellnummer 3001, das war ein Werkswagen, der von Campari und Fagioli gefahren wurde, und der 3002, der von Bernard Rubin für Tim Birkin als Rennwagen gekauft wurde.

Der Tipo 8CM-3000 sollte, mit bestimmten Abstrichen, ein großer Rennwagen werden, und obwohl die Brüder über den Fortgang der Fahrzeugproduktion einigermaßen zufrieden waren, ließ das neue Fahrzeug die Produktionsziffern ansteigen. Der 8CM mit der *Monoposto*-Karosserie hatte ein Fahrgestell, das auf dem 4CM-1100 basierte, einem Modell, das die halbe Leistung des 8CM besaß. Der Chassis-Rahmen, der durch die siebenfache Blattfeder des kleineren Fahrzeugs abgefedert war, war nur 620 Millimeter breit. Die Höhe bis zur Oberkante der Windschutzscheibe betrug 960 Millimeter und die Breite der schmalen Leichtmetallkarosserie lag bei 533 Millimetern.

Das von Maserati selbst entwickelte Vierganggetriebe, das zwischen den Beinen des Fahrers geschaltet wurde, enthielt Teile vom Fiat 522. Maserati nutzte über mehrere Jahre Getriebeteile von Fiat. Die Lenksäule befand sich in der Fahrzeugmitte, das Kupplungspedal links davon, Gas und Bremse lagen rechts davon. Das Lenkgetriebe stammte ebenfalls von Fiat. Die ersten Fahrzeuge hatten mechanische Bremsen, kurz danach wurden aber bereits hydraulische

Giuseppe Campari am Lenkrad seines 8C-3000 mit der Motornummer 3001 beim Parma-Poggia-di-Berceto-Bergrennen am 21. März 1933. Im Mai fuhr er dieses Fahrzeug beim Grand Prix von Tripoli, fiel jedoch wegen eines losen Öltanks aus. Im folgenden Monat gewann er den Grand Prix von Frankreich in Montlhéry. Das Fahrzeug hat das ältere, rechteckige Markenzeichen, weil beide 8C-3000 ehemalige 26M-Fahrgestelle besaßen, in die die neuesten Motoren eingebaut waren. (Sammlung Guy Griffiths)

Der Motor des Tipo 8CM, offensichtlich aber mit einem SU-Vergaser anstelle des normalen Memini. Die Motoren dieser Fahrzeuge waren so zuverlässig, dass man sie während eines Rennens selten mit geöffneter Haube sah. (Sammlung Guy Griffiths)

Bremsen eingebaut. Sie wurden damit erstmals wieder bei Grand-Prix-Rennwagen verwendet, nachdem Duesenberg sie bereits 1921 eingesetzt hatte. Die Fahrzeuge hatten riesige Bremstrommeln und Bremsbacken aus Leichtmetall.

Die größte Schwäche der 8CMs war die mangelnde Steifigkeit ihrer Fahrgestelle. Die Fahrzeuge waren, was die Straßenlage betraf, dem Alfa Romeo Tipo B unterlegen. 1933 präsentierte Maserati auch den Typ 4CS-1500 Sport, dessen Motor 90 PS bei 5500 U/min leistete. Von diesem Typ wurden nur etwa ein halbes Dutzend hergestellt, und sie wurden entweder nur als Fahrgestell oder mit einer ziemlich aerodynamischen Karosserie ausgeliefert.

Als diese beiden Modelle hin und wieder gegeneinander Rennen fuhren, wurden die 8CM-3000 gelegentlich mit dem 2,6-Liter-Alfa-Romeo Tipo B verwechselt. Zu Beginn des Jahres 1933 verkündete Alfa Romeo dann den Rückzug des Tipo B *Monoposto* aus dem Rennsport. Das war eine Entscheidung, die Alfa Romeo viel Geld in einer Zeit sparte, als das Unternehmen Verluste machte, aber sie vergrößerte die Aussichten von Maserati auf einen Erfolg. Enzo Ferrari hatte gehofft, dass die *Scuderia Ferrari* die *Monoposti* fahren dürfte, aber sie wurden in einem Lager der Firma in Portello in Mailand abgestellt, und er musste sich mit dem von 2,3 auf 2,6 Liter aufgebohrten *Monza* zufriedengeben.

Maseratis erster Grand Prix der Saison war der Grand Prix von Tunis am 26. März über 470 Kilometer, der auf der Carthago-Rennstrecke ausgetragen wurde. Sie bestand weitestgehend aus langen Kurven, die mit Vollgas gefahren werden konnten. Campari fuhr den Werks-8C-3000, während Raymond Sommer und Goffredo Zehender die beiden 8CMs fuhren, die Sommer nach seiner Ernennung zum Maserati-Agenten in Frankreich bestellt hatte. Sowohl Campari als auch Sommer fielen wegen defekter Magnetantriebe aus, während Zehender langsam fuhr und als Dritter nach den *Scuderia Ferrari Monzas* von Nuvolari und Borzacchini ins Ziel kam.

Ein weiteres enttäuschendes Rennen folgte am 23. April beim Grand Prix von Monaco über 314 Kilometer. Sommer schied mit seinem 8CM frühzeitig mit einem defekten Kurbelgehäuse aus und zeigte seinen Missmut, indem er einen Alfa Romeo *Monza* bestellte. Fagioli lieferte sich ein wildes Rennen mit dem 8CM, in dem er oft auf das Seitenpflaster kam, sodass die Offiziellen und Fotografen um ihr Leben rennen mussten. Er fiel wegen Problemen mit dem Zündmagneten aus. Zehenders Füße hatten Blasen von der Motorhitze, und nach einem Boxenstopp belegte er, jetzt mit dickeren Schuhsohlen, am Ende den sechsten Platz. Varzi (Typ 51 Bugatti) gewann vor Borzacchini (*Monza*) und Dreyfus (Typ 51).

Der Student Whitney Straight saß am 6. Mai in Cambridge im Examen und flog anschließend nach Brooklands, wo er seinen schwarzen 8C-2500, der ehemals Birkin gehört hatte, in der JCC International Tourist Trophy fuhr. Das Rennen wurde nach der freien Formel über eine Distanz von 423 Kilometern auf einer speziellen Rennstrecke ausgetragen. Er übernahm schon frühzeitig die Führung und fuhr die schnellste Runde mit einer Geschwindigkeit von 148,23 km/h, überholte das Feld und fiel dann wegen eines Fahrfehlers aus. Hon. Brian Lewis (*Monza*) gewann das Rennen vor Eddie Hall (MG K3 Magnette).

Am darauffolgenden Tag wurde der Grand Prix von Tunis über 393 Kilometer auf der neuen und sehr schnellen, 13 Kilometer langen Mellaha-Rennstrecke gefahren. Die Hauptfahrer für Maserati waren Campari und Birkin mit zwei 8C-3000. Das war die berühmt-berüchtigte Gelegenheit, bei der angeblich Nuvolari, Varzi und Borzacchini, möglicherweise gemeinsam mit Campari, Absprachen untereinander getroffen hatten, um ein nationales Wettrennen auszumachen. Campari fiel wegen eines losen Öltanks aus, aber Birkin fuhr ein brillantes Rennen, ging sofort in Führung und jagte sich mit Campari, bevor dieser ausfiel. Er hatte einen Mechaniker von Maserati in der Box verpflichtet, ihm zu helfen. Als er aber zum Auftanken an die Box kam, gab es dort keinen Mechaniker, und Birkin musste selbst tanken.

Als er wieder im Rennen war, lag er zu weit zurück, um die Führenden einzuholen. Da er kein Mitglied des »Kartells« war, wäre es nicht gut gewesen, wenn er das Rennen gewonnen hätte, und es schien so, dass die Abwesenheit des Mechanikers arrangiert worden war. Birkin kam als Dritter hinter Varzi (Bugatti) und Nuvolari

(*Monza*) ins Ziel. Während dieses Rennens verbrannte sich Birkin seinen Arm am Auspuff des Maseratis und zog sich eine Blutvergiftung zu. Es wäre aber auch möglich, dass die Blutvergiftung die Folge eines Moskitostichs war, auf den er nach einer Malaria, die er sich im Ersten Weltkrieg zugezogen hatte, allergisch reagierte. Finanzielle Schwierigkeiten mögen dazu beigetragen haben, dass ihm der Wille zum Überstehen der Krankheit fehlte. Birkin, einer von Großbritanniens besten Rennfahrern in den Jahren zwischen den beiden Weltkriegen, starb am 22. Juni.

Sowohl das Avusrennen als auch der Picardie-Grand-Prix wurden am 21. Mai ausgetragen, und beide Rennen waren für die *Voiturette*-Klasse wichtig. In Berlin waren keine Maseratis gemeldet, aber André Vagniez und Devaud belegten den zweiten und dritten Platz beim Picardie-*Voiturette*-Rennen über 145 Kilometer. Die Gewinnerin war Madame Rose Itier mit ihrem erst kurz zuvor ausgelieferten Bugatti 51A. Das am 4. Juni ausgetragene Rennen auf dem Kurs von Nimes, das über 103 Kilometer ging, schloss auch eine 1,1-Liter- und eine 1,5-Liter-Klasse ein. Die höchste Klasse war die der 2-Liter-Fahrzeuge. Bei den 1,1-Liter-Fahrzeugen waren nur fünf am Start, neun waren es in der 1,5-Liter-Klasse, die Vagniez mit einem alten Tipo 26 gewann; er war jedoch wesentlich langsamer als Chambost (Salmson), der Gewinner der 1,1-Liter-Klasse.

Am 11. Juni wurde der Grand Prix von Frankreich über eine Distanz von 500 Kilometern auf dem großen Kurs von Montlhéry (12,4 Kilometer) in der Nähe von Paris ausgefahren. Campari fuhr den Werks-8C-3000 und Zehender seinen 8CM. Das Bugatti-Team hatte die Meldung zurückgezogen, weil man den neuen Typ 59 fahren wollte, der aber nicht fertig geworden war. Ihre Typ 51 hatten sie nicht für das Rennen vorbereitet. So war der einzige ernsthafte Konkurrent die *Scuderia Ferrari* mit ihren *Monzas* von Nuvolari, Taruffi und Chiron. Chiron fiel durch ein gebrochenes Differenzial aus. Beide Maseratis sahen sehr instabil aus, aber Campari lag bis zu einem Boxenstopp, bei dem er die Reifen wechselte, in Führung. Dabei wurde er von Taruffi überholt. Als der Alfa-Fahrer für einen Reifenwechsel stoppen musste, überholte Campari ihn wieder und führte das Feld an.

Campari baute seine Führung auf Etancelin (privater *Monza*) auf zwei Minuten aus, musste aber noch einmal wegen seiner Reifen an die Box, als es zu regnen anfing. Etancelin schien jetzt auf der Siegerstraße, und er hätte auch gewonnen, wenn sein Getriebe nicht blockiert hätte. Er musste außerhalb der Strecke anhalten, um dort mit Gewalt einen neuen Gang einzulegen. So gewann ein glücklicher Campari 42 Sekunden vor Etancelin. Was ihn aber noch mehr gefreut haben dürfte, war, dass er lediglich eine Geldstrafe über 1000 Franc dafür erhielt, dass er bei seinem Stopp in der Box angeschoben wurde. Er hätte dafür auch disqualifiziert werden können. Zehender fiel wegen mechanischer Probleme aus.

Whitney Straight hatte seinen ersten Auftritt bei einem Grand Prix beim Marne-Rennen über 400 Kilometer am 2. Juli in Reims. Campari fuhr wieder den Werks-8C-3000, während Zehender und Biondetti 8CMs fuhren. Campari kämpfte mit Etancelin um den zweiten Platz, musste aber aussteigen, nachdem ihm ein Stein ins Auge geflogen war. Biondetti beendete das Rennen aus dem gleichen Grund. Etancelin, Wimille und Sommer belegten die ersten drei Plätze, während Straight mit seinem 8C-2500, der jetzt wegen des internationalen Rennreglements grün lackiert war, den vierten Platz belegte.

Nuvolari schied mit seinem *Monza* zum zweiten Mal in Folge wegen Differenzialproblemen aus. Zwischen Nuvolari und den Maserati-Brüdern gab es geheime Absprachen, denn der große Italiener mochte den Einfluss des Egoisten Enzo bei der *Scuderia Ferrari* nicht und war außerdem der Meinung, dass ihm ein größerer Teil vom finanziellen Kuchen zustünde. Tazio gründete sein eigenes Team mit Borzacchini, das sie *Gruppo San Giorgio* nannten, kaufte den 8CM-3000 von Sommer und wurde so ein vom Werk gesponserter Maserati-Fahrer. Später wurde er offizieller Werksfahrer. Fagioli war mehr als nur ein wenig verärgert, dass Nuvolari seine Rolle als Nummer eins bei Maserati übernommen hatte, und verließ den Rennstall, um zur *Scuderia Ferrari* zu gehen.

Nuvolaris erster Auftritt mit dem 8CM war bei dem Grand Prix von Belgien in Spa-Francorchamps über 595 Kilometer am 9. Juni. Nach seinem Vertrag war immer noch die *Scuderia Ferrari* sein Rennstall. Während des Trainings war er über die Verwindungen des Fahrgestells des 8CM entsetzt, und er stellte fest, dass das Chassis nicht steif genug war, um die Belastungen bei echten Hochgeschwindigkeiten auszuhalten. Er brachte den Maserati in das Imperia-Werk in Nessonvaux, wo er an gewissen Stellen zusätzliche Verstärkungen einschweißen ließ. Die Startaufstellung wurde durch Los ermittelt, und Nuvolari startete aus der letzten Reihe. Er arbeitete sich schon bald an die Spitze vor und gewann mit einem Vorsprung von drei Minuten vor Varzi (Bugatti Typ 51) und Dreyfus (Typ 51), der auf den dritten Platz kam. Der bestplatzierte *Monza* wurde Fünfter.

Am folgenden Sonntag wurde die über 240 Kilometer angesetzte Coppa Ciano auf dem Rennkurs in Montenero ausgefahren, und Nuvolari erzielte einen leichten Sieg: acht Minuten vor Brivio (*Scuderia Ferrari Monza*) und Campari am Lenkrad eines 4CM-2000 auf dem dritten Platz. Ferninando Barbieri, Guido Landi und Giuseppe Furmanik belegten mit ihren Maseratis die ersten drei Plätze im 1100-ccm-*Voiturette*-Rennen. Barbieri lenkte einen 4CM, der von der *Scuderia Capredoni* aus Genua gemeldet worden war. Furmaniks Hauptinteresse galt dem Erzielen von Rekorden, und mit Maserati im Hintergrund war er in den 1930er-Jahren damit auch sehr erfolgreich. Es ist zweifelsfrei, dass Furmaniks Bemühungen den später sehr erfolgreichen Rekordbrecher »Goldie« Gardner mit seinen MGs inspirierten. Furmanik war als Fallschirmtester bei der *Reggia Aeronautica* (italienische Luftwaffe) angestellt.

Nuvolaris dritter Sieg in Folge mit dem 8CM war beim Grand Prix von Nizza über 320 Kilometer am 6. August. Nach einem Kampf mit Etancelin war Nuvolari in Führung gegangen. Ein Boxenstopp zur Nachjustierung der Bremsen warf ihn dann auf den dritten Platz zurück. Nachdem er das Rennen wieder aufgenommen hatte, lag er schnell wieder auf dem zweiten Platz vor Lehoux (Bugatti) und kam wieder an die Spitze, als Etancelin wegen eines Bremsenproblems stoppen musste. Nach dem Rennen trugen Seeleute der italienischen Flotte, die den Golf vor Juan besuchte, ihn auf den Schultern über die *Promenade des Anglais*, die Uferstraße. In diesem Rennen fuhr Campari einen Vierzylinder mit 1959 ccm Hubraum (80 × 98 mm), der 155 PS bei 5500 U/min leisten sollte. Nach einem langsamen und problematischen Rennen kam er als Achter und Letzter ins Ziel. Zehender fuhr wieder seinen 8CM, der allerdings von einer Vielzahl von Problemen geplagt wurde, einschließlich der Langsamkeit des Fahrers. Wegen Überhitzung musste er ausscheiden.

Borzacchini kam nun zu Maserati, und Campari, der der Meinung war, dass man ihm für Nizza ein schlechtes Fahrzeug gegeben hatte, wechselte zur *Scuderia Ferrari*. Das war ein rechtzeitiger Wechsel, denn während der ersten Augustwoche lieferte Alfa Romeo – angesichts dessen, was die Dominanz durch Nuvolari/Maserati zu bringen schien und des neuen Bugatti Typ 59 – sechs neue P3 *Monoposti* einschließlich Ersatzteilen an die *Scuderia Ferrari*.

Bei der über 305 Kilometer gehenden Coppa Acerbo am 13. August waren vier 8CMs mit den Fahrern Nuvolari, Borzacchini, Taruffi und Zehender am Start, denen zwei Tipo B von Campari und Fagioli gegenüberstanden. Ab dem Moment, als der Herzog von Ascona die Flagge senkte, gab es einen heftigen Kampf zwischen Nuvolari und Campari. Campari war am Start zuerst weggekommen, aber Nuvolari übernahm die Spitzenposition in der ersten Runde über 24,6 Kilometer. Der Kampf wurde fortgesetzt, bis der *Monoposto* in der achten Runde Probleme hatte und Nuvolari mit einem komfortablen Vorsprung vor Fagioli an die Box fuhr.

Am Ende der elften Runde brachte Nuvolari den 8CM an die Box mit einer Rauchfahne aus dem überhitzten Antrieb. Die Mechaniker von Maserati taten das in dieser Situation einzig Richtige und schütteten einen Eimer Wasser darüber. Nuvolari kehrte in das Rennen zurück, aber Fagioli hatte ihn während seines Boxenstopps überholt, und der Maserati-Fahrer war im Ziel immer noch zwei Minuten und 26 Sekunden hinter ihm. Taruffi landete auf dem dritten Platz und Varzi beendete mit seinem Bugatti 51 das Rennen auf dem fünften Rang. Borzacchini und Zehender waren ausgefallen.

In Pescara gab es auch ein *Voiturette*-Rennen für die 1,1-Liter-Fahrzeuge über 101 Kilometer. Man erwartete einen Sieg von Maserati. Whitney Straight jedoch hatte seinen MG Magnette K3 gemeldet, der von Thomson & Taylor getunt worden war und von ihnen auch eine leichte Rennkarosserie erhalten hatte. Nur acht Fahrzeuge waren am Start, und die Italiener waren von der Geschwindigkeit des MG und Straights Sieg mit einer Geschwindigkeit von 122,22 km/h geschockt. Er war 20 Sekunden schneller als Barbieri (Maserati). Die anderen Maserati-Fahrer belegten die Plätze drei und vier. Nach dem Rennen wurde Protest eingelegt mit der Begründung, dass Straight einen Motor mit zu großem Hubraum gefahren hätte, aber eine Nachvermessung des Motors führte dazu, dass der Protest schnell zurückgewiesen wurde. Wie David Venables bemerkte, war dies der erste britische Rennsieg bei einem italienischen Rennen.

Die Werks-Maseratis waren für den Comminges-Grand-Prix am 20. August über 385 Kilometer gemeldet, man telegrafierte jedoch, dass sie nicht rechtzeitig am Start sein könnten. So waren die einzigen Maserati-Fahrer Zehender mit seinem 8CM und Whitney Straight mit seinem 8C-2500, der grundlegend überarbeitet worden war. Wegen der besonderen Anstrengungen, die ein Gangwechsel bei dem normalen Getriebe verursachte, war ein Wilson-Automat eingebaut, bei dem der Gang durch einen vertikalen, gekröpften Hebel vorgewählt wurde. Der Ladedruck des Kompressors war erhöht worden, sodass die Leistung bei 200 PS lag. Straight fiel aus, und Zehender wurde wegen eines Frühstarts disqualifiziert. So fuhr Luigi Fagioli einen leichten Sieg mit seinem *Monoposto* ein, vor Wimille und Guy Moll mit ihren *Monzas*.

Nuvolari erschien mit seinem 8CM wieder beim Grand Prix von Marseille in Miramas am 27. August. Die Renndistanz betrug 500 Kilometer. Borzacchini und Zehender fuhren ebenfalls 8CMs. Für den Führenden am Ende jeder fünften Runde war ein Preis ausgesetzt, und der erfahrene Nuvolari, der mit Chiron (*Monoposto*) und Dreyfus (Typ 54 Bugatti) um die Führung kämpfte, stellte sicher, dass er zu den entsprechenden Zeiten immer in Front war. Je weiter das Rennen fortschritt, desto komfortabler wurde der Vorsprung von Nuvolari; als allerdings eine Achse brach, musste er 20 Runden vor dem Ziel aufgeben. Borzacchini gab wegen einer gebrochenen Radnabe auf. Chiron und Fagioli belegten mit ihren Tipo B die ersten beiden Plätze. Zehender, der von den Anstrengungen, das launische Fahrzeug auf der kurvenreichen Strecke zu kontrollieren, ermüdet war, übergab das Fahrzeug an Parenti. Gemeinsam belegten sie den fünften Platz.

Am 10. September wurde der Grand Prix von Italien in Monza über 50 Runden und eine Distanz von 500 Kilometern ausgetragen. Während des Nachmittags wurde außerdem der Grand Prix von Monza gefahren, und zwar mit drei 14-Runden-Läufen und einem 14-Runden-Finallauf. Das hätte ein großer Renntag werden können, aber er wurde von Tragödien überschattet. Am Morgen fuhren Nuvolari, Taruffi und Zehender ihre 8CMs, und Chiron und Fagioli saßen hinter dem Steuer in den Tipo B. Straight nahm in seinem 8C-2500 teil. Es war ein ungemütlicher, nasser Tag, aber das Rennen war hart umkämpft und spannend. Zunächst führte Nuvolari vor Fagioli, aber Fagioli ging nach nur sechs Runden zum Auftanken an die Box, sodass er wahrscheinlich nur mit halb vollem Tank gestartet war.

Taruffi führte kurze Zeit vor Nuvolari, warf sich aber selbst aus dem Rennen, als er vom Kurs abkam und dabei ein Rad brach. Für den Rest des Rennens kämpfte Nuvolari mit Chiron, und die Führung wechselte, als die Fahrer ihren Boxenstopp machten. Chiron musste längere Zeit in der Box bleiben, weil sein Auspuff repariert wurde, und Nuvolari lag zwei Runden vor dem Ende mit einem Vorsprung von 30 Sekunden vor Fagioli. Der Maserati hatte dann aber einen Reifenschaden, Nuvolari verlor die Führung und kam 40 Sekunden hinter Fagioli ins Ziel. Zehender belegte den dritten Platz mit zwei Runden Rückstand, und Straight beendete das Rennen als Elfter.

Die Strecke war beim Start zum Grand Prix von Monza noch feucht. In der ersten Runde führte Graf Czaikowski (Bugatti Typ 54) vor Graf Trossi (4,5-Liter-Duesenberg der *Scuderia Ferrari*), bis offenbar ein Pleuel an Trossis Fahrzeug brach und eine Öllache in der Südkurve hinterließ. Im zweiten Lauf fuhr Borzacchini den 8C, während Campari den Alfa Romeo der *Scuderia Ferrari* lenkte. Campari überholte Borzacchini in der Südkurve, aber das Hinterrad streifte das obere Ende der Absperrung, fuhr für etwa 100 Meter an der Absperrung entlang, dann flog der *Monoposto* über die Absperrung und überschlug sich. Borzacchini musste scharf bremsen, um den Alfa Romeo nicht zu berühren, seine Räder blockierten wie bei Camparis Wagen, und der Maserati flog über die Absperrung und überschlug sich.

Beide Fahrer wurden getötet, obwohl Borzacchini den Aufprall einige Minuten überlebte. Campari war in Italien sehr beliebt, und sein

Tod war umso tragischer, weil er sich im Alter von 41 Jahren aus dem Rennsport zurückziehen wollte. Es gab eine zweistündige Verspätung, bis der dritte Lauf gestartet wurde, der fast ebenso tragisch verlief. Graf Czaikowski, ein polnischer Emigrant, der in Frankreich lebte, verlor an der gleichen Stelle der Rennstrecke die Kontrolle über seinen Bugatti, der ebenfalls über die Absperrung in der Südkurve flog und sich überschlug. Der Unterschied war, dass das Fahrzeug Feuer fing, Czaikowski darin gefangen war und verbrannte. Dass Marcel Lehoux (Bugatti) das Rennen vor Guy Moll und Felice Bonetto, beide in einem *Monza,* gewann, hatte an einem solchen schrecklichen Tag wenig Bedeutung. Tazio Nuvolari war über den Tod von Campari sehr bestürzt, denn sie waren enge Freunde und über viele Jahre Teamkameraden gewesen.

Nuvolari fuhr den 8CM noch ein weiteres Mal im Jahre 1933, beim Grand Prix von Spanien in San Sebastian am 24. September. Die Renndistanz betrug 520 Kilometer. Das Rennen war bemerkenswert für das lange erwartete – und enttäuschende – Debüt des Bugatti Typ 59, der von Varzi und Dreyfus gefahren wurde. Es wurde sehr schnell klar, dass sie in dieser Form keine Konkurrenz für die 8CMs oder die *Monoposti* sein konnten. Vom Start weg übernahm Nuvolari die Führung vor Fagioli und behielt diese auch trotz zwei Tankstopps und eines kurzen weiteren Boxenstopps, bei der der Tankdeckel befestigt wurde. Es begann zu regnen, und die Strecke wurde zunehmend schlüpfriger. Nuvolari fuhr etwas härter, als es eigentlich notwendig war, er verlor die Kontrolle, kam von der Strecke ab, und sein Maserati überschlug sich. Er war sehr froh, mit kleinen Blessuren aussteigen zu können. Chiron und Fagioli (Alfa Romeo) belegten die ersten beiden Plätze vor Lehoux (Bugatti Typ 51) und Varzi (Bugatti Typ 59).

1933 belegte Whitney Straight mit seinem 8C-2500 den zweiten Platz hinter Braillard (Bugatti) beim Albi-Grand-Prix über 203 Kilometer und siegte beim Mont-Ventoux-Bergrennen bei Avignon, wo er einen neuen Rekord fuhr. Mit Zwillingsbereifung auf den Hinterrädern des Maserati fuhr Straight die schnellste Zeit bei den Brighton Speed Trials, und beim Shelsley-Walsh-Bergrennen am 30. September unterbot er den Rekord von Hans Stuck aus

Blick in das Cockpit eines 8CM mit einem schmalen Chassis beim Shelsley-Walsh-Bergrennen im Oktober 1946. Dieser Wagen gehörte ehemals Howe, er hatte ein Vorwählgetriebe. Der Hebel auf der rechten Seite der Lenksäule machte einen guten Job, verdeckte jedoch den Tachometer für den Fahrer. Zu diesem Zeitpunkt gehörte das Fahrzeug Kenneth McAlpine. (Sammlung Guy Griffiths)

dem Jahr 1930, den dieser mit einem Austro Daimler aufgestellt hatte.

In Montlhéry fuhr der Schweizer Fahrer Hans Ruesch am 26. Oktober mit seinem 8CM einen neuen Weltrekord über den Kilometer mit stehendem Start mit einer Geschwindigkeit von 142,21 km/h. Der bis dahin gültige Rekord war mit 139,9 km/h von Parry Thomas am Lenkrad von *Babs* aufgestellt worden. Auch »Freddie« Zehender engagierte sich mit seinem 8CM bei der Rekordjagd in Montlhéry gegen Ende des Jahres 1933 und brach Rekorde, die zuvor von Bugatti gehalten worden waren. Diese betrafen die von 50 Kilometern mit 210,1 km/h – der Rekord lag bis dahin bei 208,97 km/h – bis zu 100 Meilen mit 213,21 km/h – bisher 199,98 km/h.

Obwohl der 8CM-3000 kaum eine Konkurrenz für den Alfa Romeo *Monoposto* war, war das Jahr 1933 eines der erfolgreichsten in der Geschichte mit Siegen von Maserati in vier wichtigen Rennen – dank Nuvolari. Zusätzlich hatten private Maserati-Fahrer eine Reihe von Siegen bei Bergrennen und kleineren Veranstaltungen herausgefahren. Die zwei Stärken von Maserati waren die große Bandbreite der Wettbewerbsfahrzeuge und die enge Verbundenheit mit den privaten Besitzern.

1934

Das Gesicht des Motorrennsports veränderte sich 1934 mit der Einführung einer neuen Grand-Prix-Rennformel. Im November 1932 hatte sich die *Commission Sportive* der AIACR getroffen, um über die Zukunft des Grand-Prix-Rennsports zu beraten. Die AIACR wollte eigentlich den Status quo, nach dem die Rennen mit Fahrzeugen wie dem Alfa Romeo *Monoposto* und dem Bugatti Typ 51 gefahren wurden, beibehalten. Man wollte die sehr schnellen und schweren Fahrzeuge wie den Maserati *Sedici Cilindri* und den Bugatti Typ 54 ausschließen, da man diese Fahrzeuge als gefährlich ansah. Schließlich verständigte man sich darauf, dass der beste Weg, um ans Ziel zu kommen, eine Gewichtslimitierung wäre.

So legte man jetzt das Höchstgewicht des Fahrzeugs auf 750 Kilogramm fest, wohingegen früher Mindestgewichte bestanden hatten. Als alle Einzelheiten bekannt wurden, stellte sich heraus, dass das Gewicht ohne Fahrer, Treibstoff, Öl, Wasser und Reifen als Berechnungsgrundlage diente. Zum Zweiten sollte die Karosserie auf der Höhe des Fahrersitzes einen Querschnitt von mindestens 85 × 25 Zentimetern aufweisen. Die Renndistanz sollte mindestens 500 Kilometer betragen.

Der Alfa Romeo *Monoposto* stimmte mit der neuen Formel überein, ebenso der Maserati 8CM-3000, sobald man das Chassis von 620 Millimetern auf 820 Millimeter verbreitert hatte, um die Karosserie den geforderten Querschnitten anzupassen. Um die Modifikationen an der breiteren Karosserie entsprechend dem Reglement vornehmen zu können, war es nötig, das ursprünglich enge Chassis zu verbreitern. Vom Maximalgewicht lag der Maserati allerdings weit entfernt. Weil Alfa Romeo keine Fahrzeuge an private Kunden verkaufte, erhielt die *Officine* eine größere Anzahl von Anfragen nach dem 8CM, und einige davon hatten, weil die Chassis am Lager waren, den originalen engen Fahrgestellrahmen. Auch der Bugatti Typ 59 entsprach dem Reglement der neuen Formel. Die Fahrzeuge, die 1934 im Renneinsatz waren, hatten für den Grand Prix von Monaco einen Hubraum von 3257 ccm und mehr.

So mussten die Rennwagenhersteller in Frankreich und Italien zunächst keine Veränderungen an ihren Fahrzeugen vornehmen. Zu diesem Zeitpunkt waren sie sich der kommenden Entwicklung in Deutschland nicht bewusst, wo Adolf Hitler am 30. Januar 1933 zum Reichskanzler ernannt worden war. Obwohl Italien und Deutschland militärisch aufrüsteten, was in Deutschland sehr massiv geschah, waren die beiden Autohersteller, die am Grand Prix teilnehmen wollten – die erst kurz zuvor gegründete Auto Union und Mercedes-Benz – zwei deutsche Unternehmen, die durch militärische Aufträge mehr als ermutigt wurden, sich auch an den Grand-Prix-Rennen zu beteiligen.

Grand-Prix-Rennen waren jetzt sowohl in Deutschland als auch in Italien zu einem Politikum geworden, und sowohl Hitler als auch Mussolini nutzten dies in ihrer Propaganda aus. Obwohl Mussolini schon immer ein großer Fan des Motorsports und der italienischen Rennwagenhersteller Alfa Romeo und Maserati war, hatte er nicht die finanziellen Mittel, um den deutschen Angriff auch nur teilweise abzuwehren. Die Zeit von 1934 bis 1939 sollte eine der aufregendsten in der Geschichte des Sports werden, aber immer vor dem Hintergrund der politischen Ambitionen der Nazi-Partei, der sich ausbreitenden Tentakeln des Dritten Reichs und einer wachsenden Furcht vor einem Krieg.

Natürlich gab es in Molsheim, Modena und Portello Besorgnis, als man Informationen über die neuen Mercedes-Benz- und Auto-Union-Rennwagen erhielt, aber man konnte in der kurzen Zeit nur wenig tun und – wie sich zeigen sollte – auch langfristig nicht viel mehr. Vittorio Jano entwickelte bei Alfa Romeo 1934 den *Monoposto* mit einem Hubraum von 2905 ccm, konstruierte aber, behindert durch finanzielle Restriktionen, für 1935 und die Jahre darauf Fahrzeuge, die sich nicht mit den deutschen Fahrzeugen messen konnten.

Maserati kämpfte weiter, aber seine Neuentwicklungen der Jahre 1934 und 1935 erwiesen sich als fehlerhaft, sodass man sich danach aus dem Grand Prix zurückzog, bis 1938 eine neue Formel in Kraft getreten war und die Firma einen neuen Eigentümer hatte. Auch Bugatti zog sich wider Erwarten aus dem Grand-Prix-Rennsport zurück und nahm nur noch gelegentlich an kleineren Rennen teil. Die Jahre 1934 und 1935 sahen den Niedergang von Maserati, der die Übernahme des Unternehmens durch Orsi einleitete.

Aufgrund seiner ermutigenden Erfolge mit dem 8C-2500 gründete Whitney Straight seine eigene kleine Firma, die Whitney Straight Ltd. mit Reid Railton und dem Earl of Brecknock (später Marquis of Camden) als Direktoren. Giulio Ramponi, der sich sowohl mit der Italienischen Faschistischen Partei als auch mit Enzo Ferrari überworfen hatte, war nach England gegangen und leitete das Straight-Rennteam. Straight zog den 8C-2500 zurück und erwarb drei 8C-3000. Der Letzte wurde erst ausgeliefert,

In Monaco fuhr Eugenio Siena den ehemaligen Werks-8C-3000. Hier führt er vor Marcel Lehoux (Scuderia Ferrari Alfa Romeo Monoposto*). Er beendete das Rennen auf dem siebten Platz. (Sammlung Guy Griffiths)*

nachdem Straight einen Prozess gegen Maserati angestrengt hatte, weil die Auslieferung bereits lange Zeit in Verzug war. Dieses Fahrzeug wurde bei einem Unfall zerstört, bevor es, wie die beiden anderen Fahrzeuge, modifiziert werden konnte.

Die Veränderungen an Straights ersten beiden Fahrzeugen wurden von Reid Railton vorgenommen, der damals noch bei Thomson & Taylor in Brooklands arbeitete. Er verstärkte das Chassis, um die Steifigkeit zu erhöhen, nahm Veränderungen am Antrieb vor, die die Schwierigkeiten beim Fahren behoben, installierte ein Wilson-Getriebe mit Gangvorwahl und schuf für das Fahrzeug eine leichtere Karosserie. Diese Fahrzeuge unterschieden sich durch ihren schildförmigen Lufteinlass und eine amerikanische Rennlackierung in weiß mit blauem Fahrgestell. Straight bevorzugte Schwarz als Lackierung, musste sich aber mit den internationalen Farbgebungen arrangieren. Die 8CM-3000 wurden von Straight und Hugh Hamilton gefahren, während der noch vorhandene 8C-2500 von R.E.L. (»Buddy«) Featherstonhaugh gesteuert wurde.

Das erste wichtige Rennen der europäischen Saison war der über 314 Kilometer ausgeschriebene Grand Prix von Monaco am Ostermontag, dem 2. April. Es waren drei privat gemeldete 8CMs am Start, die von Earl Howe, Whitney Straight und Philippe Etancelin gefahren wurden. Alle drei Fahrzeuge hatten das enge Original-Chassis. Eugenio Siena fuhr den ehemaligen Werks-8C-3000. Der einzige gemeldete Werks-Maserati war der Prototyp 4C-2500 mit einem Vierzylindermotor mit 2483 ccm (84 × 112 mm) Hubraum, von dem man sagte, dass er 190 PS bei 5300 U/min leistete. Er wurde von Piero Taruffi gefahren. In diesem Rennen fuhr Nuvolari den Bugatti Typ 59, von dem er keinen guten Eindruck hatte, was er auch laut verkündete.

Etancelins Fahrzeug wurde von den Offiziellen nicht eher zugelassen, bis ein kleiner Flügel an der Karosserie befestigt war, der die Karosserie auf die geforderte Minimalbreite brachte. Alle Achtzylinderfahrzeuge hatten Probleme mit dem Gewicht, obwohl man selbst das Öl aus dem Getriebe und der Hinterachse abgelassen hatte. Sie erfüllten jedoch alle die Zulassungskriterien, nachdem man sie mit Leichtmetallrädern ausgerüstet hatte. Etancelin war der einzige wettbewerbsfähige Maserati-Fahrer im Rennen, und er erkämpfte sich den zweiten Platz, verlor dann aber an einem Schlagloch die Kontrolle über sein Fahrzeug, fuhr in der Station-Haarnadelkurve in die Randbegrenzung durch Sandsäcke und brach sich die Lenkung. Moll und Chiron belegten für die *Scuderia Ferrari* die ersten beiden Plätze. Siena, Straight und Howe kamen auf den Plätzen sieben, acht und zehn ins Ziel.

Am folgenden Wochenende, am 8./9. April, teilten sich Taruffi und Bertocchi bei der Mille Miglia in der 1,1-Liter-Klasse ein Fahrzeug. Ein Team, bestehend aus drei MG K3 Magnettes, dem Modell, das 1933 die ersten drei Plätze belegt hatte, war ein harter Konkurrent für sie. Der Maserati hatte Pirelli-*Pneugrippa*-Reifen mit einem feinen Profil, das bei nassem Wetter eine bessere Straßenhaftung erzeugte. Auch dem MG-Team war angeboten worden, diese Reifen zu fahren, aber sie lehnten ab und blieben bei schmalen Hochdruckreifen, die ideal für Hochgeschwindigkeiten, aber instabil bei Nässe waren. Das Rennen fand zum größten Teil bei Dauerregen statt.

Graf »Johnny« Lurani beschrieb den Maserati und seinen Fahrer mit diesen Worten: »Er war leicht, stabil und sehr gut zu bewegen und hatte gute Bremsen. Sein Motor war bis zur Perfektion getunt, und selbst das Chassis war getestet worden...« »Sein Fahrer war Piero Taruffi, ein großartiger Fahrer, der die Strecke sehr gut kannte« (*Mille Miglia*, 1927-57, Automobile Year, 1981). Auf dem Raticosa-Pass zwischen Bologna und Florenz kämpften Taruffi und Earl Howe Rad an Rad, aber der britische Fahrer fuhr wegen Aquaplanings kurz vor Florenz in eine Barriere. Taruffi kam in seinem Maserati auf den fünften Platz im Gesamtklassement hinter vier Alfa Romeos und gewann die 1,1-Liter-Klasse mit einem Durchschnitt von 103,3 km/h. Auch Lurani und Clifton Penn-Hughes kamen mit ihrem Magnette ins Ziel, doch obwohl ihre Durchschnittsgeschwindigkeit höher war als die des

Der einzige Werks-Maserati in Monaco war der von Piero Taruffi gefahrene Tipo 4CM-2500. Er lag in der letzten Runde auf dem vierten Platz, als er wegen eines Motorschadens ausfiel. Er ist wahrscheinlich der einzige Wagen, der mit einem Vierzylindermotor mit 2483 ccm Hubraum gebaut wurde.

Whitney Straight am Lenkrad seines 8CM-3000 vor dem Start der JCC International Trophy als Handicap-Rennen in Brooklands 1934. Hinter dem Wagen stehen der Chefmechaniker Giulio Ramponi und der Mechaniker Jock Finlayson. Straight gewann das Rennen vor Hon. Brian Lewis (8C-3000).

Siegers von 1933, belegten sie nur den 16. Platz im Gesamtklassement und wurden Zweiter in ihrer Klasse, 80 Minuten hinter Taruffi. Der dritte MG, der von Eddie Hall und seiner Frau gefahren wurde, fiel aus.

Nuvolari saß beim Grand Prix von Bordino am 22. April in Alessandria in zwei Qualifikationsläufen und im Finallauf wieder hinter dem Lenkrad seines 8CM-3000. Das Rennen wurde auf einer nassen und tödlich rutschigen Strecke ausgetragen. Im ersten Lauf schätzte Carlo Pedrazzini in seinem erst kürzlich ausgelieferten 8CM, der von der *Scuderia Ferrari* gemeldet worden war, eine Kurve vor einer Brücke über den Fluss Tanaro falsch ein, prallte gegen eine Mauer, wurde aus seinem Fahrzeug geschleudert und erlitt tödliche Verletzungen. Nuvolari war nicht in der Lage, die Geschwindigkeit der Alfa Romeo Tipo B mitzuhalten, und als er es im Finallauf mit aller Gewalt versuchte, kam er nahe der Stelle, an der Pedrazzini verunglückt war, ebenfalls von der Strecke ab, prallte gegen einen Baum und erlitt schwere Verletzungen, einschließlich eines Beinbruchs. Es gab Vermutungen, dass er von Trossi touchiert worden war und den Unfall hatte, um eine Kollision mit dem eleganten italienischen Banker zu vermeiden. Varzi, Chiron, Tadini und Comotti belegten die ersten vier Plätze.

Ein weniger wichtiges Rennen, das von Maserati dominiert wurde, war die JCC International Trophy, die am 28. April über 422 Kilometer in Brooklands ausgetragen wurde. Whitney Straight führte mit seinem 8CM vom

Start weg, fuhr durch tiefe Regenpfützen, die sich bereits vor dem Start gebildet hatten, und er baute sich eine gute Führung vor Hon. Brian Lewis auf seinem 8C-3000 aus, der ehemals Rubin gehört hatte. Unglücklicherweise berührte Straight in einer Schikane eine Tonne und zerstörte dadurch einen Reifen. Er musste zum Reifenwechsel an die Box.

Das ermöglichte es nun Lewis, seinerseits einen guten Vorsprung herauszufahren – und als er dann zum Auftanken an die Box kam, war sein Gesicht mit Blut verschmiert. Die Ursache dafür waren Steine, die von den Autos, die er überholt hatte, aufgewirbelt worden waren. Straight war schnell wieder zurück an der Spitze, musste aber in den letzten Runden langsamer fahren, weil seine Reifen bis auf das Gewebe abgefahren waren. Er kam nur vier Sekunden vor Lewis als Erster ins Ziel, und kaum dass die Zielflagge gesenkt worden war, platzte der rechte Vorderreifen.

Der Grand Prix von Tripoli über 525 Kilometer am 6. Mai war ein Rennen nach der freien Formel und wurde auf der neuen Rennstrecke von Mellaha ausgetragen. So meldete Maserati den V5 *Sedici Cilindri*, der nach dem Crash von Montlhéry 1933 komplett wieder aufgebaut worden war, mit Piero Taruffi am Lenkrad. Straight, Hamilton, Etancelin, Biondetti, Siena und Zehender fuhren alle 8CMs. Die *Scuderia Ferrari* hatte vier Tipo B für Chiron, Moll, Tossi und Varzi gemeldet. Taruffi fuhr vom Start weg davon, mit einer Höchstgeschwindigkeit von 266 km/h auf der Geraden. Als er aber in der vierten Runde in eine Kurve fuhr, blockierten seine Bremsen. Die Reifenprofile schmolzen, Taruffi kam von der Strecke ab, zerstörte eine Absperrung und wurde aus dem Fahrzeug geschleudert, als dieses sich überschlug. Er kam glücklicherweise mit einem gebrochenen Arm davon, aber der V5 war Schrott.

Taruffi beschuldigte sich selbst, den Bremsen und ihrer Kühlung nicht genug Aufmerksamkeit gewidmet zu haben. Er erzählte die ganze Geschichte seines Unfalls in dem Buch *Works Driver* (Temple Press Books, 1964). Die Alfa Romeos von Varzi, Moll und Chiron belegten die ersten drei Plätze, aber Hamilton hielt kurzzeitig den zweiten Platz und jagte die von Ferrari ins Rennen geschickten Fahrzeuge hart, bis das Schwimmernadelventil im Vergaser des Maserati klemmte. Man war der Meinung, dass die

In der Kurve des künstlich überhöhten Rennkurses sind hier beim JCC-International-Rennen 1934 Hon. Brian Lewis in dem ehemaligen Rubin-8C-3000 und Featherstonhaugh in Whitney Straights schwarz lackiertem 8C-2500 zu sehen. Lewis belegte den zweiten Platz. (Sammlung Guy Griffiths)

Ein anderes Handicap-Rennen war 1934 in Brooklands die British Empire Trophy, die auf einer künstlich angelegten Rennstrecke ausgefahren wurde. Earl Howe (8CM) führt vor Eccles (Bugatti Typ 51) und John Cobb (Alfa Romeo Monza). Howe schied aus, nachdem er rückwärts in die Strohballen gerutscht war. (Sammlung Guy Griffiths)

Tazio Nuvolari fährt mit hoher Geschwindigkeit seinen Werks-8CM-3000 beim Marne Grand Prix 1934 in Reims. Nuvolari wurde von Reifenproblemen geplagt und musste schließlich wegen Hinterachsproblemen aufgeben. (Sammlung Guy Griffiths)

8CMs auf der Geraden eine Höchstgeschwindigkeit von 258 km/h erreichen konnten.

Beim Grand Prix von Casablanca über 381 Kilometer am 20. Mai waren sieben von 15 gemeldeten Fahrzeugen Maseratis, allerdings war keiner ein Werkswagen. Etancelin kämpfte mit den Alfa Romeos der *Scuderia Ferrari* und beendete das Rennen auf dem zweiten Platz, eine Sekunde hinter Chiron (Tipo B). Straight lag zunächst auf dem dritten Platz, aber ein geplatzter Reifen ließ ihn im Ziel auf den vierten Rang zurückfallen.

Die neuen deutschen Rennwagen waren für das Avusrennen über 293 Kilometer am 27. Mai erstmals gemeldet, aber nur das Auto-Union-Team trat an. Guy Moll gewann mit seinem stromlinienförmigen Tipo B vor Varzi (Tipo B) und Momberger (Auto Union). Earl Howe belegte den vierten Platz, und Nuvolari kam auf einen unglaublichen fünften Platz – mit bandagiertem Arm und einem Kupplungspedal, das näher an das Gaspedal verlegt worden war, damit er beide mit seinem rechten Fuß bedienen konnte. In dem *Voiturette*-Rennen über 196 Kilometer kam Graf Castelbarco mit einem 4CM auf den dritten Rang, hinter Veyron und Burggaller auf Bugatti.

Nuvolari, Ruesch und Siena fuhren ihre 8CMs auch beim Eifelrennen am 3. Juni. Nuvolari gab auf, weil er sich nicht gut fühlte, Ruesch und Siena fielen wegen Motorproblemen aus. Von Brauchitsch (Mercedes-Benz) gewann bei seinem ersten Start mit dem neuen W25 das Rennen, und Stuck kam mit seinem Auto-Union-Rennwagen auf den zweiten Platz. Von diesem Zeitpunkt an, als die Alfa Romeos sich Zweikämpfe mit den deutschen Rennwagen lieferten, wurden die Maseratis immer unbedeutender. Das Rennen schloss auch eine 1,5-Liter-Klasse ein, die Castelbarco in seinem Maserati vor Schmidt und Burggaller in den Bugattis gewann.

Der Montreux-Grand-Prix über 300 Kilometer fand am 3. Juni statt. Etancelin führte zunächst vor Whitney Straight, musste aber wegen Bremsenproblemen aufgeben. Auch Straight konnte nicht die volle Geschwindigkeit fahren, da er Schwierigkeiten mit dem Kompressor hatte und ihm Öl ins Gesicht spritzte. Trossi gewann für die *Scuderia Ferrari*, die Maserati-Fahrer belegten den zweiten und den dritten Platz. Zehender, der vom Werk mit dem 4C-2500 gemeldet worden war, kam auf Platz sechs. Am 9. Juni verbesserte Whitney Straight mit einem 8CM, der Zwillingsbereifung auf den Hinterrädern hatte, die Zeit für das Shelsley-Walsh-Bergrennen mit einem neuen Rekord um 40 Sekunden. Am darauffolgenden Tag siegte Falchetto mit einem *Ecurie Braillard* 8CM bei dem nur schwach besetzten Picardie-Grand-Prix über 195 Kilometer vor Sommer (Alfa Romeo *Monza*) und Brunet (Bugatti).

Nuvolari führte im Penya-Rhin-Grand-Prix am 17. Juni auf dem Montjuich-Park-Kurs in Barcelona über 265 Kilometer, bevor ihn Schmerzen zwangen aufzugeben, nachdem er auf den vierten Platz zurückgefallen war. Die Alfa Romeos belegten die ersten drei Plätze. Der Amerikaner Peter de Paolo hatte sich bereit erklärt, einen 8CM für *Ecurie Braillard* für den Rest der Saison zu fahren, aber er war beim Training in Spanien schwer verunglückt und hatte sich einen Schädelbruch zugezogen. Am 23. Juni belegte Whitney Straight mit einem 8CM den zweiten Platz hinter Eystons MG beim Handicap-Rennen der British Empire Trophy über 483 Kilometer auf einem Spezialkurs in Brooklands.

Während die *Scuderia Ferrari* sich mit den deutschen Teams Zweikämpfe lieferte, waren die einzigen beiden Maseratis, die für den Grand Prix von Frankreich am 1. Juli in Montlhéry gemeldet waren, chancenlos. Etancelin fiel bereits nach elf Runden wegen einer gebrochenen Ölleitung aus, und Zehender gab mit seinem Werks-8CM-3000 auf, nachdem seine Mechaniker vergeblich versucht hatten, die Hinterachse seines Fahrzeugs mit Befestigungen wieder zu sichern, nachdem diese mit den Bordsteinen in Montlhéry Bekanntschaft gemacht hatte. Die deutschen Fahrzeuge waren noch nicht perfekt abgestimmt. Alfa Romeo belegte die ersten drei Plätze.

Beim Marne-Grand-Prix am folgenden Wochenende über 500 Kilometer war Maserati vom Unglück verfolgt. Die deutschen Teams nahmen nicht am Rennen teil, und Nuvolaris Anstrengungen, mit den Alfa Romeos mithalten zu können, wurden durch eine Reihe von Reifenproblemen zunichtegemacht; schließlich musste er sich wegen einer gebrochenen Hinterachse aus dem Rennen verabschieden. Die Tipo B beendeten das Rennen auf den ersten drei Plätzen. Hugh Hamilton wurde mit dem Fahrzeug von Whitney Straight Vierter, Etancelin, Sommer, Straight und Zehender fielen aus.

Beim Großen Preis von Deutschland auf dem Nürburgring am 15. Juli über 570 Kilometer gab es einen Zweikampf zwischen den beiden deutschen Rennställen. Maserati war in den großen Rennen jetzt nicht mehr als Beiwerk, und Nuvolaris großes Talent verkümmerte in den 8CMs. Nach einem schweren Rennen erreichte Nuvolari einen vierten Platz hinter Stuck (Auto Union), Fagioli (Mercedes-Benz) und Chiron (Alfa Romeo). Zehender mit seinem Werksfahrzeug wurde nach der Disqualifikation von Maag (Alfa Romeo) Sechster, während sowohl Hamilton als auch Ruesch ausfielen.

Der Grand Prix von Vichy wurde in zwei Qualifikationsläufen über jeweils 71 Kilometer ausgetragen sowie in einem Finallauf über 141 Kilometer am selben Tag. Dieses Rennen fand nur einmal in der Geschichte statt. Es war ein weniger bedeutendes Rennen, in dem sich die 8CMs beweisen sollten, aber ihre Bremsen hielten der Beanspruchung nicht stand und verursachten schon sehr bald Probleme auf der Strecke, auf der häufig gebremst werden musste. Trotz der Bremsprobleme hätte Etancelin auf dem 2,35 Kilometer langen Vichy-Kurs fast noch gewonnen. Er führte bis zur letzten Runde, musste dann aber vorsichtiger fahren und wurde von Trossi (*Scuderia Ferrari* Tipo B) und Whitney Straight überholt.

Am 22. Juli gab es drei weniger wichtige Grand-Prix-Rennen. Der Grand Prix von Dieppe wurde in zwei einstündigen Läufen sowie einem zweistündigen Finallauf ausgetragen. Etancelin war auf dem Höhepunkt seiner Form und gewann seinen Lauf sowie den Finallauf jeweils vor Lehoux (*Monoposto*). Earl Howe kam in seinem 8CM als Dritter im Finallauf über die Ziellinie. Den Albi-Grand-Prix über 267 Kilometer dominierten die Maseratis in Abwesenheit der *Scuderia Ferrari*. Hamiltons 8CM, der von Straight gemeldet worden war, hatte Zündaussetzer, so konnte Featherstonhaugh mit dem 8C-2500 von Straight das Rennen für sich entscheiden. Hamilton wurde Zweiter, Veyron (Bugatti) Dritter und Sommer (Alfa Romeo) Vierter. Nuvolari fuhr an diesem Wochenende bei der Coppa Ciano über 240 Kilometer und belegte hinter den Alfa Romeos von Varzi und Moll den dritten Platz. Das begleitende *Voiturette*-Rennen über 160 Kilometer wurde von Romano Malaguti vor Federico Matrullo, beide in Maseratis, gewonnen.

Weder die deutschen Teams noch Nuvolari nahmen am Grand Prix von Belgien in Spa-Francorchamps über 595 Kilometer am 29. Juli teil. Die Deutschen gaben an, dass sie ihren Fahrern eine Ruhepause gönnen wollten, der wahre Grund war aber, dass die belgischen Behörden eine ungeheuer hohe Besteuerung des Spezialbenzins forderten, das Auto Union und Mercedes-Benz nach Belgien für ihre Autos importieren wollten. Die Deutschen gaben den Organisatoren nur 48 Stunden vor Rennbeginn ihre Nicht-Teilnahme bekannt. Nuvolari gab keine Erklärung ab, warum er nicht am Rennen teilnahm. Deshalb waren nur sieben Fahrzeuge am Start; Chiron zerstörte seinen Scuderia-Ferrari-Alfa-Romeo, Varzi fiel mit einer blauen Rauchwolke aus, Dreyfus und Brivio belegten mit ihren Bugatti 59 die ersten beiden Plätze – das war der letzte *Grand Epreuve*, der von Molsheim gewonnen wurde –, und Sommer fuhr mit dem 8CM als Dritter über die Ziellinie.

Am 5. August fuhr Whitney Straight mit einem seiner 8CMs, der Zwillingsbereifung auf der Hinterachse hatte, beim Klausenpass-Rennen über 22,5 Kilometer die drittschnellste Zeit auf den Klausenpass nahe der italienischen Grenze. Caracciola siegte in einer neuen Rekordzeit von 15 Minuten und 22 Sekunden, Hans Stuck belegte den zweiten Platz, und Hans Ruesch wurde mit seinem 8CM Vierter.

Zehn Tage später traten die deutschen Teams bei der Coppa Acerbo über 516 Kilometer an. Ferrari hatte vier Tipo B gemeldet; außerdem waren fünf 8CMs am Start, einer davon mit Nuvolari am Lenkrad, und Secondo Corsi fuhr den V5 für das Werksteam. Das Rennen wurde durch den Tod des jungen und talentierten algerischen Fahrers Guy Moll überschattet, der seinen Tipo B von der *Scuderia Ferrari* mit hoher Geschwindigkeit zertrümmerte und dabei tödlich verletzt wurde. Das Rennen, das von einer hohen Zahl von Ausfällen gekennzeichnet war,

Am 22. Juli 1934 siegte Featherstonhaugh auf Whitney Straights altem 8C-2500 vor Pierre Veyron (Bugatti) in Albi. (Sammlung Guy Griffiths)

Whitney Straight mit seinem 8CM-3000 beim berühmten Mont-Ventoux-Bergrennen 1934. Er erreichte nach Hans Stuck (Auto Union) die zweitschnellste Zeit. (Sammlung Guy Griffiths)

wurde von Fagioli in einem Mercedes-Benz vor Nuvolari in seinem 8CM mit einer Rundenbestzeit von 4 Minuten und 38,2 Sekunden gewonnen.

Das Missverhältnis zwischen den Fahrzeugen wird durch die Differenz in der Geschwindigkeit für einen Kilometer auf der Montesilvano-Geraden dokumentiert. Der schnellste Mercedes-Benz mit Caracciola wurde mit 289,1 km/h gemessen, Nuvolari mit 249,87 km/h. Corsi verunglückte mit seinem Wagen, jedoch ohne größere Verletzungen. Molls Tod überschattete die Ergebnisse des Rennens, und selbst Enzo Ferrari war tief betroffen. Beim *Voiturette*-Rennen siegten die MG Magnettes, die die ersten drei Plätze belegten, und Furmanik fuhr in seinem Maserati als Vierter über die Ziellinie, fast drei Minuten hinter dem Gewinner Hugh Hamilton.

Man erwartete, dass Maserati beim Grand Prix von Nizza über 320 Kilometer am 19. August erfolgreich sein würde. Sechs 8CMs und der 8C-3000, der von Zehender gefahren wurde, traten gegen die Alfa Romeos der *Scuderia Ferrari* an. Nuvolari lag an zweiter Stelle und jagte den führenden Varzi (Tipo B), als ein Kolben versagte. Etancelin kam als Zweiter ins Ziel, eine Runde hinter Varzi, nachdem Chiron wegen eines Kerzenwechsels an seinem Tipo B an die Box musste und Trossi 200 Meter vor der Ziellinie kein Benzin mehr hatte.

Nuvolari zeigte sein Können in einem weiteren interessanten Rennen, dem verregneten ersten Grand Prix der Schweiz, der am 26. August über 510 Kilometer gefahren wurde. Der Bremgarten-Kurs gefiel ihm sehr gut, aber sein 8CM bekam schwere Fehlzündungen und zwang ihn zur Aufgabe. Stuck und Momberger belegten mit den Auto-Union-Rennwagen die ersten beiden Plätze. Der einzige Maserati-Fahrer, der ins Ziel kam, war Earl Howe als Neunter. Hugh Hamilton, der den jüngsten 8CM von Whitney Straight steuerte, lag in der letzten Runde auf Platz sieben, als er von der Strecke abkam und getötet wurde, als sein Fahrzeug gegen mehrere Bäume schleuderte.

Sieger beim *Voiturette*-Prix de Berne, der in heftigem Regen über 101 Kilometer ausgetragen wurde, war Dick Seaman in seiner K3 Magnette. Malaguti hatte ursprünglich mit seinem 4CS (Sport) Maserati geführt, fiel aber wegen Zündproblemen zurück und gab schließlich auf. Der am besten platzierte Maserati-Fahrer, Castelbarco, belegte den sechsten Platz. Am gleichen Tag beendeten Zehender und Straight mit ihren 8CMs hinter Comotti (*Scuderia Ferrari* Tipo B) als Zweiter und Dritter den Comminges-Grand-Prix über 385 Kilometer. Am 2. September wurde das Biella-Rennen in drei Läufen und einem Finallauf ausgefahren, einschließlich einer *Voiturette*-Kategorie. Guiseppe Farina belegte in der Gesamtwertung mit einem 4CM der *Scuderia Subalpina* den dritten Platz und siegte in der *Voiturette*-Kategorie. Graf »Johnny« Lurani wurde mit einem 4CM Zweiter in der Klasse, und Castelbarco belegte den dritten Platz.

Die Maserati-Brüder hatten einen neuen Motor für den 8CM entwickelt, aber er war kaum eine ermutigende Antwort auf die Vorherrschaft der deutschen Teams. Er wurde unter dem Begriff 6C/34 bekannt. Es handelte sich dabei um einen Sechszylindermotor mit 3326 ccm Hubraum, der die Bohrung von 84 mm des 4C-2500 mit dem Hub von 100 mm des 4CM-1500 kombinierte. Er folgte den üblichen Konstruktionsprinzipien von Maserati mit zwei über Zahnräder angetriebenen obenliegenden Nockenwellen, einem einfachen Weber-Vergaser, einem Kompressor nach dem Roots-Prinzip und einem Scintilla-Magneten. In der ursprünglichen Version leistete er 260 PS bei 5000 U/min. Der Motor passte problemlos in den 8CM, den Nuvolari in den Rennen gefahren hatte.

Nach den schlimmen Unfällen, die auf der Strecke 1933 geschehen waren, hatten die Organisatoren des Grand Prix von Italien am 9. September einen kurzen Rundkurs von vier Kilometern festgelegt, der eine leicht überhöhte Südkurve besaß und mit Schikanen versehen war, um die Fahrzeuge langsamer zu machen. Er hatte aber eine Haarnadelkurve. Als kurzer Florio-Kurs tituliert, ließ er nicht das volle Potenzial der Fahrzeuge zu, sodass die Fahrer die Strecke über 500 Kilometer als sehr ermüdend empfanden. Die deutschen Teams und die *Scuderia Ferrari* waren in ihrer Leistung gebremst, und außer Nuvolari mit dem Sechszylinder fuhren auch Ruesch, Straight und Zehender in 8CMs mit. Vor dem Start paradierten die Fahrer und Mechaniker vor der Haupttribüne und hoben ihre Arme zum faschistischen Gruß, als sie an der Tribüne vorbeimarschierten.

Zunächst fuhr Nuvolari mit dem neuen

Beim Grand Prix von Italien 1934 stellte Maserati sein neues Fahrzeug für die 750-Kilogramm-Formel vor. Das war der Tipo 6C/34, eigentlich ein 8CM mit einem 3,3-Liter-Motor. Hier wurde er erstmals mit Nuvolari am Lenkrad gezeigt. Bertocchi, mit Mütze, steht links vom Wagen. Nuvolari belegte einen enttäuschenden fünften Platz.

Fahrzeug gut, gleichauf mit den führenden Fahrzeugen, aber es war fast vorhersehbar, dass auf einem solch langsamen Kurs viel Bremsarbeit geleistet werden musste, die zu Problemen mit den hydraulischen Bremsen der Maseratis führen sollte. In einer späteren Phase des Rennens bremste Nuvolari seinen 6C/34 nur noch mit dem Getriebe. Fahrer, die ausgefallen waren, wurden auf die Fahrzeuge verteilt, und der Zieleinlauf war: Sieg für Caracciola/Fagioli (Mercedes-Benz), die auf eine Durchschnittsgeschwindigkeit von 105,21 km/h gekommen waren, gefolgt von Stuck/zu Leiningen (Auto Union), Trossi/Comotti und Chiron (*Monoposti*) sowie Nuvolari auf dem fünften Platz. Straight und Howe beendeten das Rennen als Achter und Neunter, während Zehender wegen Bremsproblemen ausfiel.

Am selben Tag wurden auf dem fünf Kilometer langen Rundkurs in Montlhéry, der unter dem Namen *Circuit Routier* bekannt ist, eine Reihe von Rennen unter dem beeindruckenden Titel Grand Prix de France veranstaltet. Der Tag begann mit einem Vergleichsrennen zwischen Falchetto (*Ecurie Braillard* 8CM) und Marcel Doret, der ein Dewoitine-Flugzeug steuerte. Das Flugzeug gewann leicht, aber Falchetto konnte dafür das Rennen für Fahrzeuge mit aufgeladenen Motoren über 1500 ccm über eine Distanz von 88,5 Kilometern für sich entscheiden. Straight und Falchetto konkurrierten beim Mont-Ventoux-Bergrennen, aber trotz der sehr

Tazio Nuvolari am Lenkrad eines Tipo 6C/34 beim Masaryk-Rennen 1934 in Brünn. Nummer 30 ist Wimille und Nummer 28 Benoist, beide fuhren den Bugatti Typ 59. Nuvolari belegte den dritten Platz hinter Stuck (Auto Union) und Fagioli (Mercedes-Benz). (Sammlung Guy Griffiths)

schlüpfrigen Straße gewann Stuck (Auto Union) mit neuem Rekord. Straight wurde Zweiter, Falchetto Dritter.

Trotz seiner Kritik am Vorjahresmodell fuhr Nuvolari den Bugatti Typ 59 beim Grand Prix von Spanien auf der Lasarte-Rennstrecke bei San Sebastian über eine Distanz von 520 Kilometern und kam als Dritter hinter zwei Mercedes ins Ziel. Er probierte auch einen Auto-Union-Rennwagen aus, was darauf hindeutete, dass er das Maserati-Team verlassen und 1935 zur Auto Union wechseln wollte. Vier Maseratis 8CM nahmen am Rennen teil, aber keiner war wettbewerbsfähig. Marcel Lehoux wurde mit einem Fahrzeug von Straight Achter, während Luigi Soffietti den neunten Platz für die *Scuderia Siena* belegte. Auch die beiden *Ecurie-Braillard*-Fahrzeuge fuhren mit, aber Falchetto fiel mit seinem Fahrzeug aus, und Brunet hatte einen Unfall. Mit einem schwarz lackierten 8CM nahm Straight am Bergrennen von Shelsley Walsh am 29. September teil. Er konnte den Klassensieg erzielen und wurde im Gesamtklassement Zweiter hinter Raymond Mays (2-Liter-ERA), der in bestechender Form war und zwei Fünftelsekunden bei insgesamt 44,00 Sekunden schneller war.

Zwei Maserati Tipo 6C/34 waren am 30. September für das Rennen auf dem Masaryk-Kurs bei Brünn in der Tschechoslowakei gemeldet. Beide hatten einen größeren Motor mit 3729 ccm Hubraum, der die Zylindermaße des 4C-2500 hatte. Nuvolari fuhr eines dieser Fahrzeuge, aber der zweite Maserati-Fahrer hätte eine geeignete Vorlage für den Comic von Ripley, *Glaube es oder nicht,* der über mehrere Jahre im *Sunday Express* erschien, abgeben können. Man stellte das Fahrzeug als Fahrzeug vor, das von Josef Bradzil, einem lokalen, 30 Jahre alten Mechaniker ohne einen bekannten Renneinsatz, vom Werk gekauft worden war. Sein Manager Maric hatte sich das Geld von seiner Verlobten geliehen, aber die Verbindung ging auseinander (ob bevor oder nachdem sie von dem Maserati erfahren hatte, ist nicht überliefert), und sie forderte die Rückzahlung der Summe. Aus augenscheinlichen Gründen konnte er nicht zurückzahlen.

Sie klagte gegen beide Männer, und das führte zu deren Verhaftung und zu einer Gefängnisstrafe. Zwei führende Fahrer (die Namen sind unbekannt) plädierten dafür, dass Bradzil für die Trainingsfahrten und das Rennen freigelassen werden sollte. Man stimmte dem zu, aber bereits kurz nach dem Start zu den Trainingsfahrten nahm er eine Kurve mit geschätzten 200 km/h, rutschte in einen Chausseegraben, beschädigte eine Reihe von Bäumen, und das Fahrzeug zerbrach in zwei Hälften. Bradzil wurde getötet, und es kam sofort das Gerücht über einen Selbstmord auf. Nuvolari fuhr auf dem 20 Kilometer langen Kurs brillant und erreichte hinter Stuck (Auto Union) und Caracciola (Mercedes-Benz) den dritten Platz. Giuseppe Farina, ein vielversprechender Nachwuchsfahrer, gewann mit seinem *Subalpina* 4CM die 1,5-Liter-Klasse.

Bis zum Saisonende gab es nur noch kleinere Rennen. Whitney Straight war dabei mit dem 8CM noch sehr erfolgreich: Er gewann die über 20 Runden ausgefahrene Donington-Park-Trophy am 6. Oktober, und eine Woche später in Brooklands siegte er bei der Bergmeisterschaft über 19 Kilometer und beim Record Holders Mountain-Handicap über 9,6 Kilometer. Nuvolari nahm noch einmal mit dem 6C/34 beim Rennen auf dem Kurs in Modena über 129 Kilometer am 14. Oktober teil. Er gewann das Rennen mit einer Durchschnittsgeschwindigkeit von 105,95 km/h vor Varzi und Tadini, beide in einem Tipo B. Er war mit der Leistung des Maserati sehr zufrieden. Außerdem gab es noch ein *Voiturette*-Rennen in der 1,1-Liter-Klasse, bei dem Farina und Malaguti von Raffaele Cecchi in seinem MG auf den zweiten und dritten Platz verwiesen wurden.

Sieben Tage später fuhr Nuvolari den 6C/34 zum letzten Mal auf dem Kurs von Neapel über 200 Kilometer und gewann vor Brivio und Tadini, beide im Tipo B. Farina belegte mit einem 4CM den vierten Platz. Einige Maseratis nahmen auch am Grand Prix von Algerien über 243 Kilometer teil, der am 28. Oktober stattfand, einschließlich Hans Ruesch mit einem erst kurz zuvor ausgelieferten 6C/34. Wimille gewann das Rennen mit einem Bugatti Typ 59 vor Chiron (*Monoposto*) und Soffietti (8CM). Ruesch fuhr ein langsames Rennen und kam auf den sechsten Platz.

Nach dem Ende der Rennsaison unternahm Furmanik mit seinem zwei Jahre alten 4CM-1100 Rekordversuche. Er entfernte die vorderen Bremsen, montierte eine Stromlinienverkleidung und baute Scheibenräder an. Mit dem so umgestalteten Fahrzeug fuhr er internationale Klasse-G-Rekorde für 1,1-Liter-Fahrzeuge mit 222,734 km/h für den fliegenden Kilometer und die fliegende Meile. Das war eine bemerkenswerte Geschwindigkeit – und dass das Fahrzeug für diese Rekordversuche eine Leistung von 152 PS bei 6700 U/min brachte, war noch bemerkenswerter und fast unglaublich. Die Serienleistung eines 4CM-1100 wurde ab Werk mit 125 PS bei 6000 U/min angegeben – und selbst das ist schwer zu glauben.

Im Dezember flog Whitney Straight mit seinem eigenen Flugzeug nach Südafrika, um mit seinen 8CMs am Grand Prix, der am 27. Dezember als Handicap-Rennen auf der 25,7 Kilometer langen Marine-Drive-Rennstrecke in East London gefahren wurde, teilzunehmen. Er gewann das Rennen, sein Bruder Michael (angeblich der vierte Mann in der Philby Saga viele Jahre später) belegte den dritten Platz. Das war das letzte Rennen in Straights sehr kurzer Rennsportkarriere, da er danach heiratete und sich auf das Fliegen konzentrierte bzw. sich von seinem Rennstall trennte.

Obwohl die Maseratis absolut von den Auto-Union- und Mercedes-Benz-Fahrzeugen überschattet wurden, manchmal sogar von den Alfa Romeos, lag die wirkliche Stärke der Firma in dem Geschick und der Zuverlässigkeit von Tazio Nuvolari und auf einem etwas niedrigeren Niveau, in dem Enthusiasmus und den kleineren Erfolgen der privaten Fahrer. Viele Jahre würde Maserati keine solch gute Saison mehr haben.

Francesco Matrullo am Steuer seines 4CM-1100 beim Vermicio-Rocca-di-Papa-Bergrennen in der Nähe von Frascati über 12,95 Kilometer im Jahre 1934. Obwohl der Wagen ein Einsitzer war, hatte er Kotflügel und Beleuchtung. (Sammlung Guy Griffiths)

4
Radikal neue Entwicklungen: 1935/36

Während des Jahres 1934 hatten die Auto-Union- und die Mercedes-Rennwagen insgesamt sieben Rennen gewonnen, obwohl sie an fünf Rennen in dieser Saison nicht teilgenommen und in der Frühzeit mit Fehlern zu kämpfen hatten. Alfa Romeo und Maserati zogen, gemeinsam mit Bugatti in Frankreich, Bilanz ihrer Erfolge. Bugatti hatte gelegentlich bei Grand Prix erfolgreiche Auftritte gehabt, aber das Unternehmen konzentrierte sich in zunehmendem Maße auf Sportwagenrennen, eine Kategorie, die von Frankreich stark gefördert wurde. Nicht nur Bugatti, sondern auch Delage, Delahaye und Talbot beteiligten sich an Sportwagenrennen. Der zweisitzige Typ 59 war zu einem erfolgreichen Sportwagen weiterentwickelt worden, und die stromlinienförmigen Bugattis gewannen die Rennen in Le Mans sowohl 1937 als auch 1939.

Alfa Romeo, die jetzt Regierungsaufträge, stabile Finanzen und ein fähiges Management mit Ugo Gobbato, der am 1. Dezember 1933 zum Geschäftsführer ernannt worden war, an der Spitze hatten, waren in der Lage, Jano die Entwicklung neuer Konstruktionen zu ermöglichen. Das 8C-35-Chassis mit Einzelradaufhängung und einem auf 3822 ccm vergrößerten Reihenachtzylindermotor fuhr 1935 Rennen, und im folgenden Jahr baute das Unternehmen einen neuen V12-Zylinder mit einem Zylinderwinkel von 60 Grad und einem Hubraum von 4064 ccm.

Alfa Romeo hatte noch andere Vorteile; *Scuderia Ferrari* trug ihre Rennkosten, sodass man unabhängig von Start- und Preisgeldern war. Als Staatsbetrieb wurde Alfa Romeo von Benito Mussolini gefördert, und eine gewisse Summe der Entwicklungskosten für die Rennaktivitäten wurde durch Staatsverträge abgedeckt, so wie es auch bei den deutschen Teams der Fall war. Obwohl von Alfa Romeo einige bemerkenswerte Erfolge erzielt wurden, besonders als die Fahrzeuge noch von Tazio Nuvolari gefahren worden waren, war der Gesamterfolg im Vergleich mit Auto Union und Mercedes-Benz – abgesehen von einigen kleineren Rennen – bescheiden.

In Bologna lagen die Dinge völlig anders. Maserati war ein kleines Unternehmen, und obwohl die Rennaktivitäten durch Gewinne aus der Zündkerzenproduktion finanziert werden konnten, benötigte die Firma mehr finanzielle Unterstützung, wenn sie auch in Zukunft am Grand-Prix-Rennsport teilnehmen wollte. Aus heutiger Sicht muss gesagt werden, dass den Maserati-Brüdern für den Bau eines Rennwagens nach der 750-Kilogramm-Formel auch die technischen Voraussetzungen fehlten, wenn das Fahrzeug erfolgreich gegen die deutsche Konkurrenz bestehen sollte. Gegen Ende des Jahres 1934 gab das Unternehmen bekannt, dass man in der kommenden Grand-Prix-Rennsaison durch die *Scuderia Subalpina* vertreten werde, ein Team, das gemeinsam von Luigi della Chiesa und dem jungen, reichen Turiner Gino Rovere geleitet wurde, der amerikanische Bekleidung herstellte.

Rovere wollte selbst Rennen fahren, ebenso wie der junge Giuseppe Farina, der im Jahre 1934 einige *Voiturette*-Rennen gewonnen hatte. Auch Philippe Etancelin fuhr für Roveres Team. Rovere finanzierte das neue Grand-Prix-Fahrzeug, das aber nicht vor Mitte der Saison 1935 fertig war, sodass Roveres Team den 6C/34 fuhr, bis das neue Fahrzeug einsatzbereit war. Sein finanzielles Engagement führte dazu, dass er Präsident der *Officine Alfieri Maserati* wurde. Maserati hatte den großen Tazio Nuvolari als Fahrer verloren, der, von allen Seiten unter Druck gesetzt, schließlich bei der *Scuderia Ferrari* statt bei der Auto Union einen Vertrag unterschrieb.

Während der nächsten beiden Saisons, 1935 und 1936, waren die Erfolge von Maserati im Grand Prix gering. Die vorhandenen Achtzylinder- und Sechszylinderfahrzeuge waren nicht wettbewerbsfähig, und auch das neue V8-Modell war es nicht und war außerdem unzuverlässig. Das Pau-Rennen wurde sehr früh, am 24. Februar 1935, veranstaltet, und weil die *Subalpina*-6C/34-Fahrzeuge nicht fertig waren, fuhr Etancelin seinen 8CM. Er lieferte sich ein hartes Rennen mit den von der *Scuderia Ferrari* gemeldeten *Monoposti* von Nuvolari und Dreyfus, musste aber wegen eines Schadens an der Ölpumpe ausscheiden. Die Alfa-Romeo-Fahrer belegten die ersten beiden Plätze vor Soffietti, Falchetto und Brunet, die alle 8CMs fuhren.

Obwohl Achille Varzi einen Vertrag für das Auto-Union-Team unterzeichnet hatte, hatte er es geschafft, einen Maserati 6C/34 mit 3729 ccm bei der Mille Miglia am 13./14. April fahren zu dürfen. Wie es so oft bei dem Rennen über die 1610 Kilometer bei Maserati war, war das Fahrzeug sehr hastig vorbereitet worden, und man sagte, dass die Karosserie erst am Vorabend des Rennens fertiggestellt worden sei. Dieses Fahrzeug und die Sportversion des 2,9-Liter-Alfa-Romeo *Monoposto,* der von der *Scuderia Ferrari* gemeldet worden war, waren die schnellsten im Feld.

Varzi, der mit dem Mechaniker Bignami (später Chefmechaniker der *Squadra Achille Varzi*) als Partner fuhr, lag zunächst auf dem zweiten

Platz, wurde aber später durch Probleme mit der Ölrücklauf-Pumpe und sich lösende Karosserieteile nicht weit von Florenz entfernt gezwungen aufzugeben. Carlo Pintacuda gewann mit seinem Mechaniker Marquis della Stufa das Rennen in einem *Monoposto*. Die 1,1-Liter-Klasse wurde von Ettore Bianco am Lenkrad eines Maserati gewonnen, dessen Partner der unermüdliche Bertocchi war. Die Brüder Emilio und Luigi Villoresi belegten in dieser Klasse mit dem familieneigenen Fiat Balilla den zweiten Platz, lagen aber mehr als zwei Stunden hinter dem Klassensieger.

Beim Grand Prix von Monaco am 22. April meldete die *Scuderia Subalpina* Fahrzeuge für Etancelin, Dusio und Zehender. Zehender saß am Lenkrad eines 8CM, von dem behauptet wurde, dass sein Hubraum auf 3,2 Liter vergrößert worden war. Was aber interessanter an diesem Fahrzeug war, war die Vorderradaufhängung, die von der Porsche-Achse der Auto-Union-Rennwagen inspiriert worden war und als Versuch für die neue Generation von Maserati-Grand-Prix-Fahrzeugen diente. Sie hatte ungleich lange Querlenker mit parallel verlaufenden Drehstabfedern, die außerhalb des Fahrgestellrahmens lagen, sowie rechtwinklige Arme, die die Radachse trugen. Die Reibungsdämpfer waren quer angebracht und mit den vorderen Enden der Torsionsstäbe verbunden.

Etancelin fuhr ein mitreißendes Rennen und kämpfte sich auf den dritten Platz hinter die Mercedes-Benz von Fagioli und Caracciola vor. Nachdem er Carraciola in der Gaswerk-Haarnadelkurve überholt hatte, zog er dem deutschen Fahrzeug davon. Caracciola überholte Etancelin wieder, musste aber seinen Mercedes in einer Qualmwolke abstellen. Das war zu viel, auch für den schwachen Maserati, der wegen sinkenden Öldrucks und nachlassender Bremsen zurückfiel. Der Franzose kam als Vierter hinter Fagioli, Dreyfus und Brivio (beide im *Monoposto*) ins Ziel. Zehender, ein weiteres Opfer der Bremsen des Maserati, belegte den siebten Platz.

Sechs Tage später fuhr Barbieri einen 1,5-Liter-Maserati bei der Targa Florio, die über 430 Kilometer ging und außerhalb Italiens auf relativ geringes Interesse stieß. Brivio und Chiron belegten die ersten beiden Plätze mit den Alfa Romeos der *Scuderia Ferrari*, aber auch Barbieri fuhr ein gutes Rennen und kam als Dritter ins Ziel. Beim Grand Prix von Tunis über 504 Kilo-

Achille Varzi, der gemeinsam mit Bignami fuhr, am Lenkrad des Tipo 6C/34 bei der Mille Miglia im Jahre 1935. Der Wagen war in aller Eile vorbereitet worden, und obwohl er zu Beginn mit den Führenden gleichauf lag, schied er bei San Casciano, kurz hinter Florenz, wegen Problemen mit der Schmierung aus. (Sammlung Guy Griffiths)

Der Tipo 6C/34 mit der Drehstabfederung an der Vorderachse und dem 3,7-Liter-Motor wurde von Eugenio Siena beim Grand Prix von Spanien 1935 in San Sebastian gefahren. Er fiel in der zweiten Runde aus.

meter am 5. Mai gewann Varzi im einzigen gemeldeten Auto-Union-Fahrzeug; Wimille (Bugatti Typ 59) belegte den zweiten Platz und Etancelin und Farina kamen mit ihren 6C/34 auf den dritten und fünften Platz.

Beim *Voiturette*-Rennen von Biella über 50 Kilometer am 9. Juni gab es nur vier Meldungen, alles Maseratis. Zunächst führte Rovere in dem Rekordfahrzeug, das ehemals von Furmanik gefahren und an die *Scuderia Subalpina* verkauft worden war und jetzt einen neuen 1,5-Liter-Motor hatte. Als Siena ihn in der Führung ablöste, kollidierten sie, kamen jedoch wieder ins Rennen zurück. Der Zieleinlauf sah Graf Lurani (mit seinem zweisitzigen 4CS) vor Castelbarco (dessen 4CM jetzt ein leichteres Chassis und eine unabhängige Vorderachsaufhängung mit Torsionsfederung besaß), Rovere und Siena.

In den nächsten Grand-Prix-Rennen blieben die Maseratis ohne Erfolg; das Rennen in Tripoli und das Avusrennen wurden auf schnellen Kursen gefahren, auf denen die 6C/34 nicht mithalten konnten – und sich außerdem als unzuverlässig erwiesen –, und auch beim Eifelrennen am 16. Juni auf dem Nürburgring blieben die Maseratis erfolglos. Das *Voiturette*-Rennen beim Eifelrennen wurde von Raymond Mays in einem ERA gewonnen, aber Hans Ruesch belegte mit seinem Maserati 4CS den zweiten Platz.

Eines der besseren Rennen des *Subalpina*-Teams war der Grand Prix von Frankreich am 23. Juni über eine Distanz von 500 Kilometern, der auf dem großen Kurs von Montlhéry von 12,4 Kilometern gefahren wurde. Es ging über normalen Straßenbelag und überhöhte Kurven, allerdings mit an drei Stellen eingebauten Schikanen, um die Fahrzeuge langsamer zu machen. Das Mercedes-Benz-Team dominierte das Rennen, während die beiden von der *Scuderia Ferrari* gemeldeten *Monoposti* Antriebsprobleme hatten, da dieser für den jetzt eingebauten 3,8-Liter-Motor nicht stark genug war. Und auch die Auto Union hatte Probleme. Obwohl Zehender mit seinem *Subalpina*-Fahrzeug Schwierigkeiten mit dem Getriebe hatte, konnte er sich am Ende auf dem dritten Platz halten – vor dem Mercedes-Benz von Luigi Fagioli, der Zündprobleme hatte.

Ende Juni erschien erstmals das sehnsüchtig erwartete neue Maserati-Grand-Prix-Fahrzeug. Philippe Etancelin testete es am 28. Juni auf öffentlichen Straßen, und man sagt, dass er 300 km/h auf der Florenz-Meer-Autostrada erreicht haben soll. In Wahrheit lag die Höchstgeschwindigkeit nur bei 241 km/h. Das neue Fahrzeug bekam die Bezeichnung V8RI (V8 Motor, Ruote Independenti, also unabhängige Radaufhängung). Die Typnummer repräsentierte eine neue und logische Form der Bezeichnung, wurde aber nur für dieses Modell benutzt. Die Spezifikation folgte in einigen Aspekten der typischen Maserati-Praxis, in anderen war sie absolut neu.

Das Antriebsaggregat war ein V8-Motor, der aus zwei im Winkel von 90 Grad zusammengefügten Vierzylindermotoren bestand, eine Konfiguration, die bereits zuvor von Maserati benutzt worden war. Der neue Motor war vom Erfolg des V4- und V5-16-Zylinder-Modells inspiriert. Er war möglicherweise der erste echte V8-Rennmotor überhaupt. Über die Kapazität des Motors gab es Unklarheiten, aber es scheint so, dass die Bohrung von 84 mm und der Hub von 100 mm des Original-6C/34 beibehalten wurden und so zu einem Hubraum von 4329 ccm führten. Es gab nur eine obenliegende Nockenwelle pro Zylinderbank, die über Zahnräder von der Stirnseite der Kurbelwelle angetrieben wurde. Die Ventile lagen in einer Reihe und wurden direkt von oben betätigt.

Bei dem damaligen W25 verwendete Mercedes-Benz vier Ventile pro Zylinder mit einem dachförmigen Brennraum und zwei obenliegenden Nockenwellen pro Zylinderbank, sodass der Maserati eine sehr einfache Konstruktion war und der einzige Fortschritt des V8RI-Motors in seiner Gewichtsersparnis lag. Ein einziger Kompressor nach dem Roots-Prinzip war vorn am Motor angebaut worden, und der einzige Vergaser war ein Weber-Doppelvergaser. Das war möglicherweise der erste Vergaser dieser Art, der von Weber hergestellt worden war. Die Ansaugrohre lagen im V des Motors, die Auspuffrohre außen. Sie bestanden zunächst aus einzelnen Rohren, die zu einem einzigen langen Abgasrohr nach hinten zusammengefasst wurden. Als der V8RI erschien, sprach man in der italienischen Presse von einer Leistung von 400 PS, aber das war nur Gerede, denn die echte Leistung lag bei etwa 300 PS bei 5300 U/min. Zum Vergleich: Der Reihenachtzylinder des Mercedes-Benz von 1935 hatte 4,3 Liter Hubraum und eine Leistung von 455 PS.

Die Maserati-Brüder hatten einen intensiven Blick auf die Entwicklungen der deutschen Teams geworfen. Wie beim Mercedes-Benz W25 wurde das Achsgetriebe am Chassisrahmen vor dem Schaltgetriebe an einer Rohrquerstrebe befestigt. Das Getriebe war von den Maserati-Brüdern selbst entwickelt worden, obwohl sowohl das Schneiden der Zahnräder als auch der Guss des Gehäuses außer Haus geschahen. Die Halbwellen wurden in Rohren geführt, die aus den Seiten des Getriebes herausragten und an deren äußeren Enden die Radnaben und Bremsen befestigt waren. Als Folge dieser Konstruktion saß der Fahrer sehr tief im Fahrzeug.

Längs eingebaute Halbelliptik-Blattfedern waren an den schwingenden Halbachsen befestigt, und die Federn waren in zweifach drehbare Gelenke gelagert. Diese Konstruktion erlaubte es den Federn, der Radbewegung hoch und runter zu folgen und sich auch seitwärts den Bogenbewegungen der Schwingachse anzupassen. Das Achsrohr wurde von einem Watt-Gestänge geführt. Wie man es bei dem Prototyp von Zehender in Monaco sehen konnte, war die Vorderradaufhängung an doppelten Querlenkern unabhängig befestigt. Der obere Querlenker war mit einem Drehstab verbunden, der parallel zur Karosserie verlief.

Das Lenkgetriebe, das zentral hinter dem Motor montiert war, war eine Schnecken-Zapfen-Lenkung, wobei eine doppelte Schnecke und doppelte Zapfen die Lenkbewegung über Querwellen auf die Außenseiten des Chassis übertrugen. Zugstreben führten über Zugverbindungen zu den Lenkarmen an jedem Achsstumpf. Jedes Vorderrad wurde von seinem eigenen Mechanismus gelenkt. Es gab keine Spurstangen. Maserati setzte diese Konstruktion bis zu den späteren Modellen des Typs 4CLT/48 des Jahres 1948 ein.

Wegen der unabhängigen Radaufhängung war es sehr wichtig, dass das Fahrgestell sehr steif war. Die Maserati-Brüder hatten auch in Erinnerung, dass die 8CMs und ihre 6-Zylinder-Ableger oft sehr dicht am Gewichtslimit der 750-Kilogramm-Formel lagen. Das Konzept, Leichtigkeit mit extremer Steifigkeit zu verbinden, war von Maserati in der Vergangenheit nicht immer verfolgt worden, jetzt aber versuchten sie, diese Kombination so gut wie möglich zu verwirklichen. Das Chassis bestand aus U-Profil-Stahlrahmen mit Querstreben aus demselben Material. Die Karosserie, die eindeutig vom Mercedes-Benz W25 beeinflusst war, hatte glatte Außenkonturen mit einem verkleideten Kühler und nur bei dem ersten Fahrzeug in seiner Originalform eine stromlinienförmige Kopfstütze. Wahrscheinlich wurden vier Fahrzeuge dieses Typs gebaut.

In der vorderen Reihe der Startaufstellung auf dem Kurs von Modena von links nach rechts: Pintacuda, Comotti (beide mit Alfa Romeo Monoposti der Scuderia Ferrari), Giuseppe Farina (V8RI der Scuderia Subalpina) und Marinoni (Scuderia Ferrari Monoposto). Farina führte in der ersten Runde, fiel dann aber wegen eines Risses im Benzintank aus.

Der V8RI war eines der am wenigsten erfolgreichen Modelle in der langen Geschichte von Maserati. Ein Teil dieser Erfolglosigkeit lag in der geringen Motorleistung im Vergleich zu den Wettbewerbern. Das Modell war nicht ausreichend durchdacht, es entbehrte eines kompletten Entwicklungs- und Testprogramms, und es wurde zu Rennen eingesetzt, als es noch nicht fertig war. Seinen ersten Renneinsatz hatte das neue Fahrzeug mit der Fahrgestellnummer 4501 beim Marne-Grand-Prix über zwei Läufe und einen Finallauf am 7. Juli in Reims. Etancelin fuhr einen V8RI, der aber an Lenkungenauigkeit und schlechter Straßenlage litt. Nachdem er hinter Dreyfus (Monoposto) Zweiter in seinem Lauf war, schied er im Finallauf wegen eines Kolbenschadens frühzeitig aus.

Der Albi-Grand-Prix wurde am 14. Juli erstmals als ein *Voiturette*-Rennen gefahren und in zwei Läufen über 177 Kilometer ausgetragen. Barbieri (Maserati) gewann den ersten Lauf vor Veyron (Bugatti), und er führte auch im zweiten Lauf, bis sein Motor nach drei Runden explodierte. Veyron gewann das Rennen in seinem Typ 51A. Während die Maserati-Brüder darüber nachdachten, was mit den V8RI zu tun wäre, kämpften die *Scuderia Subalpina* und die anderen getreuen Anhänger des Unternehmens in Bologna weiter mit den Acht- und Sechszylinderfahrzeugen und belegten bei kleineren Rennen gute Plätze. Etancelin wurde mit einem V8RI vom Werk für die Coppa Acerbo am 15. August gemeldet, musste aber zurückziehen, weil er Probleme mit dem Kompressor hatte. Seaman gewann das *Voiturette*-Rennen in Pescara über 101 Kilometer mit seinem ERA vor Ettore Bianco (4CM), während Pietro Ghersi mit seinem Maserati Vierter im Gesamtklassement wurde und die 1,1-Liter-Klasse gewann.

Der *Voiturette*-Prix de Berne über 145 Kilometer am 25. August war ein weiteres negatives Rennen für Maserati, da die ERAs die ersten beiden Plätze belegten und der beste Maserati-Fahrer, Tuffanelli, mit seinem 4CM nur auf den vierten Platz kam. Etancelin erschien mit dem ersten V8RI beim Grand Prix der Schweiz, der am selben Tag ausgetragen wurde, hatte allerdings bereits in der ersten Runde einen Unfall.

Beim Grand Prix von Italien auf der Strecke von Monza traten am 8. September zwei V8RI an. Sie wurden von Etancelin (Werkswagen) und Giuseppe Farina (*Scuderia Subalpina*, Fahrgestellnummer 4502) gefahren. Farina ging wegen Motorproblemen während der Aufwärmrunde nicht an den Start. Etancelin startete, hatte aber einen Unfall, als das Gasgestänge klemmte und erlitt schwere Verletzungen, die ihn bis zum Ende der Saison außer Gefecht setzten. Auch das Fahrzeug wurde schwer beschädigt.

Am 15. September erschien Farina mit dem V8RI von *Subalpina* beim Rennen von Modena über 191,5 Kilometer. Er legte einen ausgezeichneten Start hin, aber Nuvolari holte ihn mit einem Tipo B der *Scuderia Ferrari* nach sechs Runden ein und ging in Führung. Kurz darauf fiel Nino wegen eines Risses im Treibstofftank aus. Die Ferraris von Nuvolari, Tadini und Pintacuda belegten die ersten drei Plätze. Am selben Tag fand auch ein *Voiturette*-Rennen über 80,5 Kilometer statt, an dem acht Maseratis teilnahmen. Berrone gewann mit seinem 4CM-1500, und Tuffanelli und Bergamini belegten mit ihren 1,1-Liter-Wagen die Plätze zwei und drei.

Der V8RI wurde vor dem Donington-Grand-Prix über 492 Kilometer am 6. Oktober nicht wieder eingesetzt. Die *Scuderia Subalpina* meldete ihr Fahrzeug für den jungen und stürmischen Farina, brachte aber auch noch einen 6C/34 mit, den man für den britischen Fahrer Bill Everitt und für Gino Rovere an den Start brachte. Das Rennen von Donington war schwach besetzt, denn die deutschen Teams traten nicht an, und die einzigen *Monoposti* waren die von Sommer und Dick Shuttleworth. In heftigem Regen fuhr Farina dem übrigen Feld davon. Der Maserati fuhr nach einem Bericht von *Motor Sport* solide wie ein Ford V8. In der 41. Runde musste Farina jedoch wegen einer gebrochenen Halbwelle ausscheiden, Sommer fiel aus demselben Grund aus und Dick Shuttleworth gewann das Rennen mit seinem in British Racing Green lackierten *Monoposto*. Everitt/Rovere belegten den vierten Platz.

1936

Obwohl Mussolini von einigen Italienern inbrünstig unterstützt wurde, waren viele einfach nicht an der Politik interessiert, sondern lediglich dankbar für den wirtschaftlichen Fortschritt, der unter den Faschisten stattgefunden hatte, und machten sich privat lustig über die Gesten und die Positur von *Il Duce*. Am 2. Oktober 1935 hatte die italienische Armee Abessinien besetzt. Die meisten Italiener glaubten der Erklärung ihrer Regierung, dass das eine Präventivmaßnahme gegen die Absichten von Kaiser Haile Selassi sei, in die italienischen Kolonien Eritrea und Somalia an der Küste des Roten Meeres einzumarschieren. Für viele Italiener wurde diese Invasion umso glaubwürdiger, als Papst Pius XI. der italienischen Armee seinen Segen erteilte, bevor sie sich einschiffte.

Die Weltmeinung stand der italienischen Invasion streng ablehnend gegenüber, und der Völkerbund votierte, beeinflusst durch Frankreich, für ein Wirtschaftsembargo gegen Italien. Obwohl das ein Ölembargo ausschloss, war die Einfuhr von Eisen, Stahl und anderen Metallen davon betroffen. In kürzester Zeit führte das zu großen Problemen für die Automobilhersteller, und Fahrzeughersteller wie Maserati und Alfa Romeo waren gezwungen, recyceltes Leichtmetall für ihre Motorblöcke zu verwenden usw. Das führte beim Guss zu kleinen Bläschen und damit insgesamt zu minderwertigem Guss.

1936 hatten die Maserati-Brüder begriffen, dass der V8RI-Grand-Prix-Rennwagen kein Hoffnungsträger war; dennoch wurde der Hubraum des Motors auf 4788 ccm (84 × 108 mm) vergrößert, und die Leistung wuchs auf 320 PS. Die *Scuderia Subalpina* war jetzt in *Scuderia Torino* umbenannt worden und wurde von Luigi della Chiesa geleitet. Das Team behielt den 4502 und übernahm auch den 4501, der nach dem Unfall in Monza komplett wieder aufgebaut worden war. Man hatte eine neue Hinterachse konstruiert, mit den Achsnaben auf den Enden der Längslenker, die über ein Querrohr miteinander verbunden waren. Auf jeder Seite besaß die Hinterachse Torsionsstäbe, die über einen Längslenker mit dem Chassis verbunden waren. Die Halbwellen trugen Kardangelenke an beiden Enden.

Man hatte eine neue Karosserie ohne Kopfstütze entwickelt, aber mit einem Kühlergrill aus großen senkrechten Stahlstreifen. Bei diesem Fahrzeug verliefen die Auspuffrohre gebogen nach unten, um unter der Hinterachse in das Endrohr zu münden. Graf Trossi war zur *Scuderia Torino* gestoßen, hauptsächlich weil sein eigener Grand-Prix-Wagen, der Trossi-Monaco, zu einem Fiasko zu werden drohte.

Dick Seaman fuhr den vom Werk gemeldeten V8RI beim Großen Preis von Deutschland 1936. Es war kein erfolgreicher Auftritt, da er wegen Bremsproblemen ausschied.

Nach einigen Rennen wurden diese Fahrzeuge vom Werk übernommen. Philippe Etancelin übernahm im Februar 1936 einen neuen Tipo V8RI, Chassis-Nummer 4503, den er in französischem Rennblau lackierte und in einigen kleineren Details veränderte.

Das erste Rennen des Jahres 1936 war der schwedische Winter-Grand-Prix, aber die Saison startete eigentlich erst mit dem Rennen von Pau über 277 Kilometer am 1. März. Die deutschen Teams nahmen an diesem Rennen nicht teil, ebenso die *Scuderia Ferrari* nicht, da ihre Team-Transporter von den italienischen Behörden an der Grenze zu Frankreich gestoppt worden waren. Der Veranstalter von Pau, der *Automobile Club de Basco-Bearnaise,* erhielt vom Königlich-Italienischen Automobilclub ein Telegramm, in dem festgestellt wurde, dass eine »höhere Autorität« (möglicherweise der italienische Außenminister Graf Galeazzo Ciano, der Mussolinis Schwiegersohn war) die italienischen Teams angewiesen hatte, nicht vor dem Treffen des Völkerbundes am 10. März an Rennen in Ländern teilzunehmen, die Italien boykottierten. Bei diesem Treffen wurden die Sanktionen gegen Italien aufrechterhalten, was aber die *Scuderia Ferrari* nicht davon abhielt, am Ostermontag, dem 13. April, in Monaco anzutreten.

Zunächst lag Wimille (Bugatti Typ 59) in Pau vor Raymond Sommer (*Monoposto*), Charles Martin (*Monoposto*) und Etancelin, der den Start verschlafen hatte. »Fi-fi« Etancelin wachte während des Rennens auf und überholte sowohl Martin als auch Sommer, während Wimille, der einen guten Vorsprung herausgefahren hatte, wegen Bremsproblemen aufgeben musste. Sommer schlug zurück, passierte Etancelin, und die beiden französischen Fahrer wechselten sich in der Führung ab, bis die Hinterachse des *Monopostos* brach. Trotz eines sehr rau klingenden Motors fuhr Etancelin weiter und gewann mit einer Durchschnittsgeschwindigkeit von 82,11 km/h dieses sehr langsame Rennen vor Martin und Lehoux (Bugatti Typ 51).

Das war kein großer Sieg bei einem Rennen, das auf zwölf Teilnehmer begrenzt war, von denen nur neun angetreten waren, aber es war der einzige Sieg, der mit einem V8RI in Europa erzielt wurde.

Bei der Mille Miglia am 5. und 6. April liefen die Dinge für die Maseratis gut, und sie gewannen zwei Klassen. Der Motorradrennfahrer Omobono Tenni wechselte sich am Lenkrad eines 4CS-1500 mit Guerrino Bertocchi ab. Tennis Fahrweise war hitzig und extrem, aber sie war auch sehr schnell. Trotz einer kleinen Karambolage belegte Tenni den fünften Platz im Gesamtklassement hinter vier Alfa Romeo *Monoposti*, die als Sportwagen antraten. Er fuhr eine Durchschnittsgeschwindigkeit von 112,2 km/h und gewann damit die Klasse für die aufgeladenen Motoren bis 2 Liter Hubraum. Es war das fünfte Mal, dass Bertocchi einen Klassensieger begleitet hatte. Ettore Bianco, der die 1,1-Liter-Klasse gemeinsam mit Bertocchi 1935 gewonnen hatte, siegte 1936 wieder, diesmal mit Boccali. Wie man auf dem Foto auf Seite 59 sehen kann, genoss Bianco sein Rennen.

In Monaco fuhr Graf Trossi den *Torino* V8RI 4502, und obwohl er in der zweiten Runde in einen Unfall mit mehreren Fahrzeugen verwickelt war, der durch Öltropfen von Tadinis Alfa Romeo auf der nassen Strecke verursacht worden war, fuhr er weiter, bis der Verteilerantrieb ausfiel. Etancelin fuhr den V8RI im Tripoli-Rennen über 525 Kilometer am 10. Mai – und fiel aus.

Etancelin war mit seinem V8RI der einzige Maserati-Fahrer beim Grand Prix der Schweiz 1936 in Bremgarten. Er fiel wegen Problemen mit dem Gasgestänge aus. (Sammlung Guy Griffiths)

Graf Trossi und Goffredo Zehender waren mit den *Torino* V8RI zwar gemeldet, gingen aber nicht an den Start. Etancelin erschien mit seinem V8RI am folgenden Wochenende in Tunis, fiel aber wieder aus. Der Chilene Juan Zanelli fuhr mit dem *Torino* 4502 auf den zehnten und letzten Platz bei dem feuchten und nebligen Eifelrennen über 228 Kilometer am 14. Juni. Zanelli fuhr 1936 gewöhnlich einen gelb lackierten 8CM, wurde aber am besten durch Fahrten im spanischen Nacional Pescara bekannt, die auch den Gewinn in der Europäischen Bergmeisterschaft 1931 einschlossen.

Das Werk benannte für den Großen Preis von Deutschland über 502 Kilometer am 26. Juli auf dem Nürburgring den britischen Fahrer Dick Seaman mit dem 4502, während Trossi auf den alten und kaum wettbewerbsfähigen 4C-2500 versetzt wurde. Seaman fiel wegen Bremsproblemen aus und übernahm Trossis Wagen, den er als Achter über die Ziellinie brachte. Auch bei der Coppa Acerbo über 414 Kilometer am 15. August fuhr Seaman wieder den 4502, der vom Werk gemeldet worden war. Er fiel abermals aus, diesmal wegen Zündproblemen – was einem Eigentor gleichkam.

Ein seltener Überlebender: der V8RI mit der Chassis-Nummer 4503, dessen Motor von Tony Merrick wieder aufgebaut wurde, fotografiert in Donington Park im September 1989. Wing-Commander Douglas Marr, hier am Steuer, restaurierte das Fahrzeug vollständig. Als dieses Buch geschrieben wurde, befand sich der Wagen in Deutschland. (Sammlung Guy Griffiths)

Beim Grand Prix von Monza, am 13. September, fuhr Trossi den 4501, übergab ihn aber während des Rennens an Bianco. Das Fahrzeug kam jedoch wegen Motorproblemen nicht ins Ziel. Piero Dusio, der für die Nachkriegsfahrzeuge von Cisitalia verantwortlich war, saß am Lenkrad eines 6C/34 der *Scuderia Torino* und kam als Sechster ins Ziel. Mercedes-Benz war bei diesem Rennen nicht angetreten, sodass Rosemeyer (Auto Union) siegte. Trossi erschien ein weiteres Mal mit dem V8RI bei der Coppa Edda Ciano in Lucca, die am 16. September über eine Distanz von 117 Kilometer gefahren wurde. Auch hier fiel er aus.

Dann wurden drei V8RI in die USA verschifft, um am 12. Oktober am Vanderbilt-Cup-Rennen auf dem Roosevelt Field, Long Island, New York, über 483 Kilometer teilzunehmen. Etancelin fuhr seinen eigenen Wagen, und ein weiteres Fahrzeug wurde von B. de la Casas für den französischen Fahrer »Georges Raph« gemeldet, dessen eigentlicher Name Raphael Bethenod de las Casas war. Damit verschleierte man die Tatsache, dass Melder und Fahrer identisch waren. Dieses Fahrzeug mit der Fahrgestellnummer 4504 war bereits zuvor für einige europäische Rennen gemeldet worden, aber nie angetreten, obwohl es bereits im Juni fertiggestellt worden war.

Auf dem kurvenreichen Roosevelt-Field-Kurs, der zudem noch einen schlechten Belag hatte, gewann Nuvolari (Alfa Romeo) vor Wimille

(Bugatti Typ 59). Etancelin wurde Achter und »George Raph« wurde wegen eines Frühstarts nach einem Boxenstopp disqualifiziert. Nach dem Rennen verkaufte Etancelin sein Fahrzeug an Henry »Bob« Topping Jr., der zu dieser Zeit das New-York-Yankees-Baseball-Team besaß. Raphs Fahrzeug wurde von dem reichen Prominenten Townsend Bradley Martin erworben. In der Folgezeit waren die V8RI in amerikanischen Rennen, bei denen die Konkurrenz nicht so stark war, recht erfolgreich.

Voiturette-Rennen

Die wichtigste Entwicklung von Maserati im Jahre 1936 war die der Tipo-6CM-*Voiturette*. Obwohl die *Voiturettes* – Fahrzeuge mit kleinerem Hubraum als die Grand-Prix-Fahrzeuge – seit den Kindertagen des Rennsports Rennen gegeneinander ausgetragen hatten, war das eine Klasse, die in den 1930er-Jahren an Bedeutung gewonnen hatte, besonders nach der Einführung der 750-Kilogramm-Formel. Seit 1926 gab es keine offizielle Hubraumbegrenzung, obwohl diese Klasse offiziell für Fahrzeuge bis 1,1 Liter Hubraum galt. Maserati war bei diesen kleineren Rennen sehr erfolgreich.

Zu Beginn der 1930er-Jahre war die *Voiturette*-Kategorie auf 1,5 Liter ausgedehnt worden, und sie war besonders für kleinere Teams und Privatfahrer attraktiv, da sie wesentlich kostengünstiger war als die Grand-Prix-Rennen. Maserati hatte sein 4CM-1500-Vierzylinderfahrzeug 1932 vorgestellt, und 1934 war das erste der britischen ERA präsentiert worden. Diese Fahrzeuge mit ihren Riley-Motoren waren 1936 in dieser Klasse ein ernsthafter Gegner für die Maserati-Brüder, die mit dem Tipo 6CM antworteten.

Der Sechszylindermotor mit einem Hubraum von 1493,2 ccm (65 × 75 mm) hatte paarweise gegossene Zylinder und zwei obenliegende Nockenwellen, die von der Nase der Kurbelwelle angetrieben wurden, was den normalen Konstruktionsprinzipien von Maserati entsprach. Außerdem besaß der Motor einen einfachen Weber-Vergaser und einen Kompressor nach dem Roots-Prinzip. Die Zündung erfolgte durch einen Scintilla-Magneten, die Schmierung über Trockensumpf. Die Werksdaten wiesen darauf

Ein Blick unter die Motorhaube beim Tipo V8RI. Die Zündkerzen befinden sich im Zentrum des V, Vergaser und Auspuffrohre liegen außen. (Sammlung Guy Griffiths)

Die erste der Tipo-6CM-1500-Voiturette erschien im März 1936. Das Foto mit dem Tipo 6CM-1500 vor dem Werks-Renntransporter wurde gegen Ende 1936 auf dem Werkshof in Bologna aufgenommen.

Dieses Stromlinien-Coupé wurde von Giuseppe Furmanik für Rekordversuche genutzt. Man nimmt an, dass es auf einem Chassis des 4CM-1100 aufgebaut und dafür benutzt wurde, um im Januar 1936 Klassenrekorde zu brechen.

hin, dass die Leistung bei 155 PS bei 6200 U/min lag, sie wurde aber folgerichtig auf 175 PS bei 6600 U/min angehoben. Ein Kommentar zu diesen Angaben folgt später.

Der Antrieb wurde über ein Vierganggetriebe mit zentraler Schaltung von Fiat sichergestellt, das eine von Maserati konstruierte obere Abschlussplatte aus einer Magnesiumlegierung besaß. Weil dieses Getriebe für den Einbau in die Fiat-522-Taxis entwickelt worden war, wo es lediglich 34 PS bewältigen musste, ist es kaum verwunderlich, dass es ihm jetzt an Zuverlässigkeit mangelte. Maserati begann daraufhin mit dem Bau eines eigenen Getriebes. Die Hinterachse wurde, wie nicht anders zu erwarten, von Isotta Fraschini gebaut. Man kann diese Achsen an den Buchstaben »IF« erkennen, die in das Gehäuse eingegossen sind.

Maserati begann einzusehen, dass die Steifigkeit des Chassis wichtig war, besonders dann, wenn eine unabhängige Radaufhängung eingebaut wurde, und so wurde das Chassis aus U-Profilen kräftig verstärkt. Die Vorderachse entsprach weitgehend der des V8RI, mit ungleich langen Querlenkern sowie Torsionsstäben und Reibungsstoßdämpfern. Hinten wurde die starre Achse an halb elliptischen Federn befestigt. Das Lenkgetriebe kam von Fiat. Die Karosserie des 6CM war der des V8RI mit dem verkleideten Kühler sehr ähnlich. Sie war ziemlich stromlinienförmig. Zusätzlich zu dem Einsitzer wurde eine kleine Stückzahl mit einem breiten Chassis als Tipo 6CS-1500 gebaut, die eine zweisitzige Karosserie besaßen.

Das Erste dieser neuen Fahrzeuge wurde von der *Scuderia Torino* beim Coupe Rainier in Monaco über 160 Kilometer am Abend des Grand-Prix-Rennens eingesetzt. Der Fahrer war Rovere, während Tenni einen *Torino* 4CM lenkte. Tenni übernahm in der vierten Runde die Führung und behielt diese, bis seine Bremsen nachließen, was dazu führte, dass er in die Sandsäcke in der Gaswerk-Haarnadelkurve fuhr. Freddie Zehender löste Rovere ab, aber der 6CM fiel wegen Motorproblemen aus. Die ERAs belegten die ersten drei Plätze.

Die *Officine Alfieri Maserati* meldeten beim Eifelrennen für *Voiturettes* über 272 Kilometer am 14. Juni 6CMs mit den Fahrern Felice Trossi und Laszlo Hartmann. Vom Start weg lag Seaman mit seinem neu aufgebauten Delage von 1927 in Front, kam aber bereits in der ersten Runde von der Strecke ab. Er kehrte wieder ins Rennen zurück, hatte jedoch so viel Zeit verloren, dass er lediglich die Runde beendete und an die Box fuhr. Die Kombination von Ramponis Wissen über das Potenzial der älteren Delage und den Arbeiten, die er daran ausgeführt hatte, hatte das Fahrzeug leistungsfähiger gemacht als die neuen 6CMs oder die ERAs. Es dauerte nicht lange, bis es seine wahre Kraft zeigte. Trossi führte für den Rest des Rennens auf dem Nürburgring und gewann vor Tenni (*Torino* 4CM), Prinz Bira (ERA) und Hartmann auf dem sechsten Platz.

Eine Woche später trat das Werksteam wieder an. Beim Picardie-Grand-Prix, der in zwei Läufen über jeweils 98 Kilometer und einem Finallauf über 146 Kilometer ausgetragen wurde, waren Rovere und Trossi am Start. Während der Trainingsfahrten fuhr ein Mechaniker mit Roveres 6CM in einen Stacheldrahtzaun und zog sich ernsthafte Kopfverletzungen zu. Rovere musste den Ersatz-4CM fahren. Trossi und Seaman gewannen ihre Läufe, aber Seaman verunglückte im Finallauf wegen eines Lenkfehlers (möglicherweise das Ergebnis des Unfalls auf dem Nürburgring), und Trossi fiel wegen eines Kupplungsschadens aus. Die ERAs von »B. Bira«, Pat Fairfield und Earl Howe belegten die ersten drei Plätze. Der Australier

Frank McEvoy, der gerade den ersten an einen Privatfahrer gelieferten 6CM übernommen hatte, kam auf den vierten Platz.

Zwei Wochen später gewann Trossi mit seinem 6CM das *Voiturette*-Rennen von Mailand über 104 Kilometer auf der Strecke von Parco Sempione, aber dieses Rennen hatte nur italienische Teilnehmer. Emilio Villoresi, der gerade seinen Wehrdienst abgeleistet hatte, belegte den zweiten Platz mit einem 4CM, Belmondo kam mit seinem Maserati auf den dritten Platz, und weitere Maserati-Fahrer kamen auf den vierten und zehnten Rang. Als nächstes Rennen kam der Grand Prix von Albi, der am 12. Juli über zwei Läufe von 177 Kilometern ausgetragen wurde. Daran nahmen keine Werks-Maseratis teil, aber der ungarische Fahrer Laszlo Hartmann hatte mit seinem neuen 6CM gemeldet. Ein Schweizer Fahrer, Luciano Uboldi, hatte einen Maserati-»Spezial« gemeldet, mit einem 6CM-Motor in einem Chassis, das – so wurde angenommen – von Vittorio Jano entwickelt worden war. »B. Bira« gewann mit seinem ERA vor Veyron (Bugatti Typ 51A) und Hans Ruesch (karosserieseitig wieder aufgebauter Maserati 4CS).

Von Seaman mit seinem Delage erwartete man eine harte Konkurrenz für die Maseratis bei dem Coppa-Ciano-*Voiturette*-Rennen in Livorno am 2. August über eine Distanz von 104 Kilometern. Das Rennen wurde auf einem neuen Kurs in der Vorstadt ausgetragen anstatt auf dem Bergkurs. Das Fahrzeug des britischen Fahrers wurde von Vergaserproblemen geplagt, sodass Trossi mit seinem 6CM führte und vor Embirios (ERA) gewann. Der junge Luigi Villoresi belegte den dritten Platz mit einem 4CM. Beim Coppa-Acerbo-*Voiturette*-Rennen über 154 Kilometer am 15. August hatte der Brite Seaman ein leichtes Rennen und kam 39 Sekunden vor Trossi mit seinem 6CM ins Ziel, gefolgt von Ruesch, McEvoy und Bergamini auf weiteren Maseratis.

Maserati behauptete, dass die Werkswagen nicht fertig seien, und zog sie für den Start des Prix de Berne am 23. August zurück. Seaman gewann vor drei ERAs, und der bestplatzierte Maserati-Fahrer war Ruesch auf dem fünften Platz. Maserati beendete die *Voiturette*-Saison mit zwei italienischen Rennen, die beide von Graf Trossi mit einem Werks-6CM gewonnen wurden. Das erste war das über 71 Kilometer angesetzte Rennen in der mittelalterlichen Stadt Lucca für die Coppa Edda Ciano am 7. September zu Ehren von Mussolinis Tochter. Belmondo, Barbieri und Bianco belegten die nächsten drei Plätze. Beim Rennen über 80,5 Kilometer in Modena am 21. September kam Biondetti (6CM) hinter Trossi auf den zweiten Platz.

Trotz Problemen mit dem Delage war Seaman der überragende *Voiturette*-Fahrer des Jahres. Die erfolgreichen ERAs, besonders der von

Ein wirklich glücklicher Moment: Ettore Bianco und sein Partner Boccali belegten mit ihrem 4CS-1100 den sechsten Platz im Gesamtklassement und gewannen die 1,1-Liter-Klasse für aufgeladene Motoren bei der Mille Miglia 1936.

»B. Bira« zeigten sich ebenfalls als Konkurrenz für die 6CMs, die sich trotz ihrer fortschrittlichen Konstruktion als Enttäuschung erwiesen. Wie David Venables es vorsichtig ausdrückte: »Es schien, dass sich zum Ende der Saison die Werks-Maseratis solche Rennen ausgesucht hatten, wo die Konkurrenz weniger stark war.«

5

Adolfo Orsi

Adolfo Orsi war ein Selfmademan, der weitgehend für die Industrialisierung in Modena verantwortlich war. Er wurde am 23. März 1888 geboren und stammte aus ziemlich ärmlichen Kreisen. Sein Vater starb, als er 15 Jahre alt war. Da Adolfo der älteste Sohn war, fiel die Last der Versorgung der Familie auf seine Schultern. Er wurde bei einem Metzger in die Lehre gegeben, für den er morgens arbeitete; nachmittags betätigte er sich als Schrotthändler und verkaufte zudem von seinem Karren Obst und Gemüse.

Zunehmend konzentrierte sich Adolfo auf den Schrotthandel, und sein Geschäft entwickelte sich erfolgreich. Er kaufte ein Pferd und einen vernünftigen Wagen und später Pferde und Fahrzeuge für seinen Bruder Marcello und seine Schwestern Eida und Bruna, sodass sie ihr Geschäft zusammenlegen konnten. Ein weiterer Bruder, Armando, der leicht behindert war, war nicht im Geschäft. Er verstarb 1957. Zwei weitere Schwestern verstarben jung: Carolina 1912 und Ermina 1921.

Es dauerte nicht lange, und Adolfo war der größte Schrotthändler in der Provinz Emilia Romagna. 1922 gründete er ein Stahlwerk in Modena. Zu dieser Zeit gab es kein Stahlwerk in der Emilia Romagna, und der Schrott musste über lange Strecken zur Wiederverwertung gefahren werden. Da Italien keine natürlichen Eisenerzvorkommen besaß (auch keine Kohle), musste der gesamte Stahl eingeführt oder aus Schrott aufbereitet werden. Orsi baute dann seine eigene Gießerei und kaufte Straßenbahngesellschaften (ehemals in belgischem Besitz) in der Emilia Romagna und in der Lombardei. Er kaufte sogar eine Eisenbahngesellschaft, verwandelte sie in eine Busgesellschaft, baute die Schienen aus, schmolz sie ein und goss neuen Stahl. Außerdem besaß er den Fiat-Händlerbetrieb in Modena.

Zu dieser Zeit, als Orsi die Verhandlungen zur Übernahme von Maserati abschloss, errichtete er ein neues Unternehmen in Tresigallo bei Ferrara. Das war eine Fabrik zum Bau von Landmaschinen – hauptsächlich Mähdrescher. Zusätzlich zu dem Fabrikgebäude baute er in der Nähe auch Häuser für die Angestellten und Arbeiter. Ein weiteres erfolgreiches Unternehmen war 1938 die Bergung des 8400-Tonnen-Schiffs *Cesare Battisti*, das in Massawa in Eritrea ausgebrannt und gesunken war und den Hafen blockierte. Mit Spezialisten wurde das Schiff gehoben, ausgebessert und durch den Suezkanal nach Triest geschleppt, wo es zerlegt wurde.

Auf die Möglichkeit, Maserati zu erwerben, wurde er durch den Motorjournalisten Corrado Filippini, mit dem er gut bekannt war, aufmerk-

Ein von Batterien angetriebener Dreirad-Lieferwagen, der während des Kriegs von Maserati gebaut wurde. Ein ungewöhnliches Detail für ein Fahrzeug dieser Art war, dass es ein mechanisches Getriebe besaß. Es gab auch eine vierrädrige Version. Die Fahrzeuge wurden unter dem Namen Elettrocarri Maserati *vermarktet. (Sammlung Dottore Adolfo Orsi).*

Ernesto Maserati, seine Frau und sein Sohn Alfieri sowie der Prototyp des 1,5-Liter-Sportwagens im Jahr 1943.

sam gemacht. Zu dieser Zeit beschäftigte das Orsi-Imperium 2000 Mitarbeiter, aber es hatte kein öffentliches Ansehen. Maserati hatte für Orsi einige Anziehungskraft. Er war der Meinung, dass er das Zündkerzengeschäft ausweiten könnte, indem er einen bekannten Namen benutzte, unter dem er alle seine Produkte vermarkten konnte. Und er wollte ein eigenes Auto bauen und war sich sicher, dass die Rennerfolge von Maserati der gesamten Orsi-Gruppe ein positives Image verleihen würden.

Als die Übernahme zum 1. Januar 1937 abgeschlossen war, bekamen Ernesto, Bindo und Ettore Maserati Zehnjahresverträge als Berater. Das gab ihnen die Möglichkeit, sich ganz auf die Fahrzeugentwicklung und -konstruktion zu konzentrieren, ohne all die Probleme, die mit der Führung eines Unternehmens verbunden waren. Adolfo Orsi wurde Präsident von Maserati, und sein Schwager Alceste Giacomazzi wurde Geschäftsführer. Mit dem Geld von Orsi im Hintergrund entwickelten die Brüder für 1938 das schnelle, aber unzuverlässige 3-Liter-Tipo-8CTF-Grand-Prix-Fahrzeug mit Kompressor. Ihm folgte ein Jahr später die 4CL *Voiturette*, die mit der 4CLT/48, der ihr nachfolgte, der erfolgreichste Rennwagen war, der jemals an pri-

Die überlebenden Maserati-Brüder im Osca-Werk in den frühen 1950er-Jahren. Von links nach rechts: Bindo, Ettore, Ernesto.

vate Besitzer verkauft wurde. Bereits 1940 waren die Zeichnungen für das geplante A6-GT-Serienfahrzeug fertig.

Gegen Ende des Jahres 1939 transferierte Orsi Maserati von Bologna in die geräumigere Fabrik in der Viale Ciro Menotti in Modena. Alberto Massimino, der zuvor bei Alfa Romeo und der *Scuderia Ferrari* gearbeitet hatte, kam 1940 als Chefingenieur zu Maserati. Auf der anderen Straßenseite, gegenüber dem Maserati-Werk, lagen Orsis Stahl- und Eisenwerke, die durch zwei hohe Schornsteine weithin erkennbar waren. Dieses Gebäude wurde erst kürzlich abgerissen und der Platz neu bebaut.

Adolfo Orsi kaufte auch einen Batteriehersteller, den er mit der Zündkerzenproduktion von Maserati zur *Fabbrica Candele Accumulatori Maserati Spa* zusammenlegte. Das neue Unternehmen wurde in ein Gebäude in der Viale Generale Paolucci verlegt, auf der anderen Seite der Haupteisenbahnlinie zu seinen anderen Werken in Modena. Adolfos Schwestern Eida und Bruna leiteten das Geschäft. Orsi hatte seine Vorstellungen erfüllt, eine organische Gruppe von Unternehmen mit guten Schienenanbindungen zusammenzubringen. Alle drei Werke waren vom Zug aus auf der Hauptlinie nach Mailand gut zu sehen, und das verhalf der Gruppe zu einem hohen Bekanntheitsgrad.

Die meisten Italiener waren geschockt, als Mussolini auf der Seite der Achsenmächte am 10. Juni 1940 in den Krieg eintrat. Man hatte zwar angenommen, dass Mussolini Sympathie und moralische Unterstützung für die faschistische Sache zeigen würde, aber man hatte ihn für zu schlau gehalten, um sich auf die feindlichen Handlungen einzulassen, und nahm an, dass er neutral bleiben werde, ebenso wie Franco in Spanien. Stattdessen verfiel er Hitlers Schmeichelei und Zwang und manövrierte Italien in einen Krieg, den keiner wollte. Trotz eines Wiederbewaffnungsprogramms war Italien viel zu schwach, um gegen die Alliierten zu kämpfen.

Nach Kriegsausbruch startete Orsi unter dem Markennamen Maserati mit der Produktion von Werkzeugmaschinen und Werkzeugen. Das Werk Maserati reparierte und wartete im Krieg außerdem Militärfahrzeuge. Orsi nahm die Produktion von drei- und vierrädrigen Batteriefahrzeugen als leichte Lastwagen nach Patenten auf, die er mit dem Kauf der Batteriefabrik erworben hatte. Diese wurden unter dem Namen *Elettrocarri Maserati* vermarktet. Was sie von den meisten anderen Elektrowagen unterschied, war das mechanische Getriebe.

Maserati experimentierte auch mit batteriebetriebenen Personenwagen, und während des Kriegs fuhr Adolfos Sohn Omer einen Fiat 500 Topolino, der mit einer riesigen Batterie ausgerüstet war. Die Fahrzeugentwicklung wurde durch den Krieg nicht beendet, und so baute das Unternehmen einen Prototypen mit einer 1,5-Liter-Maschine, den A6 Sportwagen, der 1943 fertig war. Er war nach Kriegsende für die Produktion vorgesehen, aber der A6-1500 wurde nur in einer sehr kleinen Stückzahl hergestellt.

6
Die späten 1930er-Jahre: 1937–1941

Zu Beginn des Jahres 1937 war der Einfall in Abessinien vorüber, und die Sanktionen gegen Italien waren gelockert worden. In den Worten von Graf »Johnny« Lurani: »In Italien fühlte man eine allgemeine Erleichterung.« Nach der Übernahme von Maserati durch Orsi folgten sofort einige Veränderungen. Der V8RI war schon eingestellt worden, obwohl die älteren Achtzylinderfahrzeuge noch von Privatfahrern bei Rennen eingesetzt wurden. Das war hauptsächlich bei kleineren Veranstaltungen, dort aber mit einigem Erfolg. Die Maserati-Brüder arbeiteten an der Entwicklung eines neuen Grand-Prix-Fahrzeugs nach der Formel von 1938, aber das war nur ein kurzer Weg in die Zukunft. In der Zwischenzeit konzentrierte sich Maserati auf *Voiturette*-Rennen mit dem 6CM, und die Fahrzeuge wurden sowohl vom Werk als auch von der *Scuderia Ambrosiana* bei Rennen eingesetzt.

Insgesamt wurden 27 Fahrzeuge des Typs 6CM gebaut, mit den Fahrgestellnummern von 1531 bis 1565, die jedoch nicht vor 1939 ausgeliefert wurden. Die Nummer 1530 war lediglich ein Motor für Hans Ruesch in Zürich im Jahre 1936, und auch zwei weitere Seriennummern betrafen nur Motoren. Einige Nummern wurden nicht vergeben. 1936 hatte Maserati nur vier 6CMs gebaut, einschließlich des Wagens, der auf der Autoshow in Mailand gezeigt und sofort an Austin Dobson nach Großbritannien verkauft worden war. Zwei weitere Maserati 6MCs wurden 1937 an Austin Dobson und einen weiteren britischen Käufer ausgeliefert, »Johnny« Wakefield. Einer der Dobson-Wagen wurde an Frau Hall-Smith weiterverkauft, die ihn für ihren Neffen Robin Hanson bei Rennen meldete. Frau Hall-Smith war eine außergewöhnlich gut aussehende Frau, nur wenig älter als ihr Neffe, und sie lebten zusammen. Hanson war unglücklicherweise ein sehr langsamer, untalentierter Fahrer.

Die 6CMs waren wunderschön konstruiert, fast wie eine juwelengeschmückte Emotion gegenüber den eher ziemlich groben ERAs, und sie erweckten den Anschein, kleine Grand-Prix-Fahrzeuge zu sein. Es hatte jedoch Zeiten gegeben, als Maserati bei der Produktion nicht so gut gewesen war und vor allem die britischen Käufer alles andere als glücklich mit ihren Fahrzeugen waren. 1936 waren die 6CMs bei kontinentalen Veranstaltungen manchmal sehr schnell, aber die britischen Besitzer waren mit der Leistung ihrer Fahrzeuge dennoch nicht zufrieden. Dazu bedarf es einiger Erklärungen.

Die Werks- und vom Werk unterstützten 6CMs hatten eine Kompression von 6,75:1 und besaßen einen Kompressor mit einem Querschnitt von 140 Millimetern, der einen Ladedruck von 1,07 bis 1,14 bar lieferte und dem Fahrzeug eine Leistung von 175 bis 185 PS zur Verfügung stellte. Die an britische Privatkunden verkauften Fahrzeuge hatten dagegen ein Verdichtungsverhältnis von 6:1 und einen Kompressor mit 130 Millimetern Durchmesser, der einen Ladedruck von 0,8 bis 0,86 bar lieferte. Das reichte gerade für 165 PS. Die Kommentare von Sean Danaher (Trident Engineering, auf Maseratis aus Bologna spezialisiert) sind, obwohl sie nicht aus der Zeit stammen, bemerkenswert: »Wie gewöhnlich kommt die echte Leistung aus der Kombination der richtigen Teile. Eine ausgeglichene Mischung ist das große Problem, besonders beim Wärmewert der Zündkerzen. Glücklicherweise sind die Zündkerzen jetzt sehr viel besser und unsere 6CM-Motoren leisten jetzt zwischen 205 und 210 PS – was ausreicht, um gegen die ERA-1,5-Liter erfolgreich zu sein.«

Bei der Mille Miglia 1937 teilten sich Graf »Johnny« Lurani, Patron der kurz zuvor entstandenen *Scuderia Ambrosiana*, und der junge Luigi Villoresi einen 1,1-Liter-Maserati. Das Rennen wurde bei nassem, windigem Wetter ausgetragen. Die Fahrzeuge erzeugten große Wolken von Spritzwasser, und die Straßen waren durch großflächige Schlammlachen gefährlich. Lurani/Villoresi lagen wegen Vergaserproblemen zurück und fielen bei Terni etwa auf der Hälfte der Strecke aus, als der Motor explodierte. Es war das erste Rennen, an dem die *Scuderia Ambrosiana* teilnahm. Fiat belegte in der 1,1-Liter-Sportwagenklasse die ersten drei Plätze.

Das erste wichtige *Voiturette*-Rennen des Jahres, der Preis von Turin, wurde über 117,5 Kilometer auf der Valentino-Park-Rennstrecke am 18. April ausgetragen. Bianco und Dreyfus fuhren die Werks-Maseratis und lagen in den ersten Runden damit auf den ersten beiden Plätzen. Dann holte Bira mit seinem ERA auf, ging an Dreyfus vorbei und jagte Bianco. Bianco wendete jeden Trick an, um Bira auf Distanz zu halten und schloss bei jeder sich bietenden Gelegenheit die Tür. Seine Fahrweise war himmelschreiend, und sowohl Trossi als auch Farina, die das Rennen beobachteten, legten Protest bei den Organisatoren ein.

Schließlich gelang es Bira, ganz nach vorn zu kommen. Der Kampfgeist war von Bianco gewichen, hauptsächlich weil er seine Brille verloren hatte und ihm Öl ins Gesicht spritzte. Der Fahrer aus Siam baute seinen Vorsprung auf 20 Sekunden aus, während Bjornstad in seinem ERA auf den zweiten Platz vorfuhr. Bira fiel wegen eines

Robin Hanson am Lenkrad seines 6CM beim Picardie-Grand-Prix über 146 Kilometer im Juni 1937. Er war ein langsamer Fahrer und kam deshalb nur auf den fünften Platz. (Sammlung Guy Griffiths)

Getriebeschadens aus, und Bjornstadt gewann das Rennen vor Dreyfus. Dreyfus hatte zunächst komfortabel mit eineinhalb Runden in Front gelegen, bis er einen Tankstopp einlegte und die Maserati-Crew übersehen hatte, dass Bjornstadt den stehenden 6CM überrundet hatte. Als ihm von Ernesto Maserati gesagt wurde, dass er die Sache locker sehen sollte, ließ Dreyfus Bjornstadt hinter sich herfahren!

Bianco hatte gestoppt, um das Fahrzeug an Rocco zu übergeben. Dadurch kam Tongue (ERA) auf den dritten Platz. Bianco/Rocco wurden Vierter. Über den 6CM schrieb Dreyfus: »Dieses Fahrzeug war ganz anders als der Maserati, den ich 1931/32 gefahren hatte. Man hatte nicht mehr das Gefühl, man säße auf einem Paket aus Eisen; das Fahrzeug war stark, kompakt und viel, viel einfacher zu fahren. Und dazu sehr schnell.« So schlecht Bianco auch gefahren war, es war vom Start weg ein aufregendes Rennen in einer aufregenden Saison. Das bewies dem zahlenden Publikum, dass ein gutes *Voiturette*-Rennen allemal besser war als ein schlechter Grand Prix. Der Grand Prix über 175,5 Kilometer war langweilig, da die Alfa Romeos der *Scuderia Ferrari* keinen Konkurrenten hatten und die ersten vier Plätze belegten.

Am Wochenende des 24./25. April gab es zwei *Voiturette*-Rennen. Auf der neuen Crystal-Palace-Rennstrecke im Süden von London fand die erste Veranstaltung überhaupt am Samstag statt, die Coronation Trophy, die in zwei Läufen über 64 Kilometer und einer Finalrunde über 96,5 Kilometer ausgetragen wurde. Fairfield (ERA) gewann den ersten Lauf vor Charles Brackenbury am Lenkrad eines 4CM, der E.K. Rayson gehörte. Beim zweiten Lauf belegten die ERAs die ersten drei Plätze. Im Finallauf kamen Fairfield und Arthur Dobson, beide mit einem ERA, auf die Plätze eins und zwei, vor Robin Hanson mit seinem 6CM.

Trossi gewann mit einem vom Werk gemeldeten 6CM die 122 Kilometer beim Preis von Neapel am 25. April, nachdem er sich mit Bira (ERA) einen harten Kampf geliefert hatte. Bjornstadt wurde Dritter. Der wenig unterstützte Grand Prix von Neapel fand am selben Tag statt. Die von der *Scuderia Ferrari* gemeldeten Alfa Romeos belegten die Plätze eins bis fünf. Das *Voiturette*-Rennen von Tripoli wurde am 9. Mai als Teil des Grand Prix von Tripoli über 446 Kilometer auf der Mellaha-Strecke gefahren. Das Startgeld war für die ERA-Fahrer nicht hoch genug, um den ganzen Weg durch Europa anzutreten und dann mit einer Fähre nach Nordafrika überzusetzen, sodass die 1,5-Liter-Klasse eine Angelegenheit von Maserati wurde. Dreyfus gewann mit einem Werks-6CM vor den anderen Maserati-Fahrern Cortese, Severi (auch auf einem Werks-6CM), Luigi Villoresi und Dusio. Die ERA-Fahrer traten auch bei der Targa Florio über 314 Kilometer in Favorita Park, Palermo, am 25. Mai nicht an. Severi (6CM), Lurani (6CM-Chassis mit einem 4C-1,1-Liter-Motor) und Bianco (6CM) belegten die ersten drei Plätze.

Ein kleineres und ziemlich unbedeutendes Rennen war, trotz seines Namens, das über 120 Kilometer angesetzte Circuit-Automobile-della-Superba-*Voiturette*-Rennen am 30. Mai in Genua. Hauptsächlich weil so viele potenzielle Wettbewerber am Avusrennen teilnahmen, das am selben Tag ausgetragen wurde, war das Starterfeld so dünn besetzt. Der Newcomer aus Mailand Aldo Marazza (mit dem Vierzylinder-Zweisitzer-Maserati, der ehemals von Lurani gefahren wurde) gewann vor Severi (6CM) und Belmondo (4CM). Im Hauptrennen für Grand-Prix-Fahrzeuge belegten Trossi und Tadini die ersten beiden Plätze mit Alfa Romeos der *Scuderia Ferrari*.

Auf der Avus mit ihrer neuen nördlichen Steilkurve aus Backsteinen wurden ein Rennen nach der freien Formel und das *Voiturette*-Rennen ausgetragen. Obwohl Teagno und Cortese am besten vom Start wegkamen, übernahm schon bald Charles Martin (ERA) die Führung in diesem Rennen über 135 Kilometer und gewann mit einer Durchschnittsgeschwindigkeit von 192,68 km/h. Cortese lag bis zur letzten Runde, als er von der Strecke abkam, auf dem zweiten Platz, sodass der Zieleinlauf hinter Martin Luigi Plate (4CM) und Teagno (6CM) lautete. Alfa Romeo hatte sich vom Rennen nach der freien Formel über 154 Kilometer zurückgezogen, in dem es zu einem harten Kampf zwischen Mercedes-Benz und Auto Union kam. Lang (Mercedes-Benz) gewann vor von Delius und Hasse, beide Auto Union.

Luigi Villoresi (mit einem 6CM von der *Scuderia Ambrosiana* gemeldet) und de Graffenried (mit einem 4CM, der John du Puy gehörte) traten zwei Tage später beim RAC-International-Light-Car-Rennen über 314 Kilometer, das auf dem Douglas-Kurs auf der Isle of Man ausgetragen wurde, gegeneinander an. Das Rennen wurde von den ERAs dominiert, die die ersten fünf Plätze belegten. De Graffenried wurde Sechster. Man fuhr bei strömendem Regen, sodass Villoresi, als er wegen einer verstopften Treibstoffleitung ausfiel, einen langen, nassen Fußmarsch zur Box hatte. Beide Fahrer blieben in England, um im Handicap-Rennen um die Nuffield Trophy für Fahrzeuge bis 1,5 Liter Hubraum über 250 Kilometer in Donington Park am 12. Juni teilzunehmen. Das Rennen wurde zu einem weiteren Triumph für Bourne. Villoresi fiel wegen eines Kompressorschadens aus, und de Graffenried kam als Fünfter hinter Fairfield, Dobson und Mays (alle mit ERAs) sowie Maclure (Riley) ins Ziel.

»Johnny« Wakefield war mit seinem kurz zuvor ausgelieferten 6CM, der aus ungeklärten Gründen blau lackiert war, einer von 13 Maserati-Fahrern bei dem Rennen von Florenz, das am 13. Juni über eine Strecke von 230 Kilometern ging. Graf Trossi fuhr eine neue Maserati-Variante, die ein 6CM-Chassis mit einer viertelelliptischen Hinterachsfederung und einem 4CM-Motor kombinierte. An diesem Rennen nahmen vier ERAs teil; Bira führte sofort mit seinem ERA, wurde aber von Trossi überholt, und dann, als seine Bremsen nachließen, überholten ihn auch Bianco und Dreyfus mit ihren 6CMs.

Das Rennen wurde bei sehr heißem Wetter ausgetragen, das eine Reihe von Fahrern beeinträchtigte, unter ihnen Trossi, der an die Box kam, um das Fahrzeug an Rovere zu übergeben. Bira war gezwungen, wegen Bremsproblemen aufzugeben. Dreyfus führte jetzt vor Bianco. Bianco übergab sein Fahrzeug an Rocco, Trossi übernahm wieder von Rovere und lag im Ziel hinter Dreyfus auf dem zweiten Platz. Bianco/Rocco wurden Dritte. Am selben Tag wurde auf dem Nürburgring das Eifelrennen ausgetragen, bei dem es allerdings kein Rennen für *Voiturettes* gab.

Beim Rennen von Mailand über 120 Kilometer waren am 20. Juni im Parco Sempione wieder 13 Maseratis, gemeinsam mit ERAs, am Start. Der einzige ERA-Fahrer, der in diesem Rennen seine Form zeigte, war Bira, der aber wegen eines Motorproblems aufgeben musste. Eugenio Siena (4CM) gewann das Rennen vor Marazza (mit seinem alten Zweisitzer-4CS-Maserati) und Cortese (6CM) auf dem dritten

Mauri Rose am Lenkrad des V8RI-Maserati von Townsend Bradley Martin während des Trainings für den Vanderbilt Cup 1937 auf der Roosevelt-Rennstrecke. Der Wagen lief jedoch während des Rennens nicht gut. (Sammlung Guy Griffiths)

Platz vor Reggie Tongue mit einem ERA. Bei dieser Veranstaltung war das *Voiturette*-Rennen fast so langweilig wie das Grand-Prix-Rennen, bei dem Nuvolari und Farina die ersten beiden Plätze belegten vor dem unerfahrenen Rudi Hasse (Auto Union).

Ein weiteres kleines *Voiturette*-Rennen war der Picardie-Grand-Prix, der am 27. Juni in zwei Läufen über 96 Kilometer und einem Finallauf über 145 Kilometer ausgefahren wurde. Es war wieder ein Kampf Maserati gegen ERA und wieder ein Rennen, das Bologna verlor. Dreyfus (Werks-6CM) gewann den ersten Lauf vor Hanson (6CM) und einem bemerkenswert routinierten John du Puy (auf einem neu erworbenen 6CM). Mays war mit dem Werks-ERA der Gewinner des zweiten Laufs, fast eine Runde vor de Graffenried, der du Puys alten 4CM fuhr. Raymond Mays gewann den Finallauf vor Dreyfus und Wakefield (private 6CMs).

Für den V8RI gab es immer noch Einsatzmöglichkeiten in amerikanischen Rennen, und zwei nahmen am Vanderbilt-Cup-Rennen über 483 Kilometer auf der Roosevelt-Rennstrecke teil, das vom ursprünglichen Renntag, in der Hoffnung auf bessere Wetterbedingungen, auf den 1. Juli verlegt worden war. Mauri Rose belegte mit dem Fahrzeug von Townsend Bradley Martin den siebten Platz. Der andere V8RI, der der *Scuderia Torino* von dem Amateur George Rand abgekauft worden war, wurde von Enzo Fiermonte gefahren. Fiermonte war früher ein Leichtgewichtsboxer gewesen und war mit der wesentlich älteren, aber reichen Madeline Force Astor verheiratet.

Fiermonte hatte zuvor noch nie in einem Rennwagen gesessen und kam zur Rennstrecke, nachdem er sich auf dem Dach des Autohändlers J.S. Inskip in Queens, New York (ähnlich dem Fiat-Werk Lingotto in Turin), und auf den Straßen von Long Island mit dem Fahrzeug vertraut gemacht hatte. Er war beim Training außergewöhnlich langsam und belegte Rang 24; und es war klar, dass seine Teilnahme für ihn ein Sicherheitsrisiko darstellte. Im letzten Moment wurde Wilbur Shaw, der Gewinner von Indianapolis in diesem Jahr, überredet, das Fahrzeug zu fahren. Er flog mit seinem Beech-»Stagger-Wing«-Flugzeug zum nahe gelegenen Roosevelt-Flugplatz. Er hatte zu wenig Möglichkeit, sich

Ein weiterer V8RI wurde von Enzo Fiermonte gefahren, hier im Training kurz vor der Überrundung durch von Delius (Auto Union). Er war nicht erfahren genug und fuhr mit nicht angelegter Schutzbrille auf dem Helm. Wilbur Shaw fuhr den Wagen während des Rennens. (Sammlung Guy Griffiths)

mit dem Fahrzeug vertraut zu machen, und bereits kurz nach dem Start hatte sich ein Auspuffrohr gelöst. Obwohl er von den Abgasen fast erstickt war, beendete er das Rennen noch als Neunter. Wegen seiner Erfahrungen mit dem Fahrzeug überredete Shaw Mike Boyle, einen 8CTF zu kaufen, um in Indianapolis teilzunehmen. Das Rennen gewann Rosemeyer (Auto Union) vor Seaman (Mercedes-Benz).

Am 11. Juli in Albi fuhren Emilio Villoresi und Luigi Villoresi 6CMs der *Scuderia Ambrosiana*. Es war für die Brüder ein schlechter Tag: Emilio hatte einen Unfall, und Luigi war nach den beiden Läufen Fünfter. Die ERAs belegten die ersten drei Plätze vor Righettis Maserati. Ein weiteres Provinzrennen in Italien war der Grand Prix von San Remo am 25. Juli. Bei diesem Rennen, das in drei Läufen und einem kurzen Finallauf ausgetragen wurde, feierte der große Achille Varzi sein Comeback und gewann mit einem Werks-4CM vor Dusio (*Ambrosiana* 6CM) und Rocco (6CM).

Bei der JCC International Trophy über 328 Kilometer in Brooklands am 2. August war ein Handicap-System eingerichtet worden, nach dem die Fahrzeuge, klassifiziert nach ihrem Hubraum, verschiedene Strecken fahren mussten. Raymond Mays (ERA) erreichte den Gesamtsieg, Bira lag mit dem ehemaligen Fahrzeug von Straight (8CM 3011) auf dem zweiten Platz, bevor Motorprobleme sein Rennen beendeten, sodass Wakefield sich auf den zweiten Platz vorschieben konnte.

Der einzige Konkurrent für die Maseratis beim Coppa-Acerbo-*Voiturette*-Rennen am 15. August war der ERA von Tongue. Pasquino Ermini (6CM) versuchte, an Uboldi, der in einem ähnlichen Fahrzeug fuhr, vorbeizukommen, driftete ab, und Tongue kollidierte mit dem Maserati. Ermini fuhr in den Unfall hinein, verletzte sich selbst und tötete vier Zuschauer. Der britische Fahrer blieb unverletzt. Während das alles passierte, kämpften Villoresi und Bianco um die Führung. Villoresis 6CM bekam dann Probleme mit dem Getriebe. So kam Bianco an die Spitze, verlor aber diese Position sofort wieder, als sein Fahrzeug ausbrach. Rocco (Werks-6CM) gewann vor Bianco, Cortese und Severi.

Ein weiteres *Voiturette*-Rennen folgte am 22. August: der Grand Prix de Berne in Bremgarten, der in zwei Qualifikationsläufen über 96 Kilometer und einem Finallauf über 145 Kilometer gefahren wurde. Wegen der unverkennbaren Überlegenheit der ERAs zog Maserati die Werkswagen vor dem Rennen zurück, wieder mit der Behauptung, dass die Fahrzeuge nicht rechtzeitig fertiggemacht werden konnten. Emilio Villoresi gewann seinen Vorlauf in einem 6CM der *Ambrosiana*, aber während des Finallaufs regnete es sehr stark, und die ERAs schienen mit dieser Situation viel besser klarzukommen als die Maseratis, die schlitterten und ausrutschten. Obwohl die Rennstrecke gegen Ende der Veranstaltung abzutrocknen begann, hatten sie zu viel Abstand nach vorn. Arthur Dobson, Mays und Bira belegten mit ihren ERAs die ersten drei Plätze, und erst dann kam der erste Maserati-Fahrer, Cortese, mit seinem *Scuderia-Ambrosiana*-6CM.

»Johnny« Wakefield blieb seinem jetzt rot lackierten 6CM treu, obwohl er das Vertrauen verloren hatte, damit die ERAs besiegen zu können. Beim JCC-Rennen nach der freien Formel über 322 Kilometer in Donington Park am 28. August machte er einen guten Eindruck und belegte hinter Arthur Dobson (Werks-ERA), Bira (8CM 3011) und Peter Whitehead (ERA) den vierten Platz. Eine weitere provinzielle, quasi-britische Veranstaltung war das Rennen in der freien Formel über 161 Kilometer in Phoenix Park, Dublin, am 11. September. Raymond Mays gewann mit einem Werks-ERA, gefolgt von Wakefield mit seinem 6CM (wieder neu lackiert, diesmal in Grün).

Am 19. September wurde des Rennen von Lucca als *Voiturette*-Rennen über 141 Kilometer gefahren. Es waren keine ERAs am Start, sodass das Rennen von der bekannten Gruppe von Maserati-Fahrern dominiert wurde. Graf Trossi gewann mit einem Vierzylinderfahrzeug vor Luigi Villoresi und Rocco in 6CMs. Varzi hatte wieder in einem Werks-6CM teilgenommen, musste aber wegen Motorproblemen aufgeben. Trotz der großen Anziehungskraft durch die 6CMs hatte es sich während des Jahres zu oft herausgestellt, dass diese keine Konkurrenz für die englischen ERAs waren.

Am 26. September nahmen Maseratis an zwei *Voiturette*-Veranstaltungen teil. Das Campione-d'Italia-Rennen wurde in drei Läufen und einem Finallauf über die kurze Distanz von 56 Kilometern ausgetragen. Trossi (Werks-4CM) gewann das Finale vor Severi (Werks-6CM) und Righetti (*Ambrosiana*-6CM). In Brünn wurden sowohl der Grand Prix der Tschechoslowakei über 495 Kilometer als auch ein *Voiturette*-Rennen über 141 Kilometer ausgetragen. Charles Martin führte im *Voiturette*-Rennen mit seinem ERA, bis ihn Zündungsprobleme zurückfallen ließen und er das Rennen auf dem zweiten Rang hinter Villoresi auf einem von der *Scuderia Ambrosiana* gemeldeten 6CM beendete. Der ungarische Fahrer Laszlo Hartmann belegte mit einem Vierzylinder-Maserati den dritten Platz. Beim Rennen nach der 750-Kilogramm-Formel siegte Caracciola vor von Brauchitsch, beide mit einem Mercedes-Benz W125, während die deklassierten Alfa Romeos mit Nuvolari und Brivio lediglich auf die Plätze fünf und sechs kamen.

Vor dem Ende der Saison gab es noch zwei britische Rennen, an denen Maseratis teilnahmen. Die deutschen Teams dominierten den Grand Prix in Donington Park über 402 Kilometer am 2. Oktober, die Scuderia Ferrari war diesem Rennen ferngeblieben. Rosemeyer (Auto Union) gewann vor von Brauchitsch und Caracciola (beide mit Mercedes-Benz W125), aber auf dem sechsten Platz kam, trotz eines Rückstands von mehreren Runden, Bira mit seinem 8CM ins Ziel.

Auch die Handicap Imperial Trophy in Crystal Palace im Oktober konnte die Teilnahme der Scuderia Ambrosiana verzeichnen, obwohl die beiden Läufe über 32 Kilometer und der Finallauf über 48 Kilometer nicht mehr als Sprints waren. Lurani wurde in seinem Lauf von Arthur Dobson (ERA) auf den zweiten Platz verwiesen, und Luigi Villoresi schied wegen mechanischer Probleme aus, obwohl diese ihn nicht davon abhalten konnten, im Finallauf anzutreten. Trossi gewann den zweiten Lauf vor Charles Martin und Bira in ERAs. Im Finallauf belegten Bira und Dobson die ersten beiden Plätze vor Goodacre (Austin Seven). Villoresi und Lurani kamen auf die undankbaren vierten und fünften Plätze, während Trossi wegen mechanischer Probleme frühzeitig aufgeben musste.

Die *Scuderia Ambrosiana* hatte ihre Maseratis in ihren OM-Transportern nach England gebracht, bevor sie nach Southampton transportiert wurden, um von dort nach Südafrika zur Teilnahme an einer Reihe von Rennen verschifft zu werden, die dort im Dezember 1937 und Januar 1938 veranstaltet wurden. Alle Rennen in Südafrika waren Handicap-Veranstaltungen, und die ersten beiden fanden auf dem Lord-Howe-Kurs bei Johannisburg am 6. Dezember statt. Beim Rand-Grand-Prix über 195 Kilometer wurde Lurani mit seinem 6CM Dritter. Siena wurde beim Grand Prix von Südafrika in East London am 1. Januar 1938 über 320 Kilometer Zweiter hinter Meyer (Riley). Das Abschlussrennen war der Grosvenor-Grand-Prix über 327 Kilometer in Kapstadt am 15. Januar. Earl Howe gewann mit seinem ERA, auf den Plätzen lagen die Maserati-Fahrer Taruffi, Luigi Villoresi und Bill Everitt.

1938

Unter Orsis Einfluss hatten die Maserati-Brüder ein gut durchdachtes und zusammenhängendes Entwicklungsprogramm ins Leben gerufen. Die Sechszylinder-*Voiturettes* sollten weiter bei Rennen gefahren werden, bis 1939 ein neues und schnelleres Fahrzeug fertig war. In der Zwischenzeit konzentrierte sich die Entwicklungsarbeit auf eine Vierventil-Version des 6CM-Motors, zum Teil um seine nicht zufriedenstellende Leistung zu verbessern, zum Teil in Verbindung mit der Entwicklung einer 16-Ventil-Vierzylinder-4CL-1500-*Voiturette*, die 1939 erscheinen sollte. Dieser Motor mit der Konstruktionsnummer 1558 existiert noch heute, und obwohl er bei Rennen eingesetzt wurde, sind nicht alle seine technischen Details bekannt. Die 6CM, die 1939 ausgeliefert wurden, besaßen Vierteleliptik-Federn und hatten später einen flacheren Fahrzeugbug. Die abschließenden Ar-

Man nimmt an, dass dieses Foto 1938 vor den Miller-Werken in Los Angeles gemacht wurde. Links steht der Miller-Siegerwagen von Indianapolis 1930, in der Mitte der aktuelle Miller-Wagen und rechts Mike Boyles 6CM, den Wilbur Shaw 1937 beim Vanderbilt-Cup-Rennen fuhr. Von links nach rechts stehen Bill Cummings, der 1934 das Indianapolis-Rennen mit einem von Boyle gemeldeten Miller gewann, Mike Boyle, der regelmäßig Wagen für Indianapolis im Namen seines Unternehmens Boyle Products meldete, und Wilbur Shaw. (Sammlung Guy Griffiths)

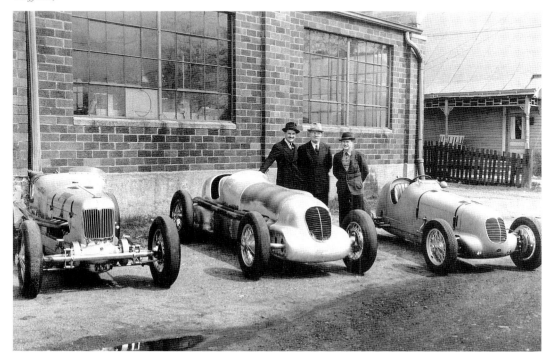

Die Targa Florio wurde 1938 als Voiturette-Rennen über 172 Kilometer im Palermo-Park gefahren. Giovanni Rocco gewann mit diesem 6CM vor anderen Maseratis, die von George Raph und Luigi Villoresi gefahren wurden. Für Maserati gab es bei diesem Rennen keine ernsthafte Konkurrenz.

beiten am neuen Grand-Prix-Fahrzeug, das Mitte Mai erscheinen sollte, machten Fortschritte.

Im Frühjahr, am 2. April, fuhren Wakefield und Hanson ihre 6CM bei der Coronation Trophy in Crystal Palace. Das war ein weiteres Handicap-Rennen nach der freien Formel, das in zwei Läufen und einem Finallauf ausgetragen wurde. Bira (ERA) dominierte über weite Strecken die Veranstaltung und gewann seinen und den Finallauf. Wakefield belegte bei beiden Läufen den zweiten Platz. Beim Grand Prix hatten die Mercedes-Benz nicht vorhersehbare Probleme. Nur ein Wagen, der von Caracciola gefahren wurde, ging an den Start, er verlor aber wegen unerwarteter Probleme und Verzögerungen die Führung an Dreyfus in seinem V12-Delahaye ohne Kompressor. Comotti beendete mit seinem Delahaye als Dritter das Rennen, und »Georges Raph« belegte mit seinem erst kurz zuvor ausgelieferten 6CM den vierten Platz.

Beim Cork-Light-Car-Rennen über 117 Kilometer am 23. April in Carrigrohane in den Außenbezirken von Cork kam Luigi Villoresi (*Scuderia Ambrosiana* 6CM) auf den dritten Platz hinter Bira und Arthur Dobson in ihren ERAs. Ein interessanter Maserati-Fahrer war in diesem Rennen Armand Hug, der für seinen 4CM Werksunterstützung erhielt. An diesem Fahrzeug waren einige Veränderungen vorgenommen worden, einschließlich der Befestigung des modifizierten Zylinderkopfs, einer neuen und stärkeren Kurbelwelle und eines neu entwickelten Memini-Vergasers. Während des Rennens hatte das Fahrzeug Fehlzündungen, und Hug wurde Fünfter. Wakefield verunglückte mit seinem 6CM und musste das Fahrzeug abschreiben.

Das neue Maserati-Grand-Prix-Wettbewerbsfahrzeug erschien mit Graf Trossi am Lenkrad beim Grand Prix von Tripoli über 525 Kilometer in Mellaha am 2. Mai. 1938 war ein neues Formelreglement bekannt gegeben worden. Das Ziel war ein Zweifaches: die Geschwindigkeit der superschnellen 750-Kilogramm-Rennwagen zu beschränken und den nicht aufgeladenen Wagen, insbesondere denen aus französischer Produktion, wo mehrere Hersteller Fahrzeuge ohne Kompressor bauten, eine Chance zu geben. Es gab eine Reihe von Minimalgewichten, die festgelegt worden waren, und eine Hubraumbegrenzung von 3000 ccm bei aufgeladenen und von 4500 ccm bei nicht aufgeladenen Motoren. Das Mindestgewicht für die Fahrzeuge betrug 850 Kilogramm ohne Räder und Reifen, die minimale Cockpit-Breite wurde auf 85 Zentimeter festgelegt. Die Unterschiede zwischen den aufgeladenen und den nicht aufgeladenen Fahrzeugen waren, abgesehen von wenigen Ausnahmen, so groß, dass die nicht aufgeladenen hoffnungslos zurücklagen.

Maserati bezeichnete das neue Grand-Prix-Wettbewerbsfahrzeug als 8CTF (*8 Cilindri Testa Fissa*), und es wurde lediglich als ein Interimsfahrzeug angesehen, bis ein neuer Motor auf der Grundlage des 4CL 1939 eingebaut werden konnte. Die Maschine bestand aus zwei Reihenachtzylinderblöcken mit jeweils 1496 ccm Hubraum (69 × 100 mm), die miteinander verbunden waren und feste Zylinderköpfe sowie zwei Kompressoren besaßen, die nach dem Roots-Prinzip arbeiteten. Jeder Zylinderkopf hatte einen Memini-Doppelvergaser. Wie die zwei obenliegenden Nockenwellen wurden auch die Kompressoren vom vorderen Ende der Kurbelwellen angetrieben, und jeder versorgte vier Zylinder. Für die Zündung sorgte ein Scintilla-Magnet, der auf der rechten Seite an den Motor angebaut war. Der Antrieb erfolgte über ein Vierganggetriebe und eine Mehrscheibenkupplung, die mit dem Motor verblockt waren.

Das U-Profil-Chassis hatte eine unabhängige Vorderachsaufhängung mit der bekannten Torsionsfederung von Maserati, aber die Hinterachse war starr und wurde mit Viertelelliptik-Federn geführt. Die Fahrzeuge hatten Lockheed-Hydraulikbremsen mit 40,5 Zentimetern Trommeldurchmesser vorne und 35,3 Zentimetern hinten. Bei seinem Erscheinen war der 8CTF ein sehr attraktives, ausgeglichenes Fahrzeug und sah einer verlängerten Version des 6CM ähnlich. Zu dieser Zeit fehlte Orsi das Geld, um ein komplettes Grand-Prix-Programm entwickeln zu lassen, da er gezwungen war, nach Modena umzuziehen, und die anderen Entwicklungen, die bereits erwähnt wurden, sein Geld verschlangen. So konnte der 8CTF nie richtig beweisen, was in ihm steckte. Er war zweifellos sehr schnell, aber die Straßenlage war, verglichen mit der der Auto-Union- und Mercedes-Benz-Fahrzeuge, die jetzt beide die De-Dion-Hinterachse hatten, primitiv.

Auch die Vorbereitung der 8CTF war zu keiner Zeit auf einem hohen Standard.

Graf Trossi und Zehender fuhren den 8CTF in Tripoli. Die aufgeladenen Auto-Union-3-Liter-Fahrzeuge waren noch nicht fertig, und so sahen sich die Maserati-Fahrer lediglich drei der neuen Mercedes-Benz W154 gegenüber, gemeinsam mit vier Alfa Romeos. Weil das Teilnehmerfeld sonst zu klein geworden wäre, kombinierten die Organisatoren das *Voiturette*-Rennen mit dem Grand Prix, sodass es 17 Maseratis gab, die das Starterfeld vervollkommneten. Die Geschwindigkeitsunterschiede führten bei dem Rennen zu ernsthaften Unfällen. Beide Maserati 8CTF fielen aus, aber nicht bevor Trossi die führenden W154 hart gejagt hatte.

Es gab zwei tödliche Unfälle. Eugenio Siena (Alfa Romeo) verlor während eines Überholmanövers von Corteses 6CM die Kontrolle über sein Fahrzeug – möglicherweise, weil er gerade von einer starken Windbö erfasst wurde – und fuhr in eine Hausmauer. Er wurde aus seinem Fahrzeug herausgeschleudert und war auf der Stelle tot. Kurz darauf kollidierte Farina (Alfa Romeo) mit Hartmanns Vierzylinder-Maserati, den er überholte – er hatte eventuell den Ungarn in seiner Ungeduld beim Überholen leicht angestoßen –, und beide Fahrzeuge wurden zerstört. Hartmann erlitt Verletzungen, denen er am selben Abend erlag. Farinas Verletzungen waren lediglich leicht. Lang, von Brauchitsch und Caracciola belegten für Mercedes-Benz die ersten drei Plätze, dann folgte Sommer (Alfa Romeo). Taruffi (*Ambrosiana*-6CM) kam als Fünfter ins Ziel und gewann das *Voiturette*-Rennen.

Wieder einmal wurde die Targa Florio am 22. Mai als *Voiturette*-Rennen im Favorita Park in Palermo ausgetragen, diesmal allerdings über eine kürzere Distanz von 171 Kilometern. Das Rennen wurde von Maserati dominiert, und die 6CMs von Rocco, »Georges Raph« und Luigi Villoresi belegten die ersten drei Plätze. Das nächste *Voiturette*-Rennen war der Picardie-Grand-Prix am 12. Juni, das wieder in zwei Läufen über eine Distanz von 96 Kilometern und einem Finallauf von 145 Kilometern gefahren wurde. Ettore Bianco war mit seinem Werks-4CM nicht in der Lage, mit den ERAs von »B. Bira« und Earl Howe im ersten Lauf mitzuhalten, und beendete das Rennen als Dritter. Mays und Wilson, die beide einen ERA fuhren,

Zwei Tipo 8CTF waren für die Coppa Ciano über 235 Kilometer auf dem Montenero-Kurs am 31. Juli gemeldet worden. Graf Felice Trossi fuhr dieses Fahrzeug und führte kurz vor den Mercedes-Benz, bevor er wegen Motorproblemen ausschied.

belegten die ersten beiden Plätze im zweiten Lauf. Lanza wurde mit einem 6CM Dritter. Beim Finale war Mays der Gewinner, nachdem »Biras« Motor explodiert war, und Bianco belegte den zweiten Platz.

Graf »Johnny« Lurani war sehr anglophil eingestellt, und er brachte einen 4CM nach England, um an der London Trophy, einem Handicap-Rennen nach der freien Formel, am 25. Juni in Crystal Palace teilzunehmen. Beim Training verunglückte er schwer und war nicht in der Lage, am Rennen selbst teilzunehmen. Das Fahrzeug war aber repariert worden und wurde von Bill Everitt gefahren. Everitt belegte in seinem Lauf den vierten Platz, fiel aber im Finale über 51 Kilometer aus. Am folgenden Tag, dem 26. Juni, belegten Marazza (Werks-6CM), Villoresi (*Scuderia-Ambrosiana*-6CM) und Pelassa/Dusio (4CM) die ersten drei Plätze beim *Voiturette*-Rennen in Neapel über 245 Kilometer.

Das Werk hatte für Achille Varzi und Graf Felice Trossi die 8CTF für den Grand Prix von Frankreich in Reims gemeldet, aber die Fahrzeuge kamen nicht rechtzeitig an der Rennstrecke an. Der Albi-Grand-Prix wurde am 10. Juli als *Voiturette*-Rennen in zwei Läufen über 177 Kilometer gefahren. Raymond Mays führte im ersten Lauf, bis das Gehäuse seines ERA-Kompressors zerbrach. Ettore Bianco lag mit seinem 4CM an dritter Stelle, nahm aber eine Kurve zu scharf und fuhr gegen einen Telegrafenmasten. Er wurde schwer verletzt.

Luigi Villoresi gewann seinen Lauf vor Edoardo Teagno und Luigi Soffietti, alle drei auf Werks-6CMs. Obwohl Armand Hug mit seinem 6CM im ersten Lauf ausgefallen war, war das Feld so klein (es waren nur sechs Fahrzeuge am Start), dass man ihm gestattete, im zweiten Lauf mitzufahren. Er gewann vor Villoresi. Villoresi und Soffietti übernahmen die ersten beiden Ränge in der Addition beider Läufe vor Luigi Plate (dem Onkel des Nachkriegsrennfahrers Enrico Plate) mit seinem alten Talbot.

Ein anderes kleines *Voiturette*-Rennen in Italien wurde auf der Rennstrecke von Varese am 17. Juli im Alpenvorland gefahren. Es wurde in zwei Läufen über 53 und einer Finalrunde

Beim Coppa-Ciano-Voiturette-Rennen Ende Juli hatten die Alfa Romeo 158 ihren ersten Auftritt. Mit seiner Alfetta (Nummer 14) führte Francesco Severi vor Emilio Villoresi (Nummer 26) und Luigi Villoresi mit seinem 6CM (Nummer 22). Luigi übernahm die Führung, musste aber nach der Hälfte des Rennens ausscheiden. (Sammlung Guy Griffiths)

über 108 Kilometer ausgetragen und war von Maserati dominiert. Es gab 21 Teilnehmer, 20 waren davon Maseratis, und die einzige Ausnahme, Convealis MB-Special, hatte einen Vierzylinder-Maserati-Motor. Auf diesem sehr kurvenreichen Kurs über 3,6 Kilometer gewann Marazza den ersten Lauf, und Villoresi war der Sieger im zweiten. Im Endlauf fiel Villoresi wegen Motorschadens aus, sodass der Zieleinlauf Cortese, Marazza, Ghersi und Pietsch lautete.

Der Große Preis von Deutschland über 502 Kilometer auf dem Nürburgring am 24. Juni hatte auch eine *Voiturette*-Klasse. Maserati hatte ursprünglich die 8CTFs gemeldet, sie wurden aber wieder gestrichen. Dick Seaman gewann das Rennen mit einem Mercedes-Benz vor einem weiteren Mercedes-Benz, der von Caracciola/ Lang gefahren wurde. Hans Stuck wurde mit einem Auto-Union-Rennwagen Dritter, Paul Pietsch und Franco Cortese fuhren mit ihren 6CMs auf den sechsten und neunten Platz. Pietsch gewann die *Voiturette*-Kategorie.

Am 31. Juli wurde das Coppa-Ciano-*Voiturette*-Rennen über eine Distanz von 143 Kilometern auf einem auf 5,8 Kilometer verkürzten Kurs gefahren. Hier traten erstmals die Alfa Romeo Tipo 158 Alfetta mit ihrem 1489-ccm-Reihenachtzylinder-Motor an. In ihrer 1938er-Form hatten diese Fahrzeuge eine Leistung von 195 PS bei einem Gesamtgewicht von 620 Kilogramm. Die 6CMs besaßen in ihrer letzten Version eine Motorleistung von 185 PS und waren mit 650 Kilogramm etwas schwerer. Alles sprach gegen die Fahrzeuge aus Bologna. Beim Training waren die drei *Alfetta*-Fahrer die schnellsten, aber Luigi Villoresi übernahm in der ersten Runde die Führung und blieb in den nächsten 14 Runden vorn. Dabei überdrehte Luigi Villoresi seinen 6CM, der Motor lief ziemlich rau, und er kam an die Box, um aufzugeben.

Emilio Villoresi und Biondetti belegten die ersten beiden Plätze mit den 158, und Aldo Marazza wurde Dritter mit seinem Werks-4CM. Der 158 sollte für Alfa Romeo – und Italien – wieder etwas Prestige zurückbringen, das durch den dauernden Ausfall der Portello-Grand-Prix-Fahrzeuge verloren gegangen war. Der Auftritt und der Erfolg der 158 in Livorno ärgerten Adolpho Orsi, und er war umso entschlossener, den neuen 4CM für den Einsatz in der Saison 1939 fertigstellen zu lassen.

Maserati nahm am Hauptrennen des Grand Prix über 235 Kilometer mit Trossi und Zehender in 8CTFs teil. Die Maseratis zeigten eine beeindruckende Geschwindigkeit, und in der zweiten Runde fuhr Trossi vom dritten Platz an die Spitze vor den Mercedes-Benz 154 von Caracciola und Lang. Das war ein Augenblick der Genugtuung für Bologna, der allerdings nur fünf Runden andauerte, bis Trossi sein Fahrzeug wegen nachlassender Bremswirkung und eines rau laufenden Motors an die Box brachte. Er fiel kurz darauf ganz aus. Motorprobleme führten auch zum Ausfall von Zehender. Lang gewann mit Mercedes-Benz vor Farina (Werks-Alfa-Romeo 312).

Eine Woche später war Maserati wieder im Einsatz, diesmal auf der schnellen Pescara-Rennstrecke, wo sie sowohl für das *Voiturette*-Rennen als auch für den Grand Prix gemeldet hatten. Die *Alfettas* waren für das *Voiturette*-Rennen über 155 Kilometer favorisiert, aber Luigi Villoresi übernahm vom Start weg mit seinem 6CM die Führung, dicht gefolgt von seinem Bruder in einem 158. Die Gemischbildung des 158 wurde durch den unterschiedlichen Luftdruck auf den langen Geraden und den Bergstrecken beeinträchtigt. Emilio kehrte an die Box zurück; Francesco Severi mit dem anderen 158 musste ebenfalls längere Zeit dort verbringen, sodass Luigi mit seinem 6CM an der Spitze blieb.

Villoresi gewann vor weiteren Maseratis, die von Paul Pietsch (4CM) und Barrieri gefahren wurden, Severi kam auf den vierten Platz. Bezeichnend war jedoch, dass Luigi Villoresi auf der langen Montesilvano-Geraden für den fliegenden Kilometer mit 218,8 km/h gestoppt wurde gegenüber 225 km/h von Severis *Alfetta*, als sie gut lief. Nur ein einziger 8CTF war für das Hauptrennen über 413 Kilometer gemeldet worden, den Trossi fuhr, bis er sich unwohl fühlte. Er fuhr an die Box, Luigi Villoresi übernahm das Fahrzeug und fuhr mit 141,5 km/h die schnellste Runde, bevor der 8CTF seinen unvermeidlichen Motorproblemen erlag. Caracciola gewann das Rennen für Mercedes-Benz vor Farina (Alfa Romeo) auf dem zweiten Platz.

Der Prix de Berne, der am Morgen des Grand Prix der Schweiz gefahren wurde, war das bedeutendste *Voiturette*-Rennen der Saison, und die Besucher erwarteten einen Dreikampf zwischen Alfa Romeo, ERA und Maserati. Das Werksteam, *Alfa Corse*, zog jedoch die Nennung seiner zwei 158 zurück. Während die 158 große Chancen gehabt hätten, das Rennen zu gewinnen, waren die Grand-Prix-Alfas aussichtslos, sodass man nur annehmen kann, dass auf das Unternehmen ein gewisser politischer Druck ausgeübt wurde. So gab es wieder ein Rennen ERA gegen Maserati. Luigi Villoresi fiel im ersten Lauf aus, Paul Pietsch gewann mit seinem 6CM. Der zweite Lauf, der bei Regen stattfand, wurde von den ERAs dominiert. Beim Finallauf führte sofort Raymond Mays in seinem ERA, aber sowohl er als auch Pietsch (6CM) fielen aus. Armand Hug gewann mit seinem 4CM vor Bianco (4CM), »Johnny« Wakefield und Earl Howe, beide mit ERAs.

Am 28. August schloss das La-Baule-Sandbahnrennen im Norden von St. Nazaire ein Rennen für Fahrzeuge bis 1,5 Liter ein. Armand Hug gewann dieses Rennen über 119 Kilometer vor Berg (6CM). Für die Coppa Edda Ciano in Lucca am 4. September waren zwei *Alfettas* gemeldet worden, aber sie traten nicht an, sodass das Rennen eine reine Maserati-Angelegenheit wurde. Bei heftigem Regen belegten Luigi Villoresi und Cortese die ersten beiden Plätze mit ihren 6CMs der *Scuderia Ambrosiana* vor Pietsch (4CM). Mit diesem Sieg gewann Villoresi die italienische Meisterschaft für Fahrzeuge bis 1,5 Liter.

Der Grand Prix von Mailand für *Voiturettes* über 175 Kilometer und der Grand Prix von Italien über 420 Kilometer wurden am 11. September in Monza auf der sieben Kilometer langen Florio-Strecke ausgetragen, die jetzt Schikanen enthielt. Beim *Voiturette*-Rennen trat der Werks-Maserati gegen vier 158 an, die von Attilio Marinoni, Francesco Severi, Raymond Sommer und Emilio Villoresi gefahren wurden. Die Befürchtung, dass der Zweite Weltkrieg ausbrechen könnte, und die Tatsache, dass die italienischen Währungsbestimmungen ausländischen Teilnehmern die Ausfuhr von Start- und Preisgeldern verboten, führten zu nur zwei nichtitalienischen Meldungen. Sommer ging sofort in Führung, musste aber wegen Problemen mit den Zündkerzen an die Box, sodass Luigi Villoresi mit seinem 6CM an die Spitze fuhr. Wieder einmal überdrehte er seinen Motor, sodass nach vier Runden ein Kolben brach. Emilio Villoresi und Severi übernahmen die ersten beiden Plätze vor Hug, Cortese und Marazza, alle mit Maserati.

Als Sommer mit seinem 158 als Zehnter über die Ziellinie fuhr, brach ein Kolben, und der französische Fahrer und sein Fahrzeug fuhren weiter und beendeten in einer blauen Wolke die Auslaufrunde. Marazza, der wegen der Wolke von Sommers Fahrzeug möglicherweise ohne Sicht war, fuhr zu schnell in die Lesmo-Kurve, kam von der Strecke ab, und sein Fahrzeug überschlug sich. Der junge Italiener wurde herausgeschleudert und von einem Ast aufgespießt. Einer seiner Lungenflügel wurde durchbohrt, sodass er wenige Stunden später im Krankenhaus verstarb. Nur ein 8CTF wurde für Luigi Villoresi für den Grand Prix gemeldet. Er lief schlecht, kam nicht auf seine Geschwindigkeit, und nach 18 Runden war Villoresi wegen eines Kolbenschadens aus dem Rennen. Das Rennen wurde von Tazio Nuvolari für die Auto Union gewonnen, vor einem Mercedes-Benz, den sich Caracciola und von Brauchitsch teilten.

Das *Voiturette*-Rennen von Modena am 18. September über eine Distanz von 175 Kilometern war ein weiterer Zweikampf zwischen Maserati und Alfa Romeo. Die *Alfetta*-Fahrer legten sofort die Geschwindigkeit vor, sie waren jedoch alle von sinkendem Öldruck betroffen. Emilio Villoresi führte über weite Strecken das Rennen an, musste aber wegen nachlassender Bremsen ausscheiden. Luigi Villoresi fiel mit seinem 6CM nach einem Bruch des Schalthebels aus, und Cortese gewann das Rennen im Werks-6CM vor Hug (4CM) und Dobson (ERA). Keiner der Alfa Romeos kam ins Ziel. Am 22. Oktober fuhr Villoresi einen 8CTF über 402 Kilometer beim Donington-Grand-Prix, fiel aber wegen Kolbenproblemen aus.

Eher zum Ende der Saison 1938 als zum Auftakt der neuen gab es zwei weitere *Voiturette*-Rennen für Fahrzeuge bis 1,5 Liter Hubraum in Südafrika im Januar 1939. Das Werk verschiffte 6CMs für Luigi Villoresi und Franco Cortese. Taruffi meldete seinen 6CM, und Hug und Pietsch fuhren ihre 4CMs. Beim Grand Prix von Südafrika über 320 Kilometer, der am 2. Januar auf der 17,5 Kilometer langen Prince-George-Rennstrecke gefahren wurde, führten während

Das einzige italienische Fahrzeug beim Donington-Grand-Prix am 22. Oktober war dieser 8CTF, der von Luigi Villoresi gefahren wurde. Er kam nicht auf seine normale Geschwindigkeit und fiel wegen der fast zu erwartenden Motorprobleme aus.

des gesamten Rennens Villoresi und Cortese vor Dr. Massacurati, einem in Südafrika lebenden italienischen Zahnarzt und Cousin von Nuvolari, mit einem vom Werk unterstützten 6CM. Cortese gewann den Grosvenor-Grand-Prix in Kapstadt über eine Distanz von 327 Kilometern am 16. Januar vor Hon. Peter Aitken (ERA) und dem lokalen Fahrer Steve Chiappini (6CM).

1939

Dass die Maserati-Brüder im neuen Jahr neue *Voiturettes* präsentieren würden, war allgemein bekannt, zumal sie an die 6CM-Besitzer herangetreten waren, um ihnen die neuen Fahrzeuge zu verkaufen. Der 4CL erschien erstmals in England, als Reggie Tongue am 6. Mai dieses Fahrzeug bei der JCC International Trophy in Brooklands fuhr, obwohl das Modell in Italien bereits während der Testphase gesehen worden war. In den meisten Details folgte der 4CL den bekannten Maserati-Konzepten. Eine beachtenswerte Neuerung waren allerdings die vier Ventile pro Zylinder – sie waren erstmals von Bugatti und Aston Martin in den 1920er-Jahren verwendet worden –, und als die Brüder wieder zum Vierzylinder zurückgekehrt waren, wurden die neuen Fahrzeuge allgemein als »Sechzehnventiler«-Maserati bekannt.

Das L in CL steht für *Linguetta*, was sprachlich »Keil« bedeutete und nur zur Unterscheidung

Der Stromlinien-4CL wurde beim Grand Prix von Tripoli 1939 von Luigi Villoresi gefahren. Das war das Rennen, bei dem die neuen Mercedes-Benz-W165-Voiturettes kamen, sahen und siegten. Während Villoresi im Training einen Rundenschnitt von 216 km/h gefahren war, fiel er gleich nach dem Start aus.

von den Vorgängern 4CM und 8CM benutzt wurde. Der 4CL hatte ein quadratisches Hub-Bohrungs-Verhältnis von 78 × 78 mm und damit einen Hubraum von 1489 ccm mit einer Ventilanordnung im Winkel von 90 Grad. Die zwei obenliegenden Nockenwellen wurden wie üblich von Zahnrädern vom vorderen Ende der Kurbelwelle angetrieben, ebenso wie der einfache Kompressor. Die Brüder hatten mit einem Doppelkompressor experimentiert, waren aber zu der Meinung gekommen, diesen zu einem späteren Zeitpunkt zu bringen. Das Getriebegehäuse bestand aus zwei Leichtmetallhälften mit Versteifungsrippen, und die Zylinder waren paarweise gegossen. Es wurden rohrförmige Pleuel eingebaut.

Der Memini-Vergaser und der einstufige Kompressor waren vorn am Motor montiert. Pro Zylinder gab es eine Zündkerze, und der Scintilla-Magnet wurde vom vorderen Ende der Kurbelwelle angetrieben. Die Abgasführung bestand aus einem Fächerkrümmer. Der Tank aus Leichtmetallguss für die Trockensumpfschmierung lag unter dem Fahrersitz. In seiner ursprünglichen Form hatte der Motor eine Leistung von 220 PS bei 6600 U/min.

Die Kraftübertragung wurde von einem Viergangetriebe auf Fiat-Basis und einer Mehrscheibenkupplung übernommen, die mit dem Motor direkt verbunden waren. Das Chassis war dem des 6CM sehr ähnlich, allerdings mit einem geringfügig verlängerten Radstand, leicht längeren Längs- und unterschiedlich langen Querlenkern und Torsionsstäben an der Vorderachse. Die Hinterachse entsprach der, die man beim Vierzylinderfahrzeug, das von Trossi 1938 gefahren worden war, eingebaut hatte und die später auch im 6CM war. Die starre Hinterachse war an Viertelelliptik-Federn befestigt, die allerdings leicht auswärts spreizten. Das war eine Anordnung, die Maserati bis zum Ende der Saison 1952 beibehielt. Die Karosserie war eine Weiterentwicklung des 6CM, war allerdings glatter und hatte einen wesentlich tieferen Lufteinlass.

Ein Vergleich zwischen dem 4CL-1500 und dem Alfa Romeo Tipo 158 ist unumgänglich. Sie waren aus verschiedenen Philosophien heraus entstanden. Maserati wollte seine Fahrzeuge verkaufen, und so repräsentierte die Entwicklung des 4CL den logischen Fortschritt der Maserati-*Voiturettes*, die in den frühen 1930er-Jahren ge-

Eine andere Ansicht des Stromlinienwagens mit Luigi Villoresi – mit seiner bekannten Pudelmütze – am Lenkrad. (Sammlung Guy Griffiths)

baut worden waren. Der Tipo 158 mit einem Motor, der – einfach gesagt – auf dem V16-Tipo-316-2958-ccm-Grand-Prix-Motor basierte, war ausschließlich als Werkswagen konzipiert, wurde ausschließlich vom Werk für Rennen eingesetzt und nicht an Privatleute verkauft.

Wenn die Leistungskurven von den Konstrukteuren richtig angegeben worden waren, waren die 225 PS bei 7500 U/min des 158 aus dem Jahr 1939 fast identisch mit den 220 PS des 4CL. Von dem 158 wurde behauptet, dass er 618 Kilogramm wog, gegenüber 630 Kilogramm beim 4CL. Im Jahr 1939 lagen die beiden Fahrzeuge dicht beieinander, aber *Alfa Corse* hatte schon während der Saison Erfahrungen sammeln können, sodass ihr Standard in der Vorbereitung höher war. Obwohl es zu der damaligen Zeit noch nicht sichtbar war, war das Entwicklungspotenzial des 158 viel größer als das des 4CL. 1939 wurden zehn 4CLs gebaut.

Die Kriegsvorbereitungen der faschistischen Mächte wurden immer offensichtlicher. Nach der Krise um die Tschechoslowakei 1939 und die Annexion des Sudetenlands durch Deutschland besetzten deutsche Truppen am 15. März 1939 den Rest des Landes. Mussolini, der Diktator des ersten faschistischen Staats in Europa, war ständig hin und her gerissen zwischen der Bewunderung für Hitler und der Missbilligung seiner Methoden und Ambitionen. Auch *Il Duce* spielte eine nicht zu unterschätzende Rolle bei dem Versuch, Italien zu einer Weltmacht zu machen. Trotz seiner Missbilligung der Besetzung der Tschechoslowakei durch Hitler landeten am 7. April italienische Truppen in Albanien, nachdem die italienische Marine die albanischen Häfen an der Adria bombardiert hatte. Innerhalb einer Woche war dieses kleine, hilflose Land besetzt. Obwohl 1939 die Autorennen fortgesetzt wurden, waren viele, die daran teilnahmen, – in allen Bereichen – sehr um die Zukunft besorgt.

Der Königliche Automobilclub von Italien hatte verkündet, dass alle Einsitzer-Rennen, die auf italienischem Boden angesetzt waren, für aufgeladene Motoren bis zu 1,5 Liter definiert waren. Weil Libyen eine italienische Kolonie war, schloss diese Bekanntmachung auch den Grand Prix von Tripoli ein. Der Grund für diese Entscheidung war hauptsächlich, aber nicht ausschließlich, den italienischen Erfolg bei den Rennen abzusichern. Ein anderer Grund war, dass das Missverhältnis zwischen den aufgeladenen 3-Liter- und den nicht aufgeladenen 4,5-Liter-Fahrzeugen so groß war, dass man von der AIACR eine Veränderung des Reglements für die Grand-Prix-Rennen in 1,5 Liter Hubraum für aufgeladene und 4,5 Liter für nicht aufgeladene Motoren erwartete; aber wegen des Ausbruchs der Kriegshandlungen sollte das erst 1941 erfolgen. Mussolini erließ außerdem ein Verbot, nach dem italienische Teams 1939 nicht an französischen Rennen teilnehmen durften. Das spiegelte einerseits die internationalen Unsicherheiten wider, andererseits aber auch die dominierende Rolle Frankreichs, als gegen Italien Sanktionen verhängt worden waren.

Im April 1939 wurde ein 4CL mit einer in Deutschland entwickelten und von Stabilamente Farina gebauten Stromlinienkarosserie als Vorbereitung für das Tripoli-Rennen auf der *Autostrada* zwischen Florenz und dem Meer getestet. Später im selben Monat bekam Tongue den ersten 4CL-1500 ausgeliefert, und »Johnny« Wakefield fuhr nach Bologna, um ein wachsames Auge auf die Herstellung des Fahrzeugs zu werfen, das er bestellt hatte. Die JCC International Handicap Trophy nach der freien Rennformel wurde über eine Distanz von 325 Kilometern in Brooklands am 6. Mai ausgetragen. Bira gewann das Rennen in seinem 8CM, der ehemals Whitney Straight gehört hatte, Leslie Brooke kam auf den zweiten Platz mit seinem von einem Riley-Motor angetriebenen Brooke-Special, und Tongue wurde Vierter. Dann kam Tripoli.

Am Tag nach dem Brooklands-Rennen wurde der Grand Prix von Tripoli über 393 Kilometer auf der Mellaha-Rennstrecke gefahren. Maserati trat mit vier 4CLs an, einem Stromlinienwagen für Luigi Villoresi und Standardfahrzeugen für Felice Trossi, Giovanni Rocco und Franco Cortese. *Alfa Corse* hatte fünf Tipo 158 gemeldet, aber die Sensation des Rennens waren zwei V8 Mercedes-Benz W165 mit einem doppelt aufgeladenen 1,5-Liter-Motor, die aussahen wie kleinere Versionen der von Rudolf Caracciola und Hermann Lang 1939 gefahrenen Grand-Prix-Fahrzeuge vom Typ W163. Obwohl es Gerüchte gegeben hatte, dass Mercedes-Benz im Begriff war, eine *Voiturette* zu bauen, war nichts Konkretes darüber bekannt, bis sie in Tripoli antraten. Auto Union hatte keinen 1,5-Liter-Wagen fertig, es wurde aber später bekannt, dass auch sie an einem Fahrzeug mit diesem Hubraum arbeiteten.

Beim Training machte Villoresi einen guten Eindruck mit dem Stromlinien-4CL und fuhr mit 3 Minuten, 41,80 Sekunden – ungefähr 215 km/h – die schnellste Runde. Die hohe Geschwindigkeit ließ erahnen, dass die Höchstgeschwindigkeit des Wagens bei 247 km/h liegen würde. Das war beim Rennen alles anders, denn Villoresi hatte Schwierigkeiten, einen Gang einzulegen, und ein Kolben ging kaputt, bevor er die erste Runde beendet hatte. Trossi (4CL) und Cortese (6CM, möglicherweise mit einem Sechzehnventiler) fielen ebenfalls durch Kolbenschaden aus.

Als der Gouverneur von Libyen, Marschall Italo Balbo, die Startflagge senkte, gingen Lang und Caracciola an die Spitze. Lang behielt seine Pole-Position während des ganzen Rennens bei, und sie schienen die ersten beiden Plätze zu belegen. Farina hatte sein Fahrzeug (158) beschleunigt und ging an Caracciola vorbei, aber er und die Alfa-Romeo-Fahrer Aldrighetti, Biondetti, Pintacuda und Severi fielen wegen überhitzter Motoren aus. Der übrig gebliebene Alfa-Romeo-Fahrer, Emilio Villoresi, kam mit zwei Runden Rückstand auf den dritten Platz, und Piero Taruffi (*Scuderia-Ambrosiana*-CM6) belegte den vierten Platz, zwei Runden hinter ihm.

Trotz dieses Debakels erlebte Maserati ein erfreulich erfolgreiches Jahr mit den 4CLs – außer wenn sie gegen die Alfa Romeo 158 antraten. Bei der Targa Florio über 228 Kilometer, die wieder als *Voiturette*-Rennen im Favorita Park, Palermo, am 14. Mai ausgetragen wurde, kamen Luigi Villoresi und Piero Taruffi mit ihren Werks-4CLs auf die ersten beiden Plätze, vor Barbieri mit einem privaten 6CM. Wakefield fuhr seinen neuen 4CL erstmals beim Großen Preis von Neapel über 246 Kilometer am 28. Mai und erzielte einen schönen Sieg über die Werkswagen von Taruffi und Cortese.

Einige Tage später, am 31. Mai, erzielte Maserati einen seiner größten Siege. Nach langwierigen Schwierigkeiten mit dem Maserati-Werk fuhr Wilbur Shaw seinen 8CTF beim 500-Meilen-Rennen von Indianapolis. Ein Fahrzeug war 1938 von Cotton Henning, Chefmechaniker des regelmäßigen Indianapolis-Teilnehmers »Umbrella Mike« Boyle, eines Arbeiterführers mit weiteren Geschäftsinteressen aus Chicago, vom Werk gekauft worden. Was das Team sich dabei gedacht hatte, ist nicht mehr zu klären, denn der 6CM mit der Fahrgestellnummer 1552 war für das Rennen über 805 Kilometer nicht geeignet. Dieses Fahrzeug ist auf dem Foto Seite 67 vor dem Miller-Werk zu sehen.

Wilbur Shaw in Indianapolis mit dem Tipo 8CTF, der als Boyle-Special gemeldet worden war. Shaw gewann das erste von zwei Rennen mit diesem Fahrzeug. Er hat auch 1937 das Rennen mit dem Gilmore-Shaw mit Offenhauser-Motor gewonnen und wurde 1938 Zweiter. (Sammlung Guy Griffiths)

Paul Pietsch am Lenkrad eines Tipo 8CTF, den er beim Großen Preis von Deutschland 1939 fuhr. Er führte kurz und kam als Dritter hinter einem Mercedes-Benz und einem Auto Union ins Ziel. (Sammlung Guy Griffiths)

Man hatte sich im März 1938 entschlossen, einen 8CTF für die Teilnahme in Indianapolis zu verschiffen. Als das Fahrzeug in den USA entladen und durchgecheckt wurde, stellte sich heraus, dass Maserati vergessen hatte, die Flüssigkeiten aus dem Motor zu entfernen, nachdem man das Fahrzeug getestet hatte – mit dem Ergebnis, dass das Wasser während des Transports gefroren war und den Motorblock gesprengt hatte. Es wurde sofort ein anderer Motor in die USA verschifft. Shaw qualifizierte sich als Dritter für das Rennen mit einer Durchschnittsgeschwindigkeit von 207,65 km/h und gewann leicht vor Snyder (Thorne Engineering Special) und Bergere (Offenhauser Special).

Als Folge der Unterzeichnung des Achsenvertrags zwischen Italien und Deutschland am 21. Mai in Berlin wurden eine Reihe von Rennen in Italien abgesagt, weil man Angst hatte, dass der Krieg erklärt würde. Zwei Werks-Maseratis waren für die Nuffield Trophy in Donington Park über 322 Kilometer am 10. Juni gemeldet, wurden aber zurückgezogen, und Tongue konnte wegen eines gebrochenen Hinterachsantriebs nicht zum Start antreten. Als Nächstes fuhr Wakefield seinen 4CL im Picardie-Grand-Prix am 11. Juni in Peronne. Wegen der geringen Beteiligung wurde dieses Rennen in einem Lauf über 96 Kilometer und einem Finallauf über 145 Kilometer gefahren. Angesichts einer sehr schwachen Konkurrenz gewann Wakefield vor anderen Maseratis, die von Sommer (mit dem 6CM von Puy/de Graffenried) und Horvilleur (6CM) gefahren wurden.

Wegen des Erlasses von Mussolini konnte weder das *Alfa-Corse*-Team noch das von Maserati am Grand Prix von Frankreich am 9. Juli teilnehmen. Der Grand Prix wurde für Mercedes-Benz zum Debakel, weil alle drei gemeldeten Fahrzeuge ausfielen und Müller und Meier mit den Auto-Union-Wagen die ersten beiden Plätze belegten. Bereits zuvor am selben Tag hatte Wakefield in Reims den *Voiturette* Coupe de Commission Sportive über 300 Kilometer dominiert, war aber wegen Bremsenproblemen zurückgefallen und kam als Zweiter hinter Armand Hug (4CM mit 4CL-Motor) ins Ziel.

Am selben Tag wurde auf einem sechs Kilometer langen Kurs in Abbazia (nach dem Zweiten Weltkrieg wurde die Stadt Jugoslawien

Wilbur Shaw passiert in Mike Boyles 8CTF die karierte Flagge und gewinnt in Indianapolis 1940 zum zweiten Mal. (Sammlung Guy Griffiths)

zugeschlagen und hieß Opatija) das Carnaria-Rennen über 150 Kilometer ausgetragen. Da es keine ausländische Konkurrenz gab, war es wieder eine Domäne von Maserati. Nach dem Tod seines Bruders bei einer Demonstrationsfahrt mit einem Alfa Romeo 158 fuhr Luigi Villoresi erstmals wieder ein Rennen und gewann mit seinem Werks-4CL vor Cortese in einem weiteren Werks-4CL. Rocco wurde Vierter mit einem 6CM, von dem man annahm, dass er einen 24-Ventil-Motor hatte.

Am 16. Juli wurde der attraktive *Voiturette*-Grand-Prix von Albi gefahren, an dem auch die 4CL von Reggie Tongue und »Johnny« Wakefield teilnahmen. Während des Trainings bei Nässe überschlug sich Armand Hug mit seinem 4CM mit einem 4CL-Motor und erlitt einen Unfall, bei dem er einen Schädelbruch erlitt, was zu einer teilweisen Lähmung führte. Das Rennen wurde in zwei Läufen über 161 Kilometer ausgetragen, und die Ergebnisse waren in beiden Läufen die gleichen: Wakefield auf dem ersten Platz vor Tongue und Bira (ERA).

Die beiden 8CTF wurden vom Werk zum Großen Preis von Deutschland am 23. Juli auf dem Nürburgring gemeldet und von Villoresi (3030) und Paul Pietsch (3031) gefahren. Pietsch fuhr ausgezeichnet, belegte in der zweiten Runde den zweiten Platz und übernahm in der dritten Runde die Führung, als Lang (Mercedes-Benz) an die Box fuhr. Er wurde in kurzem Abstand von dem mit den Fäusten drohenden Nuvolari verfolgt, der ihn vor dem Ende der Runde überholte. Pietsch fuhr schnell genug, um trotz zweier Dreher und vier Boxenstopps als Dritter über die Ziellinie zu kommen, eine Runde hinter Caracciola (Mercedes-Benz) und Müller (Auto Union).

Villoresi war ebenfalls schnell, drehte sich aber in Runde acht rückwärts in einen Graben und fuhr, nachdem der Maserati wieder auf die Strecke zurückgebracht worden war, langsam an die Box, um aufzugeben. Adolf Hitler war unter den Zuschauern und übergab die Preise. Bei der Preisübergabe teilte Hitler Pietsch in ernsten Worten seine Verärgerung darüber mit, dass ein Deutscher in einem italienischen Fahrzeug vor den Mercedes-Benz- und Auto-Union-Fahrzeugen zeitweilig geführt habe. Später kommentierte Pietsch den Vorfall, dass er Hitler nicht verärgern wollte und deshalb nichts gesagt und sich in der Nähe des Führers sehr zurückgehalten hätte. Das war das einzige Rennen, zu dem Maserati die Werks-8CTFs gemeldet hatte.

Nach dem Großen Preis von Deutschland wurden die 8CTFs an *Ecurie Lucy O'Reilly-Schell* verkauft. Das war das Familienteam von Laury Schell, von dem gesagt wurde, dass er von einem französischen Stiefvater erzogen worden war, und von Lucy O'Reilly, der reichen Tochter des irisch-amerikanischen Unternehmers Francis O'Reilly. Ihr ältester Sohn, Harry, war 1921 geboren worden und wurde ein Rennfahrer mit bemerkenswerten Fähigkeiten. Laury und Lucy pflegten enge Verbindungen zu Delahaye und fuhren diese Fahrzeuge unter dem Namen *Ecurie Bleue*. Ein 8CTF sollte einen weiteren Auftritt in Europa haben, aber Laury Schell wurde bei einem Verkehrsunfall im Oktober getötet. Seine Witwe verschiffte dann beide Fahrzeuge in die USA.

Die Coppa Ciano und die Coppa Acerbo wurden nach dem *Voiturette*-Reglement ausgetragen, wie es jetzt beim Grand Prix von Italien üblich war. Villoresi, Cortese und Taruffi fuhren bei dem Rennen in Livorno am 30. Juli über 348 Kilometer Werks-4CLs. Gemeldet waren außerdem vier *Alfettas* mit einer neuen und strömungsgünstigeren Karosserie. Farina führte mit seinem 158, gefolgt von den Werks-4CLs. Biondetti brachte seinen 158 auf den zweiten Platz, war aber gezwungen, einen Boxenstopp einzulegen. Villoresi fiel mit seinem 4CL wegen einer gebrochenen Halbwelle aus, aber Cortese belegte den zweiten Platz, und Taruffi (*Scuderia-Ambrosiana*-6CM) wurde von Biondetti überholt, der sich nach seinem Boxenstopp in den Schlussrunden des Rennens wieder vorgekämpft hatte.

Ein weiterer Zweikampf zwischen Maserati und Alfa Romeo fand am 13. August bei der Coppa Acerbo über 360 Kilometer statt. Am ersten der drei Trainingstage gab es eine weitere Tragödie, als Mario Aldrighetti die Kontrolle über seinen 158 auf einem kurvenreichen Teil der Strecke verlor und in einen Graben fuhr. Das Fahrzeug fing Feuer, und Aldrighetti, der innen festsaß, erlitt schwere Brandverletzungen, an deren Folgen er am folgenden Tag verstarb. Trotz dieses Vorfalls entschied sich *Alfa Corse*, das Rennen fortzusetzen. Die beiden 4CLs, die von Villoresi und Cortese gefahren wurden, lieferten einen harten Kampf und waren in der letzten Runde auf dem dritten und vierten Platz hinter Farina (158). Weil sie sich aber um eine kleine Menge Benzin verkalkuliert hatten, die ihnen zur Beendigung des Rennens fehlte, fielen beide in der letzten Runde aus und wurden nicht gewertet.

Am 20. August wurde der Grand Prix der Schweiz mit dem darin enthaltenen Prix de Berne in Bremgarten ausgetragen. Jetzt lagen die Wolken des kommenden Kriegs tief über Europa, und die Atmosphäre an der Rennstrecke war düster und freudlos. Es gab zwei Läufe über 137 Kilometer: einen für die Grand-Prix-Fahrzeuge und einen für die *Voiturettes*. Die ersten sechs Fahrzeuge vom *Voiturette*-Rennen nahmen am Finale teil. *Alfa Corse* hatte zwei Tipo 158 gemeldet, aber die Werks-Maseratis waren nicht angetreten. Die *Officine Alfieri Maserati* hatten ein Statement herausgegeben, dass man nicht in der Lage wäre, die 4CLs gegen die Grand-Prix-Fahrzeuge antreten zu lassen. Wakefield und Rocco meldeten ihre 4CLs und Pietsch nahm mit einem 4CM teil.

Farina und Biondetti belegten beim Rennen in der 1,5-Liter-Klasse die ersten beiden Plätze, und Wakefield war mit seinem privaten 4CL Dritter. Pietsch und Rocco belegten die Plätze vier und fünf. Kurz vor dem Start des Finallaufs hatte es zu regnen begonnen, und bei diesen Bedingungen konnte Farina mit seinem 158 den zweiten Platz über sechs Runden halten. Als jedoch die Straße abtrocknete, konnten die größeren Fahrzeuge ihn überholen. Er wurde Sechster und gewann den Prix de Berne vor Biondetti (158) und Wakefield. René Dreyfus fuhr einen 8CTF für das Team *Ecurie Lucy O'Reilly-Schell* und wurde Achter.

Elf Tage später, am 31. August, wurde ein Dutzend deutscher Häftlinge in polnische Uniformen gesteckt, und ihnen wurde befohlen, den deutschen Sender Gleiwitz in Oberschlesien, unmittelbar an der Grenze zu Polen, anzugreifen. Am darauffolgenden Morgen verbreiteten die deutschen Radiosender die verlogene und unglaubliche Meldung, dass Polen das Dritte Reich angegriffen hätte. Sofort begann die deutsche Invasion in Polen, Panzerdivisionen rollten in das Land, und die Luftangriffe auf die polnischen Städte hatten begonnen. Im März 1939 hatte England mit Widerwillen seine Appeasement-Politik beendet und in einem gemeinsamen Vertrag mit Frankreich Polen Unterstützung zugesagt, wenn es angegriffen werden sollte.

Dies ist der zweite Tipo 8CL, der von Maserati gegen Ende des Jahres 1941 gebaut, aber nicht vor 1946 gefahren wurde. Mit 32 Ventilen und Zylindermaßen von 78 × 78 mm entsprach der Motor der Achtzylinder-Version des Motors, der im 4CL eingebaut war.

Die britischen und französischen Regierungen stellten Deutschland ein Ultimatum, dass sie sich, wenn es sich nicht bis zum 3. September um 10 Uhr vormittags aus Polen zurückzöge, mit Deutschland im Krieg befänden. Am Tag nach der offiziellen Kriegserklärung wurde der letzte Grand Prix gefahren. Das war der Grand Prix von Jugoslawien in Belgrad, der nur in diesem Jahr gefahren wurde. Die deutschen Fahrzeuge waren schon auf der Rennstrecke, als die Invasion in Polen begann. Sie erwarteten, nach Deutschland zurückbeordert zu werden, erhielten aber stattdessen den Auftrag des für den Rennsport verantwortlichen NSKK-Führers, Hühnlein, dass sie fahren sollten. Das Rennen wurde auf eine Distanz von 140 Kilometer verkürzt. Tazio Nuvolari (Auto Union) gewann vor von Brauchitsch (Mercedes-Benz). In den nächsten mehr als fünf Jahren gab es kein weiteres Grand Prix-Rennen mehr.

1940/41

Zunächst erklärte Italien auf der Seite der Achsenmächte nicht den Krieg, und die meisten Italiener, gleich welcher politischen Richtung sie angehörten, hofften, dass dies nicht geschähe. Für die italienischen Teams ging das Geschäft weiter. Zu Beginn des Jahres 1940 war Maserati in seine neue Fabrik in der Via Ciro Menotti in Modena umgezogen und hatte ein neues Grand-Prix-Fahrzeug hergestellt. Das war der Tipo 8CL, in den meisten Details dem 8CTF verwandt, aber mit einem 32-Ventil-Motor mit 2978 ccm Hubraum (78 × 78 mm), für die man eine Leistung von 430 PS bei 6400 U/min angab. Der Radstand war ebenfalls leicht verlängert worden. Weil es keine europäischen Grand Prix mehr gab, wurde dieser Wagen, Fahrgestellnummer 3034, in die USA verschifft, um dort am Indianapolis-Rennen teilzunehmen.

Die italienische Regierung hatte 1938 das traditionelle Mille-Miglia-Rennen verboten, nachdem ein Lancia Aprilia in Bologna von der Straße abgekommen und in die Zuschauermenge gerast war, wobei zehn Besucher getötet und 23 weitere verletzt worden waren. Am 20. April 1940 wurde die Mille Miglia wiederbelebt als ein Rennen auf einem abgeschlossenen Dreieckskurs über neun Runden mit einer Länge von 166 Kilometern, von Bologna nach Cremona, dann zu einem Punkt nahe Mantua und zurück nach Brescia. Trotz der Kriegsereignisse nahm BMW mit dem Typ 328, einem von Haustein/Bäumer gefahrenen Coupé mit einer Karosserie der *Carrozzeria Touring*, an dem Rennen teil und gewann es vor dem Alfa Romeo von Farina/Mambelli.

Obwohl Maserati an diesem Rennen nicht teilnahm, sollten beide, die Mille Miglia und die Targa Florio, für die Nachkriegsgeschichte von Maserati eine wichtige Rolle spielen. Wie die Mille Miglia war auch die Targa Florio ab 1937 abgeschwächt und zum Rennen für *Voiturettes* in Favorita Park, Palermo, degradiert worden. Nach dem Krieg änderten sich die politischen und sozialen Verhältnisse, und beide Rennen wurden wieder in ihren ursprünglichen Formen ausgetragen.

Wegen der Abwesenheit von Grand-Prix-Wagen dachte Tazio Nuvolari darüber nach, beim Grand Prix von Tripoli am 12. Mai über 392 Kilometer mit einem 4CL anzutreten. Er testete eines der Fahrzeuge und entschied, dass es nicht schnell genug sei. Sowohl *Alfa Corse* als auch Maserari hatten für Tripoli gemeldet. Luigi Villoresi kämpfte mit seinem Werks-4CL gegen Farina (158) um die Führung, aber Farina konnte davonfahren und zum Zeitpunkt, als beide am Ende der 17. Runde zum Nachtanken an die Box gingen, einen Vorsprung von 17 Sekunden aufbauen. Farina stand nur 27 Sekunden, aber Villoresis Standzeit betrug 57 Sekunden, weil die Maserati-Mechaniker Probleme mit dem Betanken hatten.

Er hatte alle Aussichten auf einen Sieg verloren und kam hinter Farina und dessen Teamkollegen Biondetti auf den dritten Platz. Cortese war mit seinem Werks-Maserati ausgefallen, und Acsari brachte seinen veralteten 6CM auf dem neunten Platz über die Ziellinie. Am 23. Mai belegten – in Abwesenheit der *Alfettas* – Villoresi, Cortese und Rocco mit ihren Werks-4CLs die ersten drei Plätze bei der Targa Florio über 228 Kilometer.

Die Rennen von Tripoli und Palermo wurden mit einem gehörigen Mangel an Sensibilität gegenüber den Ereignissen in Westeuropa durchgeführt. Ende Mai waren die deutschen Panzerdivisionen in den Ardennen durchgebrochen und hatten auf ihrem Vormarsch zum Ärmelkanal die British Expeditionary Force bei Dünkirchen eingekesselt, wo eine unglaubliche Rettungsaktion durch eine Armada von Schiffen stattfand. Am 10. Juni erklärte *Il Duce* in völliger Fehleinschätzung der Konsequenzen Frankreich und Großbritannien den Krieg und marschierte in Südfrankreich ein. Innerhalb eines Monats wurde General Balbo, Gouverneur von Tripoli und ein berühmter Flieger, beim Abschuss seines Flugzeugs über Tobruk getötet. Vor Jahresende hatten die britischen Streitkräfte unter General Wavell die Italiener bei Sidi Barrani gestellt und waren kurz davor, sie aus Libyen zu vertreiben.

Am 7. Oktober 1941 erfolgte der japanische Angriff auf Pearl Harbor, und am folgenden Tag erklärten Großbritannien und die USA den Japanern den Krieg. Drei Tage später, als die deutschen Truppen gerade vor Moskau zurückgeworfen worden waren, erklärte Deutschland den USA den Krieg. Das Rennen von Indianapolis fand in den Jahren 1940 und 1941 statt, wurde danach aber bis 1946 nicht mehr gefahren.

Vier Maseratis waren 1940 für das 500-Meilen-Rennen von Indianapolis am 31. Mai gemeldet, aber nur drei gingen an den Start. Wilbur Shaw fuhr den Siegerwagen von 1939, einen 8CTF, der argentinische Veteran Raoul Riganti nahm mit einem 8CL teil, und die beiden ehemaligen Werks-8CTFs wurden von René Dreyfus und René Le Begue gefahren. Dreyfus konnte sich beim Qualifying nicht durchsetzen, sodass er Le Begues Fahrzeug übernahm. Der Motor explodierte, ein Pleuel durchschlug den Motorblock. Der Motor von Dreyfus wurde in Le Begues Fahrzeug eingebaut, und beide Fahrer teilten das Rennen unter sich auf. Shaw gewann wieder vor dem etwas langsameren (184 km/h) Mays (Bowes Seal-Fast) und Rose (Wheeler-Miller). Das *Lucy O'Reilly Schell*-Fahrzeug wurde Zehnter, Riganti hatte mit seinem 8CL einen Unfall.

Beim Indianapolis-Rennen von 1941 führte Wilbur Shaw mit dem Boyle 8CTF, und es sah so aus, als würde er zum dritten Mal gewinnen, aber er erlitt einen Unfall, als ein Rad blockierte. Wahrscheinlich war es beim Brand in einer Garage vor dem Rennen beschädigt, aber der Schaden von den Mechanikern nicht entdeckt worden. Während des Jahres 1941 stellte Maserati einen zweiten 8CL fertig, der aber nicht vor 1946 zum Einsatz kam.

7

Die Maserati-Brüder und OSCA

Die Maserati-Brüder, die den Zweiten Weltkrieg überlebt hatten, Ernesto, Ettore und Bindo, verließen das Unternehmen am 1. Januar 1947 nach Erfüllung ihrer beratenden Tätigkeit. Am 1. Dezember 1947 gründeten sie die *Officina Specializzata Construzione Automobili* (OSCA, später allgemein Osca genannt) in einem kleinen Gebäude und mit kleiner maschineller Ausstattung. Dort wurde ein 1,1-Liter-Sportwagen gebaut, den Luigi Villoresi bei seinem zweiten Auftritt beim Grand Prix von Neapel 1948 fuhr und damit die 2-Liter-Ferraris schlug. Die Brüder bauten weitere Vierzylinder-Sportwagen mit zwei obenliegenden Nockenwellen in Hubraumgrößen von 750 bis 2000 ccm.

Diese Fahrzeuge gewannen die 1,1-Liter-Sportwagenklasse bei der Mille Miglia von 1950 bis 1953 und 1955 bis 1957 (1954 gab es keine entsprechende Klasse). Sie belegten in der 1,5-Liter-Klasse 1954 und 1955 den zweiten Platz und siegten in dieser Klasse 1956. Die Oscas gewannen auch die 750-ccm-Klasse bei der Mille Miglia in den Jahren 1956 und 1957. Der größte Erfolg des Unternehmens war ein hervorragender Sieg von Stirling Moss und Bill Lloyd mit einem von Briggs Cunningham gemeldeten 1,5-Liter-Osca beim 12-Stunden-Rennen von Sebring 1954.

Osca baute 1951 auch V12-5-Liter-Grand-Prix-Motoren mit einer obenliegenden Nockenwelle pro Zylinderbank, einer Zündkerze pro Zylinder und einer Aufladung mit einem Kompressor. Die Entwicklung entsprach der Maserati-Tradition und behielt das bekannte Hub-Bohrungs-Verhältnis von 78 × 78 mm des 4CL und des 8CL bei. Der Motor wurde in ein 4CLT/48-Maserati-Fahrgestell eingebaut und von »B. Bira« bei Rennen gefahren. Da die Leistung nur 300 PS betrug – zu einer Zeit, als der nicht aufgeladene Ferrari eine Leistung von 380 PS besaß und das Fahrzeug viel schwerer war, konnte er – außer einem Sieg im Rennen in Goodwood über fünf Runden keine weiteren Erfolge verbuchen. Ein zweiter Wagen, der den Motor mit dem eigenen Osca-Rohr-Leiterrahmenchassis kombinierte, wurde an Francisco Rol so rechtzeitig ausgeliefert, dass er damit 1951 am Grand Prix von Italien teilnehmen konnte, aber auch dieses Fahrzeug war, nicht unerwartet, ein Misserfolg.

Die Maserati-Brüder hatten enge Verbindungen zu dem in Paris ansässigen Amédée Gordini, der von Geburt Italiener war. Die 6-Zylinder-2-Liter-Motoren, die für die Saison 1953 gebaut wurden, besaßen technisch viele Gemeinsamkeiten mit den damaligen Gordinis. Diese Oscas wurden von dem monegassischen Veteranen Louis Chiron und Elie Bayol gefahren. Obgleich sie manchmal erfolgreich waren, waren diese

1951 fuhr »B. Bira« diesen Grand-Prix-OSCA, der den V12-Motor mit 4472 ccm, den die Maserati-Brüder entwickelt hatten, mit dem Maserati-4CLT/48-Chassis kombinierte. Der Wagen war nicht stark genug, um einen nennenswerten Erfolg zu erzielen. Hier ist der siamesische Fahrer mit seinem OSCA in der International Trophy in Silverstone zu sehen. Er beendete seinen Lauf als Dritter, fiel aber auf den 17. Platz zurück, als ein starker Sturm und ein überfluteter Kurs zum Abbruch des Final-Rennens nach sechs Runden führten. (Sammlung Guy Griffiths)

Der erfolgreichste OSCA war der 4-Zylinder-Sportwagen mit dem 1453-ccm-Motor. Louis Chiron, Fahrer-Veteran aus Monaco, sitzt hier beim Start zum Carrera-Panamericana-Straßenrennen am Lenkrad, das er als Dritter in seiner Klasse hinter zwei neuen Porsche Spyder 550 beendete.

Fahrzeuge wieder zu schwer und besaßen zu wenig Leistung.

Indem man der im Oktober 1958 neu geschaffenen Formel Junior als Formel der Zukunft den Vorzug gab, baute Osca einen Prototypen mit einem von Osca für Fiat entwickelten Motor für diese Rennkategorie, der gegen Ende des Jahres 1959 fertig war. Mit diesem Fahrzeug war Colin Davis, der Sohn des Bentley-Fahrers und des Herausgebers von *Autocar Sports* »Sammy« Davis, in Italien praktisch unschlagbar bei den Formel-Junior-Rennen des Jahres 1960. Er gewann in diesem Jahr aufgrund der Rennergebnisse die von Italien gesponserte internationale »World Trophy«. Einige dieser Fahrzeuge wurden an private Kunden verkauft. Wie so oft bei den Bemühungen der Maserati-Brüder, wurden auch die Formel-Junior-Fahrzeuge zu schwer, und alle italienischen Fahrzeuge dieser Rennkategorie wurden schon bald von den englischen Produkten mit Heckmotor, besonders vom Lotus 18 und seinen Ablegern, überholt.

1959 nahm Fiat eine Version des 1491-ccm-Osca-Motors mit zwei obenliegenden Nockenwellen in Produktion und baute ihn in sein offenes 1500S-Zweisitzer-Coupé ein. Von 1962 bis 1966, als die Nachfrage zurückging, wurde dieses Fahrzeug mit einer 1598-ccm-Version des gleichen Motors ausgestattet. Wie der zeitgleiche MG A mit zwei obenliegenden Nockenwellen, hatten diese Motoren den Ruf, Ölfresser zu sein, und die Karosserien rosteten schnell. Die Maserati-Brüder bauten den gleichen Motor auch ihn ihren limitierten GT ein, der eine Karosserie von Fissore, Vignale oder Zagato besaß.

1963 wurde der jüngste der Maserati-Brüder 65 Jahre alt, und alle entschlossen sich zum Rückzug. Sie verkauften OSCA an *Meccanica Verghera* in Gallarate, die Hersteller von MV-Agusta-Renn- und -Straßenmotorrädern und ab 1964 auch von Hubschraubern. MV führte die Osca-Produktion fort, jedoch nur bis 1966, als das Unternehmen geschlossen wurde.

8
Industrielle Probleme und die Aufteilung der Orsi-Gruppe

In der unmittelbaren Nachkriegszeit leistete Alberto Massimino intensive Entwicklungsarbeiten, die auch eine Reihe Sechszylinderfahrzeuge einschlossen, einschließlich eines stark verbesserten 4CLT/48 des Original-16-Ventil-4CL. Nach 1948 stagnierte jedoch die Entwicklung von Fahrzeugen. In ganz Italien gab es industrielle Unruhen, die weitgehend von der Italienischen Kommunistischen Partei initiiert und unterstützt wurden. In Modena stand die Orsi-Gruppe als größter Hersteller im Mittelpunkt. Das betraf im Februar 1949 auch das Management von Maserati.

Die Situation wurde im folgenden Jahr noch viel schlechter. Im Januar entstand aus einem Marsch der Kommunisten in der Gießerei von Orsi eine Tragödie, als die *Carabineri* die Kontrolle über die Situation verloren und sechs Protestierer niederschossen, von denen keiner ein Mitarbeiter von Orsi war. Durch die Adoption des Sohnes eines der Arbeiter, die von der Polizei erschossen worden waren, zog der Sekretär der Kommunistischen Partei beachtliches politisches Kapital aus dem Vorfall. Die Arbeiter behielten weiterhin die Fabrik besetzt, und Adolfo Orsi konnte sich mit ihnen nicht einigen. Er war ein Mann von Prinzipien und nicht von Zweckmäßigkeiten. Seine Vorstellung war, dass die Fabrik ihm gehörte, dass es sein Geld war, das in dem Unternehmen steckte, und dass er es war, der das Sagen hatte – und nicht die Gewerkschaften.

Im Gegensatz dazu war Enzo Ferrari ein Mann des Kompromisses und nicht der Prinzipien. Während Adolfo Orsi versucht hatte, in den Vorkriegstagen politisch neutral zu bleiben, war Ferrari ein aktiver Unterstützer der faschistischen Regierung gewesen. Ferrari kooperierte jetzt mit den kommunistischen Gewerkschaften, sodass die Entwicklung und die Produktion von Ferrari nicht unterbrochen wurden. Eine Mitarbeiter-Kooperative hatte die Leitung der *Fonderie di Modena* übernommen, und es dauerte bis 1951, bis Orsi eine Übereinkunft mit den Gewerkschaften erzielte und die Kontrolle über sein Unternehmen wiedererlangte – zu den gleichen Bedingungen, die er bereits zuvor den Arbeitern angeboten hatte.

Während dieser Zeit lag die Entwicklung der Sechszylinder-Rennwagen brach. Eine kleine Stückzahl der A6-1500-Sportwagen wurde gebaut, hauptsächlich beim Turiner Karosseriebauer Pinin Farina, der die meisten der Karosserien produzierte. Die Arbeiten an den 4CLT/48 mussten nach außerhalb vergeben werden, und diese Fahrzeuge wurden in dem alten Fiat-Händlerbetrieb von Mitarbeitern, die Orsi treu geblieben waren, repariert und wieder aufgebaut. In den Autowerken in der Viale Ciro Menotti wurden ab 1947 kleine Lastwagen mit Zweizylinder-Zweitaktmotoren gebaut, die nach den Aussagen von Georgano bis 1950 hergestellt wurden.

Innerhalb der Orsi-Familie war es zu Meinungsverschiedenheiten gekommen, die bis 1953 anhielten. Der definitive Untergang von Maserati kann auf die Aufsplitterung der Unternehmensgruppe und die Anstrengungen von Adolfo Orsi zurückgeführt werden, sein Geschäft wieder neu aufzubauen. Adolfos Schwestern Bruna und Eida besaßen große Anteile am Kapital, aber Bruna wurde stark von ihrem Ehemann, dem Ingenieur Alceste Giacomazzi, beeinflusst, und sie drängten auf eine Aufteilung des Konzerns, weil sie ihren eigenen Unternehmensteil kontrollieren wollten. Der zweite Grund aber lag in der sehr großen Summe, die an den Weltmeister Juan Manuel Fangio dafür bezahlt werden sollte, dass er 1952 Maserati fuhr. Wegen seines Unfalls in Monza im Juni 1952 – als er glücklicherweise mit einem gebrochenen Halswirbel überlebte, nachdem er aus dem Fahrzeug geschleudert worden war – und weil er deswegen in der Saison 1952 nicht mehr Rennen fahren konnte, waren sie der Meinung, dass das Geld verschwendet wäre.

Im Februar stimmte Adolfo Orsi der Aufteilung seines Konzerns widerstrebend zu. Er behielt 35 Prozent des Anteils einschließlich der *Officine Alfieri Maserati*, der Werkzeugfabrik, der Eisen- und Stahl-Handelsgesellschaft und des SAIMM-Landmaschinenherstellers. Adolfos Schwestern erhielten die Eisen- und Stahlfabriken einschließlich der Gießerei, der Zündkerzen- und der Batteriefabrik.

Im selben Jahr begann die *Fabbrica Candele Accumulatori Maserati* mit der Herstellung von Motorrädern. Das war zu einer Zeit, als eine große Nachfrage nach Motorrädern in Italien bestand und Maserati nur einer von mehreren neuen Herstellern am Markt war. Die Maserati-Motorräder hatten Einzylinder-Zweitaktmotoren mit Hubräumen zwischen 48 und 123 ccm und Einzylinder-Viertaktmotoren zwischen 123 und 246 ccm. Die Mehrzahl der Motoren waren auf der Basis der Produkte der Firma Italmoto in Bologna entstanden, von der man die Produktionsrechte erworben hatte.

Das Tipo-250-T4-Motorrad mit dem 246-ccm-Motor unterschied sich jedoch von den Lizenzprodukten. Der Einzylindermotor mit einer obenliegenden Nockenwelle war komplett von

Beim Grand Prix von Großbritannien 1949 fuhr der siamesische Fahrer Prinz Bira einen Maserati 4CLT/48 und führte vor zwei ähnlichen Fahrzeugen in der Schikane. Wegen organisatorischer Probleme bei Maserati wurden alle Arbeiten an dem 4CLT/48 im alten Fiat-Händlerbetrieb von Adolfo Orsi vorgenommen. (Sammlung Guy Griffiths)

Maserati entwickelt worden. Die Maserati-Produktpalette von Gebrauchsrädern bis zu ausgesprochen sportlichen Maschinen war für die damalige Zeit typisch. Zunächst verkauften sich die Maserati-Motorräder gut, aber 1960 lief die Produktion aus. Als Orsis Schwestern das Unternehmen übernahmen, hatten sie das Recht, den Namen Maserati nur für die Zündkerzen und die Batterien zu nutzen. Adolfo stellte klar, dass sie kein Recht hatten, den Namen Maserati für ihre Motorräder zu benutzen, aber er machte davon keinen Gebrauch, weil er keine weiteren Zerwürfnisse in der Familie wollte. Das wurde erst 1964 wichtig, als die Zündkerzen- und Batterie-Unternehmen zusammenbrachen und der Liquidator die Namensrechte an Maserati für Motorräder zum Kauf anbot und die Nutzungsrechte an der Marke endgültig geklärt wurden.

9
Die unmittelbaren Nachkriegsjahre: 1946-1951

Im Juli 1943 landeten britische und amerikanische Truppen auf Sizilien, zwei Monate später in Süditalien. Mussolini wurde im Juli 1943 abgesetzt und inhaftiert, und die italienische Regierung ergab sich am 8. September 1943. Die deutschen Truppen kämpften in Italien hartnäckig weiter, und Rom war nicht vor Juni 1944 befreit. Vor dem Ende des Kriegs hatte Italien die Fronten gewechselt, und seine Truppen kämpften jetzt gemeinsam mit den Alliierten. Mussolini wurde von deutschen Fallschirmjägern aus seiner Gefangenschaft befreit und unter die Kontrolle der Marionettenregierung der Italienischen Sozialistischen Republik gestellt. Die italienische Widerstandsbewegung nahm Mussolini 1945 gefangen, erschoss ihn und stellte seinen Leichnam öffentlich in Como und Mailand aus.

Als die russischen Truppen nur wenige Hundert Meter entfernt waren, beging Hitler in seinem Bunker in Berlin Selbstmord, indem er sich am 30. April 1945 erschoss. Die deutschen Truppen in Italien ergaben sich bedingungslos am 2. Mai 1945, und am 7. Mai ergab sich Admiral Karl Dönitz, der von Hitler zum Führer nach dessen Tod ernannt worden war, im Namen von Deutschland. Am 6. August 1945 warfen die Amerikaner eine Atombombe auf Hiroshima und drei Tage später eine weitere auf Nagasaki. Schließlich, am 8. August, hatte Russland Japan den Krieg erklärt und war in die Mandschurei einmarschiert. Japan ergab sich am 14. August 1945.

Das erste Nachkriegsrennen wurde im Bois de Boulogne in Paris am 9. September 1945 ausgetragen, drei Wochen nach der bedingungslosen Kapitulation der Japaner.

1946

Das internationale Rennwesen war 1946 wieder aufgelebt, und für dieses eine Jahr war auch die Grand-Prix-Formel wieder zurückgekehrt, so wie sie in den Vorkriegsjahren definiert worden war: mit aufgeladenen 3-Liter-Motoren und nicht aufgeladenen 4,5-Liter-Motoren. Die Mehrzahl der Fahrzeuge, die zum Rennen antraten, waren Vorkriegs-*Voiturettes*, Maseratis und die Werks-Tipo-158 von Alfa Romeo. Sie nahmen an nur vier Veranstaltungen während des Jahres teil, gemeinsam mit einer kleinen Anzahl von aufgeladenen 3-Liter-Alfa-Romeos und den Talbots ohne Kompressor.

Maserati baute seit den Vorkriegstagen ungefähr 14 neue 4CLs für die Teilnahme an solchen Rennen, aber die Veränderungen waren auf einen externen Ölkühler, größere Luftansaugstutzen für den Vergaser und einen Einlass zur

Einer der beständigsten 4CL-Fahrer des Jahres 1946 war Reg Parnell mit seinem Wagen, der ehemals »Johnny« Wakefield gehört hatte. Hier fährt Parnell mit seinem 4CL beim Shelsley-Walsh-Bergrennen am 22. September 1946. (Sammlung Guy Griffiths)

Die Scuderia Milano *hatte drei 4CLs beim Grand Prix von Marseille 1946 gemeldet. Hier führt Nuvolari vor Sommer, beide am Lenkrad eines Milano-Fahrzeugs. Nuvolari fuhr die schnellste Runde, bevor er ausfiel und Sommer das Rennen gewann. (Sammlung Guy Griffiths)*

Kühlung des Zündmagneten beschränkt. Das stärkste Maserati-Team war die *Scuderia Milano* der Ruggeri-Brüder, die einige der 4CLs, die sie über die Kriegsjahre sichergestellt hatten, für die Rennen meldeten.

In England hatte Reg Parnell die Fahrgestellnummer 1569 erworben, die bis dahin »Johnny« Wakefield bei Rennen gefahren hatte, der während des Kriegs umgekommen war. Reggie Tongue hatte sich vom Rennsport zurückgezogen, und seinen 4CL mit der Fahrgestellnummer 1567 hatte Bob Ansell gekauft.

Ohne Zweifel waren die Alfa Romeo 158 und 159 *Alfettas* die erfolgreichsten Grand-Prix-Fahrzeuge der Nachkriegsjahre, die Maseratis konnten sie nie schlagen. Aber die Alfa Romeos nahmen nur an einer begrenzten Anzahl von Rennen teil und gewannen diese. Die Maseratis erreichten eine viel höhere Beteiligung an Rennen, und alle ihre Erfolge wurden ausschließlich von Privatfahrern erzielt.

Die internationale Saison begann mit dem Grand Prix von Nizza über 198 Kilometer am 22. April. *Milano* meldete 4CLs für Luigi Villoresi, Franco Cortese und Arialdo Ruggeri sowie einen 6CM für Philippe Etancelin. Der Hauptkonkurrent war Raymond Sommer mit einem aufgeladenen 3-Liter-Alfa-Romeo-8C308. Villoresi dominierte das Rennen und führte, bis er einen längeren Boxenstopp über drei Minuten einlegte, das Rennen 90 Sekunden hinter Sommer wieder aufnahm und dann erneut die Führung übernahm, um mit einem klaren Vorsprung von drei Kilometern zu gewinnen. Chaboud und Grignard mit ihren nicht aufgeladenen 3,5-Liter-Delahaye belegten die vierten und fünften Plätze. Cortese übernahm das Fahrzeug von Ruggeri und brachte das andere noch im Rennen befindliche *Milano*-Fahrzeug als 15. über die Ziellinie.

Drei Wochen später, am 12. Mai, wurde der Grand Prix von Marseille in zwei Qualifikationsläufen über 48 Kilometer und einem Endlauf über 96 Kilometer auf dem Prado-Straßenkurs gefahren. Die drei *Milano*-4CLs wurden von Nuvolari, Sommer und Ruggeri gesteuert. Das Schweizer *Autosport*-Team brachte 4CLs für de Graffenried und Basadonna ins Rennen, und Enrico Plate saß hinter dem Lenkrad seines eigenen 4CL. Bei dieser Veranstaltung trafen sich de Graffenried und Plate zum ersten Mal, und Toulo erklärte sich bereit, für Plate später im Jahr zu fahren. Das Finale war eine langweilige Angelegenheit, Sommer gewann vor Plate. Ruggeri und de Graffenried kamen als Vierter

Der zweite Tipo 8CL, der außerhalb des Maserati-Werks gesehen wurde, bevor er in die USA verschifft wurde, um am Indianapolis-Rennen 1946 mit Villoresi am Lenkrad teilzunehmen.

und Fünfter ins Ziel. Nuvolari führte zunächst und fuhr neuen Rundenrekord, musste jedoch wegen eines Ventilschadens aufgeben.

Den Paris-Cup, der am 30. Mai über 150 Kilometer im Bois de Boulogne gefahren wurde, gewann Jean-Pierre Wilmille (aufgeladener 3-Liter-Alfa-Romeo) vor Ruggeri. Ein weiteres Rennen in Paris folgte am 9. Juni, der St.-Cloude-Grand-Prix über 180 Kilometer auf Straßen in dem Vorort, der dem Rennen den Namen gab, einschließlich eines Tunnels, der etwa 800 Meter lang war. Dieser ist jetzt Teil der *Autoroute* Paris–Rouen. Die Werks-Alfa-Romeos-158 hatten ihren ersten Nachkriegsauftritt; die *Alfettas* führten, fielen aber aus, und Sommer gewann mit seinem *Milano-4CL* vor Louis Chiron mit dem immer noch konkurrenzfähigen *Monoplace*-Talbot, der 1939 zum ersten Mal beim Grand Prix von Frankreich eingesetzt worden war.

Beim Albi-Grand-Prix, einem Rennen mit zwei Läufen über 150 Kilometer am 14. Juli, hatten die Maseratis einen starken Auftritt. Für dieses Rennen hatte sich die *Scuderia Milano* Plates 4CL ausgeliehen, der von Nuvolari gefahren wurde. Der große Tazio gewann den ersten Lauf und wurde hinter seinem Teamkollegen Villoresi Zweiter im zweiten Lauf. Villoresi war jedoch beim ersten Lauf nicht gestartet und so wurde *Il Mantovano* Gesamtsieger. Das war der letzte Sieg in Nuvolaris Rennfahrerkarriere.

Eine Woche später trafen die *Scuderia-Milano*-Fahrer beim Grand Prix des Nations wieder auf die Werks-Alfas. Das Rennen wurde in zwei Qualifikationsläufen und einem Finallauf auf den Straßen von Genua ausgetragen. Am Ende belegten die Alfas von Farina, Trossi und Wimille die ersten drei Plätze. In der ersten Runde des Finallaufs versuchte Villoresi, an Trossi, auf dem dritten Platz liegend, vorbeizukommen, aber eine Bremse blockierte, er kam von der Straße ab und fuhr gegen einen Laternenpfahl. Es war offenkundig keine Liebe mehr zwischen Nuvolari und Wimille, denn als Wimille, dann in Führung liegend, Nuvolari überrundete, rammte Tazio ihn absichtlich. Der Franzose drehte sich, konnte aber seinen Motor am Laufen halten und ins Rennen zurückkehren. Er hatte jedoch zwei Plätze verloren.

Der Rennzirkus zog nun nach Italien, und am 1. September wurde der Grand Prix von Turin über 280 Kilometer auf dem Valentino-Park-Kurs in der Nähe des Po gefahren. Varzi und Wimille führten in ihren Alfas und belegten die ersten beiden Plätze. Sommer fuhr ein schneidiges Rennen mit seinem 4CL und wurde Dritter. Nuvolari erlebte einen sehr bösen Moment, als sein 4CL ein Rad verlor, während er mit hoher Geschwindigkeit auf der Strecke neben dem Fluss fuhr.

Als Nächstes kam der Grand Prix von Mailand am 28. September, der auf einem drei Kilometer langen Kurs im Parco Sempione in zwei Qualifikationsläufen über 54,7 Kilometer und einem Finallauf über 92 Kilometer ausgetragen wurde. Trossi, Varzi und Sanesi belegten mit den Alfa Romeos die ersten drei Plätze, und Villoresi, noch nicht ganz wiederhergestellt von seinem Unfall in Genua, kam als Vierter ins Ziel. Der einzige weitere Fahrer, der das Ziel erreichte, war de Graffenried Nuvolari ging es offensichtlich sehr schlecht, denn er überquerte die Ziellinie am Ende des ersten Laufs mit einem blutigen Taschentuch vor seinem Mund und musste im zweiten Lauf nach nur drei Runden aufgeben.

1946 wurde der zweite 3-Liter-8CL, Fahrgestellnummer 3035, zum ersten Mal in einem Rennen gefahren. Die *Scuderia Milano* hatte ihn für Villoresi in Indianapolis am 31. Mai gemeldet. Sein Zieleinlauf auf dem siebten Platz war schlechter, als man sich erhofft hatte. Der Maserati wurde nach Europa zurücktransportiert, und am 25. August fuhren ihn Sommer und Henri Louveau bei dem Trois-Villes-Rennen über 253 Kilometer in Lille. Es gab keine ernsthafte Konkurrenz, und so siegte man mit einer klaren Runde Vorsprung vor »Levegh« mit einem Talbot. Beim Penya-Rhin-Grand-Prix über 312 Kilometer auf dem Pedralbes-Straßenkurs in

Luigi Villoresi in Indianapolis mit dem jungfräulichen 8CL, Chassis-Nummer 3035. Er war von der Scuderia Milano *gemeldet worden. Der 8CL fuhr nicht so gut wie erwartet, und Villoresi belegte nur den siebten Platz. (Sammlung Guy Griffiths)*

Barcelona fuhr Villoresi am 27. Oktober einen 8CL. Er ging souverän in Führung, bevor ihn Motorprobleme zu einem Boxenstopp zwangen, nahm das Rennen wieder auf, schied aber kurz darauf endgültig aus. Die Vierzylinder-Maseratis belegten die ersten drei Plätze in der Reihenfolge Pelassa, Basadonna und Puigpalau.

1947

Für das Jahr 1947 war eine neue Formel A geschaffen worden, für aufgeladene Motoren bis 1,5 Liter Hubraum und nicht aufgeladene bis 4,5 Liter. Obwohl dieses neue Reglement die aufgeladenen Vorkriegs-3-Liter-Wagen von den meisten Rennen ausschloss, machte das keinen wirklichen Unterschied in der Hackordnung. Alfa gewann die wenigen Rennen, an denen man teilnahm, und Maserati gewann fast den gesamten Rest.

Luigi Villoresi fuhr den von der Scuderia Milano gemeldeten 4CL-1500 beim Grand Prix von Mailand 1946 auf den vierten Platz hinter den drei Werks-Alfa-Romeos-158. Die Rennstrecke lag im Parco Sempione, der normalerweise für die Handelsmesse in Mailand genutzt wurde.

Louis Unser, der Onkel von Bobbie Unser, mit einem der ehemaligen Lucy-O'Reilly-Schell-8CTF-Maseratis beim Pike's-Peak-Bergrennen in den Rocky Mountains in Colorado am 8. November 1946. Er gewann das Rennen. (Sammlung Guy Griffiths)

Dennoch hatte die *Scuderia Milano* zwei 4CLs nach Argentinien auf den Weg gebracht, um dort

an Rennen nach der freien Formel der *Temporada*-Serie teilzunehmen, die während der Hitze des südamerikanischen Sommers gefahren wurden. Der argentinische Präsident, Juan Domingo Peron, war ein großer Enthusiast von Autorennen. Als Soldat hatte er eine führende Rolle bei dem Militärputsch gespielt, der die Regierung 1943 gestürzt und sehr starke Unterstützung für die Sozialreformen bekommen hatte. 1946 wurde er Präsident.

In zunehmendem Maße regierte Peron das Land als seinen persönlichen Machtbereich, und das war so bis zu seiner Ablösung und seinem Gang ins Exil. Wegen Perons Vorliebe für den Motorsport wurden führende argentinische Fahrer vom Staat durch den *Automovil Club Argentino* gefördert, was Fahrern wie Juan Manuel Fangio, Froilan Gonzalez, Onofre Marimon und anderen die Möglichkeit gab, in Europa Rennen zu fahren und sich Verdienste zu erwerben.

Das erste Rennen in Argentinien war der über 140 Kilometer lange Rosario-Grand-Prix, der am 2. Februar ausgetragen wurde. Villoresi kam mit seinem *Milano* 4CL auf den zweiten Platz hinter dem großen Achille Varzi in seinem aufgeladenen 3-Liter-Alfa-Romeo-8C308. Die Rennszene ging dann zum Palermo Park in Buenos Aires, wo Villoresi am 9. Februar den Juan Peron Cup über 121 Kilometer gewann, vor den Alfa Romeos, die von Varzi und dem Brasilianer »Chico« Landi gesteuert wurden. Sechs Tage später wurde der Eva Peron Cup über dieselbe Distanz und auf derselben Strecke ausgefahren, und wieder gewann Villoresi, diesmal vor Pessatti (3-Liter-Alfa-Romeo mit Auflandung) und Palmieri (auch mit einem *Milano*-4CL).

Die *Scuderia Milano* setzte 1947 ihre Rennaktivitäten fort, und ihr technischer Leiter, Mario Speluzzi, brachte seine eigenen Entwicklungen bei den 4CLT/48, aber die *Milano*-Fahrzeuge wurden immer unzuverlässiger – nicht wegen Speluzzis Modifikationen, sondern wegen der nachlässigen Rennvorbereitungen. Ab 1947 war der Hauptrennstall von Maserati die *Scuderia Ambrosiana,* die von »Johnny« Lurani geleitet wurde. Sie war vor dem Krieg ein sehr bekanntes Team mit einer guten Fahrerkombination gewesen. Das war in erster Linie eine geschäftliche Verbindung. Das Team schickte Fahrzeuge für Luigi Villoresi und Alberto Ascari ins Feld, die von Maserati-Mechanikern wie

Ascari mit einem Tipo A6-1500 im Jahre 1947. Dieser 1488-ccm-Sechszylinder war die letzte Entwicklung der Maserati-Brüder, die den Krieg überlebt hatten. Wieder steht der Karosseriebauer Menardo Fantuzzi neben Ascari, und zu seiner Linken, im weißen Overall, ist Luigi Villoresi.

Guerino Bertocchi betreut wurden. Diese Fahrzeuge waren so immer auf dem letzten Stand der Technik.

Ambrosiana verlieh auch Fahrzeuge an Fahrer, die diesen Weg wegen ihrer relativ bescheidenen Finanzen gewählt hatten, um Rennen fahren zu können, oder im Fall der britischen Fahrer, um die sehr strikten Beschränkungen des Handelsministeriums umgehen zu können, die die Ausfuhr von Devisen reglementierten. Wenn ein Fahrzeug kurzfristig nach Großbritannien gebracht wurde, musste man keine Importsteuer bezahlen, und wenn die Mietkosten in England bezahlt wurden, war das auch legal. Das war natürlich ein System, das zum Missbrauch einlud und die Frage aufwarf, wie die Besitzer der Fahrzeuge die Gelder außer Landes brachten, sowie nach der wirklichen Identität bestimmter Fahrzeuge, von denen man wusste, dass sie gefälschte Kennzeichen hatten.

Der führende britische Fahrer, der an dieser Praxis teilnahm, war Reg Parnell, der seit der Vorkriegszeit Rennen gefahren war. Er und Bob Gerard waren die überragenden britischen Rennfahrer der damaligen Zeit. Parnell war ein schneller, sehr guter Fahrer, physisch sehr stark; er behandelte allerdings sein Fahrzeug mit einem bemerkenswerten Mangel an mechanischem Einfühlungsvermögen, was zu unnötigen Verlusten durch Bruch oder Ausfälle führte. In den Kriegsjahren hatte Parnell eine größere Anzahl von Rennwagen gesammelt, die er danach mit Gewinn verkaufen konnte, was ihm dazu verhalf, 1947 einen 4CL von der *Scuderia Ambrosiana* zu mieten. Ironischerweise war Bob Gerard, der einige ERAs besaß, die vergleichsweise wenig kosteten, der erfolgreichere Fahrer.

Gerade so wie 100 Jahre zuvor kleine Ausstellungen und der Zirkus in ganz Europa herumreisten – besonders in Frankreich – und sich in Städten und Dörfern präsentierten, wurden in den 1930er-Jahren diese Orte vom Rennsportzirkus aufgesucht, und es gab eine Vielzahl von wichtigen und weniger wichtigen Rennen, die auf provisorischen oder normalen Straßen durchgeführt wurden. Für die wichtigeren, besser finanzierten Veranstaltungen wurden permanente Rennstrecken gebaut. Die Fahrer wurden in die Lage versetzt, kreuz und quer durch Europa zu fahren, sich für die Rennen zu mel-

Villoresi mit dem Stromliniencoupé Tipo A6G beim Rennen in Varese über 143 Kilometer, bei dem er ausfiel und das Cortese mit einem V12-Ferrari gewann. Für einen italienischen Kurs waren die Zuschauer sehr zurückhaltend, da sie in der Kurve innerhalb der Absperrung blieben.

den und ihre Kosten durch die Preisgelder zu bestreiten. Diese Praxis wurde auch nach dem Krieg wieder aufgenommen und bis in die Mitte der 1950er-Jahre fortgesetzt – bei wachsender Angst um die Sicherheit bei den Rennen.

Auch im Jahre 1947 traten die Alfa Romeos nur bei vier Rennen an – die sie alle gewannen –, und das ließ das Feld offen für die 4CLs. Das größte Problem, das die Maseratis hatten, war ihre oftmals ungenügende Vorbereitung und die daraus resultierende Unzuverlässigkeit. Der erste Grand Prix der Saison fand am 7. April in Pau statt, und Motorrad-Champion Nello Pagani gewann dieses 306 Kilometer lange Straßenrennen in seinem 4CL vor »Levegh« (3-Liter-Delahaye ohne Kompressor) und Louveau (in einem anderen 4CL). Arialdo Ruggeri verunglückte in diesem Rennen schwer und brach sich beide Beine. Drei Wochen später fuhr Villoresi mit einem von *Ambrosiana* aufgebauten 4CL an der Spitze beim Rennen in Perpignan, fiel dann aber wegen mechanischer Probleme aus, und Eugène Chaboud gewann mit einem *Monoplace*-Talbot.

Anders als im englischen Mutterland, genehmigten Nordirland, Jersey und die Isle of Man die Sperrung von öffentlichen Straßen, sodass darauf Rennen gefahren werden konnten. Das Jersey Road Race über 258 Kilometer wurde am 8. Mai veranstaltet und hatte ein großes Starterfeld, einschließlich der Fahrzeuge der *Scuderia Milano* mit den Fahrern Sommer, Chiron und Pagani. Sommers Fahrzeug war mit einem zweistufigen Kompressor ausgerüstet, bevor er in einem *Ambrosiana*-Werkswagen erschien. »B. Bira« (in einem anderen 4CL) und Pagani fielen aus, und Parnell gewann vor Chiron. Gegen Ende des Rennens machte Parnell mehrere Boxenstopps, um Öl nachzufüllen, und jeder, einschließlich der offiziellen Zeitnehmer, war irritiert. Die *Scuderia Milano* meldete Protest an und behauptete, Chiron hätte gewonnen, aber der Protest wurde zurückgewiesen.

Am 18. Mai gewann Chaboud in einem Talbot den Grand Prix von Marseille über 307 Kilometer vor Plate mit einem 4CL. Eine Woche später war »B. Bira« der Sieger beim Grand Prix des Frontières in Belgien über eine Distanz von 130 Kilometern vor Peter Monkhouse in einem älteren Bugatti Typ 51. Das nächste wichtige Rennen war der Grand Prix der Schweiz auf dem Bremgarten-Ring in Bern am 8. Juni. Hier standen vier Alfa Romeos einer Gruppe von 4CLs gegenüber. Bei diesem Rennen war der von *Ambrosiana* gemeldete Wagen, der von Villoresi gefahren wurde, mit einem zweistufigen Kompressor ausgestattet, ebenso wie die beiden Fahrzeuge der *Scuderia Milano*. Das Rennen wurde in zwei Qualifikationsläufen über 137 Kilometer und einem Finallauf über 206 Kilometer gefahren. Die 158 belegten im Finallauf die ersten drei Plätze, aber Sommer war in einem *Milano*-4CL Vierter, vor Sanesi in einem weiteren 158 und Villoresi auf dem fünften Platz.

In der Zeitschrift *Motor Racing* schrieb John Eason Gibson 1947: »... wenn die *Scuderia Milano* ihre Fahrzeuge etwas besser vorbereitete, hätten sie mit den zweistufig aufgeladenen Fahrzeugen eine Chance, den Alfas Paroli zu bieten. Die Preisvergabe im Bellevue-Palace am späten Abend war unvergleichlich, da man der Praxis bei wichtigeren kontinentalen Rennen folgte, wo praktisch jeder ein Souvenir vom Rennen bekam. Einer der schöneren Anblicke war, als ›Johnny‹ Lurani, Direktor der *Scuderia Milano*, versuchte, Villoresi nach der Preisverleihung seinen Scheck zu übergeben.«

Die *Alfettas* traten drei Wochen später wieder beim Grand Prix von Belgien in Spa-Francorchamps an, wo sie die ersten drei Plätze belegten. Sommer lag mit seinem 4CL am Ende der ersten Runde auf dem zweiten Rang und konnte anschließend den dritten Platz behaupten, bis er in Runde 12 wegen eines gebrochenen Chassis ausscheiden musste. Beim Marne-Grand-Prix über 400 Kilometer am 6. Juli in Reims fuhr Alberto Ascari, die Nummer zwei im *Ambrosiana*-Team, den neuesten Maserati, den ersten 4CLT, der ein Rohrrahmen-Chassis hatte. Sowohl Villoresi als auch Ascari fielen aus, und Christian Kautz, ein Vorkriegsfahrer bei Auto Union und Mercedes-Benz, gewann das Rennen in seinem 4CL. Chiron wurde mit seinem Talbot *Monoplace* Zweiter.

Die Maseratis fielen in Albi aus, wo Rosier mit seinem Talbot siegte. In Nizza belegten Villoresi und Ascari mit ihren *Ambrosiana*-Fahrzeugen die beiden ersten Plätze, nachdem Sommers mit zwei Kompressoren ausgestattetes *Milano*-Fahrzeug Feuer gefangen hatte. Villoresi gewann ein weiteres Rennen in Straßburg, aber er verunglückte im Grand Prix von Comminges auf der

St.-Gaudens-Rennstrecke. Das Rennen, das von Chiron im *Monoplace*-Talbot gewonnen wurde, bezeichnete *The Autocar* als »ein schockierendes Rennen«. Alles in allem war das eine herbe Untertreibung, denn am Morgen wurden bei einem Motorradrennen drei Fahrer getötet, und beim Grand Prix fuhr ein Fahrzeug in die Zuschauerabsperrung und tötete sechs Besucher.

Auch Dorino Serafini, ein früherer Motorradrennfahrer der Gilera-Teams, hatte einen schrecklichen Unfall. Am Lenkrad eines der 4CL des Schweizer *Autosport*-Teams lag er auf dem zweiten Platz vor Ascari und hatte gerade die schnellste Runde gefahren, als ihm sein Lenkrad einschließlich der Lenksäule entgegenkam und er mit hoher Geschwindigkeit geradeaus weiterfuhr. Das Fahrzeug verließ die Strecke, schleuderte zwischen Bäumen hindurch, bis es als ein zerknautschter Haufen Schrott zum Stillstand kam und Feuer fing. Serafini erlitt Verbrennungen, seine Arme, Beine und Rippen waren gebrochen, aber er war sehr robust und wurde wieder komplett hergestellt. Enzo Ferrari, der einen Mann erkannte, wenn er vor ihm stand, bot ihm einen Job in seiner Firma an, und Serafini wurde Cheftester und Werksfahrer bei Ferrari.

Der Grand Prix von Italien wurde am 7. September in Mailand auf der alten Strecke auf dem Messegelände im Parco Sempione ausgetragen. Die Alfa Romeos belegten die ersten vier Plätze. Ascari hielt mit einem zweistufig aufgeladenen *Ambrosiana*-4CL zunächst den dritten Platz, musste wegen eines losen Treibstofftanks mehrmals an die Box und wurde schließlich Fünfter. Ein weiteres wichtiges Rennen des Jahres 1947 war der Grand Prix von Frankreich in Lyon am 21. September über eine Distanz von 505 Kilometern. Das war ein Rennen, an dem Alfa Romeo nicht teilnahm. Es wurde auf einer 7,22 Kilometer langen Strecke ausgetragen. Der Start war auf einer Seite einer doppelspurigen Straße, dann folgte eine Haarnadelkurve, und es ging auf der Gegenfahrbahn zurück. Der Rest des Rennens wurde auf der eigentlichen Rennstrecke gefahren. Chiron gewann mit seinem *Monoplace*-Talbot vor Henry Louveau (4CL). »Pierre Levegh« fuhr in die Zuschauermenge und tötete zwei Besucher.

Das letzte Formel-A-Rennen war der Grand Prix von Lausanne am 5. Oktober über eine Strecke von 291 Kilometern, den Villoresi mit seinem *Ambrosiana*-Wagen vor Wimille (in einem von Gordini gemeldeten Simca) und de Graffenried als Sieger beendete. Reg Parnell war eingeladen worden, ein Fahrzeug der *Scuderia Milano* zu fahren, einen 4CLT mit Rohrrahmen-Chassis, aber nur mit einem einfachen Kompressor. Es kam sehr spät an der Rennstrecke an, Öl tropfte vom Rahmen, der als Ölreservoir und Kühler fungierte, und es war nicht für das Rennen präpariert. Reg versuchte das Beste mit diesem schlecht vorbereiteten »Müllhaufen«, musste aber wegen Bremsenproblemen und unzureichender Lenkgeometrie aufgeben.

1948

1948 schritten Orsis Pläne für die Entwicklung von Maserati zügig voran. Die A6GCS hatten sich als Fahrzeuge mit beachtlichem Potenzial erwiesen, und Massimino hatte eine verbesserte Version des 4CL entwickelt, der im Juni seinen ersten Auftritt hatte.

Alberto Ascari fuhr den neuen und sehr schnellen 2-Liter-A6GCS-Monoposto beim Grand Prix von Turin im Oktober im Valentino-Park. Er lag hinter Sommer (Ferrari) und seinem Teamkollegen Villoresi in einem weiteren A6GCS auf dem dritten Platz. Beide Maseratis fielen mit Getriebeschäden aus. (Sammlung Guy Griffiths)

Die Entwicklung der Sechszylinder-Sportwagen

Ein wesentlicher Teil von Adolfo Orsis Plänen für Maserati war der Bau eines Grand-Touring-Wagens. Die ersten technischen Zeichnungen für den A6-1500 wurden 1940 angefertigt; es wurde ein Prototyp gebaut, der 1943 getestet wurde. Die Motorentwicklung basierte auf dem 6CM, allerdings mit den überarbeiteten Zylindermaßen von 66 x 72,5 mm, die einen Hubraum von 1488 ccm ergaben, mit einer einfachen obenliegenden Nockenwelle, mit einem gusseisernen Block und selbstverständlich ohne Kompressor. In der ursprünglichen Form leistete der Motor mit einem Weber-Vergaser 65 PS bei 4700 U/min.

Das Chassis bestand aus einer Zwillingsrohrrahmen-Struktur mit ungleich langen doppelten Querlenkern und einer Schraubenfederung an der Vorderachse; die starre Hinterachse wurde an Halbelliptik-Federn geführt. Der Antrieb erfolgte über ein auf Fiat-Basis entwickeltes Vierganggetriebe mit synchronisiertem 3. und 4. Gang über eine trockene Einscheibenkupplung. In der Bezeichnung stand das A für Alfieri, ein Tribut an den Unternehmensgründer einerseits, aber auch symbolisch für eine komplett neue Fahrzeuggeneration bei Maserati, während die 6 sich auf die Zahl der Zylinder bezog. Dieses Bezeichnungssystem sollte noch sehr kompliziert werden.

Die meisten der frühen Arbeiten am A6 wurden von den Maserati-Brüdern ausgeführt, aber alle späteren Arbeiten unterlagen der Verantwortung von Alberto Massimino, der Ende 1939 zu Maserati gekommen war. Es gab also tatsächlich zwei Entwicklungslinien. Das Chassis mit einer Karosserie von Pinin Farina wurde zuerst auf dem Genfer Autosalon 1947 ausgestellt. Es wurde in begrenzter Stückzahl produziert, und die meisten Fahrzeuge besaßen die Karosserie von Farina, obwohl einige wenige auch Karosserien anderer Hersteller hatten. Die Höchstgeschwindigkeit lag bei diesen Fahrzeugen zwischen 137 und 145 km/h. Unter den Käufern war auch Prinz Bira, der seinen Wagen 1949 zum Grand Prix von England brachte.

Es gab auch eine Wettbewerbsversion, von der nur einige wenige Exemplare mit einer Karosserie von Fantuzzi hergestellt wurden. Eines dieser Fahrzeuge hatte einen aufgeladenen 6CM-Motor. Die nächste Entwicklungsstufe war die Hubraumvergrößerung auf 1954 ccm (72 x 80 mm). Die Leistung dieses Motors lag bei 90 PS bei 4700 U/min. Dieses Modell wurde als A6G (G stand für *ghisa*, das Gusseisen des Motorblocks) bezeichnet, und es bekam eine stromlinienförmige Coupé-Karosserie.

Vor April 1957 wurden keine Tests unternommen, aber das erste *Mille-Miglia*-Straßenrennen wurde von seinem ursprünglichen Datum auf den 21. Juni nach hinten verlegt, um Straßenreparaturen durchführen zu können und um den Werksteams eine längere Vorbereitungszeit für ihre Fahrzeuge zu geben. Der neue Maserati wurde von Luigi Villoresi gefahren, sein Partner war Bertocchi. Der Wagen war aber zu keinem Zeitpunkt ein ernsthafter Wettbewerber und schied schon früh im Rennen aus. Acht Tage später fuhr Villoresi den neuen Wagen in Varese, fiel aber auch dort aus.

Die nächste Stufe der Entwicklung war der A6GCS-Rennwagen (C steht für *corsa*, Rennen, und S für Sport). Der Punkt war eine weitere Eigenart bei der Typologie von Maserati und wurde im Allgemeinen weggelassen. Der Hubraum wurde geringfügig auf 1978,7 ccm vergrößert, indem man den Hub auf 81 mm verlängerte. Es wurden drei Weber-36D04-Vergaser angebaut, die Verdichtung wurde von 7,5:1 auf 11:1 angehoben, und die Leistung wurde jetzt mit 130 PS bei 5200 U/min angegeben.

Der Radstand wurde verkürzt, und die A6GCS hatten normalerweise eine zierliche, offene, geschwungene Zweisitzer-Karosserie von Fantuzzi. Ein auffälliges Detail war ein einzelner Scheinwerfer, der in der Mitte des Kühlergrills montiert war, was dazu führte, dass dieses Modell den Namen *Monofaro* bekam. Ein anderes auffälliges Merkmal waren die tief ausgeschnittenen Cockpitseiten. Zwischen 1947 und 1950 baute Maserati 13 Fahrzeuge dieses Typs (einschließlich des Fahrzeugs, das zwei unterschiedliche Motor- und Chassis-Nummern hatte!). Ein frühes Werksfahrzeug hatte eine Coupé-Karosserie, und zwei weitere Fahrzeuge hatten die Kotflügel in die Karosserie integriert. Die Karosserien dieser drei Fahrzeuge stammten von Carraroli.

Zu dieser Zeit verfolgten Maserati und Ferrari ähnliche Entwicklungsrichtungen: Beide hatten mit einem 1,5-Liter-Motor begonnen (im Fall von Ferrari mit einem V12), beide hatten den Hubraum auf zwei Liter vergrößert, und beide hatten dann den Hubraum ein kleines bisschen erhöht. Beide Werke hatten bei ihrer Entwicklung an die 2-Liter-Formel-2 ohne Kompressor gedacht, die 1948 eingeführt werden sollte. Bei den Sportwagen-Rennen lagen die beiden Modelle damit voll im Trend. Ferrari stellte natürlich für das Jahr 1949 einen einsitzigen Formel-2-Wagen her, aber die industriellen Probleme von Maserati hielten das Unternehmen davon ab gleichzuziehen.

Zwei der neuen Fahrzeuge hatten ihren ersten Auftritt auf der Rennstrecke von Modena am 28. September. Zunächst führte Villoresi vor Cortese (Ferrari) und Ascari; Cortese fuhr an die Spitze und musste dann wegen mechanischer Probleme an die Box. Ascari übernahm die Führung vor Villoresi, dessen Motor überhitzte. Die Maserati-Fahrer lagen immer noch auf den gleichen Plätzen, als das Rennen nach 77 Kilometern wegen eines schweren Unfalls gestoppt wurde. In Modena befanden sich die Boxen unsinnigerweise in einer Kurve; Bracco verlor die Kontrolle, als er versuchte, Cortese auszuweichen, der an die Box fahren wollte. Er flog in eine voll besetzte Zuschauerabsperrung. Bracco wurde aus seinem Wagen geschleudert und erlitt schwere Verletzungen, fünf Zuschauer wurden getötet.

Vierzehn Tage später nahmen zwei Maserati-Fahrer am Preis von Turin über 504 Kilometer teil, beide fielen aber wegen der Schwäche ihrer Fiat-Getriebe aus. Raymond Sommer (2-Liter-Ferrari) erzielte einen leichten Sieg vor Chaboud (3-Liter-Delahaye) und Pozzi (4-Liter-Talbot).

Als Teil von Perons Anstrengungen, Argentinien als eine Macht im Rennsport zu profilieren, wurde Ende 1947 der *Automovil Club Argentino* angewiesen, vom Werk zwei 4CLs zu kaufen. Diese sollten von Juan Manuel Fangio und Oscar Galvez in der *Temporada*-Serie gefahren werden. Zu dieser Serie gehörten jetzt vier Rennen. Das erste war der Juan Peron Cup, der am 17. Januar in zwei Qualifikations- und einem Finallauf auf der Palermo-Park-Rennstrecke in Buenos Aires ausgetragen wurde. Das Finalrennen wurde von Villoresi mit einem *Scuderia Ambrosiana*-4CL gewonnen, vor dem Brasilianer Chico Landi am Steuer eines aufgeladenen 3-Liter-Alfa-Romeo.

Die Fahrzeuge und Fahrer fuhren dann 1046 Kilometer zum Mar del Plata an der Atlantikküste südlich von Buenos Aires. Das Rennen über 148 Kilometer wurde von Nino Farina in einem Maserati 8CL (möglicherweise das Fahrzeug, das 1946 in Indianapolis angetreten war) gewonnen, auf der Ziellinie gefolgt von Varzi mit einem 4,5-Liter-Alfa-Romeo mit Kompressor und Wimille (3-Liter-Alfa-Romeo mit Kompressor) und Galvez (Vorkriegs-3,8-Liter-Alfa-Romeo mit Kompressor). Fangio kam auf den fünften Platz.

Am 1. Februar fand der Grand Prix in Rosario im Nordwesten von Buenos Aires am Parana-Fluss statt, der über eine Distanz von 140 Kilometern ging. Dieses Rennen beendete Villoresi auf dem dritten Platz hinter Wimille (Simca) und Landi (3-Liter-Alfa-Romeo mit Kompressor). Schließlich kam man zum Evita Peron Cup zurück nach Buenos Aires. Das Rennen wurde in zwei Qualifikationsläufen und einem Finallauf ausgetragen. Hier siegte wieder Villoresi vor Galvez (Alfa Romeo) und »Raph« (Maserati).

Der Grand Prix von Pau am 20. März war wieder das erste wichtige Rennen in der europäischen Saison, und Pagani gewann das zweite Jahr in Folge. Parnell und »B. Bira« führten in ihren 4CLs beim Jersey-Road-Rennen am 29. April, aber beide machten lange Boxenstopps, sodass Bob Gerard (ERA) das Rennen vor George Abecassis (Maserati 6CM) gewinnen konnte. Parnell, Bira und Bob Ansell (alle mit 4CLs) belegten die Plätze drei, vier und fünf. Der Grand Prix der Nationen in Genf am 2. Mai ging über 237 Kilometer und wurde von Farina in einem von der *Scuderia Milano* gemeldeten 4CL gewonnen, und de Graffenried wurde in seinem von Plate gemeldeten Fahrzeug Zweiter. Vierzehn Tage später erzielte Farina einen weiteren Sieg für *Milano* beim Grand Prix von Monaco über 314 Kilometer vor Chiron (mit einem neuen Talbot Lago) und de Graffenried.

Bei dem relativ unwichtigen Grand Prix von San Remo über 287 Kilometer auf der Ospedaletti-Rennstrecke am 27. Juni fuhren Villoresi und Ascari die neuesten 16-Ventil-Maseratis für die *Scuderia Ambrosiana*. Diese verbesserten Fahrzeuge hatten die Bezeichnung 4CLT/48, wurden aber sofort auch unter dem Namen *San Remo* bekannt. Der Motor war weitestgehend unverändert, abgesehen von dem doppelten Kompressor und den H-förmigen Pleueln. Die beiden Kompressoren wurden vorn übereinander am Motor montiert, sodass das Gemisch von dem Weber-Doppelvergaser auf der rechten Seite in den unteren Kompressor einströmte und dann durch eine externe Ansaugleitung auf der linken Seite in den oberen Kompressor befördert wurde. Die Leistung soll bei 260 PS bei 7000 U/min gelegen haben.

Es wurde ein verstärktes Viergangetriebe von Fiat eingebaut, aber weil das Fahrzeug insgesamt niedriger war, musste die Antriebswelle mithilfe von Zahnrädern, die dem Differenzial vorgelagert waren, nach oben auf die Höhe des Achsantriebs angehoben werden. Das Rohrrahmen-Fahrgestell, das zuerst 1947 verwendet wurde, wurde für die letzte Version genutzt. Es hatte zwei Haupt-Rohrrahmen mit einem Durchmesser von 10,1 Zentimetern, die vorn nach oben gingen und hinten unterhalb der Hinterachse verliefen. Zwei große Querrohre verliefen hinten dicht an den Aufnahmen für die Federung, und weitere Rohre in X-Konfiguration sorgten für die Querverstärkung. Es gab außerdem kleinere Rohre vor und hinter dem Motorblock, die als Quersteifungen dienten.

Die neue Vorderachsaufhängung behielt die bestehenden Querlenker bei, hatte aber Schraubenfedern, die im Winkel von 45 Grad montiert waren, anstelle der Torsionsfederung. Die Hinterachsfederung war weitestgehend unverändert, aber es gab jetzt längere Viertelelliptik-Federn, die stärker gespreizt waren. Die Karosserie war zierlicher und flacher, mit einem kürzeren und flacheren Maserati-typischen Lufteinlass, der als apfelförmig beschrieben werden kann. Das Trockengewicht war auf 644 Kilogramm angestiegen. Obwohl die neuen Fahrzeuge schneller als ihre Vorgänger waren und

Bob Ansell in seinem 4CL, der ehemals Reggie Tongue gehört hatte, bei der British Empire Trophy auf der Isle of Man im Mai 1948. Er fiel vor der Hälfte der Distanz aus. Ihm folgte Reg Parnell, der, in Führung liegend, wegen eines Defekts an der Pumpe seines Zusatztanks ausfiel. (Sammlung Guy Griffiths)

Die 4CLT/48, die von der Scuderia Ambrosiana 1948 für den RAC-Grand-Prix gemeldet worden waren, kamen zu spät für das Training und starteten aus der letzten Reihe. Sie arbeiteten sich aber schon bald an die Spitze und sind hier nach dem Ende des Rennens zu sehen. Villoresi ging vor Ascari über die Ziellinie. (Sammlung Guy Griffiths)

sich auch besser fahren ließen, waren sie weit davon entfernt, sich mit den Alfa Romeos 158 messen zu können.

Den Maseratis war in den neuen Talbot-Lago T26 mit ihren 4482-ccm-Motoren ohne Kompressor eine zusätzliche Konkurrenz erwachsen. In ihrer Originalversion hatten diese Talbots eine Leistung von 240 PS, und sie waren sehr schwere Fahrzeuge. Ihr Hauptvorteil war ihr niedriger Spritverbrauch und die damit verbundene Möglichkeit, ein Rennen über 300 Kilometer ohne einen Tankstopp oder Reifenwechsel zu fahren. Farina führte zunächst in San Remo mit seinem *Milano*-4CL, fiel aber dann wegen eines gebrochenen Gasgestänges aus. So kamen Ascari und Villoresi an die Spitze und belegten mit ihren neuen Fahrzeugen die ersten beiden Plätze.

Alfa Romeo bestritt auch 1948 wieder nur vier Rennen, und das erste war der Grand Prix der Schweiz am 4. Juli über 291 Kilometer. Es sollte ein tragisches Rennen werden, das zwei Fahrer das Leben kostete. Während des Trainings hatte der große Achille Varzi mit dem jüngsten Tipo 158/47 einen Unfall. Das Fahrzeug überschlug sich und zerschmetterte seinen Kopf. In der zweiten Runde des Rennens wurde der Schweizer Fahrer Christian Kautz getötet, als sein 4CL mit einem Baum kollidierte. Alfa Romeo fuhr trotz des Todes von Varzi im Rennen mit, und Wimille und Trossi belegten die ersten beiden Plätze. Farina hatte zunächst den zweiten Platz mit seinem *Milano*-4CL gehalten, fiel aber wegen Motorproblemen aus. Villoresi und Ascari kamen mit ihren 4CLT/48 als Dritter und Fünfter ins Ziel; dazwischen lag der dritte Alfa Romeo 158, der von Sanesi gesteuert wurde.

Beim Grand Prix von Frankreich in Reims über 500 Kilometer war nur ein *Ambrosiana*-4CLT/48 gemeldet, der von Villoresi gefahren wurde. Alfa Romeo hatte Ascari für diese Veranstaltung das Angebot gemacht, einen ihrer Alfas zu fahren. Villoresi kämpfte hart gegen das Alfa-Romeo-Team und hielt sich über viele Runden immer kurz hinter Ascari, fiel dann aber wegen Problemen mit den Zündkerzen zurück. Nuvolari übernahm dann das Steuer von Villoresis Fahrzeug und fuhr, obwohl er für dieses Rennen kein Training absolviert hatte, schon kurz darauf Rundenzeiten wie Villoresi. Er gab das Fahrzeug kurz vor dem Ende des Rennens zurück und Villoresi beendete es auf dem siebten Platz. Nach dem Rennen bemerkte Nuvolari, dass der 4CLT/48 der beste Maserati sei, den er jemals gefahren hätte. Das war aber ein zweifelhaftes Kompliment.

Es folgten eine Reihe weniger wichtiger Rennen. Beim Comminges-Grand-Prix über 330 Kilometer auf der St.-Gaudens-Rennstrecke siegte Villoresi am 1. August für die *Scuderia Ambrosiana* sehr leicht vor einem Trio von Talbot-Lagos. Sechs Tage später wurde in Zandvoort in Holland der Grand Prix vom British Racing Driver's Club organisiert und in zwei Qualifikationsläufen sowie einem Finallauf über 174 Kilometer ausgetragen. Zandvoort war eine künstlich angelegte Rennstrecke in den Sanddünen nahe Haarlem und zu jener Zeit wahrscheinlich der sicherste Kurs in Europa. Es gab nicht sehr viele Meldungen. Parnell (4CL) gewann den ersten Lauf und »B. Bira« (4CL) den zweiten. Im Finallauf kam Tony Rolt in seinem 3,4-Liter-Alfa-Romeo nur eine Fahrzeuglänge hinter »B. Bira« ins Ziel, und Parnell war ein nicht zufriedener Dritter.

Dann kam der Grand Prix von Albi, der am 29. August auf dem ausgezeichneten Les-Planques-Straßenkurs, der eine lange, holprige, von Platanen gesäumte Gerade einschloss, gefahren wurde. Bei diesem Rennen wurden die 4CLT/48 von Villoresi und dem britischen Fahrer Leslie Brooke (der offensichtlich Lurani einen ordentlichen Obulus für dieses Privileg gezahlt hatte) gesteuert. Das Rennen bestand wieder aus Qualifikationsläufen und einem Endlauf, diesmal über 304 Kilometer. Villoresi und Brooke gewannen beide ihre Läufe. Villoresi führte zunächst im Finallauf, bis er wegen Zündproblemen gezwungen war, an die Box zu fahren. Er kam aber zurück, um Brooke herauszufordern, der sich schon als Sieger gesehen hatte. Brooke kam während ihres Kampfes um die Spitze von der Straße ab (und fiel später mit Motorschaden aus), sodass Villoresi leicht vor einer Reihe von Talbot-Lagos gewann.

Geringe Veränderungen an der Ventilsteuerung und an den Kompressoren waren am 4CLT/48 für den Grand Prix von Italien am 5. September vorgenommen worden. Dieses Rennen wurde über eine Distanz von 360 Kilometern auf der Valentino-Park-Rennstrecke in Turin gefahren und hatte sowohl Alfa Romeos als auch Ferraris als Teilnehmer. Letztere traten mit einem Team mit dem neuen V12-1,5-Liter-Wagen mit Kompressor an. Es war ein hartes Rennen im Regen, und Wimille führte und gewann für Portello. Villoresi (4CLT/48) fuhr ein gutes Rennen, das er als Zweiter vor Raymond Sommer mit dem einzigen Ferrari beendete, der ins Ziel kam, während Ascari und Parnell den vierten und fünften Platz mit ihren 4CLT/48 belegten.

Das Auftaktrennen in Goodwood, dem früheren Westhampnett-RAF-Flugplatz, fand am 18. September statt, und Reg Parnell gewann die Goodwood-Trophy über fünf Runden vor Bob Gerard (ERA). Am 2. Oktober wurde der erste Nachkriegs-RAC-Grand-Prix ausgefahren (nicht ganz korrekt als British Grand Prix bezeichnet). Er fand auf der Flugplatz-Rennstrecke von Silverstone in Northamptonshire statt und ging über eine Distanz von 402 Kilometern. Weder Alfa Romeo noch Ferrari waren am Start, und obwohl die Maseratis der *Scuderia Ambrosiana* zu spät zum offiziellen Training kamen und aus der letzten Reihe starteten, waren Villoresi und Ascari schnell an der Spitze des Feldes und beendeten das Rennen auf den ersten beiden Plätzen. Bob Gerard wurde mit seinem Vorkriegs-ERA Dritter.

Zwei Wochen später, am 17. Oktober, wurde der Grand Prix von Monza auf dem neu rekonstruierten Straßenkurs im königlichen Park gefahren. Bei diesem Rennen über 507 Kilometer waren auch vier Alfa Romeos und zwei Ferraris am Start. Die Alfas belegten die ersten vier Plätze, beide Ferraris fielen aus, Ascari wurde mit seinem 4CLT/48 Fünfter. Das letzte wichtige Rennen des Jahres war der Grand Prix Penya Rhin auf der Pedralbes-Strecke in Barcelona über 312 Kilometer. Alfa Romeos waren nicht am Start, aber drei Ferraris, die jedoch ausfielen. Villoresi gewann vor Parnell (der jetzt auch den 4CLT/48 fuhr). Das war ein guter Abschluss einer sehr befriedigenden Saison.

Obwohl der A6GCS ein etabliertes Modell war, fuhr dieses Fahrzeug 1948 in relativ wenigen Rennen, und vorläufig unternahm Maserati keine Schritte, um eine einsitzige Formel-2-Version zu entwickeln. Drei Fahrzeuge waren bei der Mille Miglia am 1. Mai gemeldet, und das von Ascari mit seinem lange verletzten Partner Bertocchi gesteuerte Fahrzeug war ein harter Konkurrent. Zunächst führte Ascari, wurde aber von Nuvolari (Ferrari) überholt und fiel mit den unvermeidlichen Getriebeproblemen bei Florenz aus. Amendola kam mit seinem A6GCS von der Strecke ab, und sein Beifahrer wurde dabei getötet, während Capelli ein weiteres Opfer mechanischer Probleme wurde. Clemente Biondetti gewann das Rennen in seinem 2-Liter-Ferrari-Coupé

Das Werk ließ die A6GCS bei einer Reihe von Formel-2-Rennen fahren. Am 18. Juli fuhr Villoresi einen A6GCS beim Coupe des Petites Cylindrées in Reims. Obwohl dies ein Formel-2-Rennen war, folgte es nicht dem Reglement der For-

»B. Bira« steuerte seinen 4CLT/48 beim RAC-Grand-Prix 1948; der Wagen lief nicht gut, und er belegte nur den fünften Platz. (Sammlung Guy Griffiths)

Beim British Grand Prix 1949 in Silverstone fuhr der Schweizer Fahrer Emmanuel de Graffenried einen weichen, zurückhaltenden Fahrstil in seinem Maserati 4CLT/48. Bob Gerard belegte mit seinem ehrwürdigen ERA den zweiten Platz. (Sammlung Guy Griffiths)

mel, da aufgeladene Fahrzeuge mit einem Hubraum bis zu 1,1 Liter zugelassen waren. Villoresi kam nie über den sechsten Platz hinaus und fiel schließlich wegen mechanischer Probleme aus. Ascari nahm mit einem A6GCS am Preis von Neapel über 246 Kilometer am 19. September teil, fiel aber aus, nachdem er die schnellste Runde gefahren war. Das Rennen wurde von Villoresi gewonnen, der den Maserati-Brüdern zu ihrem ersten Sieg mit ihrem neuen 1,1-Liter-Osca verhalf. Giovanni Bracco war 1948 der erfolgreichste Fahrer mit dem A6GCS. Er gewann das Dolomiten-Gold-Cup-Rennen in Belluna über 304 Kilometer, Villoresi belegte den zweiten Platz. Er fuhr das Fahrzeug auch bei den langen italienischen Bergrennen und erzielte dabei einige Siege, u.a. bei Aosta–Gran San Bernardino und bei Bozen–Mendola.

1949

Maseratis industrielle Probleme und die Konflikte zwischen Orsi und den Gewerkschaften begannen 1949. Das führte, in Verbindung mit einem weiteren wichtigen Faktor, zur Reduzierung der Rennaktivitäten. Vor Saisonende 1948 hatten Villoresi und Ascari einen Vertrag mit der *Scuderia Ferrari* unterschrieben, und das führte zu großen, aber nicht unerwarteten Problemen für Maserati, Lurani und die *Scuderia Ambrosiana*. Beide Fahrer fuhren ein letztes Mal für das Team bei der argentinischen *Temporada*-Serie. Danach fuhr *Ambrosiana* zwar mit seinen Leasinggeschäften fort, belegte bei den Grand-Prix-Rennen aber nie mehr einen vorderen Platz.

Zusätzlich zu der *Scuderia Ambrosiana* nahmen weitere Maserati-Fahrer an den vier argentinischen Rennen teil. Das erste Rennen war der Grand Prix von Juan de Peron über 290 Kilometer auf der Palermo-Park-Strecke in Buenos Aires am 30. Januar. Während des Trainings wurde der große französische Fahrer und das führende Mitglied des Alfa-Romeo-Teams, Jean Pierre Wimille, bei einem Unfall am Steuer eines von Gordini gemeldeten Simca getötet, als er von der Strecke abkam und gegen einen Baum prallte. Ascari und Villoresi führten mit ihren *Ambrosiana*-Fahrzeugen das Rennen an, und Oscar Galvez (3-Liter-Alfa-Romeo mit Kompressor) belegte den dritten Platz.

Eine Woche später wurde ein weiteres Rennen über dieselbe Distanz auf dem gleichen Kurs ausgetragen, diesmal unter der Bezeichnung Grand Prix der Donna Eva Duarte de Peron. Das Rennen wurde bei heftigem Regen gestartet; Ascari und Villoresi fielen aus, Galvez gewann mit seinem Alfa Romeo, und Fangio mit seinem 4CLT/48 kam nach einem Ausrutscher von der Strecke noch auf den zweiten Platz. Das Rosario-Rennen über 140 Kilometer wurde am 13. Februar wieder bei schwerem Regen ausgetragen und von Farina mit einem 2-Liter-Ferrari mit Kompressor vor Parnell, Ascari und Villoresi mit den Maseratis gewonnen. Den Finallauf bei den argentinischen Veranstaltungen gewann beim Mar-del-Plata-Rennen am 27. Februar Juan Manuel Fangio vor »B. Bira« (Maserati) und Galvez (3-Liter-Alfa-Romeo mit Kompressor).

Es folgten zwei Rennen in Brasilien: der über eine Distanz von 225 Kilometern angesetzte Grand Prix von Sao Paulo auf dem Interlagos-Autodrom am 20. März und der Rio-de-Janeiro-Grand-Prix über 95 Kilometer auf der Gavea-

Strecke am 27. März. Villoresi gewann beide Rennen. Die Veranstaltungen in Südamerika wurden in den frühen Nachkriegsjahren sehr gut von europäischen Teilnehmern besucht, weil das Startgeld sehr hoch war und sie die Gelegenheit boten, im europäischen Winter Rennen zu fahren.

Der Maserati-Erfolg bei Grand-Prix-Rennen in Europa hing jetzt im Wesentlichen von den Meldungen der neu gegründeten *Squadra Achille Varzi, Scuderia Milano* ab, die sich in zwangloser Weise an den Rennen beteiligte, und von Privatfahrern wie dem Baron Toulo de Graffenried. Das von Argentinien finanzierte *Achille-Varzi*-Team trug seinen Namen als Erinnerung an den großen italienischen Rennfahrer und war in dessen Werkstätten untergebracht. Dieses Team gab Fangio die Möglichkeit, seine außergewöhnlichen Fähigkeiten hinter dem Lenkrad der blau und gelb lackierten 4CL/48 vor einem europäischen Publikum unter Beweis zu stellen. Das führte für ihn unmittelbar zu der Einladung, 1950 einen Werks-Alfa-Romeo zu fahren. Das argentinische Team fuhr keine komplette Saison und kehrte im Juli nach Südamerika zurück.

Der Ingenieur Speluzzi vom *Milano*-Team verbesserte den 4CL/T48 in einigen Details, die jedoch eher interessant als erfolgreich waren. Aus verschiedenen Gründen trat Alfa Romeo 1949 nicht an, aber die Talbot-Lago-Konkurrenz, die jetzt größer war, sollte sich als ernsthafter Wettbewerber für die Ferraris erweisen. Insgesamt war das Jahr für die privaten Maserati-Fahrer sehr erfolgreich.

Fangio legte einen brillanten Saisonstart in Europa hin. Er gewann sowohl das San-Remo-Rennen über 287 Kilometer am 3. April vor »B. Bira« (ebenfalls mit einem 4CLT/48) als auch den Grand Prix von Pau über 304 Kilometer am 18. April vor de Graffenried. Alle Maserati-Fahrer hatten beim Jersey Road Race auf der St.-Helier-Strecke über 238 Kilometer am 28. April ihre Probleme. Gerard gewann mit seinem älteren ERA, aber de Graffenried belegte den zweiten Platz, nachdem er die Führung durch einen unplanmäßigen Tankstopp verloren hatte. Ein weiterer Sieg folgte für Fangio beim Grand Prix du Roussillon, der in Perpignan über zwei Läufe von 127 Kilometern am 8. Mai gefahren wurde. In diesem Rennen belegten die 4CLT/48-Fahrer die ersten sechs Plätze.

Das Teilnehmerfeld am Grand Prix von England war nicht sehr groß. De Graffenried gewann – und das war ein großartiger Sieg für ein kleines Team. Toulo erzählt die Geschichte dieses Siegs auf Seite 217. Die Maseratis trafen 1949 zum ersten Mal beim Grand Prix von Belgien über 507 Kilometer am 19. Juni auf die Werks-Ferraris. Unter den Maserati-Fahrern befanden sich Fangio und Farina, der zurückgekehrt war, um ein von *Milano* gemeldetes Fahrzeug zu fahren und um Maserati neu zu beleben, nachdem Fangio nach Argentinien zurückgekehrt war. In Spa fielen Fangio und Farina aus, und die Ferrari-Fahrer Villoresi, Ascari und Peter Whitehead (ein Privatfahrer) konnten die Zeit, die sie an der Box bei Tankstopps verloren hatten, nicht mehr aufholen. Louis Rosier fuhr seinen Talbot ohne Stopps und wurde der unerwartete Sieger.

Einen weiteren Kampf zwischen Maserati und Ferrari gab es beim Grand Prix der Schweiz über 291 Kilometer am 3. Juli auf der Bremgarten-Rennstrecke. Wieder einmal fielen die führenden Maserati-Fahrer aus, wobei Farina die Genugtuung hatte, die schnellste Runde gefah-

Reg Parnell hatte einige Zeit in Silverstone mit seinem 4CLT/48 geführt, der von der Scuderia Ambrosiana gemeldet worden war, fiel dann aber wegen mechanischer Probleme zurück und schließlich ganz aus. Parnells Wagen sahen normalerweise ungepflegt aus, bei dieser Gelegenheit ist der San Remo aber bemerkenswert makellos. (Sammlung Guy Griffiths)

Fangio mit seinem von der Squadra Achille Varzi *gemeldeten 4CLT/48 an der Box beim Grand Prix von Belgien 1949 in Spa-Francorchamps. Chefmechaniker Bignami steht links am Fahrzeug. Fangio fiel in der ersten Runde aus. (Sammlung Guy Griffiths)*

Der Vierzylindermotor des 4CLT/48 mit Fächerkrümmer. Vorne am Motor befindet sich der doppelte Kompressor. (Sammlung Guy Griffiths)

Das Heck des 4CLT/48 zeigt die hintere Starrachse. Der Achsantrieb war eine der Schwachstellen des Wagens. Dies ist das Scuderia-Ambrosiana-*Fahrzeug beim RAC-Grand-Prix 1948. (Sammlung Guy Griffiths)*

ren zu sein, genauso wie in Spa-Francorchamps. Ascari und Villoresi belegten mit ihren Ferraris die ersten beiden Plätze, vor Sommer und Etancelin mit Talbot-Lagos. Eine Woche später gewann Fangio den Albi-Grand-Prix über eine Distanz von 300 Kilometern vor »B. Bira«. Der Grand Prix von Frankreich wurde als Sportwagenrennen in Comminges ausgetragen, und der Automobilclub der Champagne organisierte den Grand Prix von Frankreich über 500 Kilometer am 17. Juli auf der schnellen Strecke von Reims. Villoresi fiel mit seinem Ferrari bereits früh im Rennen aus, und obwohl Fangio und Campos mit ihren *Squadra-Achille-Varzi*-Wagen die schnellsten Maserati-Fahrer waren, mussten beide aufgeben. Louis Chiron (Talbot-Lago) gewann vor »B. Bira«.

Ende Juli wurde wieder der Grand Prix von Zandvoort über zwei Läufe von 101 Kilometern und einen Finallauf von 167 Kilometern gefahren. Villoresi gewann den Finallauf mit seinem Ferrari vor de Graffenried, »B. Bira«, Farina, Etancelin (Talbot-Lago) und Parnell. Sowohl Giuseppe Farina als auch Reg Parnell waren wegen eines Frühstarts mit einer Zeitstrafe von einer Minute belegt worden. Ein neues britisches Rennen war die vom *Daily Express* gesponserte International Trophy in Silverstone am 20. August. Auch dieses Rennen wurde in zwei Qualifikationsläufen und einem Finallauf ausgefahren. Die Ferraris bestimmten die Geschwindigkeit in ihren Vorläufen und auch im Finallauf, aber Farina lieferte ihnen in seinem von *Milano* gemeldeten 4CLT/48 ein starkes Rennen. Nach schlechtem Start beim Finallauf ging er an Villoresi vorbei und forderte Ascari heraus, bis er sich drehte und in den Strohballen landete. Sein Motor ging nicht aus, sodass er das Rennen noch auf dem zweiten Platz beenden konnte.

Es gab zwei neue italienische Entwicklungen beim Grand Prix von Italien: Eine war der V12-Ferrari mit je zwei obenliegenden Nockenwellen und doppelter Aufladung, und die andere war der jüngste *Milano* (siehe Seite 101), der von Mario Speluzzi entwickelt worden war. Die Fahrer der *Milanos* waren Giuseppe Farina und Piero Taruffi. Zunächst führten Villoresi und Ascari mit ihren neuen Ferraris vor Farina. Aber nach 18 Runden verlor Farina das Interesse an dem Rennen, weil er die beiden nicht einholen konnte, und fuhr an die Box. Wenn er weitergefahren wäre, wäre er möglicherweise Zweiter geworden, weil Villoresi ausfiel. Der bestplatzierte Maserati-Fahrer war »B. Bira« auf dem dritten Platz hinter Etancelin (Talbot-Lago).

Dass die 4CLT/48 auf dem absteigenden Ast waren, war unbestritten, und so waren ihre Erfolge, obwohl sie in den nächsten beiden Saisons von Privatfahrern eingesetzt wurden, sehr bescheiden. Weil Maserati die Entwicklung des A6GCS nicht fortführen konnte, wurden diese Fahrzeuge selten bei großen Veranstaltungen gesehen. Drei dieser Fahrzeuge fuhren bei der Mille Miglia mit, aber das einzige, das ins Ziel kam, war das Fahrzeug von Aprile/Bossetti, das auf dem siebten Platz im Gesamtklassement und auf dem dritten in der internationalen Sportwagen-Kategorie lag. Piero Carini, der mit seinem A6GCS bei der Mille Miglia ausgefallen war, gewann die Bozen-Mendola- und Susa-Moncenisio-Bergrennen. Die Rennaussichten für Maserati waren alles andere als gut.

1950

Für die argentinischen *Temporada*-Rennen hatte Maserati den 4CLT/50 entwickelt, mit einem auf 1719 ccm (78 × 90 mm) vergrößerten Hubraum, der 290 PS bei 6800 U/min leistete. Fünf Fahrzeuge wurden mit diesem Motor ausgestattet, weitere Motoren wurden in vorhandene Fahrgestelle eingebaut. Die genaue Stückzahl der *San Remos* ist nicht bekannt, aber es ist wahrscheinlich, dass das Team in den Jahren 1948/49 insgesamt zwölf Fahrzeuge hergestellt hat; danach wurden bis Ende 1950 lediglich einzelne Exemplare aufgebaut. Nachdem sie an den *Temporada*-Rennen teilgenommen hatten, bekamen sie für europäische Rennen Motoren mit einem Hubraum von 1489 ccm. In dieser letzten Version besaßen sie einen Weber-Doppelvergaser, und es gab geringfügige Veränderungen an der Lenkung. Die 2-Liter-Ferraris mit Kompressor dominierten die argentinischen Rennen 1950, und der einzige Erfolg von Maserati war der dritte Platz von Piero Taruffi im Mar-del-Plata-Grand-Prix.

Die Entwicklung des *San Remo* kam zum Stillstand, besonders wegen der industriellen Probleme der Orsi-Gruppe. Aber Maserati baute zwei neue Fahrzeuge, die von Franco Rol für Indianapolis in Auftrag gegeben worden waren.

Bignami, der Chefmechaniker der Squadra Achille Varzi, *nimmt beim Grand Prix von Albi 1949 an Fangios 4CLT/48 letzte Einstellungen vor. Fangio gewann das Rennen vor »B. Bira« in einem anderen 4CLT/48.*

Diese hatten einen Reihenachtzylinder-Motor mit einem Hubraum von 2984 ccm wie der 8CL, und sie sollten 430 PS bei 6500 U/min leisten. Das war die gleiche Leistung, die auch die 8CL der Jahre 1940 und 1941 hatten. Das Chassis war eine verlängerte Version des *San Remo*, mit einem Radstand von ca. 2,74 Metern. Diese Fahrzeuge mit den Fahrgestellnummern 3036 und 3037 sollten von Farina und Rol in Indianapolis gefahren werden. Ein Fahrzeug wurde von Farina in Modena getestet, und obwohl er knapp 306 km/h erreichte, wurde entschieden, dass

Für 1950 baute Maserati im Auftrag von Franco Rol zwei Achtzylinder-3-Liter-Fahrzeuge mit Kompressor, die von ihm selbst und von Farina in Indianapolis gefahren werden sollten. Sie waren nicht wettbewerbsfähig und wurden vom Rennen zurückgezogen. Dieser Wagen wurde beim Autosalon in Turin gezeigt.

Fred Ashmore am Steuer seines 4CLT/48 bei der International Trophy 1950. Er fuhr ein langsames Rennen und kam nicht ins Ziel. (T.C. March)

diese Fahrzeuge nicht wettbewerbsfähig wären, und man zog sie zurück. Schließlich wurden sie nach über einem Jahr nach Neuseeland verkauft.

1950 wurde von den Fahrzeugen der *Scuderia Argentina* (dem Nachfolger der *Squadra Achille Varzi*) behauptet, dass sie eine Leistung von 280 PS hätten. Aber Alfa Romeo war wieder in das Renngeschehen eingetreten, und die *Alfettas* leisteten 350 PS. Das Mailänder-Team meldete für elf Rennen und gewann sie alle. Auch die Ferraris mit Kompressor wurden von den Alfa Romeos übertroffen, aber Aurelio Lampredi hatte in Maranello einen V12-Grand-Prix-Motor ohne Kompressor entwickelt, und als dieser schließlich in seiner 4,5-Liter-Version beim Grand Prix von Italien 1950 antrat, wurde der Abstand zwischen den beiden Teams ziemlich gering. Das war das Jahr der ersten Fahrer-Weltmeisterschaft, bei der Alfa Romeo die ersten drei Plätze belegte. Fangio fuhr noch immer für die *Scuderia Argentina* Maseratis, wenn es seine Verpflichtungen für Alfa Romeo erlaubten.

Hauptsächlich wegen der reduzierten Renneinsätze der *Scuderia Ambrosiana* kehrte das Werk zu eigenen Aktivitäten zurück und meldete Louis Chiron und Franco Rol. Dies hatte wenig Sinn, denn die 4CLT/48 waren reine Zählkandidaten bei den Grand-Prix-Rennen. Obwohl sie nach wie vor von privaten Besitzern favorisiert wurden, waren die Erfolge bescheiden und auf kleinere Rennen beschränkt. Bei der Weltmeisterschaft konnte Maserati lediglich in Monaco (Sommer Dritter, »B. Bira« Fünfter) und beim Grand Prix der Schweiz (»B. Bira« Vierter und Bonetto mit einem *Milano* Fünfter) Punkte sammeln. Im Gegensatz dazu bekamen die Fahrer der langsamen Talbot-Lagos ohne Kompressor Punkte bei britischen, Schweizer, belgischen und italienischen Rennen. Fangio fuhr mit einem 4CLT/48 am Ostermontag einen zweiten Sieg in Folge beim Grand Prix von Pau ein. Er schlug dabei Villoresi mit einem einfach aufgeladenen Werks-Ferrari, und am selben Tag belegten Parnell und de Graffenried die ersten beiden Plätze bei der Richmond Trophy in Goodwood.

Eines der interessanteren Rennen des argentinischen Teams war das Rennen von Albi am 17. Juli, das in zwei Läufen über 151 Kilometer gewertet wurde. Fangio gewann den ersten Lauf leicht, er fuhr einen neuen Rundenrekord mit 171,67 km/h, aber sein Fahrzeug fing in der letzten Runde Feuer; er fuhr weiter, obwohl er wegen einer möglichen Explosion des Treibstofftanks Angst hatte. Noch vor der Ziellinie wurde Fangio von Sommer (Talbot-Lago) überholt, und nach dem Überqueren der Ziellinie verließ er das fahrende Fahrzeug so rasch er konnte, obwohl dieses noch relativ schnell ausrollte.

Fangios neuer Teamkollege Froilan Gonzalez, der es gewohnt war, hinter Fangio »die zweite Geige« zu spielen, belegte im ersten Lauf den vierten Platz, ließ aber im zweiten Lauf die Boxenstopps aus, um vor Rosier (Talbot-Lago) zu gewinnen. Er war aber nicht gut genug, sodass Rosier in der Gesamtwertung beider Läufe vorn lag. Am folgenden Wochenende führte Fangio in dem schlecht besetzten Grand Prix der Niederlande in Zandvoort und fuhr die schnellste Runde, bevor er wegen eines Problems mit den Stoßdämpfern ausscheiden musste.

Eine Weiterentwicklung der Sportwagen hatte nicht stattgefunden, obwohl die Unterlagen des Werks zeigen, dass 1950 zwei weitere Fahrzeuge ausgeliefert wurden. Im Gegensatz dazu wurden die Entwicklungsarbeiten bei Ferrari intensiviert, sodass Maserati jetzt nicht mehr länger wettbewerbsfähig war. Der beste Auftritt von Maserati war der beim Dolomiten-Gold-Cup in Belluna über 304 Kilometer, bei dem Giovanni Bracco mit einem *Monofaro* hinter Paolo Marzottis Ferrari den zweiten und Franco Rol mit seinem Maserati den vierten Platz belegte. Bei kleinen Rennen war man aber immer noch erfolgreich.

Es gab jedoch einen interessanten und erfolgreichen Einsatz des A6GCS-Motors durch die *Scuderia Argentina*. Chefmechaniker Bignami baute einen dieser Motoren in ein 4CLT/48-Chassis ein, Juan Manuel Fangio fuhr dieses Fahrzeug und gewann mit einem Durchschnitt von 69,55 km/h auf dem langsamen und kurvenreichen Formel-2-Circuit-des-Remparts in Angouleme über eine Distanz von 166 Kilometern. André Simon (Simca) wurde Zweiter, und Gonzalez (Ferrari) lag an dritter Stelle. Musmeci wurde mit seinem A6GCS Vierter beim Formel-2-Grand-Prix von Neapel, der ehemalige Motorrad-Rennfahrer Bruno Ruffo belegte hinter den Werks-Ferraris von Ascari und Serafini beim Formel-2-Rennen von Garda über 295 Kilometer den dritten Platz.

1951

Privatfahrer nahmen auch 1951 weiterhin mit ihren *San Remos* an Rennen teil, aber der einzige Erfolg wurde von Farina erzielt, der für die *Scuderia Milano* fuhr, wenn er nicht von Alfa Romeo eingesetzt wurde. Er belegte beim Grand Prix von Pau am 26. Mai den dritten Platz und wurde lediglich von Villoresi (Ferrari) und Rosier (Talbot-Lago) geschlagen; er gewann den dünn besetzten Grand Prix von Paris im Bois de Boulogne über 322 Kilometer am 20. Mai und erzielte einen weiteren Sieg in einem kleineren Rennen in Goodwood am Pfingstmontag. Maserati konzentrierte sich auf die Entwicklung

Ein Blick in das Cockpit des 4CLT/48 zeigt deutlich den zentralen Schalthebel für das flache Getriebe auf Fiat-Basis und die Ansammlung von Instrumenten rechts im Cockpit. (Sammlung Guy Griffiths)

Franco Rol mit seinem A6GCS am Start des Dolomiten-Gold-Cup-Rennens 1950. Das war der letzte Monofaro, der ausgeliefert wurde. Giovanni Bracco kam mit einem anderen A6GCS auf den zweiten Platz hinter Giannino Marzotto (Ferrari). Rol wurde Vierter. (Sammlung Guy Griffiths)

Beim Eva-Peron-Rennen am 24. Februar 1951 in Buenos Aires folgt Jorge Daponte (4CLT/48) Karl Kling (Mercedes-Benz W163). Daponte wurde Vierter. Traurigerweise war er der Fahrer, der in den tödlichen Unfall von Enrico Plate im Januar 1954 verwickelt war. (Sammlung Guy Griffiths)

Eva Peron, Juan Manuel Fangio und Juan Peron, der argentinische Präsident, in Buenos Aires am 24. Februar 1951. Ohne den Enthusiasmus von Peron für den Motorsport und die Unterstützung der Regierung hätten Fahrer wie Fangio und Gonzalez niemals in Europa Rennen fahren können. (Sammlung Guy Griffiths)

Bira mit seinem 4CLT/48 beim Syracus-Grand-Prix im März 1951. Er fiel aus, und Ferrari belegte die ersten drei Plätze. Die Tage der San Remos waren fast vorüber. (Sammlung Guy Griffiths)

Nino Farina war von der Scuderia Milano mit einem 4CLT/48 für das Rennen in Goodwood am Pfingstmontag 1951 gemeldet worden. Er kam als Zweiter hinter Parnell mit einem Ferrari-Leichtbau beim Finale des Festival of British Trophy nach der freien Formel ins Ziel. Er gewann auch die von der Daily Graphic gesponserte Goodwood Trophy mit einem Werks-Alfa-Romeo 159. (Sammlung Guy Griffiths)

Fünf Tage nach Goodwood gewann Farina mit seinem Scuderia-Milano-4CLT/48 den Grand Prix von Paris im Bois de Boulogne über 312 Kilometer vor Gonzalez und Rosier in Talbot-Lagos. (Sammlung Guy Griffiths)

Die Milanos

Zwischen 1947 und 1951 fuhr die *Scuderia Milano* neben den Werkswagen mit ihren eigenen Weiterentwicklungen der 16-Ventiler Rennen, aber sie waren wenig erfolgreich. 1947 stellte das Team einen leicht modifizierten 4CL mit einem Zweistufen-Kompressor-Motor und einem vom Alfa Romeo 158 inspirierten Ansaugtrakt auf die Räder, mit einem über die Cockpitbreite gehenden Instrumentenpanel und dem Schalthebel auf der linken Seite des Fahrers. Das waren wichtige Verbesserungen gegenüber dem normalen 4CL (obwohl, wie zuvor berichtet, das Werk seinen eigenen Zweistufen-Kompressor-Motor wenig später präsentierte), aber man hatte damit wenig Erfolg.

1949 kaufte die *Scuderia Milano* vom Werk zwei 4CLT/48, die als neue Modelle von Grund auf wieder aufgebaut wurden. Sie gewannen einen Preis von sechs Millionen Lire, die der italienische Automobilclub für die Meldung zweier neuer Fahrzeuge ausgesetzt hatte. Hauptneuerung war der Einbau eines 4CLT/48-Motors, der vom Cheftechniker des Teams, Mario Speluzzi, für Motorboot-Rennrekorde gebaut worden war. Der Hubraum betrug nach Aussagen von Denis Jenkinson 1493 ccm, obwohl die exakten Zylindermaße nicht bekannt waren. Natürlich besaß der Motor einen doppelstufigen Kompressor, und die Leistung wurde mit 306 PS angegeben.

Weitere Veränderungen waren größere Bremsen und eine knollige Fahrzeugnase ohne das Maserati-Zeichen. Das Gewicht wurde mit 651 Kilogramm angegeben, also genauso viel wie beim 4CLT/48. Farina stieg beim Grand Prix von Italien verärgert aus, weil er keinen der neuesten Ferraris mit je zwei obenliegenden Nockenwellen und doppelstufiger Aufladung bekommen hatte. Piero Taruffi fuhr den zweiten *Milano* und beendete das Rennen nach mechanischen Problemen auf dem siebten Platz.

Speluzzi entwickelte für die *Milanos* 1950 weitere Veränderungen. In der Zwischenzeit fuhr Bonetto eines der Fahrzeuge von 1949 am 4. Juni beim Grand Prix der Schweiz in Bremgarten. Während eines Boxenstopps gab es an den Boxen eine Treibstoffexplosion, weil das Fahrzeug mit einem Nitromethan-Gemisch fuhr. Die Box wurde zerstört, aber Bonetto nahm das Rennen wieder auf, das er als Fünfter beendete.

Der größte *Milano* erschien beim Grand Prix der Nationen am 30. Juli in Genf. Der von Speluzzi überarbeitete Motor hatte jetzt einen einfachen, sehr großen Kompressor nach dem Roots-Prinzip.

Später entwickelte Speluzzi einen Zylinderkopf mit zwei Zündkerzen je Zylinder und zwei hinten am Motor angebrachten Magnetzündern, die von der Kurbelwelle angetrieben wurden. In dieser Form soll der Motor eine Leistung von 320 PS bei 7000 U/min gehabt haben. Der *Milano* besaß ein neues Rohrrahmenchassis mit einer Vorderachse mit doppelten Querlenkern und einer Torsionsfederung, die der des Original-4CL entsprach. Die De-Dion-Hinterachse wurde an einer Querblattfeder, der Achsantrieb war am Chassisrahmen befestigt. Das Fahrzeug besaß neue und sogar hydraulische Bremsen. Die Karosserie war ebenfalls neu und niedriger, und der Lufteinlass war fast oval.

Comotti fuhr den *Milano* in Genf, fiel aber wegen Problemen mit dem Vergaser aus. Bonetto fuhr das weniger modifizierte Fahrzeug beim Pescara-Grand-Prix im August, musste aber nach zehn Runden das Rennen aufgeben. In Pescara wurden die Fahrzeuge über den fliegenden Kilometer auf der zehn Kilometer langen Montesilvano-Geraden gestoppt, und die dort erzielten Zeiten zeigten, wie wenig wettbewerbsfähig die *Milanos* waren. Fangio (Alfa Romeo 159) wurde mit 310 km/h gestoppt, Bonetto mit 246,17 km/h. Comotti saß bei dem italienischen Rennen hinter dem Lenkrad, fiel aber wieder aus. Auch im Jahr 1951 setzte die *Scuderia Milano* das Fahrzeug ohne Erfolg ein.

Der Milano in seiner endgültigen Form beim Grand Prix von Europa in Reims 1951, wo Onofre Marimon ihn fuhr. Er war sowohl im Training als auch im Rennen langsam und fiel schließlich aus.

10
Der Anbruch einer neuen Ära: 1952/53

Nachdem die Orsis, zumindest zeitweise, die Entwicklung der Sechszylinder-Fahrzeuge abgebrochen hatten, fand bis 1951, abgesehen von kleinen Veränderungen am 4CLT/48, keine ernsthafte Entwicklungsarbeit mehr statt. Dann überarbeitete Alberto Massimino den Sechszylinder-Motor komplett. Das Hauptziel war die Entwicklung eines nicht aufgeladenen 2-Liter-Formel-2-Motors. Dieses Projekt bekam einen hohen Stellenwert, als die verschiedenen Rennorganisatoren entschieden, dass alle Weltmeisterschaftsrennen und die meisten Grand Prix 1952/53 nach dem Reglement der Formel 2 ausgetragen werden sollten.

Der A6GCM

Die Bezeichnung A6GCM war für diesen Einsitzer anfänglich richtig, weil die ersten vier oder fünf Motoren gusseiserne (*ghisi*) Zylinderblöcke hatten. Danach bestanden die Zylinderblöcke aus einer Leichtmetalllegierung, aber die Bezeichnung wurde nicht geändert. Alberto Massimino legte die Dimensionen der Zylinder auf 75 × 78 mm (1988 ccm) fest und folgte damit der Maserati-Tradition, die ein quadratisches Hub-Bohrungs-Verhältnis bevorzugte. Eine Zahnradkaskade am Ende der Kurbelwelle trieb die beiden obenliegenden Nockenwellen, die doppelten Ölpumpen und durch einen doppelten Riemen den Generator und die Wasserpumpe an, die links am Motor montiert waren. Das Kurbelgehäuse war auf der Mittellinie geteilt, und die Kurbelwelle lief in sieben Hauptlagern.

Der Block hatte Stahl-Laufbuchsen, oben nass, aber trocken über den Rest der Länge. Der Auslass der Wasserpumpe war geteilt, sodass das Wasser teilweise zum Block und teilweise zu einem Krümmer geleitet wurde, der zu den Auslassventilen im Zylinderkopf führte. Die Zündung erfolgte durch einen einfachen Marelli-Magneten, der vorn am Motor angetrieben wurde und je eine einzelne Zündkerze in der Mitte des Verbrennungsraums versorgte. Der Motor besaß drei Weber-38DCO-Vergaser und drei Abgaskrümmer, die in zwei lange Abgasrohre mündeten. In dieser Ausführung ist es zweifelhaft, ob die angegebenen 150 PS erreicht wurden, als aber mit der Zeit eine größere Zahl von Fahrzeugen fertiggestellt war, lag die Leistung bei 165 PS bei 7000 U/min.

Der Antrieb erfolgte über eine trockene Mehrscheibenkupplung und ein voll synchronisiertes Getriebe mit vier Vorwärts- und einem Rückwärtsgang sowie eine offen liegende Kardanwelle auf den Achsantrieb, der ein Sperrdifferenzial von ZF einschloss. Das Getriebe war von Colotti konstruiert worden, der von Ferrari zu Maserati gekommen war. Es war viel stärker als das auf Fiat-Teilen basierende Getriebe, das man zuvor verwendet hatte. Der Motor war im Chassisrahmen nach links versetzt eingebaut,

Ein Blick in den A6GCM-Formel-2-Wagen mit abgenommener Karosserie des Jahres 1952. Das Foto zeigt das Doppelrohr-Rahmenchassis mit bügelförmigen Abstützungen vorn und im Cockpitbereich.

sodass die Kardanwelle in einem Winkel zur Mitte der Hinterachse verlief, und die Höhe des Antriebs war durch ein Vorgelegegetriebe abgesenkt.

Das einfache Chassis war von dem des 4CLT/48 abgeleitet worden und bestand aus zwei Chrom-Molybdän-Rohren mit einem Durchmesser von 80 Millimetern mit kreuzförmig angeordneten Querstreben. Für die Vorderachse benutzte Maserati ungleich lange doppelte Querlenker, Schraubenfedern, die gegen Gummipuffer anschlugen, Houdaille-Stoßdämpfer und einen Stabilisator. Hinten war die Starrachse an Viertelelliptik-Federn befestigt, die nach außen gespreizt waren. Die Federn waren mit Leichtmetall-Gussstücken am Rahmen befestigt, an dem auch die Querstreben montiert waren.

Das Fahrzeug besaß eine Schnecken-Segmentlenkung mit einer langen Zug-Schub-Stange, die auf der rechten Seite des Kurbelgehäuses verlief. Diese Stange war mit einem zentral angebrachten Umlenkhebel über zwei Halbspurstangen mit den Rädern verbunden. Der Tank hatte eine Kapazität von 200 Litern. Die Bremsen waren hydraulische Doppel-Backenbremsen aus Leichtmetall mit einem Trommeldurchmesser von 330 Millimetern. Die Trommeln hatten zur besseren Kühlung vorn eine quer verlaufende Verrippung, hinten eine konzentrische. Die Karosserie war eine flachere und glattere Version des 4CLT/48. Das Trockengewicht des Fahrzeugs lag bei 499 Kilogramm.

Während der A6GCM zwar ein sehr schönes Fahrzeug war, stellte sich bald heraus, dass er keinesfalls in der Lage war, gegen die Tipo-500-Vierzylinder-Ferraris zu bestehen, die erstmals in Modena aufgetreten waren. Zu Beginn der Saison 1952 hatte der Tipo 500 eine Leistung von 170 PS bei 7500 U/min und dank seiner De-Dion-Hinterachse überlegene Fahreigenschaften.

Die A6GCMs im Rennen

Das erste Fahrzeug wurde Ende 1951 fertiggestellt und verschifft, um an den südamerikanischen *Temporada*-Rennen teilzunehmen, bei denen es von dem ehemaligen Motorjournalisten Nello Pagani gefahren wurde. Es gibt für dieses Fahrzeug keine speziellen Daten, noch ist ein Foto auffindbar, sodass man nicht weiß, wie na-

Als Folge des schweren Unfalls von Fangio in Monza, in Verbindung mit der offensichtlichen Schwäche von Maserati gegenüber Ferrari, strich Modena seine Pläne für eine komplette Rennsaison. Die brasilianische Escuderia Bandeirantes *fuhr weiter mit ihren Fahrzeugen. Hier fährt Bianco beim Grand Prix von England. Er fuhr ein schwaches Rennen und kam auf den 18. Platz. (T.C. March)*

he das Fahrzeug dem definitiven A6GCM kam, der später im Jahr erschien. Beim Grand Prix von Rio de Janeiro auf der Gavea-Rennstrecke kam Pagani am 20. Januar 1952 hinter den V12-Ferraris mit Kompressor von Fangio und Landi auf den dritten Platz. Pagani zog das Fahrzeug bei den beiden Rennen, die auf dem Autodrom von Buenos Aires gefahren wurden, aus unbekannten Gründen zurück.

Maserati hatte Juan Manuel Fangio, der 1951 Weltmeister mit Alfa Romeo geworden und nun frei war, da das Portello-Team sich vom Rennsport zurückgezogen hatte, sowie Froilan Gonzalez (ehemals Ferrari) und Felice Bonetto (ein früherer Alfa-Romeo-Fahrer) unter Vertrag genommen. Nach den Rennen in Argentinien war man sich bewusst geworden, dass noch viel Arbeit geleistet werden musste, um den A6GCM wettbewerbsfähig zu machen, und die Fahrer des Teams mussten, soweit es die Formel 2 betraf, Däumchen drehen, bis der Grand Prix von Monza auf dem Autodrom am 8. Juni gestartet wurde.

Fangio und Gonzalez hatten außerdem einen Vertrag, die V16-BRMs in den vergleichsweise wenigen Rennen, für die sie zugelassen waren, fahren zu dürfen. Am Tag vor dem Rennen in Monza hatte Fangio einen BRM bei der Ulster Trophy auf der Dundrod-Rennstrecke in Nordirland gefahren und war ausgefallen. Nach dem Rennen war er nach Paris geflogen, um dort seinen Anschlussflug nach Mailand zu bekommen. In Le Bourget erfuhr er, dass alle Flüge nach Italien wegen Nebels gestrichen worden waren. Er nahm Kontakt mit Louis Rosier auf und lieh sich einen Renault 750, mit dem er über Nacht nach Mailand fuhr. Fangio kam erschöpft an der Rennstrecke an und musste aus der letzten Reihe starten, weil er kein Training absolviert hatte. Maserati erwartete das Unwahrscheinliche, wenn nicht das Unmögliche von ihm. Insgesamt waren für das Rennen in Monza fünf A6GCMs gemeldet worden, drei davon waren Werkswagen. Die anderen beiden Fahrzeuge gehörten der *Escuderia Bandeirantes*, einem Team, das von der brasilianischen Regierung gespon-

Harry Schell nahm auch am Grand Prix von England mit einem Plate-Maserati-4CLT/48 teil, der in der neuen Version als 2-Liter ohne Kompressor wieder aufgebaut worden war. Sein Rennen war fast genauso schlecht wie das von Bianco – er belegte den 17. Platz. (T.C. March)

sert wurde. Diese Fahrzeuge wurden von Chico Landi und Gino Bianco gefahren.

Das Rennen von Monza wurde in zwei Qualifikationsläufen und einem Finallauf ausgetragen. In der zweiten Runde des ersten Laufs kam Fangio, als er zu sehr versuchte, nach vorne zu kommen, in der Lesmo-Kurve zu weit nach außen. Er streifte einen Strohballen, wurde am Streckenrand aus dem Fahrzeug geschleudert und erlitt schwere Verletzungen einschließlich gebrochener Nackenwirbel. Man befürchtete, dass er nie wieder würde Rennen fahren können, aber nachdem er für den Rest der Saison pausierte, war er voll wiederhergestellt. Keiner der anderen Maserati-Fahrer fuhr gut. Gonzalez fiel im ersten Lauf mit Problemen am Zündmagneten aus, Bonetto wurde Vierter, Landi 15., und Bianco fiel aus. Nur Bonetto startete beim zweiten Lauf und lag auf dem dritten Platz, bis seine Treibstoffpumpe streikte. Er brachte sein Fahrzeug noch als Neunter über die Ziellinie und belegte in der Addition beider Läufe den siebten Platz.

Das Unglück von Monza stürzte das Maserati-Team in totale Verwirrung, und sie nahmen an der Mehrzahl der Rennen in dieser Saison nicht mehr teil. Das brasilianische Team setzte die Rennen fort und erschien beim Grand Prix von Großbritannien und bei anderen Veranstaltungen, war aber nicht konkurrenzfähig. Trotzdem ließ man sich im August einen dritten A6GCM ausliefern. Ein einziger Werks-A6GCM wurde für Bonetto zum Großen Preis von Deutschland gemeldet, aber ein Reifen verlor bereits in der ersten Runde seine Lauffläche und machte einen Boxenstopp notwendig, der sehr schnell durchgeführt wurde. In der zweiten Runde begann der Motor rau zu laufen, und am Ende der Runde gab man auf. Es gibt viele Fotos, wie Bonetto an die Box fährt, mit einer nicht angezündeten Pfeife zwischen seinen Zähnen. Mehr als einmal wurde vermutet, dass er während des Rennens geraucht hatte.

Für den Grand Prix von Italien in Monza über 504 Kilometer am 7. September hatte Massimino einige wichtige Veränderungen am A6GCM vorgenommen. Die Kipphebellagerung der Ventile wurde von ihrer ursprünglich inneren Position nach außen verlegt, ein zweiter Magnetzünder wurde am hinteren Ende der Kurbelwelle angebaut, und die Zylinder bekamen zwei Zündkerzen. In dieser Version sollte der Motor eine Leistung von 177 PS bei 7000 U/min haben. Gonzalez, Bonetto und Franco Rol wurden mit diesen Fahrzeugen gemeldet. Der Argentinier war im Training Fünftschnellster, 1,9 Sekunden langsamer als Ascari (Ferrari). Das Team entschloss sich, Gonzalez mit einem halb vollen Tank starten zu lassen, in der Hoffnung, dass das reduzierte Gewicht dem Fahrzeug zu einer hinreichenden Zusatzgeschwindigkeit verhelfen würde, die ausreichte, um bei einem schnellen Tank-Zwischenstopp die Führung zu behalten.

Der Plan war erfolgreich. Die Maseratis erwiesen sich im Rennen als sehr konkurrenzfähig. Gonzalez führte über die ersten 36 Runden bei diesem 80-Runden-Rennen, und er hatte einen Vorsprung von 16 Sekunden, als er am Ende der 37. Runde stoppte. Aber die Zeit verrann, als er herunterbremste, zum Tanken stoppte und wieder beschleunigte, sodass Gonzalez auf den fünften Platz zurückfiel, fast eine Minute hinter Ascari. Indem er beherzt fuhr, arbeitete er sich wieder auf den zweiten Platz vor, lag aber immer noch über einer Minute hinter dem Sieger. Bonetto wurde mit einer Runde Rückstand Fünfter.

Der A6GCM mit doppelter Zündung trat 1952 noch bei einem weiteren Rennen an. Eine Woche nach Monza fuhr Gonzalez den einzigen Werks-A6GCM an den Start des Grand Prix von Modena über 237 Kilometer, der nicht für die Weltmeisterschaft gewertet wurde. Bei den Eröffnungsrunden überhitzte der Maserati, sodass Gonzalez gezwungen war zu stoppen, um das Blech über dem Kühler demontieren zu lassen. Nachdem er das Rennen wieder aufgenommen hatte, jagte er Villoresi (Ferrari), überholte ihn, obwohl sein dritter Gang defekt war, und ging in Führung. Nur zwei Runden vor dem Ziel wurde Gonzalez eindeutig und absichtlich von Piero Carini (HWM) aufgehalten, als er ihn überrunden wollte, und es gelang Villoresi, an ihm vorbeizuschlüpfen und mit vier Fünftel einer Sekunde Vorsprung zu gewinnen.

Die Formel 2 war im Jahre 1952 eine absolute Domäne von Ferrari, und Maranello gewann jedes Rennen, an dem man teilnahm, mit Ausnahme des Grand Prix von Reims, bei dem Jean Behra in einem Gordini siegte. Gonzalez' späte Rennerfolge in Monza und Modena weckten die Hoffnung, dass man bei der Weltmeisterschaft 1953 ein Wörtchen mitreden könnte. 1952 wurden insgesamt sechs A6GCMs gebaut: drei Werkswagen und drei Fahrzeuge für die *Scuderia Bandeirantes*. Von diesen wurde einer als Sportwagen hergestellt, einer wurde als Entwicklungswagen genutzt und von de Graffenried zu Beginn des Jahres 1953 in Rennen gefahren, und drei wurden privat verkauft.

Die Plate-Maseratis

Enrico Plate und Toulo de Graffenried hatten sich Hoffnung gemacht, 1952 einen der neuen A6GCMs fahren zu können, aber das Werk stellte klar, dass man ein genaues Auslieferungsdatum nicht nennen konnte. So entschied sich

Zum Grand Prix von Italien in Monza im September 1952 hatte Maserati eine neue, stärkere Version des A6GCM mit Doppelzündung fertig. Gonzalez fuhr den neuen Wagen, aber weil das Team sich entschlossen hatte, mit halb vollem Tank zu starten, verlor er nach einem Boxenstopp die Führung an Ascari mit Ferrari.

Während des Jahres 1952 hatte Maserati die Arbeiten an den A6GCM-Sportwagen wieder aufgenommen, die nun die Bezeichnung »Zweite Serie« erhielten. Dies ist der Wagen mit gerundeten Kotflügeln, der auf einem A6GCM-Chassis aufgebaut worden war, das Ende 1952 fertiggestellt wurde.

Plate, zwei 4CLT/48 als Formel-2-Wagen aufzubauen. Es war die Vorstellung des Mailänder Ingenieurs, dass der Motor des 4CLT/48 in der späteren Version überfordert war und sich ohne Kompressor als viel zuverlässiger erweisen würde. Er bohrte den Block auf und erreichte, indem er übergroße Laufbuchsen verwendete, eine Bohrung von 90 Millimetern, die mit dem Hub von 78 Millimetern einen Hubraum von 1980 ccm ergab. Neue Nockenwellen, Kolben, Pleuel und eine neue Kurbelwelle wurden eingebaut, und weil der Prototyp während der Testphase gut gelaufen war, wurden neue Zylinderblöcke gegossen. Mit dem Weber-Doppelvergaser 35DCO und einer sehr hohen Verdichtung von 14:1 leistete der Motor 170 PS bei 7000 U/min. Plate verkürzte den Radstand um 12,5 Zentimeter, veränderte die Lenkgeometrie, baute einen kleineren Treibstofftank ins Heck ein und konstruierte eine leichtere und kürzere Karosserie.

Die Plate-Maseratis hatten eine sehr saubere und professionelle Ausführung, wie man sie von einem talentierten Ingenieur erwarten konnte, aber sie liefen selten zufriedenstellend. Sie wurden gewöhnlich von de Graffenried und Harry Schell gefahren, aber auch andere Fahrer waren gelegentlich mit ihnen unterwegs. Beim Training zum Grand Prix von Syracus kam der monegassische Rennsport-Veteran Louis Chiron mit einem Plate-Maserati von der Strecke ab, das Fahrzeug fing Feuer, und als Folge des Brandes kehrte Chiron bis 1953 nicht wieder auf die Rennstrecken zurück. De Graffenried wurde in Pau mit einem schadhaften Motor Sechster, Vierter in Marseille, Dritter bei der International Trophy in Silverstone, hinter Lance Macklin und Tony Rolt mit HWMs, und Sechster beim Grand Prix der Schweiz.

Im Juni belegten de Graffenried und Schell den dritten und vierten Platz in Aix-les-Bains hinter Behra (Gordini) und Macklin (HWM). In Les Sables D'Olonne hatte Schells Motor einen Kolbenfresser, sodass sich sein Fahrzeug drehte, dabei von Ascari gerammt wurde und einen Unfall auslöste, in den mehrere Fahrzeuge verwickelt wurden, woraufhin schließlich fünf Fahrzeuge ausfielen. De Graffenried wurde in Comminges Fünfter, aber sein Fahrzeug war zu langsam, um sich für den Grand Prix von Italien zu qualifizieren. Später, im September, schloss de Graffenried eine verkorkste Saison mit dem dritten Platz in Cadours ab. Die Fahrzeuge traten anschließend in dem Film »Such Men are Dangerous« auf, in dem sie als »Buranos«, eine für den Film kreierte Marke, agierten.

1953

Die Modifikationen der A6GCMs für das Jahr 1953

Massimino verließ Maserati Ende 1952, und Vittorio Bellentani wurde der neue Chefingenieur. Giaocchino Colombo, der zuvor bei Alfa Romeo und Ferrari gewesen war, kam als technischer Berater zu Maserati. Sein Auftrag war die Entwicklung des 250F für die 1954 erwartete 2,5-Liter-Grand-Prix-Formel, und nachdem er die Details dafür festgelegt hatte, verließ er Maserati im Juni 1953 wieder.

Anfänglich hatten Bellentani und Bertocchi Probleme mit der Zusammenarbeit, weil, so Cozza, »beide der Boss sein wollten«. Beide erkannten aber, dass ihr Verhalten kontraproduktiv war, und Bellentani besprach die Situation mit Orsi. Was dabei herauskam, war eine Aufteilung zwischen Entwicklung und Konstruktion der Fahrzeuge. Dies gestattete beiden, mit ihrem Job fortzufahren und zur gleichen Zeit die beste Kooperation zu pflegen. Bellentani gründete mit der Zustimmung von Orsi eine Versuchsabteilung. An ihrer Spitze stand Bellentani mit Reggienti und Leoni als Hauptassistenten und Cozza und Cavazzutti als Juniorassistenten.

Bertocchis Aufgabengebiet umfasste die Konstruktion und den Rennbetrieb. Aldo Lugo, der Sportdirektor von Maserati, blieb weiter der Teammanager und war auch künftig für die Administration, die Meldung zu den Rennen usw. zuständig. Das war eine Abstimmung, die gut funktionierte, aber die gesamte Organisation des Maserati-Rennbetriebs war nicht so reibungslos und so koordiniert wie in Maranello.

Für das Jahr 1953 entwickelte Maserati eine verbesserte Version des A6GCM mit den überarbeiteten Zylinderdimensionen von 76,2 × 72 Millimetern, was zu einer Leistungssteigerung auf 180 PS führte. Gegen Ende des Jahres 1953 hatte dieses Fahrzeug sogar 190 PS bei 9000 U/min. Es gab auch kleinere Veränderungen des Fahrwerks einschließlich eines Reaktionsdreiecks zur Führung der Hinterachse. Diese Fahrzeuge erhielten ruhigere, aerodynamischere Karosserien. Die A6GCMs von 1953 waren fast so schnell wie die Ferrari Tipo 500, aber die Straßenlage war etwas schlechter.

Fangio war nach seinem schweren Unfall, den er in Monza im Vorjahr erlitten hatte, wieder ganz gesund und führte erneut das Grand-Prix-Team an, unterstützt wie zuvor von Froilan Gonzalez und Felice Bonetto. Ein weiteres Fahrzeug wurde später in der Saison in den argentinischen Landesfarben Blau und Gelb für Onofre Marimon gemeldet. Dieses Fahrzeug wurde über den *Automovil Club Argentina* durch die argentinische Regierung gesponsert. Ein neuer Wagen, den Emmanuel de Graffenried fahren sollte, wurde an Enrico Plate verkauft.

Die A6GCMs des Jahres 1952 wurden weiterhin für Rennen eingesetzt. »B. Bira« trat bei der International Trophy in Silverstone im Mai mit einem Ex-*Scuderia-Bandeirantes*-Fahrzeug an, das vom *Autosport*-Team gemeldet worden war, das er aber unter seinem eigenen Namen fuhr. Auch Chico Landi fuhr eines der ehemaligen Fahrzeuge des brasilianischen Teams, aber keiner der Fahrer war erfolgreich.

Das Grand-Prix-Jahr

Die jüngste Version des A6GCM war zu Beginn des Jahres noch nicht fertig, sodass Maserati für Argentinien auf die Fahrzeuge von 1952 zurückgriff. Sie wurden von Fangio, Gonzalez und einem weiteren Argentinier, Oscar Galvez, gefahren. Das Hauptereignis war der Grand Prix von Argentinien über drei Stunden, der erste Lauf zur Weltmeisterschaft 1953. Wiederum wurde dieses Rennen von Ferrari dominiert, aber Gonzalez und Galvez belegten den dritten und fünften Platz. Fangio hatte den zweiten Platz hinter Ascari inne, bis sein Motor explodierte.

Über das Jahr fuhr Fangio fort, die Ferraris zu schlagen oder das Fahrzeug zu überfordern. Diese Taktik sollte sich auszahlen. Am 1. Februar

Privatfahrer fuhren weiterhin mit den Fahrzeugen des Jahres 1952. »B. Bira« fuhr mit dem A6GCM des Autocourse-Teams bei der International Trophy in Silverstone im Mai 1953 auf den vierten Platz. (T.C. March)

traten die Maseratis beim Buenos-Aires-City-Grand-Prix von Argentinien nach der freien Formel an, aber Ferrari setzte die 2,5-Liter-Motoren des Tipo 500 ein, sodass die A6GCMs unterlegen waren. Gonzalez, Galvez und Fangio (der durch Probleme mit dem Gaspedal aufgehalten wurde) belegten die Plätze vier, sechs und neun.

Enrico Plate war sehr verärgert und drängte auf die Auslieferung des neuen A6GCM für Emmanuel de Graffenried. Als sich herausstellte, dass das Fahrzeug nicht rechtzeitig für den Start der europäischen Saison fertig würde, lieh ihm Maserati das Versuchsfahrzeug, das im Aussehen eine Kreuzung zwischen den Versionen von 1952 und 1953 war: mit einem hochgezogenen Heck, aber mit den technischen Modifikationen des Jahres 1953. De Graffenried war mit diesem Fahrzeug bemerkenswert erfolgreich. Beim Grand Prix von Syracus gewann

Beim Grand Prix von Frankreich gab es einen heftigen Kampf zwischen Ferrari und Maserati, und der entwickelte sich zu einem Rad-an-Rad-Rennen zwischen Hawthorn und Fangio. Hier kämpfen sie in den Schlussrunden des Rennens, das von Hawthorn gewonnen wurde, nachdem Fangios A6GCM einen defekten ersten Gang hatte.

Die Werks-Maseratis stehen hier beim Grand Prix von England in einer Linie zur Überprüfung aufgereiht. Sie wurden von Marimon (26), Bonetto (25) und Fangio (23) gefahren. Nicht auf diesem Foto zu sehen ist die 24 von Gonzalez. (Sammlung Guy Griffiths)

er (nach dem Rückzug der Werks-Ferraris), ebenso wie bei den zwei Rennen in Goodwood am Ostermontag und beim Eifelrennen auf dem Nürburgring.

Maserati hatte die jüngsten A6GCM-Wagen gerade rechtzeitig zum Grand Prix von Neapel über 246 Kilometer am 10. Mai fertig. Bei den frühen Rennen des Jahres 1953 war es offenkundig, dass die Fahrzeuge noch bedeutende Entwicklungsarbeit brauchten. Während der Saison wurden sie kontinuierlich verbessert. Es war außerdem klar, dass der hochdrehende Maserati-Motor sich am besten für schnelle Strecken wie Reims oder Monza eignete – tatsächlich konnte man den A6GCM als eine Art »Heuler« bezeichnen –, und da die Leistung beim A6GCM nicht in den unteren Drehzahlbereichen anlag, war dieses Fahrzeug den Tipo 500 auf Kursen mit mittleren Geschwindigkeiten unterlegen.

Zwei Werks-A6GCMs fuhren auf dem sehr kurvenreichen, 4,1 Kilometer langen Posillipo-Kurs – er war nicht für die Motorcharakteristik der Maseratis geeignet –, und für dieses Rennen war Fangios Fahrzeug mit einer kleinen Kopfstütze ausgerüstet worden sowie mit einem großen Treibstofftank, der sich auf beiden Seiten des Fahrersitzes befand. Fangio übernahm die Führung, als Ascari wegen eines gebrochenen Gaspedals an die Box musste, wurde jedoch von Farina (Ferrari) überholt und kam trotz eines Boxenstopps wegen eines Reifenschadens auf den zweiten Platz. Sein Teamkollege wurde Dritter vor Villoresi und Ascari.

Zum Grand Prix der Niederlande in Zandvoort am 7. Juni hatte Plate sein neues Fahrzeug für de Graffenried ausgeliefert bekommen. Es nahmen drei Werkswagen mit Fangio, Gonzalez und Bonetto am Rennen teil. Dummerweise hatten die Organisatoren die Strecke gerade eine Woche zuvor erneuert, sodass sie keine Gelegenheit hatte, sich zu setzen. Sie begann schon beim Training aufzubrechen. Für das Rennen wurden die A6GCMs mit einem feinen Drahtgeflecht vor der Frontscheibe und den Rückspiegeln geschützt.

Zandvoort war ein weiterer relativ langsamer Kurs, der Ferrari entgegenkam, sodass das Rennen von Ascari dominiert werden konnte. Fangio fiel wegen eines Hinterachsschadens aus, Gonzalez wurde durch eine gebrochene Halbwelle eliminiert, übernahm jedoch Bonettos Wagen, um hinter Ascari und Farina den dritten Platz zu belegen. De Graffenried überquerte die Ziellinie als Fünfter. Es war bedauerlicherweise ein typisches Maserati-Rennen des Jahres 1953.

Zwei Wochen später wurde der Grand Prix von Belgien über eine Distanz von 507 Kilometern in Spa-Francorchamps gefahren. Das war ein Hochgeschwindigkeitskurs, der sowohl weite, durchgezogene Kurven hatte, aber auch die enge La-Source-Haarnadel-Kurve vor Start und Ziel. Im Rennen traten die A6GCMs mit abmontierter Kühlerverkleidung an. Die vier Werks-Maseratis wurden von Fangio, Gonzalez, Marimon und dem lokalen Fahrer »Johnny« Claes, einem populären belgischen Jazzband-Leader, gefahren. Bei der reinen Geschwindigkeit hatten die Maseratis den Vorteil, sie waren aber in den schnellen Savelot- und Burnenville-Kurven den Ferraris in der Straßenlage unterlegen. Im Training erkämpfte Fangio die Pole-Position in 4 Minuten, 30 Sekunden – zwei Sekunden schneller als Ascari und Gonzalez.

Gonzalez führte bereits früh im Rennen vor Fangio, gefolgt von Ascari und Farina in ihren Ferrari. Gonzales fiel jedoch in der 11. Runde aus. Die Gründe dafür blieben unbekannt. Eine Runde später war auch Fangio wegen Motorproblemen aus dem Rennen. Nach langen Diskussionen in der Maserati-Box über »Realpolitik« in dieser Situation, wurde Claes veranlasst, sein Fahrzeug an Fangio zu übergeben, der sich auf den zweiten Platz zurückkämpfte, um dann in der letzten Runde auf einem Ölfleck in der Stavelot-Kurve auszurutschen, sich zu drehen, ins Gras abzudriften und auszuscheiden. Ascari und Villoresi belegten mit ihren Ferraris die ersten beiden Plätze vor Marimon und de Graffenried, beide eine Runde zurück. Gonzalez fuhr im Rennen mit 115,52 km/h die schnellste Runde. Dass die Kampfansage von Maserati deutlicher wurde, war unübersehbar.

Der Durchbruch, den Maserati brauchte, sollte beim Rennen in Reims erfolgen, trotz des hervorragenden Fahrens von Hawthorn in seinem Ferrari. Dem Grand Prix war ein 12-Stunden-Rennen für Sportwagen vorausgegangen, in dem das Ferrari-Tipo-375-*Le-Mans*-Werkscoupé von Carini und Maglioli wegen Verstößen gegen das Reglement disqualifiziert wurde. Dazu gehörten das Abschalten des Lichts, bevor dies erlaubt war, und das Anschieben in der Box durch die Mechaniker mit nicht gestartetem Motor. Als Ergebnis dieser Disqualifikation drohte Ferrari, beim Grand Prix nicht zu starten, und bis zum letzten Moment blieb dies auch unsicher. Teammanager Ugolini hatte mit Ferrari telefoniert, und man hatte schließlich beschlossen, an den Start zu gehen. Die Unsicherheit blieb, bis die Fahrzeuge im letzten Moment an die Startplätze geschoben wurden.

Bei diesem Rennen saß auch Bonetto wieder in einem Maserati. Gonzalez startete das Rennen, möglicherweise auf seinen eigenen Vorschlag hin, mit einem halb vollen Tank und beschleunigte, als die Starterflagge sich senkte, aus der zweiten Reihe sofort in die führende Position. Aber alle Hoffnungen, dass Gonzalez die Ferrari-Front aufbrechen könnte, waren zu optimistisch, denn während er die Führung bis auf 19 Sekunden ausbauen konnte, waren Ascari, Hawthorn, Villoresi, Fangio und Farina hinter ihm durch Zweikämpfe blockiert, indem sie um die Positionen kämpften, manchmal nur um Zentimeter voneinander entfernt.

In Runde 20 des Rennens, das über 60 Runden angesetzt war, setzte Fangio seine Attacke an, und in Runde 30, als Gonzalez zum Nachtanken an die Box fuhr, übernahm der frühere Weltmeister die Führung. Runde auf Runde attackierte Hawthorn, dessen Fahrweise bei früheren Rennen Enzo Ferrari enttäuscht hatte, den führenden Maserati, überholte Fangio beim Abbremsen in der mit Kopfstein gepflasterten Thillois-Haarnadelkurve und zog diesem langsam am Kurvenende davon. Runde für Runde fuhr Fangio den Maserati mit vollem Einsatz und beschleunigte sein Fahrzeug zwischen den Boxen und der Thillois-Kurve, dann ging er wieder in Führung. Kurz darauf stellte man fest, dass der erste Gang von Fangios Maserati, der für die Beschleunigung aus der Thillois-Kurve benötigt wurde, defekt war, aber das schmälerte nicht die Leistung von Hawthorn, der die Situation cool ausnutzte, seine erfahreneren Teamkollegen Ascari und Villoresi hinter sich ließ und das Rennen seines Lebens fuhr.

Fast genauso bemerkenswert war die Leistung von Gonzalez, der das Rennen an sechster Stelle liegend wieder aufgenommen hatte und Marimon, Villoresi und den Weltmeister Ascari überholte und diese Position mit weniger als einer Sekunde Rückstand auf den Führenden beibehielt. Hawthorn begann die letzte Runde des 8,36 Kilometer langen Kurses von Reims kurz vor Fangio, er behielt die Führung und gewann das Rennen mit einem Vorsprung von Sekundenbruchteilen. Gonzalez, Ascari und Farina belegten die dritten, vierten und fünften Plätze. Nur 7,6 Sekunden trennten diese fünf Fahrzeuge voneinander.

De Graffenried wurde Siebter, während Marimon mit fünf Runden Rückstand auf den neunten Platz kam, nachdem der undichte Ölkühler seines Fahrzeugs, der durch einen Stein, den Ascaris Fahrzeug aufgewirbelt hatte, beschädigt worden war, repariert war. *Autosport* bezeichnete den Grand Prix von Frankreich als »Das Rennen des Jahrhunderts«. Das war zwar etwas übertrieben, aber es war ein Rennen, das mit aller Härte und Verbissenheit ausgetragen worden war und sowohl Zuschauer als auch Fahrer atemlos machte.

Zwei Wochen später fand der Grand Prix von England in Silverstone statt. Ascari übernahm auf diesem Kurs über 423 Kilometer die führende Position und gab sie bis ins Ziel nicht wieder ab. Maserati war bereits vor dem Training zur »Niederlage verdammt«, da man sich darüber klar war, dass die A6GCMs nicht in der Lage waren, das überlegene Drehmoment der Ferrari Tipo 500 auf dieser mittelschnellen Strecke zu erreichen. Fangio belegte mit einer Runde Rückstand den zweiten Platz, von dem Ferrari deklassiert und in den Kurven mit deutlich schlechterer Straßenlage als dieser. Farina wurde im Ferrari Dritter, Gonzalez Vierter. Es war kein gutes Rennen für den stämmigen Argentinier gewesen, weil er wegen angeblichen Ölverlustes an die Box beordert wurde und erst nach heftigen Diskussionen mit den Stewards weiterfahren konnte. Bonetto kam auf den sechsten Platz, Marimon und de Graffenried fielen aus.

Bei seinem Rückblick auf das Rennen schrieb John Bolster, der Technik-Redakteur von *Autosport*: »Fangio ist in den Kurven stets schneller

Beim Grand Prix der Schweiz in Bremgarten im August übernahm Fangio den A6GCM von Bonetto, nachdem bei seinem eigenen Fahrzeug der dritte Gang defekt war. Fangio holte aus dem Motor von Bonettos Fahrzeug das Maximum heraus. Bonetto, der das Fahrzeug dann wieder übernahm, konnte durch die spektakuläre Fahrweise des »Meisters« im Grenzbereich das Rennen auf dem vierten Platz beenden.

Ein sehr entspannter Froilan Gonzalez. Der Argentinier war das führende Mitglied des Maserati-Teams in den Jahren 1952/53, ging aber 1954 wieder zu Ferrari zurück. Seine beste Leistung für Maserati war der zweite Platz beim Grand Prix von Italien 1952. (Sammlung Guy Griffiths)

als jeder andere Fahrer. Er hat nur einen winzigen Spielraum im Vergleich mit den erstklassigen Fahrern, und man kann sich fast über die Genauigkeit der handgestoppten Zeiten wundern, wenn sie nicht immer wieder erzielt würden. Auch Gonzalez kann gelegentlich die Kurven genauso schnell fahren, aber er zeigt beachtliche Unterschiede.«

Am Wochenende nach Silverstone wurde das Rennen von Aix-les-Bains, das über eine Distanz von 242 Kilometern ging, in zwei Läufen auf einem Dreieckskurs um den Lac Bourget ausgetragen, dicht an der Schweizer Grenze. Ferrari hatte zunächst für das Rennen gemeldet, dann aber wieder zurückgezogen. Der Grund dafür war die Disqualifikation beim 12-Stunden-Rennen von Reims, und Ferrari hatte angedeutet, in Frankreich nicht mehr fahren zu wollen, bis seine Anfechtung der Entscheidung angehört worden war. Es ist fast überflüssig zu sagen, dass Ferraris Widerspruch abgewiesen wurde. Maserati hatte nur einen A6GCM für Marimon gemeldet, und de Graffenried fuhr einen Privatwagen.

Das Rennen hätte ein leichter Sieg für Marimon werden können, aber Toulo strapazierte seine guten Beziehungen zu Maserati, als der Inhalt seines Öltanks auf die Strecke tropfte, was letztlich zum Ausfall von Marimon führte. Der junge Argentinier lieferte sich einen Zweikampf mit den Gordinis, die auf dieser Strecke wettbewerbsfähig waren, und war gerade in Führung gegangen, als er in einer Haarnadelkurve einen Ölfleck traf. Der Maserati drehte sich wie wild und kollidierte mit einer Backsteinmauer. Der französische Fahrer Elie Bayol gewann das Rennen nach der Addition beider Läufe mit seinem Sechszylinder-Osca.

Am selben Wochenende hatte Gonzalez einen schweren Unfall beim Grand Prix für Sportwagen in Lissabon und setzte sich damit selbst für den Rest des Jahres außer Gefecht. Nur zwei Werks-Maseratis traten beim Großen Preis von Deutschland am 2. August an. Maserati hatte den freien Platz den deutschen Fahrern Hermann Lang und Paul Pietsch angeboten, aber beide lehnten ab, als sie feststellten, dass sie zu wenig Zeit vor dem Rennen hatten, um sich mit dem A6GCM vertraut zu machen. Beim Training war Fangio der Zweitschnellste mit 10 Minuten, 3,7 Sekunden – 3,9 Sekunden langsamer als Ascari. Ascari fuhr wieder eine be-

Der Kampf im Grand Prix von Italien in Monza. Fangio (A6GCM) führte vor Ascari und Farina (Tipo-500-Ferraris), während Marimon schließlich als Vierter mit vier Runden Rückstand mit seinem A6GCM ins Ziel kam.

eindruckende Führung heraus, während Fangio und Hawthorn um die Plätze kämpften.

Als Ascari am Ende der vierten Runde ohne sein rechtes Vorderrad an die Box schlich, übernahm Hawthorn die Führung, verfolgt von Fangio, der seinerseits Farina an seinen Hinterrädern hatte. Zwei Runden später überholte Farina sowohl Fangio als auch Hawthorn. Dann zog Fangio an dem britischen Fahrer vorbei, obwohl er den Abstand zum führenden Ferrari kontinuierlich größer werden lassen musste. Ascari übernahm Villoresis Fahrzeug, da er aber ständig am Limit fuhr, überdrehte er den Motor, der explodierte, als er die Boxen in der 14. Runde passierte. Fangio verlor in dieser Runde seinen Auspuff, fuhr aber mit einem ungewöhnlich klingenden Motor weiter, mit einer immer schwärzer werdenden Karosserie. Am Ende dieses Rennens über 411 Kilometer lag er 64 Sekunden hinter Farina. Bonetto kam, obwohl seine Bremsen kaum noch funktionierten, auf den vierten Platz, de Graffenried wurde mit einer Runde Rückstand Fünfter.

Nur wenige Fahrer haben ihren Motor so überdreht wie Fangio beim Grand Prix der Schweiz in Bremgarten am 23. August. Die Rennstrecke in einem öffentlichen Park in Bern war eine der anspruchsvollsten überhaupt. Sie kam Fangios Geschmack und seinem fahrerischen Können sehr entgegen. Bei diesem Rennen hatte Hermann Lang, der in der Vorkriegszeit von 1934 bis 1939 für Mercedes-Benz gefahren war, eingewilligt, einen Maserati zu fahren, aber er war über seine besten Jahre hinaus, und man erwartete nicht von ihm, dass er für den Sieg infrage kam. Fangio übernahm beim Training die Pole-Position. Obwohl er einen guten Start hinlegte, konnte Ascari in der ersten Runde einen kleinen Vorsprung herausfahren. Ascari begann, dem Argentinier davonzufahren, indem er den Abstand pro Runde um eine Sekunde vergrößerte. Fangio bekam in der elften Runde Probleme mit seinem Getriebe, als er seinen dritten Gang nicht mehr einlegen konnte. Er fuhr an die Box und übernahm das Fahrzeug von Bonetto.

Eine Runde später war Fangio zum Radwechsel wieder an der Box – es schien, dass

Fangio fährt beim Grand Prix von Italien 1953 mit seinem Maserati über die Ziellinie. Das war der einzige Maserati-Sieg in der Meisterschaft in diesem Jahr.

Bonetto gegen einen Gegenstand gefahren war, der den Reifen beschädigt hatte. Dann startete Fangio vom zehnten Platz eine furiose Aufholjagd. Man konnte den überdrehten Motor überall aufheulen hören, und am Ende der 28. Runde kam er mit einem Motor an den Boxen vorbei, der klapperte und eine solch große Rauchwolke hinter sich herzog, dass die Fahrer hinter ihm gezwungen waren, Abstand zu halten. Als er am Ende der Runde an die Box kam, um aufzugeben, hatte sich der Motor so gründlich aufgelöst, dass Flecken von Leichtmetall an der Spritzwand klebten. Die Mechaniker öffneten die Haube, schauderten und schoben den A6GCM beiseite. Maserati gab Ventilprobleme als offiziellen Grund für den Ausfall an.

Marimon fuhr ein sehr engagiertes Rennen, hielt zunächst den dritten Platz vor Hawthorn, bevor er zurückfiel und schließlich aufgab, weil etwas im Antrieb gebrochen war. Ferrari belegte die ersten drei Plätze, aber Bonetto kam mit einem Fahrzeug, das er von Fangio und Lang übernommen hatte, auf den fünften Platz, mit beinahe drei Runden Rückstand.

Maserati meldete wieder drei Fahrzeuge zum Grand Prix von Italien über 502 Kilometer in Monza. Man hatte die jungen Luigi Musso und Sergio Mantovani im Team, beides Nachwuchsfahrer, die sich ein Fahrzeug teilen mussten. De Graffenried fuhr wie gewöhnlich sein eigenes Fahrzeug, und die Meldeliste von Maserati wurde von der *Scuderia Milano* komplettiert, die einen der wenigen Auftritte mit dem A6GCM des Jahres 1952 hatte, der von Francisco Landi und »B. Bira« gefahren wurde. Beim Training lagen die Ferraris und die Maseratis sehr eng beieinander. Ascari übernahm die Pole-Position mit 2 Minuten, 2,7 Sekunden, Fangio war der Nächste mit 2 Minuten, 3,2 Sekunden, und die erste Startreihe wurde mit Farina komplettiert, der 2 Minuten, 3,9 Sekunden vorgelegt hatte. Marimon war Vierter mit einer Rundenzeit von 2 Minuten, 4,1 Sekunden.

Im Gedenken an den großen Tazio Nuvolari, der am 11. August 1953 gestorben war, wurde vor Rennbeginn eine Schweigeminute eingelegt. Das Rennen wurde dann zu einem weiteren fantastischen Zweikampf zwischen den beiden italienischen Marken. Maserati hatte bei der Höchstgeschwindigkeit einen definitiven Vorsprung, der aber von der ausgezeichneten Straßenlage der Ferraris wettgemacht wurde. Vom Start weg kämpften Ascari, Fangio, Farina und Marimon um die Führung. Sie lagen eng beieinander und veränderten die Positionen in jeder Runde mehrmals. Zu keinem Zeitpunkt waren die vier Führenden mehr als zwei Sekunden getrennt; sie waren immer in einer engen Linie zusammen oder fuhren Rad an Rad, als die Fahrer um die Positionen kämpften.

Immer fuhr das eine oder andere Fahrzeug aus dem Windschatten und ging in Führung. Je weiter das Rennen fortschritt, desto mehr bekamen die Frontpartien der führenden Fahrzeuge, das Gesicht des Fahrers und sein Helm Reifenabrieb und Auspuffstaub ab. In der 46. Runde fuhr Marimon wegen Antriebsproblemen an die Box. Er kehrte ins Schlachtgetümmel zurück, stoppte zwei Runden später wieder und – obwohl er vier Runden zurücklag – schloss zu den Führenden auf, um Fangio Unterstützung zu geben. Als sich das Rennen dem Ende zuneigte, lagen Ascari und Farina dauerhaft auf den ersten beiden Plätzen, und Fangios Siegchancen schienen geschwunden zu sein.

Als das führende Quartett in der Reihenfolge Ascari, Farina, Marimon, Fangio in die letzte Kurve der letzten Runde einbog, die Curva Sud, drehte sich Ascari zweimal heftig; Farina wurde weit auf den Grasstreifen geschleudert, Marimon fuhr frontal in den sich drehenden Farina, und Fangio schlüpfte an der Innenseite durch. Fangio überfuhr die Ziellinie zum einzigen Sieg in einem Grand-Prix-Meisterschaftslauf für Maserati in diesem Jahr. Hinter ihm folgte ein ausgesprochen verärgerter Farina; Villoresi und Hawthorn belegten die Plätze drei und vier. Bonetto fiel aus, und das von Musso/Mantovani gemeinsam gefahrene Fahrzeug kam mit einem Rückstand von vier Runden auf den siebten Platz. Fangio fuhr mit 182,13 km/h die schnellste Runde. Bei der Fahrer-Weltmeisterschaft war Ascari im zweiten Jahr hintereinander der eindeutige Gewinner mit 34,5 Punkten vor Fangio mit 28 Punkten.

Vor dem Ende der Saison gab es ein weiteres Rennen, den Grand Prix von Modena über 230 Kilometer, der am 20. September auf der Außenbahn des lokalen Flugplatzes ausgefahren wurde. Ferrari hatte seinen Rückzug von Grand-Prix-Rennen in Italien verkündet, aber obwohl das nur eine List war, um 1954 mehr finanzielle Unterstützung zu bekommen, nahmen keine Werks-Ferraris in Modena teil. Ein ungewöhnliches Detail des Rennens in Modena war ein fliegender Start. Bei diesem Rennen wurde der vierte Maserati von Emilio Giletti gefahren, der eigentlich häufiger am Lenkrad eines A6GCS zu sehen war. Es gab nur 13 Teilnehmer, Fangio, Marimon, de Graffenried und Bonetto waren beim Training die Schnellsten, und das Rennen war ein Durchmarsch für Maserati.

Fangio gewann so leicht, dass sowohl seine Durchschnittsgeschwindigkeit als auch seine schnellste Runde langsamer waren als 1952. Marimon wurde Zweiter, obwohl er sich in den letzten Runden wegen erwarteter Kolbenprobleme hatte zurückfallen lassen. De Graffenried belegte den dritten Platz, zwei Runden zurück. Bonetto fiel wegen Antriebsproblemen aus, und Giletti beendete das Rennen wegen Problemen mit den Kolben.

Die A6GCS-Sport-Rennwagen

Gegen Ende des Jahres 1952 hatte Maserati zwei 2-Liter-A6GCS-Sport-Rennwagen fertiggestellt. Sie wurden oft als »Wagen der zweiten Serie« beschrieben, weil sie aus dem Original-2-Liter-Sportwagen der Jahre 1947/48 entstanden waren, aber mit den Chassis des A6GCM und dessen Motor. Mit der Einführung der Sportwagen-Weltmeisterschaft im Jahre 1953 gab es einen Wechsel im internationalen Reglement, in dem Rennen mit Fahrzeugen mit freistehenden Kotflügeln nicht mehr länger erlaubt waren. Der Grund für diese Maßnahme ist nur schwer zu verstehen, und sie wurde auch nicht immer strikt befolgt. Bei Fahrzeugen wie den Frazer-Nash-Le-Mans-Replica, die serienmäßig freistehende Kotflügel hatten, war es leicht, die Bestimmungen zu umgehen, indem man Leichtmetallstreifen zwischen den Kotflügeln und der Karosserie anbrachte. Obwohl die späteren A6GCS-Karosserien über die komplette Wagenbreite besaßen, hatten die ersten Modelle noch freistehende Kotflügel, die Nachfolger dagegen eine Konstruktion, die man als Kompromiss beschreiben könnte.

Ursprünglich baute Maserati einen der Formel 2-Wagen, Chassis-Nummer 2038, von 1952 als Sport-Rennwagen wieder auf, der für einen Privatmann mit einer Karosserie mit freistehenden Kotflügeln ausgestattet war. Das zweite Fahrzeug – mit der Chassis-Nummer 2039 – wurde im Auftrag des Holländers Fritz Koster gebaut, der in den USA wohnte und mit seinen Brüdern im Bienenwachs-Geschäft in Sayville im Bundesstaat New York tätig war. Das war ein Interimsfahrzeug, wurde aber allgemein als nor-

Der zweite der A6GCS mit zwei obenliegenden Nockenwellen, der im Frühjahr 1953 an Fritz Koster ausgeliefert und von ihm in den USA ausgiebig gefahren wurde. In seiner Erscheinung erinnert der Wagen an den letzten Vorkriegs-Alfa-Romeo 8C 2900 B mit einer Touring-Karosserie.

males Produktionsfahrzeug angesehen, selbst von Tony Pompeo, dem amerikanischen Importeur – zumindest bis die verbesserten Fahrzeuge an der Mille Miglia teilnahmen.

Dieser Maserati hatte ein breites Chassis, das für die A6GCSs des Modelljahrs 1953 entwickelt worden war, besaß aber noch den Motor mit dem quadratischen Hub-Bohrungs-Verhältnis von 75 × 75 mm, von dem gesagt wurde, dass er eine Leistung von 140 PS bei 7000 U/min hatte. Die Karosserie hatte einen Lufteinlass, der dem des Formel-2-Wagens von 1952 ähnlich war, und die Haube war weit heruntergezogen. Es gab separate Kotflügel an Front und Heck, die fest mit der Karosserie verschraubt waren. Im Profil erinnerte das Fahrzeug an einen Alfa Romeo 8C 2900B.

Koster meldete das Fahrzeug erstmals für das Rennen auf dem MacDill Field, Tampa, Florida, am 21. Februar, konnte aber wegen mechanischer Probleme nicht starten. Er erschien dann beim 12-Stunden-Rennen von Sebring, bei dem er den Argentinier Jorge Daponte als Beifahrer hatte. Koster und Daponte fuhren gut, mussten aber wegen weiterer mechanischer Probleme aufgeben. Der A6GCS wurde dann wieder nach Europa verschifft, um im Werk überholt zu werden.

Die Produktionsversion des A6GCS (auch unter der Bezeichnung A6GCS/53 bekannt) hatte den Formel-2-Motor von 1953 mit den Dimensionen 76,2 × 72 mm, der leicht getunt war und bei 6750 U/min eine Leistung von 165 PS abgab. Außerdem besaß er eine neue und stilistisch elegantere Karosserie von Medardo Fantuzzi. In dieser Form war der A6GCS das leistungsstärkste und erfolgreichste Fahrzeug in seiner Klasse bei Zuverlässigkeitsrennen und damit ein ernsthafter Konkurrent für die Ferrari V12 Tipo 166-*Mille Miglia*. Aber Ferrari plante ein Vierzylinder-2-Liter-Modell, den *Mondial*, der erstmals beim 12-Stunden-Rennen von Marokko am 20. Dezember 1953 auf einer Rennstrecke auftauchte. Danach waren die Ergebnisse sehr viel ausgeglichener.

In seiner letzten, verbesserten Form fuhr der A6GCS erstmals bei der Mille Miglia am 25. und 26. April. Das Werk hatte drei A6GCS für die Fahrer Musso, Mantovani und Giletti gemeldet. Diese Fahrzeuge waren alle Eigentum der Fahrer und fuhren über das gesamte Jahr als »Werkswagen«. Giletti teilte sich bei dem Rennen über 1610 Kilometer sein Fahrzeug mit Guerino Bertocchi, der als zuverlässiger Mann bereits seit 27 Jahren für Maserati fuhr. Musso hatte einen Unfall, als er die 2-Liter-Kategorie anführte, aber Giletti gewann die Klasse und belegte im Gesamtklassement den sechsten Platz. Mantovani/Palazzi wurden in ihrer Klasse Zweite und Zehnte im Gesamtklassement, etwas mehr als 13 Minuten hinter dem Sieger. Es war ein sehr vielversprechendes Renndebüt für den neuen Wagen.

Der Maserati A6GCS war während des Jahres 1953 hauptsächlich bei italienischen Veranstaltungen zu sehen: Rennen, die auf nationalem Niveau wichtig waren, aber wenig Anziehungskraft für ausländische Fahrer besaßen. Zwei Fahrzeuge nahmen an der Targa Florio am 14. Mai teil. Das sizilianische Straßenrennen wurde über acht Runden des 71,97 Kilometer langen »Kleinen Madonie«-Kurses gefahren und weitgehend von den neuen Lancia-3,0-Liter-2.962-ccm-D20-Renn-Coupés dominiert. In führender Position war Piero Taruffi mit seinem Lancia in einen Unfall verwickelt; daraufhin übernahm sein Teamkollege Magioli die Führung und gewann das Rennen vor Giletti. Sergio Mantovani hatte mit dem anderen Werks-A6GCS Probleme mit dem schwer zu fahrenden Kurs. Das Fahrzeug wurde von Juan Manuel Fangio übernommen, der lediglich als Freund des Werks an der Rennstrecke war. Er beendete das Rennen auf dem dritten Platz.

Am 7. Juni, dem Tag des Grand Prix der Niederlande in Zandvoort, gab es zunächst ein Einstundenrennen für Fahrzeuge bis zu zwei Litern Hubraum, an dem Koster mit seinem A6GCS teilnahm. Juan Manuel Fangio fuhr sein Fahrzeug auch zu Trainingszwecken. Koster fuhr beim Le-Mans-Start allen davon, aber seine Bremsen begannen nachzulassen, sodass er schließlich von Cliff Davis mit seinem sehr schnellen und behänden Tojeiro-Bristol überholt wurde. Folgerichtig gewann Musso im Juni den Perúgina Cup über 383 Kilometer in der Nähe des Trasimeno-Sees vor den Lancia Aurelia GT von Piodi und Valenzano. Das war am 20. Juni, und eine Woche später fuhren die vom Werk gemeldeten A6GCS beim Rennen von Caserta. Mantovani und Musso belegten die ersten beiden Plätze, aber Giletti fiel wegen mechanischer Probleme zurück und wurde nur Siebter. Der dritte Platz ging an den Mailänder Fahrer Franco Bordoni, der mit beachtenswertem Erfolg einen französischen Gordini fuhr.

Das 12-Stunden-Rennen von Pescara wurde am 15. August von Hawthorn und Magioli mit einem Werks-Ferrari 375LM Coupé gewonnen, aber der hohe Anteil an Ausfällen ermöglichte es Maserati noch, ehrenvolle zweite und dritte Plätze zu belegen. Luigi Musso lag mit seinem jüngeren Bruder an zweiter Stelle, aber in der letzten Runde versagte ihr Motor. Er schob das Fahrzeug ins Ziel, wurde aber von einem anderen A6GCS überholt, der von Mancini/Dal Cin gefahren wurde. Maserati meldete ein Team von drei A6GCS beim 100-Kilometer-Rennen auf dem Nürburgring am 30. August. Sie hatten Vignale-Karosserien, vorn mit ausgeschnittenen Kotflügeln und mit einem auf der linken Seite der Karosserie verlaufenden Auspuffrohr; diese Entwicklung war der Karosserie von Vignale für den damaligen Ferrari sehr ähnlich.

Es war für Maserati kein erfolgreicher Auftritt. Giletti/Marimon führten in ihrer Klasse, als ihr Motor in der 44. und letzten Runde defekt wurde. Hermann Lang, der mit Gianni Bertoni fuhr, musste ebenfalls wegen Motorproblemen aufgeben, und der Wagen, der von Hans Herrmann und dem Amerikaner Ernie McAfee gefahren wurde, wurde disqualifiziert, weil er mit einem Teil aus der Box und nicht mit einem, das im Fahrzeug mitgeführt wurde, repariert worden war. Der *Supercortemaggiore*-Grand-Prix wurde am 6. September über eine Distanz von 270 Kilometern in Meran in den italienischen Alpen ausgetragen. Nach dem Rückzug des kompletten Lancia-Werksteams gewann Fangio mit einem 3-Liter-Alfa-Romeo vor Mantovani mit seinem A6GCS. Giletti wurde Achter.

Im September wurde ein A6GCS mit einer Standardkarosserie von Sid Greene von Gilby Engineering nach Großbritannien importiert, um von Roy Salvadori gefahren zu werden. Er wurde von einem italienischen Mechaniker betreut und war in British Racing Green lackiert. Roy fuhr die Neuerwerbung erstmals beim Treffen in Goodwood im September. Obwohl man 1954 einige Erfolge erzielte, waren die A6GCS zu schwer für die britischen Kurzrennen, und die Leistung des Motors lag in einem zu schmalen Bereich zwischen 5000 und 6700 U/min. Ein anderer Nachteil war die Linkslenkung, denn britische Rennstrecken wurden meist im Uhrzeigersinn mit Rechtskurven gefahren. Die A6GCS waren in der 2-Liter-Klasse kaum eine Konkurrenz für Archie Scott-Brown mit seinem neuen Lister-Bristol. 1955 wurde der Motor des A6GCS in ein Cooper-Chassis eingebaut, aber dieses Fahrzeug litt unter extremer Untersteuerneigung und war nicht erfolgreich.

In der Zwischenzeit hatte Koster seinen 2039 wieder in die USA zurück verschiffen lassen, wo er dann an verschiedenen SCCA(Sports Car Club of America)-Rennen teilnahm. In Cumberland gewann er am 19. Juli seine Klasse in einem Rennen über 25 Runden, musste aber in einem späteren Rennen dieses Tages ausscheiden. Eine Woche später trat er beim Giant's-Despair-Bergrennen an und fuhr die fünftschnellste Zeit. Am darauffolgenden Tag fuhr er in Brynfan Tyddyn auf einer sehr schweren, kurvenreichen Strecke und gewann das Rennen. Er startete auf der Lockbourne Airforce Base, Columbus, Ohio, am 9. August und gewann bei einem 161-Kilometer-Rennen in seiner Klasse. Er siegte beim Rennen in Thompson, New England, am 11. Oktober und beendete seine Saison erfolgreich mit dem Klassengewinn bei der Strategic Air Power Trophy über 402 Kilometer auf der Turner Airforce Base in Albany, Georgia. Bei dieser Veranstaltung wurde der Maserati auf der Geraden mit einer Geschwindigkeit von 206 km/h gemessen.

Später im Jahre 1953, als die Produktion des A6GCS noch lief, wurden beim Gold Cup von Sizilien in Syracus die üblichen drei Werkswagen durch vier private Meldungen mit Maseratis ergänzt. Das Rennen wurde in zwei Läufen und einem Finallauf über 98 Kilometer ausgetragen, bei dem Musso und Giletti die Plätze drei und vier belegten hinter dem portugiesischen Fahrer de Oliveira (Ferrari-4,1-Liter) und Bordoni (Gordini-2,3-Liter). Emmanuel de Graffenried lieh sich Gilettis A6GCS, um in Brasilien im Dezember 1953 an zwei Rennen teilzunehmen, die er beide gewann (siehe Seite 222).

1953 hatte sich Maserati als Unternehmen völlig verändert. Man war wesentlich aktiver und sehr viel ehrgeiziger geworden und strebte nach Erfolg – sowohl auf den Rennstrecken als auch im wirtschaftlichen Bereich. In den nächsten Jahren sollten beide Ambitionen Hand in Hand gehen. Jetzt, da es einen ständigen Bestand an Bestellungen gab, konnte Maserati

Beim 1000-Kilometer-Rennen auf dem Nürburgring im August meldete das Werk ein Team mit drei A6GCS mit Vignale-Karosserien. Alle drei fielen aus. Die Karosserie war weniger ästhetisch als die normale Karosserie von Fantuzzi. Das Foto zeigt den Wagen in Modena vor dem Rennen.

seine Rennaktivitäten ausweiten. Abgesehen von den Coupés und den Motoren, die für den Einbau in die Lister-Maseratis vorgesehen waren, wurden 52 A6GCS bis zur Produktionseinstellung im Jahr 1955 gebaut. Zu den stark angestiegenen Verkaufszahlen der Wettbewerbsfahrzeuge kam ein erhöhter Bedarf an Ersatzteilen, Reparaturen und Rennvorbereitungen.

Über die nächsten Jahre kam Maserati den Verkaufszahlen von Ferrari-Wettbewerbs-Sportwagen sehr nahe. Man verkaufte Formel-1-Wagen, als Ferrari das nicht wollte, und man trat in den Wettbewerb mit Ferrari sowohl bei der Formel 1 als auch bei den Sportwagen-Wettbewerben. Ein großer Vorteil, den Maserati gegenüber Ferrari besaß, war, dass seine Partnergesellschaft eine eigene Gießerei besaß, und zu dieser Zeit wurden viele Gussstücke für Ferrari in Modena gefertigt.

Ein trauriges Ereignis war der Tod von Felice Bonetto im November 1953 hinter dem Lenkrad seines Lancia-Sport-Rennwagens auf der vierten Etappe des Carrera-Panamericana-Straßenrennens in Mexiko. 1954 gab es einen Mangel an Fahrern, und wahrscheinlich wäre Maserati froh gewesen, seinen Service, wenn auch nicht bei allen Rennen, wieder zu aktivieren. Ende des Jahres verließ Aldo Lugu, der als Sportdirektor und Teammanager seit 1937 für Maserati gearbeitet hatte, das Unternehmen, um sich den Maserati-Brüdern bei OSCA anzuschließen.

Es soll auch kurz der Tipo-4CF2-Motor erwähnt werden. Das war ein Vierzylindermotor mit zwei obenliegenden Nockenwellen und einem Hubraum von 1987 ccm (88 × 82 mm), der von Massimino entwickelt worden war, möglicherweise inspiriert vom Tipo-500-Ferrari. Die Leistung soll bei 182 PS bei einer Drehzahl von 7000 U/min gelegen haben. Man geht davon aus, dass dieses Aggregat nur als Testmotor produziert und in kein Chassis eingebaut worden war. Das genaue Datum, an dem dieser Motor hergestellt wurde, ist nicht bekannt, aber es war, bevor die Formel 2 beendet wurde. Giulio Alfieri führte an diesem Motor Versuche mit einer Benzineinspritzung durch, aber dies war zu einem späteren Zeitpunkt.

11
Eine neue Grand-Prix-Formel: 1954/55

1954 wurde Omer Orsi, Adolfos 1918 geborener Sohn, Geschäftsführer von Maserati, wo er zuvor schon eine ganze Zeit gearbeitet hatte. Ermanno Cozza erinnert sich daran, wie Orsi eines Morgens mit rot unterlaufenen Augen nach einer schlaflosen Nacht ins Werk kam, weil sein Sohn Adolfo die ganze Nacht hindurch geschrien hatte. Er erinnerte sich auch, wie der junge Adolfo im Alter von sieben Jahren ins Werk kam, um auf seinen Vater zu warten und mit ihm nach Hause zu gehen. Adolfo Junior, jetzt Dr. Adolfo Orsi, ist heute ein ausgewiesener Experte in allem, was Maserati betrifft.

Die neue Grand-Prix-Formel für 1954 und die folgenden Jahre war auf Motoren mit einem Hubraum von 2,5 Litern begrenzt, wenn sie nicht aufgeladen waren, bzw. auf 750 ccm mit Kompressor. Man hatte gedacht, dass BRM möglicherweise einen 750-ccm-Motor auf der Basis eines halben V16 bauen könnte, aber dies trat niemals ein, sodass es zu keinem Zeitpunkt ernsthafte Wettbewerbsfahrzeuge mit Kompressor gab. Die Formel war mit harten Auseinandersetzungen zwischen letztlich zwei Wettbewerbern über die Jahre sehr erfolgreich. Sie räumte auch privaten Rennteilnehmern Chancen ein, ebenso wie den kleinen Rennteams, die die Aktivitäten genossen. Maserati hatte gute und schlechte Zeiten, aber insgesamt erwies es sich als eines der besten Teams in diesem Zeitraum.

Man weiß nicht mit Sicherheit, wie viel Arbeit für die Entwicklung des neuen 250F/1 (besser bekannt als 250F) geleistet wurde, bis das Fahrzeug an Rennen teilnahm und Colombo Maserati verließ, aber möglicherweise wesentlich weniger, als man häufig annimmt. Der 250F war eine Weiterentwicklung des A6GCM, unterschied sich aber vom Einsitzer des Jahres 1953 so sehr, dass er als eigenständiges Modell bezeichnet werden konnte. Sowohl die Bohrung als auch der Hub wurden vergrößert, um den Hubraum des Motors auf 2493 ccm (84 × 75 mm) zu bringen. Es wurden die größeren Weber-Vergaser 42DCO3 eingebaut, und trotz der Leistungsangabe von Maserati, eine Leistung von 240 PS bei 6500 U/min zu erreichen, lag sie zunächst bei 220 PS. Das reichte allerdings aus, um die Fahrzeuge zu Beginn der Saison 1954 wettbewerbsfähig zu machen.

Das Vierganggetriebe wurde übernommen, aber Colotti schlug vor, es hinter dem Differenzial zu montieren; die Idee wurde angenommen, und er machte sich an die konstruktive Arbeit. Die Fahrzeuge waren ohne hohe Drehzahlen sehr schwer vom Start wegzubekommen, besonders dann, wenn sie einen vollen Tank hatten. Das Problem konnte erst gelöst werden, als ein Fünfganggetriebe zur Verfügung stand. Das Fahrgestell war komplett überarbeitet worden und hatte nun eine Mehrrohr-Struktur (aber keinen Dreiecksrahmen als solchen). Es hatte weiterhin zwei seitliche Hauptrohre mit einem Durchmesser von 40 Millimetern mit einem Überbau aus oberen Rohren und insgesamt acht Querrohre. Für die damalige Zeit war es ein sehr steifes Chassis.

Hinten hatte das Fahrgestell jetzt eine De-Dion-Achse mit dem Achsantrieb vor dem Getriebe, seitwärts mit einem beweglichen Drehzapfen an einer Führungsplatte befestigt, die mit dem Gehäuse verschraubt war. In den frühen Tagen des Jahres 1954 zeigte diese Konstruktion die Tendenz zu brechen und musste deshalb verstärkt werden. Man verwendete eine querliegende Blattfederung. Ursprünglich war der Öltank unterhalb der Vergaser montiert. In dieser Position war er aber erheblichen Erschütterungen und der Motorhitze ausgesetzt, sodass das Öl nicht ausreichend gekühlt werden konnte. Mitte der Saison wurde der Öltank deshalb in den hinteren Wagenteil versetzt, hinter den 200-Liter-Treibstofftank. An der Karosserie des A6GCM wurden für den 250F leichte Veränderungen vorgenommen, sodass das Fahrzeug eines der am besten aussehenden Grand-Prix-Fahrzeuge seiner Zeit war.

Zwischen Juni und Dezember 1953 arbeitete das Ingenieurteam von morgens acht Uhr bis Mitternacht, um den 250F fertigzustellen. Viel Wert wurde auf die Verdichtungsverhältnisse und die Treibstoffmischung gelegt. Der 250F wurde erstmals am 26. Dezember 1953 in Modena getestet, und zu diesem Zeitpunkt ging man davon aus, dass er eine Höchstgeschwindigkeit von 280 km/h bei 7400 U/min erreichen könnte.

Im Frühjahr 1954 fragte Maserati bei Bosch, dem deutschen Elektro- und Zündungsspezialisten, an, ob man für den 250F eine Treibstoffeinspritzung entwickeln könnte. Mit Bedauern lehnte Bosch wegen seiner Verbindung zu Mercedes-Benz ab, die für ihr W196-Grand-Prix-Fahrzeug in der Saison 1954/55 eine Bosch-Einspritzung verwendeten. So entwickelte Bellentani ein eigenes Maserati-Einspritzsystem, das eine Pumpe vom OM-Diesel benutzte. Als Bellentani Maserati verließ, um zu Ferrari zu wechseln, führte Giulio Alfieri seine Arbeit fort, und als Mercedes-Benz sich am Ende der Saison 1955 aus dem Rennsport zurückzog, konnte Bosch Maserati unterstützen. Das Ergebnis konnte man 1956 begutachten, als ein

250F mit Treibstoffeinspritzung bei einigen Rennen auftrat.

Ein weiteres Experimentierfeld war zu jener Zeit die desmodromische Ventilsteuerung. Maserati hatte erste Zeichnungen für desmodromische Ventilsteuerungen bereits 1942/43 vorbereitet, 1954 wurde eine ähnliche Konstruktion in die Tat umgesetzt und in einem 250F getestet. Obwohl man zufriedenstellende Ergebnisse bekam, entschied Bellentani, dass das System wenig zuverlässig sei, und legte es zu den Akten. Später übernahm Ernesto Maserati dasselbe System für seine Sport-Osca.

Als Maserati bekannt gegeben hatte, dass man in der Lage sei, den 250F zu verkaufen, kamen schnell Aufträge. Das war nicht nur wegen der Vorzüge des Fahrzeugs so, sondern weil kein anderer Hersteller zu jener Zeit Grand-Prix-Fahrzeuge zum Kauf anbot. Ferrari hatte 1952 eine kleine Stückzahl von Formel-2-Fahrzeugen verkauft, die 1953 aufgerüstet und neu mit 2490-ccm-Motoren für die Saison 1954 ausgestattet wurden. Aber Maranello verkaufte keine neuen Wagen. Aufträge für den 250F hatte man von Gilby Engineering (für Roy Salvadori), Stirling Moss (der zum ersten Mal einen wettbewerbsfähigen Grand-Prix-Wagen dank der Unterstützung seiner Familie und der Firma BP fahren konnte) und von der Owen-Organisation (die ein wettbewerbsfähiges Fahrzeug haben wollte, bis der neue BRM fertig war) erhalten.

Andere Fahrer, die einen 250F bestellten, waren »B. Bira« und Emmanuel de Graffenried, aber der Auftrag des Schweizer Privatfahrers wurde nach dem Tod von Enrico Plate storniert. Bira setzte einen A6GCM mit einem 250F-Motor zu Beginn der Saison bei Rennen ein, bis sein neues Fahrzeug fertiggestellt war, und die Argentinier Roberto Mieres und Harry Schell fuhren 1954 ebenfalls A6GCM mit einem 250F-Motor.

Zum Saisonstart waren die Vierzylinder-Ferraris, von denen es zwei Typen gab, die schärfste Konkurrenz. Der Tipo 625 war einfach der Formel-2-Wagen der Saison 1952/53 mit einem 2500-ccm-Motor, der zum ersten Mal 1951 gefahren war. Beim Grand Prix von Italien 1953 hatte Ferrari den Tipo 553 *Squalo* in der 2-Liter-Version eingesetzt und hoffte, mit dem 2500-ccm-Motor erfolgreich zu sein. Die Fahrzeuge hatten Motoren mit einem deutlich überquadratischen Hub-Bohrungs-Verhältnis, zwei

Der Maserati-250F-Motor mit zwei obenliegenden Nockenwellen, drei Weber-Doppelvergasern sowie Doppelzündung. (T.C. March)

Treibstofftanks und ein sehr sensibles Handling, das die meisten Fahrer nicht mochten. Über das Jahr versuchte Ferrari, mit verschiedenen Motorversionen eine Kombination aus Leistung und Zuverlässigkeit zu erreichen, während der 250F ohne große Veränderungen weiterentwickelt wurde.

Im Juli, beim Grand Prix von Frankreich, nahm das Mercedes-Benz-Team mit den neuen W196-Fahrzeugen erstmals in der Nachkriegszeit wieder an einer Grand-Prix-Veranstaltung teil. Das deutsche Unternehmen setzte auf einen Reihen-Achtzylindermotor mit zwei obenliegenden Nockenwellen mit desmodromischer Ventilsteuerung und mit einer aerodynamischen Karosserie über die gesamte Wagenbreite, in der erstmals der W196 erschien. Zum dritten Rennen der deutschen Fahrzeuge hatte Mercedes-Benz eine konventionelle, nicht stromlinienförmige Karosserie fertig. Obwohl diese Fahrzeuge leistungsfähiger waren als die italienischen Wettbewerber und die erfolgreichsten des Jahres 1954 wurden, waren sie nicht ohne Probleme; die hintere Schwingachse war ebenso wenig zufriedenstellend wie die deutschen Continental-Reifen. Juan Manuel Fangio hatte einen Vertrag unterschrieben, um die W196 zu fahren, und ein großer Teil des Erfolgs von Mercedes ging auf das Konto seiner außergewöhnlichen Geschicklichkeit und Entschlossenheit.

Ein weiterer neuer Wettbewerber war der Lancia D50, der unter der Kontrolle des großen Vittorio Jano entwickelt und gebaut worden war. Er kombinierte einen V8-Motor mit einer fortschrittlichen Fahrgestellkonstruktion, die der Reifentechnologie der Zeit weit voraus war. Alberto Ascari und Luigi Villoresi verließen Ferrari, um diese neuen Fahrzeuge zu fahren, aber das war viele Monate, bevor man das Fahrzeug als ausgereift bezeichnen konnte. Es erschien nicht eher bei Rennen als gegen Ende der Weltmeisterschaft in Barcelona Ende Oktober.

Die Grand-Prix-Saison 1954

Maserati war unentschlossen, ob man für die Saison 1954 ein Formel-1-Team aufstellen sollte, und entschied sich schließlich dazu, solange Fangio zur Verfügung stand, bis die Mercedes-Benz W196 einsatzbereit waren. Beim Grand

Beim Grand Prix von Argentinien schaut Fangio, der spätere Sieger, über die Schulter auf den Ferrari von Giuseppe Farina. Man beachte die Kühlervergrößerung, die zusätzlich in der Fahrzeugnase angebracht wurde. (Sammlung Guy Griffiths)

Prix von Argentinien im Autodrom von Buenos Aires am 18. Januar fuhren Fangio und Marimon Werks-250F, während Musso hinter dem Lenkrad eines A6GCM mit einem 250F-Motor saß. Ferrari dominierte die ersten Runden des über drei Stunden laufenden Rennens, aber schwere Regenschauer machten die Strecke sehr nass und schlüpfrig. Fangio kam an die Box und ließ sich einen Satz Regenreifen aufziehen, die von den Mechanikern mit einem handgeschnittenen Profil versehen worden waren, als es begonnen hatte zu regnen.

Nello Ugolini, der Manager des Ferrari-Teams, legte Protest ein, dass fünf Mechaniker gleichzeitig an Fangios Fahrzeug gearbeitet hätten – die maximal erlaubte Zahl waren drei –, und nach dem Protest veranlasste er seine Fahrer, langsamer zu fahren, in der frohen, aber irrigen Annahme, dass seinem Protest stattgegeben würde. Fangio überholte die führenden Ferraris und gewann das Rennen mit einem Vorsprung von 41 Sekunden vor den Werks-Ferraris von Farina und Gonzalez. Marimon und Musso fielen aus.

Zwei Wochen später wurde der Buenos-Aires-City-Grand-Prix nach der freien Formel im Autodrom gefahren. Marimon hatte beim Training einen Unfall, übernahm Mussos Fahrzeug im Rennen und rutschte dann aus der ersten Kurve. Fangio gab wegen eines Problems an der Hinterachse auf. Hawthorn sah wie der Sieger in seinem Werks-Ferrari aus, rutschte in der letzten Kurve der letzten Runde von der Strecke und würgte seinen Motor ab. Maurice Trintignant gewann mit seinem privaten Ferrari, der von Louis Rosier gemeldet worden war, vor Roberto Mieres.

Maserati war durch den Sieg von Fangio sehr ermutigt worden, und man beschloss, jetzt an allen Weltmeisterschaftsrennen des Jahres teilzunehmen, obwohl man sich klar darüber war, dass es schwierig werden würde, geeignete Fahrer dafür zu bekommen. Vor der nächsten Veranstaltung, dem Grand Prix von Belgien, gab es eine Reihe von kleineren Rennen. Am 11. April nahmen Marimon und Mantovani an dem Syracus-Grand-Prix über 431 Kilometer teil. Farina gab die Geschwindigkeit vor und führte mit seinem Werks-Ferrari, aber Marimon verfolgte ihn hart, bis er durch ein mechanisches Problem ausfiel. Mantovani wurde Dritter hinter Farina und Trintignant, der jetzt Mitglied des Ferrari-Teams war.

Nur ein einziger Werkswagen für Marimon wurde für den Grand Prix von Pau gemeldet, der neun Tage später, am Ostermontag, über drei Stunden ging. Beim Start wurde er von Farina (Ferrari) gerammt, die De-Dion-Achse war verbogen, und das führte zum Ausscheiden, obwohl er zunächst gut auf dem dritten Platz lag. Moss hatte seinen 250F kurz vor dem Grand Prix von Bordeaux am 9. Mai über 301 Kilometer geliefert bekommen. Er unterschied sich von den anderen 250Fs nicht nur durch ein rechtes Gaspedal (anstelle eines zentralen), sondern hatte auch ein Chassis mit versetzten Querträgern, sodass das Armaturenbrett weiter vorn saß und Moss seine gewohnte, liegende Position einnehmen konnte. Er machte sich noch mit dem Fahrzeug vertraut und belegte, weil er den Motor schonte, den vierten Platz hinter den Ferraris von Gonzalez, Manzon (Privatfahrer) und Trintignant.

Sechs Tage später fuhr Moss bei der International Trophy in Silverstone. In seinem Lauf, der bei Nässe stattfand, wurde er Dritter hinter Gonzalez (Werks-Ferrari) und »B. Bira« (A6GCM mit einem 250F-Motor), aber er hob sich sein Fahrzeug für den Finallauf auf. Moss lag im Finallauf auf dem zweiten Platz hinter Gonzalez, beendete das Rennen aber in der 25. Runde, als die De-Dion-Achse brach. Beim Bari-Rennen über 333 Kilometer am 23. Mai meldete das Werk Marimon und Mantovani. Gonzalez und Trintignant belegten mit ihren Ferraris die ersten beiden Plätze vor Jean Behra (Gordini). Marimon wurde unglücklich Vierter, nachdem er stoppen musste, um Kühlwasser nachzufüllen, und dann ein weiteres Mal, um aufzutanken. Mantovani fiel aus.

Am 29. Mai fuhr Moss sein Fahrzeug beim Aintree-»200«-Rennen nach der freien Formel auf dem neu eröffneten Kurs von Liverpool, wo diesmal ausnahmsweise das Rennen gegen den Uhrzeigersinn ausgetragen wurde. In seinem Lauf über 82 Kilometer wurde er Dritter, übernahm aber im Finallauf die Führung, nachdem Peter Collins mit seinem 4,5-Liter-Ferrari-Leichtbau mit Motorproblemen an die Box musste. Moss gewann das Rennen mit einem Vorsprung von 50 Sekunden vor Reg Parnell (*Scuderia-Ambrosiana*-Tipo-625-Ferrari). Am 6. Juni wurde der Grand Prix von Rom über 341 Kilometer auf der neuen Castelfusano-Rennstrecke bei Ostia gefahren. Ferrari war dem Rennen ferngeblieben, und Marimon und Mantovani belegten mit ihren Werks-250F die Plätze eins und drei. Dazwischen lag Harry Schell mit einem A6GCM/250F. Musso war mit dem Werks-250F ausgefallen. Am selben Tag gewann »B. Bira« beim schlecht besetzten Grand Prix des Frontières in Chimay in Belgien mit dem A6GCM/250F vor Pilette (Gordini) und Beauman (2-Liter-Connaught).

Das erste wichtige Formel-1-Rennen in der europäischen Saison war der Grand Prix von

Belgien in Spa-Francorchamps über 507 Kilometer am 13. Juni. Fangio stand noch zur Verfügung und führte das Maserati-Team an, ergänzt von Marimon und Mantovani. Moss fuhr seinen 250F, und auch »B. Bira« hatte seinen kürzlich ausgelieferten 250F. Die einzige Konkurrenz kam von Ferrari, angeführt von Gonzalez und Farina in den neuesten *Squalos* und von Hawthorn und Trintignant mit den Tipo 625.

Beim Training fuhr Gonzalez die schnellste Runde in 4 Minuten, 23,6 Sekunden. Gegen Ende des ersten Trainings, als die Temperaturen gefallen waren, kam Fangio noch einmal auf die Strecke. Privatfahrer wie »Bira« und Moss waren vom Werk angewiesen worden, nicht mehr als 7200 Umdrehungen zu fahren, um die Maschine zu schonen, damit sie mehrere Rennen ohne eine Überholung durchhielt. Fangio jedoch drehte in kurzen Gasstößen auf 8000 U/min, ohne dass etwas passierte, aber zulasten einer sehr hohen Abnutzungsrate. Indem er sehr hart und verbissen auf diesem sehr schweren Kurs fuhr, beendete Fangio die Runde in 4 Minuten und 22,1 Sekunden schneller als sein eigener Rekord von 4 Minuten, 23 Sekunden, den er mit einem Alfa Romeo Tipo 159 mit Kompressor bei einem Rennen 1951 aufgestellt hatte. Als er an die Box kam, rauchte der Motor, die Bremsen waren rot glühend, und es war klar, dass die Mechaniker bis zum Start des Rennens eine Menge Arbeit hatten.

Fangio hatte einen schlechten Start; er lag hinter Farina und Hawthorn auf dem dritten Platz, übernahm aber in der dritten Runde die Führung. Bis dahin war es schon zu Ausfällen gekommen. Unmittelbar nach dem Start hatte Mieres' 250F-Motor Feuer gefangen, weil ein Mechaniker vergessen hatte, den Tankdeckel richtig zu schließen, und Treibstoff auf den Auspuff gespritzt war. Mit Flammen, die um seinen Nacken züngelten, blieb er tapfer im Cockpit, bis der Rest des Feldes vorbeigefahren war, und sprang erst dann ins Freie. Gonzalez fiel in der 2. Runde wegen eines Motorproblems aus, und Marimon gab nach drei Boxenstopps wegen eines rau laufenden Motors nach drei Runden komplett auf.

Für den Rest des Rennens blieb Fangio an der Spitze, in den letzten Runden des Rennens allerdings mit einer gebrochenen Radaufhängung. Er gewann mit 24,2 Sekunden Vorsprung vor Trintignant. Moss kam mit einer Runde Rückstand auf den dritten Platz. Der Argentinier fuhr auch offiziell die schnellste Runde mit 191,6 km/h, nur etwas langsamer als sein außergewöhnlicher Rundenrekord von 1951. Farina war wegen Motorproblemen ausgefallen, und Hawthorn, der auf dem zweiten Platz lag, kam, fast betäubt von einem Leck im Auspuff, an die Box. Mantovani wurde nach zwei Boxenstopps Siebter. Maserati hatte die ersten beiden Meisterschaftsrennen des Jahres gewonnen, aber jetzt begann sich ihre vielversprechende Saison zu verschlechtern.

Die Ausgabe des britischen Wochenmagazins *Autosport* vom 25. Juni 1954 enthielt eine Querschnittszeichnung eines Maserati-Grand-Prix-Versuchsfahrzeugs mit einer Karosserie über die gesamte Wagenbreite und einem Coupédach. Es hatte ein Chassis von 1953 mit dem Getriebe dicht hinter dem Motor. Das war ein kompletter Anflug von Fantasie in der Zeitschrift – was aber interessant war, war die Tatsache, dass Maserati in dem Monat gerade einen 250F mit einem Leichtmetall-»Cupola«-Dach testete. Es wurde sehr schnell verworfen, weil sich die Fahrer über mangelnde Sicht, Hitze und Klaustrophobie beklagten.

Zwei Wochen später hatten die Mercedes-Benz W196 ihr Debüt beim Grand Prix von

Bei diesem sorgfältig arrangierten Foto eines 250F in Buenos Aires 1954 sitzt Präsident Juan Peron auf dem Fahrersitz. Juan Manuel Fangio steht links und Adolfo Orsi rechts, gemeinsam mit Onofre Marimon, der nur teilweise auf dem Bild ist. YPF war die staatliche argentinische Ölgesellschaft. (Sammlung Guy Griffiths)

1954 meldete sich Stirling Moss selbst für ein Grand-Prix-Rennen. Mit finanzieller Unterstützung von BP kaufte ihm seine Familie diesen 250F mit der Fahrgestellnummer 2507, der hier bei der nassen International Trophy im Mai in Silverstone zu sehen ist. Er lag hinter Gonzalez (Ferrari) auf dem zweiten Platz, als die De-Dion-Hinterachse brach. Man beachte den bekannten Dreizack, der im Lufteinlassgrill angebracht ist. Die Wagen wurden selten mit diesem Emblem bei Rennen gefahren. (T.C. March)

Juan Manuel Fangio und Giuseppe Farina kämpfen um die Führung in der Eröffnungsrunde des Grand Prix von Belgien. Der Argentinier gewann vor Maurice Trintignant (Werks-Ferrari Tipo 625).

Frankreich in Reims über 507 Kilometer. Fangio führte das deutsche Team, und bei diesem Rennen hatte Maserati Engpässe bei Fahrern und Fahrzeugen. Das Fahrerproblem wurde gelöst, als Lancia zustimmte, Alberto Ascari und Luigi Villoresi freizugeben, sodass sie die Werks-250F fahren konnten, gemeinsam mit Marimon. Moss' Mechaniker, Alf Francis, hatte an dessen 250F im Werk gearbeitet, als Omer Orsi ihn fragte, ob man das Fahrzeug ausleihen könnte, damit Villoresi ihn in Reims fuhr. Als Moss angeboten wurde, einen Jaguar-D-Type in einem Vorrennen über zwölf Stunden zu fahren, hatte er vernünftigerweise auf den Start mit dem Maserati verzichtet. Francis stimmte zu und informierte Stirling später darüber.

Bei ihrem Renndebüt in Reims hinterließen die Mercedes-Benz einen guten Eindruck, aber für die italienischen Teams endete das französische Rennen mit einem Debakel. Fangio und Kling waren mit ihren W196 die Trainingsschnellsten. Mit Ascari standen sie gemeinsam in der ersten Startreihe. Zunächst führte Fangio vor Gonzalez (*Squalo*-Ferrari) und Kling. Nach zwei Runden fiel Ascari mit Motorproblemen aus, die Ferraris von Hawthorn und Gonzalez gaben in

Beim Rennen in Silverstone starteten die Werks-Maseratis aus der letzter Reihe, weil sie für das Training zu spät angekommen waren. Ascari und Villoresi fuhren die Maseratis mit der Zustimmung von Gianni Lancia (der korpulente Mann im Hintergrund mit den Händen in den Hosentaschen). Ascari (rechts) war bereits mit seinem 250F wegen eines Ventilschadens ausgefallen. Er übernahm den Wagen von Villoresi und fiel auch mit diesem wegen eines gebrochenen Pleuels aus. (Sammlung Guy Griffiths)

der zehnten und 14. Runde wegen der gleichen Probleme auf, und Marimon stieg ebenfalls nach einem kurzen Rennen wegen Maschinenproblemen aus. Fangio, der mit 186,6 km/h Durchschnittsgeschwindigkeit gefahren war, kam vor seinem Teamkollegen Kling mit nur einem Meter Vorsprung als Erster ins Ziel. Der junge Hans Herrmann mit dem dritten W196 hatte mit 195,5 km/h einen neuen Rundenrekord gefahren, bevor auch er ausfiel. Der dritte Platz fiel an Robert Manzon mit seinem privaten Ferrari, und »B. Bira« und Villoresi belegten mit ihren 250F den vierten und fünften Platz.

Der Grand Prix von England wurde auf der Strecke von Silverstone am 16. Juli über 423 Kilometer gefahren. Zu diesem Zeitpunkt war der ehemalige Flugplatz ein kahler, flacher, mittelschneller Kurs, dessen Kurven von Ölfässern markiert wurden. Er sollte zum Desaster von Mercedes werden, aber das Maserati-Team konnte daraus keinen Nutzen ziehen. Das Team hatte Modena spät verlassen und kam wegen eines Missverständnisses am falschen Kanalhafen an, sodass man spät zur Rennstrecke gelangte. Ascari und Villoresi waren wieder mit Marimon in einem Team. Die Maserati-Fahrer versäumten das offizielle Training und mussten deshalb aus der letzten Reihe starten. Es schien, dass die meisten Vorbereitungen nicht abge-

Beim Grand Prix von England in Silverstone fuhr Marimon ein gutes Rennen aus der letzten Startreihe, überholte 19 Fahrzeuge in der ersten Runde, um auf den sechsten Rang zu kommen und das Rennen schließlich als Dritter zu beenden. Er hatte alle Voraussetzungen, um ein großer Rennfahrer zu werden. (T.C. March)

Hier fährt Ken Wharton mit einem 250F, der der Owen-Organisation gehörte, beim Grand Prix von England 1954. Er drehte sich stark auf einem verschmutzten Stück in der Abbey Curve, konnte sich aber wieder fangen und beendete das Rennen als Achter. (T.C. March)

schlossen waren, sodass die Mechaniker die ganze Nacht vor dem Rennen, unterstützt von Alf Francis, an den Fahrzeugen arbeiteten.

Omer Orsi war über die Schlamperei im Team und den Verlust der Moral seit Fangios Weggang sehr verärgert. Er kam mit Moss überein, dass

Stirling seinen 250F so schnell fahren sollte, wie er nur konnte, und dass Maserati die Kosten für die Motorreparatur übernehmen würde. Weitere private 250F wurden von »B. Bira«, Roy Salvadori und Ken Wharton (bei seinem Debüt am Steuer des von der Owen-Organisation gekauften BRM) gefahren. Mieres und Harry Schell hatten A6GCMs mit 250F-Motoren gemeldet. Das Mercedes-Benz-Team hatte bald herausgefunden, dass die Strecke von Silverstone nicht für die Stromlinienkarosserie, die unabhängige Hinterachsaufhängung und die Continental-Reifen des W196 geeignet war. Auf Kosten der Karosserie, die durch die Ölfässer beschädigt wurde, übernahm Fangio die Pole-Position und fuhr die erste Runde in 1 Minute, 45 Sekunden mit einem Durchschnitt von 161 km/h in einem Grand-Prix-Fahrzeug ohne Kompressor.

Neben Fangio standen Gonzalez und Hawthorn in der ersten Startreihe – beide waren 1 Minute, 46 Sekunden gefahren – und Moss, der eine weitere Sekunde langsamer war. Am Ende der ersten Runde lag Gonzalez mit dem Ferrari Tipo 625 in Führung, und er blieb auch dort in den noch zu fahrenden 89 Runden. Hinter ihm kämpfte sich Fangio an Hawthorn vorbei, der wiederum einen Zweikampf mit Moss austrug: Moss überholte Hawthorn und schließlich auch Fangio, der mit seinem schlecht zu fahrenden W196 kämpfte. Auch Hawthorn ging an dem Argentinier vorbei.

Ascari fiel aus eigenem Verschulden aus, als er den 250F überdrehte, weil er seine fahrerischen Fähigkeiten, die ihn zum Weltmeister gemacht hatten, demonstrieren wollte. Es brach zunächst ein Ventil an seinem eigenen Fahrzeug und anschließend ein Pleuel bei dem Fahrzeug, das er von Villoresi übernommen hatte. Nachdem er Villoresis 250F abgestellt hatte, kam er an die Box und fragte: »*Ci sono ancora delle altre Maserati?*« (Gibt es noch andere Maseratis?)

Im Gegensatz dazu fuhr Marimon ein ausgezeichnetes Rennen. In der ersten Runde überholte er 19 Fahrer und fuhr auf den sechsten Platz vor. Zwölf Runden vor Schluss lag er hinter Fangio auf dem zweiten Platz. Der W196 des Argentiniers war durch den Kontakt mit den Ölfässern stark beschädigt, der Gang sprang heraus, die Bremsen hatten nachgelassen, und er verlor Öl. In Runde 80 musste Moss sein Fahrzeug anhalten, weil sich ein Gang im Getriebe

Nachdem Fangio Maserati verlassen hatte, wurde der Argentinier Onofre Marimon der Teamführer. Er war einer der fröhlichsten und gutmütigsten aller führenden Rennfahrer der damaligen Zeit. Es war ein schwerer Rückschlag für Maserati, als er mit seinem 250F beim Training für den Grand Prix von Europa einen Unfall hatte und tödliche Verletzungen erlitt.

nicht mehr schalten ließ, nachdem er aus der Verbindung gesprungen war und nun kein Antrieb mehr auf die Hinterachse erfolgte. Gonzalez gewann vor Hawthorn, Marimon (mit einer Runde Rückstand), Fangio und Trintignant. Andere Maseratis, die über die Ziellinie kamen, wurden von Mieres (Sechster), Wharton (Achter) und Schell (Zwölfter) gefahren. Sieben Fahrer, Ascari, Behra (Gordini), Fangio, Gonzalez, Hawthorn, Marimon und Moss, fuhren mit 154,22 km/h schnellste Runden.

Am 25. Juli fuhr Moss mit seinem 250F beim Grand Prix von Caen über 211 Kilometer. Er war von den *Officine Alfieri Maserati* gemeldet worden, und so kam es, dass er sein eigenes Fahrzeug als Werkswagen fahren konnte – nicht am Nürburgring, wie Stirling geschrieben hatte. Nach einem harten Kampf mit Trintignant (Ferrari) verschlechterte sich das Handling des 250F wegen schwächer werdender Stoßdämpfer, sodass Moss 3,6 Sekunden hinter dem Franzosen in dessen Heimatstadt ins Ziel kam.

Es waren vier Werks-Maseratis gemeldet, von Marimon, Villoresi, Mantovani und Moss (mit seinem eigenen Wagen, der in aller Schnelle rot lackiert worden war, aber nach wie vor einen grünen Streifen auf der Fahrzeugnase hatte), die am Grand Prix von Europa über 502 Kilometer am 1. August auf dem Nürburgring teilnahmen. Roberto Mieres hatte sich einen Werkswagen geliehen. Die Fahrzeuge, die von Villoresi, Marimon und Mieres gefahren wurden, hatten alle ein neues Arrangement des Öltanks, bei dem der Tank im Heck hinter dem Treibstofftank eingebaut war. Gegen die Maseratis traten vier Mercedes W196 an (drei davon mit einer neuen, nicht stromlinienförmigen Karosserie) sowie vier Werks-Ferraris, alles Tipo 625.

Beim Training traf das Maserati-Team jedoch eine Katastrophe. Am zweiten Trainingstag verlor Marimon unmittelbar hinter der *Wehrseifen*-Brücke die Kontrolle über sein Fahrzeug und hatte einen schweren Unfall, bei dem er so starke Verletzungen erlitt, dass er kurz darauf starb. Der 30-jährige Argentinier hatte unter einem gewissen Druck gestanden, da er nach dem Weg-

1954 kamen Stirling Moss und sein 250F zum Maserati-Werks-Team. Das Bild zeigt ihn beim Grand Prix von Italien in Monza, wo Stirling ein brillantes Rennen fuhr und mit 20 Sekunden Vorsprung an der Spitze lag, bis ihn eine gebrochene Ölleitung zurückwarf. Er brachte den Wagen als Zehnter über die Ziellinie.

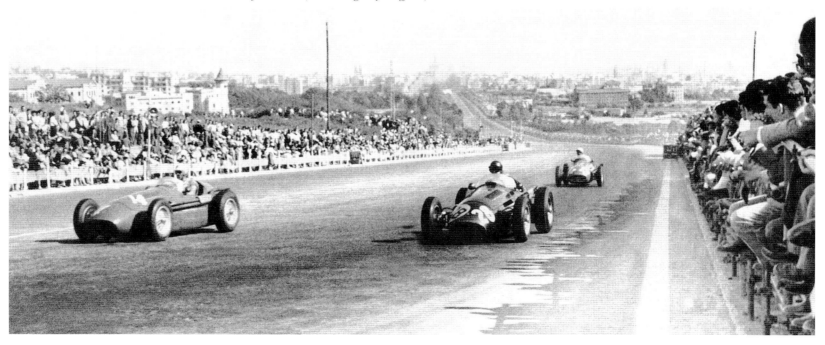

Dieses Foto fängt die Atmosphäre des Pedralbes-Kurs auf den Straßen von Barcelona gut ein, dem Austragungsort für den Grand Prix von Spanien 1954. Zu dieser Zeit war Barcelona von der Regierung stark vernachlässigt worden, weil seine katalanische Bevölkerung die republikanische Regierung während des Bürgerkriegs unterstützt hatte. Man kann die Auswirkungen des Kriegs noch gut erkennen. Ein Geruch von verfaultem Gemüse und Knoblauch lag überall in der Luft, aber nur der Knoblauch ist auch heute noch derselbe. Musso, der als Zweiter ins Ziel kam, lag vor Ken Wharton in dem von der Owen-Organisation gemeldeten 250F und de Graffenried mit einem A6GCM mit einem 250F-Motor, den er an Volonterio verkaufen wollte. (Sammlung Guy Griffiths)

gang von Fangio zu Mercedes-Benz die Nummer eins bei Maserati war. Er war gezwungen, sich an den grandiosen Leistungen von Ascari messen zu lassen, und sah sich jetzt dem Wettbewerb mit Moss im Team gegenüber. Es scheint, dass er einfach zu viel wollte, als es zu dem Unfall kam.

Omer Orsi befand sich geschäftlich in Argentinien, als er von dem Unglück unterrichtet wurde, und er entschied, dass die Werks-Maseratis aus Respekt vor Marimon aus dem Rennen genommen werden sollten. Moss und Mantovani, die ihre eigenen Fahrzeuge fuhren, entschieden sich jedoch, als Privatfahrer das Rennen zu bestreiten. Moss war Dritter beim Training, belegte während des Rennens zunächst den dritten Platz, musste aber wegen eines Pleuelschadens in der zweiten Runde aufgeben. Nachdem Hawthorn in seinem eigenen Ferrari ausgefallen war, hatte er das Fahrzeug von Gonzalez übernommen, weil der Argentinier zu erschüttert über den Tod von Marimon war, um das Rennen vernünftig zu fahren. Er wurde hinter Fangio (W196 mit Stromlinienverkleidung) Zweiter. Mantovani kam als bester Maserati-Fahrer auf den fünften Platz.

Für das *Daily-Dispatch*-Rennen am 7. August in Oulton Park lieh Maserati Moss den 250F, den Villoresi auf dem Nürburgring hätte fahren sollen. Obwohl das Fahrzeug zu spät eintraf, um am Training teilzunehmen, fuhr Moss aus der letzten Startreihe nach vorn und gewann das Formel-1-Gold-Cup-Rennen über 159 Kilometer und das Rennen nach der freien Formel über 88 Kilometer. Eine Woche später nahmen Moss und Musso beide am Grand Prix von Pescara über 410 Kilometer teil. Es waren keine Ferraris am Start, und Moss führte, bis in der vierten Runde eine Verbindung der Ölleitung zum Reduktionsgetriebe an der Hinterachse brach. Musso gewann vor »Bira« und Schell mit 250Fs aus dem Jahre 1953. Obwohl Schell offiziell als Privatfahrer gemeldet war, besaß sein Fahrzeug ein rechts eingebautes Gaspedal, sodass Moss es hätte übernehmen können, wenn es notwendig geworden wäre.

Der Grand Prix der Schweiz am 22. August war der letzte in dieser Serie, weil der Rennsport in der Schweiz nach dem Unglück von Le Mans im folgenden Jahr verboten wurde. Für dieses Rennen über 386 Kilometer auf dem schwierigen Bremgarten-Kurs bei Bern hatte Maserati vier Fahrzeuge für Moss, Mantovani, Mieres und Schell gemeldet. Der Engländer war unter ihnen der einzige Fahrer mit ernsthaften Aussichten auf den Sieg. Mercedes-Benz fuhr drei W196 ohne Stromlinienkarosserie, und es waren vier Werks-Ferraris gemeldet. Gonzalez war beim Training mit seinem *Squalo*-Ferrari Schnellster in 2 Minuten, 39,5 Sekunden; Fangio war zwei Fünftel einer Sekunde langsamer, und Moss komplettierte die erste Startreihe mit einer Zeit von 2 Minuten, 41,4 Sekunden. Die Zeiten der anderen Maserati-Werksfahrer gingen von 2 Minuten, 56,9 Sekunden (Mantovani als Neuntschnellster) bis zu 3 Minuten, 12,1 Sekunden (Schell, der auf Position 13 von 16 Startern kam).

Moss kämpfte sich hinter Fangio auf den zweiten Platz vor, fiel aber in Runde 16 des auf 66 Runden angesetzten Rennens aus, weil sein Öldruck abfiel. Schell wurde an die Box beordert, um sein Fahrzeug an Moss zu übergeben. Als er aber an die Box kam, hatte auch sein Fahrzeug keinen Öldruck mehr. Bei beiden Fahrzeugen war eine Gegenmutter, die eine federgelagerte Manschette des neu entwickelten Einfüllstutzens arretieren sollte, durch Vibration gelöst worden, in den Tank gefallen, von der Ölpumpe angesaugt worden und hatte diese zerstört. Fangio gewann das Rennen vor Gonzalez, Herrmann (Mercedes-Benz), Mieres und Mantovani. Auf den sechsten Platz kam, mit zwei Runden Rückstand, Ken Wharton mit dem Fahrzeug der Owens Organisation. Das BRM-Team hatte das Fahrzeug gründlich modifiziert. Es besaß jetzt Dunlop-Scheibenräder aus einer Magnesiumlegierung und Scheibenbremsen, der Öltank war wieder seitlich in das Cockpit zurückgekehrt, und das Fahrzeug hatte einen kürzeren Auspuff.

Das nächste Rennen in der Weltmeisterschaft war der Grand Prix von Italien, der am 5. September auf der Rennstrecke von Monza über 504 Kilometer ausgetragen wurde. Maserati hatte jetzt sechs Fahrzeuge gemeldet; Musso hatte Harry Schell ersetzt, Villoresi war ins Team integriert worden, und der 250F, der an den französischen Privatfahrer Louis Rosier ausgeliefert werden sollte, wurde als Werkswagen eingesetzt. Es gab ein generelles Gefühl der Erleichterung, dass Ascari sich entschlossen hatte, für Ferrari zu fahren. Zwei Mercedes W196 mit Stromlinienkarosserie waren bei diesem sehr schnellen Rennen mit Fangio und Kling am Start, während Herrmann ein Fahrzeug mit freistehenden Rädern fuhr. Außerdem waren fünf Werks-Ferraris gemeldet. Fast erwartungsgemäß fuhr Fangio beim Training die schnellste Runde in 1 Minute, 59,0 Sekunden, und neben ihm in der ersten Startreihe standen Ascari (1 Minute, 59,2 Sekunden) und Moss (1 Minute, 59,3 Sekunden).

Es war fast ein Moss- und Maserati-Rennen, und es war auch der wahrscheinlich aufregendste Grand Prix der gesamten Saison. Zunächst führte Fangio, dann ging sein Teamkollege Kling an die Spitze, und als Kling ausfiel, führte wieder Fangio vor Gonzalez, Ascari und Moss. Dann übernahm Ascari die Führung. Moss überholte Gonzalez, der schließlich seinen Ferrari wegen eines Ölabdichtungsproblems abstellen musste. Fangio überholte Ascari wieder; dann hatte Villoresi seine große Chance, als er vom vierten auf den zweiten Platz vorrückte. Er schied schließlich aber wegen Kupplungsproblemen aus. Moss ging jetzt an Fangio und Ascari vorbei und übernahm die Führung. Dann kam wieder Ascari an die Spitze, der allerdings Motorprobleme bekam. Moss führte jetzt wieder im Grand Prix von Italien und konnte sich von Fangio absetzen, selbst als er von Alf Francis aus der Box ein Zeichen bekam, langsamer zu fahren.

In der 68. von 80 zu fahrenden Runden ging Moss an die Box, zog eine Wolke von blauem Rauch hinter sich her und hatte keinen Öldruck mehr. Der Öltank wurde wieder aufgefüllt, aber das Fahrzeug verlor das meiste Öl bereits in der Boxengasse und in der *Curva Grande,* der ersten Kurve hinter den Boxen. Moss hatte wieder keinen Öldruck mehr. Kurz danach versagte der Motor, und Moss schob sein Fahrzeug den Rest der Strecke über die Ziellinie. Er wurde Zehnter mit neun Runden Rückstand. Eine Ölleitung aus einer Aluminiumlegierung, die zu stramm am Chassis befestigt worden war, war durch Vibration gebrochen. So gewann Fangio das Rennen vor den Ferraris von Hawthorn und Maglioli/Gonzalez. Der beste Maserati-Fahrer war Rosier, der mit sechs Runden Rückstand auf den achten Platz kam.

Vor dem letzten Rennen in der Weltmeisterschaft fanden der Große Preis von Berlin und zwei kleinere internationale Rennen in England statt. Moss und Mantovani waren für Berlin am 19. September gemeldet, traten aber auf der Avus nicht an, weil ihre Wagen, wie Maserati verlautbarte, nicht rechtzeitig fertig geworden wären. Das Rennen wurde zu einer Demonstration von Mercedes-Benz in der eingeschlossenen Stadt, und Kling durfte vor Fangio und Herrmann gewinnen.

Beide britische Rennen waren von gewissem Interesse, weil Tony Vandervells Vanwall Special erstmals mit dem 2,5-Liter-Motor gefahren wurde. In Goodwood startete Moss am 25. September zwar als Werksfahrer, allerdings mit seinem eigenen Fahrzeug, und er gewann die Goodwood Trophy vor Peter Collins in dem Vanwall. Er wurde auch Dritter im Woodcote-Cup-Rennen, das in zehn Runden nach der freien Formel ausgetragen wurde, hinter Peter Collins (Ferrari *Leichtbau Special*) und Ken Wharton (V-6 BRM).

Am folgenden Samstag, dem 2. Oktober, gab es ein international besetztes Treffen auf der Aintree-Strecke, bei dem auch zwei Maseratis gemeldet waren: Moss mit seinem eigenen Fahrzeug und Mantovani. Moss gewann die Formel-1-*Daily-Telegraph*-Trophy über 17 Runden vor Hawthorn mit dem Vanwall, Schell (privater 250F) und Mantovani. Bei dem Rennen nach der freien Formel über die gleiche Distanz belegten Moss und Mantovani die ersten beiden Plätze.

Der Grand Prix von Spanien wurde am 26. Oktober über eine Distanz von 505 Kilometern auf dem Pedralbes-Straßenkurs in der katalanischen Hauptstadt Barcelona gefahren. Diese bemerkenswerte Strecke bestand in der Hauptsache aus der Avenida Generalissimo Franco, die in sehr schlechtem Zustand war und die wichtigste West-Ost-Durchfahrt durch die Stadt bildete. So wurde der normale Verkehr, sofern es ihn gab, für die Zeit des Rennens unterbrochen. Maserati hatte fünf 250Fs gemeldet, einer davon war ein neues Fahrzeug. Vier Fahrzeuge wurden von Moss, Mieres, Mantovani und Musso gefahren, das fünfte war ein Ersatzfahrzeug, das von dem Spanier Francesco Godia-Sales gesteuert werden sollte, wenn es nicht von einem der anderen Fahrer benötigt wurde. Das Ersatzfahrzeug hatte die neue Chassis-Nummer 2501 (die gleiche Nummer wie der A6GCM, der von Mieres zu Beginn der Saison gefahren worden war), und es war im selben Monat schon auf dem Automobilsalon von Paris ausgestellt worden. Es hatte eine glattere Karosserie ohne die üblichen Lüftungsöffnungen und einen kleineren Einfüllstutzen für den Öltank. Auch Harry Schell fuhr einen 250F, den er vom Werk ausgeliehen hatte und der dort präpariert worden war. Er hatte zugestimmt, mit halb vollem Tank zu starten, um die Konkurrenz zu schlagen – das jedoch war keine allzu erfolgreiche Taktik.

Von den anderen Wettbewerbern waren die Lancia D50 die interessantesten, die ihr Renndebüt mit den Fahrern Ascari und Villoresi gaben. Mercedes-Benz hatte Fahrzeuge ohne Stromlinienkarosserien für Fangio und Kling an den Start gebracht, während Herrmann sich mit dem Stromlinienmodell begnügen musste. Es gab nur zwei Ferraris mit Hawthorn (mit dem neuesten *Squalo*, der vorne Schraubenfedern hatte) und Trintignant (Tipo 625). Peter Collins fuhr den Vanwall Special, konnte aber nach einem Trainingsunfall nicht starten. Moss und Hawthorn hatten ebenfalls einen Unfall beim Training, der Erstere am Lenkrad des Ersatzfahrzeugs mit mittig angeordnetem Gaspedal, was ihn irritiert hatte. Man hatte dieses Fahrzeug für Godia-Sales vorbereitet, der ihn im Rennen fahren sollte. Der Trainingsschnellste war Ascari mit einem neuen Lancia in 2 Minuten, 18,1 Sekunden; hinter ihm lagen Fangio (eine Sekunde langsamer), Hawthorn und Schell, die beide überraschende Zeiten von 2 Minuten und 20,6 Sekunden fuhren.

Zunächst führte Ascari vor Schell, aber der Lancia fiel nach neun Runden aus, während Moss bereits in der siebten Runde wegen eines Fehlers an der Rücklaufpumpe ausgeschieden war und Schell sich zunächst drehte und schließlich Probleme mit dem Antrieb hatte. Hawthorn und Trintignant waren übrig geblieben und kämpften um die Führung, bis der Franzose zurückfiel, weil sein Motor Probleme hatte, und er schließlich aufgeben musste. So führte Hawthorn komfortabel vor Fangio, der mit seinem W196 auf dieser Strecke kämpfte. Musso und Mieres lagen auf den Plätzen drei und vier. Fangios Mercedes begann, rau zu lau-

Auf einer kurvenreichen, öden und abgelegenen Strecke der Mille Miglia zwischen Florenz und Bologna rast Musso mit seinem A6GCM durch eine Kurve. Obwohl die italienischen Straßen im Vergleich zu früheren Zeiten viel besser geworden waren, ist die Oberfläche dieser Strecke stark verschmutzt. (Sammlung Guy Griffiths)

fen; der Motor hatte Abfall angesaugt, den Besucher auf die Strecke geworfen hatten, und begann zu überhitzen. In den letzten Runden kam ein Leck im Ölkreislauf dazu. Als Fangio zurückfiel, konnte Musso aufschließen und kam sechs Runden vor dem Ende auf den zweiten Platz. Mieres wurde Vierter.

Bei der Fahrer-Weltmeisterschaft, die auf den fünf besten Resultaten beruhte, war Fangio mit 42 Punkten der Gewinner vor Gonzalez mit 25 Punkten und Hawthorn mit 24,5 Punkten. Der Mercedes-Benz W196 hatte auf schnellen Rennstrecken einen klaren Vorteil, aber siegte auch anderswo wegen des Einsatzes und der außergewöhnlichen fahrerischen Qualitäten von Fangio sowie der besseren Vorbereitung der Fahrzeuge in Stuttgart im Vergleich zu Modena und Maranello. Fangios zwei Siege mit Maseratis gaben dem Unternehmen einen gewaltigen Schub, auf den allerdings ein harter Rückschlag folgte, als die 250F immer wieder ausfielen. Maserati war der Meinung, dass man mit Moss als Teammitglied 1955 einen entscheidenden Erfolg erzielen konnte, aber Moss verließ den Rennstall, um für Mercedes-Benz zu fahren, und das italienische Team versank in Lethargie. Musso hatte für Maserati an nur wenigen Formel-1-Rennen teilgenommen, aber sein zweiter Platz in Barcelona wies auf sein immenses Potenzial hin.

Das Jahr der Sportwagen

Der erste Auftritt eines vom Werk gemeldeten A6GCS im Jahre 1954 war der eines einzelnen Fahrzeugs von Emilio Giletti und Luigi Musso beim 1000-Kilometer-Rennen in Buenos Aires am 24. Januar. Es war Gilettis eigener Wagen, der an de Graffenried ausgeliehen worden war, um in Brasilien am vorangegangenen Wochenende zu fahren (siehe Seite 222). Es gab keine 2-Liter-Klasse, aber die beiden Italiener kamen auf den sechsten Platz im Gesamtklassement, auf den vierten in der 3-Liter-Klasse, und ihr Wagen war tatsächlich der einzige 2-Liter-Wagen.

Im Februar verschiffte Colonel »Johnny« Simone, der später Maserati-Vertragshändler für Frankreich wurde, einen A6GCS für die Rennen in Agadir in Marokko und Dakar in Senegal – zu dieser Zeit waren beide Länder französische

Luigi Musso mit seinem vom Werk gemeldeten A6GCS bei der Kontrolle in Ravenna bei der Mille Miglia 1954. Beifahrer Zocca ist im Begriff, wieder in den Wagen einzusteigen. Musso belegte im Gesamtklassement den dritten Platz, nur neun Sekunden hinter Vittorio Marzotto, der die 2-Liter-Sportwagenklasse mit einem Ferrari Mondial gewann.

Kolonien. Beim Rennen im Agadir am 28. Februar über 72 Kilometer wurde Simone in der 2-Liter-Klasse Dritter hinter Picard (Ferrari) und Guelfi (Gordini). Eine Woche später erreichte er den dritten Platz im Gesamtklassement beim 2-Stunden-Rennen von Dakar, der Hauptstadt des Senegal, hinter Farina und Scotti in den größeren Ferraris. Am selben Tag hatte das Werk einen A6GCS für Musso und Gatta für das 12-Stunden-Rennen von Sebring gemeldet. Der Flughafen-Rennkurs in Florida war bekanntermaßen schwierig für die Bremsen, und der A6GCS wurde in der 47. Runde zurückgezogen, weil die Bremsen komplett versagten.

Maserati schickte nur einen einzigen A6GCS für Musso, der von Donatelli begleitet wurde, auf die 1080 Kilometer lange Tour von Sizilien am 4. April. Graf Gravina, ein Adliger aus Sizilien, fuhr ebenfalls einen A6GCS mit einer *Berlinetta*-Karosserie von Pinin Farina. Dieser Wagen, 1953 gebaut, war das erste von vier Modellen dieses Typs, der als *Mille Miglia* bekannt wurde. Dieses Modell wurde 1954 auf den Salons von Turin und Paris ausgestellt. Umberto Maglioli (4,9-Liter-Ferrari) führte zunächst vor Piero Taruffi (Lancia D24), aber nachdem Maglioli den 375 *Plus* überdreht hatte, konnte Taruffi leicht gewinnen. Auf die Plätze drei und vier kamen Gerino Gerini (4,5-Liter-Ferrari-Coupé) und Musso. Beide waren von Piero Carini überholt worden, der mit seiner modifizierten Alfa-Romeo-1900-Limousine

Bei der Targa Florio 1954 führte Musso vor Taruffi (Lancia), als er an die Box fuhr, weil ihm nicht wohl war. Er wurde überredet weiterzufahren, war aber auf den zweiten Platz zurückgefallen.

den zweiten Platz belegte, fast eine ganze Stunde hinter Taruffi. Gravina war in einen schweren Unfall verwickelt, bei dem sein Beifahrer starb.

Für die Mille Miglia am 1. und 2. Mai waren vom Werk drei Fahrzeuge gemeldet worden. Musso und Venezian fuhren in ihren Fahrzeugen, aber Sergio Mantovani saß am Lenkrad eines Experimental-Werkswagens, der einen Grand-Prix-Motor mit 2493,8 ccm Hubraum hatte und leicht getunt war. Er lief unter der Typenbezeichnung 250S. Man sagte, dass Mussos Wagen eine Getriebesynchronisation von Porsche in allen vier Gängen besaß. Der härteste Gegner in der 2-Liter-Klasse war Vittorio Marzotto mit dem neuen Vierzylinder-Ferrari Tipo 500 *Mondial*. Der Kampf um den Sieg fand zwischen den außergewöhnlichen 4,9- und 4,5-Liter-Ferraris sowie den 3,3-Liter-Lancia D24 statt.

Mantovani fiel bereits frühzeitig aus, ebenso wie alle großen Ferraris sowie drei der vier Lancias. Alberto Ascari gewann mit dem einzigen im Rennen verbliebenen Lancia D24 mit einer Geschwindigkeit von 139,62 km/h mehr als eine halbe Stunde vor Marzotto. Musso, der sich das Cockpit mit Zocca teilte, fuhr ein gutes Rennen und wurde Dritter im Gesamtklassement, nur neun Sekunden hinter Marzotto. Damit war er Zweiter in der 2-Liter-Klasse. Trotz eines Ausrutschers von der Strecke, einer demolierten Fahrzeugfront und Motorhaube erreichte Venezian mit seinem Partner Orlandi den fünften Rang im Gesamtklassement, 27 Minuten hinter Musso. In seiner Klasse belegte er den dritten Platz.

Am 16. Mai gewann Musso den Grand Prix von Neapel für Sportwagen bis 3 Liter Hubraum über 246 Kilometer, allerdings nur, weil der Ferrari Tipo 250MM von Marzotto wegen eines gebrochenen Differenzials ausgefallen war. Musso fuhr über die schwere Posillipo-Strecke eine Durchschnittsgeschwindigkeit von 102,9 km/h und erreichte in der schnellsten Runde einen Durchschnitt von 106,1 km/h. Weitere Maseratis, die von Bellucci und Scarletti gefahren wurden, kamen auf den dritten und vierten Platz. Dieselben drei Fahrer waren auch bei der Targa Florio am 30. Mai dabei, die über acht Runden von je 72 Kilometern auf der Kleinen Madonie gefahren wurde. Zunächst führte Musso vor Taruffi in einem 3,3-Liter-Lancia, musste dann aber an die Box, weil er sich nicht wohlfühlte. Das war das Resultat einer Mahlzeit, die er am Vorabend gegessen hatte. Er wurde überredet weiterzufahren, aber Taruffi war während seines langen Boxenstopps an ihm vorbeigezogen, und Musso kam 7 Minuten, 33 Sekunden hinter dem Lancia-Fahrer ins Ziel.

Ein weiterer A6GCS wurde vom Marquis de Portago bestellt, der ihn für das 24-Stunden-Rennen von Le Mans gemeldet hatte, das am 12./13. Juni stattfand. Die Rechnung war auf den 27. April 1954 ausgestellt, belief sich auf 5200 Lire und wurde der Familie des spanischen Adligen in der Avenue Foch in Paris zugestellt. Das Papier, auf dem der Betrag stand, wies aus, dass der Wagen 4500 Lire kosten sollte – das war weniger, als die Herstellungskosten betrugen. Die italienische Währung war während der Jahre mehrmals neu bewertet worden. In Le Mans fuhr Portago, der schon bald eine bekannte Größe im Rennsport werden sollte, mit dem Argentinier Tomasi. Sie fielen aber am Sonntagmorgen wegen mangelnden Öldrucks frühzeitig aus.

Am 20. Juni wurde der Grand Prix von Imola für Fahrzeuge von 1 bis 3 Liter Hubraum über eine Distanz von 256 Kilometern auf dem neuen Autodrom gefahren. Musso führte in den ersten Runden mit seinem A6GCS, aber dann gingen Maglioli und Musitelli mit ihren Ferrari *Mondial* an ihm vorbei, und er musste sich mit dem dritten Platz begnügen. Die anderen Maseratis, die von dem Newcomer Cesare Perdisa und Bellucci gefahren wurden, kamen auf die Plätze vier und fünf.

Ein wichtiges italienisches Rennen war der *Supercortemaggiore*-Grand-Prix am 27. Juni in Monza, der von der Ölgesellschaft gleichen Namens gesponsert und am 27. Juni gefahren wurde. Insgesamt fünf Fahrzeuge wurden als Werkswagen der *Officine Alfieri Maserati* gemeldet, von denen jedoch drei in Privatbesitz waren. Die beiden echten Werkswagen waren 250S-

Modelle des Typs, der die Mille Miglia gefahren war. Sie wurden von Fangio/Marimon (ein neuer Wagen mit Rechtssteuerung) und Mantovani/Musso gefahren.

Das Rennen begann um 4 Uhr nachmittags und endete bei Dunkelheit. Es wurde bei immer wieder einsetzendem Regen gefahren und war sehr schwierig. Die neuen 3-Liter-Ferraris, die Tipo 375S, waren Interimsmodelle vor dem *Monza* und wurden von Hawthorn/Maglioli und Gonzalez/Trintignant gefahren. Sie belegten die beiden ersten Plätze. Die 2,5-Liter-Maseratis hatten nicht die Geschwindigkeit der neuen Ferraris und fielen schließlich aus. Alle drei A6GCS beendeten das Rennen. Der Wagen von Perdisa und Giovanardi war auf dem siebten Platz das schnellste 2-Liter-Fahrzeug. Zwei private A6GCS nahmen am 4. Juli am 12-Stunden-Rennen von Reims teil, aber nur das Fahrzeug, das von Tomasi/Lopez gefahren wurde, kam auch ins Ziel. Es belegte den 15. Platz und wurde in der 2-Liter-Klasse von den V12-Ferraris und den drei Werks-Bristols 450 geschlagen.

Drei A6GCS waren beim 10-Stunden-Nachtrennen von Messina am 24./25. Juli gemeldet, aber keiner kam ins Ziel. Luigi Musso hatte die Genugtuung, mit 127,48 km/h die schnellste Runde gefahren zu sein, aber sein A6GCS, den er sich mit seinem jüngeren Bruder Giuseppe teilte, musste wegen eines Lecks im Treibstofftank für längere Zeit an die Box, sodass sie das Rennen erst außerhalb der vorgegebenen Zeit beenden konnten. Sieger wurden die Sgorbati-Brüder mit einem 2-Liter-Osca. Am Sonntag desselben Wochenendes wurde Perdisa beim portugiesischen Sportwagen-Grand-Prix über 319 Kilometer auf der Monsanto-Rennstrecke Fünfter, unmittelbar vor Duncan Hamilton (Jaguar C-Type). Die 3-Liter-Werks-Ferraris belegten die ersten beiden Plätze.

Musso schnitt auch weiterhin bei italienischen Rennen gut ab. Bei dem Rennen in Kalabrien über 546 Kilometer am 1. August, das eine Hubraumbegrenzung auf 2 Liter hatte, wurde er hinter Giardini (Osca) und Biondetti (Ferrari) Dritter. Eine Woche später wurden eine Reihe von Rennen in Senigallia an der Adriaküste zwischen Rimini und Ascona ausgetragen. Die Veranstaltung über 140 Kilometer für Sportwagen bis 2 Liter Hubraum war hart umkämpft. Zunächst führten Musso und Perdisa mit ihren A6GCSs. Der Schweizer Amateur Benoit Musy (A6GCS) kollidierte mit Sergio Sighinolfi (Werks-Ferrari *Mondial*), der wiederum touchierte Sgorbatis Osca, und dieser schob Musys Fahrzeug von der Strecke. Musso gewann das Rennen mit einem Durchschnitt von 155,5 km/h vor Sighinolfi und dem Amerikaner Bob Said (Ferrari). Perdisa fiel aus, und Musy belegte den fünften Platz. Am 15. August kam Musy auf den zweiten Platz in seiner Klasse beim 105-Kilometer-Rennen in Zandvoort in Holland hinter Alan Brown mit einem Cooper-Bristol.

Die britische Veranstaltung in der Sportwagen-Weltmeisterschaft, die Tourist Trophy, wurde am 11. September auf dem 11,9 Kilometer langen Straßenkurs von Dundrod bei Belfast ausgetragen. Es war ein Handicap-Rennen über eine Distanz von 1122 Kilometern. Das Ausscheidungsrennen wurde in der Hauptsache zwischen Ferrari, Lancia, Aston Martin und Jaguar ausgetragen. Die Punktevergabe erfolgte nach einer Ausscheidungsliste. Maserati hatte ein Team von drei A6GCSs gemeldet, die von Musso/Mantovani, Bellucci/Scarlatti und Perdisa/Musy gefahren wurden. Cliff Davis/Horace Gould fuhren den A6GCS von Gilby Engineering, weil Roy Salvadori ein Mitglied des Aston-Martin-Werksteams war.

Die 2-Liter-Fahrzeuge hatten ein vorgegebenes Limit von 130,17 km/h, Musso und Mantovani fuhren sehr gut und erreichten eine Durchschnittsgeschwindigkeit von 130,21 km/h. Damit erreichten sie den dritten Platz hinter dem DB von Armagnac/Loreau mit 745 ccm Hubraum und dem Ferrari *Monza* von Hawthorn/Trintignant. Die anderen drei Maseratis kamen nicht ins Ziel. Bellucci/Scarlatti fielen wegen einer defekten Wasserpumpe aus, Perdisa/Musy wurden disqualifiziert, weil sie externe Hilfe beim Wiederstart ihres Fahrzeugs an der Box in Anspruch genommen hatten, und Davis/Gould gaben wegen Antriebsproblemen auf.

Während des Jahres 1954 waren die A6GCSs mit großer Beständigkeit und gutem Erfolg gefahren. Es hatten allerdings nur wenige Ferrari *Mondial* an den Rennen in Europa teilgenommen; diese Wagen waren etwas leistungsstärker als die A6GCSs und hatten im mittleren Drehzahlbereich ein besseres Drehmoment. Die A6GCSs waren dafür auf der geraden Strecke etwas schneller. Maserati entwickelte eine neue Reihe von Sport-Rennwagen. Der Tipo 300S, ein Sechszylinder-3-Liter-Wagen, der auf dem 250S basierte, wurde der Presse im Dezember 1954 vorgestellt.

Die Grand-Prix-Rennen 1955

Maseratis Grand-Prix-Saison von 1955 war glanzlos – hauptsächlich weil man keinen entsprechenden Ersatz für Fangio und Moss verpflichten konnte und weil man keine Aussicht auf besondere Rennerfolge hatte – außer in sehr unbedeutenden Rennen –, verlor das Team sowohl seinen Schwung als auch seine Entschlossenheit. Der Motorsport-Journalist Jean Behra verließ nach drei Jahren das Team von Gordini und kam als Nummer eins zu Maserati. Obwohl er ein sehr guter, mutiger Fahrer war, hatte er nicht das Zeug zu einem Weltmeister. Luigi Musso fuhr sich für das Team die Seele aus dem Leib und war – abgesehen von Fangio und Moss – der konstanteste Fahrer des Jahres.

Teammitglieder waren auch der junge Sergio Mantovani und der Argentinier Roberto Mieres. Mantovaris vielversprechende Karriere endete abrupt in Turin am 27. März, als er mit dem Ersatzfahrzeug des Teams schwer verunglückte und ein Bein oberhalb des Knies amputiert werden musste. Er blieb dem Motorsport über viele Jahre auf der administrativen Seite verbunden. Danach wurde ein junger Italiener, Cesare Perdisa, in das Werksteam aufgenommen. Im Juni 1955 wurde das Team durch Nello Ugolini ergänzt, der einer der respektiertesten Rennmanager war; bis dahin war er der Rennmanager von Ferrari gewesen, und er hatte auch viel Erfahrung mit dem Management von Fußballclubs. Er war berühmt für seine Zeiterfassung, und Cozza bemerkte, dass er sechs oder sieben Fahrzeuge mit zwei Stoppuhren überwachen konnte.

Am 250S des Jahres 1955 gab es nur wenige Veränderungen. Man hatte ein Fünfganggetriebe eingebaut, mit einem niedrigen Gang für den Start, und diese Gangabstimmung ermöglichte jetzt einen besseren Rennbeginn. Die Werkswagen hatten eine Karosserie ohne Lüftungsschlitze – wie sie schon bei Francesco Godia-Sales im spanischen Rennen 1954 eingesetzt worden war – und ein einziges Auspuffrohr

Omer Orsi, der Geschäftsführer von Maserati ab 1954. Er war ein großer Rennenthusiast und die treibende Kraft bei den Rennerfolgen des Unternehmens.

mit großem Durchmesser, das allerdings zunächst nur bei einigen Wagen. Das Werk hatte die Arbeiten an der Treibstoffeinspritzung mit Alf Francis, dem Mechaniker von Stirling Moss, fortgesetzt, war allerdings nie zu einem Ergebnis gekommen. Es wurden nur drei neue Fahrzeuge gebaut, eines mit einer Stromlinienkarosserie über die gesamte Fahrzeugbreite. Neue Einsitzer wurden allerdings nicht an Privatfahrer verkauft.

Ein kleinerer Erfolg war zu Beginn des Jahres der Grand Prix von Neuseeland in Ardmore über 328 Kilometer, den »B. Bira« in seinem privaten 250F vor Peter Whitehead und Tony Gaze mit ihren 3-Liter-Ferraris Tipo 625 mit Monza-Motor gewann. Das war »Biras« letzter Sieg in einer langen Rennfahrerkarriere. Der Grand Prix von Argentinien war wegen seiner extrem hohen Temperaturen erwähnenswert, da nur zwei Fahrer, beide Argentinier, das Rennen beenden konnten. Fangio gewann, fast unvermeidbar, für Mercedes-Benz, und obwohl Mieres kurze Zeit in seinem Werks-250F geführt hatte, wurde er, nachdem er zehn Minuten an der Box zubringen musste, Fünfter hinter zwei Ferrari und einem weiteren Mercedes-Benz. Die anderen Werks-250F, die von den Teams Schell/Behra und Musso/Mantovani gefahren wurden, belegten die Plätze sechs und sieben. Mercedes-Benz, die den W196 mit einem 3-Liter-300SLR-Motor fuhren, dominierten auch den Buenos-Aires-City-Grand-Prix nach der freien Formel. Hier kam der beste Maserati mit Behra auf den fünften Platz.

Mercedes-Benz beteiligte sich an keinem der frühen Rennen der europäischen Saison, sodass diese unter den italienischen Teams ausgetragen wurden. Das erste Rennen war der Valentino-Grand-Prix über 378 Kilometer in Turin am 27. März. Die Maserati-Fahrer arbeiteten gut zusammen und blockierten Ascari (Lancia) in der ersten Kurve. Aber Ascari gelang der Durchbruch an die Spitze, Musso hatte einen Unfall und Behra und der Neuling Perdisa mussten wegen einer gebrochenen De-Dion-Hinterachse aufgeben. Ascari gewann mit einem Vorsprung von mehr als 20 Sekunden vor Roberto Mieres sowie Villoresi und Castellotti mit ihren Lancias auf den Plätzen drei und vier.

Wie immer gab es am Ostermontag internationale Veranstaltungen sowohl in Goodwood als auch in Pau. Moss fuhr seinen privaten Maserati mit einer SU-Treibstoffeinspritzung bei dem britischen Rennen. Er hatte Alf Francis als seinen persönlichen Mechaniker behalten, und es war jetzt an der Zeit, den 250F weiterzuentwickeln. Diese Arbeiten wurden in der Versuchswerkstatt von SU durchgeführt. Die Fortschritte des Systems waren gering, denn obwohl die Leistung insgesamt angehoben werden konnte, war die Leistungsausbeute zwischen 4500 und 6000 U/min so mager, dass die Fahrzeuge keine vernünftigen Beschleunigungswerte hatten. Moss baute die Einspritzung nach dieser Veranstaltung wieder aus. Andere Veränderungen am Wagen schlossen Dunlop-Räder aus einer

Der Arzani-Volpini auf der Basis eines Maserati Milano. Hier steht er in Mailand in der Nähe der Werkstatt, wo er gebaut wurde. Es war ein gut aussehendes und professionell gebautes Fahrzeug. Der unerfahrene Fahrer Mario Aldrighetti hatte damit in Pau einen Unfall mit tödlichen Folgen. Der Wagen wurde nicht wieder für Rennen eingesetzt, obwohl er für Luigi Piotti beim Grand Prix von Italien gemeldet worden war.

Magnesiumlegierung und Scheibenbremsen ein. Die Bremsen hatten einen Bremskraftverstärker, der links am Getriebe angebaut war und von der Hauptwelle angetrieben wurde.

In Goodwood kamen Moss und Salvadori auf den zweiten und dritten Platz bei Rennen nach der freien Formel hinter Peter Collins mit dem leichteren Mark-II-V16-BRM mit Kompressor. Moss führte in der Formel-1-Richmond-Trophy, musste aber wegen eines Schadens an der Treibstoffpumpe aufgeben. Salvadori gewann das Rennen mit dem Gilby 250F. In den Pyrenäen gewann Behra für Modena, als er die Führung übernahm, nachdem Ascari einen späten Boxenstopp wegen einer gebrochenen Bremsleitung einlegen musste. Auch Mieres fuhr ein sehr gutes Rennen und wurde Dritter hinter Castellotti (Lancia). Behras 250F hatte einen neuen Zylinderkopf mit leicht geneigten Einlasskanälen, größeren Ventilen und drei großen Weber-45DCO3-Vergasern. Diese Ausstattung sollte Standard werden.

Ein interessanter Wagen beim Rennen von Pau war der Arzani-Volpini, der von Egido Arzani und Gianpaolo Volpini gebaut worden war. Letzterer hatte einen »Plate« entwickelt, indem er einen nicht aufgeladenen *Milano* aus dem Jahr 1950 wieder aufgebaut hatte. Die Motorkapazität war auf 2490 ccm (94 × 90 mm) vergrößert worden, der Motor hatte vier einfache Weber-Vergaser und eine vermutete Leistung von 220 PS bei 6500 U/min. Das Viergangetriebe war mit dem Ausgleichsgetriebe zusammengefasst. Vorn hatte das Fahrzeug doppelte Querlenker und die Torsionsfederung, hinten eine unabhängige Aufhängung mit einer Querblattfeder und Längslenkern. Das Fahrzeug hatte zu viel Gewicht und war untermotorisiert, sah aber gut aus und war sehr präzise gebaut. Unglücklicherweise war das Fahrzeug zu leistungsstark für den unerfahrenen Mario Aldrighetti, der, als er während des Rennens von der Strecke abkam, neun Zuschauer verletzte und selbst ums Leben kam. Dieses Fahrzeug tauchte in Monza zwar im September im Training auf, wurde aber nie wieder eingesetzt.

Am Rennen in Bordeaux über 303 Kilometer am 24. April nahmen drei Werks-Maseratis und zwei Ferraris teil, aber beide Ferraris fielen aus, sodass die Werksfahrer mit den 250Fs die ers-

Als Nummer zwei im Maserati-Team fuhr Luigi Musso 1955 mit Geschick und Beherrschung – Letztere ließ er später bei Ferrari vermissen. Hier ist er beim Grand Prix von England in Aintree. Er belegte den fünften Platz hinter vier Mercedes-Benz W196. (T.C. March)

Peter Collins mit seinem 250F der Owen-Organisation beim Grand Prix von England 1955. Ein Alkohol-Treibstoffgemisch, das aus dem Einfüllstutzen gespritzt war, hatte am Hinterwagen den Lack aufgelöst. Die Veränderungen an diesem Fahrzeug schlossen die Dunlop-Leichtmetallräder und die Scheibenbremsen ein. Er belegte vor Musso den achten Platz, bevor er wegen eines Kupplungsschadens aufgeben musste. (Geoffrey Goddard)

ten drei Plätze in der Reihenfolge Behra, Musso und Mieres belegten. Moss, der Behras Werkswagen gejagt hatte, bis eine Halterung des Treibstofftanks gebrochen war, und »B. Bira« belegten mit ihren privaten 250Fs die Plätze vier und sechs. Beim International-Trophy-Rennen in Silverstone über 283 Kilometer am 7. Mai waren keine Werks-Maseratis gemeldet, aber sechs private 250Fs traten gegen die neuen Fahrzeuge von British-Connaught und Vanwall an. Die britischen Fahrzeuge fielen schon bald aus, ebenso Moss mit seinem 250F. Peter Collins gewann mit dem 250F der Owens Organisation vor Roy Salvadori (Gilby 250F), André Simon und Rosier (beide mit 250Fs, die von Rosier gemeldet worden waren).

Das am folgenden Tag ausgetragene Rennen von Neapel über 246 Kilometer war ein reiner Zweikampf zwischen Maserati und Lancia. Ascari erzielte einen Start-Ziel-Sieg, und Musso, der sich auf diesem schwierigen Kurs durch die Vorstädte wohlzufühlen schien, belegte den zweiten Platz, lag aber gut eine Minute hinter dem ehemaligen Weltmeister. Schon früh im Rennen fuhr Behra hart gegen einen Bordstein, zerstörte ein Hinterrad und die Nabe, was ihn fünf Runden kostete. Er fuhr die schnellste Runde mit 114,04 km/h und belegte am Schluss den vierten Platz hinter Villoresi (Lancia). Andere Fahrzeuge, die das Ziel erreichten, gab es nicht.

Fangio und Moss dominierten mit ihren Mercedes-Benz W196 mit stark verkürztem Radstand den Grand Prix von Monaco, der zum ersten Mal seit 1950 als Formel-1-Rennen ausgetragen wurde. In den ersten Runden beteiligte sich Behra an der Verfolgung der Führenden, bis sein Motor unrund lief. Er stoppte an der Box und tauschte den Wagen mit Perdisa. Es wurde ein Abnutzungsrennen; die beiden führenden Mercedes fielen wegen Motorproblemen aus, und Ascari übernahm mit seinem Lancia sofort die Führung, stürzte aber wegen blockierender Bremsen in das Hafenbecken von Monte Carlo. Unerwartet gewann Trintignant (Ferrari) vor Castellotti (Lancia ohne Bremswirkung). Eine zügige Fahrt brachte Perdisa auf den dritten Platz. Behra drehte sich wegen eines Kupplungsschadens und kollidierte mit Perdisas Wagen, und Mieres fiel wegen eines Hinterachsproblems aus.

Es folgten eine Reihe von Ereignissen, die den Rennsport für immer verändern sollten. Am

26. Mai, nur vier Tage nach dem Unglück von Monaco, wurde Ascari bei einem Trainingsunfall mit einem Ferrari *Monza* für den *Supercortemaggiore*-Sportwagen-Grand-Prix in Monza getötet. Lancia befand sich in erheblichen finanziellen Schwierigkeiten, sodass man sich nach dem Grand Prix von Belgien, für den man nur einen einzigen D50 für Castellotti gemeldet hatte, aus dem Rennsport zurückzog. Viereinhalb Stunden nach dem Start des Rennens in Le Mans am 11. Juni kollidierte »Leveghs« Mercedes-Benz 300SLR mit Macklins Austin-Healey, prallte in das Brückengeländer eines Tunnels, der unter der Strecke verlief, explodierte in der Zuschauermenge und tötete den Fahrer und 82 Besucher.

Der Motorrennsport wurde in Frankreich für einige Zeit verboten, in der Schweiz auf Dauer. Ein kurzzeitiger Effekt war die Absetzung der Grand Prix in Frankreich, Deutschland und Spanien. Am 26. Juli wurde die gesamte Grand-Prix-Équipe von Lancia an Ferrari übertragen, die jetzt Unterstützung von Fiat erhielten. Die Position von Maserati war die, dass sie zwar gern das Geld gehabt hätten, aber die Fahrzeuge nicht mochten, da sie davon überzeugt waren, dass der 250F ebenso viel Potenzial hatte wie der V8 D50 von Jano.

Während dieses Durcheinanders waren die Maserati-Werkswagen und die Privatfahrer weiter Rennen gefahren, soweit es die Umstände erlaubten. Bei dem schlecht besetzten Grand Prix von Albi am 29. Mai belegten die privaten 250Fs von Simon, Rosier und Gould (Letzterer fuhr den 2504, den er sich von Bira geliehen hatte) die ersten drei Plätze. Beim Rennen in Belgien waren vier Werkswagen am Start, aber Modena lieferte eine weitere klägliche Vorstellung ab. Behra verunglückte unmittelbar vor der *La-Source*-Haarnadelkurve schwer, lief an die Box zurück, übernahm den Wagen von Mieres und fuhr unkonzentriert weiter, um als Fünfter ins Ziel zu kommen. Musso und Perdisa belegten den siebten und achten Platz.

Trotz der Tragödie in Le Mans wurde der Grand Prix der Niederlande in Zandvoort am 19. Juni veranstaltet, und Musso fuhr ein außergewöhnlich gutes Rennen, das er mit dem dritten Platz beendete, in der gleichen Runde wie Fangio und Moss mit ihren Mercedes-Benz W196; Mieres kam auf den vierten Platz. In Le Mans war Behra in der Boxengasse von einem

In seinen Jahren mit dem HWM-Team wurde die Leistung von Lance Macklin fast so hoch eingeschätzt wie die von Stirling Moss, aber er konnte die Erwartungen nicht erfüllen. Beim Rennen in England fuhr Macklin den Maserati von Moss. Nachdem er sich gedreht und seinen Motor abgewürgt hatte, war er illegal angeschoben worden. Er lag auf dem achten Platz, als er wegen eines Kupplungsschadens ausfiel. Zu diesem Zeitpunkt war der 250F von Moss in einem ziemlich seltsamen Grau lackiert, mit den Streifen des Union Jack um den Lufteinlass. (T.C. March)

französischen DB überfahren und schwer verletzt worden. Er wurde zwar in Zandvoort Sechster, war aber noch nicht wieder ganz hergestellt. Der Grand Prix von England wurde am 16. Juli in Aintree gefahren, und Maserati hatte vier Wagen für Behra, Musso, Mieres und André Simon gemeldet. Das Mercedes-Benz-Team beherrschte das Rennen und belegte die ersten vier Plätze, aber Musso fuhr wieder ein gutes Rennen und wurde Fünfter, allerdings mit einem Abstand von fast zwei Minuten auf Taruffi auf dem vierten Platz. Die anderen drei Werks-250Fs fielen alle aus.

Zwei Monate vergingen bis zum nächsten Weltmeisterschafts-Grand-Prix, dem italienischen Rennen am 11. September, und damit das letzte der Saison 1955. Die Werks-250Fs waren seit Monza nicht wieder am Start gewesen, und das Rennen wurde auf einer Strecke gefahren, die einen neu aufgebauten Kurs mit dem bestehenden Straßenkurs verband. Maserati folgte dem Beispiel von Mercedes-Benz und Connaught indem man ebenfalls einen Stromlinienwagen einsetzte. Das war die Fahrgestellnummer 2518 mit einer voll verkleideten Nase und einem eber solchen Hinterwagen und Stegen zwischen den Vorder- und Hinterrädern. Er wurde von Jean Behra gefahren. Die anderen Teamfahrzeuge wurden von Mieres, Musso, Peter Collins und Carlos Menditeguy gesteuert. Der britische Privatfahrer Horace Gould plante, den 2314 zu kaufen, und er wurde auch vom Werk für dieses Rennen gemeldet. Sowohl Peter Collins als auch der Argentinier Menditeguy fuhren probeweise für das Werksteam, mit der Aussicht, für 1956 einen Vertrag zu bekommen.

An den Werks-Maseratis wurden nur kleinere Veränderungen vorgenommen. Alle, mit Ausnahme von Menditeguys Fahrzeug, hatten jetzt Fallstromvergaser. Größere Treibstoffpumpen wurden von der Antriebswelle mit einem Riemen angetrieben. Die beiden Abgaskrümmer

Der 250F mit Stromlinienkarosserie, hier noch unlackiert, vor dem Grand Prix von Italien in Monza 1955.

mündeten in einem einzigen großen Abgasrohr (wie man es bereits früher im Jahr schon gesehen hatte), und es gab etwas größere Vorderradbremsen. Die Fahrzeuge hatten jetzt auch alle ein Fünfganggetriebe. Ferrari plante, die D50 zum ersten Mal einzusetzen, sie mussten aber wegen Reifenproblemen zurückgezogen werden. Schon früh im Rennen belegten die Mercedes-Benz die ersten vier Plätze, aber sowohl Moss als auch Kling zogen ihre Fahrzeuge zurück; Fangio und Taruffi gewannen vor Castellotti, der ein starkes und hartes Rennen mit seinem *Super-Squalo*-Ferrari gefahren war.

Musso war wieder der Star der Maserati-Mannschaft, da er sich nach einem schlechten Start auf den sechsten Platz vor Behra vorkämpfen konnte. Der stromlinienverkleidete 250F erwies sich als enttäuschend langsam, und Behra musste mit ihm kämpfen. Musso hatte Getriebeprobleme, fiel zurück und musste widerwillig aufgeben. Behras Motor begann, rau zu laufen; in der letzten Runde hörte er sich schrecklich an, aber er wurde Vierter mit seinem Wagen, der in eine blaue Wolke gehüllt war. Menditeguy kam auf den fünften Platz, Mieres wurde Sechster, und Collins fiel aus.

Die Werks-250Fs fuhren 1955 noch in zwei weiteren Rennen. Das Gold-Cup-Rennen in Oulton Park in Cheshire am 24. September ging über 259 Kilometer und war gut besetzt, einschließlich zweier Werks-250Fs, zweier von Ferrari gemeldeter Lancia D50, zweier Werks-Vanwalls sowie zweier Werks-Connaughts, zusammen mit Peter Collins am Steuer des neuen BRM-Formel-1-Wagens. Stirling Moss stand in Verhandlungen mit den Orsis über eine Rückkehr als Spitzenfahrer zu Maserati im Jahre 1956. So hatte man auch einen Wagen für ihn gemeldet sowie einen weiteren für Musso. Stirling übernahm die Führung in der ersten Runde und fuhr bald dem Feld davon, um mit mehr als einer Minute Vorsprung vor Hawthorn (Lancia D50) und Titterington (Vanwall) zu gewinnen. Musso fiel kurz vor Ende des Rennens wegen Getriebeproblemen aus, wurde aber immer noch Achter.

Am 23. Oktober wurde der Grand Prix von Syracus über 391 Kilometer auf einem Straßenkurs auf Sizilien gefahren, dessen Strecke zum großen Teil durch niedrige Steinmauern begrenzt war. Maserati meldete fünf Fahrzeuge mit den Fahrern Musso, Villoresi, Carroll Shelby,

Luigi Piotti und mit einem Stromlinienwagen für Harry Schell. Auffällig war die Abwesenheit von Jean Behra, der bei der Tourist Trophy im vorangegangenen Monat einen schweren Unfall gehabt hatte. Seine Anwesenheit im Team hätte zu einem völlig anderen Ergebnis führen können. Das Rennen wurde erst veranstaltet, nachdem Maserati seine Meldung abgegeben hatte. Es war ein ziemlich starkes Starterfeld, weil die Startgelder sehr hoch waren. Connaught hatte Fahrzeuge für Tony Brooks und Les Leston gemeldet, außerdem gab es vier private 250Fs.

Musso und Villoresi waren im Training die Schnellsten, aber neben ihnen stand in der ersten Startreihe der junge und unerfahrene Student der Zahnmedizin Tony Brooks mit dem jüngsten Connaught ohne Stromlinienkarosserie. Nach langsamem Start bedrängte Brooks Musso, um an die Spitze zu kommen; sie wechselten sich immer wieder in der Führung ab, bis Brooks schließlich einen großen Vorsprung von 50 Sekunden herausfuhr. Brooks' Fahrstil war außergewöhnlich, Maseratis Gegenwehr beschämend; ein entscheidender Faktor waren die Dunlop-Scheibenbremsen des britischen Fahrzeugs, die den Trommelbremsen der Maseratis weit überlegen waren. Es waren die nachlassenden Bremsen, die Musso zur Aufgabe des Zweikampfs zwangen. Villoresi, Gould (privater 250F), Schell und Shelby auf den Plätzen drei bis sechs komplettierten die Liste derjenigen, die ins Ziel kamen.

1955 waren die 250Fs keine Konkurrenz, nicht einmal für die schwachen Ferraris. Und während die Mercedes-Benz W196 und die Lancia D50 zweifellos die schnelleren Wagen waren, war es die Abwesenheit eines Fangio und Moss im Maserati-Team, die den wirklichen Unterschied ausmachte.

Sportwagen-entwicklungen 1955

Der 300S, der erstmals im Dezember auftauchte, war eine brillante Weiterentwicklung des 250F durch Giulio Alfieri. In der Maserati-Literatur wird er als 300/S bezeichnet, aber meistens wird der Schrägstrich weggelassen. Das war bei anderen Sportwagen der damaligen Zeit ähnlich. Die Entwicklung des 300S war fortschrittlich und begann 1954 mit einer Version des A6GCS mit einem Motor des 250F. Alfieri entwickelte zunächst einen 2,8-Liter-Motor mit Zylinderdimensionen von 89 × 75 Millimetern, der sich aber als unbefriedigend herausstellte, sodass man eine überarbeitete 2,8-Liter-Version mit den Maßen 92 × 75 Millimeter konstruierte. Die Leistung lag beim Betrieb mit Alkohol bei 280 PS, und bei Testfahrten in Monza fuhr Villoresi mit diesem Motor, der in ein A6GCS-Chassis eingebaut war, eine Runde in 1 Minute, 59 Sekunden. Im Vergleich dazu die schnellste Runde von Gonzalez mit einem 3-Liter-Ferrari *Monza* beim *Supercortemaggiore*-Grand-Prix 1954: 2 Minuten, 8,5 Sekunden.

Danach baute Maserati 1954 einen 3-Liter-Motor mit einer Zylinderdimension von 92 × 72 Millimetern, aber die Leistung lag nur noch bei 225 PS bei 6000 U/min. Es ist offenkundig, dass Alfieri und seine Kollegen sich auf dem richtigen Weg befanden, aber der nächste und endgültige Motor hatte einen Hubraum von 2992,5 ccm (84 × 90 mm) und wurde für die Fertigung des 300S vorgesehen. Abgesehen vom Anlasser, dem niedrigeren Verdichtungsverhältnis, dem Zylinderkopf und dem Hubraum war diese Maschine ein reiner 250F. Der Antrieb und das Chassis waren dem des 250F ähnlich, mit Ausnahme von Auslegerohren, die den Rahmen für die Aufnahme einer Karosserie verbreiterten, die über die gesamte Fahrzeugbreite ging.

Man hatte eine Rechtslenkung eingebaut, und Fantuzzi entwickelte eine hübsche und windschlüpfrige Karosserie. Wie es oft der Fall war, schienen keine zwei Karosserien identisch zu sein, und es gab eine unterschiedliche Anordnung der seitlichen Luftschlitze bei den verschiedenen Karosserien. Die Kühllufteinlässe für die Bremsen befanden sich entweder auf den Seiten oder im Haupteinlass; eine stromlinienförmige Kopfstütze wurde, bevor die Fahrzeuge erstmals bei Rennen eingesetzt wurden, eben-

Ein ungewöhnlicher Anblick von Musso und seinem 250F auf der Strecke des Grand Prix von Italien in Monza 1955. Der aus Straßenkurs und Steilkurven kombinierte Kurs wurde zunächst benutzt, bis die komplette neue Strecke fertig war und man dort keine Chassis-Probleme mehr hatte. Er hatte sich arg verschlechtert, als 1956 das Rennen stattfand.

Mussos 250F wird beim Grand Prix von Italien 1955 in Monza von der Box geschoben, nachdem er wegen Getriebeproblemen das Rennen beenden musste. Er hatte einen großartigen vierten Platz gehalten, dann aber seinen Wagen zu sehr strapaziert.

falls montiert. Der 300S war ein gutes Wettbewerbsfahrzeug mit einem sicheren, vorhersehbaren und fortschrittlichen Handling, ausgezeichneter Traktion und einer Leistung, die der des Ferrari *Monza* gleichkam, aber ohne die Handlingsschwächen des Fahrzeugs aus Maranello – anders als beim *Monza* konnte man seine Freundin damit zum Friseur fahren lassen!

Der A6GCS wurde auch 1955 noch für Rennen eingesetzt, und beim 1000-Kilometer-Rennen in Buenos Aires am 23. Januar wurde ein privat gemeldetes Fahrzeug, das von Grandio/Faraoni gefahren wurde, Dritter im Gesamtklassement hinter den 4,9- und 4,5-Liter-Ferraris. Der 300S gab sein Rennddebüt am 13. März auf beiden Seiten des Atlantiks. Beim Dakar-Grand-Prix im Senegal über 367 Kilometer führte Behra mit dem Werks-300S, bis Antriebsprobleme ihn zur Aufgabe zwangen. Zwei Fahrzeuge waren in die USA verschifft worden, und sie fuhren am selben Tag beim 12-Stunden-Rennen von Sebring. Beide Fahrzeuge fuhren sehr zuverlässig.

Gefahren von Spear/Johnston (gemeldet von Bill Spear) und Valenzano/Perdisa (gemeldet von Briggs Cunningham mit Fahrern, die vom Werk nominiert worden waren), kamen sie ohne Probleme auf den dritten und vierten Platz hinter dem Jaguar D-Type von Hawthorn/Walters und dem Ferrari *Monza* von Phil Hill/Shelby. Es war ein besonders gutes Rennen für Cunningham, weil er auch derjenige war, der das Siegerfahrzeug, den im Werk präparierten Jaguar D-Type, gemeldet hatte, und es war sein 1,5-Liter-Osca, der 1954 das Rennen gewonnen hatte. Ein weiterer 300S wurde in diesem Jahr an Briggs Cunningham ausgeliefert, und auch Tony Parravao bekam einen.

Bei der Tour von Sizilien am 3. April hatte Maserati einen einzelnen 300S für Musso gemeldet, und auch der Privatfahrer Vittorio Marzotto, der von Ferrari gekommen war, fuhr einen 300S. Keiner konnte mit den Ferraris, die von Taruffi und Maglioli gefahren wurden, mithalten, und so belegten sie den dritten und den vierten Platz. Die Mille Miglia am 30. April/1. Mai wurde von den Mercedes-Benz 300SLR von Moss/Jenkinson und Fangio dominiert, die die beiden ersten Plätze belegten, vor einem Ferrari, der von Maglioli gefahren wurde. Maserati hatte einen einzigen 300S für Perdisa gemeldet, und obwohl er in Bologna auf dem zweiten Platz lag, als er schon den größten Teil der Strecke hinter sich hatte, war er nicht viel später gezwungen, wegen eines Getriebeschadens aufzugeben. Fahrer von Maserati A6GCS belegten die ersten drei Plätze in der 2-Liter-Sportwagenklasse – in der Reihenfolge Giardini (ein ausgezeichneter vierter Platz im Gesamtklassement), Bellucci (Neunter in der Gesamtwertung) und Sbraci.

Am selben Wochenende, an dem die Mille Miglia stattfand, hatte der Schweizer Privatfahrer Benoit Musy mit seinem A6GCS die 2-Liter-Klasse der Serien-Sportwagen beim Rennen in Spa-Francorchamps gewonnen. Der Grand Prix von Bari über 277 Kilometer wurde 14 Tage später als Nachtrennen ausgetragen, und nachdem Taruffi (Ferrari) ausgefallen war, gewannen Behra und Musso mit ihren 300S vor Masten Gregory (Ferrari *Monza*). Perdisa, Scarlatti und Valenzano beendeten mit ihren A6GCS das Rennen auf dem ersten, dritten und vierten Platz in der 2-Liter-Klasse. Am 22. Mai gewann der sizilianische Privatfahrer Gaetano Starrabbia mit seinem A6GCS die Sardinien-Trophy über eine Distanz von 401 Kilometern auf der normalen Straße vor Bornigia (Ferrari *Monza*) und Danny Margulies (Jaguar C-Type) zusammen mit dessen »Mechaniker« Graham Hill, dem kommenden Doppelweltmeister.

Zu einem weiteren schönen Erfolg wurde der *Supercortemaggiore*-Grand-Prix, der auf einen Hubraum bis zu 3 Litern limitiert war und in Monza am 29. Mai ausgetragen wurde. Nach einem Duell über die gesamte Länge des Rennens gewannen Behra/Musso mit ihrem 300S vor Hawthorn/Maglioli (Werks-Ferrari *Monza*) mit nur 17 Sekunden Vorsprung. Mieres/Perdisa (Werks-300S) belegten den dritten Platz, aber Franco Bordoni hatte mit seinem neuen 300S, den er sich mit Valenzano teilte, einen Unfall, nachdem eine Bremse blockierte. Wenn es auch sonst keine weitere Bedeutung hatte, war dieses Rennen in Italien doch wichtig und prestigeträchtig.

Zwei 300S wurden für das chaotische Rennen von Le Mans für Behra/Musso und Mieres/Perdisa gemeldet. Während des Trainings war Jean Behra gerade mit sich – und dem Maserati – in der Box beschäftigt, als Moss' Mercedes-Benz 300SLR und Storez' DB (Deutsch-Bonnet) kollidierten und er gegen die Boxenwand geschleudert wurde. Er wurde so stark verletzt, dass er ins Hospital gebracht werden musste und Valenzano seinen Platz im Rennen einnahm. Beide 300S fielen wegen Antriebsschäden aus (das war die Achillesferse dieses Modells), aber Musso/Valenzano waren auf den zweiten Platz vorgefahren, bevor sie in der 20. Stunde ausfielen.

Am 20. Juni kämpften private A6GCS um den Grand Prix von Imola in der 2-Liter-Sportwagen-Klasse über 256 Kilometer. Luigi Bellucci ging sofort mit seinem A6GCS in Führung, bekam aber Motorprobleme, sodass Perdisa mit einem anderen Werkswagen an die Spitze fuhr und vor zwei Ferrari *Mondial* gewann, die von Maglioli und Schell gefahren wurden. Ein einzelner 300S wurde für Behra zum Grand Prix von Portugal am 26. Juni gemeldet. In der zweiten Runde übernahm der Franzose die Führung vor Duncan Hamilton (Ex-Werks-Jaguar D-Type) und gewann das Rennen über 407 Kilometer komfortabel vor Masten Gregory (Ferrari *Monza*) und Hamilton. Musso fuhr einen A6GCS, fiel aber wegen Schmierungsproblemen aus.

Das Dolomiten-Gold-Cup-Rennen, das eine Hubraumbegrenzung auf 2 Liter für Sportwagen und ein 3-Liter-Limit für GT-Wagen hatte, wurde am 10. Juli in Belluna gefahren. Der einzige ernsthafte Maserati-Teilnehmer war ein A6GCS, der von Piero Valenzano gefahren wurde. Bedauerlicherweise hatte der ehemalige Lancia-GT- und Sportwagenfahrer jedoch einen Unfall mit tödlichem Ausgang. Ein gutes Ergebnis für Maserati wurde am 17. Juli auf der Rennstrecke von Reggio Calabria über eine Distanz von 172 Kilometern erzielt. Mit den vom Werk gemeldeten A6GCS belegten Bellucci, Musso und Giardini die Plätze eins, zwei und fünf.

Nachtrennen haben ihren eigenen Reiz, und eines der interessantesten war das 10-Stunden-Rennen von Messina, das auf Sizilien gefahren wurde. Im Rennen des Jahres 1955, das am 23./24. Juli ausgetragen wurde, dominierten die Ferraris, die die beiden ersten Plätze belegten. Aber zum ersten Mal tauchte der Name von Marie-Thérèse de Filippis in der Ergebnisliste eines internationalen Rennens auf, die mit ihrem Partner Musitelli ihren A6GCS auf den dritten Platz brachte. Mieres kam mit seinem Kopiloten Franco Bordoni auf den vierten Platz, und Musso gab mit dem Wagen, den er sich mit Perdisa teilte, auf.

Am selben Wochenende wurde der Grand Prix von Lissabon auf dem Monsanto-Kurs über 300 Kilometer gefahren. Kurz nach dem Start – offensichtlich, als er noch im ersten Gang war – blockierte der Antrieb des neuen 300S des Schweizer Fahrers Benoit Musy, und sein Wagen wurde von Masten Gregory gerammt. Gregory fuhr mit seinem beschädigten Ferrari Monza weiter und gewann vor dem Veteranen Emmanuel de Graffenried, der hinter dem Lenkrad eines geliehenen 300S saß. Behra fuhr den einzigen vom Werk gemeldeten Maserati beim Grand Prix von Schweden in Kristianstad am 7. August über 209 Kilometer. Fangio und Moss lagen mit ihren Mercedes-Benz 300SLR auf den ersten bei-

Auf dem überhöhten Kurs von Monza führt Jean Behra mit dem Stromlinien-250F vor Harry Schell (Vanwall), Horace Gould (Werks-250F) und Jean Lucas (Gordini).

Ein weiterer Blick auf Behras Stromlinienfahrzeug in der Steilkurve von Monza beim Grand Prix von Italien 1955. Er folgt zwei anderen 250Fs. Er wurde Vierter, nachdem sein Motor in der letzten Runde ausfiel und er in einer blauen Wolke über die Ziellinie kroch.

den Plätzen; Castellotti fuhr ein gutes Rennen und kam mit dem 4,4-Liter-Sechszylinder-Ferrari auf Platz drei, und Behra belegte einen sicheren, aber unspektakulären vierten Platz.

Maserati schickte drei Fahrzeuge zur Tourist Trophy, einem Rennen, das für die Sportwagen-Weltmeisterschaft gewertet und auf dem Dundrod-Kurs nahe Belfast am 17. September ausgetragen wurde. Zum ersten Mal wurde das Rennen als Ausscheidungsrennen gefahren. Die Anstrengungen, die Teams wie Maserati oder Aston Martin unternahmen, standen absolut im Schatten der harten Auseinandersetzungen zwischen den Werks-D-Type von Jaguar mit Hawthorn und Desmond Titterington und dem Mercedes-Benz-Team, das mit den 300SLRs die ersten drei Plätze belegte, und des schrecklichen und unnötigen tödlichen Unfalls, der das Leben zweier Fahrer zu Beginn des Rennens kostete. In einer späteren Phase des Rennens gab es einen weiteren tödlichen Unfall, als Dick Mainwaring seinen Elva crashte. Das Team aus Modena hatte die 300S für seine Fahrer Behra/Bordoni und Musso/Musy gemeldet, gemeinsam mit einem A6GCS für Bellucci, für den man allerdings keinen Beifahrer hatte.

Das war aber nicht weiter wichtig, denn Maserati folgte der in Italien üblichen Praxis, dass jeder nominierte Fahrer gleichzeitig auch Reservefahrer für jedes andere Fahrzeug war. Das führte zu endlosen Verwirrungen bei den Journalisten, die aus der Salon-Bar an der Strecke berichteten. Belucci stellte den A6GCS bereits frühzeitig wegen Motorproblemen ab. In der 64. Runde hatte Behra, der zu diesem Zeitpunkt auf dem vierten Platz lag, einen schweren Unfall an der Leathemstown Bridge. Er hatte schwere Verletzungen am Arm, und sein Kopf war unter dem Wagen eingekeilt. Durch den beschädigten Helm war ein großer Teil eines Ohrs zerstört. Danach trug er ein falsches Ohr, was man aber kaum erkennen konnte.

Der »überlebende« 300S, der von Musso, Bordini und Behra gefahren wurde, belegte mit zwei Runden Rückstand auf den Werks-Aston-Martin DB3S von Peter Walker/Dennis Poore den fünften Platz. Es gab nur selten eine Gelegenheit, einen 3-Liter-Maserati gegen einen Aston Martin kämpfen zu sehen, aber in Dundrod waren die britischen Wagen schneller. Die beste Rundenzeit des Maserati betrug 4 Minuten, 50 Sekunden, und die Geschwindigkeit für einen fliegenden Kilometer lag bei 225,56 km/h. Beides wurde vom David-Brown-Team auf 4 Minuten, 45 Sekunden bzw. 228,8 km/h verbessert.

Am 16. Oktober fuhren Luigi Musso und Luigi Villoresi bei der Targa Florio gemeinsam einen Werks-300S. Villoresi war nach dem Tod seines guten Freundes Ascari zum ersten Mal wieder bei einem Rennen dabei. Das Mercedes-Benz-Team dominierte das Rennen. Obwohl der 300S zeitweise auf dem fünften Platz lag, fiel er nach der halben Distanz wegen Problemen mit der Hinterachse aus. Die gemeldeten A6GCS verhielten sich besser, und die von Giuseppe Musso (dem jüngeren Bruder von Luigi)/Giuseppe Rossi und Francesco/Giardini gefahrenen Wagen wurden Vierter und Sechster im Gesamtklassement und siegten in der 2-Liter-Klasse. Marie-Thérèse de Filippis teilte sich einen A6GCS mit Luigi Bellucci. Sie wurden insgesamt Neunte und Vierte in ihrer Klasse.

Ein Team wurde mit dem 300S nach Venezuela geschickt, um dort beim ersten Grand Prix über 343 Kilometer am 6. November in Caracas anzutreten. Es war ein verwirrendes Rennen in einem verwirrenden Land, das von einer Militärjunta regiert wurde. Zunächst wurde bekannt gegeben, dass Fangio mit einem Maserati gewonnen hätte, aber die Organisatoren veröffentlichten keine weiteren Ergebnisse. Musso hatte ihn mit einem anderen 300S sehr hart gejagt, aber der junge Italiener fiel wegen mechanischer Probleme drei Runden vor dem Ende aus. Die Reporter der venezolanischen Zeitungen überredeten ihre Herausgeber, alle Rennberichte zurückzuhalten. Es hätte Probleme mit der Regierung gegeben, wenn man kritische Berichte über die Organisation veröffentlicht hätte, sodass sie keine andere Wahl hatten. Später meldete man, dass die Ferraris die nächsten vier Plätze belegt hatten und Villoresi und Mieres sich den sechsten Platz teilten.

Die Tipo 150S und 200S

Am 28. August erschien ein weiterer neuer Maserati-Sportwagen auf dem Nürburgring. Das war der Tipo 150S, eine Entwicklung, für die Vittorio Bellentani weitestgehend verantwortlich war. Das Fahrzeug wurde von einem Vierzylindermotor mit einem Hubraum von 1484,1 ccm (81 × 72 mm) angetrieben, der vom 250F-Motor abstammte und dem man nachsagte, dass er eine Leistung von 140 PS bei 8000 U/min hatte. Das Vierganggetriebe hatte eine Porsche-Synchronisation in allen Gängen. Einige spätere Fahrzeuge hatten sogar ein Fünfganggetriebe. Das Chassis entsprach der gängigen Maserati-Konstruktion, aber hinten war eine De-Dion-Achse, bei der das Achsrohr an einem zentralen Gleitstein unterhalb des Rohrniveaus gelagert wurde. Diese Anordnung stimmte mit der von Lancia überein, die man für das Grand-Prix-Fahrzeug D50 entwickelt hatte. Die Karosserie sah aus wie eine Verkleinerung des 300S und war ein Werk von Celestino Fiandri.

Das Modell war seit 1954 entwickelt worden. Ursprünglich experimentierte Maserati mit einem 4CLT/48-Motor, von dem man den Kompressor entfernt und den man in ein Chassis mit einer Starrachse eingebaut hatte. Konsequenterweise wurde der neue Motor mit dem gleichen Chassis getestet. Im Oktober 1954 wurde einer der Motoren in das Schnellboot *Maria Luisa IV* eingebaut, mit dem Liborio Guidotti Rennen fuhr. In dieser Version hatte der Motor eine Kompression von 11,5:1, für die Fahrzeuge wurde eine wesentlich niedrigere von 9:1 gewählt.

Obwohl man annimmt, dass die endgültige Chassis-Version mit der De-Dion-Hinterachse und dem etwas verlängerten Radstand bereits im April 1955 fertig war, hatten die Zulassungsbestimmungen zur Formel 1 und die 300S dazu geführt, den ersten Auftritt bis zum Einsatz bei einem Rennen über 500 Kilometer für Sportwagen bis zu 1,5 Litern auf dem Nürburgring am 28. August aufzuschieben. Zwischen 1955 und 1957 baute Maserati 24 Exemplare dieses Modells mit den Fahrgestellnummern 1651 bis 1675. Die letzten drei Fahrzeuge hatten eine strömungsgünstige Karosserie, die von Fantuzzi entwickelt worden war. Ein Fahrzeug, das 1957 hergestellt worden war, hatte eine Coupé-Karosserie von Fantuzzi, und es schien, dass Maserati Überlegungen anstellte, ein solches Fahrzeug für den normalen Gebrauch auf der Straße in Serie gehen zu lassen. Aber aus nicht bekannten Gründen kamen sie damit nicht voran.

Dieser 300S-Werks-Sportwagen wurde in Le Mans 1955 von Musso und Valenzano gefahren. Er lag auf dem zweiten Platz hinter dem siegenden Jaguar D-Type von Hawthorn/Bueb, fiel aber dann wegen Antriebsproblemen vier Stunden vor Ende des Rennens aus. (T.C. March)

Jean Behra mit dem neuen Tipo 150S gewann das 500-Kilometer-Rennen auf dem Nürburgring am 28. August gegen eine starke Konkurrenz von Porsche. Trotz der großen Hoffnungen, die man sich nach dem Rennen machte, war der Tipo 150S zu schwer und hatte in späteren Rennen wenig Erfolg.

Der vom Werk für Bellucci gemeldete A6GCS bei der Tourist Trophy auf der Dundrod-Rennstrecke 1955. Merkwürdigerweise war kein zweiter Fahrer benannt. Der Wagen fiel wegen Motorproblemen aus. (Sammlung Guy Griffiths).

Auf dem Nürburgring hatte Jean Behra die Wahl zwischen dem Fahrzeug mit der De-Dion-Hinterachse oder einem mit einer Starrachse. Er wählte das Fahrzeug mit der De-Dion-Achse, war Schnellster im Training und übernahm nach einem langsamen Start gegen Ende der ersten Runde die Führung. In einem stark besetzten Feld, das auch die beiden Werks-Porsche 550 *Spyder* einschloss und die sehr leistungsfähigen ostdeutschen EMWs, gewann er mit etwas weniger als zwei Minuten Vorsprung vor Frankenbergs Porsche mit einer Durchschnittsgeschwindigkeit von 124,15 km/h und stellte damit einen neuen Klassenrekord auf. Es gab ernsthafte Erwartungen, dass der Tipo 150S die Sportwagenklasse bis 1,5 Liter dominieren könnte. Aber das war nicht der Fall, und Behras Sieg auf dem Nürburgring war ein einmaliger Erfolg, den dieses Modell erreichte.

Für die Targa Florio im Oktober hatte Maserati das Modell 200S entwickelt (auch als Tipo 52 bekannt). Diese Fahrzeuge wurden von einem Motor mit 1994,3 ccm Hubraum (92 × 75 mm) angetrieben, der 186 PS bei 7500 U/min leistete. Die frühen Fahrzeuge hatten ein Vierganggetriebe, die späteren eines mit fünf Gängen. In manchen Fahrzeugen war eine Starrachse eingebaut, aber in den meisten späteren eine De-Dion-Achse. Die ersten fünf Fahrzeuge hatten Karosserien von Fiandri, danach wurde ein schlankeres Design von Fantuzzi bevorzugt. Zwei dieser Fahrzeuge nahmen an einem Rennen auf Sizilien teil: Das eine war eine Werksmeldung für Bracco/Bordoni, das andere Fahrzeug wurde von dem amerikanischen Enthusiasten Tony Parravano für die Fahrer Mancini/Musy gemeldet. Bracco hatte sowohl im Training als auch im Rennen einen Unfall mit seinem Werkswagen, das andere Fahrzeug hatte einen Bruch in der Ölleitung, verlor sehr viel Öl und erlitt dadurch einen Lagerschaden.

In den Jahren 1954/55 war Maserati zu einer außergewöhnlich geschäftigen, teilweise sogar hektischen Rennorganisation geworden. Man hatte zwar 1955 nicht viel Einfluss auf die Grand-Prix-Rennen, aber die Sportwagen, besonders der 300S, hatten einen beneidenswerten Wettbewerbsrekord erreicht, besonders bei italienischen Veranstaltungen. Obwohl die Managementstruktur 1956 etwas verstärkt wurde, wurde die Arbeitsbelastung immer problematischer, bis am Ende der Saison 1957 die Blase endgültig platzte.

12
Maserati auf dem Zenit: 1956/57

Stirling Moss kam zu Maserati zurück. Er hatte sich schnell dazu entschlossen, nachdem Mercedes-Benz sich am Ende der Saison 1955 aus dem Rennsport zurückgezogen hatte. Jean Behra und Cesare Perdisa blieben im Team, während Luigi Musso zu Ferrari wechselte. Roberto Mieres, ein sehr zuverlässiger und unerschütterlicher argentinischer Fahrer, verließ Maserati ebenfalls, offensichtlich aus finanziellen Erwägungen, aber es muss auch noch tiefer liegende Beweggründe gegeben haben.

Am 250F wurden zum Beginn der Saison nur geringfügige Veränderungen vorgenommen, aber man führte während der Saison eine Reihe von Experimenten durch, und zum letzten Meisterschaftsrennen produzierte Alfieri zwei neue Fahrzeuge, die in Wirklichkeit die Prototypen für den T2 oder »Leichtbau«-Wagen des Jahres 1957 waren. Das Fünfganggetriebe war jetzt Standard, ebenso wie die größeren Bremstrommeln mit einer größeren und tieferen Versteifung sowie das einzelne Abgasrohr mit großem Durchmesser. Während der ersten Jahreshälfte wurden drei Fahrzeuge für das Werksteam fertiggestellt, und weitere Wagen wurden an Privatfahrer abgegeben.

Das Grand-Prix-Jahr

Maserati erzielte seinen ersten Sieg im Jahr, als Stirling Moss in seinem eigenen 250F beim Grand Prix von Neuseeland über 328 Kilometer in Ardmore siegte. Moss hatte eine sichere Führung herausgefahren, sodass er, als der Treibstoffvorrat zu Ende ging, genügend Zeit für einen Boxenstopp von etwas mehr als 30 Sekunden hatte, um den Tank wieder aufzufüllen und dann immer noch 23 Sekunden vor Tony Gaze (3-Liter-Ferrari Tipo 625) ins Ziel zu kommen. Moss flog anschließend nach Argentinien, um sich dem Werksteam anzuschließen.

Zum Grand Prix von Argentinien waren sechs Werks-Maseratis gemeldet. Von der Fahrerliste gestrichen wurde Perdisa, hinzugefügt wurden Carlos Menditeguy, Luigi Piotti, Francesco Landi und der einst großartige Froilan Gonzalez. Es gab insgesamt nur elf Teilnehmer am Rennen. Moss arbeitete sich schnell an die Spitze, war aber gezwungen, wegen eines Kolbenschadens aufzugeben. Fangio gewann mit einem Fahrzeug, das jetzt allgemein als Lancia-Ferrari bezeichnet wurde, gefolgt von Behra und Mike Hawthorn (er fuhr den von der Owen-Organisation gemeldeten 250F). Fangio gewann auch den Buenos-Aires-City-Grand-Prix nach der freien Formel vor Moss, Behra und Menditeguy. Die Meisterschaft entwickelte sich zu einem Zweikampf zwischen zwei Fahrern.

Ab April gab es in Europa die üblichen Rennen, die nicht zur Meisterschaft gezählt wurden. Bei der Richmond Trophy am Ostermontag in Goodwood fuhr Stirling Moss einen neuen Werkswagen des Jahres 1956, der mit einer Versuchs-Treibstoffeinspritzung ausgerüstet war. Sie bestand aus einer OM/Bosch-Einspritzpumpe, die auf der Auspuffseite des Motors montiert war und von Ketten und einem Kettenrad angetrieben wurde. Auf der Einlassseite des Motors waren sechs Einlassrohre montiert, jedes mit einer separaten Drosselklappe, die mit den Einspritzdüsen, die von oben in die Lufteinlassrohre eingebaut waren, verbunden waren.

Während des Trainings blockierte ein Kolben, sodass in aller Eile ein Ersatzmotor aus Modena angefordert wurde. Am Rennmorgen trainierte Moss sowohl mit dem Werkswagen als auch mit seinem 250F von 1954 und war mit seinem älteren Fahrzeug nur zwei Fünftelsekunden langsamer. Der Einspritzmotor litt unter einem mangelhaften Drehmomentverlauf, sodass Moss es vorzog, mit seinem eigenen Fahrzeug zu fahren. Er jagte Archie Scott-Brown (Connaught) hart und ging, als das britische Fahrzeug wegen mechanischer Probleme langsamer wurde, an die Spitze und gewann das Rennen mit einem Vorsprung von drei Sekun-

1955 war Nello Ugolini als Rennmanager zu Maserati gekommen. Er wurde respektiert und war sehr fähig, sicher einer der großen Teammanager aller Zeiten. Hier kontrolliert er in Syracus 1954 die ausgefallene Tachometer-Anzeigeleuchte bei Hawthorns Tipo 625. Zu diesem Zeitpunkt war er noch bei Ferrari.

In Monaco übernahm Moss die Führung mit seinem 250F bereits in der ersten Runde und blieb über die 100 Runden an der Spitze, um vor Fangio, der Peter Collins' Wagen übernommen hatte, zu siegen. Später im Rennen wurde die Nase des Fahrzeugs bei einer Kollision mit seinem Teamkollegen Cesare Perdisa beschädigt, als Moss ihn überrundete.

den vor Salvadori mit einem Gilby Engineering 250F.

Die relativ schwache Leistung des Werks-250F überzeugte Maserati – und Moss –, dass noch viel Entwicklungsarbeit vor dem Rennen in Monaco am 13. Mai notwendig war. So hatte man vorgeschlagen, sich vom Grand Prix von Syracus, der am 15. April stattfand, zurückzuziehen, aber Behra, der in der Nähe der Rennstrecke lebte, überredete das Team, ihn teilnehmen zu lassen. Er fuhr das Chassis Nummer 2501 mit einem Einspritzmotor, fiel aber schon in der ersten Runde wegen einer gebrochenen Ölleitung aus.

In Aintree gewann Moss das »200«-Rennen mit seinem alten Maserati, nachdem Scott-Brown (Connaught) und Hawthorn (BRM) ausgefallen und Brooks (BRM) wegen nachlassender Bremswirkung zurückgefallen waren. An der International Trophy in Silverstone am 5. Mai und am Grand Prix von Neapel am folgenden Tag nahmen keine Werks-Maseratis teil. Ferrari trat zu beiden Rennen an und fiel bei beiden aus. In Silverstone war Moss, der einen stark verbesserten Vanwall fahren durfte, der Gewinner, während auf der Posillipo-Rennstrecke Robert Manzon mit einem Werks-Sechszylinder-Gordini völlig überraschend siegte.

Maserati hatte für das Rennen in Monaco drei Fahrzeuge für Moss, Behra und Perdisa gemeldet. Es war vorgesehen, auch den argentinischen Polospieler Carlos Menditeguy starten zu lassen; der hatte jedoch in Sebring einen Unfall gehabt, der ihn für den Rest des Jahres außer Gefecht setzte. Moss fuhr ein Fahrzeug, das für diesen Kurs extra mit einem Vierganggetriebe ausgestattet war und das auch einen neuen Zylinderkopf mit 10-Millimeter- statt der üblichen 14-Millimeter-Zündkerzen hatte. Perdisas Fahrzeug hatte ein rechts liegendes Gaspedal für den Fall, dass Moss es übernehmen musste. Der Veteran und einstmals große Rennfahrer Chiron beendete seine Rennkarriere beschämend, indem er seinen *Scuderia-Centro-Sud*-250 F und auch das Werks-Ersatzfahrzeug crashte.

Moss fuhr ein Rennen der Superlative, übernahm in der ersten Runde die Führung und blieb auch in den folgenden 99 Runden an der Spitze, um mit einem Vorsprung von 6,1 Sekunden zu gewinnen. Er hatte eine Geschwindigkeit gewählt, die ihn komfortabel vor dem Lancia-Ferrari fahren ließ, den Fangio von Peter Collins übernommen hatte. Das einzige kleinere Problem kam, als Moss auf seinen Teamkollegen Perdisa auffuhr, um ihn zu überrunden; die Front des führenden Maserati wurde beschädigt, glücklicherweise ohne Beeinträchtigung der Luftzufuhr. Aber das erlaubte es Fangio, die Lücke ein wenig zu schließen. Behra fuhr ein gutes Rennen und kam auf den dritten Platz. Es war der erste Sieg von Maserati bei einem Meisterschaftsrennen seit dem Gewinn des Grand Prix von Belgien, und erst sein vierter seit der Einführung der Meisterschaft 1950.

Für den Grand Prix von Belgien auf der sehr schnellen Strecke von Spa-Francorchamps hatte Maserati fünf Fahrzeuge gemeldet, einschließlich Godia-Sales und Mike Hawthorn. Hawthorn stand bei BRM unter Vertrag, aber das britische Team hatte mechanische Probleme und trat bis zur Veranstaltung in England im Juli nicht mehr an. Die komplette Wahrheit über das, was zu Hawthorns Start in Spa geführt hatte, ist unklar, aber mit Sicherheit war Enzo Ferrari darüber verärgert, dass der langjährige Ferrari-Fahrer als Konkurrent auftreten sollte. So war Hawthorn nicht am Start. Godia-Sales fuhr das Ersatzfahrzeug des Teams, nachdem im Training der »Arbeitsmotor« des Teams, der in sein neues Fahrzeug 2524 eingebaut war, explodiert war.

Moss fuhr den 2501, der Maseratis Entwicklungsfahrzeug wurde. Alfieri hatte die Praxis von Vanwall nachgeahmt, indem er dem Fahrzeug eine lange, sich verjüngende Nase gab, ein seitlich hochgezogenes Cockpit und eine gerundete Plexiglas-Windschutzscheibe. Der Kühler war weiter vorn im Fahrzeug angebracht, mit einer Luftführung, die sicherstellte, dass die heiße Luft nicht in den Motorraum und in das Cockpit eindrang. Moss erprobte das Fahrzeug sowohl mit einer Einspritzung als auch mit einem Vergasermotor, und als er feststellte, dass es keine Unterschiede bei der Leistung gab, entschied er sich im Rennen für den Vergasermotor, weil dieser ökonomischer war. Der Ersatzwagen des Teams, der 2523, hatte auch die lange, sich verjüngende Nase, aber der obere Wasserkasten des Kühlers war oberhalb der Spritzwand montiert.

Beim Start fuhr Moss auf den ersten Platz, gejagt von den Lancia-Ferraris; in der fünften Runde wurde er von Fangio überholt, und in Runde zehn verlor Moss' Maserati bei der L'Eau-Rouge-Brücke ein Rad, komplett mit Lager und Bremstrommel. Moss rannte an die Box zurück und übernahm Perdisas Wagen, der schon eine Runde zurücklag, und kämpfte sich wieder nach vorne hinter Collins und Paul Frère mit Lancia-

Ferraris auf den dritten Platz. Fangio hatte sich schon einen großen Vorsprung herausgefahren, musste aber mit seinem Lancia-Ferrari wegen Antriebsproblemen aufgeben. Wegen eines rau laufenden Motors fuhr Behra immer langsamer und kam schließlich auf den zwölften Platz.

Unter den Werks-Maseratis beim Grand Prix von Frankreich am 1. Juli befand sich auch der 2518, das Stromlinienfahrzeug, das seit Monza im Vorjahr nicht wieder eingesetzt worden war. Das Fahrzeug hatte jetzt einen Einspritzmotor und Dunlop-Scheibenbremsen. Da man keinen Bremskraftverstärker mit dem Fünfganggetriebe kombinieren konnte, hatte das Fahrzeug ein Vierganggetriebe. Für Reims war aber ein Fünfganggetriebe unabdingbar, sodass das Fahrzeug an die Seite gestellt wurde. Ein viertes Fahrzeug wurde für dieses Rennen für den Veteranen Piero Taruffi gemeldet.

Moss fiel mit dem 2501 bereits frühzeitig aus, weil der Schalthebel brach, und übernahm Perdisas Fahrzeug – das Cockpit war mit Öl überflutet –, um als Fünfter über die Ziellinie zu kommen. Behra fuhr ein beständiges Rennen und belegte hinter den Lancia-Ferraris von Collins und Castelloni den dritten Platz. Taruffi konnte nie mit den führenden Fahrzeugen mithalten und schied wegen mechanischer Probleme aus. Auf dieser Hochgeschwindigkeitsstrecke waren die 250Fs einfach nicht schnell genug, um um die Führung zu kämpfen. Alfieri und Ugolini waren nach dem Rennen von Reims gezwungen, ihre Strategie zu überdenken, und die Leistungsfähigkeit des Teams steigerte sich während der restlichen Saison.

So fuhren die Teams nach Silverstone, aber der Grand Prix von England am 14. Juli war nur

Beim Grand Prix von England in Silverstone fuhr Moss ein weiteres gutes Rennen. Er übernahm in Runde 16 die Führung und behielt sie in den nächsten 50 Runden, bis sein Fahrzeug an Leistung verlor. Sieben Runden vor dem Ziel schied er mit Getriebeproblemen aus und wurde als Achter gewertet. (T.C. March)

ein mittelschnelles Rennen. Moss, Behra, Perdisa und Godia-Sales fuhren Standard-250Fs. Alfieri hatte entschieden, sich auf die Zuverlässigkeit der 250Fs mit Vergasern zu konzentrieren, und hatte die Experimente mit der Treibstoffeinspritzung zunächst auf Eis gelegt. Insgesamt waren sieben private 250Fs für dieses Rennen gemeldet, bei dem es kein begrenztes Starterfeld gab.

Moss übernahm mit 1 Minute, 41 Sekunden die Führung, dicht gefolgt von den Lancia-Ferraris von Hawthorn und Collins. Moss lag bis zur 14. Runde in Führung, und acht Runden später war Salvadori mit seinem älteren 250F an zweiter Stelle. Es war ein enttäuschender Tag für Modena, denn Salvadori bekam Probleme. Moss fiel auf den zweiten Platz hinter Fangio zurück und gab sieben Runden vor dem Ziel auf, als sein Getriebegehäuse brach. So konnten Fangio und Collins (der Portagos Wagen übernommen hatte) die ersten beiden Plätze mit ihren Lancia-Ferraris belegen. Behra lag beständig auf dem dritten Rang, und ein nicht wettbewerbsfähiger Perdisa belegte einen alles andere als befriedigenden siebten Platz.

Beim Großen Preis von Deutschland auf dem Nürburgring am 5. August fuhr Moss das Fahrzeug mit der langen Nase, das er in Spa gelenkt hatte, während Behra und Perdisa in normalen 250Fs saßen. Godia-Sales wurde wieder vom Werk gemeldet. Bei einem Sportwagenrennen, das dem Großen Preis vorausgegangen war, hatte Perdisa seinen Tipo 150S gecrasht und war deshalb nicht fit, um am Großen Preis teilzunehmen. Umberto Maglioli wurde schnell nachnominiert, sodass der 250F der *Scuderia Guastalla*, den er ursprünglich fahren sollte, nicht an den Start ging. Fangio ging sofort vor seinem Teamkollegen Collins in Führung, als er aber aufgab, lag Moss für den Rest des Rennens auf dem zweiten Platz. Jean Behra wurde fast unvermeidlich Dritter, Godia-Sales war Vierter und Rosier in seinem privaten 250F Fünfter.

Die Zahl der kleineren Grand Prix war über das Jahr geschrumpft, aber der Grand Prix von Caen über 246 Kilometer fand am 26. August statt. Maserati hatte nur einen Werkswagen gemeldet, der aber von der *Scuderia Centro-Sud* übernommen worden war, die das viel gefahrene Fahrzeug 2511 für Harry Schell einsetzte. Das Rennen wurde zum größten Teil bei Regen gefahren. Salvadori übernahm im Gilby-Wagen frühzeitig die Führung und fuhr in der zweiten Runde einen neuen Rundenrekord. Als der Regen stärker wurde, traf Roy das Unglück, dass er von der Strecke rutschte. Er kam aber wieder zurück und beendete das Rennen als Dritter hinter Schell und Simon (Sechszylinder-Gordini).

Giulio Alfieri präsentierte die Früchte seiner Arbeit in Monza mit zwei neuen 250Fs, die flacher waren, einen niedrigeren Schwerpunkt und eine bessere Aerodynamik hatten, und er gab damit seinen Maserati-Fahrern bessere Chancen, um gegen die Lancia-Ferraris auf den schnellen, überhöhten Kursen wettbewerbsfähig zu sein. Sie gewannen für Maserati auch eine beachtliche Geldsumme, die die Organisatoren für einen italienischen Hersteller, der ein neu entwickeltes Fahrzeug fuhr, ausgelobt hatten. Die Achsaufhängung des 250F wurde unverändert beibehalten, und es gab am Chassis nur wenige Veränderungen, aber der Motor wurde nach rechts geneigt in das Chassis eingebaut, und der Antrieb selbst wurde überarbeitet. Die Kardanwelle verlief jetzt von der linken Seite des Getriebegehäuses in einem Winkel längs des Unterbodens zum Achsantrieb.

Der Fahrer saß jetzt neben der Kardanwelle auf dem Unterboden, etwa 20 Zentimeter tiefer als beim normalen 250F. Alfieri verringerte die Höhe der Motorhaube, indem er das Lenkgetriebe an das Chassis-Hauptrohr hinter dem Motor montierte anstatt, wie bisher üblich, oberhalb des Kupplungsgehäuses. Im Hinterwagen befand sich ein neu gestalteter Tank, der zugleich die Kopfstütze des Fahrers formte und auf Gummiblöcken mit gefederten Schrauben befestigt war. Der Einfluss von Vanwall war wieder in der sich abflachenden Nase zu sehen, und die Lufteinlässe für die Vergaser befanden sich in Rohrführungen in der Haube. Die Fahrzeuge passten wegen ihrer langen Nase nicht auf die Maserati-Transportwagen, sodass das Frontteil schnell abgenommen werden konnte.

Die neuen Fahrzeuge wurden von Moss und Behra gefahren, während die normalen 250Fs für Luigi Villoresi (der Perdisa ersetzte, der im-

Dieser Werks-250F wurde beim Grand Prix von England in Silverstone von Jean Behra gefahren, der das ganze Jahr über in permanent guter, wenn auch nicht überragender Verfassung war. Hier kam er auf den dritten Platz hinter Fangio und de Portago/Collins mit ihren Lancia-Ferraris. (T.C. March)

Beim Rennen in Silverstone wurde der dritte Werks-250F wie gewöhnlich von Cesare Perdisa gefahren. Er saß am Lenkrad des Fahrzeugs 2501, das mit einer langen Nase und hohen Cockpitseiten wieder aufgebaut worden war. Er beendete das Rennen auf dem siebten Platz. Auf diesem Foto steht er kurz vor der Überrundung durch Peter Collins. (T.C. March)

mer noch nicht fit war) und Godia-Sales mit seinem eigenen Fahrzeug gemeldet wurden. Es gab außerdem acht private 250Fs, von denen sechs am Start waren. Gegen die Maseratis traten fünf Lancia-Ferraris an, und das Training zeigte, dass sie bei der Geschwindigkeit immer noch die Nase vorn hatten. Das Feld wurde von drei Connaughts und drei Vanwalls komplettiert. Fangio übernahm mit einer Rundenzeit von 2 Minuten, 42,6 Sekunden die Pole-Position vor Behra und Moss in der zweiten Reihe mit Zeiten von 2 Minuten, 45,6 Sekunden und 2 Minuten, 45,9 Sekunden.

Moss erzielte seinen zweiten Sieg bei einem Meisterschaftsrennen in diesem Jahr, und diesmal hatte der Mann, der oft mit Pech ausfiel, viel Glück. Die Ferrari-Fahrer Castellotti und Musso machten ihre eigenen Chancen in ihrem Hochgeschwindigkeitsduell an der Spitze des Feldes zunichte, weil jeder bei seinem Heim-Grand-Prix gewinnen wollte und deshalb undiszipliniert fuhr. Die Lancia-Ferraris waren nie zuvor auf dem überhöhten Kurs von Monza gefahren und hatten Probleme mit ihren belgischen Englebert-Reifen und Brüchen der Lenkarme.

In Runde fünf war Moss in Führung, die er in Runde zehn wieder an Musso verlor, um dann von Runde zwölf bis 50 in Führung zu liegen. Er stellte einen neuen Rundenrekord mit 218,15 km/h auf und schien dem Sieg in diesem Rennen nahe, das für Maserati so wichtig war. Dann jedoch stotterte der Motor und ging aus. Der Treibstofftank hatte einen kleinen Riss und war leergelaufen. In seinem Rückspiegel sah Moss den privaten Maserati-Fahrer Piotti, gestikulierte wild, und Piotti schob ihn vorsichtig in die Box. Der Wagen wurde in aller Eile wieder betankt, und Moss nahm, hinter Musso auf dem zweiten Platz liegend, das Rennen wieder auf.

Drei Runden vor dem Ende brach an Mussos Lancia-Ferrari ein Lenkarm, ein Reifen platzte, er drehte sich wild und kam nur wenige Zentimeter vor den Boxen zum Stehen. Moss gewann das Rennen mit einem Vorsprung von nur 5,7 Sekunden vor Fangio, der Peter Collins' Lancia-Ferrari übernommen hatte. Behra war mit Zündungsproblemen ausgefallen, obwohl man feststellte, als man seinen Wagen an die Seite schob, dass auch Treibstoff aus seinem gerissenen Tank austrat. Villoresi war bereits früh im Rennen wegen Motorproblemen ausgefallen. Ron Flockhart erreichte mit seinem englischen Connaught einen ausgezeichneten dritten Platz, und Godia-Sales' vierter Platz war eine seiner besseren Leistungen. In der Fahrer-Weltmeisterschaft belegte Moss mit 27 Punkten den zweiten Platz hinter Juan Manuel Fangio mit 30 Punkten.

Die Werks-250Fs traten 1956 noch einmal an. Motiviert durch ein hohes Startgeld und die Möglichkeit, die Fahrzeuge danach zu verkaufen, schickte Maserati die Werkswagen zur australischen Tourist Trophy für Sportwagen und dem Grand Prix von Australien in der freien Formel am 25. November und 2. Dezember auf den fünften Kontinent. Beim Grand Prix über 400 Kilometer im Alberta-Park, Melbourne, belegten Moss (2501) und Behra (2523 mit einem Dreilitermotor) die ersten beiden Plätze vor Peter Whitehead (Ferrari-*Super-Squalo* mit 3,4-Liter-Motor). Wie später erklärt wurde, gab es mehr als ein Chassis mit der Nummer 2523, und der Wagen, der in Australien die Rennen bestritt, war im August 1956 auf einem neuen Fahrgestell aufgebaut worden. Nach dem Rennen wurde er an den Australier Dough Whiteford verkauft, der zuvor einen Talbot-Lago gefahren hatte.

Sportwagenrennen 1956

In dieser Zeit boomte in Modena der Verkauf von Sportwagen. Der Tipo 300S, der ein gut zu fahrendes Fahrzeug war, blieb für eine beachtliche Zeit in der Produktion, und zwischen dem ersten Prototypen im Dezember 1954 und dem letzten gebauten Fahrzeug zu Beginn des Jahres 1958 wurden ungefähr 27 Exemplare hergestellt. Sie haben Chassis-Nummern zwischen 3051 und 3080. Die frühen Fahrzeuge besaßen ein Chassis, das bei Maserati selbst gefertigt worden war; die späteren Fahrgestelle kamen von Gilco in Mailand, einem von Gilberto Colombo gegründeten Unternehmen, das auf den Bau von Fahrgestellen spezialisiert war. Nach den ersten sechs Fahrzeugen wurden größere Weber-Vergaser 45DCO3 eingebaut, und das Treibstoffsystem wurde modifiziert. 1956 kennzeichnete ab Chassis-Nummer 3063 eine längere, aerodynamischere Fahrzeugnase die Karosserie. Im Jahr 1956 waren die 300S ziemlich erfolgreich.

Der 150S kann dagegen nicht als Erfolg gewertet werden, weil er zu schwer war und sich nach seinem erfolgreichen Debüt auf dem Nürburgring 1955 nie als realer Konkurrent zu den Porsches und Oscas etablieren konnte. Es gab eine verständliche Forderung nach einem 200S, der sich als erfolgreicher erwies als sein kleinerer Stallgefährte. Die Chassis-Nummern reichten für dieses Modell von 2401 bis 2433, schlossen aber den 200SI ein, über den später noch zu berichten sein wird. Von diesen entsprachen ungefähr acht der originalen Version (das schließt einen Tipo 150S mit neuem Motor ein).

Die Vierzylinder- und Sechszylindermotoren, die Alfieri entwickelt hatte, entstammten einem Baukastenprinzip, einem Konzept, das bei modernen Konstrukteuren so beliebt ist. Die große Zahl der verkauften Fahrzeuge erhöhte den Druck auf die Wettbewerbsabteilung, denn nicht nur Kunden aus Italien (die besten Verkäufe wurden in Italien und in den USA erzielt) erwarteten, dass das Werk ihre Fahrzeuge pflegte und reparierte, sondern es war auch ein sehr einträgliches Geschäft für das Unternehmen. Das war ein Druck, mit dem Maserati nicht wirklich umgehen konnte, und es war ein Problem, das nie gelöst wurde.

Man nimmt an, dass die beiden Werks-300S, die für das 1000-Kilometer-Rennen in Buenos

Stirling Moss fährt in Monza an der Zielflagge vorbei und gewinnt das Rennen in seinem neuen, flacheren Fahrzeug. Es war ein enges Rennen, denn wegen eines Risses im Tank hatte er Treibstoff verloren, und Luigi Piotti hatte ihn mit seinem privaten 250F vorsichtig zu einem außerplanmäßigen Tankstopp an die Box geschoben.

Aires gemeldet waren – das war das erste Rennen der Sportwagen-Weltmeisterschaft des Jahres 1956 –, Ende 1955 bereits beim Grand Prix von Venezuela eingesetzt worden waren. In Argentinien wurden sie von den Teams Moss/Menditeguy und Jean Behra/Froilan Gonzalez gefahren. Sie standen starken Werks-Ferraris gegenüber, einschließlich zweier 4,9-Liter-Fahrzeuge, die speziell für dieses Rennen gebaut worden waren, sowie einem neuen 3,5-Liter-V12. Beide 4,9-Liter-Ferraris fielen aus, und Moss/Menditeguy erzielten Maseratis ersten Sieg bei der Meisterschaft. Gendebien/Phil Hill belegten mit dem 3,5-Liter-Ferrari den zweiten Platz vor Behra/Gonzalez. Auf den vierten Platz kam Alejandro de Tomaso – er gewann zudem die 1,5-Liter-Klasse –, ein Name, der in der Geschichte von Maserati noch sehr wichtig werden sollte, gemeinsam mit seinem Beifahrer Tomasi in einem 150S.

Die Rennen in Agadir und Dakar boten einen guten Ausgleich zum Winter in Europa und waren wegen ihres Startgeldes sehr attraktiv. Behra war glücklich, 1956 nach Nordafrika zurückkehren zu können. In Agadir führte er am 26. Februar bei dem Rennen über 332 Kilometer, bis seine Lenkung ausfiel und er in Richtung einer Absperrung rutschte, glücklicherweise ohne sie zu berühren. Trintignant und Schell (Ferraris) belegten die ersten beiden Plätze. Beim Rennen in Dakar, Senegal, gewann Trintignant im Ferrari; Harry Schell (Ferrari) wurde Zweiter, und Behra belegte den dritten Platz. Ein zweiter Werks-300S, der von Perdisa gefahren wurde, fiel aus. Auf diesem sehr schnellen Kurs fuhr Trintignant die schnellste Runde mit 202,01 km/h, die höchste Rundengeschwindigkeit, die bis zu diesem Zeitpunkt überhaupt in einem Sportwagenrennen gefahren worden war.

Das 12-Stunden-Rennen von Sebring sollte für Maserati eine große Enttäuschung werden. Es waren zwei 300S gemeldet, die von den Teams Behra/Taruffi und Menditeguy/Perdisa gefahren wurden. Bei diesem Rennen war Stirling Moss im Aston-Martin-Team. Moss war von Aston Martin für Sportwagenrennen verpflichtet worden, fuhr aber nicht sehr viele Rennen in dieser Mannschaft. Menditeguy hatte einen schweren Unfall in den Esses und zerstörte sein Fahrzeug komplett. Seine Verletzungen waren schwer genug, um ihn für den Rest

Stirling Moss mit seinem Partner Denis Jenkinson war der unwillige Fahrer dieses schlecht zu fahrenden, unterentwickelten Tipo-350S-Sechszylinder-3,5-Liter-Wagens bei der Mille Miglia 1956. Sie lagen auf dem fünften Platz, als sie kurz hinter der Kontrollstelle von Pescara von der Straße abkamen.

des Jahres ausfallen zu lassen. Das Fahrzeug von Behra/Taruffi war im Vergleich zu den Ferraris langsam, sodass sie lediglich einen mäßigen fünften Platz hinter den zwei neuesten Fahrzeugen aus Maranello, dem privaten Jaguar D-Type von Sweikert/Ensley und dem Werks-Aston-Martin DB3S von Salvadori/Shelby belegten.

Peter Collins kam bei der Tour von Sizilien über 1080 Kilometer am 8. April mit seinem Werks-Ferrari auf den ersten Platz, und Piero Taruffi, der das Rennen 1955 für Maserati gewonnen hatte, wurde Zweiter mit nur 53 Sekunden Rückstand. Giuseppe Musso fuhr den Werks-200S. Er war vor dem Rennen sehr nervös und, in den Worten von Denis Jenkinson, »... schoss mit hoher Geschwindigkeit von der Startrampe und ließ die Offiziellen verblüfft zurück...« Er fiel im Rennen aus. Der 300S hatte seinen ersten Auftritt in England mit dem Schweizer Privatfahrer Musy bei der British Empire Trophy in Oulton Park. Das Rennen wurde in drei Ausscheidungsläufen und einem Handicap-Finale ausgetragen. Nachdem er seinen Lauf gewonnen hatte, fiel Musy im Finalrennen wegen Problemen mit dem Motor aus.

Alfieri hatte einen neuen Sport-Rennwagen, den Typ 350S (auch als Tipo 53 bekannt), gebaut und diesen zum Interimsmodell bis zur Fertigstellung des V8 450S erklärt. Er kombinierte einen Motor mit 3485 ccm (86 × 100 mm) Hubraum, der aus der Maschine des 300S entwickelt worden war, mit vielen neuen Komponenten, und dieser war für den Einsatz im geplanten 3500-GT-Modell vorgesehen. Die Leistung lag zunächst bei 270 PS bei 5800 U/min, aber es wurden viele Veränderungen vorgenommen, einschließlich des Einbaus einer Trockensumpfschmierung, sodass die Leistung schließlich auf 290 PS stieg.

Hinter der Kupplung befand sich auf der Höhe der Kardanwelle ein Untersetzungsgetriebe das neue Fünfganggetriebe war unmittelbar vor der Hinterachse montiert worden (beim 300S war das Getriebe seitlich vom Differenzial

Der britische Privatbesitzer Brian Naylor am Lenkrad seines Tipo 150S beim 1,5-Liter-Sportwagenrennen um die International Trophy in Silverstone im Mai 1956. Das Fahrzeug erwies sich als zu schwer für die kurzen, britischen Flugplatzkurse, und Naylor baute den Motor samt Getriebe in einen Lotus Eleven ein. (T.C. March)

angebracht). Das Rohrrahmen-Chassis war grundlegend überarbeitet worden und stabiler als das des 300S. An der Vorderachse gab es zusätzliche Stoßdämpfer, und die De-Dion-Hinterachse war vertikal durch ein zentrales Führungsrohr am hinteren Querrohr befestigt. Sowohl das Getriebe als auch der Hinterachsantrieb waren auch für den 450S vorgesehen.

Der Haupttank im Fahrzeugheck fasste 182 Liter, ein Zusatztank, der sich seitlich im Cockpit befand, noch einmal 82 Liter.

Man hatte beabsichtigt, dass Moss gemeinsam mit »Jenks« und Taruffi den 350S bei der Mille Miglia am 28./29. April fahren sollte. Der Italiener bestand darauf, einen 300S zu fahren, aber Moss, der das auch gern getan hätte, gab dem Druck von Bertocchi nach, der das neue Fahrzeug gern in einem Rennen sehen wollte. Während Maserati mit aller Kraft daran arbeitete, den 350S fertigzustellen, trainierten Moss und Jenkinson auf dem Mille-Miglia-Kurs mit einem von Zagato karossierten A6G/54 GT und einem A6GCS von 1954, der mit einem Motor mit 2493,8 ccm Hubraum ausgestattet war. Das war eines der Fahrzeuge, die 1954 beim *Supercortemaggiore*-Rennen in Monza dabei gewesen waren.

Zwei Tage vor dem Rennen arbeiteten die Mechaniker noch immer am Fahrzeug, aber am folgenden Morgen testeten Bertocchi und Moss den Wagen auf dem *Aeroautodromo* von Modena. Bevor Moss ankam, wurde ein Spoiler unterhalb des Lufteinlasses montiert, in dem erfolglosen Bemühen, den Frontauftrieb zu minimieren. Moss nahm auch einen direkten Vergleich mit dem 300S auf dem Raticosa-Pass vor. Die unvergleichliche Balance des 300S war verloren gegangen, das Handling war heikel; allerdings war der 350S viel schneller. Beim Rennen, das zum großen Teil auf nassen Straßen ausgetragen wurde, kämpfte Moss mit dem 350S und arbeitete sich auf den fünften Platz vor. Auf der Via Salaria, unmittelbar hinter Pescara nach etwas mehr als der halben Strecke, kam er von der Straße ab. Es kam zu einem schlimmen Unfall, der durch blockierende Bremsen hervorgerufen wurde. Moss und Jenkinson kamen glücklicherweise ohne Verletzungen aus dem Fahrzeug. Die ganze Geschichte von Moss und dem 350S wird in *Stirling Moss, My Cars, My Career* von Stirling Moss und Doug Nye (Patrick Stephens, 1987) beschrieben.

Insgesamt waren 27 Maseratis 1956 für das Rennen über 1601 Kilometer gemeldet. Taruffi und Perdisa fuhren Werks-300S mit großen Zusatztanks auf der linken Seite des Cockpits. Taruffi führte im Rennen, bis er wegen Bremsenproblemen unmittelbar hinter Forli auf der südlichen Abfahrt zur Adriaküste aufgeben musste. Zunächst fuhr Perdisa mit seinem 300S gut. Für eine gewisse Zeit wechselte er sich mit Moss in der Führung ab, fiel dann allerdings wegen mechanischer Probleme zurück, gewann aber trotzdem die 3-Liter-Klasse. In der Klasse bis 2 Liter Hubraum kamen Scarlatti und Giardini mit ihren A6GCS auf die ersten beiden Plätze. Behra mit seinem 150S wurde in der 1,5-Liter-Klasse von Cabianca (Osca) deklassiert und lag im Ziel über eine halbe Stunde hinter ihm. Ferraris belegten im Gesamtklassement die ersten fünf Plätze.

Ein Blick auf den Vierzylindermotor des Tipo 150S, als er noch im Maserati-Chassis von Naylor eingebaut war. Wie alle Maseratis jener Zeit hatte er zwei obenliegende Nockenwellen, Doppelzündung und Weber-Doppelvergaser. (T.C. March)

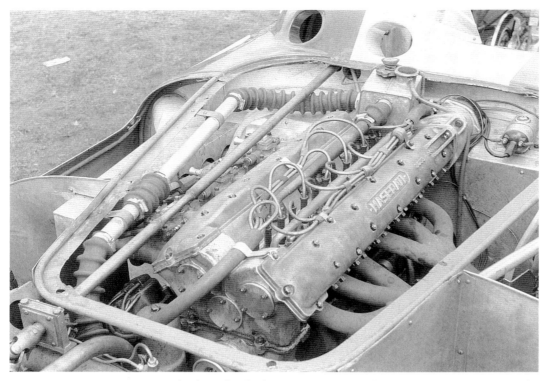

Eine weitere Maserati-Motorenansicht: der Sechszylinder-A6GCS-Motor, eingebaut in einen Lister-Sportwagen des Werks, der 1956 von Archie Scott-Brown gefahren wurde. Das erwies sich als eine sehr schnelle Kombination, aber der Maserati-Motor war ziemlich unzuverlässig. (T.C. March)

Benoit Musy war mit seinem 300S sehr aktiv und brachte ihn nach England, um am nicht limitierten Sportwagenrennen der International Trophy in Silverstone am 5. Mai teilzunehmen. Es war ein widersprüchliches Rennen, bei dem eine Kollision, die von Desmond Titterington (Werks-Jaguar) ausgelöst wurde, zwei andere Jaguar D-Type aus dem Rennen warf sowie zwei DB3S-Aston-Martins. Trotz eines reduzierten Feldes konnte Musy lediglich den fünften Platz belegen. Am 20. Mai fuhr Musy den Sportwagen-Grand-Prix des Frontières in Chimay über 240 Kilometer und gewann vor Duncan Hamilton (Jaguar D-Type) und Graham Whitehead (Aston Martin DB3S).

Die dritte Runde in der Sportwagen-Weltmeisterschaft wurde auf dem Nürburgring am 27. Mai als 1000-Kilometer-Rennen ausgetragen. Das war zum letzten Mal 1953 geschehen. Es waren drei 300S für Moss/Behra, Taruffi/Schell und Perdisa/Robert Manzon gemeldet. Der Hauptkonkurrent war das Ferrari-Team, das sowohl mit Vierzylindern als auch mit V12-Fahrzeugen angetreten war. Moss baute schon früh seinen Vorsprung aus, aber kurz nachdem Behra das Lenkrad übernommen hatte, brach einer der Befestigungspunkte für die hintere Blattfeder. Das Fahrzeug von Perdisa/Manzon war bereits früh im Rennen wegen eines Bruchs an der Stoßdämpferaufnahme ausgefallen.

Behra übernahm den 300S von Taruffi/Schell und brachte ihn vom dritten auf den zweiten Platz, bevor er ihn am Ende der 32. Runde an Moss übergab. In der 66. Runde, zwölf Runden vor dem Ziel, übernahm Moss noch einmal das Fahrzeug, nur wenige Sekunden hinter Fangio/Castellotti. In einer dieser Aufholjagden, die er so sehr mochte, kam er dicht an die Führenden heran und übernahm schließlich selbst die Führung, als Fangio zum Tanken an die Box musste. Im Ziel lag Moss mit 26 Sekunden Vorsprung an der Spitze. In der Sportwagen-Weltmeisterschaft hatte Maserati damit 18 Punkte gesammelt, gegenüber 22 von Ferrari.

Bei der Targa Florio am 10. Juni, die über eine Distanz von 720 Kilometern ging, war lediglich ein 300S für den Veteranen Piero Taruffi gemeldet worden. Die beiden Werks-Ferraris waren wieder die schärfsten Konkurrenten, aber Castellotti fiel mit dem Fahrzeug aus, das er sich mit Collins teilte, und Gendebien lag wegen einer Reifenpanne weit zurück. Der Porsche von Maglioli/von Hanstein arbeitete sich an die Spitze vor und gewann das Rennen. Taruffi lag zunächst an zweiter Stelle, fiel aber wegen einer gebrochenen Treibstofftankhalterung hinter Cabianca (Osca) auf den dritten Platz zurück. Schließlich wurde er aber wieder auf den zweiten Platz in der Siegerliste gesetzt, weil der Osca-Fahrer disqualifiziert wurde.

Am selben Tag fuhr der Franzose Louis Rosier mit seinem Partner Jean Behra am Lenkrad seines neuen 300S in Paris beim 1000-Kilometer-Rennen von Montlhéry einen komfortablen Sieg heraus, vor zwei privat gemeldeten Ferraris. In diesem Rennen waren vier Tipo 150S gestartet, aber das beste Team, Cornet/Mougin, kam nur auf einen bescheidenen zwölften Platz im Gesamtklassement und wurde in der 1,5-Liter-Klasse hinter einem Porsche, einem Gordini und einem weiteren Porsche nur Vierter. Musso brachte seinen 300S nach Portugal zum Grand Prix von Porto über 333 Kilometer am 17. Juni. Er fuhr ein gutes Rennen und wurde Dritter hinter Portago und Collins, beide mit Ferrari.

Der *Supercortemaggiore*-Grand-Prix, ein kombiniertes Rennen am 24. Juni auf der überhöhten Strecke von Monza und auf dem normalen Kurs, hatte eine Hubraumbegrenzung auf 2000 ccm. Für dieses Rennen hatte Maserati den verbesserten 200SI *(Sport Internazionale)* mit einem leichteren Rohrchassis, einer größeren Fahrzeugnase und einem Bypass-Kühler gemeldet. Die Leistung lag etwas über 190 PS bei 7800 U/min, und es gab ein Fünfganggetriebe (dieses wurde optional auch für Privatkunden eingebaut). Diese Fahrzeuge wurden bis 1957 gebaut; einige hatten ein Verdeck und einen Scheibenwischer, um den Appendix-C-Regularien ab 1957 zu entsprechen. Insgesamt wurden 20 Exemplare gebaut.

Während des Trainings für das Rennen in Monza wurde das neue Fahrzeug von Farina, der sich dabei das Schlüsselbein brach, in einen Unfall verwickelt. An die Stelle des zerstörten Fahrzeugs trat ein 200S mit hinterer Starrachse, aber der neuesten Karosserie. Er wurde von Perdisa/Berlucci gefahren, während sich Moss einen Tipo 150S mit Taruffi teilte. Ferrari hatte zwei 2-Liter-*Testa-Rossa* gemeldet. Collins/Hawthorn dominierten das Rennen vom Start bis ins Ziel, während Maserati Probleme hatte, sich aber dennoch gut schlug. Moss fiel in der ersten Runde aus, als die Kardanwelle seines 150S brach und sich durch den Reservetank auf der linken Seite ins Cockpit bohrte. Als Perdisa zum Auftanken stoppte, übernahm Moss das Fahrzeug und fuhr ein großartiges Rennen, das er auf dem zweiten Platz mit etwas weniger als einer halben Minute Rückstand auf den siegenden Ferrari beendete.

Der 350S, den Taruffi bei der Mille Miglia hätte fahren sollen, wurde an Luigi Piotti verkauft, der ihn für sich selbst und Maglioli für das 12-Stunden-Rennen Anfang Juli in Reims meldete. Der Start war um Mitternacht, und der 350S war am Ende der ersten Stunde Fünfter, fiel aber während der zweiten Stunde aus, weil er auf den schnellen Geraden in der Dunkelheit und bei dem einsetzenden Regen kaum kontrollierbar war. Der Amerikaner John du Puy brachte in Reims einen 300S für Prinz Metternich und Ken Wharton ins Rennen, der allerdings wegen einer gebrochenen Kardanwelle ausfiel, ein zunehmendes Problem bei Maserati.

Soweit man es feststellen kann, wurden nur zwei 350S gebaut: die Chassis-Nummern 3501 und 3502. Die Entwicklungsarbeiten waren über das Fahrzeug, das Moss bei der *Mille Miglia* fuhr, fortgesetzt worden, und intensive Arbeiten am Motor sorgten schließlich dafür, dass es eine Leistung von 325 PS bei 6000 U/min bekam. Auch das Fahrgestell erhielt neue doppelte Querlenker und eine Schraubenfederung mit einer anderen Geometrie als beim 300S.

Ein interessantes Rennen war der Grand Prix von Rouen über 327 Kilometer auf dem reizvollen Circuit des Essarts am 8. Juli, der auf drei Liter Hubraum limitiert war. Behra und Perdisa fuhren die Werks-300S, während das Aston-Martin-Team aus Moss, Collins, Salvadori und Brooks bestand. Castellotti fuhr einen *Monza*-Werks-Ferrari. Anfänglich führte Perdisa, dann übernahm Behra die Spitzenposition und blieb vorn, bis das Handling sich verschlechterte, wahrscheinlich weil ein Stein, der von einem anderen Wagen aufgewirbelt worden war, einen Stoßdämpfer beschädigt hatte. Castellotti gewann vor Moss und Behra, während Perdisa wegen einer gebrochenen Kardanwelle ausfiel.

Es folgten eine Reihe kleinerer Rennen. Beim Grand Prix von England am 14. Juli in Silverstone war lediglich ein 300S für Moss gemeldet, der leicht vor Roy Salvadori mit einem Werks-Aston-Martin DB3S gewann. Am folgenden Tag war Musy beim Rennen über 156 Kilometer in Les Sables d'Olonne an der Atlantikküste der Sieger vor dem belgischen Fahrer André Loens mit einem A6GCS. Am 22. Juli gewann Behra mit einem 200S das 150-Kilometer-Rennen für 2-Liter-Fahrzeuge beim Grand Prix von Bari, das auf normaler Straße gefahren wurde. Im Rennen ohne Hubraumlimit über 199,6 Kilometer kam Maserati mit den Werkswagen auf die ersten vier Plätze. Die Reihenfolge war: Moss (300S), Behra (200S), Perdisa (200S) und Taruffi (300S).

Das Rennen von Le Mans wurde 1956 auf den 28./29. Juli verschoben – wegen der Zeit, die man benötigte, um den Kurs nach dem Desaster von 1955 neu zu gestalten. In diesem Jahr zählte das Rennen nicht für die Weltmeisterschaft wegen seiner eigenen Spezifikationen, die Prototypen auf einen Hubraum von 2,5 Litern limitierten. Es war irgendwie unsinnig, dass man den Aston Martin DB3S bei den Serienfahrzeugen (100 mussten gebaut sein, oder es musste die Absicht bestehen, sie zu bauen) mit einer gebauten Stückzahl von nur 30 zulassen wollte, während Ferrari mit Sicherheit mehr als 30 *Monzas* gebaut hatte und Maserati kaum weniger als 30 Exemplare seines 300S. Es war nicht so, dass die Ferraris und Maseratis für das Rennen zugelassen werden wollten, wohl aber, dass die Aston Martin DB3S und die Jaguar-D-Type nach diesen speziellen Rennregeln auch zurückgewiesen werden sollten.

Maserati wurde im Rennen vom französischen Talbot-Konzern vertreten, der seinerseits zwei Fahrzeuge mit einem getunten 250F-Motor und dem A6GCS-Getriebe ins Rennen schickte. Diese Fahrzeuge hatten ein einfaches Leiterrahmen-Rohrchassis mit einer Querlenker-Vorderachse und einer hinteren Starrachse mit halbelliptischer Querblattfederung sowie eine ansehnliche Karosserie im typischen Talbot-Stil. Jean Lucas zerlegte den Wagen, den er sich mit Freddie Zehender teilte, bereits früh im Rennen, aber der andere Wagen mit Behra/Rosier lag auf dem achten Platz, als er wegen Problemen an der Hinterachse in der 21. Stunde zurückgezogen werden musste. Man hatte sich vorgestellt, dass Talbot Fahrzeuge mit dem Maserati-2,5-

Der sehr erfahrene private Fahrer Peter Whitehead erwarb für die Saison 1956 einen Tipo 300S. Hier fährt er neben Hans David (Aston Martin DB3S) im Sportwagenrennen ohne Hubraumbegrenzung bei der International Trophy in Silverstone im Mai 1956. Es war kein gutes Rennen für ihn; er kam auf den 11. Platz. (T.C. March)

Maserati brachte für Stirling Moss diesen 300S im Juli 1956 nach Silverstone, der ihn beim Sportwagenrennen im Rahmen des Grand Prix von England fuhr. Moss gewann unangefochten vor Roy Salvadori mit einem Werks-Aston-Martin DB3S. (T.C. March)

Liter-Motor in Lizenz bauen sollte, aber die Aussichten auf den Erfolg dieser Kooperation waren gering, weil Anthony (»Tony«) Lagos' Firma seit dem Ende des Zweiten Weltkriegs unter finanziellen Problemen litt.

Dem Großen Preis von Deutschland auf dem Nürburgring am 5. August ging ein Rennen für 1,5-Liter-Fahrzeuge über 160 Kilometer voran, der Rheinland Cup. Maserati hatte zwei Tipo 150S für Moss und Behra gemeldet. Moss hatte seiner Meinung Ausdruck verliehen, dass der 150S sehr leistungsschwach war (sein Ausdruck war »struggling«), aber er konnte gute Ergebnisse erzielen, wenn sein Fahrer ihn hart rannahm. Stirling belegte beim Training die Pole-Position, aber in der Nacht vor dem Rennen änderte das Team die Getriebeabstimmung, und die Wagen waren hoffnungslos untersetzt. So konnte Moss, so sehr er sich auch bemühte, nur den zweiten Platz herausfahren: 3,2 Sekunden hinter Porsche (Hans Herrmann). Behra verlor das Interesse am Rennen und wurde Sechster.

Beim letzten Lauf zur Sportwagen-Weltmeisterschaft, dem Grand Prix von Schweden in Kristianstad, brachte Maserati den 450S zum Training mit, fuhr aber im Rennen den 300S mit den Fahrern Moss, Behra, Villoresi, Schell, Taruffi, in welcher Reihenfolge, entschied Ugolini. In der ersten Runde fuhr Taruffi auf den Hinterwagen von Ron Flockharts Ecurie-Ecosse-D-Type-Jaguar auf, als seine Bremsen blockierten, und brachte sich damit selbst aus dem Rennen. In der Zwischenzeit hatte Moss die Führung vor den ausgezeichnet fahrenden Ferraris übernommen. Aber als er das Fahrzeug Behra übergeben hatte, bekam der 300S Probleme mit den Bremsen und verlor beachtliche Zeit an der Box. Bis das Problem so gut wie möglich gelöst wurde, lag das Fahrzeug von Villoresi/Schell auf dem fünften Platz; das von Moss/Behra war auf den sechsten zurückgefallen.

Moss wechselte nun in das Fahrzeug, das bisher von Villoresi und Schell gefahren worden war, während Behra weiterfuhr, um seinen nun bremsenlosen 300S an Villoresi zu übergeben. Als das Fahrzeug aufgetankt wurde, spritzte Treibstoff auf den heißen Auspuff. Das Feuer wurde schnell gelöscht, aber sowohl das Fahrzeug als auch die Boxencrew waren in Schaum eingehüllt. Man stellte fest, dass der Treibstofftank gebrochen war und es keine andere Alternative als den Rückzug gab. Kurz darauf plagten Bremsenprobleme den verbliebenen 300S von Moss; er verließ die Strecke und stellte sein Fahrzeug ab. Die Ferraris belegten die ersten drei Plätze, und Maranello gewann die Sportwagen-Weltmeisterschaft mit 24 Punkten vor Maserati mit 18 Punkten.

Im Grunde war die Rennsaison vorbei, aber es gab noch eine Reihe kleinerer Rennen. Am 19. August meldete das Werk die 200SIs für Behra und Taruffi beim Grand Prix von Pescara für Sportwagen bis 2 Liter Hubraum, der über eine Distanz von 361 Kilometern ging. Bei diesem Rennen waren keine Werks-Ferraris am Start, und man ging davon aus, dass die Maserati-Fahrer mit Leichtigkeit gewinnen würden. Stattdessen erzielte aber Manzon (Gordini) einen unerwarteten Sieg für die notleidende Pariser Firma. Behra verlor wegen mechanischer Probleme eine Runde und belegte den letzten Platz. Taruffi führte bis zur letzten Kurve in der letzten Runde, hatte aber, halb betäubt von den Abgasen aus einem undichten Auspuff, übersehen, wie dicht ihm der Franzose auf den Fersen war, bis dieser ihn überholte und siegte.

Am 7. Oktober wurde der Coupe du Salon bei schrecklichem Regen auf der 6,28 Kilometer langen, kombinierten Strecke mit überhöhten Passagen und Straßenanteilen in Montlhéry ausgetragen. Das Wetter war so schlecht, dass das Rennen nicht gestartet werden sollte. Zwei Fahrer verloren bei dieser Veranstaltung über 24 Runden ihr Leben. Rosier (Ferrari) crashte in der ersten Runde sein Fahrzeug und starb drei Wochen später im Arpajon-Hospital. Benoit Musy, hinter dem Lenkrad eines gerade erst ausgelieferten 200SI, lag in Führung, als er in der überhöhten Strecke die Kontrolle über sein Fahrzeug verlor – möglicherweise wegen eines geplatzten Reifens. Er fuhr über den Kurvenrand, prallte gegen eine Mauer und war auf der Stelle tot. Godia-Sales gewann das Rennen mit einem 300S vor Duncan Hamilton im Jaguar D-Type.

Der Grand Prix von Rom wurde auf der sehr schnellen Strecke von Castelfusano am 21. und 22. Oktober als ein 6-Stunden-Rennen ausgetragen, einschließlich einer Veranstaltung für Sportwagen zwischen 1,5 und 2,0 Litern Hubraum. Behra war mit einem 150S gemeldet, aber das Fahrzeug war bereits im Training im Vergleich zu den Oscas und Cooper-Climax so wenig wettbewerbsfähig, dass es von der Starterliste gestrichen wurde. Jean Behra und Harry Schell gewannen mit ihren 200SIs die 2-Liter-Klasse, aber dieser Erfolg wurde von einem Unfall Villoresis überschattet, der mit seinem 200SI auf dem dritten Platz lag, als er von der Strecke abkam, einige Strohballen streifte und sich überschlug. Der Renn-Veteran aus Mailand wurde schwer verletzt und fuhr nie wieder Rennen.

Am 3. November wurde der Grand Prix von Venezuela über 343 Kilometer in Caracas gefahren, und wenn die Organisatoren diesmal eine vernünftige Wertung würden nachweisen können, hatte das Land Aussicht auf einen Weltmeisterschaftslauf im Jahr 1957. Für Moss und Schell wurden Werks-300S gemeldet, Ferrari hatte 3,5-Liter-Fahrzeuge für Fangio, de Portago und Schell am Start. Moss führte zunächst, wurde in der siebten Runde aber von de Portago überholt, um in der 15. Runde dieses auf 85 Runden angesetzten Rennens wieder in Führung zu gehen. Er blieb bis ins Ziel an der Spitze und lag 19,2 Sekunden vor Fangio, der alle erdenklichen Anstrengungen unternommen hatte, ihn einzuholen. Behra fuhr ein schwaches Rennen und wurde Fünfter. Nach dem Rennen wurden die Werks-Maseratis an lokale Fahrer verkauft.

Bei der australischen Tourist Trophy, die am 25. November über 161 Kilometer auf dem Kurs im Albert Park in Melbourne gefahren wurde, belegten Moss und Behra mit ihren Werks-300S die ersten beiden Plätze vor Ken Wharton (mit einem privaten Ferrari *Monza*). Nach dem Rennen wurden die Maseratis, ebenso wie in Venezuela, an lokale Rennfahrer verkauft. Von Australien flog Moss nach Nassau auf die Bahamas, um dort mit einem 300S an der 338 Kilometer langen Nassau Trophy teilzunehmen. Das Fahrzeug wurde an Bill Lloyd verkauft, der der Beifahrer von Moss in dem siegreichen Osca beim 12-Stunden-Rennen von Sebring 1954 gewesen war. Das war ein ziemlich müdes Exemplar und zuvor schon bei einer Kollision demoliert worden, aber Moss gewann wieder und fuhr vor den Ferraris von Masten Gregory und Marquis de Portago über die Ziellinie.

Zwei Fahrzeuge mit Maserati-Motoren waren bei kleineren britischen Rennen 1956 erfolgreich. Brian Naylor, ein Autohändler und Enthusiast aus Stockport in Lancashire, hatte einen 150S gekauft, um ihn bei britischen Rennen einzusetzen. Schon bald hatte er aber erkannt, dass der Wagen zu schwer für die kurzen englischen Rennstrecken war. So baute er den Motor und das Getriebe in einen Lotus Eleven, einen Wagen, der gewöhnlich mit einem Coventry-Climax-Motor bei Rennen eingesetzt wurde. Das Fahrzeug erwies sich als phänomenal erfolgreich, und Naylor gewann in der Saison 1956 viele Rennen mit ihm.

Nach zwei Rennsaisons mit seinen Lister-Sportwagen mit Bristol-Motoren baute Brian Lister ein neues, sehr flaches Fahrzeug, das er mit einer A6GCS-Maschine motorisierte, die er vom Werk gekauft hatte. Obwohl der Motor nicht ohne Probleme war, gewann der Werksfahrer Archie Scott-Brown in diesem Jahr einige britische Veranstaltungen in der 2-Liter-Klasse. Möglicherweise von Naylors Erfolg beeindruckt, erwarb Maserati im Spätsommer 1956 von Lotus einen Eleven-Serie-1-Sport-Rennwagen, Chassis-Nummer 192, zu Studienzwecken. Das von Chapman entwickelte mehrfache Rohr-Space-Frame-Chassis inspirierte Alfieri, als er später das viel komplexere »Birdcage«(Vogelkäfig)-Chassis entwickelte.

Im Jahr 1956 war Maserati sowohl bei seinen Rennaktivitäten als auch bei seinen Anstrengungen, Fahrzeuge an Privatleute zu verkaufen, sehr aktiv. Das Team hatte zwei Meisterschafts-Grand-Prix gewonnen sowie zwei Läufe bei der Sportwagen-Weltmeisterschaft. Das war zwar weniger, als man erhofft hatte, aber mit den neuen Fahrzeugen, die in der Entwicklung waren, hatte man gute Aussichten für 1957. Sehr wichtig war, dass Maserati finanziell ein sehr profitables Jahr hatte und die Zukunft des Unternehmens gesichert schien.

1957

1957 befand sich Maserati auf dem Höhepunkt seiner Rennentwicklung. Juan Manuel Fangio kehrte in das Team zurück und gewann seine fünfte Weltmeisterschaft, und Maserati wurde in der Sportwagen-Weltmeisterschaft nur knapp von Ferrari geschlagen. Das Unternehmen hatte außerdem einen ausgezeichneten Kundenstamm aufgebaut und verkaufte noch immer viele Wettbewerbsfahrzeuge. Es gab aufregende neue Fahrzeuge: den 250F mit einem V12-Motor, den Alfieri die ganzen Jahre über rennfertig zu machen versucht hatte, und den V8-4,5-Liter-Sport-Rennwagen, dessen Prototyp erstmals beim Grand Prix von Schweden 1956 zu sehen gewesen war. Auch die Produktion eines GT-Fahrzeugs hatte Fortschritte gemacht, und Alfieri arbeitete zudem an einem neuen Rennwagen für den Verkauf an private Fahrer. Es war das beste Jahr des Teams, es war aber auch das Jahr, in dem die finanzielle Glückssträhne riss und Maseratis Beteiligung an Rennen nie wieder so intensiv sein würde.

Das Grand-Prix-Jahr

Als Folge des so erfolgreichen Auftritts der modifizierten 250Fs beim Grand Prix von Italien entwickelte Alfieri einen echten »Leichtbau« oder T2 für 1957, von dem nur drei Exemplare für das Werksteam gebaut wurden. Alfieri verwendete ein viel leichteres, aber stärkeres Mehrrohr-Chassis mit kleinerem Rohrdurchmesser und mit Rohrstreben verstärkten Ecken zwischen den Hauptrohren. Der geneigte Einbau des Motors und der versetzte Antrieb wurden aufgegeben. Beim Fahrwerk selbst wurden keine Veränderungen vorgenommen – anders als bei einem Teamfahrzeug, das als Versuch geschweißte Rohr-Querlenker hatte anstelle der üblichen geschmiedeten Querlenker. Wie bei der Monza-Fahrzeugen von 1956 war das Lenkgetriebe am Chassis-Rahmen montiert, um Vibrationen zu minimieren. Man hatte jetzt neue, größere und festere Bremstrommeln, und diese hatten quer verlaufende, in Dreiergruppen zusammengefasste Kühlrippen.

Eine ständige Weiterentwicklung des Sechszylindermotors hatte ihn auf eine Leistung von 280 PS gebracht. Ein sehr markanter rohrförmiger Lufteinlass auf der rechten Seite der Haube führte die Luft in einen Leichtmetallbehälter, in den die Ansaugstutzen der Weber-Vergaser mündeten, abgeschirmt vom Motorraum. Die neu gestaltete Karosserie hatte eine flachere Nase und einen verstärkten Aluminiumtank im Heck, der auch die Kopfstütze für den Fahrer bildete. Ein Einlass oben auf der Karosserie ließ

Juan Manuel Fangio in einer extremen Fahrsituation beim Versuch, Stirling Moss mit einem anderen 250F abzuschütteln. In Wirklichkeit lag Moss einige Runden zurück, weil er gezwungen gewesen war, kurz nach Rennbeginn einen Boxenstopp wegen eines Vergaserproblems einzulegen. Fangio gewann das Rennen vor seinem Teamkollegen Behra.

Frischluft in den Fußraum strömen. Die drei Fahrzeuge hatten die Chassis-Nummern 2527, 2528 und 2529. Pirelli hatte sich offiziell aus dem Renngeschehen zurückgezogen, sich aber bereit erklärt, Maserati 1957 noch mit Reifen zu versorgen. Sie wurden überredet, das auch für Vanwall zu tun.

Juan Manuel Fangio fuhr in seiner letzten vollen Rennsaison, nachdem er bei Ferrari ausgeschieden war und erneut bei Maserati angeheuert hatte, den 2529; Jean Behra, der jetzt in der dritten Saison bei Maserati fuhr, saß normalerweise im 2528; und Harry Schell, der nach zwei Jahren bei Vanwall zu Maserati gekommen war, steuerte den 2527. Meist meldete Maserati einen vierten Wagen, oft den 2501, das Entwicklungsfahrzeug des Teams. Bis zum Großen Preis von Deutschland fuhr das vierte Fahrzeug gewöhnlich Carlos Menditeguy, der von seinen Verletzungen aus dem Jahr 1956 jetzt wieder voll genesen war. Für den Rest des Jahres übernahm das Fahrzeug Giorgio Scarlatti.

Maserati hatte einen V12-Formel-1-Motor entwickelt, der im Werk nur unter der Bezeichnung *Dodici* (zwölf) bekannt war. Er war ursprünglich als Boxermotor konzipiert und 1956 weitestgehend fertiggestellt worden. Alfieri musste jedoch feststellen, dass 1957 kein geeigneter Zeitpunkt für die Neukonstruktion eines Fahrgestells für diesen Motor war. So wurde entschieden, dass der *Dodici* zu einem V12-Motor mit einem Winkel von 60 Grad umkonstruiert werden sollte, der dann in ein modifiziertes 250F-Chassis passen würde. Diese Entwicklung war logisch und konsequent. Das V12-Fahrzeug wurde unter der Bezeichnung 250T T2 bekannt, was einigermaßen verwirrend war, weil die »Leichtbau«-Fahrzeuge von 1957 auch unter dem Begriff T2 geführt wurden.

Der V12-Motor hatte einen Hubraum von 2490 ccm (68,7 × 56 mm), und es gab pro Zylinderbank zwei obenliegende Nockenwellen, die mit Zahnrädern vom vorderen Ende der Kurbelwelle angetrieben wurden, ebenso wie die Treibstoff-, die Öl- und die Wasserpumpe. Das Kurbelgehäuse war tief, zog sich weit herauf und umschloss die eingepressten Laufbuchsen. Die Zylinderköpfe waren separat. Natürlich verwendete man eine Trockensumpfschmierung. Alfieri wollte zunächst sechs Weber-Doppelvergaser in der üblichen Weise auf dem »V« montieren, musste aber feststellen, dass dies wegen der räumlichen Enge nicht möglich war.

Er löste das Problem, indem er Ansaugrohre nutzte, die senkrecht von den Ventilen abgingen, neben den zentral am Zylinder angeordneten Zündkerzen. Weber konstruierte spezielle Doppelvergaser, die die Bezeichnung 35IDM trugen. Für jede Zündkerze gab es eine einzelne Zündspule sowie Zündverteiler, die ursprünglich für Motorräder entwickelt worden waren und zwölf Kontakte hatten. Sie waren vorn vor jeder Einlass-Nockenwelle montiert. Man nimmt an, dass die Leistung bei den ersten Testfahrten bei 300 PS gelegen hat und später auf 320 PS gesteigert wurde. Die Höchstdrehzahl des V12 wurde mit 12000 U/min angegeben.

Man hatte ein neues Fünfganggetriebe mit fünf echten Vorwärtsgängen vorgesehen, das aber erst für den Einsatz in Monaco im Mai fertig wurde. Das Chassis 2523 war für die Aufnahme des V12-Motors vorgesehen, aber es wurden größere Modifikationen notwendig. Das Lenkgetriebe wurde hinter dem Kühler angebracht, der größer als üblich war. Die Lenksäule verlief im »V« des Motorblocks. Das Chassis war mit den Bremstrommeln des 250F des Jahres 1957 ausgerüstet, und es gab zwei Lufthutzen auf der Haube. Der *Dodici* war leicht an den beiden Auspuffrohren auf den Fahrzeugseiten identifizierbar, die oberhalb der Hinterachse verliefen.

Frühe Tests deckten eine Reihe von Problemen auf, abgesehen von der Tatsache, dass es eine Verzögerung gab, bevor die Leistung nach intensivem Einsatz des Gaspedals einsetzte – und dann gleich so stark, dass sie selbst für erfahrene Fahrer nicht zu bewältigen war. Alfieri hatte so etwas wie ein Monster konstruiert.

Die Saison wurde zu einem Zweikampf zwischen Maserati und den stark verbesserten britischen Vanwalls, die von Stirling Moss und Tony Brooks gefahren wurden. Bis zum Durchbruch von Vanwall beim Grand Prix von Europa in Aintree war es immer eine einseitige Angelegenheit gewesen, wobei die britischen Wagen zwar schneller, aber auch wesentlich unzuverlässiger waren. Wie die anderen Konkurrenten waren die Ferrari V8 auf Lancia-Basis nicht mehr wettbewerbsfähig und konnten kein einziges Weltmeisterschaftsrennen gewinnen. Auch BRM blieb in technische Probleme verstrickt, trotz der großartigen Versprechungen mit dem P25-Vierzylinderwagen. Gordini und Connaught hatten sich bereits früh in der Saison aus dem Rennsport zurückgezogen.

Vanwall trat zum Grand Prix von Argentinien am 13. Januar nicht an; so konnte Moss einen Maserati fahren, und Harry Schell trat aus dem Werksteam aus und fuhr stattdessen einen 250F der Scuderia Centro-Sud. Behra führte zunächst vor Castellotti (Lancia-Ferrari) und Fangio, aber Moss – der im Training der Schnellste gewesen war – musste sofort wegen einer verbogenen Drosselklappenverbindung an die Box und verlor neun Runden. Castellotti übernahm die Führung vor Behra, fiel dann aber aus, als sein Wagen ein Rad verlor. Fangio übernahm jetzt die Führung und siegte vor Behra, Menditeguy und Schell. Moss belegte den achten Platz, nachdem er zwei Runden wiedergutgemacht hatte und Fangio auf Teufel komm raus jagte. Alejandro de Tomaso fuhr den Centro-Sud-250F auf den neunten Platz.

Der Buenos-Aires-City-Grand-Prix wurde als ein Rennen gefahren, bei dem die Ergebnisse zweier Läufe addiert wurden. Jeder ging über 137 Kilometer. Das Rennen wurde bei größter Hitze ausgetragen, und Moss führte eine Weile im ersten Lauf, aber sein Motor litt unter einem Drehmomentverlust im unteren Drehzahlbereich, die Bremsen begannen zu blockieren, und er selbst war durch die Hitze stark beeinträchtigt. Moss fuhr an die Box, während Fangio und Behra die ersten beiden Plätze vor Castellotti und Hawthorn mit ihren Lancia-Ferraris belegten. Collins gewann den zweiten Lauf mit dem Lancia-Ferrari, den Musso im ersten Lauf gefahren hatte. Fangio und Behra belegten in diesem Lauf den zweiten und dritten Platz und die ersten beiden Plätze im Gesamtklassement.

Das erste Formel-1-Rennen in Europa fand mit dem Grand Prix von Syracus am 7. April statt. Behra fuhr einen »Leichtbau«, Schell saß am Lenkrad des 2501, und der Dodici hatte seinen ersten öffentlichen Auftritt. Behra, Schell und Scarlatti fuhren ihn im Training, aber es bedurfte noch viel Entwicklungsarbeit, um ihn für ein Rennen einsatzfähig zu machen. Sowohl Behra als auch Schell fielen aus, während Moss das Rennen in seinem Vanwall dominierte, bis eine Treibstoffleitung ein Leck bekam. Nach einem Boxenstopp kam er wieder in das Rennen zurück und wurde Dritter hinter den Lancia-Ferraris von Collins und Musso.

Nach einer Unterbrechung von zwei Jahren fand in diesem Jahr auch wieder der Grand Prix von Pau statt, wie üblich am Ostermontag. Der einzige teilnehmende Werks-Maserati war ein »Leichtbau«, der von Behra gefahren wurde. In Abwesenheit der Konkurrenz von Ferrari gewann er vor Schell (Centro-Sud-250F) und Ivor Bueb (Connaught). Es war Behras dritter Gewinn in Folge. Zum Grand Prix von Neapel am 28. April waren keine Werks-Maseratis gemeldet, und Collins und Hawthorn belegten mit ihren Lancia-Ferraris die ersten beiden Plätze vor Musso mit dem neuen Ferrari Formel 2-V6. Horace Gould brachte seinen privaten 250F langsam über die Ziellinie und belegte mit einem gebrochenen Ventil noch den vierten Platz.

Maserati war beim Grand Prix von Monaco, dem ersten Lauf zur Weltmeisterschaft am 19. Mai, in voller Stärke angetreten. Behra fühlte sich nach einem Unfall auf der normalen Straße nicht in der Lage, Rennen zu fahren, aber Fangio, Schell und Menditeguy fuhren die »Leichtbau«-Fahrzeuge. Das Team hatte außerdem den 2501 gemeldet, mit Scarlatti am Lenkrad, der im Training schneller gewesen war als Hans Herrmann. Alle Fahrer testeten den V12, der jetzt zwei Auspuffrohre pro Zylinderbank hatte, die unmittelbar vor den Hinterrädern endeten und mit Megafon-Enden bestückt waren. Obwohl Fangio den V12 in Monaco mit großem Elan fuhr, war das Fahrzeug immer noch weit davon entfernt, für den Renneinsatz bereit zu sein.

Das Vanwall-Team kam einem wichtigen Sieg immer näher, und beim Rennen von Monaco hatte Moss seinen Wagen am Start auf den ersten Platz gefahren, vor Fangio und Collins. Der junge englische Fahrer brachte seinen Lancia-Ferrari in der zweiten Runde auf den zweiten Platz. In der vierten Runde hatte Moss einen

Einer der besten Grand-Prix-Läufe in Fangios langer Karriere war der Grand Prix von Frankreich in Rouen. Er war unumstrittener Herrscher über die kurvenreiche Strecke und gewann mit einem Vorsprung von 50 Sekunden vor Musso (Ferrari Tipo 801). Die Beule in der Fahrzeugnase zog sich Fangio zu, als er seinen einzigen Fehler im Rennen machte und zu einem kurzen »Ausritt« gezwungen war.

An der Box vor dem Grand Prix von Europa in Aintree. Guerino Bertocchi und Juan Manuel Fangio diskutieren über Zündkerzen. (T.C. March)

Ausfall der vorderen Bremsen bei seinem Vanwall und fuhr in die Schikane. Collins drehte sich beim Versuch, Moss auszuweichen, und fuhr in die Schikane auf der anderen Seite der Strecke. Sowohl Fangio als auch Brooks (Vanwall) kamen an den Unfallwagen vorbei, aber Hawthorn schlug gegen ein Hinterrad von Brooks' Vanwall und schlitzte den Hinterwagen von Collins auf.

Das nahm dem aufregenden Rennen viel von seiner Spannung. Fangio führte in den noch verbleibenden 101 Runden und festigte seine Führung in der Weltmeisterschaft. Brooks wurde mit seinem Vanwall Zweiter, mit einer wegen der unzähligen Gangwechsel bei diesem Rennen blutenden linken Hand, und Masten Gregory brachte seinen *Centro-Sud*-250F auf dem dritten Platz liegend mit zwei Runden Rückstand ins Ziel. Die anderen drei Werksfahrer von Maserati waren ausgefallen. Menditeguy war ausgesprochen gut gefahren und hatte den dritten Platz belegt, fuhr aber in der 51. Runde in der Schikane gegen einen Laternenpfahl. Dabei erlitt er kleinere Verletzungen einschließlich einer gebrochenen Nase.

Die Formel 1 befand sich 1957 in finanziellen Schwierigkeiten, was zur Absage des belgischen und des niederländischen Grand Prix führte. Andererseits gab es eine kurzlebige Ergänzung des Rennkalenders durch das 500-Meilen-Rennen von Monza für die Two Worlds' Trophy auf der überhöhten Rennstrecke am 29. Juni. Das Rennen wurde nach dem United-States-Automobile-Club-Reglement für Fahrzeuge mit bis zu 4,2 Liter Hubraum ohne Kompressor ausgetragen und sollte einen Wettstreit zwischen europäischen und amerikanischen Rennteams darstellen. Über die neu gebildete UPPI (Vereinigung der internationalen Profi-Fahrer) boykottierten die meisten europäischen Fahrer das Rennen, und schließlich war das einzige Team aus Europa, das teilnahm, die *Ecurie Ecosse* mit drei Jaguar D-Type.

Maserati versuchte auch, bei der Veranstaltung mitzumachen, und produzierte zwei Fahrzeuge, die beide von Jean Behra im Qualifying gefahren wurden. Der V12-Formel-1-Wagen war mit einem V12-Motor mit 3490 ccm (73,8 × 68 mm) Hubraum ausgestattet, der von Hans Herrmann bei der Mille Miglia gefahren worden war, mit Halibrand-Magnesium-Leichtmetallscheibenrädern und mit 18-Zoll-Firestone-Rennreifen. In dieser Version war das Fahrzeug kaum beherrschbar und wurde zurückgezogen. Maserati hatte außerdem einen 450S-Sport-Rennwagen hergestellt, mit einem Motor, der einen verkleinerten Hub von 75,8 mm hatte und damit dem Motor einen Hubraum von 4190 ccm gab. Als einer dieser Motoren zu Beginn des Jahres 1957 an Parravano gegeben wurde, ging man davon aus, dass er auf Alkoholbetrieb umgestellt werden und 425 PS leisten sollte. Auch dieses Fahrzeug litt unter Handlingproblemen und wurde zurückgezogen, als eine gerissene Gummimanschette an der hinteren Achsaufhängung zu Problemen führte.

Der nächste Grand Prix war der von Frankreich, der am 7. Juli auf dem 6,54 Kilometer langen Kurs von Essarts in Rouen gefahren wurde, einer Strecke mit schnellen Kurven, abschüssigen Windungen und keinen langen Geraden. Zusätzlich zu den drei »Leichtbau«-Fahrzeugen mit den bekannten Fahrern war Menditeguy am Lenkrad des 2501. Maserati präsentierte außerdem eine neue Version des V12, Fahrgestellnummer 2530. Grundsätzlich war dieser Wagen mit dem 6-Zylinder-Fahrzeug von 1957 identisch, aber ein Untersetzungsgetriebe hinter der Kupplung senkte die Linie des Antriebs ab. Eine lange, abfallende Frontpartie bestimmte den Vorderwagen, eine Leichtmetallwanne schirmte den Vergaser als Hitzeschutz gegenüber dem Motor ab, und abgesenkte Luftführungen machten die bisherigen, in die Haube eingelassenen Sicken überflüssig. In Rouen war die Anzahl der Starter streng limitiert, sodass der einzige Privatfahrer, der zugelassen wurde, Gould mit seinem 250F war.

Fangio und Behra dominierten das Training. Mit ihnen in der ersten Startreihe stand Musso. Weder Moss (wegen einer Erkältung) noch Brooks (der noch an seinen Verletzungen von Le Mans litt) waren für einen Einsatz fit genug, sodass Roy Salvadori und Stuart Lewis-Evans ihre Vanwall fuhren. Fangio führte ab Runde vier und baute diese Führung immer mehr aus, da er in Topform fuhr und eine abschüssige Kurve nach der anderen optimal nahm.

Gegen Ende des Rennens gab es in der Maserati-Box Anzeichen dafür, dass Fangio zum Reifenwechsel stoppen würde, aber das war ein Irrtum, und er fuhr weiter, um 50 Sekunden vor Musso das Rennen als Sieger zu beenden. Collins und Hawthorn belegten mit ihren

Ein Maserati-Mechaniker arbeitet vor dem Grand Prix von Europa am Motor von Jean Behras »Leichtbau«-250F an der Box in Aintree. (T.C. March)

Ein Fahrzeug, das bessere Tage gesehen hatte: Ivor Bueb beim Grand Prix von Europa mit dem 250F von Gilby Engineering, der schon in der vierten Saison eingesetzt wurde. Bueb wurde Neunter auf der Straße, lag aber zu weit zurück, um sich klassifizieren zu können. (T.C. March)

Lancia-Ferraris die Plätze drei und vier. Schell, dessen Motor rau zu laufen begann, wurde Fünfter, und Behra, von Öl durchtränkt, stoppte unmittelbar vor der Ziellinie und schob seinen Wagen, auf dem sechsten Platz liegend, ins Ziel, als auch Fangio die Zielflagge passierte.

Eine Woche später nahm Maserati – und die anderen führenden Teams – an dem Grand Prix von Reims über 507 Kilometer teil, der nicht zur Weltmeisterschaft zählte. Der Grand Prix von Europa wurde in Aintree nur eine Woche später ausgefahren. Weil zwei der Fahrzeuge von 1957 in Modena überholt wurden, meldete Maserati Fangio mit einem leicht modifizierten Monza-Wagen des Baujahrs 1956, Behra mit dem 2502, Harry Schell mit einem »Leichtbau« sowie zwei V12-Wagen, von denen einen Menditeguy fahren sollte.

Einer der V12-Wagen war neu und hatte ein Chassis, das dem Monza von 1956 ähnlich war, allerdings mit einem nicht mittigen Motor und einer schräg eingebauten Kardanwelle. Behra saß hinter dem Lenkrad des neuen Wagens, als ein Kolben klemmte und damit die Chance für dieses Fahrzeug dahin war. Dass neun private 250Fs gemeldet worden waren, war ein Hinweis darauf, wie sehr dieses Modell ein etabliertes Fahrzeug in der Grand-Prix-Szene geworden war. Eines dieser Fahrzeuge gehörte dem Schweizer Grafen Ottorino Volonterio, das von

Herbert Mackay Fraser gefahren worden wäre, wenn dieser nicht am Lenkrad eines Lotus bei einem Formel-2-Vorrennen in dieser Veranstaltung ums Leben gekommen wäre.

Stuart Lewis-Evans, mit seinem Vanwall der Zweitschnellste im Training, führte zunächst vor Musso und Fangio. Der schlanke, junge Mann aus Wales fiel jedoch zurück, weil Öl seine Handschuhe und die Brille verschmutzte. Musso, Fangio und Behra konnten ihn überholen. Die zwei Maserati-Fahrer kämpften um den zweiten Platz, bis Fangios Bremsen in der Thillois-Haarnadelkurve blockierten. Er wollte in die Strohballen fahren, um den Wagen zu verzögern, traf aber einen Erddamm und war mit einer defekten Vorderradaufhängung aus dem Rennen. Musso gewann vor Behra, Lewis-Evans, Schell und Salvadori (im zweiten Vanwall). Menditeguy fiel wegen Getriebeproblemen mit seinem V12 aus.

In den nächsten beiden Rennen schwankte die Fahrweise von Fangio zwischen Mittelmäßigkeit in Aintree, wo er unter Schmerzen als Folge des Unfalls in Reims litt, und absoluter Überlegenheit auf dem Nürburgring. Moss, wieder am Steuer eines Vanwall, fuhr im Training die schnellste Runde beim Grand Prix von Europa in Liverpool über 435 Kilometer am 22. Juli, und er führte auch im Rennen, als er am Ende der 22. Runde mit Zündproblemen an die Box kam. Jetzt führte Behra vor Hawthorn und Collins, während Fangio auf dem siebten Platz bis zur Runde 49 von insgesamt 90 Runden weiterfuhr, um dann wegen Problemen mit seinem Motor auszuscheiden. Brooks hatte sich vom Unfall in Le Mans noch nicht wieder ganz erholt, kam in Runde 26 an die Box und übergab seinen Wagen an Moss.

Moss hatte das Fahrzeug auf dem neunten Platz liegend übernommen und begann eine furiose Aufholjagd auf die Führenden. Als Collins seinen Lancia-Ferrari wegen eines Lecks im Wasserkreislauf zurückzog, lag Moss auf dem vierten Platz. Es schien aber Behras Tag zu sein, der uneinholbar vorne zu liegen schien. Gerade als Moss seinen Teamkollegen Lewis-Evans überholte und auf den dritten Platz kam, löste sich die Kupplung von Behras Maserati vollständig auf und verstreute Metallsplitter über die Strecke.

Hawthorn holte sich von den Splittern einen Reifenschaden und musste an die Box. Moss und Lewis-Evans waren jetzt Erster und Zweiter. Lewis-Evans musste auf der Strecke stoppen, weil sich ein Gelenk des Gasgestänges gelöst hatte, kam wieder ins Rennen, wurde aber disqualifiziert, weil er seine Motorhaube nicht wieder befestigt hatte. Moss hatte jetzt Zeit für einen vorsorglichen Tankstopp und gewann das Rennen mit einem Vorsprung von 36 Sekunden vor Musso (Lancia-Ferrari). Weitere Lancia-Ferraris, die von Hawthorn und Trintignant/Collins gefahren wurden, belegten den dritten und den vierten Platz. Moss und Brooks hatten den ersten *Grande-Epreuve*-Sieg eines britischen Wagens seit Seagraves Gewinn mit einem Sunbeam in Tours 1923 erzielt. Für Maserati war das ein schlechter Tag, denn der einzige 250F, der ins Ziel kam, war der alte Gilby-Wagen, der mit Ivor Bueb auf den neunten und letzten Platz kam, aber mit einem Rückstand, der eine Klassifikation ausschloss.

Beim Grand Prix von Caen am 28. Juli über 300 Kilometer waren keine Maseratis am Start, sodass Behra einen BRM fahren konnte. Er gewann vor Salvadori (Cooper-Climax) und Bruce Halford mit seinem privaten Maserati. Das Werksteam von Maserati trat erstmals wieder beim Großen Preis von Deutschland auf dem Nürburgring am 4. August auf. Die üblichen drei »Leichtbau«-Fahrzeuge wurden von Fangio, Behra und Schell gefahren, während Scarlatti hinter dem Lenkrad des 2501 saß. Gegen die Fahrzeuge aus Modena traten zwei Vanwalls mit Moss und Brooks sowie vier Lancia-Ferraris an. Beim Training erzielte Fangio die Pole-Position, indem er den Rundenrekord über die 22,81 Kilometer lange Strecke von 9 Minuten, 41,6 Sekunden auf 9 Minuten, 25,6 Sekunden schraubte. Die Vanwalls waren auf dieser Strecke nicht wettbewerbsfähig, weil das Team den Kurs noch nie gefahren war und daher keine Gelegenheit hatte, der Antrieb darauf abzustimmen.

Maserati gab manchmal dem Start mit halb vollem Tank den Vorzug, was sich allerdings selten auszahlte, weil man damit in der Regel kei-

Er war niemals ein glücklicher Fahrer: Jean Behra führte beim Grand Prix von Europa 1957 mit seinem »Leichtbau«-250F und sah wie der sichere Sieger aus, als sich seine Kupplung auflöste. Er gewann keinen Weltmeisterschaftslauf, bevor er im August 1959 auf der Avus tödlich verunglückte. (T.C. March)

Ein weiteres großartiges Rennen von Juan Manuel Fangio fand auf dem Nürburgring beim Großen Preis von Deutschland 1957 statt, als er die Lancia-Ferraris vernichtend schlug und den Rundenrekord beträchtlich unterbot. Hier überquert er die Start-Ziel-Linie. Es war Fangios letzter Sieg in einem Weltmeisterschaftsrennen.

nen entscheidenden Vorsprung herausfahren konnte, um den Zeitverlust für den zusätzlichen Tankstopp zu kompensieren. Obwohl sie dies wieder auf dem Nürburgring machten und Fangio damit sogar gewann, hätte er mit Sicherheit auch gewonnen, wenn er mit vollem Tank gestartet wäre und nur einen Satz Reifen gebraucht hätte. Fangio übernahm die Führung erst in der dritten Runde, senkte beständig den Rundenrekord und ging Ende der elften Runde mit einer Führung von 28 Sekunden an die Box. Während sein Fahrzeug aufgetankt wurde und hinten neue Reifen bekam, fiel Fangio auf den dritten Platz zurück, rund eine Minute hinter Collins und Hawthorn mit den Lancia-Ferraris.

In den nächsten drei Runden machte Fangio gegenüber den Führenden nur wenig Boden gut. Dann holte er jedoch 8 bis 9 Sekunden pro Runde auf, brach mehrmals den Rundenrekord und stellte schließlich mit 9 Minuten, 17,4 Sekunden (147,36 km/h) eine neue Bestleistung auf. Zu Beginn der 21. Runde des auf 22 Runden festgesetzten Rennens lag er etwa 90 Meter hinter den führenden Ferraris. Nach der Hälfte der Runde hatte er die Führung. Im Ziel lag er 3,6 Sekunden vor Hawthorn, Collins wurde Dritter, Musso Vierter, Moss Fünfter und Behra Sechster; Schell belegte den siebten Platz und Scarlatti den zehnten. In Fangios langer Karriere gab es viele außergewöhnliche Rennen, besonders mit den aufgeladenen Alfa Romeos in den Jahren 1950/51, sodass es sicher nicht richtig wäre, dieses Rennen als sein bestes zu bezeichnen, aber es war mit Sicherheit eines seiner besten.

Als Folge der Absage der belgischen und niederländischen Rennen durfte Italien 1957 ein zweites Weltmeisterschaftsrennen austragen. Dies war der Grand Prix von Pescara, der am 18. August über eine Distanz von 460 Kilometern auf der 25,6 Kilometer langen Strecke gefahren wurde. Das Rennen war ein harter Wettbewerb zwischen Maserati und Vanwall, weil Ferrari – nur mit großem Widerstreben – einen einzigen Wagen für Musso gemeldet hatte. Er stand bei den Offiziellen noch immer unter Druck wegen de Portagos tödlichen Unfalls bei der Mille Miglia und hatte auf das Rennen verzichten wollen. Die üblichen Maserati-Fahrer fuhren die üblichen Fahrzeuge, und der neueste V12, der 2531, trat beim Training an. Es war bekannt, dass Maserati zeitweise einen Nitro-Methan-Treibstoffzusatz bei den 250Fs verwendete, und es gab kaum Zweifel, dass Fangio ein solches Gemisch fuhr, als er in Pescara die schnellste Runde mit 9 Minuten, 44,6 Sekunden absolvierte. Moss benötigte 9 Minuten 54,7 Sekunden. Sie waren die beiden einzigen Fahrer, die unter zehn Minuten blieben.

Musso führte in der ersten der 22 Runden, dann überholte ihn Moss. Musso verfolgte Moss hart, aber Fangio, an dritter Stelle liegend, fiel zurück. Behra musste wegen Motorproblemen aufgeben. In der neunten Runde gab Musso wegen eines undichten Öltanks auf, nachdem er über die ganze Strecke Öl verloren hatte; Fangio rutschte auf einem Ölfleck aus und verbog sich zwei Räder. Er fuhr an die Box, wo die Räder gewechselt wurden. Als die Zielflagge fiel, lag er drei Minuten hinter Moss. Schell wurde Dritter und Masten Gregory mit einem *Scuderia-Centro-Sud*-250F Vierter. Das Vanwall-Team hatte jetzt mit seinen Fahrzeugen die notwendige Zuverlässigkeit erreicht.

So kamen die Teams nach Monza zum Grand Prix von Italien am 8. September über 500 Kilometer, der auf dem Straßenkurs ausgetragen wurde. Das war das letzte Rennen zur Weltmeisterschaft in dieser Saison. Seit Pescara war der neue V12 intensiv getestet worden, sodass er jetzt für Jean Behra gemeldet werden konnte, während Fangio und Schell ihre angestammten Fahrzeuge fuhren und Scarlatti den 2501 bewegte. Die drei Vanwalls waren im Training die Schnellsten, und Fangio stand beim Start in der ersten Reihe neben ihnen. Beim Training fuhren Fangio und Behra den V12 mit großem Elan, und sie umrundeten den Kurs in langen Bahnen mit »heulenden« Motoren und durchdrehenden Rädern. Behra war Fünftschnellster mit einer Rundenzeit von 1 Minute, 43,4 Sekunden, eine Sekunde langsamer als Lewis-Evans, der die Pole-Position erreichte. Vor dem Rennen segnete ein Priester, der ein offizielles Maserati-Armband trug, die 250Fs.

Typisch für die Mille Miglia. Tony Merrick hat erst kürzlich die Restaurierung dieses Tipo-4CS-1100-Maserati abgeschlossen, der wahrscheinlich das erste Fahrzeug dieses Typs war. Er wurde als Chassis an den römischen Maserati-Agenten De Silva verkauft. Die Karosserie stammt von Brianza, ein Name, der von Zagato in den drei Jahren zwischen dem Zusammenbruch des Unternehmens und dem Neubeginn 1933 übernommen und benutzt wurde. Er war auf dem Autosalon in Mailand 1932 ausgestellt worden (oben).

Ein Blick auf den Vierzylindermotor mit Kompressor des 4CS-1100. 1938 wurde dieses Fahrzeug mit einer einsitzigen Karosserie versehen und von Graf Luigi Castelbarco in Rennen gefahren. Später ging der Wagen nach Eritrea, wurde während der britischen Besatzung im Zweiten Weltkrieg aufgefunden und hat seitdem wieder eine zweisitzige Karosserie. Er wurde nach England zurückgebracht (rechts).

Eine von mehreren allegorischen Werbeanzeigen von Maserati aus den Jahren 1940/41. Dieses Poster aus dem Jahre 1941 zeigt die Palette der Maserati-Produkte: Rennwagen und projektierte GT-Fahrzeuge, Zündkerzen und Batterien sowie eine Fräsmaschine. Die beiden Schornsteine oben links repräsentieren Orsis Stahlwerke in der Viale Ciro Menotti gegenüber dem Fahrzeugwerk.

Prinz Bisa mit seinem 4CLT/48 San Remo beim Grand Prix von England 1949 in Silverstone. Er führte das Rennen mit seinem von Plate gemeldeten Fahrzeug an, ging aber zu schnell in eine Kurve und verbog die Vorderachse (rechte Seite oben). (Sammlung Guy Griffiths)

Der Plate-Maserati war ein relativ erfolgloser Versuch von Enrico Plate, den 4CLT/48 als 2-Liter-Formel-2-Wagen ohne Kompressor zu bauen. Hier fährt Emmanuel de Graffenried in seinem Plate-Maserati 1952 bei der International Trophy in Silverstone. Bei diesem Rennen lief das Fahrzeug gut und wurde Dritter hinter den beiden HWMs (rechte Seite unten). (T.C. March)

»B. Bira« mit einem A6GCM des Jahres 1952, der von dem Autosport-Team für das International-Trophy-Rennen 1953 gemeldet worden war. Es war für den siamesischen Prinzen selbstverständlich, dass er stets das neueste Maserati-Modell fuhr, das für Privatfahrer zum Kauf stand. Er wurde Vierter (links). (T.C. March)

Emmanuel de Graffenried am Lenkrad seines privaten A6GCM vor dem Start zum Grand Prix von England 1953 in Silverstone. Obwohl Toulo 1953 eine gute Saison hatte, war er in diesem Rennen glücklos. Nachdem er zunächst von Fehlzündungen geplagt worden war, musste er schließlich wegen eines gebrochenen Gaspedals aufgeben (unten). (T.C. March)

Der Argentinier Froilan Gonzalez mit seinem Werks-A6GCM beim Grand Prix von England 1953. Obwohl ihm wegen des permanenten Tröpfelns von Öl auf die Strecke die schwarze Flagge gezeigt wurde, belegte er den vierten Platz. Er war ein guter, aber oft unterbewerteter Fahrer (rechts). (T.C. March)

Felice Bonetto war 1952/53 Maserati-Werksfahrer. Mit diesem A6GCM wurde er beim Grand Prix von England 1953 Sechster. Hier führt er vor Tony Rolt (Connaught) (unten). (T.C. March)

Beim Grand Prix von Europa 1957 in Aintree schieben die Maserati-Mechaniker einen der »Leichtbau«-250F zum Training aus der Box (oben). (T.C. March)

Der amtierende Weltmeister Juan Manuel Fangio am Lenkrad eines »Leichtbau«-Maserati 250F beim Grand Prix von Europa 1957 (rechts). (T.C. March)

Bei der International Trophy in Silverstone 1955 gab es ein starkes Starterfeld, das die Fahrzeuge von Connaught und Vanwall einschloss, gemeinsam mit den privaten Maseratis. Das Rennen wurde zu einem Duell zwischen Roy Salvadori (Gilby Engineering 250F), hier in Führung liegend, und Peter Collins (250F der Owens Organisation), der siegte (linke Seite). (T.C. March)

Die Mechaniker arbeiten an einem »Leichtbau«-250F beim Grand Prix von Europa 1957 in Aintree. (T.C. March)

Eine Rückansicht des 250F, Modelljahr 1956, der 1957 für Carlos Menditeguy vom Werk für den Grand Prix von Europa in Aintree gemeldet worden war. (T.C. March)

Kerzenwechsel bei Scarlattis »Leichtbau«-250F bei der International Trophy 1958 in Silverstone. Eine hölzerne Kiste für die Zündkerzen auf dem 250F wurde in ähnlicher Form von den meisten kontinentalen Teams in den 1950er-Jahren benutzt und identifizierte oft den Fahrer, zu dessen Fahrzeug sie gehörte (oben). (T.C. March)

Masten Gregory bei der International Trophy 1958 in Silverstone mit einem 250F, der von der Scuderia Centro-Sud gemeldet worden war. Dieser Wagen, der 2511, war in amerikanischen Rennfarben lackiert. Gregory, ein sehr schneller Fahrer, wurde hinter Collins (Ferrari Dino) und Salvadori (Cooper-Climax) Dritter (rechts). (T.C. March)

Bei der International Trophy 1958 in Silverstone führt Giorgio Scarfiotti mit seinem »Leichtbau«-250F, dem 2529, vor dem Formel-2-Cooper-Climax von Stuart Lewis-Evans. Scarfiotti fiel wegen Problemen an der Hinterachse aus. (T.C. March)

Ein weiterer 250F, der von der Scuderia Centro-Sud für die International Trophy 1958 gemeldet worden war, war Chassis-Nummer 2522, der von Wolfgang Seidel gefahren wurde. Obwohl die 250Fs, die von diesem Team gemeldet wurden, oft »alte Kisten« waren, besaßen sie dennoch die neuesten Motoren mit 270 PS. Seidels Fahrzeug lief nicht gut, und er beendete das Rennen als Letzter auf dem 17. Platz (rechte Seite). (T.C. March)

Joakim Bonnier mit seinem privaten 250F von 1956 beim Grand Prix von England 1958 in Silverstone. Der obere Lufteinlass auf der Haube scheint sich selbstständig gemacht zu haben. Bonnier fiel wegen Getriebeproblemen aus. (T.C. March)

Joakim Bonniers Mechaniker schiebt den 2524 zum Start des Grand Prix von England 1958 in Silverstone (linke Seite). (T.C. March)

Nick Faure mit seinem »Birdcage«-T61, der im Besitz von Hexagon war. Dieser Wagen war mit einer langen, flachen Windschutzscheibe ausgestattet und einem längeren, aerodynamischen Hinterwagen, der in Le Mans zum Einsatz kam. (Sammlung des Autors)

Willie Green mit einem T61-2,8-Liter-»Birdcage«-Maserati auf seinem Weg zum Sieg beim JCB Historic Championship in Silverstone 1972 (linke Seite). (Sammlung des Autors)

Das Foto von Pedro Rodriguez in Spa 1967 mit einem T81-Cooper-Maserati vermittelt einen guten Überblick über den Maserati-V12-Motor mit je zwei obenliegenden Nockenwellen. Nach der halben Distanz lag er auf dem dritten Platz, musste aber wegen eines gebrochenen Kolbens aufgeben und wurde als Neunter gewertet. (Sammlung des Autors)

In den ersten Runden gab es einen harten Zweikampf zwischen den Maseratis und den Vanwalls. Behra und Moss wechselten sich in der Führung mehrmals ab. Fangio ging an die Spitze, dann überholte ihn Moss wieder, setzte sich ab und blieb an der Spitze des Rennens über 87 Runden. Sowohl Lewis-Evans als auch Behra fielen aus, und Brooks verlor an der Box wegen eines klemmenden Gaspedals in seinem Vanwall viel Zeit. Im Ziel führte Moss 41,2 Sekunden vor Fangio, von Trips (Lancia-Ferrari) belegte den dritten Platz und Gregory wurde mit seinem *Centro-Sud*-250F Vierter. Fangio gewann seine fünfte Weltmeisterschaft mit 40 Punkten vor Moss mit 25.

Es gab noch drei kleinere Rennen, bevor die Formel-1-Saison endete. Die International Trophy in Silverstone war als Folge der Suez-Krise Ende 1956 und der darauf folgenden Treibstoffverknappung in England von ihrem ursprünglichen Termin im Mai auf den 14. September verlegt worden. Das Rennen war wieder zu seinem ursprünglichen Modus zurückgekehrt. Man fuhr zwei Qualifikationsläufe und einen Finallauf. Weder die Vanwalls waren am Start, noch hatten die italienischen Werksteams gemeldet, sodass die Ergebnisliste von den BRMs dominiert wurde, die die ersten drei Plätze im Finale belegten. Hinter ihnen lagen Joakim Bonnier und Masten Gregory mit ihren *Scuderia-Centro-Sud*-250Fs.

Maserati hatte für den Grand Prix von Modena gemeldet, der am 22. September über 40 Runden auf dem *Aeroautodromo* gefahren wurde. Fangio sollte einen Maserati fahren, konnte aber wegen eines Unfalls, den er auf dem Weg zur Rennstrecke erlitten hatte, nicht an den Start gehen. In beiden Rennen belegten Behra, Musso (mit den neuen V6-Ferrari-2-Liter-Fahrzeugen), Schell, Collins (mit anderen V6-Ferraris) und Scarlatti die ersten fünf Plätze, und das waren dann auch die Ergebnisse im Gesamtklassement. Es war ein sehr langweiliges Rennen.

Das letzte Formel-1-Rennen der Saison war der Grand Prix von Marokko über 420 Kilometer, der am 27. Oktober in Casablanca gefahren wurde. Sollte das Rennen gut organisiert sein, so war vorgesehen, diese Veranstaltung 1958 in die Weltmeisterschaftswertung aufzunehmen. Maserati meldete die üblichen vier Fahrzeuge mit den üblichen vier Fahrern; außerdem waren drei Vanwalls und zwei Ferrari V6

Beim Grand Prix von Italien in Monza 1957 führte Behra mit seinem V12-Maserati 250F vor Moss (Vanwall), Fangio, Lewis-Evans (Vanwall) und Brooks (Vanwall).

Beim Grand Prix von Italien überrundet Fangio, der hinter Moss (Vanwall) den zweiten Platz belegte, Bonnier (Scuderia-Centro-Sud-250F) und Collins (Lancia-Ferrari).

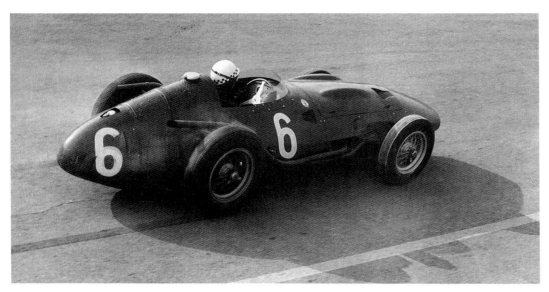

Eine andere Ansicht von Behra beim Grand Prix von Italien 1957 in dem sehr leistungsstarken, aber schwer beherrschbaren V12-250F. Er führte über viele Runden zu Beginn des Rennens, musste aber wegen eines Motorschadens kurz nach der Hälfte der Distanz aufgeben.

am Start, mit einem 2,4-Liter-Motor für Collins und einem 2,2-Liter-Motor für Hawthorn. Moss ging nicht an den Start, nachdem er sich nach dem Training eine Grippe zugezogen hatte, und auch Fangio, Collins, Hawthorn und Schell litten mehr oder weniger unter den gleichen Symptomen. Obwohl Collins zunächst führte, ging Behra in Runde acht in Führung und blieb dort für den Rest des Rennens, um vor Trintignant (BRM) und Fangio, der seinen Motor am Start abgewürgt hatte und angeschoben werden musste, zu gewinnen.

Das Sportwagen-Jahr

Dass der 300S ein großer Erfolg war, steht außer Zweifel, aber er hatte zu wenig Leistung und Geschwindigkeit, um die großen Sportwagenrennen gewinnen zu können. Maserati hatte die Situation erkannt, sodass es schließlich ein zweistufiges Entwicklungsprogramm gab. Die erste Stufe stellte der 350S dar, der 1956 kam und bereits beschrieben wurde. Das Fahrgestell dieses Modells sollte für den Tipo 54 oder 450S genutzt werden, für den die Motorentwicklung 1956 begonnen hatte.

Die Ingenieure Ascari und Taddeucci erledigten die meiste Arbeit an dem V8-Motor, der einen Winkel der Zylinderbänke von 90 Grad und einen Hubraum von 4477 ccm (93,8 × 61 mm) hatte. Er besaß pro Zylinderbank zwei obenliegende Nockenwellen, die von einem Zahnradantrieb am vorderen Ende der Kurbelwelle gesteuert wurden. Alfieri hatte die technische Oberaufsicht, aber Colotti und Taddeucci folgten nur widerwillig den Anordnungen des jungen Mannes. Trotz der Reibereien gab es eine enge Verbindung zwischen Alfieri und Taddeucci, und es gab lange Diskussionen über die Dimensionen der Kurbelwelle. Man hatte die Tests mit einer Kurbelwelle begonnen, die von Alfieri entwickelt worden war, die sich allerdings als nicht zufriedenstellend erwies, sodass Taddeuccis Entwicklung übernommen wurde. Alfieri war in den Augen von Ermanno Cozza, der seit 1951 für Maserati arbeitete, ein großer Theoretiker, aber kein Praktiker wie andere Maserati-Ingenieure.

Der Zylinderkopf des 450S hatte viele Gemeinsamkeiten mit dem des 200S. Die Ansaugkanäle lagen im »V«, und es waren vier Weber-45IDM-Vergaser montiert. Pro Zylinder gab es zwei Zündkerzen, wobei eine Reihe der Zündkerzen von einem Zündmagneten versorgt wurde, der von einem Zahnradantrieb links am Zylinderblock angetrieben wurde; die andere Kerzenreihe erhielt ihre Zündspannung von einem Zündspulenpaar über einen Verteiler, der von Zahnrädern gesteuert wurde, die rechts am Block montiert waren. Die Auspuffrohre mündeten auf beiden Fahrzeugseiten in ein Zwillingsrohr, dann in kleine Schalldämpfer und abschließend in ein Auspuffrohr, das unmittelbar vor den Hinterrädern endete. Die Leistung betrug 400 PS bei 7500 U/min.

Die ersten Motorblöcke des 450S wurden im April 1956 gegossen, und die ersten fertigen Motoren wurden in das Chassis des 350S eingebaut, der von Moss 1956 bei der Mille Miglia gefahren worden war. Die Karosserie des 300S wurde beibehalten, allerdings mit einer großen

Maserati hatte den Vierzylinder-Tipo-200S mit 1993 ccm Hubraum erstmals 1956 vorgestellt. Im folgenden Jahr kam das verbesserte Modell 200SI mit einer glatteren Karosserie, einem Bypass-Kühler und einer Leistung von 190 PS bei 7800 U/min.

Ein Trio von privaten Maserati-Besitzern beim Grand Prix von Italien 1957. Horace Gould führt vor Francesco Godia-Sales und Bruce Halford. Halford musste aufgeben, aber Godia-Sales und Gould kamen am Schluss des Feldes auf dem neunten und zehnten Platz ins Ziel. Das Foto zeigt die große Anzahl privater 250Fs, die zu jener Zeit an den Grand Prix teilnahmen.

Ausbeulung in der Haube, um die Vergaser unterzubringen. Zu diesem Zeitpunkt gab es auf jeder Seite vier Auspuffstummel, die unmittelbar hinter den Vorderrädern endeten. Dieser Wagen wurde im August nach Anderstorp gebracht, um beim Training zum Grand Prix von Schweden mitzufahren. Obwohl sich der 450S-Prototyp weitgehend unproblematisch verhielt, waren die Standardbremsen des 300S hoffnungslos überfordert.

Das Werk baute dann ein neues Chassis, das sauber konstruiert war. Dafür gab es auch eine neue Karosserie. Verbesserte Bremsen mit größeren, stark verrippten Trommeln gehörten zur Ausstattung. Vor den hinteren Kotflügeln befanden sich Schlitze, um Kühlluft zu den Bremsen zu leiten und eine leichtere Kontrolle der Reifen zu ermöglichen. Wie bei allen Maserati-Sportwagen, die auf den A6GCS folgten, hatte auch dieser Wagen eine Rechtslenkung. Der Haupt-Treibstofftank saß im Heck des Fahrzeugs, ein Hilfstank links vom Hauptantrieb, der Tank für die Schmierung rechts davon.

Man geht davon aus, dass zehn oder elf Fahrzeuge gebaut wurden, mit Fahrgestellnummern zwischen 4501 und 4520. Die Chassis-Nummer 4502 wurde an Tony Parravano in Kalifornien ausgeliefert, und er wurde zusätzlich mit Ersatz-4,2- und 4,7-Liter-Motoren versorgt. Die erste Version war für den möglichen Einsatz in Indianapolis vorgesehen. John Edgar war ein weiterer Käufer des 450S, und er erwarb den 4506. Ein Fahrzeug wurde auch an den in Hollywood wohnenden Temple Buell verkauft.

Parravano war von Geburt Italiener, der in die USA emigriert war und dort sein Glück gemacht hatte – zunächst im Zement- und Betongeschäft, dann mit Spekulationen. Er machte jedoch beachtliche Verluste und kam unter die Kontrolle des IRS. 1958 wurde Parravanos Sammlung von Rennfahrzeugen, die aus einem 450S und einigen Ferraris bestand, in aller Heimlichkeit nach Mexiko gebracht. Parravano verschwand im April 1960. Seine Leiche wurde nie gefunden. Es schien so, als hätte er sein Schicksal in dem Beton gefunden, der ihn zuvor so reich gemacht hatte. Das IRS holte die Fahrzeuge zurück, und der 450S wurde auf einer Auktion an einen amerikanischen Besitzer versteigert. In den 1970er-Jahren wurde er von Cameron Millar erworben, der ihn nach England brachte. Heute gehört er einem deutschen Sammler.

Das Werk meldete sowohl den 450S als auch den 300S für das Buenos-Aires-Rennen über 1000 Kilometer am 20. Januar. Die Rundstrecke von 10,13 Kilometern war eine Kombination des Costanera-Kurses, der vor dem Bau des Autodroms benutzt worden war, mit einer langen, holprigen Geraden einer zweispurigen Autostraße, auf der die schnelleren Wagen eine Geschwindigkeit von 241 km/h erreichen konnten. Da man diese Strecke für sehr gefährlich hielt, bauten die Organisatoren in letzter Minute eine rautenförmige Schikane auf der Hauptgeraden ein. Wie üblich kam der generelle Widerspruch von Ferrari, die ein Team von vier 3,5-Liter-V12-Fahrzeugen gemeldet hatten.

Fangio war mit Moss im Training mit dem 450S der Schnellste, und Moss, der mit diesem Wagen zunächst fuhr, baute einen Vorsprung von fast einer Runde auf, bevor seine Kupplung streikte. Und obwohl Fangio schaltete, ohne die Kupplung zu betätigen, gab der Antrieb unter der Belastung auf. Moss wechselte daraufhin in den auf dem vierten Platz liegenden 300S, der bisher von Behra und Menditeguy gefahren wurde, und startete eine Aufholjagd. Wenn Ugolini entschieden hätte, dass Moss den 300S in dem Moment übernehmen sollte, als der 450S Probleme bekam, hätte der kleinere Maserati möglicherweise gewonnen. Jetzt belegte der 300S den zweiten Platz, 23,5 Sekunden hinter dem siegenden Ferrari, den Perdisa, Gregory und Castellotti fuhren.

Der erste Grand Prix von Kuba fand am 25. Februar statt. Er wurde über eine Distanz von 504 Kilometern auf dem 5,59 Kilometer langen Kurs von Havanna gefahren, der an der Küste einen langen, schnellen Streckenabschnitt besaß. Wegen eines Hafenarbeiterstreiks in New York kamen viele Fahrzeuge nicht rechtzeitig an. Einer der Wagen, die trotzdem auf Kuba waren, war der 300S für Fangio, der die Führung übernahm, als Portagos Ferrari wegen einer gebrochenen Treibstoffleitung an die Box musste. Moss lieh sich einen 200S aus, musste aber aufgeben; er übernahm daraufhin den 300S von Schell, schied aber auch mit diesem Wagen wegen Motorproblemen aus.

In Sebring fuhren Fangio/Behra am 23. März einen 450S; außerdem nahmen 300S mit Moss/Schell und Carroll Shelby/Roy Salvadori teil. Sie traten gegen zwei neue Werks-Ferraris V12-3,8-Liter mit je zwei obenliegenden Nockenwellen an. Die Wagen aus Maranello konnten die Geschwindigkeit der 450S nicht halten und wurden außerdem von Reifen- und Bremsenproblemen behindert. Fangio/Behra gewannen leicht vor Moss/Schell. Hawthorn/Bueb belegten den dritten Platz mit ihrem vom Werk vorbereiteten Jaguar D-Type. Der andere 300S wurde disqualifiziert, weil er in der 18. Runde aufgetankt hatte, obwohl ein Minimum von 20 Runden bis zum ersten Tankstopp angesetzt war. Salvadori schrieb über Maserati in diesem Rennen: »Als wir in Sebring ankamen, schien uns niemand aus dem Maserati-Team große Beachtung zu schenken, die Organisation war chaotisch, und niemand erzählte uns, wo das Training stattfand und wie lange; diese desolate Vorbereitung sollte Auswirkungen auf das Rennen haben ...«

Die große Neuerung von Maserati bei der Mille Miglia am 11./12. März war die Ausstattung von zwei 450S mit einem Zweigang-Zusatzgetriebe, das zwischen die Kupplung und das normale Getriebe montiert worden war und durch einen Zug-Druck-Hebel im Armaturenbrett links vom Schalthebel betätigt wurde. Es versetzte den Fahrer in die Lage, eine hohe oder niedrige Übersetzung zu wählen. Colotti, der dieses Getriebe entwickelt hatte, ging davon aus, dass die Betätigung nur im Stand erfolgte und die Übersetzungsvorwahl entsprechend dem nachfolgenden Gelände getroffen wurde.

Moss fand bald heraus, dass es dem Fahrer möglich war, mit der niedrigen Übersetzung in den fünften Gang zu beschleunigen, dann den Hebel zu betätigen, um schließlich im fünften Gang mit hoher Übersetzung zu fahren. Bei einer solchen Fahrweise lag die Höchstgeschwindigkeit des 450S bei über 290 km/h. Die beiden 450S sollten von Moss/Jenkinson und Behra gefahren werden, aber der Franzose ging wegen einer Verletzung des Handgelenks, die er sich bei einem Unfall im Training zugezogen hatte, nicht an den Start. Er fuhr mit 241,5 km/h, als ein Lkw die Straße blockierte und eine Kollision unvermeidbar war.

Außerdem waren noch zwei Werks-300S am Start, einer davon war etwas ganz Besonderes. Er wurde von einem Versuchs-V12-Motor angetrieben, der auf einem Block für den Grand-Prix-Motor montiert war und Zylinderdimensionen von 73,8 × 68 Millimetern hatte, was einen Hubraum von 3490 ccm ergab. Er ent-

Ein Blick in die Hauptwerkstatt in Modena 1957. Hinten links stehen drei Werks-250Fs. Rechts sind zwei 250Fs, die überholt werden. Ihre Motoren werden in der rechten Ecke überarbeitet. Im Vordergrund stehen einige 300S. (Sammlung Guy Griffiths)

wickelte eine Leistung von 330 PS bei 7500 U/min. Dieses Fahrzeug hatte ein neues Getriebe mit fünf vollwertigen Vorwärtsgängen, das beim V12-Grand-Prix-Fahrzeug von Monaco eingebaut war. Es wurde von Hans Herrmann gefahren. Giorgio Scarlatti fuhr einen 300S mit den größeren Bremsen des 450S. Maserati hatte aus seinen Fehlern von 1956 gelernt, als die Fahrzeuge schlecht vorbereitet waren, und man

»Jenks« ruft etwas in Moss' Ohr, während sie auf der Startrampe in Brescia für die Mille Miglia 1957 stehen. Ihr Rennen mit dem 450S war nur kurz, denn sie mussten schon bald nach dem Start wegen eines gebrochenen Bremspedals aufgeben.

hatte viel Zeit auf die Weiterentwicklung und Detailvorbereitung verwendet. Es gab eine starke Konkurrenz von Ferrari, und wieder einmal dominierte Maranello trotz der Anstrengungen von Maserati die Ergebnislisten der Mille Miglia.

Am Start in Brescia fuhr Moss den 450S vorsichtig von der Startrampe und beschleunigte dann stark. Er und Jenkinson wussten, dass sie das schnellste Fahrzeug im Starterfeld hatten, selbst wenn Moss mit den Bremsen alles andere als zufrieden war, und er hatte das

Die 450S Berlinetta beim Rennen von Le Mans mit einer von Costin entwickelten und von Zagato gebauten Karosserie. Obwohl das Design eine außergewöhnliche Aerodynamik besaß, war die Ausführung der Karosserie schlecht, und das Fahrzeug hatte nicht die Leistung, die man von ihm erwartet hatte. Es fiel bereits früh aus.

Fahrzeug schnell mit 6700 U/min in der Nähe der Höchstgeschwindigkeit – knapp unter 290 km/h. Er glaubte, dass seine Aussichten auf den Sieg groß waren, aber nur 11,2 Kilometer nach dem Start brach das Bremspedal genau oberhalb des Bolzens. Er brachte das Fahrzeug unter großen Schwierigkeiten zum Stehen und fuhr, nachdem das letzte Fahrzeug an ihm vorbeigefahren war, langsam an den Start zurück. Das war ein schrecklicher Rückschlag für das gesamte Team.

Herrmann lag mit seinem 3,5-Liter-V12-Fahrzeug gut, bis er Ferrara erreichte, etwas weniger als 160 Kilometer nach dem Start, wo er aufgeben musste, weil die holprigen Straßen die Bodenplatte seines Motors durchlöchert hatten. Die Werks-Ferraris belegten in der Reihenfolge Taruffi, von Trips und Gendebien/Wascher (Letztere in einem 250 GT) die ersten drei Plätze. Scarlatti war kein besonders talentierter Fahrer, noch war sein 300S schnell genug, um im Kampf um die Führung eingreifen zu können, aber er fuhr gut und beendete das Rennen auf dem vierten Platz, 33 Minuten hinter dem Sieger. Nach Portagos tödlichem Unfall mit einem Ferrari, der das Leben des Fahrers, seines Beifahrers Eddie Nelson sowie das von zehn Zuschauern kostete, war dies die letzte Mille Miglia, die gefahren wurde.

Maserati unternahm weitere große Anstrengungen für die nächste Runde in der Weltmeisterschaft, das 1000-Kilometer-Rennen auf dem Nürburgring am 26. Mai. Man hatte zwei 450S gemeldet, dazu den 300S, den Scarlatti bei der Mille Miglia gefahren hatte, und Godia-Sales' 300S. Der 3,5-Liter-V12 wurde nur im Training eingesetzt. Nach den Rennregularien konnte jedes Fahrerpaar durch jedes andere ausgetauscht werden, was zur Verwirrung darüber führte, wer zu welchem Zeitpunkt welches Auto fuhr. Ugolini hatte die Wahl zwischen Fangio, Moss, Schell, Bonnier, Scarlatti, Godia-Sales und Horace Gould. Beim Training waren die 450S die schnellsten Fahrzeuge und standen beim Rennen in der ersten Startreihe. Fangio hatte die Pole-Position.

Zunächst fuhr Schell den schnelleren 450S, Moss fuhr das zweite Fahrzeug. Dieses zeigte zunächst die nicht ungewöhnliche Unlust des 450S-Motors, richtig zu laufen, wurde jedoch mit Fortschreiten des Rennens besser, und in der achten Runde lag Moss vor Brooks (Aston Martin DBR1) in Führung. Zwei Runden später war dieser Wagen aus dem Rennen – eine Achswelle war gebrochen, sodass er sein rechtes Hinterrad einschließlich der Bremstrommel verlor und Moss von der Rennstrecke rutschte. Fangio brachte seinen 450S mit einem losen Öltank an die Box; er wurde repariert, sodass Moss, auf dem 17. Platz liegend, das Rennen wieder aufnehmen konnte, um jedoch zwei Runden später erneut auszufallen. Moss übernahm jetzt den Werks-300S, fand ihn aber im Handling so schlecht, dass er ihn nach weiteren zwei Runden wieder an die Box brachte. Schließlich übernahm Moss den 300S von Godia-Sales, der auf dem 11. Platz lag, und er und Fangio beendeten das Rennen auf dem fünften Platz hinter dem Aston Martin von Brooks/Cunningham-Reid, zwei Werks-Ferraris und einem Porsche.

Am 9. Juni starteten zwei Werks-300S beim Grand Prix von Portugal über 298 Kilometer auf der Monsanto-Rennstrecke in Lissabon. Sie wurden von Fangio und Menditeguy gefahren, der zum ersten Mal nach Monaco wieder in einem Rennwagen saß. Zunächst führte Masten Gregory mit seinem Ferrari *Monza*, dann aber fuhr Fangio an die Spitze und gewann mit einem Vorsprung von 16 Sekunden. Menditeguy belegte den dritten Platz. Godio-Sales hatte mit seinem privaten 300S zunächst an dritter Stelle gelegen, musste aber wegen eines Motorschadens aufgeben.

Für Le Mans am 22./23. Juni wurde eine spezielle 450S-*Berlinetta* gebaut. Auf Vorschlag von Moss hatte Maserati den Aerodynamiker Frank Costin für die Entwicklung dieses Coupés verpflichtet, der bekannt war wegen der frühen Karosserien, die er für Lotus und Vanwall entwickelt hatte. Auf den Zeichnungen war es ein herrlich weiches Design, aber die spätere und übereilte Umsetzung durch Zagato war ein Hohn. Die Kühleröffnungen waren an der falschen Stelle, der gesamte Unterboden war weggelassen worden, wodurch sich das Fahrzeuginnere mit Abgasen füllte und unglaublich laut war, was dazu führte, dass die Höchstdrehzahl bei 6200 statt bei 7000 U/min lag. Im letzten Moment wurden Scheibenwischer angebracht, die die Windschutzscheibe aber verschmierten oder abbrachen. Moss teilte sich das Fahrzeug mit Harry Schell, während Behra/Simon den offenen 450S fuhren. Für Scarlatti/Bonnier war ein 300S gemeldet worden.

Der Erfolg von Maserati währte jedoch nicht lange. Moss belegte kurzfristig den zweiten

Platz, aber das Coupé verlor viel Zeit an der Box, wo man eine Ölleitung wechselte, und fiel in der vierten Stunde endgültig aus, als ein Verbindungsbolzen der Hinterradaufhängung brach. Auch Behra/Simon waren schon ausgefallen. In der zweiten Stunde führte Behra das Feld an, als ein Stahlring, der ein Kardangelenk sicherte, absprang und den Treibstofftank durchlöcherte. Der letzte 300S hielt bis zur sechsten Stunde durch, bis die Kupplung ausfiel. Auch die Werks-Ferraris beendeten das Rennen nicht, aber die Jaguar D-Type belegten die ersten vier Plätze und erzielten bei diesem Rennen den dritten Sieg in Folge. Auch ein Talbot aus dem Jahr 1956 mit neuer Karosserie war am Start. Die Geschichte vom Unglück dieses Wagens wird auf den Seiten 232–233 erzählt.

Es schien nur noch eine weitere Runde für die Sportwagen-Weltmeisterschaft des Jahres 1957 zu geben: den Grand Prix von Schweden, ein Rennen über sechs Stunden am 11. August. Der Grand Prix von Venezuela, der im November hätte stattfinden sollen, war abgesagt worden, wurde aber später wieder ins Programm genommen. Unter der Voraussetzung, dass das letzte Rennen in Kristianstad stattfinden würde, konnte Maserati die Weltmeisterschaft noch gewinnen, falls sie in Schweden siegten und Ferrari höchstens Fünfter wurde. Modena schickte zwei 450S nach Schweden: eine Le-Mans-*Berlinetta,* jetzt mit einer Standardkarosserie, die zweite mit dem zusätzlichen Zweiganggetriebe. Dazu kam noch ein 300S.

Zunächst ging Hawthorn mit einem 4,1-Liter-Ferrari in Führung, aber Moss übernahm bald die Spitzenposition mit dem ehemaligen Le-Mans-Coupé. Moss stoppte und übergab den Wagen an Schell und übernahm selbst das Fahrzeug von Behra, als dieser an die Box kam. Schell war bald wegen eines gebrochenen Universalbolzens aus dem Rennen, ein Problem, das fast alltäglich geworden war, während Moss/Behra das Rennen vor dem Ferrari von Phil Hill/Peter Collins gewannen. Der 300S, der von Bonnier, Scarlatti, Schell und kurzzeitig auch von Moss gefahren worden war, belegte den dritten Platz. Zu diesem Zeitpunkt hatte Ferrari 33 Punkte gesammelt gegenüber 27 von Maserati. Nur die vier besten Resultate zählten. Dennoch war es wegen der Wiederansetzung des Grand Prix von Venezuela für Maserati noch möglich, die Weltmeisterschaft für sich zu entscheiden.

Maserati schickte ein sehr starkes Team zum Rennen am 3. November nach Caracas. Man hatte zwei 450S, beide mit dem Zusatzgetriebe, einen V12-3,5-Liter und einen 300S zur Verfügung. Die Fahrer waren Moss, Behra, Schell, Bonnier und Scarlatti, die für dieses Rennen von Tony Brooks verstärkt wurden. Das führte zu der üblichen Situation von Fahrerwechseln. Hinzu kam, dass Temple Buell seinen 450S für Masten Gregory und Dale Duncan gemeldet hatte. Ferrari hatte zwei 4,1-Liter-V12-Wagen und zwei 3-Liter-V12 gemeldet. Der Maserati V12-3,5-Liter war nicht am Start, nachdem sich im Training Antriebsprobleme gezeigt hatten.

Beim Start hatten sowohl Moss (450S) als auch Brooks (300S) Probleme, ihre Fahrzeuge richtig in Gang zu bringen, und die 4,1-Liter-Ferraris führten vor dem Buell-Fahrzeug. Gregory lag in der ersten Runde zeitweilig vorne, berührte aber in der zweiten Runde die Begrenzung aus Sandsäcken, sodass sich sein Fahrzeug überschlug. Vor dem Rennen hatte Gregory darauf bestanden, dass sein 450S mit einem Überrollbügel ausgestattet wurde, und es gibt keinen Zweifel daran, dass ihm der das Leben rettete. Moss war mit seinem 450S der nächste Maserati-Fahrer, der ausfiel. Er hatte sich an die Spitze vorgearbeitet, doch in der 33. Runde, gerade als er auf der zweispurigen, geraden Schnellstraße mit etwa 273 km/h fuhr, kam ihm ein AC-Bristol in die Quere, und die Fahrzeuge kollidierten. Der AC flog gegen einen Laternenmast und wurde in zwei Teile zerlegt, während der 450S die Strecke entlangschleuderte, bis Moss ihn zum Stehen bringen konnte.

Stirling kam an die Box zurück, wo er sah, dass der verbliebene 450S Feuer fing, als Behra, der Schell ablöste, den Starterknopf drückte. Guerino Bertocchi, mit brennendem Haar und brennendem Overall, löschte den Fahrzeugbrand mit einem Feuerlöscher und erstickte anschließend die Flammen an seinem Körper. Behra hatte sich seine Arme und den Nacken verbrannt, sodass Moss das Fahrzeug übernahm. Er musste jedoch bald feststellen, dass der Fahrersitz immer noch brannte, und kam deshalb an die Box zurück, wo das Feuer gelöscht wurde. Seine Brandwunden wurden be-

Ein Blick auf den massiven 4,5-Liter-V8-Tipo-450S-Motor zeigt die vier Weber-Doppelvergaser, die im »V« des Motors montiert waren, und die Zündkerzen, die außerhalb des »V« saßen. Dies ist ein Motor in einem restaurierten Fahrzeug.

Jean Behra am Lenkrad eines 450S, den er sich mit André Simon in Le Mans 1957 teilte. Nach zwei Stunden lagen sie an der Spitze, als ein Sicherungsring am hinteren Ende der Kardanwelle brach und den Tank durchbohrte.

handelt, und Schell setzte das Rennen mit dem 450S fort. Als Schell Bonnier mit dem 300S überholte, platzte ein Reifen des langsameren Wagens, und die beiden Fahrzeuge kollidierten. Bonnier schleuderte gegen einen Lampenmast, der unmittelbar, nachdem Bonnier das Auto verlassen hatte, auf das Fahrzeug stürzte. Schells 450S ging in Flammen auf und schlug gegen eine Betonwand; der Franco-Amerikaner erlitt Verbrennungen an den Armen und im Gesicht.

Ferrari belegte die ersten vier Plätze auf Basis der besten vier Rennen und gewann die Weltmeisterschaft mit 30 Punkten vor Maserati mit 25. Das war für Modena ein trostloses und äußerst unglückliches Ergebnis. Maserati hatte gehofft, die Fahrzeuge nach dem Rennen verkaufen zu können, die Unfälle kosteten sie jedoch jetzt eine Million Pfund Sterling. Es war ein schlechtes Ende der kurzen Werks-Rennkarriere der 450S, obwohl diese Fahrzeuge bei amerikanischen Rennen auch weiterhin erfolgreich waren. Maserati wollte sich aus dem Rennsport zurückziehen. Die Gründe dafür werden im nächsten Kapitel erläutert.

Der 300S war insgesamt ein sicheres Auto, selbst für unerfahrene Fahrer, und ließ schlechte Eigenschaften vermissen. Im Gegensatz dazu war der 450S voller Probleme, besonders im Fahrverhalten. Nur die fähigsten Fahrer konnten sein Potenzial ausschöpfen, und wenn sie das taten, erkannten sie sehr schnell, dass die Trommelbremsen nicht wirklich in der Lage waren, das Fahrzeug aus den hohen Geschwindigkeiten, die möglich waren, abzubremsen. Die Mehrzahl der klassischen Rennenthusiasten, die jemals den 450S gefahren hatten, bestätigte, dass das Fahrzeug bei Trockenheit schwer zu kontrollieren und bei Nässe unkontrollierbar war.

13

Finanzielle Versäumnisse

Als Maserati die größten Erfolge in seiner langen Geschichte erzielte, gab es gleichzeitig auch große finanzielle Probleme. Durch die Zersplitterung im Jahr 1953 war die Orsi-Gruppe geschwächt worden, und Adolfo Orsi musste versuchen, die ursprüngliche Stärke wiederherzustellen. Da ergab sich eine günstige Gelegenheit, die Geschäfte mit Argentinien zu intensivieren, und Orsi führte 1954 lange Gespräche mit Juan Peron in dessen Präsidentenpalast Casa Rosada.

Hohe Importzölle machten es schwierig, Bohr- und Fräsmaschinen sowie Werkzeuge in Argentinien zu verkaufen, aber Orsi überzeugte Peron, dass die Importzölle gesenkt werden sollten, weil die Einfuhr dieser Ausrüstungen die argentinische Wirtschaft förderte. Maserati gründete in Argentinien ein Unternehmen, das auch andere italienische Maschinenbauer vertrat. Maschinen wurden in beachtlicher Zahl bei Maserati bestellt, und sie wurden ab 1955 auf Kredit geliefert, der erst ab 1957 bezahlt werden sollte. Man geht davon aus, dass sich die Gesamtsumme auf drei Millionen US-Dollar belief. Peron wurde 1955 gestürzt, und die neue Regierung weigerte sich, die Schulden zu bezahlen.

Der 3500 GT als Serienfahrzeug war ein großer wirtschaftlicher Erfolg, und die hohen Verkaufszahlen wirkten sich positiv auf die finanzielle Situation von Maserati aus. Abgebildet ist ein frühes Fahrzeug aus dem Jahre 1958 mit einer Karosserie von Touring.

Es gab nur 36 Tipo 103 5000 GT mit einem Motor mit 4941 ccm Hubraum, der aus dem Tipo-450S-Sportwagen ab 1959 entwickelt wurde. Dieses Fahrzeug entstammt der zweiten Serie mit Lucas-Benzineinspritzung, ZF-Fünfganggetriebe und Scheibenbremsen an allen vier Rädern. Carrozzeria Touring war für den Aufbau mit einer wirklich hässlichen Frontpartie bei diesem Fahrzeug zuständig.

Das war aber nicht das einzige Problem. Auf Einladung der mexikanischen Regierung hatte Orsi Pläne entwickelt, in Mexiko ein Werk zu errichten, um dort Motorräder und Motorroller zu produzieren. Diese hatten aber nichts zu tun mit den in Modena hergestellten Motorrädern. Mit Renzo Rivolta, der die Iso-Motorroller und Motorräder in Bresso, Mailand, baute, wurde eine Vereinbarung getroffen, diese Fahrzeuge unter Lizenz mit einem Zweizylinder-Zweitaktmotor im neuen Werk in Mexiko zu bauen. Sie wurden als »Maserati« bekannt; das Markenzeichen zeigte, zusätzlich zu dem üblichen Dreizack, auch noch das Profil eines 250F. Die mexikanische Regierung weigerte sich jedoch, dem Vertrag zuzustimmen, sodass das Projekt, nachdem viel Geld investiert worden war, aufgegeben wurde.

Ein weiterer Verlust war der Versuch des Unternehmens, mit der Maserati Corporation of America in Westfield, New York, in den USA Fuß zu fassen. Das Unternehmen wurde hauptsächlich gegründet, um Bohr- und Fräsmaschinen, die von Maserati und anderen italienischen Herstellern gebaut wurden, zu verkaufen, aber man bot auch Rennwagen und den A6G/54 GT mit einem 2-Liter-Motor an. Das Unternehmen musste 1958 geschlossen werden. Die amerikanische Gesellschaft war schlecht gemanagt worden und konnte nicht genügend GT-Fahrzeuge verkaufen, hauptsächlich weil die potenziellen Käufer der Meinung waren, dass der Motor des Fahrzeugs zu klein war für den Preis, den man verlangte.

Zu diesem Zeitpunkt wurde der Sportwagenmarkt in den USA weitestgehend von den preiswerten britischen Fahrzeugen dominiert, wie z.B. von der Jaguar-XK-Modellreihe, dem Austin Healey 100 und dem Triumph TR2. Das waren natürlich Massenprodukte, die in großen Stückzahlen zu einem niedrigeren Preis verkauft werden konnten. Wenn die Käufer etwas Exotischeres wollten – und etwas viel Teureres –, dann war der V12-4,1-Liter- oder der 4,5-Liter-Ferrari die Antwort.

Die Unterhaltung des Maserati-Rennteams war sehr teuer, und während Ferrari einen jährlichen Zuschuss von 50 Millionen Lire vom italienischen Automobilclub (wahrscheinlich von Fiat) erhielt, bekam Maserati nichts. Maserati zog sich Ende 1957 vom Rennsport zurück, und man hatte entschieden, dass alle zukünftigen sportlichen Aktivitäten durch Verkäufe finanziert werden sollten. Diese Politik wurde aber nicht konsequent verfolgt. Alfieri arbeitete an der Entwicklung eines neuen Straßenfahrzeugs, dem Tipo 101 3500 GT, der erstmals auf dem Genfer Salon im März 1957 zu sehen war. 1958 ging der Wagen in Produktion und erwies sich als ziemlich erfolgreich.

Im Gegensatz zu den Grand-Touring-Fahrzeugen von Ferrari, die »Wochenend-Fahrzeuge« waren (wie es Adolfo Orsi schmeichelhaft ausdrückte), waren die Maserati GT praktische Fahrzeuge für Geschäftsleute, die lange Strecken zu fahren hatten. Sie waren solide gebaut, zuverlässig und besaßen eine Reihe von erprobten britischen Komponenten einschließlich des Antriebs und der Girling-Scheibenbremsen. Maserati dachte auch an den Komfort für den Fahrer und war einer der ersten europäischen Hersteller, der Ausstattungen wie elektrische Fensterheber und Klimaanlagen einbaute. Fast 2000 Fahrzeuge dieses Modells wurden gebaut, bevor 1964 die Produktion endete.

Der 3500 GT erschien zu spät, um Maserati kurzfristig retten zu können, und am 1. April 1958 wurde das Unternehmen unter Treuhänderschaft gestellt, eine Form von Insolvenzverwaltung, die die Interessen der Kreditgeber schützte und es gleichzeitig dem Unternehmen erlaubte, weiter Handel zu betreiben. Adolfo Orsi reagierte umgehend. Er verkaufte seine Anteile an den Maschinenfabriken und viele persönliche Aktiva einschließlich Grundstücke mit beachtlichem Entwicklungspotenzial in Modena. Er bezahlte die Schulden von Maserati und bekam so gegen Ende 1958 wieder die Kontrolle über das Unternehmen. Obwohl Maserati jetzt »nur« zu einem Hersteller von Straßenfahrzeugen wurde, wurden auch weiterhin in kleinen Stückzahlen zwischen 1958 und 1965 Rennwagen gebaut.

14
Der Niedergang von Maserati: 1958–1965

Gegen Ende November 1957 verkündete Maserati seinen Rückzug aus dem Rennsport, und dafür gab es offensichtliche Gründe, zusätzlich zu den finanziellen Problemen, wie sich herausstellte. Bereits 1956, schon bevor der 450S bei Rennen eingesetzt wurde, hatte die *Fédération Internationale de l'Automobile* Gespräche mit den Herstellern geführt, mit der Absicht, dass die Hubraumkapazität bei den Sportwagen-Weltmeisterschaftsläufen auf 3000 ccm bzw. 3500 ccm begrenzt werden sollte. Obwohl 1957 bekannt geworden war, dass diese Limitierung 1958 eingeführt werden sollte, dauerte es bis Oktober, bis endgültig festgelegt wurde, dass der Hubraum maximal 3000 ccm betragen durfte.

Das bedeutete, dass die Rennkarriere des 450S zu Ende war, zumindest in Europa, und Maserati war sich bewusst, dass das Potenzial dieses Modells insgesamt limitiert war. Es gab Grund zu der Annahme, dass Maserati eine Begrenzung auf 3500 ccm vermutet hatte, die auch Jaguar entgegengekommen wäre. Diese Annahme wird gestützt durch das Erscheinen des V12-3500 ccm bei der Mille Miglia 1957, der von Hans Herrmann gefahren wurde. Maserati entwickelte jedoch den 450S-V8-Motor weiter, der dann bei Schnellbooten mit den verschiedensten Hubräumen bis 5,4 Liter weiter zum Einsatz kam.

Soweit es Grand-Prix-Rennen betraf, waren die reinen Kosten das größte Problem, insbesondere als die finanziellen Bedingungen in Europa Anfang 1957 durch ein Protokoll im Hinblick auf die Start- und Siegprämien neu geregelt wurden, indem man beide beschränkte. Das war für den Weiterbestand der Formel 1 abschreckend. Ein weiteres Problem für alle Teams war die Forderung, dass ab 1958 die Fahrzeuge nur noch mit Treibstoffen von maximal 100/130 Oktan betrieben werden durften, ein Kompromiss zwischen den Teams, die den Status quo beibehalten wollten, und denen, die die freie Treibstoffwahl bevorzugten, und den Mineralölgesellschaften, die wollten, dass die Teams Treibstoffe aus Pumpen benutzen sollten, sodass sie ihre Werbung durch die Rennerfolge maximieren konnten. Eine weitere wichtige Veränderung war die kürzeste Renndistanz, die auf 300 bis 500 Kilometer und auf zwei Stunden festgelegt wurde (vorher galten 300 km oder drei Stunden).

Das führte zu einer Verkürzung der Rennen, die jetzt nur wenig mehr als zwei Stunden dauerten. Es führte auch zur Entwicklung kleinerer, leichterer Wagen, die weniger Benzin an Bord

Juan Manuel Fangio und Carlos Menditeguy fuhren »Leichtbau«-250Fs, die von der Scuderia Sud-Americana 1958 bei den südamerikanischen Rennen gemeldet worden waren. Hier fährt Fangio in der ersten Runde beim regnerischen Buenos-Aires-City-Grand-Prix nach der freien Formel. Er kam als Zweiter hinter Hawthorns Ferrari Dino in seinem Lauf ins Ziel und holte den Gesamtsieg in der Addition der Läufe.

Stirling Moss mit hoher Geschwindigkeit in seinem 4,2-Liter-Tipo-420/M58 Eldorado 1958 bei der Two Worlds Trophy auf der Steilkurvenstrecke von Monza. Dieses Foto zeigt den Wagen auf der Pista-de-Alta-Velocita-Geraden, kurz bevor die Lenkung versagte.

hatten, und trug damit zum Haupterfolg der Cooper-Climax bei, die 1958 ihre ersten Weltmeisterschaftsrennen gewannen. Grand-Prix-Rennen waren jedoch 1958 in erster Linie ein Kampf zwischen Ferrari und Vanwall. Hawthorn gewann die Fahrerweltmeisterschaft am Steuer eines Ferrari Dino V6; Moss landete, um einen Punkt geschlagen, auf dem zweiten Platz, und Vanwall gewann die neu geschaffene Marken-Weltmeisterschaft. Obwohl sie in diesem Jahr nur wenige Erfolge zu verzeichnen hatten, waren die Maserati 250Fs als Privatfahrzeuge so zahlreich wie im Jahr zuvor am Start, und es gab sogar drei neue Fahrzeuge dieses Typs.

Frühe Grand-Prix-Rennen

Wie gewöhnlich startete das Rennjahr mit dem Grand Prix von Argentinien, der am 19. Januar über die jetzt verkürzte Distanz von 312 Kilometern gefahren wurde. Fangio hatte sich für das Jahr 1958 noch nicht entschieden, und der Rennmanager des *Maestros*, Marcello Giambertone, hatte zwei »Leichtbau«-250Fs für dieses Rennen und den Buenos-Aires-City-Grand-Prix nach der freien Formel gemietet. Beide Fahrzeuge wurden im Namen der *Scuderia Sud-Americana* gemeldet und von Fangio und Menditeguy gefahren. Der Motorrad-Werksfahrer von Moto Guzzi, Ken Kavanagh, hatte den dritten »Leichtbau« gekauft: den 2527, den Jean Behra in Argentinien fuhr. Die *Scuderia Centro-Sud* hatte 250Fs für Masten Gregory und Joakim Bonnier gemeldet, und über das Jahr war »Mimmo« Deis Team das aktivste mit seinen 250Fs. Man hatte das Verdichtungsverhältnis und die Vergaser verändert, um mit dem neuen Treibstoff klarzukommen; ansonsten waren die Maseratis aber gegenüber 1957 unverändert. In Südamerika waren weder BRM noch Vanwall am Start.

Fangio war im Training der Schnellste, und der »Leichtbau«-250F besaß die Leistung und Geschwindigkeit, um die neuen Ferraris zu schlagen. Obwohl er zunächst in Führung lag, fiel er bis ins Ziel auf den vierten Platz zurück, weil sein Motor überhitzte und er neue Hinterreifen benötigte. Das Rennen wurde – unerwartet – von Stirling Moss in Rob Walkers 2-Liter-Cooper-Climax vor Musso und Hawthorn in ihren Ferraris gewonnen. Behra kam auf den fünften Platz, Menditeguy auf den siebten. Der Buenos-Aires-City-Grand-Prix nach der freien Formel am 2. Februar über zwei Runden von jeweils 149 Kilometern wurde von Fangio in der Addition beider Läufe gewonnen, indem er den zweiten Platz hinter Hawthorn im ersten Lauf belegte und im zweiten Lauf siegte. Hinter Fangio lagen Musso und Godia-Sales/Menditeguy (der Spanier startete das Rennen mit einem Wagen der *Sud-Americana*, weil Menditeguy zu spät kam).

Als die europäische Saison startete, fiel auf, dass Fangio nicht mitfuhr und die 250Fs vom Pech verfolgt waren. Bonnier wurde mit seinem 250F mit einer Runde Rückstand auf den Sieger Musso im Ferrari – der einzige Wagen, den Maranello gemeldet hatte – am 13. April in Syracus Zweiter, während Masten Gregory mit einem *Centro-Sud*-Fahrzeug ein gutes Rennen fuhr und bei der International Trophy in Silverstone am 3. Mai Dritter hinter Collins (Ferrari) und Salvadori (Cooper) wurde. Neun Fahrer wurden mit 250Fs für Monaco am 18. Mai gemeldet. Von diesen erschien Fangio nicht, sechs Maserati-Fahrer konnten sich nicht qualifizieren, und die beiden Wagen, die im Rennen am Start waren, mit Bonnier und Scarlatti (der den 2529 gekauft hatte), kamen nicht ins Ziel. Das Rennen sah einen weiteren unerwarteten Cooper-Sieg, denn Trintignant belegte mit einem von Rob Walker gemeldeten Fahrzeug den ersten Platz.

Unter den privaten Maserati-Fahrern war Marie-Thérèse de Filippis, die vom Werk den 2523 mit einem Sechszylindermotor gekauft hatte. Trotz ihrer tapferen Bemühungen mit dem 250F war ihre Rennsaison enttäuschend erfolglos, wie man es auch erwartet hatte. Ihr bestes Ergebnis erreichte sie in Syracus, wo sie auf den fünften Platz kam, allerdings mit vier Runden Rückstand. In Monaco konnte sie sich nicht qualifizieren, und in Belgien kam sie mit zwei Runden Rückstand auf den elften Platz. In Portugal erlitt ihr eigener Wagen im Training einen Schaden, sodass sie einen von der *Scuderia Centro-Sud* gemeldeten Wagen fuhr, aber nur, um mit mechanischen Problemen schon frühzeitig aus dem Rennen auszuscheiden. Ihr letzter Auftritt war in Monza, wo sie wieder ausfiel. De Filippis wäre häufiger angetreten, wenn sie die Meldegebühren hätte bezahlen können. Im Jahre 1959 fuhr sie ihren 250F wieder in Rennen und war viele Jahre Sekretärin der *Association des Pilotes Anciens de Grand Prix et Formule 1*.

Der Maserati-Transporter war ein unerwarteter Anblick im Fahrerlager des Grand Prix von Belgien. Das Team hatte ein Fahrzeug mitgebracht, das als neuer und leichter 250F bezeichnet wurde und die Fahrgestellnummer 2532 hatte. Es schien so, als wäre dies der Erste der T3 *Piccolo*-Wagen; später wurde allerdings bekannt, dass es sich um das V12-Chassis mit einem Sechszylindermotor handelte, der eine Entwick-

Fangio am Lenkrad der Experimentalversion des 250F 1958 neben Moss (Vanwall) beim Grand Prix von Frankreich. Das war der letzte Grand Prix des amtierenden Weltmeisters, den er an vierter Stelle liegend beendete.

Masten Gregory mit dem Piccolo-250F der Scuderia Buell beim Grand Prix von Italien 1958. Er fuhr nach seinem schlimmen Unfall das erste Mal wieder und übergab den Wagen an Carroll Shelby. Sie belegten den vierten Platz, das war ein sehr gutes Ergebnis, aber das Fahrzeug wurde disqualifiziert, da Shelby nicht als Ersatzfahrer nominiert war.

Marie-Thérèse de Filippis und der gute Fahrer aus Kansas, Masten Gregory, beim Grand Prix von Italien in Monza 1958. In jenen Tagen wurde Gregory sowohl unterbewertet als auch fälschlicherweise viel geschmäht.

Dieser Wagen, der als Tipo 58 bekannt wurde, besteht aus einer Kombination des 300S-Fahrgestells mit dem V12-3-Liter-Motor. Stirling Moss testete diesen Wagen 1958 auf dem Nürburgring und vermittelte einen schlechten Eindruck seiner Fähigkeiten. Dieses Modell wurde nie bei Rennen eingesetzt.

lungsstudie für den T3 war. Er war nicht für das Rennen gemeldet und wurde einige Runden von Masten Gregory gefahren, bevor Ugolini und Bertocchi ihn zum Nürburgring brachten, wo ihn Stirling Moss am Montag nach dem Rennen in Belgien testete.

Die Two Worlds Trophy

Am 29. Juni wurde auf der ausgebauten Strecke in Monza die zweite Two Worlds Trophy gefahren. Das Interesse der europäischen Hersteller war etwas größer als 1957, und sowohl Ferrari als auch Maserati hatten für diese Veranstaltung Fahrzeuge entwickelt. Der Maserati wurde von der Eldorado-Eiscreme-Fabrik gemeldet und von Stirling Moss gefahren. Er hatte ein neues Rohrrahmen-Chassis mit einem Radstand von 2044 Millimetern, das länger war als das des 250F, mit doppelten Querlenkern, Vorderachsaufhängung des Tipo 450S und Schraubenfedern, verstärkte Lenkarme und Spurstangen sowie eine verstärkte De-Dion-Hinterachse des 250F mit doppelten Houdaille-Dämpfern auf jeder Seite. Die Bremsen waren die gleichen wie beim 250F des Jahres 1957, die Halibrand-Magnesium-Leichtmetallräder mit Firestone-Reifen waren mit sechs Schrauben an den modifizierten Naben befestigt.

Der Motor war der des 450S mit einem Hubraum von 4190 ccm, der mit Alkohol fuhr. Obwohl man während des Qualifyings mit einer Treibstoffeinspritzung fuhr, wurden beim Rennen vier Weber-Doppelvergaser eingesetzt. Der Motor war neun Zentimeter nach links von der Fahrzeugmitte eingebaut und übertrug seine Leistung über eine offen liegende Kardanwelle auf ein Zweiganggetriebe an der Hinterachse. Ein Paar Kegelräder übernahm den Antrieb im rechten Winkel, und gerade verzahnte Gänge brachten den Antrieb auf die Höhe der Hinterachse. Der Wagen besaß kein Differenzial, der weitere Antrieb erfolgte durch Kardangelenke und starke Antriebs-Halbwellen auf die Hinterräder. Der Fahrer saß neben der Kardanwelle, und der Schalthebel war auf der linken Seite ziemlich weit oben angebracht. Die Karosserie war der des 250F ähnlich; allerdings war in der Haube eine lange Hutze, und die Heckflosse war sehr auffällig. Der Wagen war in einem glänzenden Weiß lackiert, mit den Schriftzügen von

Eldorado Italia, Comicfiguren und dem Schriftzug von Stirling Moss auf der Haube. Dieser Wagen hatte die Bezeichnung Tipo 420/M/58 und besaß die Chassis-Nummer 4203. Allgemein war er als *Eldorado Special* bekannt.

Bei dieser Veranstaltung fuhr man gegen den Uhrzeigersinn und hatte, wie in Amerika üblich, drei Qualifikationsläufe von je 267 Kilometern über 63 Runden, was eine Gesamtdistanz von 801 Kilometern ergab. Während der Maserati im Vergleich zu den amerikanischen Konkurrenten entsprechend leistungsstark war, hüpfte er auf der schlechten Strecke von Monza ziemlich stark. Moss wurde in der Qualifikation mit 264,67 km/h Neunter. Im ersten Lauf wurde er Vierter, im zweiten Fünfter, hatte aber in der 41. Runde des dritten Laufs einen schrecklichen Unfall, als die Lenkung des Maserati ausfiel und er gegen die obere Sicherungsmauer auf der Strecke krachte, wobei drei Betonpfeiler zerstört wurden und drei Reifen seines Wagens platzten. Glücklicherweise blieb er unverletzt und wurde offiziell noch als Siebter gewertet.

Marie Thérèse de Filippis in ihrem 250F, der von der Scuderia Ugolini für die International Trophy 1959 im Mai in Silverstone gemeldet war. Sie musste wegen mechanischer Probleme aufgeben. (T.C. March)

Der Piccolo

Beim Grand Prix von Fankreich am 6. Juli war ein 250F für Fangio unter dessen Namen gemeldet. Dieses Fahrzeug hatte die Fahrgestellnummer 2532, war aber eigentlich ein Neuwagen und der wirkliche Prototyp des T3 *Piccolo*. Bereits früh im Rennen führte Hawthorn (Ferrari) vor Brooks (Vanwall), während Fangio mit Moss (Vanwall), Schell und Behra (BRMs) um den dritten Platz kämpfte. Brooks fiel aus, beide BRMs fielen wegen mechanischer Probleme zurück, und Fangio machte einen kurzen Boxenstopp, um sich bei Bertocchi über Getriebeprobleme zu beschweren. Er kehrte in das sehr schnelle Rennen zurück und wurde Vierter hinter Hawthorn, Moss und von Trips (Ferrari). Das war Fangios letztes Grand-Prix-Rennen.

Ein neuer Maserati, der dem Fahrzeug, das Fangio in Reims gefahren hatte, sehr ähnlich sah, wurde beim Grand Prix von Portugal am 24. August von Temple Buell für Masten Gregory gemeldet. Dieser 250F, Fahrgestellnummer 2533, war der erste *Piccolo*, den Buell bestellt hatte. Der Preis, der Buell am 25. Juni 1958 in Rechnung gestellt wurde, betrug 14 500 US-Dollar. Der

Im Jahre 1959 wurden eine Reihe von Cooper-Fahrgestellen mit Maserati-2,5-Liter-Vierzylindermotoren ausgestattet. Roy Salvadori fuhr einen Cooper-Maserati für C.T. Atkins, aber nur dann, wenn das Aston-Martin-Formel-1-Team ihn nicht einsetzte. Hier, beim Gold-Cup-Rennen in Oulton Park, belegte er den vierten Platz. (T.C. March)

Der Tec-Mec in Valerio Colottis Werkstatt, kurz nachdem er fertiggestellt worden war.

Roy Salvadori fuhr diesen Cooper-Monaco mit einem Maserati-2,5-Liter-Motor in der Saison 1959 für John Coombs. Hier, in Silverstone im Mai, gewann er das Rennen für Sportwagen bis 3000 ccm Hubraum vor Stirling Moss (Aston Martin DBR1) mit 158,4 km/h. Mit fortschreitendem Rennen verschlechterte sich das Handling des Wagens. Nach dem Rennen wurde festgestellt, dass das Chassis am Hinterwagen gebrochen war. (T.C. March)

Radstand des *Piccolo* war etwa 2,5 Zentimeter kürzer als der des »Leichtbau«-250F, und das Gewicht war um 71,43 Kilogramm reduziert worden. Man nimmt an, dass die Verdichtung auf 11:1 erhöht wurde und dass die Leistung bei 290 PS bei 8000 U/min lag.

Das Fünfganggetriebe war kleiner und leichter und hatte einen vollwertigen ersten Gang, die Vorderradaufhängung besaß eigens angefertigte Rohr-Querlenker und größere Schraubenfedern mit Girling-Dämpfern. Hinten hatte der Wagen Koni-Stoßdämpfer und große Bremsen. Insgesamt war er jedoch mehr oder weniger ein Update eines veralteten Modells. Shelby fuhr ein gutes Rennen in Oporto, belegte den fünften Platz, bevor er von der Strecke abkam und kurz vor Ende des Rennens einen Unfall hatte. Er wurde als Neunter gewertet.

Ein Last-Minute-Fahrer eines *Scuderia-Centro-Sud*-250F war in Portugal der Lotus-Werksfahrer Cliff Allison. Im Training hatte er mit seinem neuen Lotus 16 mit vorn eingebautem Climax-Motor einen Unfall, als er eine Straßenbahnschiene überfuhr. Er und Guglielmo Dei berieten sich, und Allison fuhr den Ersatzwagen des Teams, den 2522, unter der Voraussetzung, dass sie sich das Startgeld teilten. Allison startete von der Position, die er mit dem Lotus erreicht hatte. Cliff hat das wie folgt kommentiert: »Verglichen mit dem Lotus war der Maserati ein Lkw, aber ein sehr schneller.« Er fuhr nur um des Startgeldes willen und gab nach 15 Runden auf.

Beide Buell-Wagen, der 2533 und der 2534, waren auch in Monza beim Grand Prix von Italien am 7. September, aber nur einer, der von Masten Gregory gefahren wurde, konnte sich qualifizieren. Die Geschichte hatte dem Mann aus Kansas Unrecht getan. Gregory war ein sehr schneller, sehr fähiger und sehr zuverlässiger Fahrer und einer der besten amerikanischen Fahrer in europäischen Rennen der 1950er-Jahre überhaupt. Dass er hyperaktiv war, steht außer Zweifel, aber wegen seines zeitweilig launischen Benehmens kursierte die skurrile und unwahre Geschichte, dass er Drogen nähme. Dass er aus Fahrzeugen, die zu verunfallen drohten, mehr als einmal heraussprang, brachte ihm außerdem zu Unrecht einen schlechten Ruf ein.

Gregory startete aus der dritten Reihe (achter Platz) in der Startaufstellung und kämpfte sich auf den vierten Platz vor. Es war sein erstes

Rennen, seit er mit dem *Ecurie-Ecosse*-Lister-Jaguar beim Training in Silverstone im Juli einen Unfall gehabt hatte, und er war so erschöpft, dass er mit dem 250F an die Box fuhr, um ihn an Shelby zu übergeben. Shelby wurde am Ende Vierter, aber der Wagen wurde disqualifiziert, weil Shelby nicht als Ersatzfahrer nominiert worden war. Gregory fuhr den Wagen wieder beim letzten Lauf zur Weltmeisterschaft in Casablanca am 19. Oktober und wurde trotz Problemen mit den Stoßdämpfern Sechster.

Die zwei *Piccolos* und Joakim Bonniers »Leichtbau«, der 2529, wurden dann mit Haifischmaul-Nasen ausgestattet und einer besonders ausgeprägten Heckflosse, die von dem Journalisten Hans Tanner eingeführt wurde, der das Team managte. Diese Umarbeitungen der Karosserie wurden von Fantuzzi vorgenommen. Die Fahrzeuge wurden zur Teilnahme am Grand Prix von Neuseeland nach der freien Formel über 241 Kilometer verschifft. Hans Tanner, der vom Strand Palace Hotel in London aus schrieb, arrangierte die Verschiffung mit LEP Transport, und die Preise wurden wie folgt festgelegt:

2534 (Versicherungswert $ 15 000).	Fracht und Versicherungsprämie 5235 Pfund Sterling
2533 (Versicherungswert $ 13 000).	Fracht und Versicherungsprämie 4800 Pfund Sterling
2529, der in den Papieren als Fahrgestellnummer 2504 bezeichnet wurde (Versicherungswert $ 8000)	Fracht und Versicherungsprämie 3750 Pfund Sterling

In ihrem Brief hielt LEP fest: »Wir verlangen, dass die Fahrzeuge alle keinen Treibstoff und kein Wasser enthalten und dass die Batterien ausgebaut sind.« Man hielt ferner fest, dass der 2534 exportiert werden sollte und dass man deswegen kein Carnet für die Rückkehr nach Italien benötigte. Bertocchi kümmerte sich um die Fahrzeuge. Harry Schell, der von Shelby unterstützt wurde, belegte den vierten Platz, und Ross Jensen wurde mit dem anderen, für die *Scuderia El Salvador* gemeldeten Fahrzeug Fünfter.

Sportwagen 1958

Im Februar machte Fangio weltweit Schlagzeilen der besonderen Art. Er sollte beim Grand Prix von Kuba einen privat gemeldeten 450S fahren, wurde aber am Vorabend mit Waffengewalt aus der Lobby seines Hotels entführt. Zu dem Kidnapping bekannte sich eine Gruppe »Bewegung 26. Juli«. Das war eine Organisation, die Fidel Castros politische Bewegung unterstützte, die gegen das Batista-Regime kämpfte. Fangios Wagen wurde im Rennen von Maurice Trintignant gefahren und der Weltmeister am Abend des Tages nach dem Rennen unverletzt der argentinischen Botschaft übergeben.

Das Rennen war ein Desaster und wurde nach sechs Runden abgebrochen, nachdem ein lokaler Ferrari-Fahrer von der Strecke geschleudert war und fünf Zuschauer getötet hatte. Die Rennstrecke war mit Öl überflutet; Stirling Moss sagte, dass er noch nie so viel Öl auf einer Strecke gesehen hätte, und man vermutete Sabotage. Moss, der mit seinem 4,1-Liter-Ferrari führte, als das Rennen abgebrochen wurde, wurde der Sieg zuerkannt. Obwohl er nicht am Start war, bekam Fangio dennoch eine Prämie von umgerechnet 1585 Pfund Sterling, die für die Teilnahme garantiert waren. Das war mehr als die Siegprämie von Moss!

Obwohl die Maserati 300S, gemeinsam mit den kleineren Fahrzeugen, weiterhin von Privatfahrern eingesetzt wurden, waren sie jetzt veraltet und konnten nicht mehr viel erreichen. Am 16. Juni 1958 testete Stirling Moss den modifizierten 250F, der in Spa-Francorchamps präsentiert worden war, und dazu auch den Tipo-58-Sportwagen. Das war ein 300S mit einem 3-Liter-V12-Motor (68,2 × 68 mm), der angeblich 305 PS bei 10 000 U/min leisten sollte. Sein Bericht an Ugolini war enttäuschend, denn er hatte festgestellt, dass dem Motor im oberen Drehzahlbereich Leistung fehlte und dass das Fahrzeug übersteuerte. Das Fahrzeug wurde nie bei Rennen eingesetzt.

Etwas weniger als einen Monat später, am 13. Juli, hatte Maserati einen Einzelauftritt mit zwei 300S, die jetzt mit einem Fünfganggetriebe ausgestattet waren, beim Vila-Real-Rennen in Portugal über 241 Kilometer. Die Wagen wurden von Moss und Behra auf dem kombinierten Kurs aus Rennstrecke und normaler Straße ge-

Der erste Tipo-60-2-Liter-»Birdcage« bei der Montage im Maserati-Werk zu Beginn des Jahres 1959. Das Foto lässt die großen Unterschiede zu dem Fahrzeug auf Seite 180 erkennen, als sich die Rennaktivitäten von Maserati auf ihrem Höhepunkt befanden.

fahren und boten in Abwesenheit ernsthafter Konkurrenz dem Publikum eine große Show, indem sie sich immer wieder gegenseitig überholten. Moss behauptete, dass er bei diesem Rennen sein Fahrzeug nie im höchsten Gang gefahren sei, allerdings wäre er im vierten Gang bis auf 6500 U/min gekommen. Er gewann mit einem Durchschnitt von 136,42 km/h vor Behra und Francesco Godia-Sales am Steuer seines privaten 300S auf dem dritten Platz.

Am 10. August trat Moss in dem Kannonloppet in Karlskoga in Schweden mit einem 300S an, den er sich vom Werk ausgeliehen hatte. Er gewann leicht vor lokalen Ferraris. Dann ging er mit dem 300S nach Roskilde, um am Grand Prix von Kopenhagen teilzunehmen, der in sechs Läufen am 15. und 16. August ausgetragen wurde. Er musste jedoch mit Motorproblemen im ersten Lauf aufgeben und lieh sich dann Brian Naylors JBW-Special mit einem 2-Liter-Maserati-Motor für die anderen beiden Läufe und gewann sie beide. Über Nacht war in den 300S ein Ersatzmotor montiert worden, und nach den drei Läufen am Sonntag lag Moss auf dem zweiten Platz hinter Carlsson (Ferrari *Monza*) mit weniger als einer Sekunde Rückstand.

1959

Zu Beginn des Jahres wurden alle drei Buell-Fahrzeuge nach Genua zurückverschifft, aber der 2534 musste im Dock bleiben, weil man kein Carnet für ihn hatte. Am 15. März schrieb Maserati an Temple Buell an dessen kalifornische Adresse und erinnerte ihn daran, dass er noch immer 15 000 US-Dollar schuldete, und bat um möglichst umgehende Bezahlung. Hans Tanner bemühte sich, die *Piccolos* zu verkaufen, und schrieb an die wohlhabenden neuseeländischen Amateurfahrer Arnold Glass und Ross Jensen. Er erläuterte ihnen, dass Buell sein Rennengagement aufgeben werde, und schrieb in dem Brief an Glass, dass der Deal »el cheapo« vollzogen werden könne. Tanner hatte außerdem entdeckt, dass es einen leichteren Maserati-Spaceframe gab, in den die Komponenten des Wagens eingebaut werden konnten. Er versicherte Glass, dass dieser immer noch gute Chancen mit den Wagen hätte, besonders dann, wenn sie etwas leichter würden.

Keiner der beiden Fahrer hatte Interesse; Jensen hatte bereits einen Wagen in Neuseeland gefahren, Glass hatte sie wahrscheinlich gesehen, und beide hatten bereits die Chance gehabt, die Fahrzeuge zu kaufen. Tanner korrespondierte auch mit Ugolini unter seiner privaten Adresse in Modena und fragte um Rat nach, ob man die *Piccolos* mit Scheibenbremsen ausstatten könnte. Ugolini vertrat die Ansicht, dass der Einbau von Scheibenbremsen zu viel Gewicht an das Fahrzeug brachte, sodass man die Idee fallen ließ. Schließlich folgte der 2534 dem 2533 ins Werk, und wahrscheinlich wurde irgendein »Pferdehandel« wegen des geschuldeten Geldes abgeschlossen.

Mit der Aussicht, in Indianapolis 1959 antreten zu können, wurde der *Eldorado* von 1958, der bei der Two Worlds Trophy gefahren war, für 1959 wieder aufgebaut. Die Karosserie wurde ansehnlicher, ohne Heckflosse, und der Schaltblock für das Getriebe wurde jetzt konventionell auf der linken Seite im Cockpit montiert, was die Handhabung erleichterte. Es wurde behauptet, dass ein 4,7-Liter-V8-Motor in das Fahrzeug eingebaut war, das ist aber falsch, denn immer noch galt in Indianapolis die Hubraumbegrenzung auf 4200 ccm für Motoren ohne Kompressor. Während des Qualifyings konnte Ralph Liguori nicht schneller als 219 km/h pro Runde fahren. Das reichte nicht für die Qualifikation – zu diesem Zeitpunkt war der Langsamste, der sich qualifiziert hatte, die Runde mit 227 km/h gefahren. So konnte man nicht an den Start gehen.

Obwohl die meisten Anstrengungen von Maserati sich jetzt auf die GT-Fahrzeuge konzentrierten, wurde auch weiterhin Entwicklungsarbeit für die Rennwagen geleistet. Das füllte aber nicht mehr alle Mitarbeiter aus, sodass Nello Ugolini das Unternehmen verließ und die kurzlebige *Scuderia Ugolini* gründete. Er übernahm formell Giorgio Scarlatti und Marie-Thérèse de Filippi, die 1958 ihre 250Fs unter ihrem eigenen Namen gefahren hatten. Das Team überstand aber keine komplette Rennsaison. 1960 wurde Ugolini Rennmanager von Graf Volpis *Scuderia Serenissima di Repubblica de Venezia*, die Ferraris für die Rennen meldete, einschließlich der berühmten »Breadvan«-Version des 250 GT mit einer Karosserie von Drogo. Die

Stirling Moss mit dem 2-Liter-Tipo-60-»Birdcage« bei seinem Debüt beim Coupe Delamare Debouteville in Rouen 1959. Er war Trainingsschnellster, führte durchgehend und fuhr die schnellste Runde.

Der Tipo 61 »Birdcage« mit einem 2890-ccm-Motor Ende 1959. Zwei davon fuhren bei der Nassau Speed Week im Dezember. Dies ist der erste vollständige Wagen, der außerhalb des Werks in Modena gezeigt wurde.

Scuderia Centro-Sud besaß eine wachsende Anzahl von 250Fs und ein großes Ersatzteillager. Das Team trat in diesem Jahr regelmäßig an, aber ohne großen Erfolg, weil die Fahrzeuge nicht nur überholt waren, sondern oft auch nicht gut vorbereitet.

Alfieri hatte den 250S entwickelt, eine Modifikation des 200S-Sport-Rennwagens, mit einem Motor mit 2489 ccm Hubraum (96 × 86 mm) und einer Leistung von 230 PS bei 7000 U/min. Vier dieser 257 km/h schnellen Fahrzeuge wurden Ende 1958 gebaut und auch im gleichen Zeitraum und zu Beginn des Jahres 1959 verkauft. Es wurden mehr Motoren dieses Typs 250/S4 verkauft als komplette Fahrzeuge, und unter den ersten Käufern einer solchen Maschine waren Brian Naylor, der sie in seinen JBW-Special-Einsitzer einbaute, und »Tommy Atkins« High-Efficiency-Motors-Team, das sie 1958 in einem Cooper-T45-Chassis einsetzte.

Roy Salvadori fuhr diesen Cooper, wenn er keine Verpflichtungen gegenüber Aston Martin in Grand-Prix-Rennen hatte. Er hatte es so begründet, dass der Maserati-Motor zwar weniger Leistung hatte als der normale Coventry-Climax FWA, er dafür aber immer verfügbar war, während der Nachschub beim britischen Motor nicht immer zufriedenstellend war. Ein anderer, der diesen Motor einsetzte, war John Coombs, der eine dieser Maschinen in das Fahrgestell eines Cooper *Monaco* eingebaut hatte – wieder für Roy Salvadori, der damit bei britischen Rennen sehr erfolgreich war. Diese Motoren waren wesentlich schwieriger zu warten als die Climax FWA, und viele ihrer Komponenten waren sehr kurzlebig. Sie mussten mit Colloti-Getrieben kombiniert werden (siehe unten), und diese erwiesen sich als sehr problematisch.

Die Scuderia Centro-Sud erwarb zwei neue T51-Cooper-Chassis mit Heckmotor, in die Maserati-Motoren montiert wurden. Diese Fahrzeuge gaben ihr Debüt beim Grand Prix von Frankreich in Reims, wo sie von Ian Burgess und Colin Davis (einem Sohn des »Bentley-Boy« und Herausgebers von *The Autocar*, »Sammy« Davis) gefahren wurden. Andere Fahrer von »Mimmo« Deis Cooper waren in jener Zeit Hans Herrmann und Mario Cabral. Sie waren nicht sehr

Maserati baute eine Anzahl von Fahrzeugen für Kinder nach dem Vorbild seiner Rennwagen. Dieses 250F-Modell mit Elektroantrieb – mit einer einteiligen Karosserie-Chassis-Kombination von Fantuzzi, Vorwärts- und Rückwärtsgängen, einstellbaren Pedalen und mit einer Betriebsdauer von 4,5 Stunden – wurde 1957 hergestellt. Es blieb im Werk bis 1959, als es einem gewissen Pagliani präsentiert wurde, einem Freund der Familie Orsi.

erfolgreich, und die beste Platzierung eines Einsitzers mit Maserati-Motorisierung war 1959 der vierte Platz von Roy Salvadori im International-Gold-Cup-Rennen in Oulton Park Ende September. Ein Cooper *Monaco* war auch von der *Scuderia Centro-Sud* unterstützt worden. Er wurde von Colin Davis beim Sportwagenrennen von Messina über 300 Kilometer gefahren und siegte.

Ein weiteres interessantes Fahrzeug mit einem Maserati-Motor war der WRE (die Initialien standen für *World Racing Enterprise*), von dem drei Exemplare gebaut wurden, die mit 200SI-Motoren ausgestattet waren. Sie waren von einem ehemaligen Mechaniker des Willment-Racingteams, John Wadsworth, gebaut worden. Es handelte sich um Sport-Rennwagen mit Frontmotor, die fast ausschließlich in Italien zum Einsatz kamen. Sie hatten ein wenig Erfolg, einschließlich eines Sieges von Tony Settember beim Sportwagen-Grand-Prix von Neapel 1959 und 1960 mit Mennato Boffa, wieder beim Rennen in Neapel.

Während des Jahres hatte Maserati an einem Wagen gearbeitet, der, wenn man sich weiter im Rennsport engagiert hätte, der Teamwagen für das Jahr 1958 hätte werden sollen. Die Arbeiten wurden abgebrochen, nachdem ein Spaceframe-Chassis mit Querblattfederung und einer an Querlenkern unabhängig aufgehängten Hinterachse fertiggestellt worden war. Es muss betont werden, dass dies ein anderes Projekt war als der *Piccolo*; es war vielmehr eine leichtere und kürzere Version des bestehenden 250F. Das Chassis wurde später von Hans Tanner den neuseeländischen Fahrern angeboten. Nachdem beide auf sein Angebot nicht eingegangen waren, entschied Tanner gemeinsam mit Scarlatti und Valerio Colotti, die beide Geld in das Geschäft gesteckt hatten, das Spaceframe-Chassis aufzubauen.

Eine sehr ansehnliche Karosserie wurde von Gentilini gebaut, der mit Fantuzzi für Maserati gearbeitet hatte, und der 250F-Motor hatte die Originalnummer 2523, die man aus dem Chassis ausgebaut hatte, als das Fahrgestell zunächst mit einem V12-Motor ausgestattet und anschließend in Modena in einem Lager abgestellt worden war. Der Wagen bekam Girling-Scheibenbremsen. Er wurde unter der Bezeichnung Tec-Mec F/415 bekannt. Studio Tec-Mec war das kleine Getriebewerk, das Colotti in der Nähe der Maserati-Fabrik errichtet hatte, nachdem er Ende 1957 aus dem Unternehmen ausgeschieden war. Colotti führte alle Arbeiten an dem Projekt nach seinen Vorstellungen aus.

Tanner hatte großartige Ideen und wollte sich selbst zum Chef des Teams machen. Er gab Pressemitteilungen heraus, die besagten, dass Tec-Mec ein Unternehmen wäre, dessen Renndirektor er sei; Gordon Pennington sei der Finanzdirektor und Colotti der Chefingenieur. Das Team plante, zwei neue Grand-Prix-Fahrzeuge mit Maserati-Motoren der neuen Generation bei Rennen einzusetzen, die von Jack Fairman (einem routinierten Fahrer) und Colin Murray (dessen Erfahrung sich auf einige kleinere britische Rennen beschränkte, der aber auch eine Zeit lang der britische Maserati-Agent gewesen war) gefahren werden sollten. Das neue Unternehmen bot außerdem einen Sportwagen an, der mit einem 5,9-Liter-Motor des 450S ausgestattet war, und den *Poggi*-Formel-Junior-Wagen, der aber von einem anderen Unternehmen gebaut wurde.

Sowohl Colotti als auch Scarlatti trennten sich von Tanners Plänen. Es wurde behauptet, dass Pietro Drogo und Boris »Bob« Said den Tec-Mec-Wagen in Modena über 500 Meilen getestet hätten, ebenso wie auch Scarlatti und Joakim Bonnier. Als Scarlatti an die Box ging, spreizte er seine Arme. Als er in der Box war, wurde er gefragt, warum er das getan hätte. »Um die große Stabilität zu demonstrieren«, antwortete er. Trotzdem wurde der Auftritt von Scarlatti beim Grand Prix von Italien abgesagt. Tanner brachte den Wagen in die USA, wo er am 12. Dezember für das amerikanische *Camoradi*-Team mit dem jungen, hoffnungsvollen Fritz D'Orey am Lenkrad am Grand Prix der USA teilnahm. D'Orey war der Drittlangsamste im Qualifying und schied im Rennen nach sechs Runden, die er dem Feld hinterherfuhr, wegen eines Öllecks aus.

Das *Camoradi*-Team meldete den Tec-Mec für ein weiteres Rennen: eine nationale amerikanische Veranstaltung zu Beginn des Jahres 1960 in Daytona. Er war dafür in den amerikanischen Farben Weiß und Blau lackiert und hatte 16 Zoll breite Reifen. Dem Tec-Mec fehlte einfach das Entwicklungspotenzial, und Jahre später sagte Colotti dem seinerzeitigen Besitzer Barrie Baxter, der mit dem Wagen sehr erfolgreich war, dass er in der Originalversion mit 15-Zoll-Reifen ausgestattet war und dass die größeren Räder, die in den USA montiert worden waren, den Schwerpunkt zu hoch gebracht hätten.

Im Winter 1958/59 hatte Alfieri einen neuen Sportwagen konstruiert, der offiziell die Bezeichnung Tipo 60 trug, aber unter dem Namen »Birdcage« (Vogelkäfig) bekannter wurde. Alfieri hatte die Lektion, die er beim Spaceframe-

Chassis des Lotus Eleven gelernt hatte, umgesetzt und war einen Schritt weiter gegangen. Das Chassis des Tipo 60 bestand aus einer Vielzahl miteinander verschweißter Rohre mit kleinem Durchmesser, die einen sehr steifen und gleichzeitig sehr leichten Rahmen bildeten, der zudem noch eine niedrigere Lage des Fahrzeugbodens ermöglichte.

Die Vorderradaufhängung erfolgte über doppelte Querlenker und Schraubenfedern, während die Hinterachse eine De-Dion-Achse war, die an einer Querblattfeder befestigt war und einen Stabilisator besaß. Vorn wie hinten besaß das Fahrzeug Scheibenbremsen von Dunlop. Der Motor hatte einen Hubraum von 1989 ccm (93,8 × 72 mm), besaß eine Trockensumpfschmierung und war eine Weiterentwicklung der Maschine aus dem 200S mit einer Leistung von 200 PS bei 7800 U/min. Er war in einem Winkel von 45 Grad geneigt in das Chassis eingebaut. Das funktionierte im Gegensatz zu dem Climax-FWA-Motor in Colin Chapmans Lotus 16-Formel-2-Wagen, wo es nicht ging. Der Antrieb erfolgte über ein Fünfganggetriebe. Die Leichtmetallkarosserie war sehr sparsam ausgeführt.

Die pure Komplexität der Alfieri-Entwicklung war umwerfend, und in ihrem ausgezeichneten Buch *Racing and Sports Car Chassis Design* schrieben Michael Costin und David Phipps:

»Einer der interessantesten Wagen, die in den vergangenen Jahren gebaut wurden, ist der Typ 60-61 Maserati, der sich sehr schnell wegen seiner extrem komplizierten Chassis-Konstruktion den Spitznamen ›Vogelkäfig‹ erwarb. Die Rennergebnisse haben gezeigt, dass eine sehr große Zahl von Rohren mit kleinem Durchmesser nicht nur eine Spielerei ist, sondern ein ernsthafter Versuch, eine extrem steife ›Leichtbau‹-Struktur zu erreichen. Der Hauptnachteil dieser Fahrgestellkonstruktion ist ihre Komplexität und der hohe Arbeitsaufwand, der dafür notwendig ist. Gewisse Verwindungen während des Schweißvorgangs scheinen unvermeidbar. Und Zugänglichkeit ist keine Stärke dieses Maserati. Die Rohre müssen geschnitten und gebogen werden, um Platz für wichtige Komponenten zu schaffen, Ölleitungen krümmen sich ein- und auswärts zwischen den Chassisrohren, und die meisten Anbauteile des Motors müssen, bevor dieser ausgebaut werden kann, abgebaut werden.

Mit solch dünnen Rohren mussten die Strukturen, die relativ schwere Lasten trugen, verstärkt werden, und wie sich beim Maserati Typ 61 offenkundig zeigte, waren sie manchmal dennoch weit von der erwarteten Steifigkeit entfernt. Die hinteren Speichen z.B. sind in einem Labyrinth von Rohren angebracht, die beim Übergang in das Chassis stark gewunden sind. Traditionelle italienische Auslegerarme, die viele Bohrungen enthalten, unterstützen die Vorderachsaufhängung, und eine sehr komplexe vordere Spritzwand fängt die Antriebs- und Lenkkräfte ab. Ohne unhöflich zu sein, kann man sich fragen, ob die gleichen Aufgaben nicht auch von einem geraden Spaceframe hätten übernommen werden können, der viel weniger Verstrebungen nötig gemacht hätte.«

Stirling Moss wurde am Tag nach dem Grand Prix von Monaco 1959 eingeladen, den Tipo 60 zu begutachten, und testete ihn am folgenden Tag auf dem *Aeroautodromo* von Modena. Dann wurde der Wagen zum Nürburgring gebracht, damit er ihn dort während des Trainings für das 1000-Kilometer-Rennen testen konnte. Der Motor gab jedoch bereits in der ersten Runde auf. Moss überredete Maserati, das Fahrzeug für den Coupe Delamare Debouteville für 2-Liter-Sportwagen am 12. Juli in Rouen über 300 Kilometer zu melden, wo er eingeladen war, einen Formel-2-Wagen zu fahren. Er übernahm im Training die Pole-Position, führte während des gesamten Rennens, fuhr die schnellste Runde und gewann leicht vor Alan Stacey (Lotus 15). Danach ging der Tipo 60 in Produktion; es wurden aber insgesamt nur sechs Fahrzeuge gebaut: wahrscheinlich die Chassis-Nummern 2451, 2460, 2462, 2465, 2466 und 2468.

Ein weiterer früher Erfolg des Tipo 60 war der Sieg von Govoni beim Pontedecimo-Gioir-Bergrennen. Er schlug Scarlatti, der einen 2-Liter-Ferrari Dino V6 fuhr. Der Tipo 61 war der nächste Schritt – mit einem Motor, der einen Hubraum von 2890 ccm (100 × 92 mm) hatte, der bei 7000 U/min 250 PS leistete. Der Tipo 61 erschien erstmals im September 1959. Dieses Modell kostete nur 3900 Pfund Sterling ab Werk und 4400 Pfund für die USA. Zwei Fahrzeuge

Brian Naylor mit seinem sehr starken JBW-Special führt vor Master Gregory in einem Cooper, der von der Scuderia Centro-Sud 1960 für die International Trophy in Silverstone gemeldet worden war. Gregory wurde Sechster, und Naylor, der von mechanischen Problemen geplagt wurde, kam auf den 11. Platz. Beide Fahrzeuge hatten einen Vierzylinder-2,5-Liter-Maserati-Motor. (T.C. March)

OFFICINE ALFIERI MASERATI S.p.A. · MODENA

CARATTERISTICHE DELLE NUOVE VETTURE SPORT MASERATI - 4 Cilindri

	Tipo 60	Tipo 61
MOTORE:		
n.4 cilindri in linea - Inclinato a 45°		
Alesaggio .... mm.	92	100
Corsa .... "	75	92
Cilindrata totale .... cc.	1994	2890
Camera di combustione emisferica - Doppio albero a cammes in testa - Comando valvole con linguette e molle a spillo - Alberi a cammes comandati da ingranaggi elicoidali - Accensione doppia con spinterogeno - Lubrificazione forzata con pompa ad ingranaggi e serbatoio ad elementi irradianti. - Raffreddamento con pompa centrifuga e radiatore.		
Potenza .... HP	195	250
Regime massimo di rotazione	8000	6500
Rapporto di compressione	9,5x1	9,7x1
Carburante: N.O. 100 RM.		
FRIZIONE		
A dischi multipli a secco		
CAMBIO		
A 5 velocità e retromarcia. Il cambio é in gruppo unico con il differenziale tipo Z.F.		
PONTE		
Con semiassi di trasmissione oscillanti e scatola rigida al telaio.		
TELAIO		
Estremamente leggero con reticolazione di tubo che lo rende rigidissimo		
Passo .... mm.	2200	2200
Carreggiata a terra anteriore .... "	1250	1250
Carreggiata a terra posteriore .... "	1200	1200
SOSPENSIONI		
Anteriore: indipendente con molle elicoidali, barra di compensazione, ammortizzatori telescopici.		
Posteriore: a balestra trasversale e ammortizzatori telescopici.		
STERZO: a cremagliera con correzione della sterzata		
FRENI: anteriori e posteriori a disco con Ø 335 e 314 mm.		
RUOTE: a raggi - cerchio ant. 4.50x16 - Post. 4.50x16		
PNEUMATICI: anteriori 5.50x16 - posteriori 6.50 x 16		
PESO DELLA VETTURA A SECCO .... Kg.	570	600

Ein Datenblatt für den Tipo 60 und den Tipo 61 »Birdcage«, herausgegeben von den Officine Alfieri Maserati.

wurden im Dezember zur Nassau Speed Week auf die Bahamas gebracht. Lloyd Casner fuhr eines dieser Fahrzeuge für Carroll Shelby, musste aber das Rennen wegen mechanischer Probleme aufgeben. Der andere Tipo 61 wurde von Gaston Andrey gefahren, der um den zweiten Platz kämpfte, bis ihn eine leichte Kollision aus dem Rennen warf.

1960

Lloyd »Lucky« Casner war ein opportunistischer Fahrzeughändler aus Miami. Er roch die Gelegenheit eines guten Renndeals und schnürte erfolgreich ein gutes Paket zusammen. Er überredete den Reifenhersteller Goodyear, der zu diesem Zeitpunkt in Europa noch völlig unbekannt war, ein Team von Tipo-61-Fahrzeugen zu finanzieren, einschließlich der Unterstützung durch das Werk. Das war zwar nicht ganz das Geschäft, das Casner sich vorgestellt hatte, denn es blieb nie genug Geld für ihn übrig, um das zu tun, was er wollte. Als Goodyear seine Unterstützung 1961 einstellte, war er in einer wirklich misslichen Situation.

Es war jedoch noch genug Geld vorhanden, um für 1960 drei weitere Fahrzeuge bestellen zu können. Das Team firmierte unter dem Namen *Camoradi* (Casner Motor Racing Division). Die Fahrzeuge waren natürlich in den amerikanischen Rennfarben weiß mit einem dunkelblauen Streifen lackiert. Was der Tipo 61 und der Deal mit sich brachten, war ein größeres Interesse an Sportwagenrennen in einer Zeit, die sonst komplett von Ferrari dominiert worden wäre. Eine Veränderung im Sportwagenreglement forderte, dass die Fahrzeuge mit einer Windschutzscheibe, die nicht niedriger als 25 Zentimeter sein durfte, und einem Kofferraum ausgestattet sein mussten. Die Windschutzscheiben-Vorschrift war teilweise unsinnig, weil es unmöglich war, die Scheiben vom Staub der Rennstrecke und von toten Insekten sauber zu halten, was zu Sichtproblemen für den Fahrer führte.

Im Januar wurde das einzige Fahrzeug, das sich im Besitz des *Camoradi*-Teams befand, mit den Fahrern Masten Gregory und Dan Gurney für das 1000-Kilometer-Rennen in Buenos Aires gemeldet. Im Training war Gurney Zweitschnellster hinter Phil Hill (Ferrari *Testa Rossa*) mit nur einer Sekunde Rückstand. Es gab nur 23 Starter. Anfangs fuhr Gurney einen Vorsprung vor dem Ferrari von Hill/Allison heraus, und das blieb auch so, nachdem Gregory das Fahrzeug übernommen hatte. Das Handling des Maserati verschlechterte sich dann aber, und in Runde 50 war er bereits auf den dritten Platz zurückgefallen, um wenig später ganz auszufallen. Man hatte das Interesse an dem Rennen verloren, in dem Ferrari schließlich die ersten beiden Plätze vor fünf Porsche RSK mit 1,6-Liter-Motoren belegte.

Im folgenden Monat wurde Stirling Moss gebeten, beim Grand Prix von Kuba in Havanna am 28. Februar einen Tipo 61 zu fahren. Auf einer Rennstrecke, die teilweise aus einem Flugplatz und teilweise aus normaler Straße bestand, übernahm Moss die Pole-Position, fuhr Rundenrekord und gewann vor Pedro Rodriguez (Ferrari) und Masten Gregory (Porsche). Dieses Ergebnis wurde erreicht, obwohl der »Birdcage« unmittelbar vor dem Start mit ungeeigneten harten Reifen bestückt worden, die Sitzarretierung locker war und der Auspuff fast abfiel. Wie lange das Rennen dauerte, ist nicht genau bekannt, denn obwohl es auf 63 Runden angesetzt worden war, wurde den Fahrern unmittelbar vor dem Start gesagt, dass man es auf 50 Runden verkürzt hätte, wobei die karierte Zielflagge nach der 51. Runde fiel. Es war das erste und einzige Autorennen auf Kuba, nachdem Fidel Castro 1958 die Macht übernommen hatte.

Beim 12-Stunden-Rennen von Sebring am 25. März war eine größere Anzahl von Tipo 61 am Start. Das *Camoradi*-Team hatte drei Fahrzeuge gemeldet und Briggs Cunningham zwei. Ferrari weigerte sich, am Rennen teilzunehmen, weil die Amoco-Mineralölgesellschaft das Rennen sponserte und die Forderung bestand, dass die teilnehmenden Fahrzeuge die Treibstoffe der Firma zu verwenden hätten. Das Rennen wurde für Maserati zu einem kompletten Debakel. Eines der *Camoradi*-Fahrzeuge konnte nicht starten, nachdem im Training ein Motor – möglicherweise wegen eines Pleuelbruchs – zerstört worden war.

Stirling Moss und Dan Gurney bauten mit einem anderen *Camoradi*-Fahrzeug einen komfortablen Vorsprung auf, aber nur, um vier Stunden vor Ende des Rennens wegen eines Hinterachsschadens aufgeben zu müssen. Das dritte Teamfahrzeug, das von Gregory/Shelby gefahren wur-

Dan Gurney am Steuer des Camoradi-Tipo-60, den er gemeinsam mit Masten Gregory beim 1000-Kilometer-Rennen in Buenos Aires 1960 fuhr. Sie führten vor den Testa-Rossa-Werks-Ferraris, bis sie wegen Antriebsproblemen das Rennen aufgeben mussten.

de, erlitt das gleiche Schicksal wegen eines gebrochenen Kolbens. Auch den Cunningham-Fahrzeugen erging es nicht viel besser: Der Tipo 61 von Causey/Steer lag an dritter Stelle, als eineinhalb Stunden vor Ende des Rennens die Hinterachse ausfiel, und auch das Fahrzeug von Hansgen/Crawford musste wegen Antriebsproblemen aufgeben, nachdem es einen Ausflug in den Sand gemacht hatte. Porsche belegte die ersten beiden Plätze vor sechs privaten Ferraris.

Als zahlender Kunde, der selbst bezahlt wurde, wandte sich Casner an Alfieri und forderte ihn auf, die Fahrzeuge wettbewerbsfähiger zu machen. In kurzer Zeit hatte Maserati stärkere Pleuel entwickelt, gemeinsam mit verstärkten Komponenten im Getriebe und fünf Gängen. Casner hatte seine Meldung für die Targa Florio am 8. Mai zurückgezogen, aber Alfieri und Bertocchi waren der Überzeugung, dass der Tipo 61 jetzt die Zuverlässigkeit hätte, um sein Rennen zu machen, und so meldete *Camoradi* ein einzelnes Fahrzeug für Umberto Maglioli und Nino Vaccarella.

In diesem Rennen über zehn Runden – 720 Kilometer – belegte der Tipo 61 in den ersten vier Runden den zweiten Platz, um anschließend an die Spitze zu gehen. Zwei Runden vor dem Ende hatte Vaccarella keinen Treibstoff mehr; es gelang ihm jedoch, etwas von einem Zuschauer zu bekommen, und er fuhr weiter, bis der Motor in der Mitte einer Kurve ausfiel und er einen Unfall verursachte. Hinterher wurde festgestellt, dass der Treibstofftank einen Riss hatte, möglicherweise, weil er von einem Stein beschädigt worden war. Bonnier/Herrmann gewannen mit einem Porsche vor dem übrig gebliebenen Werks-Ferrari von von Trips/Hill.

Selten waren die Bedingungen auf dem Nürburgring so schlecht wie am 22. Mai, als das 1000-Kilometer-Rennen ausgetragen wurde. Der Rennmorgen begann mit permanentem Nieselregen, der während des Rennens lange anhielt, dann von Durst abgelöst wurde und anschließend in Nebel überging, der die Sicht auf weniger als 100 Meter begrenzte. Die Sicht war so schlecht, dass die Fahrer, wenn sie die Boxen passierten, die Zuschauer auf den Tribünen nicht sehen konnten. Zwei *Camoradi*-Tipo-61 waren für Moss/Gurney und Gregory/Gino Munaron gemeldet. Bei diesem Rennen manag-

Auf dem Nürburgring im Mai 1961 war dieser Tipo 61 vom Camoradi-Team für Stirling Moss und Dan Gurney gemeldet worden. Sie gewannen das Rennen mit mehr als drei Minuten Vorsprung vor einem 2-Liter-Porsche.

Der bemerkenswerte Le-Mans-Tipo-61 mit einer lang auslaufenden Windschutzscheibe und einem aerodynamischeren Hinterwagen. Hier wird er von Jeffords in Laguna Seca Ende 1960 gefahren.

te Piero Taruffi das *Camoradi*-Team. Zunächst führte Moss, und Gregory schob sich auf den zweiten Platz vor, vor zwei Werks-Ferraris. Aber es wurde kein leichtes Rennen. In Runde 20 brachte Gurney den führenden Tipo 61 an die Box, weil eine Ölleitung gebrochen war. Die Wetterbedingungen waren sehr kühl; das führte dazu, dass der Öldruck im Tipo 61 anstieg, was schließlich zum Bruch der Leitung führte.

Mehr als fünf Minuten wurden durch das Ersetzen der Ölleitung und den Anbau einer Drosselklappe vor dem Lufteinlass verloren. Gurney kehrte ins Rennen zurück, arbeitete sich wieder an die Spitze und hielt sie, bis seine Brille von einem Stein beschädigt wurde und er ein weiteres Mal an die Box musste. Moss nahm das Rennen an dritter Stelle liegend wieder auf und gewann schließlich mit einem Vorsprung von zwei Minuten vor dem Porsche mit Bonnier und Gendebien. Der andere Tipo 61 mit Gregory/Munaron war während des Rennens langsamer geworden und wurde mit einer Runde Rückstand Fünfter. Es war Moss' dritter Sieg hintereinander auf dem Nürburgring – er hatte bereits mit Aston Martin 1958 und 1959 gewonnen.

Für das Rennen in Le Mans war einer der Tipo 61 von *Camoradi* mit zusätzlichen aerodynamischen Anbauteilen an der Karosserie ausgestattet worden, einschließlich einer langen, schrägen Windschutzscheibe, die fast von der Fahrzeugnase über das Cockpit hinausreichte, sowie mit einem aerodynamischen Wagenheck. Die neue Windschutzscheibe löste das Problem der geforderten minimalen Höhe, indem sie die notwendige Tiefe mit einer verbesserten Aerodynamik kombinierte; und sie ließ außerdem darauf hoffen, dass wegen ihrer starken Wölbung viele Insekten und der Staub der Strecke über sie hinwegflogen. Masten Gregory/Chuck Daigh fuhren dieses Fahrzeug. Zwei weitere Tipo 61 waren vom *Camoradi*-Team zusätzlich gemeldet worden.

Gregory bewies, dass das modifizierte Fahrzeug mit Abstand das schnellste im Rennen war, und fuhr eine gute Führung gegenüber der Konkurrenz heraus. Nach dem ersten geplanten Boxenstopp sprang der Motor nicht wieder an, und man verlor zwölf Runden, bis man festgestellt hatte, dass die Ursache in einem gebrochenen Kabel am Anlasser lag, und der Motor wieder ansprang. Das Fahrzeug lag jetzt auf dem

46. Platz, hatte sich aber wieder auf den 29. vorgekämpft, als die Elektrik am frühen Sonntagmorgen ausfiel. Auch die beiden anderen *Camoradis* mussten aufgeben, sodass Ferrari die ersten beiden Plätze belegen konnte.

Dass der Tipo 61 an Kinderkrankheiten litt, war unbestritten, aber Alfieri beschäftigte sich mit zwei neuen Projekten, ohne das Modell jemals richtig in Gang zu bringen. Man nimmt an, dass 17 der Tipo 61 mit Fahrgestellnummern zwischen 2451 und 2472 gebaut wurden (einschließlich der sechs Nummern für die Tipo 60). Alle Tipo 61 wurden an Fahrer in den USA verkauft, und sie hatten dort viel Erfolg in den Händen ihrer privaten Besitzer.

Maserati war jetzt überhaupt keine Größe im Grand-Prix-Rennsport mehr, und die 2500-ccm-Formel lief Ende 1960 aus. Die *Scuderia Centro-Sud* fuhr weiterhin erfolglos ihre Cooper mit Maserati-Motoren. Die Eigentümer der 250F konnten nicht mehr länger an Grand-Prix-Rennen teilnehmen, und die einzigen Meisterschaftsrennen, bei denen sie 1960 auftraten, waren die Grand Prix von Argentinien und den USA. Als Bob Drake beim United-States-Rennen auf dem Riverside Raceway am 12. November den zwölften Platz belegte, war der 250F der einzige Grand-Prix-Rennwagen, der am ersten und letzten Rennen der sieben Jahre alten 2500-ccm-Formel teilgenommen hatte.

Einer der erfolgreichsten Fahrer des Tipo 61-»Birdcage« in den USA war Bob Drake. Das Foto zeigt ihn auf dem Riverside Raceway im Staat New York 1960.

1961

Alfieri setzte die Entwicklungsarbeit am »Birdcage« fort, und im Dezember 1960 testete Giorgio Scarlatti eine Version mit neuem Motor, den Tipo 63. In der zweiten Hälfte des Jahres 1960 waren die meisten Konstrukteure dem erfolgreichen Beispiel von Cooper gefolgt und hatten den Motor hinten in ihre Fahrzeuge eingebaut. Jeder, einschließlich Enzo Ferrari, war zu der Überzeugung gekommen, dass die Ära der Fahrzeuge mit Frontmotor zu Ende ging. Von jetzt an würden die Pferde das Fahrzeug schieben. Das Chassis des Tipo 63 folgte der allgemeinen Entwicklung des Tipo 60/61, mit dem gleichen Radstand und einer fast gleichen Spur, und es behielt die gleiche Vorderachsaufhängung. Bei der Hinterachse war die De-Dion-Konstruktion durch Schraubenfedern und Querlenker ersetzt worden. Der Motor war derselbe Vierzylinder mit 2890 ccm Hubraum, wie er auch im Tipo 61 eingebaut war.

Maserati hatte auch einen Versuchs-V8-Motor mit 2930 ccm (81 × 72 mm) für den Einsatz im Tipo 63 gebaut, der 290 PS bei 7500 U/min leisten sollte. Man machte mit ihm aber keine Fortschritte. Stattdessen bot Maserati einen V12-Motor an, der im Prototyp des Tipo-58-Sportwagens 1958 eingebaut war. Dieser hatte einen Hubraum von 2989 ccm (70,4 × 64 mm), und man ging davon aus, dass er 320 PS bei 8500 U/min leistete. Soweit man weiß, wurden vier Tipo 63 mit einem Vierzylindermotor gebaut und drei oder vier mit einem V12-Motor. Der Tipo 63 besaß ein beachtenswertes Potenzial in der Sportwagen-Weltmeisterschaft. Diese Fahrzeuge wurden von Volpis *Scuderia Serenissima Repubblica di Venezia*, Briggs Cunningham und Lloyd Casner bestellt. Mindestens eines dieser Fahrzeuge, das zur *Serenissima* gehörte, begann sein Leben mit einem Vierzylindermotor, hatte dann einen V12 bekommen und hat heute, nachdem es von Matteo Panini restauriert wurde, wieder einen Vierzylinder.

Das erste Rennen in der Meisterschaft waren die zwölf Stunden von Sebring, bei denen am 25. März sechs »Birdcages« gegen eine Gruppe von Ferraris antraten. Casner hatte inzwischen seinen Sponsor Goodyear verloren und versuchte, das Team ohne Geld zu betreiben. Stirling Moss und Graham Hill waren zum Team gestoßen und fuhren den neuen *Camoradi*-Tipo-63. Darüber hinaus gab es noch einen Tipo 61 für Gregory und Krasner. Moss war von dem unruhigen Handling des Tipo 63 nicht begeistert, sodass er und Hill das Fahrzeug mit ihren Teamkameraden tauschten. Cunningham hatte drei Fahrzeuge gemeldet, darunter einen Tipo 63 für Walt Hansgen/Bruce McLaren, einen Tipo 61 für John Fitch/Dick Thompson und einen Tipo 60 für sich selbst und Bill Kimberley. Rallye Motors meldete ebenfalls einen Tipo 61 für Causey/Steer.

Beim Start blieb Moss mit dem *Camoradi*-Tipo-61 wegen einer zu schwachen Batterie stehen, und es vergingen sechs Minuten, bis der Vierzylindermotor ansprang. Moss startete seine übliche Aufholjagd durch das gesamte Feld und lag am Ende der zweiten Stunde auf dem zweiten Platz. Kurz nachdem Hill den Wagen übernommen hatte, kam dieser, halb betäubt von den Abgasen, an die Box, und der Wagen wurde wegen eines gebrochenen Auspuffkrümmers aus dem Rennen genommen. Moss und Hill über-

Dies ist der erste Tipo 63 mit einem Vierzylinder-Mittelmotor, fotografiert in Modena, kurz bevor er an Briggs Cunningham ausgeliefert wurde. Die Position des Fahrers ist weit vorne, und die Windschutzscheibe ist sehr groß.

Dieser Tipo 63 »Birdcage« mit hinten eingebautem V12-Motor wurde von Briggs Cunningham für das Rennen in Le Mans 1961 gemeldet und von Augie Pabst und Dick Thompson auf den vierten Platz gefahren. Es war eines der wenigen Rennen, bei denen diese unzuverlässigen Fahrzeuge ins Ziel kamen. Alfred Momo, ein bekannter amerikanischer Tuner, hilft, das Fahrzeug zu schieben.

nahmen jetzt den Tipo 63, fielen aber kurz darauf wieder aus – diesmal wegen einer gebrochenen Hinterachsaufhängung. Casner hatte alle seine Hoffnungen in ein gutes Ergebnis gesetzt, um zukünftig mehr finanzielle Unterstützung zu bekommen, aber *Camoradi* hatte sich durch eine schlechte Vorbereitung selbst geschadet. Auch die anderen drei 3-Liter-Wagen fielen aus, sodass Ferrari die ersten vier Plätze belegen konnte. Cunningham/Kimberley wurden Elfte, nachdem der Auspuff repariert worden war.

Die Targa Florio über 720 Kilometer war am 5. Mai der nächste Meisterschaftslauf, und das *Serenissima*-Team hatte zwei Vierzylinder-Tipo-63 gemeldet. Maglioli/Scarlatti fuhren einen Wagen mit Borrani-Scheibenrädern vorn, Dunlop-Scheibenrädern hinten und einer stromlinienförmigen Heckflosse, die gleichzeitig Kopfstütze war. Das Fahrzeug, das von Vaccarella/Trintignant gefahren wurde und das erst etwas später fertig geworden war, hatte vorn Drahtspeichenräder und hinten Dunlop-Scheibenräder, allerdings keine Heckflosse und damit auch keine Kopfstütze. Auf dieser Strecke konnte Maserati die Geschwindigkeiten von Ferrari und Porsche nicht mithalten und wurde Vierter mit Vaccarella/Trintignant und Fünfter mit Maglioli/Scarlatti hinter einem Ferrari und zwei Werks-Porsche.

Wieder einmal begünstigte das Wetter das 1000-Kilometer-Rennen auf dem Nürburgring nicht, und weite Strecken dieses langen Rennens mussten in Schnee und Graupel und auf sehr schlüpfriger Straße gefahren werden. Eigentlich hätte es ein weiterer Sieg von Ferrari werden sollen, aber es gab ein unerwartetes Resultat. Das mittellose *Camoradi*-Team hatte einen sehr maroden Tipo 61 gemeldet, der auf breiten Hinterreifen mit größerem Reifenquerschnitt fuhr und von Gregory/Casner gelenkt wurde. Die *Serenissima* hatte beide Tipo 63 für Trintignant/Maglioli und Scarlatti/Vaccarella gemeldet. Dieses Team wurde jetzt vorübergehend von Nello Ugolini gemanagt und von einer kompletten Mannschaft von Werksmechanikern unterstützt. Reporter beschrieben, wie unterschiedlich die beiden Maseratis aussahen.

Von dem *Camoradi*-Tipo-61 wurde nicht erwartet, dass er lange durchhielt, aber er fuhr bei den schlechten Wetterbedingungen zuverlässig, rollte nach und nach das Feld auf und folgte dem führenden, rau laufenden Ferrari von Phil Hill/von Trips auf den Fersen. In der 25. Runde kam der Ferrari von der Strecke ab und fing Feuer. Nach einem Routine-Stopp führten Gurney/Casner mit zweieinhalb Minuten und bauten ihren Vorsprung mit fortschreitendem Rennen weiter aus. Am Ende dieses Rennens über 44 Runden lagen sie 1 Minute, 12,8 Sekunden vor dem Ferrari, der von Ricardo und Pedro Rodriguez gefahren wurde.

Keines der *Serenissima*-Fahrzeuge kam ins Ziel. Maglioli kam in der 17. Runde an die Box, und das Fahrzeug wurde wegen eines Bruchs im Differenzialgehäuse zurückgezogen. Es hatte sein gesamtes Öl verloren und muss sehr heiß geworden sein, da die Mechaniker zunächst nur stückchenweise schoben, bevor sie dann endgültig das Fahrzeug in die Box brachten. Trintignant übernahm den anderen Tipo 63. Er verbog sich die Nase bei einem Ausflug von der Strecke, und auch dieses Fahrzeug wurde wegen eines Problems am Hauptantrieb zurückgezogen. Das war vier Runden vor dem Finale.

Eine Woche später fuhr Casner den Tipo 61 beim Grand Prix von Rouen in zwei 2-Stunden-Läufen. Er hatte wenig Konkurrenz, abgesehen von der mangelhaften Zuverlässigkeit seines eigenen Fahrzeugs, und nachdem er bereits am Start mit Zündproblemen zu kämpfen hatte und zurückgefallen war, beendete er den ersten Lauf als Zweiter hinter Mairesse (Ferrari 250 GT). Den zweiten Lauf gewann er mit Leichtigkeit und wurde nach der Addition beider Läufe Gesamtsieger.

Der Tipo 63 mit dem V12-Motor hatte seinen ersten Auftritt am Trainingswochenende für Le Mans am 8./9. April, als ein einziges Exemplar mit hellgrüner Lackierung für die *Scuderia Serenissima* fuhr. Mit Scarlatti am Lenkrad wurde er Vierter mit 4 Minuten, 3,3 Sekunden (199,8 km/h) hinter einem Trio der verschiedensten Ferraris. Cunningham hatte zwei V12-Tipo-63 für Le Mans am 10. und 11. Juni gemeldet. Auch von der *Scuderia Serenissima* war ein V12-Tipo-63 am Start.

Weil diese Fahrzeuge Versuchswagen waren, ist es verständlich, dass alle verschiedene Zylinderdimensionen hatten. Zu dieser Zeit wurden so wenige Maserati-Wettbewerbsfahrzeuge gebaut, dass man sie als »Spezialfahrzeuge« bezeichnen konnte − mit viel fortschrittlicheren Details als ihre meisten Mit-Wettbewerber. Die

Mit seinem 2-Liter-Tipo-60 erzielte Mennato Boffa zahlreiche Siege bei italienischen Rennveranstaltungen. Hier ist er auf dem Weg zu einem Klassensieg beim 4-Stunden-Rennen von Pescara 1961. Die Karosserien dieser Fahrzeuge waren sehr dünnwandig, und so kann man die Beulen um das Hinterrad deutlich erkennen.

Graf Volpis Scuderia Serenissima Repubblica di Venezia fuhr 1961 bei verschiedenen Rennen den V12-Tipo-63 mit Heckmotor. Auf diesem Foto testet Guerino Bertocchi das Fahrzeug in Modena.

Cunningham-Fahrzeuge wurden von Hansgen/McLaren (Zylindermaße 70 × 64 mm) und Pabst/Thompson (75,2 × 56 mm – diese Dimensionen wurden später beim V12 benutzt, der in den Cooper eingebaut wurde) gefahren. Es gab auch einen Tipo-60-2-Liter-Wagen mit lang gezogener Windschutzscheibe und einem langen Fahrzeugheck, der von Cunningham und seinem Partner Jim Kimberley gesteuert wurde. Der *Serenissima*-V12 hatte Zylindermaße von 68,2 × 68 Millimetern und wurde von Vaccarella und Scarlatti gefahren.

Das Fahrzeug von Hansgen/McLaren lag nach zweieinhalb Stunden auf dem dritten Platz, als Hansgen in der *Tertre Rouge* bei Nässe die Kontrolle verlor und in eine Sandbank fuhr. Eine undichte Zylinderkopfdichtung als Folge von Überhitzung eliminierte Vaccarella/Scarlatti in der sechsten Stunde. Der V12 von Pabst/Thompson kam trotz Überhitzungsproblemen als Vierter ins Ziel, 293 Kilometer hinter dem führenden Ferrari. Cunningham/Kimberley wurden mit ihrem Tipo 60 Achte.

Ferrari hatte die Sportwagen-Weltmeisterschaft mit 24 Punkten vor Maserati mit 14 Punkten leicht gewonnen, aber für Maserati hatte dieses letzte Meisterschaftsjahr keine Bedeutung mehr. Es war noch ein Rennen zu fahren, die vier Stunden von Pescara am 13. August, das wegen seiner Länge nur mit der halben Punktzahl gewertet wurde. Vier Maseratis waren gemeldet. Das waren zwei Tipo 63 von der *Scuderia Serenissima*, ein Vierzylinder für Vaccarello und ein Werks-V12, der von Bonnier gefahren wurde. Maserati war zur De-Dion-Hinterachse zurückgekehrt, mit langen Federbeinstreben einschließlich Schraubenfedern, die vom Achsträger zu einem Gelenk unterhalb der Achsmitte verliefen. Die Schraubenfedern wurden durch das Federbein zusammengedrückt und verkürzten sich, wenn das Rad sich anhob. Casner hatte das Siegerfahrzeug vom Nürburgring, den *Camoradi*-Tipo-61 (2472) gemeldet, und Mennato Boffa fuhr seinen Tipo 60.

Beide *Serenissima*-Fahrzeuge zeigten am Start die üblichen Unwilligkeiten eines Maserati, aber Casner, der einen Schnellstart machte, belegte den zweiten Platz hinter Richie Ginther im Werks-Ferrari. Bonnier zog seinen Tipo 63 sehr frühzeitig wegen einer gebrochenen Antriebswelle aus dem Rennen zurück, und Vaccarella erarbeitete sich den zweiten Platz vor Casner, aber nur, um mit Motorschaden auszufallen. Kurz nachdem Ginther seinen führenden Ferrari 246SP an Baghetti übergeben hatte, brach die Hinterradaufhängung. So ging Casner in Führung und sah wie der sichere Sieger aus, aber er kam, als er einem langsameren Fahrzeug auswich, das seine Fahrlinie kreuzte, von der Strecke ab. Der Maserati rollte in ein Feld, und Casner wurde von auslaufendem Kühlwasser schwer verbrüht. Bandini/Scarlatti gewannen mit einem Ferrari *Testa Rossa,* den sie sich von der *Scuderia Centro-Sud* ausgeliehen hatten, das Rennen. Boffa kam als Dritter ins Ziel und gewann die 2000-ccm-Klasse.

1961 wurde die 1500-ccm-Klasse beim Grand Prix eingeführt, und Maserati unterstützte mehrere Teilnehmer mit Vierzylindermotoren mit einem Hubraum von 1484,1 ccm und einer Leistung von 165 PS bei 8500 U/min. Diese Motoren wurden unter der Bezeichnung Tipo 6 bekannt. Diejenigen, die dieses Aggregat einbauten, waren die *Èquipe Nationale Belge* (die sie in ein Emeryson-Chassis setzte) und die *Scuderia Centro-Sud,* die die Motoren ersatzweise in ihre T51-Cooper-Chassis von 1959 einbaute, später auch in ein T53-Chassis von 1961. Auch die *Scuderia Serenissima* setzte ein Cooper-Chassis von 1959 ein. Andere, die den Tipo 6 nutzten, waren Gaetano Starrabba für ein Lotus-18-Chassis von 1960, Renato Pirocchi/Pescara Racing Club (Cooper T51 von 1959) und Doug Serrurier in Südafrika (Cooper T51). Sie waren ziemlich erfolglos, selbst verglichen mit den alten FPF-Vierzylinder-Climax-Motoren, die von den britischen Teams genutzt und lange vor 1962 eigentlich nicht mehr eingesetzt wurden, nachdem die BRMs und die Climax-V8-Motoren zur Verfügung standen.

1962

Maserati war jetzt zur vergangenen Größe im Rennsport geworden, während sich das Unternehmen zu einem bekannten Hersteller luxuriöser GT-Fahrzeuge entwickelt hatte. Trotz allem wurde eine kleine Stückzahl von Wettbewerbsfahrzeugen gebaut. Die Sportwagen-Weltmeisterschaft war wegen mangelnden Interesses gestorben. Zunächst gab es keinen Ersatz, und die Sport-Kategorien wurden wie in der Vergangenheit zu Veranstaltungen für Prototypen-GT-Fahrzeuge mit vier Litern Hubraum (nur 1962) umfunktioniert. Dann kamen die Organisatoren der führenden Rennveranstaltungen zusammen und trieben die Prototypen-GT-Meisterschaft voran. Weil es aber nur wenige dieser Fahrzeuge gab, entsprachen die meisten Rennen noch immer der Sportwagen-Kategorie.

Der neue Tipo 64 mit einer ansehnlichen Karosserie im *Monaco*-Stil, einem modifizierten Antrieb und einem V12-Motor mit den Dimensionen 70,4 × 64 mm wurde von Bertocchi Anfang März in Modena Tests unterzogen und anschließend von Bruce McLaren und Walt Hansgen getestet, die beide Maseratis für Briggs Cunningham fuhren.

Zum 12-Stunden-Rennen von Sebring am 24. März hatte Briggs Cunningham einen V12-Tipo-63 für Hansgen/Thompson gemeldet sowie einen Cooper-*Monaco*-Sportwagen mit einem Vierzylinder-2,5-Liter-Maserati-Motor für McLaren/Penske (beide wurden später eigenständige Rennwagenhersteller). Auch von der *Scuderia Serenissima* war ein Vierzylinder-Tipo-63 für Vaccarella/Carlo Mario gemeldet. Vaccarella zog das Fahrzeug sehr früh während des Rennens wegen Problemen mit der Schaltung zurück, und der V12 von Cunningham fiel mit defekter Hinterradaufhängung aus. Der Cooper hatte Bremsenprobleme, aber McLaren und Penske hielten durch und belegten den fünften Platz, 16 Runden hinter dem siegenden Ferrari.

Die *Scuderia Serenissima* war bei der Targa Florio am 6. Mai mit einem Tipo 64 am Start, dessen Aussehen durch einen sehr hässlichen Lufteinlass beeinträchtigt war. Das Fahrzeug wurde auf Sizilien von Carlo Abate/Colin Davis gefahren, zeigte aber zu keinem Zeitpunkt echte Leistung. Davis übernahm das Fahrzeug nach drei Runden, wurde aber bereits in der ersten Runde am Steuer durch Lenkprobleme beeinträchtigt. Dann flog die Motorhaube hoch, und er fuhr an die Box zurück, um aufzugeben. Dabei drückte er die Motorhaube mit einer Hand nach unten, mit der anderen lenkte er.

Lloyd Casner erschien mit dem Tipo 61, den er in Pescara im Jahr zuvor gecrasht hatte, wieder beim 1000-Kilometer-Rennen auf dem Nürburgring. Dieses Fahrzeug war im Werk wieder aufgebaut worden und hatte jetzt eine unabhängige Hinterachsaufhängung und andere wichtige Modifikationen. Er hatte eine gut gestylte Karosserie von Drogo, obwohl Drogo für seine Arbeit offenbar niemals bezahlt worden war! Masten Gregory war der Beifahrer, und obwohl das Fahrzeug mit Problemen zu kämpfen hatte, einschließlich Überhitzung, kamen Casner und Gregory auf den 19. Platz, was ausreichte, um die Prototypenklasse bis 3000 ccm zu gewinnen. Genau genommen war der Maserati nicht als GT-Prototyp zugelassen, aber Casner und Gregory waren gute Typen und überall beliebt, auch in Deutschland.

Maserati baute ein neues Fahrzeug mit Frontmotor für Le Mans: den Tipo 151. Er basierte auf einem einfachen Rohrrahmen-Chassis mit großem Durchmesser und mit einer Vorderachse aus ungleich langen, doppelten Querlenkern sowie einer De-Dion-Hinterachse mit doppelten Längslenkern und Schraubenfedern. Die De-Dion-Achse war seitlich in Drehzapfen, die am Ende des Achsantriebs befestigt waren, gelagert, und es gab Arme an jedem Ende der Rohre, die einen gewissen Grad von Unabhängigkeit gewährleisteten und die Seitenneigung reduzierten. Die Karosserie war ansehnlich, stark und hatte ein Kammheck. Der Motor war eine Weiterentwicklung des V8-Tipo-450S mit 3943 ccm Hubraum (91 × 75,8 mm), mit vier Weber-Doppelvergasern und einer Leistung von 360 PS bei 7000 U/min. Ein voll synchronisiertes Fünfganggetriebe wurde als Einheit mit dem Achsantrieb eingebaut.

Der Frontmotor war gewählt worden, weil dieses Fahrzeug trotz allem ein Prototyp-GT-Fahrzeug war und damit einen leichten Anklang an die Produktionsmodelle besaß. Alfieri war außerdem der Meinung, dass die Handlingprobleme so schneller in den Griff zu bekommen wären. Wie so oft in den späteren Tagen bei Maserati, wurden auch diese Fahrzeuge in aller Eile konstruiert. Zwei wurden von Cunningham gemeldet und von McLaren/Hansgen und Thompson/Salvadori gefahren. Salvadori fand das Cockpit für seinen Körperbau zu beengt und tauschte mit Kimberley, um einen von Cunninghams Jaguar E-Type zu fahren. Der französische Importeur Maserati France meldete ebenfalls einen Tipo 151 für Maurice Trintignant und Lucien Bianchi.

Es war klar, dass Maserati in Le Mans nicht die volle Distanz überstehen würde, aber sie waren im Training sehr eindrucksvoll und er-

Der Tipo 64 bei Testfahrten mit Guerino Bertocchi auf dem Aeroautodromo von Modena im Frühjahr 1962.

Für das Le-Mans-Rennen 1962 meldete das Cunningham-Team zwei Tipo 151 mit Frontmotor für Hansgen/McLaren und Thompson/Kimberley. Hansgen und McLaren lagen am Ende der dritten Stunde auf dem dritten Platz, mussten aber nach der halben Distanz wegen Motorproblemen aufgeben.

Maserati France kam 1964 mit diesem Tipo 151/1 4,9-Liter nach Le Mans zurück. Das Fahrzeug wurde von Maurice Trintignant und André Simon gefahren. Es führte in den ersten beiden Stunden, hatte aber kleinere Probleme und schied in der vierten Stunde aus.

reichten auf der Mulsanne-Geraden eine Geschwindigkeit von 290 km/h, obwohl sie in den Kurven eindeutig langsamer als die Ferraris waren. Thompson/Kimberley lagen am Ende der zweiten Stunde auf dem zweiten Platz, fielen dann aber allmählich zurück, bis am Ende der fünften Stunde Thompson die Kontrolle in der Esses verlor. Der Tipo 151 hatte einen Unfall, fing Feuer und brannte aus. Auch der Wagen von Maserati France streifte eine Barriere und verbog sich die rechte Hinterachsaufhängung, was zu einer starken Reifenbeanspruchung führte, die schließlich in der zehnten Stunde zur Aufgabe zwang. Das Fahrzeug von Hansgen/McLaren »überlebte« bis zum Sonntagmorgen, als es wegen Motorproblemen aus dem Rennen genommen werden musste. Die Ferraris belegten die ersten drei Plätze vor zwei Jaguar E-Types.

Der Maserati-France-Tipo-151 wurde für Lucien Bianchi bei der Guards Trophy in Brands Hatch am Bank Holiday am Montag, dem 6. August gemeldet. Unglücklicherweise konnte er wegen einer gebrochenen Ölleitung nicht starten. Den Schaden hatte man während der Aufwärmphase an der Box unmittelbar vor der Startaufstellung festgestellt. Obwohl Maserati-Prototypen während der nächsten drei Jahre gefahren wurden, waren die Rennaktivitäten von Maserati in jeglicher Beziehung am Ende angelangt.

1963

Colonel »Johnny« Simon von Maserati France wollte noch einmal in Le Mans teilnehmen. So baute Maserati für ihn eine überarbeitete Version des Fahrzeugs von 1962, die unter der Typenbezeichnung 151/1 lief. Nach den Werksunterlagen war der Radstand derselbe wie beim Tipo 151, aber die meisten Beobachter, einschließlich des Autors, waren der Meinung, dass er etwas kürzer war. Er hatte auch eine andere Karosserie, die einem »Breadvan«-Ferrari, der von

Drogo karossiert und von der *Scuderia Serenissima* 1962 gefahren worden war, nicht unähnlich war. Der Motor vom Tipo 450S hatte einen Hubraum von 4941,3 ccm (94 × 89 mm). Er war in der zweiten limitierten Produktionsserie der 5000-GT-Klasse eingesetzt worden, hatte jetzt aber eine Benzineinspritzung und eine Leistung von 430 PS bei 7000 U/min.

Am Trainingswochenende in Le Mans nahm nur das Fahrzeug von 1962 mit André Simon teil. Während des Trainings vor dem Rennen wurde das neue Fahrzeug auf der Mulsanne-Geraden mit einer Geschwindigkeit von 291 km/h gemessen, etwas schneller als der 4-Liter-Ferrari von Pedro Rodriguez/Penske, aber seine beste Runde war mehr als sechs Sekunden langsamer. Simon und Casner führten in den ersten beiden Stunden des Rennens, fielen aber am Ende der dritten Runde auf den 18. Platz zurück und kurz darauf vollständig aus. Nicht lange nach Le Mans erschienen Simon mit diesem Wagen und Casner mit einem Tipo 61 beim Rennen in Reims über 25 Runden, aber Simon kam bereits in der ersten Runde von der Strecke ab, und Casner musste wegen mechanischer Probleme aufgeben. Der Wagen nahm an der Guards Trophy in Brands Hatch teil, aber der Fahrer Lucien Bianchi empfand ihn als zu schwierig auf dieser Strecke und kam nur auf den 13. Platz.

1963 testete Maserati einen 1,5-Liter-V12-Versuchsmotor für die Formel 1 mit einem Zylinderwinkel von 60 Grad, der von Alfieri entwickelt worden war und unter der Bezeichnung Tipo 8/F1 bekannt wurde. Er hatte Zylindermaße von 55,2 × 52 Millimetern und einen Hubraum von 1493,3 ccm, doppelte obenliegende Nockenwellen und entwickelte während der Testphase 200 PS bei 12 000 U/min. Er war für den Quereinbau mit einem Sechsganggetriebe als Einheit mit dem Achsantrieb vorgesehen. Das Konzept des Quereinbaus gefiel

1964 fuhr Roy Salvadori dieses Fahrzeug, das auf einem verlängerten Cooper-Monaco-Chassis basierte, mit einem Maserati-V8-Motor mit 4941 ccm Hubraum für C.T. Atkins. Hier ist Roy bei der International Trophy in Silverstone im Mai zu sehen. Obwohl Salvadori Zweiter im Sportwagenrennen bei dieser Veranstaltung wurde, erwies sich dieser Cooper-Maserati als fast unbeherrschbar. (T.C. March)

Nach dem tödlichen Unfall von Casner beim Trainingswochenende zum Le-Mans-Rennen 1965 mit dem Maserati-France-Tipo-151, wurde dieser Tipo 65 mit einem 5-Liter-Heckmotor schnell entwickelt, um in diesem Jahr am Le-Mans-Rennen teilzunehmen. Gefahren wurde er von Siffert/Neerpasch, kam aber in der dritten Runde von der Strecke ab.

wegen der großen Breite aber den meisten Konstrukteuren nicht. Meist wurden Climax- oder BRM-Motoren eingebaut, der neue Tipo 8/F1 kam nie in ein Chassis.

1964

Maserati France behielt den Tipo 151/1 und fuhr ihn bei den Le-Mans-Testtagen im April 1964 mit André Simon und Maurice Trintignant. Er war in Details seit 1963 modifiziert worden, allerdings hatte es keine substanziellen Veränderungen gegeben. Im Rennen im Juni stellte sich heraus, dass das Fahrzeug seit 1963 schneller geworden und sogar das schnellste auf der Mulsanne-Geraden mit 308 km/h war. Am Ende der fünften Stunde lag das Fahrzeug auf dem dritten Platz, fiel aber dann wegen Problemen mit den Bremsen zurück, um schließlich wegen des Ausfalls der Lichtmaschine ganz aufzugeben.

Der Tipo 151/1 trat auch in Reims beim 12-Stunden-Rennen an, wieder mit Trintignant und Simon am Lenkrad. Nach einem langsamen Start arbeiteten sie sich auf den vierten Platz vor, aber nur, um wegen Zündproblemen wieder zurückzufallen. Nach längeren Bemühungen, das Problem zu beseitigen, wurde das Fahrzeug aus dem Rennen genommen. Maserati France meldete den Tipo 151/1 noch einmal beim 1000-Kilometer-Rennen in Paris am 11. Oktober, und wieder waren Simon/Trintignant die Fahrer. Nach nur fünf Runden kam Trintignant an die Box, weil sich die Ölpumpenbefestigung gelöst hatte. Sechs Runden wurden durch die Montage verloren. Der Maserati fiel immer weiter zurück und wurde schließlich aus dem Rennen genommen, das von einem Ferrari 330P gewonnen wurde, der von den Maranello-Concessionaires für Graham Hill und Jo Bonnier gemeldet worden war.

1965

Als der Tipo 151/1 im April für das Trainingswochenende nach Le Mans zurückkehrte, saß Lloyd Casner am Lenkrad. Man hatte geplant, dass er gemeinsam mit Masten Gregory das Rennen bestreiten sollte. Während des ersten Trainingstags, am Samstag, hatte Casner auf der Mulsanne-Geraden einen Unfall bei ca. 274 km/h und wurde getötet. Dennoch war John Simon entschlossen, beim Rennen einen Maserati zu fahren, und Alfieri sollte einen neuen Wagen entwickeln. Das Ergebnis war der Tipo 65, der in Frankreich zwischen dem 1. Mai und Anfang Juni gebaut wurde.

Das neue Fahrzeug war eigentlich ein überarbeiteter »Birdcage« mit einem Chassis aus Rohren mit kleinerem Durchmesser und einem im Heck eingebauten Motor. Die Vorderachse bestand aus doppelten Querlenkern mit einer Federbein-Schrauben-Kombination, die Hinterachse hatte Doppelquerlenker und längs eingebaute Torsionsstäbe. Die hinteren Scheibenbremsen lagen innen. Der Wagen hatte einen V8-Motor mit 5046 ccm Hubraum (95 × 89 mm), der wie sein Vorgänger 430 PS bei 7000 U/min leistete. Die Karosserie war zwar ansehnlich, aber nicht besonders originell.

Man weiß, dass das Fahrzeug vor dem Rennen von Bertocchi in Modena getestet worden war. Ihm fehlte eine gründliche Entwicklungsarbeit, und beim Training auf der Sarthe-Rennstrecke stellte sich heraus, dass sich das Fahrzeug bei hohen Geschwindigkeiten schlecht handhaben ließ, wahrscheinlich wegen aerodynamischer Probleme. Jo Siffert und Jochen Neerpasch fuhren es im Rennen, aber in der dritten Runde drehte sich Siffert in der *Tertre Rouge* und schlich an die Box zurück, um wegen eines defekten Antriebs und eines gebrochenen Kühlers aufzugeben. Die Renngeschichte von Maserati endete nicht mit einem »Knall«, sondern eher mit einem »Wimmern« (T.S. Eliot, *The Hollow Men*, 1925). Es sollte noch angemerkt werden, dass der Wagen anschließend wieder instand gesetzt wurde und an einer Reihe von Interserien-Rennen in den 1970er-Jahren teilnahm.

15
Die Cooper-Maseratis: 1966/67

Wie Maserati als Zulieferer wieder zum Grand-Prix-Rennsport kam, ist eng verknüpft mit der Geschichte seiner britischen Vertretungen. Adolfo Orsi hatte Maserati-Touring-Wagen in Großbritannien verkaufen wollen, aber eines der damit verbundenen Probleme waren in den frühen Nachkriegsjahren die britischen Devisenbestimmungen, die den Fahrzeugimport streng beschränkten. Ende der 1950er-Jahre ernannte Maserati Colin Murray in Lancashire zum Maserati-Importeur für England. Er hatte zuvor mit einem 6CM und einem Cooper-Jaguar Rennen gefahren und verkaufte jetzt zollfreie Pontiacs an Amerikaner, die in England stationiert waren. Man hatte sich Hoffnungen gemacht, dass er auch Maseratis verkaufen könnte, die Verkaufszahlen blieben allerdings sehr gering.

Folgerichtig bekamen Taylor & Crawley in London die Vertretung übertragen. Das war ein sehr erfolgreiches Unternehmen, das von Clifford Taylor geführt wurde und Alfa Romeos und Mercedes-Benz verkaufte. Clifford Taylors Sohn Michael war ein sehr Erfolg versprechender Rennfahrer gewesen, bis er schwer verletzt wurde, als die Lenkung seines Lotus 18 in Spa 1960 ausfiel. Die Leitung des Unternehmens war sein Tagesgeschäft. Im Mai 1962 veranstaltete er eine »Probefahrtveranstaltung mit Catering«, bei der die Gäste zu einem Umtrunk eingeladen waren und anschließend einen Maserati GT einige Runden auf dem Grosvenor Square fahren sollten. Die Veranstaltung war so erfolgreich, dass er einen Auftrag über 60 Maserati GT nach Italien schicken konnte.

Jonathan Sieff (ein Familienmitglied der Mitbegründer von Marks und Spencer), der auch Rennfahrer gewesen war, bis ein fast tödlicher Unfall während des Trainings in Le Mans 1960 seine aktive Laufbahn beendete, war Teilhaber und gemeinsam mit David Hodge und Mario Tozzi-Condivi Geschäftsführer von Chipstead Motors. Sie vergrößerten ihr Geschäft und erwarben Taylor & Crawley, Roy Salvadoris Vertretung von zwei Marken in Surrey, gemeinsam mit den berühmten Thomson & Taylor in Cobham. Sie wollten mehr mit dem Motor-Rennsport zu tun bekommen, und nach dem Tod von Charlie Cooper im Oktober 1964 machte Sieff Charlies Sohn John ein Angebot, die Cooper Car Company zu kaufen. Jonathan Sieff erinnerte sich, dass der Kaufpreis 250 000 Pfund Sterling betrug. Zu diesem Zeitpunkt war Cooper in der Formel 1 ins Schwimmen geraten, und sein letzter Sieg bei einer Weltmeisterschaft war der von Bruce McLaren 1962 in Monaco gewesen.

Roy Salvadori wurde Rennmanager, und das Team kämpfte sich mit seinen wenig wettbewerbsfähigen Fahrzeugen mit Coventry-Climax-Motoren durch das Jahr 1965, das letzte Jahr mit einer 1,5-Liter-Grand-Prix-Formel. Cooper konzentrierte alle seine Kapazitäten auf ein neues Fahrzeug für 1966, das Jahr, in dem die neue Formel 1 mit einer Hubraumbegrenzung auf 3000 ccm eingeführt wurde. Die verschiedenen Hersteller hatten sehr unterschiedliche Ideen, welche Motorversion für die neue Formel die beste sein könnte: von Brabham, der den australischen Repco-V8-Motor mit einer Nockenwelle pro Zylinderbank bevorzugte, der von einem General-Motors-Oldsmobile/Buick-Block abgeleitet war, bis zu BRM, die den unwahrscheinlich komplizierten H16 mit insgesamt acht obenliegenden Nockenwellen bevorzugten, der eine Weiterentwicklung ihres V8-Motors der Jahre 1961 bis 1965 war. Hier stand das Erhabene dem Lächerlichen gegenüber. Brabham gewann die Fahrer- und Markenmeisterschaft 1966/67, und der BRM-Motor konnte nur einen Erfolg für sich verbuchen, als der Motor in einen Lotus eingebaut wurde, mit dem Jimmy Clark den Grand Prix der USA 1966 gewann.

Bei Cooper dachte man über einen Deal mit Maserati nach. Tozzi-Condivi, der während des Zweiten Weltkriegs in der italienischen Luftwaffe gedient hatte und Maserati seit 1947 kannte, hatte lange Gespräche mit Alfredo Orsi. Maserati schlug eine aktualisierte Version des V12-Grand-Prix-Motors von 1957 vor, der schon mit drei Litern Hubraum in Sportwagenrennen zum Einsatz gekommen war. Giulio Alfieri machte sich sofort an die Arbeit. Über die finanzielle Abwicklung des Geschäfts gibt es unterschiedliche Aussagen. Jonathan Sieff behauptete, dass Cooper die Motoren kaufte und Maserati für deren Wartung bezahlte. Das schien wahrscheinlich, denn Maserati wirtschaftete damals an seiner finanziellen Untergrenze.

In Cooper Cars (Osprey Publishing 1983) zitiert Doug Nye Tozzi-Condivi, der die Geschichte anders erzählte: »... die Werksmotoren blieben im Besitz von Maserati. Man hatte sich verpflichtet, ausreichend Motoren für drei Werkswagen zur Verfügung zu stellen, sie weiterzuentwickeln, um sie wettbewerbsfähig zu erhalten, und jeden notwendigen Service durchzuführen. Wir bezahlten ihnen eine feste Summe für jeden Motor, unabhängig davon, wie viel Arbeit notwendig war. Es waren, wenn ich mich recht erinnere, 700 Pfund Sterling.«

In seiner letzten Version war der Maserati-V12 unter der Bezeichnung Tipo 9/F1 bekannt. Die Zylinderdimensionen entsprachen denen der ersten V12 im Tipo-63-Sportwagen, nämlich 70,4 × 64 mm, und damit einem Hubraum von 2989,48 ccm. Eine Benzineinspritzung wurde montiert, und Alfieri baute einzelne Dell'Orto-Motorrad-Schieberklappen ein, um den Luftfluss zu steuern. Zunächst wurden zwei Treibstoff-Verbrauchsanzeiger von Lucas für Sechszylinder eingebaut, später in der Saison hatte Lucas ein Gerät für Zwölfzylinder parat. Die Zündung erfolgte durch eine elektronische Transistorzündung, und die Leistung des Motors wurde mit 360 PS bei 9000 U/min angegeben. An diesen Motor war eine ZF-5DS25-Getriebe-Differenzial-Einheit angebaut, wie sie auch beim Ford GT40 verwendet wurde.

Der Motor, der zu diesem Zeitpunkt mit einer Spulenzündung ausgestattet war, war ursprünglich in einem Cooper T80 getestet worden. Dessen Spaceframe-Chassis sollte ursprünglich einen Coventry-Climax-16-Zylinder-Boxermotor aufnehmen, der aber nie fertig wurde. Der T81, unter dieser Bezeichnung wurde das Fahrzeug 1966 bekannt, war ein Monocoque mit innen liegender Vorderachsaufhängung, oberem Schwenkarm und umgekehrten Querlenkern, Stabilisator und einer Feder-Dämpfer-Einheit. Es war ein großes, unförmiges Fahrzeug mit einem Radstand von 2540 Millimetern, einer Spur von 1270 Millimetern vorn und 1257 Millimetern hinten. Zum Saisonstart gab es zwei Werkswagen. Cooper-Maseratis wurden an Rob Walker (für Jo Siffert), Joakim Bonnier und die *Scuderia Felipe Pemeti* (für Guy Ligier in der Schweiz) verkauft.

Die Werks-Cooper waren das erste Mal bei der International Trophy in Silverstone im Mai am Start, waren aber nicht erfolgreich bis zum dritten Auftritt beim Grand Prix von Belgien in Spa-Francorchamps. Unmittelbar nach dem Start gab es einen wolkenbruchartigen Platzregen; neun Wagen kamen von der Strecke ab, und Jochen Rindt schleuderte mit seinem Werkswagen mit einer Geschwindigkeit von etwa 240 km/h gegen die Begrenzung der *Masta*-Geraden. Er fuhr auf dem sechsten Platz weiter, arbeitete sich aber wieder nach vorne und führte das Rennen vor John Surtees (Ferrari) an, der allerdings den Anschluss halten konnte.

Mit fortschreitendem Rennen verbesserten sich die Wetterbedingungen, aber Rindt war wegen Handlingproblemen gezwungen, langsamer zu fahren. Surtees kam wieder an die Spitze und gewann das Rennen mit einem Vorsprung von 42 Sekunden. Die Handlingprobleme des Cooper wurden zunächst – jedoch fälschlicherweise – als ein periodisch auftretender Fehler des ZF-Sperrdifferenzials bewertet. Später in der Saison wurden die Dunlop-Reifen als Ursache erkannt, die bei Nässe ausgezeichnet waren, jedoch bei abtrocknender, schmieriger Straße den Grip verloren.

Als bekannt wurde, dass John Surtees, der Formel-1-Weltmeister von 1964, nach einer Auseinandersetzung mit dem Teammanager Eugenio Dragoni in Le Mans das Ferrari-Team verlassen würde, hatte Cooper große Hoffnungen, dass er zu seinem eigenen Team wechselte. Sie verhielten sich abwartend, bauten aber sofort ein weiteres Fahrzeug, damit dieses zur Verfügung stand, falls er mit ihnen Kontakt aufnahm, was er auch wirklich tat. Surtees fuhr erstmals beim Grand Prix von Frankreich für Cooper, aber weil es permanent Probleme mit den Fahrzeugen gab, dauerte es eine Weile bis zu diesem Auftritt. Beim Grand Prix von Italien in Monza gab es eine neue Version des Maserati-Motors mit integrierten Einlasskanälen, was den Motor wesentlich kompakter werden ließ.

Rindt und Surtees belegten beim Grand Prix der USA in Watkins Glen den zweiten und dritten Platz, und Surtees gewann den letzten Lauf zur Weltmeisterschaft in Mexico City. In der Addition der Punkte, die er bei Ferrari und bei Cooper erzielt hatte, belegte Surtees mit 28 Punkten den zweiten Platz in der Weltmeisterschaft hinter Jack Brabham (42). Rindt wurde mit 22 Punkten Dritter.

1967 brachte Lotus den neuen V8-Typ 49 mit einem Cosworth-Motor, bei dem der Motor zur Versteifung des Chassis eingesetzt wurde. Jimmy Clark und Graham Hill fuhren diesen Typ mit großem Erfolg, trotz der Kinderkrankheiten. Der 49 setzte im Grand-Prix-Rennsport neue Standards und ließ die meisten Konkurrenten einschließlich der Cooper alt aussehen. Er war leistungsstark, leicht und ließ sich ausgezeichnet fahren. In Zandvoort gewann er so-

Ein Blick auf den V12-Zylindermotor im Cooper-T81-Chassis zeigt den dreifachen Auspuff auf jeder Seite des Motorblocks, die Doppelzündung und die schützende Drahtabdeckung auf den Ansaugrohren des Einspritzsystems.

Die Cooper-Maserati-Werkswagen von John Surtees und Jochen Rindt beim Grand Prix von England 1966 in Brands Hatch. Die Fahrzeuge liefen auf einer feuchten Strecke gut und belegten kurzzeitig den zweiten und dritten Platz. Sie fielen zurück, als die Strecke abtrocknete. Surtees fiel wegen eines Differenzialproblems aus, Rindt belegte den vierten Platz. (T.C. March)

fort bei seinem ersten Start. Obwohl die 49 im Jahre 1967 noch nicht zuverlässig waren, gewannen sie vier Rennen. Im Gegensatz dazu waren die Cooper-Maserati zu schwer und hatten nicht genügend Leistung.

John Surtees hatte Cooper verlassen, um für Honda zu fahren, und Jochen Rindt fuhr jetzt seine dritte Saison im Team. Pedro Rodriguez bekam die Chance einer Bewährungsprobe beim Grand Prix von Südafrika am 2. Januar und erzielte dabei einen glücklichen und unerwarteten Sieg. Für dieses Rennen waren die Maserati-Motoren wegen der Höhenlage der Kyalami-Rennstrecke mit älteren Zylinderköpfen und Spulenzündung ausgestattet worden. Nach dem Südafrika-Rennen war Rodriguez ein vollwertiges Teammitglied.

Das war der letzte Grand-Prix-Sieg eines Cooper. Alfieri bemühte sich in Modena, stärkere Varianten des V12-Motors zu entwickeln, und in Monaco trat der Tipo-10/F1-Motor mit überarbeiteten Zylinderdimensionen von 75,2 × 56 Millimetern (2983,14 ccm) an, mit drei Ventilen pro Zylinder und einem Winkel zwischen den Ventilen, der so klein war, dass die Nockenwellen auf jeder Zylinderbank unter eine einzige Abdeckhaube passten. Die Zündkerzen waren wieder unterhalb der Auslasskanäle in die Seite des Brennraums verlegt worden. Die Leistung betrug 380/390 PS bei 9800 U/min. Zu einer Zeit, als der Cosworth-Motor 380 PS leistete und der Lotus 49 leichter und besser zu fahren war, blieben die Cooper deklassiert.

Beim Grand Prix von England in Silverstone fuhr Jochen Rindt 1967 diesen Cooper T86 mit einem Monocoque aus einer Magnesium-Elektron-Legierung. Dieses Fahrzeug besaß einen Maserati-V12-Motor mit 36 Ventilen. Rindt fiel wegen Motorproblemen aus. (T.C. March)

Für den Grand Prix von England im Juli in Silverstone entwickelte das Cooper-Team den neuen T86, der eine niedrigere, schmalere und leichtere Monocoque-Karosserie aus Magnesium-Elektron hatte. Dem Tipo-10/F1-Motor wurde ein Hewland-Getriebe angebaut. Zum Grand Prix der USA hatte Alfieri bereits einen neuen Tipo-10-Motor konstruiert, mit drei Zündkerzen pro Zylinder, die auf der Innenseite des »V« der Zylinderbänke saßen. Dieser Motor wurde in das T86-Chassis montiert, das Jochen Rindt fuhr. Beide Cooper-Motoren explodierten in Watkins Glen. Rindt war zu dieser Zeit völlig desillusioniert über Cooper, und nach dem Rennen hatte er das Gefühl, seinen Motor zerstören zu müssen; er trat absichtlich das Gaspedal so weit durch wie möglich, sodass der Motor explodierte und nicht mehr zu verwenden war. Rindt hatte klargestellt, dass er im letzten Rennen des Jahres in Mexiko nicht mehr für Cooper fahren wollte, und wurde aus dem Team entlassen.

1968 baute Cooper keine Maserati-Motoren mehr ein und wechselte zum BRM-V12. Nach einer weiteren erfolglosen Saison zog sich Cooper dann gänzlich vom Rennsport zurück, nicht zuletzt auch, weil man keinen Sponsor hatte. Im Mai 1969 beendete Cooper seine Rennaktivitäten, und im Juni wurden die Teamfahrzeuge im Rahmen einer Auktion versteigert. Ein Cooper-Maserati von 1967 wurde von Colin Crabbes Antique-Automobiles-Ltd-Team 1969 bei verschiedenen Veranstaltungen eingesetzt und von Vic Elford gefahren. Elford wurde mit diesem Wagen Zwölfter bei der International Trophy in Silverstone und Siebter in Monaco. Crabbe und Elford wechselten dann zu einem McLaren M7A/B mit Cosworth-Motor. Jonathan Sieff erkannte, dass Cooper in finanziellen Schwierigkeiten war, die mit einiger Unterstützung seiner Familie gelöst wurden.

16
Citroën, de Tomaso und danach

Adolfo Orsi machte sich Gedanken über die langfristige Sicherheit seiner Firma. Die Nachfrage nach teuren Straßenfahrzeugen war unbeständig und unterlag den wirtschaftlichen Gegebenheiten, den Veränderungen im Zeitgeschmack und der Mode. Die Einführung der amerikanischen Sicherheits- und Emissionsverordnungen machte dort eine Vermarktung der Fahrzeuge teuer und schwierig. Die Studentendemonstrationen und die Streiks der Arbeiter in Frankreich und Italien 1968 ließen die Fahrer teurer Fahrzeuge, wie z. B. Maseratis, um ihre persönliche Sicherheit besorgt sein. Adolfo Orsi war jetzt 80 Jahre alt, und Omer hatte wegen Nierenproblemen eine angeschlagene Gesundheit.

1968 erhielt Adolfo Orsi eine Anfrage von Citroën, die zum Reifenhersteller Michelin gehörten, ob Maserati Interesse daran hätte, den Motor für ihr geplantes Luxusmodell SM zu entwickeln und zu bauen. Es gab Verhandlungen, bei denen Adolfo vorschlug, dass Citroën die Mehrheit von Maserati kaufen sollte. Das führte zu der Vereinbarung, dass Citroën 60 Prozent des Kapitals erwarb. Adolfo Orsi wurde Ehrenpräsident, während Omer weiterhin einer der Direktoren blieb, zuständig für den Verkauf. Giulio Alfieri behielt die Leitung der Technischen Entwicklung.

Unter der Kontrolle von Citroën baute das Unternehmen einige schöne Fahrzeuge. Citroëns eigenes Fahrzeug, der SM, der 1970 auf den Markt kam, war eine außergewöhnlich anspruchsvolle Entwicklung, die von einem von Alfieri konstruierten V6-Motor mit je zwei obenliegenden Nockenwellen und einem Hubraum von 2670 ccm angetrieben wurde. Weitere Besonderheiten waren der Frontantrieb, die Citroën-DS-Hydraulik, ein sich den Straßenverhältnissen automatisch in der Höhe anpassendes Fahrwerk und eine Lenkung mit selbsttätiger Rückstellung. Die Höchstgeschwindigkeit lag bei 217 km/h. Der gleiche Motor wurde auch in den Ligier-Wettbewerbswagen eingebaut. Der SM wurde im Citroën-Werk in Paris gebaut, später im Ligier-Werk. Maseratis eigene Produktion schloss zwei Mittelmotormodelle ein: den V8-4,7-Liter-Bora, der 1971 auf dem Genfer Salon präsentiert wurde, und den V6-3-Liter-Merak mit einer aufgebohrten SM-Maschine, der auf dem Pariser Salon 1972 erschien.

Unter der Kontrolle von Citroën veränderte sich die gesamte Maserati-Kultur. Citroën hatte keine Erfahrungen mit der Leitung eines kleinen Unternehmens, und das Management wurde bürokratisch. Die Belegschaft wuchs von 360 zur Zeit der Übernahme durch Citroën auf ungefähr 1000 Mitarbeiter an, und während bisher zwei Mitarbeiter das komplette Chassis bauten, gab es jetzt eine Produktionslinie, an der mehrere Mitarbeiter jeweils nur einen kleinen, sich wiederholenden Arbeitsschritt vollzogen. Die Orsi-Familie war nicht glücklich darüber, wie das Werk jetzt geführt wurde, und verkaufte 1971 ihre restlichen Firmenanteile an Citroën. Guerino Bertocchi verließ das Unternehmen, um für de Tomaso zu arbeiten, und starb bedauerlicherweise 1981 bei einem Verkehrsunfall.

Citroën geriet selbst in finanzielle Schwierigkeiten, und 1974 verkaufte sein Besitzer Michelin das Unternehmen an Peugeot. Das einzige Ziel des konservativen Managements von

Alejandro de Tomaso fuhr mit seiner Verlobten Isabelle Haskell mit dieser Osca 1500 beim 1000-Kilometer-Rennen in Buenos Aires 1957 auf den sechsten Platz. De Tomaso spielte eine wichtige, letztlich schädliche Rolle in der Geschichte von Maserati.

Ein frühes Produkt des kreativen, aber ausschließlich auf kommerziellen Erfolg ausgerichteten Alejandro de Tomaso. Dies ist ein De Tomaso Vallelunga mit einem 1,5-Liter-Ford-Mittelmotor, gebaut etwa 1965.

Peugeot war, die Produktion der Unternehmensgruppe zu rationalisieren und den Gewinn zu steigern. Am 23. Mai 1974 verkündete Peugeot, dass Maserati liquidiert werden sollte; gleichzeitig übernahm man alle Verpflichtungen von Maserati, um das Unternehmen interessanter für jemanden zu machen, der die Werksanlagen übernehmen wollte. Zu diesem Zeitpunkt hatte Maserati noch 795 Mitarbeiter und war deshalb in Verbindung mit lokalen und regionalen Vertretern hinlänglich stark genug, um auf die italienische Regierung Druck auszuüben, damit diese intervenierte. Die ursprünglich geplante Schließung von Maserati wurde um sechs Monate hinausgeschoben, während Verhandlungen mit Gesellschaften geführt wurden, die Interesse an Maserati hatten.

Das Datum der Schließung wurde wieder hinausgezögert, und schließlich wurden am 8. August 1975 30 Prozent des Kapitals von Alejandro de Tomaso durch dessen Industriegruppe erworben, und er selbst wurde Geschäftsführer. Der Argentinier de Tomaso, geboren 1928, war ein ehemaliger Osca- und Maserati-Fahrer. Er hatte beeindruckende, aber nicht immer erfolgreiche Erfahrungen bei der Übernahme von kränkelnden Unternehmen. Seit 1959 hatte er seine eigene De-Tomaso-Sportwagenproduktion in Modena, aber sein einziger Erfolg war das mit einem Ford-Motor versehene Mittelmotor-Coupé Pantera, das in den USA in größeren Stückzahlen von der Händlerorganisation von Fords Lincoln-Mercury-Division verkauft wurde.

De Tomaso hatte die Karosseriehersteller Ghia und Vignale gekauft. Von letzterem Unternehmen wird berichtet, dass es von Tomasos reicher amerikanischer Frau Isabelle für ihn erworben wurde. Isabelle war eine Coca-Cola-Erbin und war selbst mit Oscas Rennen gefahren. Später verkaufte de Tomaso Ghia an Ford. Er kaufte auch die kränkelnden Benelli- und Moto-Guzzi-Motorradhersteller und übernahm Innocenti in Mailand, die ursprünglich Lambretta-Roller und später British-Leyland-Fahrzeuge in Lizenz bauten. British Leyland hatte diesen Konzern im Mai 1972 gekauft, aber schnell das Interesse verloren. An dem Tag, an dem de Tomaso Maserati übernahm, wurde Giulio Alfieri umgehend gefeuert. Alfieri war nicht lange arbeitslos; er ging zu Lamborghini und arbeitete für zahlreiche andere Projekte. Am 19. März 2002 starb er im Alter von 78 Jahren.

Obwohl die bestehenden Modelle gemeinsam mit De-Tomaso-Fahrzeugen mit Maserati-Motoren noch kurze Zeit weiter angeboten wurden, hatte de Tomaso beschlossen, Maserati in ein Unternehmen zu verwandeln, das größere Stückzahlen baute. 1981 präsentierte man mit dem Biturbo eine Hochleistungs-Kompakt-Limousine, die von einem 2-Liter-V16-Motor mit zwei Turboladern und 18 Ventilen angetrieben wurde, der 180 PS leistete und aussah wie ein BMW mit italienischem Design. Trotz einer Höchstgeschwindigkeit von 209 km/h und einer Beschleunigung von 7,8 Sekunden von 0 auf 96 km/h war der Biturbo durch ein Turboloch geschädigt, hatte eine schlechte Straßenlage und eine schlechte Produktionsqualität.

Auf Anhieb erreichte die Produktion des Biturbo 5000 Einheiten im Jahr, und es gab eine Vereinbarung, nach der die Fahrzeuge in den USA von Chrysler verkauft werden sollten. De Tomaso ließ in den Innocenti-Werken in Mailand auch Chrysler montieren, die als »TC-Maserati« vermarktet wurden. Der Schaden für den Namen Maserati war beachtlich, und de Tomaso hatte auch den Motorradherstellern Benelli und Moto Guzzi großen Imageschaden zugefügt.

Unter de Tomasos Kontrolle machte Maserati einen weiteren Versuch, ein Wettbewerbsfahrzeug zu bauen. Das war der *Barchetta* im Jahr 1992, der für die Zielgruppe der Amateurfahrer in der Markenmeisterschaft über sechs Läufe konzipiert worden war. Der Biturbo-V6, dessen Zylinder im Winkel von 90 Grad zueinander standen, hatte einen Hubraum von 1996 ccm (82 × 63 mm) und je zwei obenliegende Nockenwellen. Seine Leistung betrug 315 PS bei 7200 U/min. Zusammen mit einem Sechsganggetriebe war dieser Motor in ein Chassis in Strahlenform aus einer Aluminiumlegierung eingebaut, das Verstärkungen aus Carbonverbund besaß.

Das Fahrzeug hatte vorne und hinten unabhängig aufgehängte Räder mit doppelten Querlenkern und einer Feder-Dämpfer-Kombination. Es hatte eine *Spyder*-Karosserie aus Carbon-Fiber und erreichte seine Höchstgeschwindigkeit bei 300 km/h. Michele Alboreto testete den *Barchetta* in Monza, und das Unternehmen war im Hinblick auf die Zukunft des Fahrzeugs optimistisch. Bedauerlicherweise wurden nur 15 Fahrzeuge verkauft (einer als Touring-Wagen), sodass nach wenigen schwach besetzten Rennen das Projekt eingestellt wurde.

1991 übernahm Fiat Auto zunächst 49 Prozent der Maserati-Anteile und im Mai 1993 das Unternehmen komplett. 1997 ging die Leitung an Ferrari über, die bereits ein Teil des Fiat-Konzerns waren. Jetzt begann der lange Weg zur Restaurierung der Reputation und des Prestiges von Maserati, und es scheint, dass die Rehabilitation von Maserati fast erreicht ist.

17
Maserati-Fahrer – ihre Geschichten

EMMANUEL DE GRAFFENRIED
Maserati-Privatfahrer 1937–1956

De Graffenried war der konstanteste und erfolgreichste private Fahrer von Maserati, der Marke, der er während seiner gesamten Rennkarriere treu blieb. Er wurde am 18. Mai 1914 in Paris geboren. Sein Vater war Schweizer, seine Mutter Amerikanerin. 1920 zog die Familie nach Fribourg, weil man wünschte, dass der Sohn in der Schweiz erzogen werden sollte. Emmanuel wurde auf der Le-Rosey-Schule in Rolle, nahe Morges, erzogen, und anstatt zu studieren, verreiste er viel. Die Baronie der Familie de Graffenried wurde vor dem Ersten Weltkrieg von der österreich-ungarischen Regierung an Emmanuels Großvater verliehen, der Schweizer Militärattaché in Wien war. Emmanuel war immer unter dem Spitznamen »Toulo« bekannt, den ihm sein Kindermädchen gegeben hatte, als er vier Jahre alt war.

Mein Vater, der 1934 starb, war ein großer Reiter, aber ich interessierte mich immer mehr für Autos. Ich startete meine Rennfahrerkarriere 1936 in einem Alfa Romeo Zagato 1500, einem recht seltenen Wagen. Mit ihm gewann ich meine Klasse beim nationalen Grand Prix der Schweiz in Bremgarten und nahm an verschiedenen Bergrennen teil. 1937 tat ich mich mit einem amerikanischen Freund, John de Puy, zusammen. Er stammte aus einer reichen Familie, die in Pittsburgh im Stahlgeschäft tätig war, und er hat niemals in seinem Leben gearbeitet. Wir fuhren mit einem Maserati 6CM und einem 4CM mit Tecnauto-Schraubenfederung und unabhängiger Vorderradaufhängung Rennen. Ich fuhr diese Wagen in ganz Europa und nahm auch an einigen britischen Rennen teil.

Im Jahre 1937 gewann ich den Grand Prix der Schweiz mit dem 4CM, fiel aber beim Grand Prix von Neapel aus. Ich nahm an zwei britischen Rennen teil, am Light Car Race auf dem Douglas-Kurs auf der Isle of Man im Juni über 314 Kilometer, eine Veranstaltung, die von den ERA-Fahrzeugen dominiert wurde. Hier kam ich auf den sechsten Platz. Bei der Nuffield Trophy in Donington Park, die über eine Distanz von 246 Kilometern ging, wurde ich Fünfter. Im folgenden Jahr fuhr ich in der kurzen, 37 Kilometer langen Campbell Trophy in Brooklands und wurde mit dem 6CM Vierter hinter Bira und Austin Dobson (beide mit ERAs) und Hyde (Maserati). Ich nahm auch an der British Empire Trophy teil, die in der Nähe von Donington Park gefahren wurde, fiel aber aus. Eine andere Veranstaltung, für die ich in diesem Jahr gemeldet hatte, war die *Voiturette*-Coppa Ciano auf dem Kurs von Montenero bei Livorno. Auch hier kam ich nicht ins Ziel.

Eine amüsante Unterbrechung unserer normalen Rennaktivitäten war eine Skiabfahrt für die Fahrer 1938 in Auron, einem Ferienort in den Seealpen oberhalb von Nizza. Christian Kautz, der Schweizer Mercedes-Benz-Fahrer und auch Fahrer bei der Auto Union, gewann mit Leichtigkeit vor meinem Freund Raymond Sommer. Ich belegte den dritten Platz vor Wimille und Chiron.

Obwohl ich sehr eng mit du Puy befreundet war, hatte er ein großes Problem: Er trank zu viel Alkohol. In einer Phase trank er 30 Flaschen Bier am Tag. Obwohl er auch für das Rennen vorgesehen war, machten sich unser Mechaniker und ich Gedanken über seine Sicherheit beim Fahren. Wir ließen ihn trainieren, fanden aber kurz vor dem Rennen immer einen Grund, warum der Wagen nicht einsatzbereit war, z.B. hatte er keinen Öldruck (weil wir die Leitung, die zum Anzeigeninstrument führte, unterbrochen hatten).

Ich erinnere mich, dass er mir, als er zur Fahrerbesprechung für den Grand Prix der Schweiz 1939 kam, große Sorgen bereitete. Vor den Mercedes-Benz- und Auto-Union-Teams sagte er mit lauter Stimme: »Ich kann kein verdammtes Wort von dem verstehen, was sie sagen.« (Trotz seiner Alkoholprobleme lebte du Puy sehr lange und besaß 1957 einen 250F, der von Bruce Halford beim Grand Prix von Italien gefahren worden war – A.P.)

1939 wechselten wir zum Sechszylinder-Tipo 6C/34-Maserati, einem ungewöhnlichen Fahrzeug, das mit einer Stromlinienkarosserie aus Turin ausgestattet war und mit einem Motor, dessen Hubraum gerade unter 3 Liter gebracht worden war, sodass er den damaligen Grand-Prix-Regularien entsprach. Die Karosserie bestand aus poliertem Aluminium. Ich fuhr ihn erstmals beim Grand Prix von Pau am 2. April, fiel aber aus. Aus Gründen, an die ich mich nicht erinnern kann, nahm ich mit Raymond Sommers Alfa Romeo am Grand Prix von Belgien teil, an dem Rennen, in dem Dick Seaman einen Unfall hatte und seinen tödlichen Brandverletzungen erlag. Sommer fuhr beim Picardie-Grand-Prix einen unserer 1,5-Liter-Maserati, weil er für die französische Meisterschaft Punkte sammeln wollte.

Beim Großen Preis von Deutschland auf dem Nürburgring am 23. Juli fuhr ich dann ein 3-Liter-Fahrzeug. Dieses Rennen über die Distanz von 502 Kilometern wurde von Mercedes-Benz und Auto Union dominiert. Rudolf Caracciola gewann mit einem Mercedes-Benz, ich fiel aus. Ich gewann den nationalen Grand Prix der Schweiz in Bremgarten, beim internationalen Grand Prix fiel ich aber wieder aus. Mit einem 3-Liter-Wagen nahm ich auch am berühmten La-Turbie-Bergrennen nahe Monte Carlo teil und wurde hinter Raymond Sommer, der einen 3-Liter-Alfa-Romeo fuhr, Zweiter.

1939 wurde mir ein Bugatti 55, das Supersport-Modell mit einem 2,3-Liter-Motor mit Kompressor und zwei obenliegenden Nockenwellen angeboten. Da der Preis sehr günstig war, habe ich das Fahrzeug gekauft. Ich entschied mich, damit in Montlhéry an den Coupe-de-Paris-Rennen am 7. Mai teilzunehmen. Ich kannte Jean Bugatti sehr gut, und er und sein Vater wetteten mit mir, dass ich nicht ins Ziel käme, obwohl das Rennen nur über 100 Kilometer ging. Ich lag zwar ziemlich weit zurück, kam aber ins Ziel, und das kostete Ettore ein recht teures Essen in Paris. Leider wurde Jean im August beim Testen eines Bugatti-Rennwagens getötet. Ohne sein Talent konnte sich die Firma nach dem Krieg nicht wieder erholen.

Ich fuhr auch während des Kriegs weiter, allerdings als Korporal der Schweizer Armee. 1944 heiratete ich Elsa, unser Sohn Leo wurde im folgenden Jahr geboren, und wir zogen 1949 nach Lausanne. Ab 1946 fuhr ich wieder Rennen. Unmittelbar nach dem Krieg gründete ich mit einem italienischen Freund, der in Genua zu Hause war, Ciro Basadonna, das *Autosport*-Team, und wir hatten drei Wagen einschließlich eines 6CM und eines 4CL. In Marseille fuhr ich einen 4CL, musste aber aufgeben. Beim Rennen traf ich Enrico Plate, der ebenfalls einen 4CL fuhr. Er war ein Italiener aus Mailand, ein typischer Mailänder. Enrico war der Neffe von Luigi Plate, der vor dem Krieg Talbots gefahren hatte und lange Zeit in die Welt des Motorsports involviert war. Plate und ich sprachen miteinander und verstanden uns gut. Er fragte mich: »Willst du das Fahrzeug fahren – ich habe dazu keine Lust mehr.«

So begann meine lange Verbindung mit Plate, der ein sehr guter Ingenieur war und gute Beziehungen zur Firma Maserati hatte. Ich musste natürlich Geld in das Team investieren. Wir fuhren bis Ende 1952 die verschiedenen 16-Ventil-Maseratis, deren einzige Schwäche der Zylinderblock aus einer Aluminiumlegierung war, der die Tendenz hatte zu brechen. Ich fuhr Plates Fahrzeug zum ersten Mal beim Grand Prix der Nationen in Genf. Die Strecke, die gefahren wurde, war ziemlich lang und schloss eine zweispurige Straße entlang des Sees ein, die in beide Richtungen befahren wurde. In späteren Rennen in Genf wurde diese Strecke aus Sicherheitsgründen nicht mehr gefahren. Das Rennen 1946 wurde in zwei Qualifikationsläufen und einem Finallauf ausgetragen. Die Werks-Alfa-Romeos von Farina, Trossi und Wimille belegten im Finallauf die ersten drei Plätze, ich wurde Vierter in meinem Lauf und Fünfter im Finallauf, hinter Tazio Nuvolari, der ebenfalls einen Maserati fuhr. Bei einem späteren Rennen, dem Grand Prix von Mailand, wurde ich Sechster hinter Trossi, Varzi und Sanesi (Alfa Romeo), Villoresi und Sommer (alle auf Maserati). Das Maloja-Bergrennen gewann ich.

Im Jahre 1947 fuhr ich zunächst weiter in Plates 4CL, im Laufe des Jahres jedoch bekamen wir einen 4CLT. Lange Zeit hatte ich in diesem Jahr kein Glück. Ich wurde im Grand Prix der Schweiz Neunter – einem Rennen, das sich durch einen Mangel an Disziplin unter den Zuschauern auszeichnete, die so dicht an die Strecke kamen, dass die Fahrer ausweichen mussten. In der zweiten Runde tötete Leslie Johnson zwei Zuschauer, die trotz Warnung der Polizei am Streckenrand standen. Kurz darauf fiel ich wegen Problemen mit den Kolben beim Grand Prix von Belgien in Spa-Francorchamps aus.

Mein Motor lief im Comminges-Rennen auf der St.-Gaudens-Strecke rau, ich fiel zurück und kam als Fünfter ins Ziel. Beim Grand Prix von Italien in Mailand, einem langsamen Kurs rund um das Mailänder Messegelände, konnte ich mich auf den vierten Platz vorkämpfen, musste aber schließlich wegen Lenkungsproblemen aufgeben. Beim Grand Prix von Frankreich in Lyon wurde ich an der Stirn von einem Stein getroffen, fuhr aber weiter, obwohl das Blut in Strömen über mein Gesicht lief, bis ich schließlich doch wegen eines gebrochenen Zylinderkopfs aufgeben musste. Ich beendete die Saison mit einem

Der Stromlinien-Tipo-34, der 1939 von de Graffenried gefahren wurde. Toulo ist links auf dem Foto, John de Puy rechts. Im Wagen sitzt de Puys Frau.

dritten Platz hinter Villoresi (Maserati) und Wimille (Simca) in meinem Heimrennen in Lausanne.

1948 fuhren wir den 4CLT weiter, und die Saison begann für mich gut. In Genf belegte ich hinter Farina, der einen doppelt aufgeladenen 4CLT fuhr, den zweiten Platz, und ich wurde sehr guter Dritter hinter Farina und Louis Chiron (Talbot-Lago) beim ersten Nachkriegs-Grand-Prix von Monaco. Zum Rennen von San Remo im Juni hatte Maserati seinen neuen und stark verbesserten 4CLT/48 herausgebracht, und diese Fahrzeuge, die von Ascari und Villoresi gefahren wurden, zeigten, dass der Abstand zu den Privatfahrern größer wurde.

Mein Landsmann Christian Kautz wurde getötet, als er mit seinem Maserati beim Schweizer Rennen in Bremgarten gegen einen Baum fuhr. Ich kollidierte mit den Fahrzeugtrümmern und musste aufgeben. Beim Grand Prix von Frankreich fiel ich wegen mechanischer Probleme aus, und beim sehr nassen Grand Prix von Italien in Turin wurde ich Neunter. Der RAC-Grand-Prix in Silverstone im Oktober war für mich ein weiteres schlechtes Rennen. Ich kam fast 50 Meter von der Strecke ab und fuhr in ein Feld. Zwar konnte ich ins Rennen zurückkehren, wurde aber nach einem längeren Boxenstopp, bei dem das Fahrzeug von Plate untersucht wurde, nur Neunter.

1949 kam Bira zum Plate-Rennteam, und wir hatten beide die neuesten 4CLT/48-Maseratis. Wir bezahlten natürlich für unsere Fahrzeuge und beteiligten uns an den Ausgaben, aber ich erinnere mich daran, dass ich wesentlich mehr bezahlte als Bira. Die Preis- und Startgelder teilten wir uns. Das konnten 600 bis 700 Pfund Sterling für die beiden Wagen sein, denn die Organisatoren wollten einen Prinzen in ihren Rennen haben. Für Plate waren Rennen ein Geschäft, das sich auszahlen musste. Er war ein sehr guter Ingenieur und Organisator, und er beschäftigte sehr gute Mechaniker. Plate besaß eine winzige Werkstatt mitten in Mailand, wo er gerade genug Platz hatte, um an zwei Fahrzeugen zu arbeiten. Alles, was Plate machte, war sehr gut, und ich war sehr glücklich, bei ihm fahren zu können. Er und seine Mechaniker hatten la passion! Ich ging einmal im Jahr zu Maserati, Plate war aber oft da, denn seine Firma lag in der Nähe.

Es sollte für mich ein sehr erfolgreiches Jahr werden. Ich startete in San Remo, wo ich Dritter hinter Juan Manuel Fangio, der in seiner ersten

De Graffenried fuhr zum ersten Mal in Pau im April 1939 einen Sechszylinder. Er fiel jedoch aus. Auf diesem Foto führt er noch vor dem Mercedes-Benz W163 von Caracciola.

kompletten europäischen Saison einen Maserati fuhr, und meinem Teamkollegen Bira wurde. Später in diesem Monat erzielte ich zwei zweite Plätze. In Pau gewann Fangio wieder einmal, ich wurde aber ein zufriedener Zweiter. Ich lag sogar einmal, als Fangios Maserati nach einem Boxenstopp nicht wieder anspringen wollte, an der Spitze. In jenen Zeiten überhitzte die Magnetzündung manchmal. Mir wurde mitgeteilt, dass der Mechaniker den Motor nicht per Anlasserkurbel starten könne, aber Fangio war ein harter Kerl, er sprang aus dem Wagen, drehte die Anlasserkurbel, und der Motor sprang an. Kurz darauf überholte er mich wieder und ging in Führung.

Beim sehr nassen Jersey Road Race wurde ich von Bob Gerard geschlagen, der seinen alten ERA mit außergewöhnlicher Geschicklichkeit fuhr. Anfang Mai belegte ich beim Grand Prix de Roussillon, einem Straßenrennen, das in zwei Läufen in Perpignan gefahren wurde, den vierten Platz. Vor mir lagen Fangio, Bira und Campos (ein weiterer argentinischer Fahrer), alle mit Maseratis.

Der Grand Prix von England in Silverstone war mein bester Auftritt im Jahr. Weil Alfa Romeo 1949 nicht antrat und Ferrari nicht an dem britischen Rennen teilnahm, wurde es zwischen den schnellsten Maserati-Fahrern ausgetragen. Es war natürlich mit 500 Kilometern ein langes Rennen, und ich fuhr zu Beginn sehr konzentriert und beobachtete, wie Bira vor Reg Parnell führte. Dummerweise streifte Bira die Strohballen in einer Kurve und zerstörte seine Radaufhängung. Da war ich Zweiter. Reg Parnell hatte eine Menge Probleme und gab auf. So gewann ich. Eon! – das ist der Rennsport. Bob Gerard wurde mit seinem ERA Zweiter, hatte aber keine Chance, mich einzuholen.

Ende Mai fuhren wir in den Norden, um im kurzen schwedischen Sommer am Grand Prix in Skarpnack teilzunehmen. Er wurde auf einem sehr langsamen Kurs ausgetragen, und es gab nur wenig Konkurrenz. Bira und ich belegten die ersten beiden Plätze vor lokalen Fahrern. Später wurde ich Siebter beim Grand Prix der Schweiz in Bremgarten und Vierter in Albi. Beim Grand Prix in Zandvoort wurden Farina und

Parnell mit einer Strafe belegt, weil sie einen Frühstart gemacht hatten, und ich fuhr ein sehr gutes Rennen und kam auf den zweiten Platz hinter Villoresi (Ferrari). Im August fuhren wir die International Trophy in Silverstone, die aus zwei Qualifikationsläufen und einem Finallauf bestand. Um die Führung im Finallauf kämpften Ascari und Villoresi in ihren Werks-Ferraris und Farina im Maserati. Ich fuhr ein stetiges und erfolgreiches Rennen und kam auf den vierten Platz.

Eine Woche später war ich beim Grand Prix von Lausanne zurück auf heimischem Territorium und fuhr wieder ein beständiges Rennen, das ich als Dritter hinter Farina und Ascari beendete. Die neuen Ferraris mit Doppelkompressor traten erstmals beim Grand Prix von Italien auf, und ich fuhr trotz abfallenden Öldrucks wieder ein gutes Rennen und kam hinter Ascari in einem Ferrari, Etancelin (Talbot) und meinem Teamgefährten Bira auf den vierten Platz. Ende Oktober wurde ein Rennen auf dem nur 3,2 Kilometer langen Straßenkurs von Madrid für Sportwagen bis zu 1100 ccm Hubraum ausgetragen. Man fuhr zwei Qualifikationsläufe über 20 Runden und einen Finallauf über 60 Runden. Die Organisatoren hatten angedeutet, dass es eine Art von Testrennen sein sollte für die Fahrer, die zu Beginn des Jahres 1950 an den argentinischen *Temporada*-Rennen nach der freien Formel teilnehmen wollten. Ich fuhr einen Stanguellini, der auf einem Fiat basierte. In meinem Lauf belegte ich damit den vierten Platz und wurde im Finallauf Dritter hinter Raymond Sommer und Maurice Trintignant, die beide von Gordini gemeldete Simcas fuhren. Für mich, der ich als Privatfahrer an den Rennen teilnahm, war es ein gutes Jahr.

Nach langen Diskussionen entschieden Plate, Bira und ich, dass wir in Argentinien an den Start gehen wollten. Die Startgelder waren sehr gut, und wir rechneten uns gute Chancen aus, weil Maserati uns einen leistungsstärkeren Motor mit 1720 ccm Hubraum zur Verfügung stellte. Unglücklicherweise waren unsere Fahrzeuge nicht so schnell wie die 2-Liter-Ferraris mit Kompressor, und wir erreichten sehr wenig. Bira belegte einen fünften und einen sechsten Platz, und alles, was ich erreichen konnte, war ein fünfter Rang beim Mar-del-Plata-Grand-Prix.

Mein erstes Rennen der Saison in Europa war am Ostermontag in Goodwood, und das war zugleich mein erster Besuch auf dem neuen britischen Rennkurs, der 1948 eröffnet worden war. Obwohl es nur ein Rundkurs auf einem ehemaligen Flugplatz war, war es eine interessante Rennstrecke. Es gab dort eine gute und interessante Atmosphäre und eine ausgezeichnete Gastfreundschaft. Der Renntag war nass und trist, mit starken Winden. Ich wurde aber bei der Richmond Trophy über elf Runden, dem Hauptrennen des Tages, Zweiter hinter Parnells Maserati.

Amédée Gordini lud mich ein, einen seiner Simcas mit 1220-ccm-Motor in der Formel B auf dem Kurs von Erlen in der Ostschweiz am 7. Mai zu fahren. Er brauchte das Startgeld, und ich war in meiner Heimat immer für ein ausreichendes Startgeld gut. Der Simca hatte eine ausgezeichnete Straßenlage, und sein Motor war für die Größe sehr leistungsstark und normalerweise auch sehr zuverlässig. Ich fuhr die schnellste Runde und hätte wahrscheinlich auch gewonnen, wenn bei dieser Gelegenheit nicht ein Ventil gebrochen wäre. Es nahmen auch vier Werks-Alfa-Romeos 158 am Grand Prix von Europa im Mai in Silverstone teil, die das Rennen absolut dominierten, sodass ich keine Aussichten hatte, meinen Erfolg von 1949 zu wiederholen. Zunächst lag ich auf dem sechsten Platz, fiel aber, weil mein Motor schlecht lief, immer weiter zurück, bis ich schließlich nach einem Pleuelbruch ganz ausfiel.

Beim Grand Prix der Schweiz am 4. Juni wurde ich Sechster hinter Farina und Fagioli (Alfa Romeo), Louis Rosier (Talbot-Lago), meinem Teamkollegen Bira und Felice Bonetto mit einem *Milano*. Bis zur British Empire Trophy über 225 Kilometer am 15. Juni auf der Douglas-Rennstrecke auf der Isle of Man hatte ich keine Erfolge mehr. Selbst für kontinentale Standards war das ein schwieriger und interessanter Kurs, und einer, den ich sehr mochte. Das Rennen wurde bei stetigem, aber leichtem Regen ausgetragen, der die Strecke sehr schlüpfrig machte. Ich fuhr ein vorsichtiges Rennen, und meine Taktik zahlte sich aus. Bira drehte sich auf einem verschmutzten Streckenabschnitt, und zwei andere Fahrzeuge kollidierten mit ihm. Meine beständige Fahrweise brachte mir den dritten Platz ein hinter den ERAs von Gerard und Hamilton.

Der Grand Prix der Schweiz 1939, ein weiteres Rennen, bei dem Toulo ausfiel. Hier führt er vor Nuvolari in einem Auto Union.

Ich fuhr in England wieder am 13. Juli beim Jersey Road Race über 283 Kilometer, eine weitere Veranstaltung auf einem Straßenkurs, den ich mochte. Ich arbeitete mich auf den zweiten Platz hinter Peter Whitehead mit seinem privaten Ferrari nach vorne, aber Plate und ich hatten einen taktischen Fehler gemacht. Wir hatten entschieden, dass ich mit nur wenig Benzin starten sollte, und obwohl ich einen Nachfüllstopp eingelegt hatte, musste ich bald feststellen, dass ich das Rennen ohne einen weiteren schnellen Stopp nicht zu Ende bringen würde. Obwohl das dank der effektiven Boxenarbeit von Plate nur 17 Sekunden dauerte, fiel ich hinter Parnell (Maserati) zurück und kam auf den dritten Platz.

Ich wurde von meinem guten Freund Battista Guidotti, dem Teammanager von Alfa Romeo, gefragt, ob ich einen 158-Werkswagen fahren wollte. Meine Antwort war: »Mein Gott – ja!«, und so konnte ich ihn in Monza ausprobieren. Der 158 war so verschieden von den Maseratis, sehr viel leistungsstärker und mit einem ausgezeichneten Getriebe – das Getriebe im Maserati war von Fiat und hatte nur den dritten und vierten Gang synchronisiert. Die Straßenlage des 158 war viel besser, und er driftete ausgezeichnet. Er war auf den Geraden so viel stärker und schneller als die Maseratis.

Ich fuhr den 158 erstmals beim Grand Prix der Nationen in Genf am 30. Juli. Es sollte ein desaströses Rennen werden, denn die Kurbelwelle brach in Ascaris neuem 4,1-Liter-Ferrari, der daraufhin eine Menge Öl auf die Strecke tropfte. Der arme »Gigi« Villoresi fuhr in die Öllache, verlor die Kontrolle über seinen Wagen, fuhr in die Zuschauermenge, tötete vier Zuschauer und verletzte 27 weitere. Auch ich rutschte auf dem Öl aus, fuhr in die Strohballen und würgte den Motor ab. Die Starterkurbel lag im Cockpit neben dem Fahrer. Ich schnappte sie, sprang aus dem Wagen, setzte sie an, drehte sie um – und das Fahrzeug war so gut eingestellt, dass es sofort ansprang. Ich kam ins Rennen zurück und belegte einen zufriedenstellenden zweiten Platz hinter meinem Teamgefährten Fangio, aber vor Taruffi in einem weiteren 158. Ich hätte es kaum besser machen können, und Guidotti versprach mir ein weiteres Rennen, sobald sich die Gelegenheit ergab.

Danach ging ich zu Plate und Maserati zurück. Der Grand Prix von Italien 1950 war ein

Toulo: Emmanuel de Graffenried, der beständigste und erfolgreichste private Maserati-Fahrer, hier in Silverstone 1949, als er den ersten Grand Prix von England gewann. (Sammlung Guy Griffiths)

Zweikampf zwischen Alfa Romeo und Ferrari mit den neuen Fahrzeugen ohne Kompressor. Ich fuhr ein weiteres beständiges Rennen und kam auf den sechsten Platz, was allerdings ziemlich enttäuschend war, weil Rosier und Etancelin mit ihren langsamen und nicht aufgeladenen Talbot-Lagos vor mir ins Ziel kamen. Ich kam nach Goodwood zu der Veranstaltung am 30. September zurück, und es war wieder ein nasser und miserabler Tag. Bei dem sehr kurzen Rennen über fünf Runden wurde ich Dritter hinter Reg Parnell mit einem V16-BRM und Bira. Das Hauptrennen des Tages war die Goodwood Trophy über zwölf Runden. Ich führte vom Start weg, wurde aber schon bald von Parnell und Bira überholt. Bei diesem schlechten Wetter waren in Goodwood die alten britischen ERAs so gut wie die Maseratis. Ich kämpfte verbissen mit Bob Gerard und Brian Shawe-Taylor, fiel aber zurück und kam als Vierter ins Ziel, nachdem ich eine Kurve zu weit genommen hatte und Gerard in dieser Situation an mir vorbeischlüpfte. Mein letztes Rennen in diesem Jahr war der Penya-Rhin-Grand-Prix in Barcelona, bei dem ich den fünften Platz belegte hinter drei Werks-Ferraris und Etancelins Talbot.

1951 verließ Bira Plate, um ein neues Fahrzeug zu fahren, das eine Kombination aus dem Osca-V12-Motor mit dem Maserati 4CLT/48-Fahrgestell war. Zu uns kam Harry Schell. Plate und ich waren davon überzeugt, dass der 4CLT/48 noch immer das beste Fahrzeug für ein privates Rennteam war, und wir hatten auch weiterhin die Hilfe und Unterstützung des Werks. Wir nahmen regelmäßig an den diversen Veranstaltungen teil, erzielten aber nie den gewünschten Erfolg.

Meine besten Resultate erzielte ich wieder mit Alfa Romeos, als ich mit einem Werks-159 – unter dieser Bezeichnung wurden die leistungsstärkeren Fahrzeuge bekannt – an drei Rennen teilnahm. Ich wurde in das Team für den Grand Prix der Schweiz in Bremgarten am 27. Mai auf-

Toulo de Graffenried am Steuer seines 4CLT/48 auf dem Weg zum Sieg beim Grand Prix von England 1949 in Silverstone. Das war sein größter Sieg. (Sammlung Guy Griffiths)

De Graffenried in Silverstone im Mai 1950. Sein 4CLT/48 zieht eine blaue Rauchfahne hinter sich her. Hinter ihm fährt Giraud-Cabantous (Talbot-Lago). Toulo fuhr immer noch den 4CLT/48, der von Plate für ihn gemeldet worden war, aber das Fahrzeug war nicht mehr wettbewerbsfähig und hatte eine schwache Saison. (Sammlung Guy Griffiths)

genommen. Der leistungsstärkste 159 wurde von Fangio gefahren, der der unbestrittene Anführer des Teams war – aber nur, wenn die Piste trocken war. Der Renntag war sehr nass, sodass mir das stärkste Fahrzeug gegeben wurde. Ich fuhr ein vorsichtiges und zufriedenstellendes Rennen, da die Fahrzeuge große Nässefontänen aufwirbelten. Fangio gewann vor Taruffi (4,5-Liter-Ferrari ohne Kompressor), Farina und Sanesi, und ich wurde Fünfter, indem ich getan hatte, was man mir gesagt hatte, nämlich beständig ans Ziel zu kommen.

Ich glaubte nicht, noch mehr Rennen mit dem Team fahren zu dürfen, aber das änderte sich durch das Unglück von Sanesi. Während der Tests in Monza vor dem Grand Prix von Italien erlitt er schwere Brandverletzungen, als sein Fahrzeug während des Nachtankens in Brand geriet. So kam ich kurzfristig wieder ins Team, schied aber bereits nach der ersten Runde wegen eines Problems am Kompressor aus. Der letzte Lauf zur Weltmeisterschaft war der Grand Prix von Spanien auf dem Pedralbes-Straßenkurs von Barcelona am 28. Oktober. Wieder fragte Giudotti bei mir an, ob ich für das Team fahren wollte. Wir dachten, dass wir von den Ferraris geschlagen würden, wie es bei den drei vorangegangenen Weltmeisterschaftsrennen geschehen war, aber die Fahrzeuge ohne Kompressor hatten eine Menge Probleme. Fangio gewann vor Gonzalez (Ferrari), Farina wurde Dritter, Bonetto Fünfter und ich selbst Sechster. Leider gab es keine weiteren Einsätze mehr für Alfa Romeo, da sie sich am Ende des Jahres vom Grand-Prix-Rennsport zurückzogen.

Der Rückzug von Alfa Romeo war der Hauptgrund dafür, dass die Entscheidung fiel, alle Weltmeisterschaftsrennen und die meisten Grand-Prix-Rennen nach der 2-Liter-Formel-2 in den Jahren 1952/53 auszutragen. Maserati entwickelte einen Formel-2-Rennwagen, der aber nicht zu Beginn der Rennsaison fertig sein würde. So entschloss sich Plate, seinen eigenen Formel-2-Wagen zu konstruieren, der auf dem 4CLT/48 basierte. Die Plate-Maseratis hatten ein verkürztes Fahrgestell, Motoren ohne Kompressor und neue Zylinderblöcke mit einer Bohrung von 90 Millimetern, sodass der Hubraum 1980 ccm betrug. Sie hatten eine fantastische Straßenlage auf den kurzen Rennstrecken, aber sie erreichten keine großen Geschwindigkeiten auf den Geraden. Zwei der Fahrzeuge wurden von mir und Harry Schell gefahren, aber wir hatten nicht viel Erfolg.

Am Ostermontag fuhr ich in Pau die drittschnellste Runde, aber der Motor ließ nach, und ich fiel auf den sechsten Platz zurück. In Marseille wurde ich Vierter und belegte bei der International Trophy in Silverstone den dritten Platz hinter den englischen HMWs von Lance Macklin und Tony Rolt. Kurz darauf war ich Sechster beim Grand Prix der Schweiz, kam aber zu keinem weiteren guten Ergebnis bis in Comminges im August, wo ich auf den fünften Platz kam. Die größte Enttäuschung des Jahres war der Grand Prix von Italien auf der sehr schnellen Strecke von Monza, wo Harry und ich beide zu langsam beim Training waren, um uns für den Start zu qualifizieren. Die Saison beendete ich mit einem dritten Platz beim Rennen in Cadours, nahe Toulouse.

Die Saison 1952 sollte man besser vergessen, besonders im Vergleich zu 1953, wo ich eines meiner erfolgreichsten Jahre hatte. Wir hatten einen der verbesserten A6GCMs von Maserati gekauft, der aber zu Beginn der Saison noch nicht startbereit war. Plate hatte gute Beziehungen zum Werk, sodass sie uns den Prototypen ausliehen, der ein sehr gut zu fahrendes Fahrzeug war, sehr schnell und mit einer guten Straßenlage. Ich fuhr ihn zuerst in Syracus am 22. März gegen ein starkes Team von Werks-Ferraris. Die neuesten Ferraris fielen alle wegen mechanischer Probleme aus, und ich gewann das Rennen vor Louis Chiron (Osca) und Rodney Nuckey (Cooper-Bristol). Das war ein sehr erfreulicher Sieg, weil man als Privatfahrer nur sehr selten gewinnen konnte.

Dann reisten wir nach Goodwood zur Veranstaltung am Ostermontag. Das war ein Tag mit einer Reihe sehr kurzer Rennen, der für mich sehr erfolgreich war. Mein erstes Rennen war der über sieben Runden angesetzte Lavant Cup für Formel-2-Wagen. Ich kam auf den zweiten Platz und jagte Roy Salvadori mit einem Werks-Connaught, bis er gegen Ende der letzten Runde wegen eines gebrochenen Gasgestänges langsamer wurde und ich ihn schließlich für meinen ersten Sieg an diesem Tag überholte. Dann fuhr ich ein Handicap-Rennen, bei dem ich den vierten Platz belegte.

Jetzt begann es zu regnen, und ich erinnere mich, wie ich in der ersten Startreihe zwischen den V16-BRMs von Ken Wharton und Reg

Bei der International Trophy in Silverstone gewann Toulo im Mai 1953 seinen Lauf mit dem Prototypen des A6CGM, wurde aber mit einer Strafminute belegt, weil er am Start des Finalrennens zu früh losgefahren war. Er stieg aus dem Rennen aus, obwohl er aussichtsreich auf dem zweiten Platz lag. (Sammlung Guy Griffiths)

De Graffenried überquert die Ziellinie mit Gilettis A6GCS und gewinnt den Rio-de-Janeiro-Grand-Prix im Dezember 1953.

Parnell saß. Beides waren 16-Zylinder mit doppelter Turboaufladung, die mit einem unbeschreiblichen Lärm drehten, sodass ich meine Hände vom Lenkrad nehmen musste und mit zugehaltenen Ohren startete. Ich fuhr schnell an die Spitze, da die BRMs bei der Nässe schwer zu fahren waren, und gewann mit fast einer Sekunde Vorsprung vor Wharton. Das große Rennen des Tages war die Richmond Trophy über 15 Runden; ich fuhr ein weiteres großartiges Rennen und wurde Dritter hinter Wharton (BRM) und Piero Taruffi (Ferrari *Thin Wall Special*).

Dann fuhren wir Anfang Mai ein Rennen in Bordeaux, wo ich wegen einer gebrochenen Halbwelle ausfiel. Eine Woche später fuhr ich bei der International Trophy in Silverstone, die in zwei Läufen und einem Finallauf ausgetragen wurde. Ich gewann meinen Lauf vor Stirling Moss in einem Cooper-Alta, und wir fuhren beide gemeinsam die schnellste Runde. Mike Hawthorn gewann in seinem Werks-Ferrari den anderen Lauf mit einer etwas höheren Geschwindigkeit. Beim Finallauf standen Hawthorn, Wharton (Cooper-Bristol), ich und Moss in der ersten Reihe. Ich war sehr angespannt, denn ich wusste, dass das Rennen zu einem Zweikampf zwischen Hawthorn und mir führen musste, und bemühte mich, einen guten Start hinzulegen.

Dummerweise hatte ich einen Frühstart, bremste jedoch sofort wieder ab, aber die Stewards belegten mich mit einer Minute Zeitstrafe. Ich führte in den ersten drei Runden dieses über 35 Runden dauernden Rennens vor Hawthorn, dann allerdings fuhr er weg, aber ich folgte ihm dicht auf den Fersen. Als die Organisatoren Plate von der Strafe Mitteilung machten, diskutierte er heftig mit ihnen, konnte sie aber nicht umstimmen. Ich wusste nicht, dass ich bestraft worden war, bis Plate mir eine Tafel zeigte, und während ich eine kleine Strafe verdient hätte, brachte eine ganze Minute mich und die Zuschauer um ein gutes Rennen. Ich fuhr einfach an die Box und gab auf.

Wir blieben in Großbritannien, um an der Ulster Trophy auf der Dundrod-Rennstrecke am kommenden Wochenende zu fahren. Das war wieder ein Rennen, das in zwei Vorläufen und einem Finallauf ausgetragen wurde und mir eine weitere Chance geben sollte, mich mit Hawthorn zu messen. Unglücklicherweise fiel ich wegen eines Schadens am Achsantrieb in der ersten Runde meines Vorlaufs aus. Das nächste war das Eifelrennen, sieben Runden auf dem Nürburgring. Es waren keine Werks-Ferraris am Start, und ich gewann mein drittes Rennen im Jahr vor den HWMs von Paul Frère und Peter Collins.

Der erste europäische Weltmeisterschaftslauf war der Grand Prix der Niederlande am 7. Juni, bei dem wir mit dem neuesten Maserati am Start waren. Der Rest des Jahres war ein Kampf zwischen den Werks-Ferrari- und Maserati-Fahrern, wobei ich einige gute Plätze belegte. Wir arbeiteten sehr eng mit dem Werk zusammen. Die Orsis schätzten Plate sehr, und er bekam, was immer er wollte. Das Ergebnis war, dass unsere Fahrzeuge fast immer so gut waren wie die Werkswagen, aber ich musste immer zurückhaltend fahren, um den Motor zu schonen und die Rechnungen so niedrig wie möglich zu halten. In Zandvoort wurde ich Fünfter, Vierter in Spa-Francorchamps und Fünfter beim Rennen auf dem Nürburgring. Beim Bergrennen von Freiburg wurde ich in der Gesamtwertung Zweiter hinter Hans Herrmann und beim Grand Prix von Modena am Ende des Jahres Dritter. Das Jahr sollte zu einem meiner erfolgreichsten werden.

Wir bestellten für 1954, dem ersten Jahr der neuen 2500-ccm-Grand-Prix-Formel, ein neues 250F-Maserati-Grand-Prix-Fahrzeug, das aber nicht rechtzeitig fertig wurde, sodass wir in der Zwischenzeit das Fahrzeug von 1953 mit der neuen 2,5-Liter-Maschine einsetzten. Ich wurde eingeladen, im Dezember 1953 an zwei Sportwagenrennen in Brasilien teilzunehmen, aber ich hatte kein geeignetes Fahrzeug. So lieh ich mir einen 2-Liter-Maserati A6GCS von einem italienischen Freund, Emilio Giletti, einem Wollproduzenten aus Biella. Wir wollten den Einsitzer mit dem 2500-ccm-Motor von 1953 mit nach Südamerika nehmen, und nachdem ich ihn beim Grand Prix von Argentinien gefahren hatte, wollte Giletti ihn beim Buenos-Aires-Grand-Prix nach der freien Formel einsetzen.

Das erste brasilianische Rennen war der Grand Prix von Rio de Janeiro, der auf dem 10,7 Kilometer langen Straßenkurs von Gavea gefahren wurde. Die meisten Fahrzeuge waren Ferraris, und eines davon, das einen 3-Liter-Motor hatte, wurde vom brasilianischen Nationalhelden Chico Landi gesteuert. Man erwartete, dass er das Rennen gewinnen würde, aber er war zu aufgeregt, kam in der ersten Kurve mit dem Bordstein in Berührung, und ein Reifen platzte. Er hatte kein Ersatzrad mit und musste die ganze Strecke an die Box auf der Felge zurückfahren. Ich ging an die Spitze, und keiner der anderen Fahrer war erfahren genug, um mich zu überholen. Ich gewann das Rennen, und bei der Siegerehrung übergab der brasilianische Diktator Getúlio Vargas den ersten Preis, eine schöne Schweizer Universaluhr, an den Sieger. Als er mir den Preis überreichte, war er sehr ernst, und ich überlegte, was ich ihm getan hätte. Als ich später auf die Rückseite der Uhr sah, sah ich, dass sie schon eine Widmung für Chico Landi enthielt. (1954 beging Vargas Selbstmord – A.P.)

Zwei Wochen später fuhr ich Gilettis Fahrzeug beim Grand Prix von Sao Paulo, der auf der alten Interlagos-Rennstrecke gefahren wurde. Ich hatte einen schlechten Start und lag zunächst auf dem achten Rang. Es gab ein schweres Gewitter, aber der Maserati hatte einen sehr guten Unterboden. Der Kurs war jedoch so überflutet, dass man glaubte, ein Motorboot zu fahren. Ich fiel zunächst weiter zurück, konnte dann jedoch Fahrer um Fahrer aufholen. Ich arbeitete mich bis auf den zweiten Platz vor, schleuderte und arbeitete mich wieder auf den zweiten Platz nach vorne. Als Landis Fahrzeug wegen einer defekten Vergaserschwimmerkammer Feuer fing, übernahm ich die Führung und siegte mit einem Vorsprung von fast drei Minuten vor einem lokalen Ferrari-Fahrer.

Mit dem Einsitzer belegte ich beim Grand Prix von Argentinien am 17. Januar den achten Platz. Dann fuhr ihn Giletti 14 Tage später beim Buenos-Aires-City-Grand-Prix, fiel aber wegen nachlassenden Öldrucks aus. Der Kurs war ganz neu, und die Boxen lagen gefährlich in einer schnellen Kurve. Es war ein sehr heißer Tag, und ich sagte zu Plate: »Morgen fahren wir nach Europa. Das Rennen ist vorbei, lass uns duschen gehen.« Er sagte: »Nein, ich will den Rest des Rennens sehen.«

Während ich mich duschte, hörte ich einen lauten Aufschrei. Ich dachte, da ist ein Unglück passiert, und ging an die Box zurück. Enrico Plate war von dem argentinischen Fahrer Jorge Daponte überfahren und getötet worden. Sonst war niemand verletzt. Das war Schicksal. Wenn er sich nicht gerührt hätte, wäre er nicht getroffen worden, er hatte sich aber instinktiv bewegt und wurde deshalb getötet. Ich sah das als Schicksalsschlag und sagte mir, dass ich das Rennen aufgeben müsste. In seiner Wohnung in Mailand hatte Plate eine Zeichnung von Roy Nockolds, die mich und Bira mit einem 4CLT/48 zeigte. Am Tag bevor Plate getötet wurde, hörte seine Frau einen Knall – das Bild war von der Wand gefallen.

Plates Tod war ein schreckliches Ereignis, und ich hörte mit dem Rennfahren auf. Die Bestellung des 250F wurde rückgängig gemacht, und wir setzten den A6GCM mit der 250F-Maschine für den Film *Solche Männer leben gefährlich* ein, der auf Hans Rueschs Geschichte *Der Rennfahrer* basierte. Ich arbeitete das ganze Jahr für die 20th Century Fox als Berater und fuhr als Double die Szenen für Kirk Douglas. Ich und ein amerikanischer Fahrer, John Fitch, fuhren bei einigen Grand Prix Kamerawagen. Die Plate-Maseratis wurden aus dem Lager geholt und ebenfalls für den Film eingesetzt. Danach fuhr ich nur noch sechs Mal.

Ich meldete den A6GCM mit dem 250F-Motor, den ich in Argentinien gefahren hatte, für den Grand Prix von Spanien 1954, wo er von Ottorino Volonterio und mir gefahren wurde. Volonterio, der Schweizer war, war ein mutiger, aber unerfahrener Amateur, und wir fuhren kontinuierlich, bis wir mechanische Probleme hatten. Nichtsdestotrotz kaufte er das Fahrzeug.

In Bari, in Süditalien, fuhr ich am 13. Mai 1955 beim Sportwagen-Grand-Prix einen Ferrari und wurde Vierter hinter Jean Behra, Luigi Musso (beide mit Maseratis) und Masten Gregory (Ferrari *Monza*). Als Nächstes fuhr ich den Grand Prix von Lissabon am 24. Juli 1955 mit einem Maserati 300S, der einem Schweizer gehörte. Ich kämpfte das ganze Rennen über gegen Masten Gregory, wurde mit nur zwei Fünftelsekunden geschlagen und kam auf den zweiten Platz, nachdem ich von dem Mann aus Kansas in der letzten Kurve überholt worden war. Ich hätte gewinnen können, wenn ich den Motor überdreht hätte. An diesem Tag wurde Masten Gregorys zweites Kind geboren. Im November fuhr ich einen Ferrari *Monza* beim Grand Prix von Venezuela über 343 Kilometer und wurde hinter Fangio (Maserati) und Portago (Ferrari) Dritter.

Im Juni 1956 verpflichtete mich »Mimmo« Dei von der *Scuderia Centro-Sud*, ebenso wie

Nach dem Sieg im Sao-Paulo-Grand-Prix in Interlagos, Brasilien, salutiert de Graffenried im Dezember 1953 bei der Schweizer Nationalhymne.

André Canonica, für einen A6GCS für das 1000-Kilometer-Rennen beim *Supercortemaggiore*-Grand-Prix, der für Sportwagen bis 2000 ccm Hubraum in Monza ausgeschrieben war. Ich begann das Rennen gut und kämpfte mit Jean Lucas (Ferrari *Testa Rossa*) um den siebten Platz, als der Motor des Maserati in der 17. Runde versagte. Mein allerletztes Rennen war der Grand Prix von Italien auf dem kombinierten Kurs von Monza. »Mimmo« Dei überredete mich, einen seiner alten Maserati 250F zu fahren, und wir fuhren nur um das Startgeld. Ich wurde Achter in einem Feld, das vier Lancia-Ferraris und zwei neue Werks-Maseratis einschloss, und war unter den gegebenen Umständen sehr beachtlich – kein schlechter Abschluss meiner 20-jährigen Rennfahrerkarriere.

Als er sich vom Rennsport zurückgezogen hatte, war Toulo einige Zeit Vertreter von Alfa Romeo in Lausanne. Später übernahm er die Ferrari-Vertretung. 1972 wurde er von Ronnie Thompson, dem Präsidenten von Philip Morris Marlboro, gebeten, als Berater für das Unternehmen zu arbeiten. Er tat das zehn Jahre lang und machte das Unternehmen in der Motorsportwelt bekannt. Das Engagement von Philip Morris beim Grand-Prix-Rennsport wurde zu einem wichtigen Faktor bei den Veranstaltungen und machte diesen Sport sehr populär. Dieses Sponsoring half vielen Fahrern und Teams einschließlich BRM, McLaren und Williams. Auch Toulos Sohn Leo fuhr in einem Mini Cooper und einem Renault Alpine Rennen.

1962 gründete de Graffenried gemeinsam mit Fangio, Farina, Paul Frère, Robert Manzon, Gianfranco Comotti und Albert Divo den Club International des Anciens Pilotes de Grand Prix et F1. Toulo war bis 1980 der Sekretär und wurde dann, nach dem Tod von Louis Chiron, Präsident. Er unterstützte den Club enthusiastisch und bedauerte, dass so viele Fahrer, gegen die er gefahren war, bereits verstorben waren. Im Mai 2002 feierte der Club sein 40-jähriges Jubiläum beim historischen Grand Prix in Monza, und Toulo fand, dass es Zeit wäre, sich zurückzuziehen. Er und Elsa leben noch immer in der Nähe von Lausanne (De Graffenried verstarb am 22. Januar 2007 in Lonay – der Übersetzer).

ROY SALVADORI
Fahrer des Gilby-Engineering-Maserati, 1954–1956

Obwohl er nie einen Grand Prix gewann, war Salvadori einer der erfolgreichsten britischen Fahrer der 1950er-Jahre. Am 12. Mai 1922 geboren, kam er 1946 erstmals mit dem Motorsport in Verbindung, als er einen R-Type MG und Riley-2-Liter-Wagen fuhr. Im folgenden Jahr kaufte er einen Alfa Romeo Monoposto und ging dann 1948 zu einem Maserati 4C über, den er sich von Bira auslieh. Später fuhr er einen Frazer Nash Le Mans Replica, mit dem er 1951 in Silverstone einen fast tödlichen Unfall hatte. Er fuhr 1952 für Bobby Bird Ferraris und war 1953 Mitglied des Aston-Martin- und des Connaught-Werksteams.

Im Frühjahr 1953 hatte ich eine Diskussion mit Sid Greene von Gilby Engineering, dessen Hauptaufgabe der Maschinenbau für Ford war. Dieses Gespräch brachte mir einerseits eine der erfreulichsten Zeiten in meiner Rennfahrergeschichte, andererseits auch die lukrativste. Sid war ein großer Motorsport-Enthusiast, aber für ihn musste sich das Rennen auszahlen, und er wollte einen professionellen Fahrer beschäftigen. Er hatte bei einem Unfall seinen linken Arm verloren, sodass er selbst nicht mehr Rennen fahren konnte, obwohl er ein schneller und kompetenter Fahrer war.

Sid plante, einen 2-Liter-A6GCS-Maserati-Rennsportwagen zu importieren, ein Fahrzeug, das in England bisher unbekannt war, und er weitete später seine Pläne auf einen neuen 250F-Grand-Prix-Wagen für die Saison 1954 aus. In der Zwischenzeit fuhr ich seinen Frazer Nash *Le Mans Replica*, wo immer meine anderen Verpflichtungen mir das erlaubten.

Um das Projekt in die Tat umzusetzen, benötigte Sid beträchtliche finanzielle Unterstützung, und so arrangierte ich ein Treffen mit Reg Tanner, dem Wettbewerbsmanager von Esso, der mich über mehrere Jahre unterstützt hatte. Das Projekt gefiel Esso, und sie unterstützten den Ankauf des A6GCS, der etwa 3000 Pfund Sterling kostete, wobei sich die Kosten wegen des Zolls und der Mehrwertsteuer fast verdoppelten. Das Fahrzeug einschließlich eines italienischen Mechanikers kam so rechtzeitig für mich, dass ich es bei der Veranstaltung in Goodwood im September 1953 fahren konnte. 1954 unterstützte Esso Gilby mit einem Rennbudget von ungefähr 10 000 Pfund Sterling, was half, den Ankauf des 250F zu finanzieren. Dieser kostete ungefähr 4000 Pfund, aber wieder fast doppelt so viel, weil er importiert wurde.

Ich erhielt fast die gleiche Summe wie Gilby, indem ich mich verpflichtete, ausschließlich Esso-Produkte zu verwenden. Esso gestand mir aber zu, wenn ich für andere Wettbewerber fuhr, nicht an dieses Agreement gebunden zu sein. Zusätzlich teilte Sid das Start- und Preisgeld mit mir. Das Startgeld für den 250F lag bei etwa 250 Pfund Sterling bei kleinen Rennen und ging bis zu 650 Pfund bei einem Grand Prix.

Aus meiner Sicht war das ein sehr gutes Geschäft. Sid war in Bezug auf die Vereinbarung sehr genau und ernannte für 1954 Maurice Wilson zum Wettbewerbsmanager. Später sprach er sogar davon, einen eigenen Formel-1-Motor bauen zu wollen. Dieser kam aber nie über das Stadium der Diskussion hinaus.

Ich war 1949 bei Maserati gewesen, als ich mit Prinz Bira eine Vereinbarung getroffen hatte, einen Maserati 4CL im Namen des *White Mouse Stable* zu fahren, und so kannte ich *Le Patron*, Adolfo Orsi, und den Chefmechaniker Guerino Bertocchi. Sid und ich waren noch einmal 1953 dort gewesen, als der A6GCM bestellt wurde, und nach dem Grand Prix von Italien in jenem Jahr, als ich mit dem A6GCM-Einsitzer erste Tests fuhr.

Wir kamen Ende Januar 1954 wieder nach Modena, als Sid den Auftrag für den 250F unterschrieb. Zu diesem Zeitpunkt war der 250F das einzige Grand-Prix-Fahrzeug, das an Privatfahrer verkauft wurde. Ich hatte die Gelegenheit, den 250F zu fahren, mit dem Fangio kurz zuvor den Grand Prix von Argentinien gewonnen hatte. Ich genoss den 250F, und nachdem ich mit ihm vertrauter wurde, fuhr ich auf dem *Autodrome* von Modena immer schnellere Runden. Schließlich stellte ich den Rundenrekord ein, den Ascari mit einem 4,5-Liter-Ferrari 1952 aufgestellt hatte. Als wir Modena verließen, waren Sid und ich gute Freunde des Unternehmens geworden, und Maserati unterstützte uns permanent in den nächsten drei Jahren.

Anfang des Jahres 1954 entwickelte der 250F etwa 220 PS, was mehr als ausreichend war, um wettbewerbsfähig zu sein. Er hatte jetzt auch ein viel größeres Leistungsspektrum als das Fahrzeug von 1953. Der Einbau einer De-Dion-Hinterachse anstelle der bisherigen Starrachse des A6GCM verbesserte die Straßenlage. Es war ein sehr ausgewogenes Fahrzeug (die Achslastverteilung betrug 48 % vorn zu 52 % hinten) mit einer leichten Tendenz zum Untersteuern, was ich sehr mochte.

Ich hatte mit dem zentralen Gaspedal, ein Merkmal bei den meisten italienischen Rennwagen jener Zeit, keine Probleme, noch nicht einmal bei Rennen in England, wo ich die Fahrzeuge bis zu fünf Mal pro Saison wechselte. Der Schalthebel auf der rechten Seite, der in einer offenen Kulisse geführt wurde, war ziemlich leicht zu bedienen und sehr exakt, und die Lenkung war mit nur zwei Umdrehungen von Anschlag zu Anschlag sehr direkt und präzise. Die großen Trommelbremsen meisterten die Beanspruchungen selbst in den langen Rennen. Untypisch für die meisten italienischen Fahrzeuge, hatte der 250F ein geräumiges Cockpit, was meiner Körpergröße entgegenkam.

Bis zu dieser Zeit war es das schnellste Fahrzeug, das ich jemals gefahren hatte, und ich bewunderte seine Leistung. Wie bei allen Grand-Prix-Fahrzeugen in jenen Tagen vibrierte auch der 250F stark, aber er war ein recht zuverlässiges Fahrzeug trotz der frühen Kinderkrankheiten, die eine schwache Kupplung, die Antriebswellen, die Kardanwelle und, sicher problematischer, die klemmende Drosselklappe einschlossen. Unser 250F war außerdem am Start sehr langsam, und es dauerte bis zum Jahresende, bis wir feststellten, dass er ohne ersichtlichen Grund mit einem sehr lang übersetzten, nicht standardmäßigen ersten Gang ausgestattet war.

Der 250F, der in British Racing Green lackiert war, wurde so rechtzeitig ausgeliefert, dass ich an der International Trophy am Ostermontag in Goodwood teilnehmen konnte. Sid und ich hatten unsere Strategie für die Saison abgestimmt. Wir würden an allen britischen Rennen teilnehmen, die Esso und unsere anderen Sponsoren von uns forderten, und wir würden uns gelegentlich an Grand-Prix-Rennen beteiligen. Es gab nur wenige Möglichkeiten zur Teilnahme an überseeischen Rennen, da sowohl Sid als auch ich berufliche Verpflichtungen hatten. Zusätzlich mussten wir den 250F-Motor wegen der hohen Kosten so gut es ging schonen. Wir unternahmen nur wenige Testfahrten, und ich bemühte mich, die Motordrehzahl unter 7500 U/min zu halten – im Gegensatz zu den Werksfahrern, die ihre Motoren bis zu 8000 U/min drehen ließen. Dies reduzierte die Lagerbeanspruchung und vergrößerte die Abstände zwischen den Motorüberholungen. Für größere Motor- und Fahrgestellarbeiten war es notwendig, das Fahrzeug nach Modena zu schicken.

In Goodwood belegte ich mit dem 250F den zweiten Platz im Lavant Cup und in der Chichester Trophy und fuhr außerdem die schnellste Runde. Im Hauptrennen des Tages, der Richmond Trophy nach der freien Formel, lag ich hinter Ken Whartons BRM-V16, der mich in den Kurven aufhielt und Benzin und Öl verlor, das auf meine Windschutzscheibe und meine Brillengläser sprühte. Ich hatte in den Kurven Schwierigkeiten, meine Linie zu finden, und versuchte schließlich, in der Lavant-Kurve Wharton zu überholen, in der Hoffnung, dass er Platz machte, aber das war eine optimistische Vermutung. Die Fahrzeuge kollidierten und schleuderten. Wir hielten beide unsere Motoren in Gang und kehrten in das Rennen zurück. Aber in der nächsten Runde explodierte meine Kupplung mit einer solchen Kraft, dass Löcher in die Glocke und die Karosserie »geschossen« wurden. Das war ein bekanntes Problem bei den frühen 250Fs, weil die Kupplungen zu keinem Zeitpunkt stark genug waren.

Der 250F kehrte nicht vor der International Trophy in Goodwood im folgenden Monat wieder auf eine Rennstrecke zurück, und meine Auftritte waren sowohl dort als auch später im Mai in Aintree zweitklassig. In Silverstone wurde ich in meinem Lauf Vierter, und nach einem zweiminütigen Boxenstopp, der durch ein klemmendes Gaspedal verursacht worden war, im Finallauf ein miserabler Zehnter. Beim Aintree-»200«-Rennen war ich Zweiter in meinem Lauf und fuhr die schnellste Runde, rutschte aber im Finallauf an vierter Stelle liegend von der Strecke, kam zurück und belegte einen schwachen fünften Platz. Im Juni gewann ich das Formel-1-Rennen und das Rennen nach der freien Formel in Snetterton, wo allerdings die Konkurrenz schwach war.

Wir nahmen am Grand Prix von Frankreich teil, einem historischen Ereignis, weil es an den Stromlinien-Mercedes-Benz W196 erinnerte, und blieben für die Teilnahme am Grand Prix von Rouen in Frankreich. Das bedeutete für jedes Rennen wenig Training, da wir den Motor schonen wollten. Auf dem sehr schnellen Kurs von Reims lag ich zunächst an zehnter Stelle, bevor die Hinterachse brach, und in Rouen wurde ich Dritter hinter dem Ferrari von Trintignant und dem Maserati von Prinz Bira, und das trotz eines erzwungenen Boxenstopps, als ich wegen Ölverlusts die schwarze Flagge sah. Wir hatten ein Problem mit der Kurbelgehäuseentlüftung, sodass wir die Entlüftung mit einem 4,5-Liter-Öltank im Heck verbunden hatten. Ich denke, dass wir in den Kurven etwas Öl verloren, aber es tropfte nichts, als ich an der Box stand. So durfte ich weiterfahren. Wir kamen bei diesen beiden Veranstaltungen finanziell gut heraus.

Ein weiterer Grand Prix folgte, der von England in Silverstone, aber wieder hatte ich kein Glück. Ich verlor fünf Minuten an der Box, nachdem sich der Treibstofftank gelöst hatte, und fiel schließlich ganz aus, weil das Getriebe seinen Dienst versagte. Beim Bank-Holiday-Treffen im August in Crystal Palace belegte ich in meinem und im Finallauf des Grand Prix den zweiten Platz hinter meinem Freund Reg Parnell mit dem Ferrari, der ehemals Baird gehört hatte und jetzt mit einem 2,5-Liter-Motor ausgestattet war. Später im August fuhren wir den 250F beim ersten Gold-Cup-Rennen in Oulton Park. Stirling Moss dominierte die Veranstaltung mit einem Werks-Maserati, ich konnte mich aber auf den zweiten Platz vorarbeiten. Das Fahrzeug lief ausgezeichnet, und ich wurde immer schneller.

Alles lief gut bis zur 15. Runde, als ich meinen Fuß vom Gaspedal nahm, weil ich mich den Druids näherte. Da gab es einen markanten Wechsel im Motorverhalten, weil das Gaspedal klemmte. Unser 250F war von Gilby mit zwei Notaus-Druckknöpfen versehen worden, um jeden Magneten einzeln zu testen. Ich drückte die Knöpfe, betätigte allerdings dummerweise nur einen, sodass der Motor immer noch weiterlief. Ich kam viel zu schnell in die Druids, der 250F schleuderte seitwärts, kam auf die Rasenfläche und rammte einen Baum. Rauch drang aus dem Motorraum, aber es gab kein Feuer, wahrscheinlich deshalb, weil die Baumkrone auf den Motor fiel. Ich wurde vorwärts gegen das Lenkrad geschleudert, und obwohl ich stark benom-

Roy Salvadori hinter dem Lenkrad eines 250F von Gilby Engineering im Fahrerlager bei der International Trophy in Silverstone im Mai 1954. Das Fahrzeug lief nicht gut, und Salvadori belegte den zehnten Platz. (T.C. March)

men war, weil ich gegen die Plexiglas-Windschutzscheibe flog, war mein Gesicht durch das Visier, das ich wegen des erwarteten schlechten Wetters aufgesetzt hatte, geschützt worden. Meine einzigen Verletzungen waren schwere Blutergüsse und Schnittwunden um die Knie und auf der Brust.

Da das Fahrzeug stark beschädigt war, war das ein Desaster. Wir waren gezwungen, auf dem Saisonhöhepunkt Rennen auszulassen, und es schien so, als käme auf Gilby eine enorme Reparaturrechnung zu. Alles, was wir tun konnten, war, den 250F in Gilbys Transporter nach Italien zurückzubringen. Maserati stellte fest, dass am Motor ein Ventil gebrochen und irgendwie Teile davon in die Vergaser eingedrungen waren und die Drosselklappe verklemmt hatten. Das Fahrzeug musste von Grund auf wieder aufgebaut werden, einschließlich eines neuen Chassis-Rahmens. Es war aber bereits nach einem Monat wieder zurück in England, und Maserati präsentierte zu Sids Erleichterung nur eine bescheidene Rechnung von 750 Pfund Sterling.

Ich fuhr den 250F wieder Mitte September in Crystal Palace, fiel aber wegen einer gebrochenen Antriebswelle aus. Später im Monat wurde ich Dritter beim Formel-1-Rennen in Goodwood hinter Moss (250F) und Collins (Vanwall *Special*) und Fünfter bei einer Veranstaltung nach der freien Formel. Mein letztes Rennen mit dem 250F war 1954 in Aintree, wo ich wegen mechanischer Probleme nicht zum Training antrat und deshalb aus der letzten Reihe starten musste. Das Fahrzeug fuhr noch immer schlecht, und ich belegte einen bescheidenen siebten Platz im Formel-1-Rennen und den fünften in der freien Formel.

Insgesamt waren wir über die Ergebnisse, die wir mit dem 250F 1954 erzielt hatten, enttäuscht, obwohl wir sehr oft gegen Werkswagen antreten mussten. Wir haderten mit unserem Schicksal. Esso setzte sein Sponsoring auch 1955 zu den gleichen Bedingungen fort, und ich blieb bei Gilby. Meine Bedingungen waren bei Sid die gleichen geblieben – mit Ausnahme der Tatsache, dass er mir 1000 Pfund Sterling Vorschuss zahlte. Der 250F wurde in Modena komplett überholt, blieb aber im Wesentlichen dem Modell von 1954 gleich. Im Jahr 1954 wurde das Fahrzeug von italienischen Mechanikern gewartet, die aber schon bald Heimweh hatten.

Deshalb entschieden wir, das Fahrzeug bei meiner Garage von Les Wilson (ehemals Thomson & Taylor) und Michael Norris warten zu lassen. Das Ergebnis war, dass wir bessere Zuverlässigkeit und größere Erfolge erzielten.

Im März 1955 gewann ich ein Rennen nach der freien Formel in Snetterton. Dann kam die Osterveranstaltung in Goodwood. Die Strecke in Goodwood war ausgezeichnet, und es herrschte dort immer eine Stimmung wie auf einer Gartenparty. Sie sollte zu einer meiner besten Goodwood-Veranstaltungen überhaupt werden, weil ich an sechs Rennen teilnahm, drei davon gewann und bei zweien den zweiten Platz belegte. Mit dem 250F wurde ich Zweiter hinter Peter Collins (V16-BRM) beim Chichester Cup nach der freien Formel, und ich wurde auch bei einem Handicaprennen zu Ostern Zweiter.

Mein größter Erfolg des Tages war bei einem Rennen der Richmond Trophy nach der freien Formel. Ich belegte hinter Stirling Moss mit seinem 250F den zweiten Platz. Ich verfolgte ihn hart in der Schikane und drehte mich in deren Ausfahrt. Ich kam auf dem sechsten Platz ins Rennen zurück, arbeitete mich wieder auf den zweiten Platz vor und überholte Stirling, unmittelbar bevor er aufgab. Ich gewann das Rennen und fuhr die schnellste Runde. Sid hatte für uns ein besseres Startgeld ausgehandelt, als es irgendein anderer britischer Teilnehmer, mit Ausnahme von Moss, bekam. Durch die Teilnahme an den sechs Rennen in Goodwood entwickelte sich die Kombination aus Startgeld, Preisgeld und Boni bei dieser Veranstaltung zu einer guten Einnahmequelle. Später, im April, erzielte ich einen weiteren Sieg und fuhr mit dem 250F einen neuen Rundenrekord bei dem Rennen nach der freien Formel in Ibsley in der Nähe von Bournemouth.

Obwohl die International Trophy im Mai in Silverstone kein kontinentales Team mit Ausnahme von Gordini auf die Insel brachte, gab es einen starken Wettbewerb einschließlich zwei der neuen Stromlinien-Connaughts, zwei Vanwalls und sechs privat gemeldeter 250Fs. Darunter waren das Fahrzeug von Stirling und das von der Owen-Organisation, das von Peter Collins gefahren wurde. Ich war schließlich Schnellster im Training vor Hawthorn (Vanwall) in 1 Minute, 48 Sekunden.

Ich erwartete, dass Stirling das Rennen machen würde, aber sein Maserati hatte Probleme, und er fiel in der zehnten Runde aus. Ich lag in Front, aber Peter Collins folgte dichtauf. Wir überholten uns immer wieder gegenseitig, bis Collins in der 33. Runde einen klaren Vorsprung herausfuhr und ich nicht in der Lage war, mit ihm mitzuhalten. Im Ziel lag ich 39 Sekunden zurück. Ich hatte einen taktischen Fehler begangen, denn ich hätte Peter zu einem frühen Zeitpunkt im Rennen die Führung überlassen und dann Druck auf ihn ausüben sollen. Während dieses Rennens stellten wir beide den Rundenrekord ein.

Am Pfingstwochenende gewann ich die Formel-1-Curtis-Trophy und am Samstag in Snetterton das Rennen nach der freien Formel. Am Pfingstmontag trat ich dann wieder gegen Peter und den 250F von Owen an. Ich verpasste die Revanche, weil mein 250F ein Ölleck hatte und ich gezwungen war aufzugeben. Unsere Probleme setzten sich beim Grand Prix von England in Aintree fort, wo der 250F einen zu niedrigen Öldruck hatte, den wir nicht beheben konnten. Wir fuhren deshalb nur wegen des Startgelds, und ich gab schon bald auf.

Wir fuhren den 250F wieder in Crystal Palace im August am Bank-Holiday-Samstag, aber nach einem Crash beim Training ohne hintere Karosserie. Das Formel-1-Rennen wurde in zwei Läufen und einem Finallauf ausgetragen. In meinem Lauf belegte ich den zweiten Platz hinter Mike Hawthorn, der den Maserati von Moss fuhr, der wieder einmal in gutem Zustand war. Im Finallauf wurde ich Dritter hinter Mike und Harry Schell (Vanwall). Am Montag waren wir schon wieder in Brands Hatch in Aktion, auf einer Strecke, die damals nur zwei Kilometer lang und sehr wellig war. Wir waren über die Bodenfreiheit des 250F besorgt, sodass wir nach dem Training das Fahrwerk durch Distanzstücke anhoben. Natürlich wurde dadurch das Fahrverhalten beeinträchtigt, und mein dritter Platz in der Addition der zwei Läufe zeigte keineswegs die Möglichkeiten, die im 250F steckten.

Dann kam wieder ein Rennen in Snetterton. Ich drehte mich in diesem Formel-1-Rennen und wurde nur Fünfter. Im Rennen nach der freien Formel kämpfte ich Runde um Runde mit Peter Walker, der Rob Walkers neuen Connaught-Formel-1-Wagen fuhr. Es war mit Sicherheit Peters Tag, und er fuhr viel härter, als ich angenommen hatte. Ich führte in der letzten Runde, als Peter einen letzten Versuch unternahm, um mich zu überholen. Seine Bremsen blockierten, und er schob meinen 250F von der Strecke. Ich kam zurück und wurde Zweiter.

Eines meiner besten – und glücklichsten – Rennen im Jahre 1955 war die *Daily Telegraph* Trophy über 82 Kilometer im September in Aintree. Obwohl ich einen schrecklichen Start hatte, arbeitete ich mich auf den dritten Platz hinter Reg Parnell (Stromlinien-Werkswagen von Connaught) und Moss (250F) vor. Ich überholte Moss, als er an die Box fuhr, um mit mechanischen Problemen das Rennen zu beenden. Ich glaubte, vier Runden vor dem Ende des Rennens zu weit hinter Reg zurückzuliegen, um ihn einholen zu können. Ich fuhr den 250F so schnell ich konnte und erreichte dabei die schnellste Runde des Rennens. Dabei fuhr ich meinem alten Teamkollegen John Young in die Seite seines 2-Liter-Connaught, als er in der Tatts genau auf meiner Linie fuhr, und schoss unmittelbar vor dem Ziel an Regs Connaught, der langsam fuhr, vorbei. Ich gewann das Rennen und fuhr die schnellste Runde, während Reg den Connaught mit geborstenem Motor über die Ziellinie schob und den sechsten Platz belegte. Beim Rennen nach der freien Formel in Aintree wurde ich hinter Peter Collins' V16-BRM Zweiter.

Vor Jahresende nahm ich noch an zwei britischen Rennen von besonderer Bedeutung teil. Beim *Daily Dispatch* Gold Cup in Oulton Park Ende September hatte die *Scuderia Ferrari* erstmals zwei Lancia D50 gemeldet, die das Team zuvor übernommen hatte, und der neue Vierzylinder-BRM P25 hatte sein Debüt mit Peter Collins am Steuer. Ich kam nach einem ereignislosen Rennen auf den fünften Platz hinter Moss (Werks-Maserati), Hawthorn (Lancia), Titterington (Vanwall) und Parnell (Connaught). Das war angesichts der großen Konkurrenz gar nicht schlecht. In Castel Combe in Wiltshire war ich Anfang Oktober Vierter im Formel-1-Rennen und dem Lauf in der freien Formel. Das war kein wirklich zufriedenstellendes Ergebnis. Was interessant war, war die Tatsache, dass beide Rennen von Harry Schell mit einem Vanwall gewonnen wurden. Dieses britische Grand-Prix-Fahrzeug zeigte jetzt, was in ihm steckte.

Später im gleichen Monat fuhr ich den 250F beim Grand Prix von Syracus, der im Süden von Sizilien ausgetragen wurde. Wir nahmen an diesem Rennen wegen des außergewöhnlich guten Startgelds teil, aber es war eine unglaublich lan-

Der Gilby-Maserati wird beim Grand Prix von England 1956 an den Start geschoben. Roy Salvadori hat seinen Arm um die Schulter von Sid Greene gelegt. Zwischen den beiden bestand eine sehr enge Freundschaft. (T.C. March)

ge Anreise, besonders für mich am Steuer eines Morris Minor! Während Tony Brooks Geschichte schrieb, indem er die Werks-Maseratis schlug und einen brillanten Sieg für Connaught herausfuhr, hatte ich ein durch und durch schlechtes Rennen. In der Eröffnungsrunde fuhr ich gegen eine Steinmauer, die den größten Teil des Kurses umgab, und musste für den Wechsel eines demolierten Rades und Reifens anhalten. Kurz darauf fiel ich wegen eines defekten Öltanks aus. Das war ein armseliges Ende eines ansonsten guten Rennjahres.

Lange bevor die Rennsaison 1956 eröffnet wurde, war ich mit Sid übereingekommen, den Gilby-250F eine weitere Saison zu fahren. Obwohl er im Werk wieder total überholt worden war, war er veraltet, und wir setzten ihn seltener ein. Unser erstes Rennen mit dem 250F war in Goodwood am Ostermontag. Das Starterfeld der Formel-1-Richmond-Trophy sah Moss mit einem Werks-Maserati, zwei neue BRMs und drei verbesserte Connaughts. So konnte ich kein gutes Ergebnis erwarten. Beide BRMs fielen aus, ebenso Archie Scott-Brown mit seinem führen-

der Connaught. Ich war schneller als die anderen Connaught-Fahrer und belegte einen zufriedenstellenden zweiten Platz hinter Stirling, dessen Werks-Maserati versuchsweise mit einer Treibstoffeinspritzung ausgerüstet war.

Beim Aintree-»200«-Rennen schied ich mit dem 250F wegen zu niedrigen Öldrucks aus, und bei der International Trophy in Silverstone folgten ernste Probleme. Das starke Starterfeld schloss zwei Werks-Lancia-Ferraris ein, die von Fangio und Collins gefahren wurden, zwei überarbeitete Vanwalls mit Moss und Schell am Lenkrad, Hawthorn mit einem BRM und fünf Werks-Connaughts. Stirling baute mit dem stark verbesserten Vanwall eine gute Führung auf, beide Fahrzeuge der *Scuderia Ferrari* fielen hingegen aus, ebenso Hawthorn.

Nach einem schlechten Start konnte ich mich auf den zweiten Platz hinter Archie Scott-Brown (Werks-Connaught) vorarbeiten, und wir trugen einen harten Kampf aus und wechselten uns Runde um Runde in der Führung ab. Jeder von uns hatte absolutes Vertrauen in die Fahrkünste des anderen. Ich lag in der 49. Runde vor Archie,

Roy Salvadori fuhr mit dem 250F von Gilby Engineering 1956 beim Grand Prix von England ein gutes Rennen. Auf diesem Bild führte er, musste aber später wegen Zündaussetzern aufgeben. (T.C. March)

als eine Antriebswelle brach. Der Hinterwagen des 250F stellte sich quer, ich rutschte gegen eine Mauer, und der Maserati überschlug sich. Ich wurde schwer verletzt, beschädigte mein Knie, verbrannte meinen linken Arm am Auspuff des 250F und hatte eine Gehirnerschütterung. Ende Mai fuhr ich wieder Rennen, aber der 250F musste im Werk wiederhergestellt werden, und er war nicht vor dem Grand Prix von England im Juli wieder einsatzfähig.

Mein Auftritt beim Grand Prix von England war möglicherweise mein bester im ganzen Jahr. Obwohl ich vorsichtig fuhr, führten Fehlzündungen zu meinem Ausscheiden. Immerhin lag ich 26 Runden dieses über 101 Runden angesetzten Rennens auf dem zweiten Platz hinter Moss im Werks-Maserati, was mich sehr freute, da unser 250F bereits drei Jahre alt und nicht grundlegend verändert worden war. Stirling fiel auch aus, und Fangio gewann das Rennen mit einem Lancia-Ferrari. Eine Woche später fuhren wir in Snetterton, und ich gewann mit dem 250F sowohl die Formel-1-Vanwall-Trophy als auch die Sears Trophy nach der freien Formel.

Danach meldeten wir den 250F zum Großen Preis von Deutschland auf dem Nürburgring Anfang August. Dort fuhr ich im Sportwagenrennen, das dem Hauptrennen voranging, auch einen Werks-Cooper. Unvermeidbar musste ich mein Training mit dem 250F einschränken, um den Motor zu schonen, aber ich war mit meinem Rennen beim Großen Preis zufrieden und belegte den fünften Platz. Ich kämpfte mit Jean Behra (Werks-Maserati), bis die hintere Querblattfeder brach.

Ende August fuhren wir mit dem 250F beim Grand Prix von Caen über 246 Kilometer, der auf den üblichen welligen, kontinentalen Straßen ausgetragen wurde. Ich konnte einen bedeutenden Vorsprung herausfahren, bis ein schwerer Regenguss die Strecke überschwemmte, die schon ziemlich mit Öl und Gummiabrieb bedeckt war. An einer Stelle, wo Straßenbahnschienen die Strecke kreuzten, rutschte ich von der Straße. Es kostete mich eine Ewigkeit, den Wagen wieder in Schwung zu bringen, ich wurde aber dennoch Vierter hinter Schell (Werks-Maserati 250F) und Simon (Werks-Gordini). Ich hatte aber die Genugtuung, mit 147,07 km/h einen neuen Rundenrekord gefahren zu sein.

Von Caen fuhren wir direkt nach Monza, um am Grand Prix von Italien teilzunehmen, der auf einem kombinierten Kurs aus normaler Straße und ausgebauter Strecke gefahren wurde. Die ausgebaute Strecke war sehr wellig und verursachte bei allen Fahrzeugen schwere Schläge. Mein 250F wurde von kleineren Problemen geplagt, und ich kam als Elfter ins Ziel, aber ich kam immerhin ins Ziel. Mein letztes Rennen mit dem 250F fand in Brands Hatch im Oktober über eine Kurzdistanz von 30 Kilometern statt, das ich als Dritter hinter den Werks-Connaughts von Scott-Brown und Lewis-Evans beendete.

Aus einer Reihe von Gründen war meine Zeit mit Gilby Engineering zu Ende gegangen. Weil sich mein Fahrzeuggeschäft vergrößert hatte, war es nicht mehr länger möglich, den 250F bei Elmbridge Motors zu warten; das Fahrzeug war veraltet, und es gab damals keinen vernünftigen Grund für Sid, es durch ein Neufahrzeug zu ersetzen.

Während meiner Zeit bei Gilby hatte sich meine Fahrweise positiv weiterentwickelt, ich kam mit Cooper immer besser ins Geschäft und war närrisch genug, einen Vertrag zu unterschreiben und 1957 BRM-Werkswagen zu fahren (das war allerdings eine kurze Liaison!). Gilby setzte auch 1957 den 250F weiter bei Rennen ein, der jetzt von Ivor Bueb, Kim Russel und Sids 17-jährigem Sohn Keith gefahren wurde. Während Gilby weiter versuchte, sein eigenes Fahrzeug zu konstruieren, das Keith fahren sollte, beendete der 250F seine Karriere in einem Lagerhaus für Rennwagen in Londons Great West Road.

Der Maserati 250F war ein außergewöhnliches Grand-Prix-Fahrzeug und ideal für private Fahrer. Es war extrem gut zu fahren, hatte ausgezeichnete Bremsen und eine gute Straßenlage, keine grundlegenden Fehler und blieb, egal wie es behandelt wurde, immer benutzerfreundlich.

Roy unterschrieb 1957 einen Vertrag mit BRM, schied aber in Monaco wieder aus der Mannschaft aus, als er erfahren hatte, dass man an den Scheibenbremsen manipuliert hatte – obwohl man ihm versicherte, dass man alle Arbeiten an den Bremsen dem Hersteller Lockheed überlassen hatte. Er fuhr in zwei Rennen auch Vanwalls, als Stirling Moss sich nicht wohlfühlte und nicht antreten konnte. Er war von 1956 an Mitglied des Cooper-Teams und belegte 1958 beim Grand Prix von England den dritten Platz und wurde Zweiter beim Rennen in Deutschland.

Er fuhr dann Werks-Aston-Martins und gewann in Le Mans 1959 mit Carroll Shelby als Beifahrer. In späteren Jahren fuhr er bei Grand Prix Lolas für das Bowmaker-Team, fuhr bei englischen Veranstaltungen für Tommy Atkins und gewann 1962 die Coppa Inter-Europa in Monza mit einem Werks-Aston-Martin DB4GT. Später war er an der Entwicklung des Ford GT40 beteiligt und wurde 1965 Cooper-Rennmanager.

BRUCE HALFORD
Privater 250F-Besitzer, 1954–1956

Als privater Besitzer agierte er meist am finanziellen Limit, und sein Überleben war abhängig von den Startgeldern. Halford war das genaue Gegenteil zu den gut finanzierten privaten Teams. Die große Entschlossenheit seiner Anstrengungen brachte ihm bei allen im Grand-Prix-Zirkus Respekt ein, und er hatte in den britischen Magazinen immer eine gute Presse. Er wurde am 18. Mai 1931 geboren und auf der Blundell-Schule erzogen. Seine Eltern betrieben Hotels in Bournemouth, bevor sie nach Torquay zogen und dort das Warberry-Hotel kauften und bewirtschafteten.

Meine Familie betrieb Hotels in der Region Torbay. Auch ich war in diesem Geschäft tätig. Ich war 22 Jahre alt, als ich Ende 1953 einen Riley TT Sprite kaufte, ähnlich dem, den Mike Hawthorn früher gefahren hatte. Ich fuhr mit dem Fahrzeug 1954 auf Kursen wie Ibsley, Davidstow und Silverstone Rennen, und ich fuhr das Fahrzeug auch auf der Straße zu den Veranstaltungen. Ich erinnere mich, dass ich einmal, als ich in Silverstone fuhr, im Randoph Hotel in Oxford übernachtet habe – so konnten meine Finanzen nicht ganz schlecht gewesen sein.

1954, als ich noch meinen Sprite hatte, gründete ein örtlicher Kumpel, Tom Kyffin, die *Équipe Devone*. Er kam gerade von der Marine, wo er die schwindelnde Höhe eines ABS (*Able Bodied Seaman*) erreicht hatte. Bei ihm lief alles andersherum; er hatte all die Werkstattbesitzer beobachtet, die Rennen fuhren. Sie waren erfolgreiche Werkstattinhaber gewesen, bevor sie Rennen fuhren. Er brachte zunächst ein Rennteam zusammen und dachte dann darüber nach, eine Werkstatt zu eröffnen, den Torbay Speed Shop.

Kyffin besaß zwei Einsitzer-Mark-II-Cooper-Bristols und eine Sportversion. Ich drängte ihn immer wieder, mich eines dieser Fahrzeuge fahren zu lassen. Sein zweiter Fahrer war, wie ich gehört hatte, einer seiner Marineoffiziere gewesen, der aber Kyffin aus welchem Grund auch immer verließ, sodass ich sein Fahrzeug übernehmen konnte. Der Einsitzer war so umgebaut worden, dass er wie ein Ferrari für einen Film aussah und fast immer überhitzt war. Ab Ende 1954 beteiligten wir uns an jedem Wochenende an einem Rennen, sodass ich keine Erinnerung mehr habe, wie viele Rennen wir gefahren haben. Ich konnte in kürzester Zeit viele Erfahrungen sammeln.

Ende 1955 war selbst Tom, der viel Geld in einem Treuhandfonds geerbt hatte – seine Mutter war eine der Wills-Tabak-Schwestern –, der Meinung, dass das Geschäft hart war. Er entschloss sich, einen Sportwagen zu erwerben und entschied sich für den ehemaligen Werks-Aston-Martin DB3S von Peter Collins. So war für mich kein Platz mehr im Team, und ich musste mich entscheiden, ob ich einen geeigneten Job übernehmen wollte oder mir über kurz oder lang selbst ein Fahrzeug kaufen sollte, um damit meinen Lebensunterhalt zu verdienen.

Sportwagen oder Einsitzer waren gleich teuer im Kauf und in der Unterhaltung, weil man für beide einen Mechaniker benötigte. Man bekam nicht viel Startgeld, aber man bekam zweieinhalbmal so viel für einen Einsitzer als für einen Sportwagen. So entschied ich mich, nach einem Einsitzer zu suchen, und das einzige Modell, das ein unabhängiger Fahrer kaufen konnte, war ein Maserati 250F. So half mir meine liebe Mutter, die eine kluge Schottin war und immer etwas Geld beiseitegelegt hatte, und ich kaufte Ende 1955 Biras Maserati 250F.

Der Wagen hatte die Chassis-Nummer 2504, und Horace Gould, der ein guter Freund war, fuhr ihn bei zwei oder drei Rennen, ehe er darüber nachdachte, ihn zu kaufen. Er bekam dann ein besseres Angebot vom Werk, nämlich einen ihrer Ex-Wagen, den 2514. So kam das Bira-Fahrzeug wieder auf den Markt. Mein Vater führte, gemeinsam mit seinem Partner, der ein Amt bei

Beim Grand Prix von England 1956 fuhr Bruce Halford in seinem 250F vor Francesco Godia-Sales (Werks-250F) und Herrmanos da Silva Ramos (Reihenachtzylinder-Gordini) Halford fiel wegen Kolbenproblemen aus. (T.C. March)

der Admiralität hatte, die Verhandlungen mit Bira. Mein Vater sagte immer zu mir: »Mein kleiner Junge« – obwohl ich bereits 25 Jahre alt war! Ich flog nach Nizza, um Bira zu treffen. Als wir uns trafen und ich ihn in der Länge überragte, sagte er einfach: »Mein kleiner Junge!«

Wir fuhren in dem Fahrzeug von Biras Frau nach Modena, einem Aston Martin DB2/4, der im Innenraum eine goldene Tafel hatte, auf der stand, dass dieses Fahrzeug »Ihrer königlichen Hoheit Prinzessin Ceril Birabongse« gehörte. Wir stoppten an allen kleinen Rennstrecken auf dem Weg, wie z.B. in San Remo, kamen aber schließlich nach Modena. Als wir angekommen waren, führte Bira, der fließend italienisch sprach, die Verhandlungen mit Gianluigi Moncalieri, dem Finanzdirektor von Maserati (*er war von 1940 bis 1974 Generalsekretär des Unternehmens* – AP). Ich glaube, dass Bira ihm Geld schuldete und er den Sachverhalt klärte.

Dann gingen wir, um uns den 250F anzusehen, der in recht gutem Zustand war. Er war sehr gut wieder aufgebaut worden und befand sich zu jenem Zeitpunkt auf dem letzten Stand der Technik. Er hatte bereits die abfallende Front. Ich machte damals keine Probefahrt, dazu gab es keine Gelegenheit: Ein Maserati 250F war ein Maserati 250F, und ich wusste, was sie konnten. Bira wollte das Fahrzeug anscheinend unbedingt loswerden, sodass ich auf dem Weg zurück nach Nizza meinen Vater aus einem Restaurant in Monte Carlo anrief. Ich sagte ihm, dass das Fahrzeug in Ordnung war, und er sagte: »Gut, dann machen wir das Geschäft.« Das war es dann. Ich kaufte das Fahrzeug für 2500 Pfund Sterling einschließlich des Transporters, der Ersatzteile und sogar Biras Helm in seiner Helmschachtel. Das Problem war, dass es, wenn man zu jener Zeit ein solches Fahrzeug in England kaufte, wegen der Zölle und Steuern auf einen Preis von ungefähr 10 000 Pfund kam. Das Geld für den 250F wurde in England bezahlt, ich möchte aber nicht viel mehr darüber sagen.

Das Fahrzeug hatte die Fahrgestellnummer 2504, die auch für einen A6GCM mit einem 250F-Motor benutzt worden war, den Bira zu Beginn des Jahres 1954 gefahren hatte, sodass zu dieser Zeit zwei Maseratis mit derselben Fahrgestellnummer existierten. Obwohl das so war, hat es mit dem Wagen nie Probleme gegeben. Wenn ich zum Beispiel in Pau Rennen fahren wollte und kein Carnet besaß, fuhr Moncalieri dort mit seinem Satz Stempel hin und tauschte die Nummern mit denen des Werkswagens aus – so leicht war das. Maserati hatte ein Interesse daran, dass ich Rennen fahren konnte, denn nur wenn ich fuhr, konnte ich auch meine Schulden bezahlen.

Ich nahm mit Ken Gregory, dem Rennmanager von Stirling Moss, Kontakt auf und fragte nach, ob er mich managen wollte. Er stimmte zu, tat aber in Wirklichkeit nichts für mich. Das einzig Positive, was er für mich tat, war, dass er mir einen Mechaniker besorgte. Ich bildete mit Tony Robinson, der neben Alf Francis der zweite Mechaniker von Moss war, ein Team, und wir sind auch heute noch gute Freunde. Er hatte nie die verdiente Anerkennung für seine Arbeit bekommen, denn er entwickelte später Fahrzeuge für British Racing Partnership und war in mancher Beziehung besser als Alf Francis. Ich war mir nicht sicher, ob ein Mechaniker ausreichte, und so verpflichtete ich noch einen lokalen Burschen, und wir starteten in die Saison 1956. Zuvor mussten wir jedoch noch ein Gaspedal auf der rechten Seite einbauen, statt des üblichen mittleren Gaspedals in einem Maserati.

Mein erstes Rennen war das Aintree »200«, das eine totale Katastrophe war. Ich fuhr hinter Jack Brabham, der den ehemaligen 250F der Owen-Organisation fuhr. Bei ihm hatte sich eine Tankbefestigung gelöst, und ich versuchte, ihn mit Gesten auf das Problem aufmerksam zu machen. Ich konzentrierte mich nicht ausreichend auf das Renngeschehen und fuhr deshalb am Ende der Geraden an eine Mauer. Der Wagen war ziemlich verbeult und wurde ins Werk zurückgeschickt, wo er ein neues Fahrgestell und ich eine dicke Rechnung bekam. Ich sah, wie sie das Chassis auf einer Planscheibe aufbauten – es gab keine Schablonen. Meine beiden Mechaniker fuhren nach Modena, und mein Fahrzeug war völlig neu aufgebaut worden, was meiner Meinung nach nicht notwendig gewesen wäre. Ich musste mir das Geld für die Reparatur von meiner Familie leihen.

Ich hatte geschworen, dass ich meine Rennkosten erwirtschaften und ich der Familie zurückzahlen würde, was ich ihr schuldete. Und das tat ich auch. Das Startgeld betrug durchschnittlich 250 Pfund Sterling, und wir lebten sehr sparsam. Der Standardlohn für einen Rennmechaniker lag damals bei zehn Pfund wöchentlich, und wenn Tony auswärts war, bezahlte ich ihm zusätzlich ein Pfund in England und zwei Pfund außerhalb. Er konnte davon leben – und sein Hotel bezahlen – und brachte seinen Lohn auf die Bank. Die Mechaniker von Vanwall und vergleichbare Leute bekamen eine ähnliche Bezahlung.

Die Rechnungen von Maserati wurden kreditiert, und Ugolini, der damalige Teammanager, hatte ein Schreiben von mir, nach dem er mein Startgeld bekam; er zog davon ab, was Maserati zu bekommen hatte, und zahlte mir den Rest aus. Was mich in meiner Karriere behinderte, war die Tatsache, dass ich meinen 250F nicht leistungsstärker machen konnte. Ich fuhr ihn nicht über 7000 U/min, während alle anderen Privatfahrer ihre Motoren bis 7600 U/min, wofür sie ausgelegt waren, hochdrehten. 1957 drehten die Werkswagen bis 8400 U/min. Die anderen Privatfahrer überholen mich auf den Geraden, und ich musste versuchen, das in den Kurven wieder zu kompensieren.

Ich musste eine Entscheidung treffen. Sollte ich den Motor bis 7600 U/min fahren, in der Hoffnung, dass er das aushalten würde, so würde ich unter den ersten fünf ins Ziel kommen – was durchaus im Bereich der Möglichkeiten lag –, oder sollte ich den Motor schonen? Später im Jahr 1957 wollte ich mit einem Nitro-Methan-Zusatz fahren, wie es die Werkswagen machten, aber Bertocchi sagte mir, dass ich mir das nicht leisten könnte, da nach jedem Rennen eine Komplettüberholung des Motors notwendig würde. Ich bekam Öl und Treibstoff gratis und einen Rabatt auf die Reifen, das war aber auch alles, was ich als Unterstützung erhielt.

Das Fahrzeug wurde so rechtzeitig wieder fertig, dass ich beim North-Staffs-Car-Club-Rennen am 9. Juni in Oulton Park wieder dabei sein konnte. Ich wurde zu einem Rennen nach der freien Formel über sieben Runden gemeldet, das aber wegen der geringen Zahl an Teilnehmern mit einem 1500-ccm-Sportwagenrennen, das über die gleiche Rundenzahl ging, zusammengelegt wurde. Ich wurde hinter den Cooper-Climax von Les Leston und Mike MacDowell Dritter und lag vor Brian Naylor (Maserati 150S), der in der letzten Runde langsamer geworden war. Ich gewann die Kategorie der freien Formel und nahm außerdem an einem Handicaprennen über zehn Runden teil, das

Die International Trophy in Silverstone 1958: Bruce Halford (außen mit der Nummer 14) und Joakim Bonnier (Nummer 11) führen mit ihren 250Fs vor Stuart Lewis-Evans und George Wicken, beide in Formel-2-Cooper. Halford kam als 16. am Ende des Feldes ins Ziel. (T.C. March)

aber auf sieben Runden verkürzt wurde, nachdem das Rennen gestartet worden war. Das machte bei dem Handicap keinen Sinn, sodass auch keine Ergebnisse veröffentlicht wurden.

Als Nächstes kam das Aintree-»100«-Rennen am 24. Juni. Zunächst führte Archie Scott-Brown in seinem Connaught, er fiel aber bereits früh aus. Ich wurde hinter Horace Gould (Maserati) und Bob Gerard (Cooper-Bristol) Dritter. Das brachte mir ewas Geld ein. Ich mochte Aintree immer, weil ich einen Schulkameraden hatte, der Mitarbeiter im Adelphi-Hotel in Liverpool war, und ich bekam dort immer einen kleinen Rabatt.

Das nächste britische Rennen, das folgte, war die BRSCC-Veranstaltung für Sport- und Rennwagen ohne Hubraumbegrenzung im Mallory Park am 7. Juli. Bob Gerard führte während des gesamten Rennens mit seinem Cooper-Bristol, aber nachdem ich mich von Reg Bicknell (Lotus Eleven) absetzen konnte, kam ich nur 4,4 Sekunden hinter dem Cooper ins Ziel und wurde Zweiter. Als Nächstes kam der Grand Prix von England in Silverstone, wo ich wegen eines Kolbenproblems aufgeben musste. Da war wieder eine hohe Rechnung fällig, und außerdem konnte ich am folgenden Wochenende nicht in Snetterton starten, sodass ich das Startgeld verlor.

Ich hatte mir die Teilnahme am Großen Preis von Deutschland gesichert und fuhr auch recht gut auf dem vierten Platz, aber ich wurde von der Strecke gestoßen. Fangio holte mit seinem Lancia-Ferrari auf, und ich konnte das Geräusch seines Motors über dem meines Maseratis hören. Ich versuchte, ihm auszuweichen, und weiß nicht, ob er mich anstieß oder nicht, aber ich endete im Graben. Zuschauer kamen auf die Strecke und schoben mich ins Rennen zurück.

Mir wurde die Schwarze Flagge gezeigt, dann bekam ich die Rote Flagge, aber alle britischen Zuschauer gaben mir Zeichen weiterzufahren. Ich dachte, ich sei hier in meinem ersten Grand Prix auf dem vierten Platz – das konnte man mir doch nicht nehmen, aber natürlich geschah es so. Der Auspuff war vom 250 abgefallen und vor mir gelandet. Der Wagen verbrannte pures Methanol, und ich atmete die Dämpfe ein und fühlte mich elend. Nachdem ich das Rennen aufgegeben hatte, fragten mich die Leute, wie es mir ging, und ich sagte ihnen, dass ich mich nicht wohlfühlte. Sie zwangen mich, das mit dem ACVD zu besprechen, die viel Aufhebens davon machten, dass ich die Flaggen ignoriert hatte.

Ich dachte, ich würde meine Lizenz verlieren. Die ganze Zeit, wo ich Grand-Prix-Rennen fuhr, hatte ich nicht einmal ein privates Fahrzeug. Ich fuhr gewöhnlich im Transporter, und für das nächste Rennen sollte es nach Caen gehen. Der Sekretär des Automobilclubs von Deutschland brachte mich auf irgendein Schloss – in der Mitte von nirgendwo –, wo ich auf dem Korridor wie ein unartiger Junge warten musste, während sie ihre Besprechung hatten. Sie beschlossen schließlich, mich mit einer Geldstrafe in Höhe von 16 Pfund zu belegen.

Dann musste ich meinen Weg zurückfinden, was mir auch gelang. Ich dachte, dass Dean Delamont vom RAC der nächste Mensch sein müsste, mit dem ich mich unterhalten sollte. Alar Collinson, der Rennmanager von Ferodo, versprach mir, mich mit zum Essen mit Dean zu nehmen. Er tat es, und ich erklärte Dean alles. Das war Gott sei Dank das Ende der Angelegenheit.

Caen war für mich immer ein guter Jagdgrund, und ich gab dem Fahrzeug gewöhnlich einige Umdrehungen mehr als auf anderen Strecken. Ich lag an dritter Stelle, als ich einen Unfall hatte – es war kein schwerer Unfall, die Strecke war sehr schlüpfrig. Ich rutschte in die Barrieren und konnte den Motor nicht wieder anlassen.

Wir fuhren dann weiter zum Grand Prix von Italien auf die kombinierte Straßen- und ausgebaute Strecke von Monza. Die ausgebaute Strecke war sehr wellig und ließ mich im Fahrzeug vom Sitz hoch in den Fahrtwind hüpfen. Normalerweise war die große Plexiglas-Windschutzscheibe so wirkungsvoll, dass sie den Fahrtwind von einem abhielt. Ich fiel mit einem Ventilproblem aus, aber es kamen insgesamt nur 50% der gemeldeten Fahrzeuge ins Ziel. Während meiner Zeit mit dem 250F gingen Ventile bei verschiedenen Gelegenheiten kaputt, und deshalb trug ich nie Ohrstöpsel. Wenn ein Ventil versagte, wollte ich der Erste sein, der das registrierte. Deshalb konnte ich zweimal anhalten, bevor zu viel am Motor zerstört wurde. Ich konnte so den Motor retten. Alles, was ich dann benötigte, war eine Laufbuchse, ein Kolben und ein Pleuel.

Maserati sagte uns, dass die Probleme durch eine schlechte Lieferung von Ventilen verursacht worden waren. Der Ventilschaft dehnte sich aus, bis es nicht mehr schloss, der Kolben schlug gegen das Ventil, verbog es ein wenig, sodass es noch weniger schloss und schließlich ein Loch in den Kolbenboden schlug und sich dabei selbst zerstörte. Zu dieser Zeit hatte ich ausreichend Erfahrung, um feststellen zu können, dass ich ein Ventil verlor. Was Maserati uns wirklich sagte, war, dass wir, wenn sich das Ventilspiel verringerte, die Ventile wegwerfen und neue einbauen sollten.

Meine letzte Veranstaltung war 1956 ein kurzes Formel-1-Rennen im Oktober in Brands Hatch, bei dem ich hinter zwei Syracuse-Connaughts, Salvadoris Maserati und zwei weiteren Syracuse-Connaughts Sechster wurde.

Der 250F hatte immer noch seine Originalkarosserie von 1954, was ihn als alten Hund auswies. So ließ ich mir von einem lokalen Karosseriebauer in Torquay neue Karosserieteile bauen, einschließlich einer Motorhaube mit Lufteinlässen wie beim NACA-Typ von Maserati, der aktuell mit Lüftungsöffnungen gebaut wurde, sodass das Fahrzeug neuer aussah, als es war. Das war die große Aufwertung für das Jahr 1957.

Wir waren sehr beunruhigt, wie wir das Fahrzeug nach Hause bringen sollten, für den Fall, dass wir von den Zollbehörden wegen eines fehlenden Carnets angesprochen würden. Hans Tanner, der für das *Motor-Racing*-Magazin schrieb und im selben Hotel wie ich in Modena wohnte, hatte einen Schweizer Pass, und ich ließ die meiste Zeit des Jahres das Fahrzeug mit einem Schweizer Carnet durch Europa fahren – wofür ich etwas Geld bezahlte. Dieses Carnet war die eigentliche Identifikationsurkunde für das Fahrzeug. Ich konnte in England kein Carnet bekommen. Wir machten mit internationalen Pässen oft dasselbe. Er kaufte an der Grenze des jeweiligen Landes eine Einreisegenehmigung und zugleich eine, um das Land wieder verlassen zu können.

Mein erstes Rennen 1957 war Anfang April der Grand Prix von Syracus auf Sizilien. Das bedeutete drei Tage und drei Nächte anstrengenden Fahrens von Torquay aus mit meinem Transporter, einem alten *Royal-Blue*-Bus. Er fuhr höchstens 61 km/h, und Tony war für Nachtfahrten nicht zu gebrauchen, sodass er am Tag und ich in der Nacht fuhr. Damals gab es noch keine Autobahnen. Wir fuhren auf der adriatischen Seite in den Süden, weil dort die Straßen besser waren als auf der mediterranen Seite, und es war eine absolute Schinderei. Das normale Startgeld lag bei 250 Pfund, und das höchste Startgeld, das ich für ein Rennen bekam, lag bei 500 Pfund. Ich weiß nicht mehr genau, wie viel Geld wir in Syracus bekommen haben, da es in einer großen Summe in Lire ausgezahlt wurde, die einem das Gefühl gab, Millionär zu sein. Aber ich denke, es waren etwas mehr als 250 Pfund Sterling.

Beim Training hatten wir Probleme, und der Motor fiel aus. Der 250F-Motor hatte keine Zylinderkopfdichtung, und wenn er überhitzte, verzog sich der Kopf. Tony entschied, den Kopf abzubauen. Wir hatten immer zwei 1,5 Zoll dicke Glasstücke mit, eines davon war eingeritzt, und das andere war eben. Wir benutzten das eingeritzte Glas als Schleifmittel und das ebene Glas, um den Kopf anzupassen. Tony arbeitete die ganze Nacht hindurch, aber vergeblich, denn 15 Runden vor dem Ziel ging ein Ventil kaputt.

14 Tage später war ich beim Rennen in Pau, und das Getriebe brach, als ich auf dem fünften Platz lag. Das war ungewöhnlich, weil ich ein Vierganggetriebe mit einem sehr langen ersten Gang hatte. Ich konnte am Start damit nie zu brutal sein. Mit 245 Liter Methanol beim Start zum Grand Prix an Bord musste man den Motor ziemlich hoch drehen, die Kupplung kommen und die Hinterräder durchdrehen lassen. Jedes Mal wenn man das tat, verbogen sich die Halbwellen. Man konnte zwar so durch das Rennen kommen, musste aber hinterher die Halbwellen ersetzen. Die späteren Fahrzeuge hatten ein Fünfganggetriebe, aber ich konnte mir dieses neue Getriebe nie leisten.

Zwei Wochen später, beim Rennen in Neapel, war ich wieder am Start, ebenso wie eine größere Anzahl Ferraris. Ein merkwürdiges Charakteristikum des Posillipo-Kurses in Neapel war, dass er streckenweise so eng war, dass man nicht überholen durfte. Außerdem wurde das Rennen gegen den Uhrzeigersinn ausgetragen. Die Ferraris belegten die ersten drei Plätze, ich wurde Sechster, was in Anbetracht der Überzahl kontinentaler Fahrzeuge nicht schlecht war. Preisgeld wurde nur bis zum dritten Platz gezahlt.

In Le Mans wurde ich eingeladen, mit dem Belgier André Loens einen Talbot mit einem Maserati-Motor zu fahren. Es waren zwei Fahrzeuge gemeldet, und ich hatte alle Testfahrten mit ihnen durchgeführt. Es waren die gleichen Talbots, die im Jahr davor so gut gelaufen waren, sie wurden aber jetzt von André Dubonnet gesponsert. Das ganze Geld war für die schönen neuen Karosserien, die von Campana in Modena entworfen und von Stanguellini gebaut worden waren, weggegangen. Weiter war an diesen Fahrzeugen seit 1956 nichts gemacht worden. Die ursprüngliche Absicht war, einen neuen Bremsentyp von Dubonnet einzubauen – er war der Konstrukteur der unabhängigen Dubonnet-Vorderradaufhängung –, aber seine Entwicklung war durch die Scheibenbremse überholt und nie in die Talbots eingebaut worden.

Das Team wurde von dem Vorkriegsfahrer und Talbot-Mann Freddie Zehender geleitet. Er war davon überzeugt, dass die Fahrzeuge mit diesen schlanken, aerodynamischen Karosserien auf der Mulsanne-Geraden über 320 km/h schnell sein könnten, wenn sie eine entsprechende Achsübersetzung hatten. So hatte das Team solch hohe Hinterachsübersetzungen eingebaut, dass die Wagen nicht vom Start wegkamen. Alles, was man tun konnte, war, den Motor auf höchste Drehzahlen zu bringen und dann die Kupplung langsam kommen zu lassen. Wir wussten, dass die »Miststücke« sich nicht von der Startlinie bewegen würden, obwohl Zehender das nicht akzeptieren wollte. Es schien, dass er mehr Interesse daran hatte, Dubonnets Geld auszugeben, als zu siegen. Das Team machte in Le Mans alles im großen Stil, das Catering war von Maximes aus Paris, die ihren kleinen Citroën-Van an die Rennstrecke gebracht hatten.

Ein angemessenes Ende in diesem Buch, wenn auch nicht für Bruce Halford. Er war mit dem 250F, Fahrgestellnummer 2514, gemeldet, der Horace Gould im Gold-Cup-Rennen in Oulton Park am 26. September 1959 gehörte, aber wegen mechanischer Probleme nicht startete. Wie man sehen kann, ist das Fahrzeug mit einer Motorhaube und einer Luftansaugung des Jahres 1957 ausgestattet. Das war der letzte Auftritt eines 250F bei einem britischen Formel-1-Rennen. (Jim Evans)

Loens versuchte, Zehender davon zu überzeugen, dass er eine Kette vom Chassis an der Hinterachse befestigen sollte. Das würde uns schließlich von der Startlinie fortbringen, selbst wenn wir das Fahrzeug später nicht wieder starten könnten. Das war die einzige Möglichkeit, uns nicht wie einen Haufen Idioten aussehen zu lassen. Es war zu erwarten, dass die Hinterachse mit einer solch hohen Übersetzung und keinem entsprechenden Antriebsmoment ein Lager verformen, anschließend gegen die Kardanwelle drücken und das Fahrzeug abwürgen würde. Zehender sah das nicht ein, aber man verständigte sich am Tag vor dem Rennen darauf, dass einer der Wagen mit anderer Übersetzung ausgestattet wurde. Wir hofften, dass die Organisatoren, wenn wir mehrmals am Start stehen geblieben waren, uns zugestanden, dass einige Zuschauer uns anschoben. Dem war aber nicht so, und so blieb das Fahrzeug auf der Linie stehen. Danach musste ich zu Dubonnets Haus gehen, um mein Geld zu bekommen, und das war sehr blamabel. Da war aber Zehender schon verschwunden.

Der Grand Prix von Frankreich wurde 1957 in Rouen ausgetragen. Ich war nicht am Start, aber ich fuhr am folgenden Wochenende im Rennen von Reims, das nicht zur Weltmeisterschaft zählte. Ich kann mich an die Strecke gut erinnern. Auf der sehr schnellen Geraden zur Thillois-Kurve waren die höchsten Drehzahlen angesagt, und ich hielt mich zurück, um den Motor nicht zur Explosion zu bringen. Ich hatte während des Rennens Probleme, obwohl ich mich nicht mehr erinnere warum. Ich fuhr an die Box. Am Ende lag ich auf dem elften Platz, allerdings zu weit zurück, um klassifiziert zu werden.

Mein nächstes Rennen sollte der Grand Prix von England in Aintree werden, aber aus welchen Gründen auch immer bekam ich keine Starterlaubnis. Ich war sehr darüber verärgert, bei meinem heimischen Grand Prix nicht am Start sein zu können, aber ich konnte es nicht ändern. Ein Problem der Privatfahrer war, dass sie keine Garantie hatten, an einem Rennen teilnehmen zu können. Ich musste meinen Start abschreiben und mir etwas anderes einfallen lassen, um an Startgelder zu kommen. Deshalb meldete ich mich, da ich die Sprachen nicht gut genug konnte, um zu telefonieren, telegrafisch für einige kontinentale Rennen. Kleinere Grand Prix wurden gewöhnlich von lokalen Motorclubs organisiert, gefördert und unterstützt von den örtlichen Politikern, und sie unternahmen gewöhnlich frühestens einen Monat vor dem Rennen die ersten Aktivitäten.

Ende Juli fuhr ich in Caen, und ich war dort immer gut. Es war, wenn ich mich recht erinnere, unmittelbar vor dem Rennen 1957, dass wir Probleme mit dem *Royal-Blue*-Bus hatten. Er hatte sich in den Alpen auf dem Weg nach Modena ein Lager kaputtgefahren, und als Tony mich schließlich erreichte, sagte er mir, dass alles, was wir tun könnten, wäre, einen Lkw zu mieten. Das einzige Problem war, dass dies die Kosten für das Startgeld überstiegen hätte. So unterhielt ich mich mit dem Sekretär des Rennens,

M. Achat vom *Automobile Club de l'Ouest,* und überredete ihn, das Startgeld zu erhöhen, sodass wir genug hatten, um die Kosten für den Lkw abzudecken.

Tony kam schließlich mit dem offenen Lkw an der Rennstrecke an – er hatte noch nicht einmal einen Sitz und lag unter einer Abdeckplane mit Ersatzteilen und Werkzeug, das er hatte unterbringen können. Ich wurde hinter Jean Behras Werks-BRM und Roy Salvadoris Werks-Cooper Dritter. Damit hatte ich etwas Geld verdient, sodass wir uns am Abend ein bescheidenes Essen leisten konnten. Anschließend fuhren wir los zum Großen Preis von Deutschland auf dem Nürburgring.

Ich war Persona non grata für das deutsche Rennen und bekam keine Starterlaubnis. Ich fuhr mit Jenks und seiner Freundin in seinem kleinen Porsche 356 zum Ring. Die französischen Lkw-Fahrer konnten den Maserati nicht weiter als bis zur Grenze bringen, und als wir dort ankamen, sahen wir Tony am Straßenrand neben dem Maserati auf seinem Werkzeugkasten sitzen. Aber er und die Zöllner hatten bereits alles Weitere organisiert; ein deutscher Lkw kam und brachte uns zum Ring. Ich schaffte es schließlich, mir meine Teilnahme zu erschleichen, aber diese Bastarde wollten nur 100 Pfund Startgeld zahlen, um mir eine Lektion zu erteilen. In Wirklichkeit war ich bereits am Start, bevor sie kamen, um mir mitzuteilen, dass ich starten könnte. Ich wurde, nachdem ich den 250F 500 Kilometer transportiert hatte, Elfter. Das war insgesamt kein schlechtes Ergebnis, und ich war im Training schneller gewesen als Gould und Godia-Sales, deren 250F moderner waren und mehr den aktuellen Spezifikationen entsprachen.

Dann ging es weiter über die Alpen und die Adriatische Küste in Italien entlang zum Grand Prix von Pescara, der nur 1957 ein Lauf zur Weltmeisterschaft war, weil man den belgischen und den niederländischen Grand Prix abgesagt hatte. Er fand auf einem schrecklichen Straßenkurs von 25,6 Kilometern Länge statt und war sehr schnell, sogar schneller und aufregender als in der Vorkriegszeit, bevor man die Schikanen eingebaut hatte. Ich wagte im Training mit dem 250F nicht viel. Für die Qualifikation musste ich drei Pflichtrunden absolvieren und war bei dieser Gelegenheit langsamer als alle anderen 250F, was ungewöhnlich war.

Um die Strecke kennenzulernen, fuhr ich mehrere Runden mit dem *Royal Blue.* Es war eine typische Straßenstrecke mit einigen Strohballen und ohne Mauer oder sonstigen Schutz. Die Strecke verlief durch zwei Dörfer, wendete sich in der Mitte eines Dorfs nach rechts und ging in eine sehr lange Gerade über, die aus den Bergen kam, und in eine lange Boxengerade, in deren Mitte man eine Schikane eingebaut hatte. Es war heiß wie in der Hölle – man konnte am Strand nicht barfuß laufen –, und das Rennen startete um 9.30 Uhr vormittags, um der Tageshitze zu entgehen.

Es war, soweit ich mich erinnern kann, das einzige Mal, dass die Werks-Maseratis Ersatzmotoren dabei hatten und diese vor dem Rennen ausgewechselt wurden. Ich fuhr wirklich gut und lag auf dem sechsten Platz, als nach der halben Distanz das Differenzial brach. Stirling Moss gewann seinen zweiten Weltmeisterschafts-Grand-Prix mit seinem Vanwall vor den Maseratis von Fangio und Harry Schell.

Dann ging es weiter nach Monza zum Grand Prix von Italien. Bei diesem Rennen fuhr ich nicht mein eigenes Fahrzeug. Irgendjemand hatte John du Puys 250F, einen ehemaligen Werkswagen von 1956, gemeldet und suchte jetzt dafür einen Fahrer. De Graffenried agierte in seinem Auftrag und fragte im Werk nach, ob sie jemanden wüssten, der das Fahrzeug gegen die Aufteilung des Geldes fahren könnte. Maserati schlug mich vor, und weil mir ein sehr gutes Startgeld für die International Trophy am folgenden Wochenende in Silverstone angeboten worden war – ich glaube, es waren 500 Pfund Sterling –, schien mir das Angebot für Monza ein gutes Geschäft, das mich in die Lage versetzte, mein Fahrzeug zu schonen. Ich lag gut auf dem neunten Platz, als ich wegen einer abgebrochenen Nocke ausfiel. Moss gewann sein drittes Weltmeisterschaftsrennen des Jahres in seinem Vanwall.

Das Rennen in Silverstone war wegen der Suez-Krise und der darauffolgenden Treibstoffrationierung von seinem ursprünglichen Termin im Mai auf einen späteren Zeitpunkt 1956 verlegt worden. Ich fuhr ein gutes Rennen und wurde Fünfter in meinem Lauf und Siebter im Finallauf. Acht Tage später fuhren wir in Monza. Das war immer angenehm, denn wir verbrachten dort den Winter. Modena war natürlich die Heimat von Ferrari, Maserati, Stanguellini und

anderen, sodass dieses Rennen mehr ein Stadtfest war als alles andere. Ich fuhr meinen eigenen 250F, obwohl einige Aufzeichnungen behaupten, dass ich den 250F von du Puy gefahren hätte. Ich wurde Siebter, indem ich das Fahrzeug über die Ziellinie schob, da etwas falsch gelaufen war. Ich weiß allerdings nicht mehr was.

Vor dem Beginn der Saison 1958 kam Tony zu mir und sagte: »Boss, Ken Gregory bot mir einen Job bei BRP an. Ich wollte dich nie verlassen, es ist aber ein sehr gutes Angebot.« BRP oder British Racingship Partner war ein neues Team, das von Ken und Stirling Moss' Vater Alfred gegründet worden war. Ich sagte Tony: »Hau ab, mein Freund, wir sind mit diesem Maserati bald am Ende.« Ich fand einen neuen Mechaniker, der gerne so weitermachte wie Tony.

Wir hatten das Fahrzeug überholen und die neuesten Modifikationen einbauen lassen. 1959 fuhr der Maserati mit Avgas (100/130-Oktan-Flugbenzin), und das bedeutete, dass der Motor mit neuen Kolben, größeren Ventilen und einer niedrigeren Verdichtung umgebaut werden musste. Das Wichtigste im Hinblick auf das Methanol, das wir einsetzten, war, dass es kühl lief. Um überhaupt Leistung zu bekommen, musste eine sehr hohe Kompression erzielt werden, was das Fahrzeug am Start unberechenbar machte. Was die Leistungsausbeute von Avgas war, habe ich nie erfahren, denn ich war lediglich ein Kunde des Werkes, und man hat es mir nie gesagt. Ich bezweifle jedoch, dass mein 250F jemals mehr als 220 PS hatte.

1958 war ich mit Sportwagen erfolgreich, und ich fuhr einen Lister-Jaguar HCH 736, der von Dick Walsh, der einer von Tom Kyffins Mechanikern war, gemeldet worden war. Er war mein zweiter Mechaniker gewesen, als ich mit dem 250F begann, aber er war nicht sehr gut, und ich musste ihn entlassen. Das Fahrzeug wurde später wegen seiner Form, die von Maurice Gomm entwickelt worden war, unter dem Namen »Das Bügeleisen« bekannt. Es hatte einen 3,4-Liter-D-Type-Motor statt des leistungsfähigeren 3,8-Liter und war der erste Lister-Jaguar von Brian Lister, der nicht aus dem Werk kam. Bei britischen Rennen fuhr ich manchmal beide Wagen, den Lister und den 250F.

Ich fuhr ihn auch in Le Mans, wo er natürlich einen 3-Liter-Motor hatte. Ich hatte das Fahrzeug auf meinen Namen gemeldet. Das war möglich, weil ich mit Raymond Achat vom *Automobile*

Club de l'Ouest befreundet war. Mein Beifahrer war Brian Naylor. Während des Rennens ersetzten wir eine gebrochene Nockenwelle – die Jaguar-Mechaniker, die den D-Type von Duncan Hamilton warteten, benötigten 25 Minuten, um das Problem zu erkennen, und wir benötigten 20 Minuten, um die Welle zu wechseln –, und ich zerlegte am Streckenrand das Getriebe und baute es neu zusammen. Obwohl wir ziemlich abgeschlagen auf dem 15. Platz lagen, waren wir die einzigen Fahrer, die das 24-Stunden-Rennen mit einem 3-Liter-Jaguar beendeten.

Jahre später saß ich mit »Jenks« bei einem historischen Rennen in meinem Caravan, als »Lofty« England von Jaguar vorüberkam. Wir begrüßten ihn freudig und unterhielten uns mit ihm. Ich erwähnte, was für eine Katastrophe der 3-Liter-Motor gewesen sei, und er sagte, dass das Problem die Pleuel aus Titan gewesen wären. Selbst für »Jenks« war es überraschend, dass Jaguar bereits so früh Titanpleuel benutzt hatte.

Mein erstes Rennen mit dem 250F im Jahr 1958 war am Ostermontag in Goodwood, aber ich hatte Probleme und wurde nur Elfter und damit Letzter, zu langsam, um mich zu klassifizieren. Dann kam Aintree »200«, wo ich wegen eines defekten Reifens ausfiel, und das nächste Rennen war die International Trophy in Silverstone. Im Training fuhr ich mit meiner »alten Kiste« gut und stand beim Rennen in einem großen Starterfeld in der vierten Startreihe. Ich wurde 16. im Gesamtklassement, aber das Rennen schloss auch Formel-2-Wagen ein, und ich wurde Elfter unter den Formel-1-Fahrzeugen.

Ich fuhr nicht mehr mit dem 250F bis zum Grand Prix von Caen im Juli und belegte wieder den dritten Platz hinter Moss (Cooper-Climax) und Joakim Bonnier in einem anderen, aktuelleren 250F. Das war mein letzter Auftritt mit dem 250F. Es war ein guter Zeitpunkt, um meine Karriere mit diesem Fahrzeug zu beenden. Ich verkaufte ihn an den Neuseeländer Ross Jensen, der ihn zeitweilig für Lister fuhr. Er bezahlte 750 Pfund Sterling, allerdings unter der Bedingung, dass er das Carnet einlöste – was er auch tat.

Der 250F hatte Fahreigenschaften, die es seinem Fahrer ermöglichten zu beweisen, was er kann. Er war ausgezeichnet ausbalanciert, beim Gasgeben übersteuerte er leicht, und wenn man das Gas wegnahm, untersteuerte er sanft. Es dauerte allerdings eine Weile, bevor ich mich nach dem Cooper-Bristol an den Maserati gewöhnt hatte. Man konnte mit ihm alles machen und behielt ihn dennoch unter Kontrolle. Der 250F musste mit mehr Respekt und Präzision gefahren werden. Ich brauchte ungefähr eine ganze Saison, um ihn richtig fahren zu können, obwohl ich einen 250 nie so fahren konnte wie Fangio!

In vielerlei Hinsicht war der Lister-Jaguar ähnlich: nicht mit dem besten Handling, sondern mit einem Handling, das der Fahrer ausnutzen konnte. Ende 1958 verkaufte Walsh seinen Lister an das Border-Reivers-Team, wo Jim Clark ihn fahren sollte. Ich kam zum Werksteam von Lister mit Ivor Bueb im Jahr 1959, und ich fuhr auch einen Lotus 16 für den Autohändler John Fisher aus Portsmouth. Im September bot mir BRM an, in Snetterton ein P25-Grand-Prix-Fahrzeug bei der Silver City Trophy zu fahren, und ich belegte den dritten Platz hinter Ron Flockhart in einem weiteren BRM und Jack Brabham mit einem Cooper. Ich habe von BRM niemals wieder etwas gehört.

1960 teilte ich mir in Le Mans mit Ron Flockhart einen *Ecurie-Ecosse*-Jaguar-D-Type, und wir lagen beständig auf dem vierten Platz, bis die Kurbelwelle brach. In diesem Jahr fuhr ich auch Cooper für Fred Tuck, einen Händler aus Somerset, und Yeoman Credit. Ende des Jahres zog ich mich aus dem Rennsport zurück, um mich anderen Dingen zuzuwenden. Ich fuhr allerdings noch einmal gemeinsam mit Tom Dickson den *Ecurie-Ecosse*-Cooper *Monaco* in Le Mans 1961, aber während der zweiten Stunde verlor ich bei hoher Geschwindigkeit auf einem schlüpfrigen Streckenteil in der Dunlop-Kurve hinter den Boxen die Kontrolle. Das Fahrzeug kam gegen die Begrenzung, schlug einen Salto, ich wurde herausgeschleudert und war froh, mit schweren Hautabschürfungen davongekommen zu sein. Später nahm ich sehr erfolgreich an historischen Rennen mit zwei verschiedenen Lotus 16 teil, die ich besaß.

Die ganze Geschichte, wie Tony Robinson das Transportproblem des 250F von den französischen Alpen nach Caen und an den Nürburgring 1957 löste, wird bei Denis Jenkinson auf den Seiten 92 – 97 in »A Story of Formula 1« (Grenville Publishing Company, 1960) geschildert. Nachdem er den Rennsport aufgegeben hatte, konzentrierte sich Bruce Halford auf das Hotelgeschäft und aufs Segeln. Er besaß einige Brixham Trawler und leitete die Restaurierung eines ehemaligen Brixham-

Bruce Halford vor seinem ehemaligen Royal-Blue-Bus, den er als Fahrzeugtransporter benutzte. (Sammlung Guy Griffiths)

Rettungsboots. Viele Jahre betrieben er und seine Frau Lord's Café in Princetown, in der Nähe des Gefängnisses von Dartmoor. Leider wurde ihr einziger Sohn Peter bei einem Verkehrsunfall getötet, und seine Frau Patsy starb kurz darauf. Bruce verstarb im Dezember 2001 an Leukämie, kurz nachdem dieses Interview gemacht wurde.

18
Cameron Millars Maserati 250FS

Die Produktion von insgesamt zehn Maserati 250F durch den Maserati-Enthusiasten und Patron (ehemals Präsident) des Maserati-Clubs, Cameron Millar, hat einerseits zu großem Enthusiasmus, andererseits zu großen Kontroversen geführt. In seinem Buch *Directory of Historic Racing Cars* (Aston Publications, 1987) stellt der große Denis Jenkinson Kategorien für historische Fahrzeuge von »Original« bis zu »Duplikat« (wobei Jenkinson »Fälschung« meint) auf und schließt eine »Faksimile«-Kategorie ein, zu der auch die Millar-Fahrzeuge zu rechnen sind.

Die Fahrzeuge von Cameron Millar hatten Fahrgestellnummern mit »CM«, sie wurden mit Unterstützung des Werks gebaut, und sie alle haben eine Reihe von Originalteilen des 250F eingebaut. Nachdem er seinen ersten 250F Ende der 1960er-Jahre erworben hatte (und zeitweise fünf Fahrzeuge in seiner Stadt zugelassen waren), unternahm Millar mit seinem alten Bus regelmäßige Reisen zum Werk, wo er größere Mengen von Ersatzteilen kaufte. Zu dieser Zeit hatte Maserati keinerlei Verwendung dafür und war froh, einen Zylinderkopf oder einen Motorblock für 25 Pfund Sterling und eine komplette Hinterachse für 50 Pfund verkaufen zu können.

Ende der 1960er-Jahre erwarb Millar das Inventar von »Mimmo« Deis *Scuderia Centro-Sud* in Mailand, dem führenden privaten Rennstall mit Maserati 250F in den 1950er-Jahren und Betreiber großer Rennfahrerschulen in Italien. Das Inventar bestand aus Ersatzteilen, die zusammen für fünfeinhalb 250Fs ausreichten, sowie aus zwei durch Unfall beschädigten Fahrgestellen und einem neuen Motor. Millar konnte Schablonen vom Werk bekommen, und Cozza im Zeichnungsbüro in Modena unterstützte ihn mit den Zeichnungen, die er benötigte.

Nicht lange nachdem Millar das Inventar der *Scuderia Centro-Sud* gekauft hatte, hatte Hon. Patrick Lindsay mit seinem 250F in Thruxton einen schweren Unfall und verkaufte die Überreste seines Fahrzeugs an Innes Ireland. Man riet Ireland, mit Millar Kontakt aufzunehmen, um das Fahrzeug wieder aufzubauen, weil er viele originale Chassisteile besaß. Cameron war einverstanden. Er verständigte sich mit Frank Coltman, der früher Lotus- und Brabham-Chassis gebaut hatte, und fragte an, ob er die Fahrgestelle bauen wolle. Er stimmte zu, als Millar das Vorhaben mit Schablonen und Zeichnungen unterstützte, und bot eine Reduzierung des Preises um 500 Pfund an, wenn gleich zwei Chassis bestellt wurden. Der Lindsay-Wagen wurde wieder aufgebaut und ist, abgesehen vom Chassis, immer noch im Originalzustand.

Millar erhielt eine Anfrage von zwei Amerikanern und benutzte eines der Coltman-Chassis, um den CM 1 zu bauen. Insgesamt wurden zehn Fahrzeuge hergestellt. Obwohl die einzelnen Fahrzeuge verschiedene Nummern der Original-250F-Teile enthalten, bestehen sie alle zu einem hohen Anteil aus Originalteilen. Die Arbeiten an den Motoren wurden von Cyril Embury durchgeführt, der bei Rolls-Royce seine Ausbildung bekommen und später für BRM und Cosworth gearbeitet hatte. Embury hat weiter 250F-Motoren gebaut, und viele Fahrer nutzen sie auch heute noch bei historischen Rennen. Die meisten Karosserien wurden von Grand Prix Metalcraft hergestellt. Viele der dortigen Mitarbeiter hatten vorher für den Handley-Page-Flugzeugbau gearbeitet, der 1970 in Konkurs gegangen war.

Von den gebauten Wagen sind drei vom T1-Typ (Originaldesign von 1954–1956), vier T2s (Leichtbau von 1957) und drei T3s (Leichtbau 1958 bzw. Piccolo). Der letzte Wagen wurde 1996 fertiggestellt. Die ersten acht Fahrzeuge werden für historische Rennen des Vintage Sports Car Club und der *Fédération Internationale de l'Automobile* benutzt. Alle zehn Fahrzeuge haben das Gaspedal auf der rechten Seite.

Einige Einzelheiten will Cameron Millar nicht veröffentlichen, weil er ein Buch über diese Fahrzeuge publizieren möchte. Die meisten der relevanten Details sind jedoch wie folgt:

CM1: T1-Typ. In Auftrag gegeben von den beiden Amerikanern Leydon und Reutter und zu Beginn der 1970er-Jahre fertiggestellt. Abgesehen vom Chassis ist das ein Original-250F mit dem Motor des 2520, der von Colin Crabbe bei einem historischen Rennen zur Explosion gebracht und im Werk wieder aufgebaut wurde. Dieser Motor wurde dem Werk von Millar für 1000 Pfund Sterling abgekauft. Das Fahrzeug kam wieder nach England zurück und stand zum Zeitpunkt, als das Buch verfasst wurde, in einem Lagerhaus.

CM2: T2-Typ. Gebaut für David Kergon und Peter Martin. Er wurde von Alan Cottam, der in frühen historischen Rennen mit einem Connaught AL10 der A-Serie sehr erfolgreich war, bei sehr vielen Rennen eingesetzt. Zum Zeitpunkt, als das Buch geschrieben wurde, gehörte er Ian Duncan.

CM3: T3-Typ. Gebaut für Dan Margulies, einen früheren Jaguar-C-Type-Fahrer und Händler klassischer Fahrzeuge. Er wurde von ihm mit

Richard Bond ausgiebig in Rennen eingesetzt. Fangio hatte einen F250 haben wollen, aber Maserati hatte sich nicht in der Lage gesehen, ihm einen vor Ende der Saison 1957 zu überlassen. Er fuhr den CM2 auf der Grand-Prix-Strecke von Birmingham, konnte ihn nicht von einem Original unterscheiden, und Cameron Millar vermittelte ihm für 275 000 Pfund Sterling den CM3. Er blieb im Fangio-Museum in Balcare in Argentinien.

CM4: T1-Typ. An einen Käufer in Italien abgegeben und dann von einem neuen Besitzer erworben. Angetrieben vom Motor mit der Nummer 2505 und in betrügerischer Absicht unter dieser Nummer von dem neuen Besitzer für Rennen gemeldet. Nach einer Untersuchung der FISA wurde diese Nummer entfernt, und das Fahrzeug kehrte zu seiner ursprünglichen Identität »CM4« zurück. Derzeit befindet es sich im Besitz eines Herrn Benz und hat wieder den Motor 2505.

CM5: T1-Typ. Es gibt um dieses Fahrzeug einige Verwirrung, weil zwei Fahrzeuge diese Nummer haben, ohne dass es eine Erklärung dafür gibt, selbst nicht von Cameron Millar. Millar verkaufte den Wagen als Bausatz an einen Freund, Ray Fielding. Fielding, der eine Garage in Forres, Morayshire, besaß, war jahrelang Bergrennen mit seinen Fahrzeugen gefahren, einschließlich eines Original-Werks-HWM-Jaguar HWM1 (der in seinem Besitz die Nummer YPG8 bekam) und des einzigen Emeryson-Climax-Sportwagens. Er starb Mitte der 1990er-Jahre, bevor der Wagen fertiggestellt war, und das Fahrzeug blieb im Familienbesitz.

CM6: T3-Typ. Das ist der zweite CM5, der eigenlich in CM6 umgeändert werden sollte. Er wurde von Peter Shaw für Cameron Millar gebaut, der damit Rennen fuhr. Anschließend wurde er an Bob Graves verkauft, der ihn viel in Frankreich fuhr. Schließlich wurde er an Peter Gooch, den jetzigen Eigentümer, verkauft.

CM7: T3-Typ. Ursprünglich für Ted Rollason gebaut. Er ist mit einem Werks-Versuchsmotor ausgestattet, mit einer langhubigen Kurbelwelle, die ihm einen Hubraum von etwas mehr als 2650 ccm ermöglicht. Das Fahrzeug wurde von Rollason mit großem Erfolg bei Rennen eingesetzt und anschließend an Ludovic Lindsay verkauft, der es viele Jahre bei Rennen fuhr.

CM8: T1-Typ. Dieses Fahrzeug hat Millars letzten 250F-Motor und wurde an David Sankey verkauft. Ein nachfolgender Besitzer baute die Original-250F-Teile aus, um einen 250F-Nachbau herzustellen. Millar erwarb alle verbliebenen Komponenten zurück und baute das Fahrzeug mit einem Motor von Cyril Embury für 70 000 Pfund wieder auf. Es wurde an Robin Lodge verkauft, der mit ihm Rennen fuhr und es dann an den Schweden Gunnar Elmgren verkaufte. Das Fahrzeug wurde im Magazin *Auto Italia*, Ausgabe 11, bei einem Test vorgestellt. Es hat den Treibstofftank des ehemaligen Moss-Wagens 2508. Es wurde erst kürzlich wieder verkauft.

Rob Hall am Steuer von CM10, dem letzten Cameron-Millar-250F beim Goodwood Festival 2001. Millars Nachbauten sind absolut genau und sorgfältig in der »CM«-Serie durchnummeriert, um sie genau unterscheidbar von den Originalen zu machen. (Steve Welsh Racing Foto)

CM9: T2-Typ. Das Fahrzeug blieb bei Cameron Millar. Es hat, abgesehen von einigen alten Teilen, einen neuen Motor. Die Kardanwelle, die Räder und der Auspuff sind original. Es hat einen kofferartigen Treibstofftank mit einsteckbarem Rohr zur Befüllung. Als er das Fahrzeug baute, hatte Millar kein Geld und schloss einen Vertrag mit Hall und Fowler ab, indem er Teile für die Komplettierung des CM10 zur Verfügung stellte und dafür Geld zur Fertigstellung des CM9 erhielt. Abgebildet in *Auto Italia*, November 2001/Ausgabe 63.

CM10: T2-Typ. Gebaut von Ricky Hall und Fowler für den Australier Clive Smith. Kofferartiger Treibstofftank wie beim CM9. Fuhr sehr erfolgreich in Australien Rennen und wurde von Rob Hall in Goodwood 2000 und 2001 gefahren.

# Anhang 1

Personalien

Ein Leitfaden der wichtigen Persönlichkeiten

Alfieri, Guilio, 1924–2002
Geboren in Parma, kam Alfieri am 1. August 1953 zu Maserati. Er wurde 1955 als Nachfolger von Bellentani Chefingenieur und war verantwortlich für die spätere Entwicklung des 250F, einschließlich des 300S, 150S, 450S und des »Birdcage«-Sportwagens. Er blieb bei Maserati, bis er von de Tomaso entlassen wurde, als dieser 1975 die Firma übernahm. Er arbeitete daraufhin für andere Unternehmen, einschließlich Lamborghini.

Arcangeli, Luigi, 1902–1931
Geboren in Forli, fuhr er 1930 die Maserati-Typen 26B und 8C-2500. Mit den 8C-2500 gewann er die Grand Prix von Rom, Monza und Spanien. Er ging 1931 zur *Scuderia Ferrari*, wurde aber im gleichen Jahr getötet, als er einen der Alfa Romeo Tipo A mit Zwillingsmotor fuhr.

Ascari, Alberto, 1918–1955
Sohn von Antonio Ascari, der bei einem Unfall mit einem Alfa Romeo P2 beim Grand Prix von Frankreich 1925 getötet wurde. Er begann seine Rennkarriere kurz vor Kriegsausbruch und fuhr einen 6CM, aber auch Ferraris Auto Avio 815 auf dem abgeschlossenen Kurs der Mille Miglia 1940. Für die *Scuderia Ambrosiana* fuhr er in den Jahren 1947/48 4CLT/48. 1949 ging er zu Ferrari, wurde 1951 Vize-Weltmeister in der Fahrerwertung und gewann diese 1952 und 1953. 1954 unterschrieb er bei Lancia, aber deren neues D50-Grand Prix-Fahrzeug war nicht vor dem Grand Prix von Spanien am Ende der Saison fertig, sodass er einen 250F bei den Grand Prix von Frankreich und England fuhr. Beim Grand Prix von Monaco 1955 fuhr er, in Führung liegend, mit seinem Lancia wegen einer blockierenden Bremse ins Hafenbecken. Er blieb augenscheinlich unverletzt, wurde aber einige Tage später beim Training mit einem Ferrari-*Monza*-Sportwagen in Monza getötet.

Behra, Jean, 1921–1958
Geboren in Nizza, fuhr er zunächst Motorradrennen. Von 1951–1954 war er Werksfahrer bei Gordini. Für Maserati fuhr er von 1954 bis 1957. 1958 ging er zu BRM, 1959 zu Ferrari, wurde aber entlassen, nachdem er sich gegen den Teammanager Romolo Tavoni aufgelehnt hatte. Bei einem Unfall mit seinem Porsche-Sportwagen wurde er im gleichen Jahr auf der Avus getötet.

Bellentani, Vittorio, 1906–1968
Er wurde in Modena geboren und starb auch dort. Er arbeitete bei Moto Mignon, einem Motorradhersteller in Modena. Am 11. Januar 1948 kam er zu Maserati, wurde 1951 Chef der Technischen Entwicklung und verließ das Unternehmen am 31. Mai 1955. Seine Hauptentwicklung bei Maserati war der 250F. Zwischen 1956 und 1959 arbeitete er für Ferrari.

Bertocchi, *Cavaliere del Lavoro* Guerino, 1907–1981
Geboren in Bologna, kam Bertocchi 1922 im Alter von 15 Jahren zu Alfieri Maserati. Er fuhr oft als Beifahrer bei der Targa Florio und der Mille Miglia mit. Später wurde er Chefmechaniker und Cheftester. 1974 ging er zu de Tomaso. Als Beifahrer in einem Auto, das von einem De-Tomaso-Kunden gefahren wurde, wurde er bei einem Frontal-Crash getötet. Sein Sohn Aurelio arbeitete ebenfalls für Maserati und ging zu De Tomaso. Auch er wurde als Mitfahrer in einem De-Tomaso-Fahrzeug 1985 getötet.

Birabongse, Prinz Bhanubandh, 1914–1985
Cousin des Prinzen Chula Chakabongse von Siam (heute Thailand), der ihm zu seinem 21. Geburtstag einen ERA kaufte. Er fuhr in der Vorkriegszeit drei verschiedene ERAs, den Delage, der ehemals Seaman gehört hatte, und den Maserati 8CM 3011. Nach dem Krieg fuhr er noch für kurze Zeit den 3011, dann einen 4CL, 4CLT/48, Osca-V12, Maserati A6GCM mit 250F-Motor und den 250F. 1955 zog er sich vom Rennsport zurück und betrieb später eine Airline in Thailand. Er kehrte nach England zurück und starb verarmt im Earls-Court-Bahnhof in London.

Bonetto, Felice, 1903–1953
Fuhr als Privatbesitzer in der Vorkriegszeit Alfa Romeos. Nach dem Krieg fuhr er für Alfa Romeo (1950/51) und trat 1950 gelegentlich auch mit einem *Milano* an. Er war Mitglied des Maserati-Werksteams von 1952 bis 1953. 1953 fuhr er auch Lancia-Sportwagen, und er wurde hinter dem Lenkrad eines solchen Fahrzeugs bei der Carrera Panamericana Mexico getötet.

Borzacchini, Mario »Baconin«, 1899–1933
Baconin genannt, nach dem russischen Revolutionär Bakunin. Nach einem Treffen mit dem italienischen Kronprinzen Umberto in Monza änderte er seinen Namen in Mario Umberto. Er begann mit 21 Jahren, Rennen zu fahren, und fuhr sowohl für Alfa Romeo als auch für Maserati. Er wurde getötet, als er mit seinem Maserati 8C beim zweiten Lauf zum Grand Prix von Monza am 10. September 1933 verunglückte.

Campari, *Cavaliere*, Giuseppe, 1892–1933
Als *Il Neger* (der Schwarze) oder nach anderen Quellen als *Il Negher* bekannt, was dasselbe auf Spanisch bedeutete. Er war ein außergewöhnlicher und sehr populärer Alfa-Romeo-Rennfahrer der Zeit vom Ersten Weltkrieg bis 1932. Er wollte Opernsänger werden. Zu Maserati kam er 1933 wegen der Spannungen bei der *Scuderia Ferrari* zwischen Enzo Ferrari und Tazio Nuvolari. Er hatte vor, sich vom Rennen zurückzuziehen, wurde aber getötet, als er mit seinem Maserati 8C-3000 im zweiten Lauf zum Grand Prix von Mailand am 10. September 1933 einen Unfall hatte.

Casner, Lloyd, 1928–1965
Absolvent der Universität Miami, wurde Pilot einer zivilen Fluggesellschaft. Als Autohändler in Florida überredete er 1960 den Reifenhersteller Goodyear, das *Camoradi*-Team mit »Birdcage«-Maseratis zu unterstützen. 1961 und 1962 fuhr er ohne das Sponsoring von Goodyear weiter die »Birdcages«. Er wurde getötet, als er mit dem *Maserati-France*-Tipo-151/1 am Testwochenende in Le Mans im April 1964 verunglückte.

Colombo, Giaocchino, 1903–1987
Er wurde in Legnano geboren und kam 1924 als Konstrukteur zu Alfa Romeo. Er wurde die Nummer zwei in der Entwicklungsabteilung von Vittorio Jano, und nachdem Jano 1937 gegangen war, konstruierte er

den Alfa 158 *Alfetta* und weitere Rennwagen. Bei Ferrari wurde er zunächst Berater und ging 1947 in das Unternehmen, wo er blieb, bis Lampredi ihm vor die Nase gesetzt wurde. Er kehrte zu Alfa Romeo zurück, wo er für die *Disco-Volante*-Sportwagen des Jahres 1952 verantwortlich war. 1952 bis 1953 war er auch Berater von Maserati bei der Entwicklung des 250F. Danach entwickelte er das erfolglose Bugatti-251-Grand-Prix-Fahrzeug.

Colotti, Valerio, 1925
Geboren in Modena und ursprünglich bei Ferrari beschäftigt, kam er Ende 1957 zu Maserati, um Entwicklungsarbeiten an Getrieben und Antrieben zu übernehmen. Ende 1957 verließ er Maserati wieder und gründete das Studio Tec-Mec, das sich 1959 am Grand Prix der USA beteiligte. Colotti war ein sehr erfolgreicher Getriebehersteller, und als das Buch geschrieben wurde, arbeitete er noch immer mit seinem Sohn im technischen Büro von Colotti-Transmissions.

Cozza, Ermanno, 1933
Er besuchte die Technische Schule in Modena und kam 1951 zu Maserati. Er lernte bei Bellentani und arbeitete anschließend unter Bellentani im Versuchsbau. Später war er Rennmechaniker und arbeitete im Zeichnungsbüro von Maserati. Auf Teilzeitbasis betätigte er sich auch als Historiker. Er besitzt ein enormes Wissen über alles, was Maserati betrifft.

De Graffenried, Emmanuel, 1914–2007
Er war der führende Maserati-Privatfahrer zwischen 1937 und 1956. 1949 gewann er den Grand Prix von England. Er fuhr in vier Rennen 1950 und 1951 auch die Alfa-Romeo-Typen 158/159. Er erzählt seine eigene Renngeschichte auf den Seiten 215–223.

Dei, Guglielmo »Mimmo«, 1909–1983
Amateurrennfahrer und Maserati-Agent in Rom. Fuhr für die *Scuderia Centro-Sud,* die sowohl eine Rennfahrerschule als auch ein Rennteam war, das sich hauptsächlich mit Maserati 250F an Grand Prix beteiligte, aber auch an Sportwagenrennen. In den späten 1950er- und frühen 1960er-Jahren besaß er eine große Sammlung von 250F-Fahrzeugen und Ersatzteilen, die zum großen Teil in den frühen Tagen der historischen Rennen mit den 250Fs an britische Enthusiasten verkauft wurden. Viele Teile der *Scuderia Centro-Sud* wurden auch in die Fahrzeuge von Cameron Millar eingebaut.

De Tomaso, Alessandro, 1928–2003
Geboren in Argentinien, fuhr de Tomaso Rennen mit Sport-Oscas und Maseratis. Er heiratete die amerikanische Erbin Isabelle Haskell und ging nach Modena, wo er die Firma de Tomaso gründete. Er erwarb eine Vielzahl kränkelnder italienischer Unternehmen einschließlich der Karosseriebauer Ghia (anschließend an Ford verkauft) und Vignale, der Motorradhersteller Benelli und Moto Guzzi und der zuvor in BMC-Besitz befindlichen Firma Innocenti. 1975 erwarb er einen Anteil von 30% an Maserati und wird, besonders in Italien, für den Niedergang der Marke verantwortlich gemacht, indem er die Firma zum Hersteller von Massenprodukten umbaute. 1991 übergab er die Kontrolle an Fiat.

Etancelin, Philippe, 1896–1981
Geboren in Rouen, war »Fi-Fi«, wie er genannt wurde, immer an seiner Kappe erkennbar, die er mit dem Schild nach hinten trug (er war fast ein Vorbild für die heutige Generation). Er arbeitete im Wollbetrieb der Familie und war nie ausschließlich Rennfahrer.

Sein erstes Rennen bestritt er 1927 mit Bugatti und fuhr anschließend bis 1931 Maseratis. Er kaufte den ersten Alfa Romeo *Monza*, der an einen privaten Besitzer verkauft wurde, und fuhr damit zwischen 1931 und 1933 Rennen. Zwischen 1934 und 1936 fuhr »Fi-Fi« Maseratis, verabschiedete sich 1937 vom Rennsport und kam 1938/39 zurück, um Talbots zu fahren. Von 1946 bis 1947 fuhr er Maserati- und Delage-Fahrzeuge und kaufte dann einen der neuen Talbot-Lago-GP-Wagen. Er fuhr eines dieser Fahrzeuge auch noch beim Gold Cup Meeting in Oulton Park 1954.

Fagioli, Luigi, 1898–1952
Fagioli wurde in Osimo in der Nähe von Ancona geboren. Seine Familie betrieb eine sehr erfolgreiche Pasta-Firma. Er wurde Buchhalter, bevor er 1925 mit einem Salmson 1100 ccm zum Motorsport kam. 1926 kaufte er einen Maserati Tipo 26 mit 1500 ccm Hubraum, und von 1930 bis zum Beginn des Jahres 1933 war er Maserati-Werksfahrer. Als Nuvolari zu Maserati kam, ging Fagioli zur *Scuderia Ferrari*. 1934 schloss er sich Mercedes-Benz an und ging 1937 zur Auto Union. Er litt stark an Arthritis und musste sich deshalb nach nur drei Rennen für das neue Team verabschieden. Bis 1948 nahm er an keinen Rennen mehr teil, als er einige Auftritte für Maserati hatte. Er bekam aber 1950 ein überraschendes Angebot von Alfa Romeo. Dort blieb er bis 1951, fuhr aber nur ein Rennen. Beim Training zum Grand Prix von Monte Carlo für die 2-Liter-Sportwagen hatte er einen schweren Unfall mit einem Lancia Aurelia GT und erlitt Kopfverletzungen, denen er drei Wochen später erlag.

Fangio, Juan Manuel, 1911–1995
Geboren in Balcare in Argentinien, fuhr er in lokalen Rennen, bevor er nach Europa kam, um für die *Squadra Achille Varzi* 1949 die 4CLT/48 zu fahren. 1950 bis 1951 war Fangio Alfa-Romeo-Werksfahrer (1951 gewann er die Weltmeisterschaft). 1952 ging er zu Maserati, hatte aber im Juni einen schweren Unfall in Monza und nahm bis 1953 an keinem Rennen mehr teil. 1953 wurde er Vize-Weltmeister mit seinem A6GCM, gewann zwei Rennen mit 250Fs zu Beginn des Jahres 1954 und ging danach zu Mercedes-Benz, wo er bis 1955 blieb. Er gewann die Weltmeisterschaft 1954, 1955 und 1956 (mit Lancia-Ferraris). 1957 kam er wieder zu Maserati zurück und gewann seine fünfte Weltmeisterschaft. 1958 zog er sich vom Rennsport zurück. In Italien wird er *Il Maestro* genannt und ist dort einer der populärsten Rennfahrer.

Fantuzzi, Medardo, 1908–1986
Geboren in Bologna, kam er 1923 zu Alfieri Maserati. Er wurde Maseratis hauseigener Karosseriebauer und war für die Mehrzahl der Rennwagen-Karosserien von Maserati verantwortlich, bis sich das Team Ende 1957 aus dem Rennsport zurückzog. 1959 ging er zu Ferrari, um dort Karosserien zu bauen, blieb aber nicht lange. Danach arbeitete er für die Firma Tecno in Bologna. Er hatte die Karosserien für den 250F, die bei Maserati hergestellt wurden, gebaut und benutzte 1968 dasselbe Frontend-Design für das Tecno-K250-Gokart. Er starb in Modena

Farina, Giuseppe, 1909–1966
Geboren in Turin. Sein Vater und sein Onkel besaßen die Stabilamenti-Farina-Karosseriefabrik. Er fuhr 1934 und 1935 Maseratis für Gino Roveres *Scuderia Subalpina*. 1936 ging er zur *Scuderia Ferrari* und 1938 zu *Alfa Corse.* 1946 fuhr er wieder Alfa Romeo, wurde aber am Jahresende aus dem Team entlassen, nachdem er sich vom Grand Prix von Mailand aus Protest gegen das Auswahlverfahren von Alfa Romeo, wer der Sieger sein sollte, verabschiedet hatte. Er hörte mit dem Rennen 1947 auf, kam aber im folgenden Jahr in die Rennszene zurück und fuhr für die *Scuderia Milano* von 1948 bis 1949 Maserati 4CLT/48. In unregelmäßigen Abständen fuhr er bis zur Saison 1950/51. Er testete auch den neuen GP-Ferrari und fuhr ihn 1948 in vier Rennen. 1950 und 1951 war er Alfa-Romeo-Werksfahrer; er gewann die erste Fahrer-Weltmeisterschaft 1950. Von 1952 bis 1955 war er Ferrari-Werksfahrer, wurde aber bei einem Unfall mit einem Sportwagen in Monza 1954 schwer verletzt. Bei einem Unfall mit seinem Lotus Cortina in Chambéry, als er zum Grand Prix von Frankreich 1966 fuhr, wurde er getötet.

Gonzalez, Froilan, 1922
Geboren in Argentinien, fuhr er zunächst lokale Rennen, bevor er nach Europa kam und 1950 Mitglied der *Scuderia Argentina* wurde. 1951 Werksfahrer bei Ferrari, gewann er den Grand Prix von England. 1952 bis 1953 ging er zu Maserati. 1954 kehrte er zu Ferrari zurück, war Beifahrer im Siegerwagen von Le Mans und siegte beim Grand Prix von England. Beim Training für die Tourist Trophy hatte er einen schweren Unfall und fuhr danach nur noch in der *Temporada*-Serie, abgesehen vom Grand Prix von England 1956 in seinem Vanwall, wo die Antriebswelle gleich am Start brach. Er lebt jetzt in Montevideo, Uruguay.

Gregory, Masten, 1922–1983
Er wurde in Kansas City geboren. Nachdem er bereits in Amerika Rennen gefahren war, kam er nach Europa und fuhr privat in einem Ferrari *Monza*. 1958 fuhr er für die *Scuderia Centro-Sud* und Temple Buell 250Fs. Er fuhr den Maserati »Birdcage« für das *Camoradi*-Team und war Beifahrer im siegreichen Tipo 61 auf dem Nürburgring 1961.

Halford, Bruce, 1931–2001
Britischer Amateurfahrer mit dem ehemaligen 250F

von Bira. Seine ganze Geschichte wird auf den Seiten 229–235 erzählt.

Mantovani, *Ingeniere* Sergio, 1929–2001
1953 und 1954 fuhr er seinen eigenen A6GCS als Werkswagen. Er teilte sich mit Luigi Musso einen Werks-A6GCM beim Grand Prix von Italien 1953. 1954 kaufte er sich seinen eigenen 250F und fuhr damit als Mitglied des Werksteams ab Juni. Mit dem Ersatzfahrzeug des Werksteams hatte er Ende März 1955 beim Training in Turin einen Unfall, der zur Folge hatte, dass man ihm sein linkes Bein amputierte. Er und sein Bruder betrieben bis in die 1980er-Jahre ein großes Lancia-Autohaus in Mailand. Er war technischer Berater in Monza und beim italienischen Automobilclub. Er war auch Berater für das Maserati-Register.

Marimon, Onofre, 1924–1954
Argentinier, dessen Vater Domingo ein enger Freund von Fangio war. Er kam erstmals 1951 nach Europa und fuhr für Talbot in Le Mans, gelegentlich auch für die *Scuderia Milano*. Er fuhr 1953 einen gesponserten Werks-A6GCM in den argentinischen Landesfarben Blau und Weiß. 1953 wurde er offiziell Werksfahrer und 1954, nachdem Fangio gegangen war, zum Spitzenfahrer des Teams ernannt. Er wurde bei einem Trainingsunfall mit seinem 250F für den Großen Preis von Deutschland getötet.

Maserati, *Cavaliere* Alfieri, 1887–1932
Arbeitete für Isotta Fraschini, gründete mit Trucco 1918 die Maserati-Zündkerzenfabrik. Fuhr Rennen mit Diattos und war beratender Entwicklungsingenieur. Er gründete 1926 die *Officine Alfieri Maserati*. Starb 1932 an den Folgen einer Nierenoperation.

Maserati, Bindo, 1883–1980
Arbeitete für Isotta Fraschini und kam 1932, nach dem Tod seines Bruders Alfieri, zur *Officine Alfieri Maserati*. Er blieb dort bis 1946 und gründete danach mit seinen Brüdern Ernesto und Ettore OSCA.

Maserati, Carlo, 1881–1910
Arbeitete bei Fiat, Bianchi und Isotta Fraschini, wo er seine kurze Rennkarriere beendete.

Maserati, Ernesto, 1894–1975
Kam zu Alfieri in sein ursprüngliches Unternehmen *Officina Alfieri Maserati*. Wurde nach Alfieris Tod Präsident und blieb bei Maserati bis Ende 1946. Dann gründete er mit seinen Brüdern Bindo und Ettore OSCA in Bologna.

Maserati, Ettore, 1894–1990
Kam zu Isotta Fraschini und anschließend in Alfieris ursprüngliches Unternehmen *Officina Alfieri Maserati*. Blieb bei Maserati bis zum Ende des Jahres 1946, um anschließend mit seinen Brüdern Bindo und Ernesto OSCA zu gründen.

Maserati, Mario, 1890–1981
Er studierte an der Akademie der Bildenden Künste in Brera, Mailand. Er wurde ein talentierter und angesehener Künstler. Seine erste Ausstellung fand 1921 statt; er ging nach Bologna und schuf das Maserati-Markenzeichen. 1943 zogen er und seine Frau wieder um in ihre Heimatstadt Novi Ligure, Alessàndria. Ihr einziger Sohn Rodolfo starb 1945. Sein Werk deckt ein weites Feld ab, einschließlich Stillleben, Landschaften, Porträts, männliche und weibliche Akte und religiöse Motive in einer Vielzahl stilistischer Richtungen vom Realismus bis zum Impressionismus. Er blieb ein sehr geachteter und geschätzter Künstler, und 2001 gab es eine Ausstellung seiner Werke in Canelli, Piemonte, nicht weit von Alessàndria entfernt.

Massimino, Alberto, 1895–1975
Geboren in Turin, arbeitete Massimino für Fiat, Alfa Romeo, Auto Avio/Ferrari und kam 1940 zu Maserati. Er war zunächst für die Entwicklung verantwortlich und konstruierte und verbesserte das 4CLT/48-Fahrzeug und die Sechszylindermodelle, die zum A6GCM-Formel-2-Wagen führten. Gegen Ende 1952 verließ er Maserati und arbeitete danach als Berater für Ermini, Ferrari, Stanguellini, de Tomaso und Serenissima. Er war auch an der Entwicklung von Fiat-Flugzeugmotoren beteiligt.

Moss, *Sir* Stirling, 1929
Außergewöhnlicher britischer Rennfahrer ab 1948. Fuhr 1954 Maserati 250F und wurde später im Jahr Mitglied der Werksmannschaft. 1955 fuhr er für Mercedes-Benz (gewann, gemeinsam mit Jenkinson, die Mille Miglia und wurde Vize-Weltmeister). Wurde 1956 erster Fahrer bei Maserati, gewann die Grand Prix von Monaco und Italien, wurde Vize-Weltmeister und fuhr 1957 Maserati-Sportwagen. Fuhr für Vanwall Grand-Prix-Rennen (1957/58) und Rob Walker (Cooper und Lotus 1959–1962). Er testete Werks-Maseratis und fuhr einmal Sportwagen. Fuhr für das *Camoradi*-Team und mit Dan Gurney, gewann 1960 das 1000-Kilometer-Rennen auf dem Nürburgring. Er zog sich nach einem schweren Unfall mit einem Lotus in Goodwood am Ostermontag 1962 vom Rennsport zurück.

Musso, Luigi, 1924–1958
Geboren in Rom, fuhr er private A6GCS als Werksfahrer 1953 und 1954 und erzielte beachtliche Erfolge in italienischen Sportwagenrennen. Er teilte sich einen A6GCS mit Mantovani beim Grand Prix von Italien. Mitte 1954 wurde er Werks-Formel-1-Fahrer und wurde Zweiter im GP von Spanien. Er blieb bis 1955 bei Maserati, hatte dort aber nur begrenzten Erfolg, einschließlich eines dritten Platzes beim Grand Prix der Niederlande und des Sieges beim *Supercortemaggiore*-Sportwagenrennen gemeinsam mit Behra. 1956 ging er zu Ferrari und war ein starker Rivale für Eugenio Castellotti, bis Letzterer bei einem Unfall bei einer Testfahrt im April 1957 in Monza getötet wurde. Musso wurde in einem Ferrari *Dino* beim GP von Frankreich 1958 getötet.

Nuvolari, Tazio, 1892–1953
Geboren in Casteldorio, 16 Kilometer von Mantua entfernt. Einer der größten Fahrer aller Zeiten und zweifellos der größte italienische Fahrer in der Zeit zwischen den Weltkriegen. Er fuhr ursprünglich Motorräder und war 1927 bis 1929 Partner von Varzi; danach fuhr er für *Alfa Corse* und die *Scuderia Ferrari*. Er hatte eine schwierige Beziehung zu Enzo Ferrari, ging 1933, nachdem die Alfa Romeo *Monoposti* von den Rennen zurückgezogen worden waren, zu Maserati und fuhr die Wagen im Rest des Jahres und im Jahr 1934. 1935 kehrte Nuvolari zur *Scuderia Ferrari* zurück und erzielte trotz der starken deutschen Konkurrenz einige bemerkenswerte Erfolge. Zu Beginn des Jahres 1938 verließ er die *Scuderia Ferrari* und ging kurz darauf zur Auto Union, wo er bis zum Ausbruch des Zweiten Weltkrieges blieb. In der Nachkriegszeit fuhr er 4CLs für die *Scuderia Milano*, aber er war ein kranker Mann, der an einem Emphysem litt. Er starb am 11. August 1953 in Mantua.

Orsi, Adolfo, 1888–1972
Ein erfolgreicher Industrieller aus Modena. Er hatte drei Kinder: den einen Sohn Omer und die Töchter Laura und Idina. Er kaufte Maserati von den Maserati-Brüdern mit Wirkung zum 1. Januar 1937 und kontrollierte das Unternehmen, bis es 1968 an Citroën verkauft wurde. Orsi besaß Maserati fast dreimal so lange wie die Maserati-Brüder.

Orsi, Adolfo, jr., 1951
Enkel von Adolfo Orsi, Rechtsanwalt und Experte in allen Dingen, die Maserati betreffen. Schreibt gegenwärtig ein Buch über Maserati-Tourenwagen.

Orsi, Omer, 1918–1980
Adolfos Sohn, der 1954 Geschäftsführer der *Officine Alfieri Maserati* wurde. Er kontrollierte das Unternehmen während der erfolgreichen Jahre im Rennen. Er hatte eine schlechte Gesundheit einschließlich Problemen mit seinen Nieren.

Panini, Matteo, 1971
Vater Umberto arbeitete bei der Zündkerzenfabrik und in der Motorradabteilung von Maserati. Die Familie betreibt ein sehr erfolgreiches Druckereiunternehmen. Panini hat eine sehr enge Verbindung mit Maserati und besitzt eine ausgezeichnete Maserati-Sammlung in seinem Museum auf einer Parmesankäse-Farm bei Modena. Neben Touring-Fahrzeugen hat er auch die Fahrgestellnummer 1545 vom Typ 6CM, den Tipo 61 mit der Chassis-Nummer 2472, der ehemals zum *Camoradi*-Team gehörte (der Siegerwagen auf dem Nürburgring 1960, der eine neue Karosserie von Drogo hat), und den ehemaligen *Scuderia-Serenissima*-Tipo-63 mit der Chassis-Nummer 63008.

Perdisa, Cesare, 1932–1998
Die Perdisa-Familie war in der Landwirtschaft und im Verlagswesen tätig, und sie war mit Orsi befreundet. Cesare fuhr Maserati-Sportwagen, bevor er 1955 Mit-

glied des Werksteams wurde und bis Ende 1956 blieb. Er schenkte den Orsis ihren ersten deutschen Schäferhund. Perdisa gründete 1956 das Magazin *Velocitas* (es erschien bis 1964). 1957 ging er zu Ferrari, beendete seine Rennkarriere aber, als sein enger Freund Eugenio Castellotti im April 1957 tödlich verunglückte. Danach übernahm er die Maserati-Vertretung in Bologna. Er übernahm nach dem Tod seines Vaters den familieneigenen Calderini-Verlag.

Peron, Juan Domingo, 1895–1974

Argentinischer Soldat, der eine führende Rolle beim Militärputsch 1943 übernahm. Für seine Sozialreformen bekam er große Unterstützung und wurde 1946 Präsident. Peron heiratete 1945 seine zweite Frau, die Radio- und Bühnenschauspielerin Maria Eva Duarte de Peron. Peron unterstützte intensiv den Motorsport, und es war seinem Einfluss zu verdanken, dass so viele argentinische Fahrer in Europa Rennen fahren konnten. Seine Frau (nach der das Musical *Evita* benannt wurde) starb 1952. Adolfo Orsi verhandelte mit Juan Peron über den Verkauf einer größeren Anzahl von Bohr- und Fräsmaschinen sowie Werkzeugen in Argentinien und gewährte ab 1955 einen Kredit dafür. Peron wurde 1955 abgelöst, und die neue Regierung verweigerte die Bezahlung. Peron heiratete 1961 Maria Estela Cartas (bekannt als Isabelita) und wurde 1973 mit überwältigender Mehrheit wieder zum Präsidenten gewählt, verstarb aber im folgenden Jahr.

Plate, Enrico, 1909–1954

Neffe des Vorkriegsfahrers Luigi Plate. Enrico wurde in Mailand geboren und war dort sein ganzes Leben lang zu Hause. Er bildete mit Emmanuel de Graffenried ein Team, und sie fuhren mit 4CL- und 4CLT/48-Maseratis Rennen. Die Plate-Maseratis und die A6GCMs waren bis Januar 1954 sehr erfolgreich, als Plate getötet wurde, als er beim Buenos-Aires-City-Grand-Prix vor der Box stand.

Salvadori, Roy Francesco, 1922

Geboren in Dovercourt nahe Harwich. Salvadori hatte italienische Eltern. Roy wurde oft, wenn er in Italien fuhr, als Italiener angesehen. Er begann seine Rennkarriere nach dem Krieg, und unter seinen frühen Fahrzeugen waren ein 4C-1500, den er 1948 fuhr, und ein 4CL, den er 1949 von Bira auslieh. Der 4CL wurde beim Wakefield-Trophy-Rennen von einem Alfa gerammt, fing Feuer und brannte komplett aus. 1951 fuhr er Frazer Nash *Le Mans Replicas*. Nach einem schweren Unfall in Silverstone ging man davon aus, dass er sterben würde, und gab ihm die Sterbesakramente. Er überlebte aber und fuhr 1952 Ferraris für Bobby Baird, dessen Familie den *Belfast Daily Telegraph* besaß, und ab 1953 Werks-Connaughts. 1953 begann auch seine langjährige Verbindung zu Aston Martin. Gegen Ende 1953 fuhr er einen Maserati-A6GCS-Sportwagen für Sid Greens Gilby Engineering und einen Maserati 250F von 1954 bis 1956. Seine Renngeschichte mit den 250Fs wird auf den Seiten 224–228 erzählt. Nach einer langen und abwechslungsreichen Rennkarriere wurde er Rennleiter des Cooper-Teams, als sie 1966 und 1967 Formel-1-Fahrzeuge mit Maserati-Motoren fuhren.

Schell, Harry, 1921–1960

In Frankreich als Sohn von Laury Schell und Lucy O'Reily-Schell geboren, hatte Harry einen nachhaltigen Motorsporthintergrund. Neben seinen Rennsportaktivitäten besaß er eine teure, aber populäre Bar in Paris. 1951 fuhr er einen 4CLT/48 für Plate und 1952 den 2-Liter-Plate-Maserati. Gelegentlich fuhr er auch für Gordini, saß hinter dem Lenkrad eines A6GCM mit einem 250F-Motor und fuhr beim GP von Spanien einen 250F. Harry war Vanwall-Werksfahrer, aber Tony Vandervell hielt ihn nicht unbedingt für erfolgreich, und so wurde er Ende 1956 aus dem Team entlassen. Er schloss sich 1957 wieder dem Maserati-Werksteam an. Er wurde getötet, als er mit seinem *Yeoman-Credit*-Cooper 1960 beim Training zur International Trophy in Silverstone einen Unfall hatte.

Tanner, Hans, 1927–1975

Er wurde in Schaffhausen in der Schweiz geboren. In Italien bekam er Kontakt mit dem Rennsport und lebte in einem Hotel in Modena. Tanner war eine bekannte Figur auf den Rennpisten der 1950er-Jahre und fuhr und managte viele Fahrzeuge. Er schrieb für das britische Magazin *Motor Racing* sowohl unter seinem Namen als auch unter dem Pseudonym Coche. Er hatte immer als Erster die Informationen über Neuentwicklungen bei Ferrari und Maserati. Tanner schrieb eine Reihe von Büchern, von denen das über Ferrari ein Standardwerk wurde. Er managte die Temple-Buell-Maserati *Piccolo* Ende 1958 und zu Beginn des Jahres 1959. Er war Teilnehmer der Landung in der Schweinebucht bei der Invasion in Kuba 1961 und wurde danach Herausgeber von Motorbüchern in Los Angeles. 1975 beging er Selbstmord.

Taruffi, Piero, 1906–1988

Geboren in Rom, hatte er eine lange Karriere, die Rennen für die *Scuderia Ferrari* in den frühen 1930er-Jahren einschloss, ebenso die Fahrten mit dem V5-16-Zylinder-Maserati in Tripoli 1934 und die Fahrten mit dem Werks-4C-2500 in Monaco im gleichen Jahr. 1935 unterschrieb er bei Bugatti und wurde Gileras Motorrad-Rennmanager. Taruffi fuhr später 6CM- und 4CL-Maseratis für die *Scuderia Ambrosiana*. In den frühen Nachkriegstagen war er Manager, technischer Berater, Tester und Fahrer bei Cisitalia. Er ging zum Gilera-Konzern zwischen 1948 und 1957 als Rennmanager zurück und brach 37 Rekorde mit seinem Tarf-Fahrzeug. 1951 und 1952 war Taruffi Mitglied des Ferrari-Teams, er fuhr 1953 und 1954 Lancia-Werks-Sportwagen, kam 1955 zu Ferrari zurück und unterschrieb 1956 einen Vertrag bei Maserati. 1957 gewann er mit einem Ferrari die letzte Mille Miglia. Es war seine 14. Teilnahme an dieser Rennveranstaltung. 1957 zog er sich vom Rennen zurück, hielt aber engen Kontakt zu »Mimmo« Deis *Scuderia-Centro-Sud*-Rennschule. Er schrieb zwei gute Bücher über den Rennsport: *The Technique of Motor Racing* (1962) und seine Autobiografie *Works Driver* (1964).

Tavoni, Romolo, 1926

Er wurde in Formigine, Modena, geboren und arbeitete 1948 und 1949 für Maserati als Transport-Administrator. Er verließ das Unternehmen, um Sekretär bei Enzo Ferrari zu werden. Nachdem Ugolini Ferrari verlassen hatte, wurde Tavoni Ferraris Teammanager.

Ugolini, *Maestro Cavaliere Ufficiale* Nello, 1905–2003

Er wurde 1905 in Vignola, Modena, geboren und wurde 1923 Sekretär des Fußballclubs von Modena. 1936 kam er als Teammanager zur *Scuderia Ferrari*, verließ sie aber 1939 wieder, um Chef der Rennabteilung und Personalmanager von Alfa Romeo zu werden. 1946 und 1947 managte er den Fußballclub von Modena, von 1947 bis 1952 den von Florenz. 1952 kehrte er zu Ferrari als Teammanager zurück, aber 1955 verließ er Ferrari wieder aus Gründen, die vertraulich waren, ging zu Maserati und war dort bis Dezember 1958 Teammanager. 1959 leitete er das *Scuderia-Ugolini*-Team für die 250Fs von Marie-Thérèse de Filippis und Giorgio Scarlatti. Außerdem managte er die Fußballclubs von Turin und Venedig, wie er auch zusätzlich noch mit den Aktivitäten der *Scuderia Serenissima Repubblica di Venezia* beschäftigt war. Zwischen 1966 und 1974, als er sich zurückzog, arbeitete er für de Tomaso. Er starb in Modena.

Villoresi, Luigi, 1909–1997

Geboren in Mailand, starteten er und sein Bruder Emilio 1931 ihre Rennfahrerkarrieren mit modifizierten Fiats. Von 1937 an fuhr Luigi Maserati-*Voiturettes* für die *Scuderia Ambrosiana* und erschien mit einem 8CTF sowohl bei der Coppa Acerbo als auch in Donington. Sein Bruder wurde Mitglied der *Scuderia Ferrari* und wurde bei einer Demonstrationsfahrt mit einer *Alfetta* bei einem Empfang für Alfa-Romeo-Kunden in Monza 1939 getötet. Er war der Mentor von Alberto Ascari, und in der Nachkriegszeit fuhren sie beide 4CL- und 4CLT/48-Sport-Rennwagen der *Scuderia Ambrosiana*. Gemeinsam führten sie ein Speditionsgeschäft. Beide kamen 1943 zu Ferrari und blieben dort bis 1953. 1954 unterschrieben Villoresi und Ascari für das neue Lancia-D50-GP-Fahrzeug. Aber weil der Wagen nicht bis zum Grand Prix von Spanien fertig wurde, stellte Gianni Lancia es Luigi frei, einen Maserati zu fahren. Luigi trat mit einem 250F bei den GP von Frankreich, England und Italien an. Die Lancias fuhren erst im Frühjahr 1955, aber das Team zog sich nach dem tödlichen Unfall von Ascari in Monza aus dem Rennsport zurück. Villoresi fuhr bis 1956 für Maserati, schied aber nach einem Unfall mit einem 2-Liter-Sportwagen ein Jahr später in Rom aus dem Rennsport aus.

Anhang 2

Informationen über Maserati-Grand-Prix-Fahrgestelle

Die 8C-3000, 8CM-3000 und C6/34

3001: Motor nur im Tipo-26M-Chassis von 1932 eingebaut, um den 8C-3000 zu komplettieren. Gefahren von Campari; Sieg beim Grand Prix von Frankreich 1933. 1934 verkauft an Eugenio Siena.

3002: Motor nur im Tipo-26M-Chassis von 1932 eingebaut, um den 8C-3000 zu komplettieren. Von Bernard Rubin gekauft und von Tim Birkin beim Grand Prix von Tripoli 1933 auf den dritten Platz gefahren. Das war das Rennen, bei dem sich Birkin am Auspuff den Arm verbrannte und daraufhin eine Blutvergiftung bekam, die zum Tode führte. Später wurde das Fahrzeug von Austin Dobson gefahren. John Crampton fuhr ihn in den frühen Nachkriegsjahren.

3003: Der Motor wurde an Graf Luigi Premoli in Mailand verkauft und von Ingenieur Egidio Galimberti in ein modifiziertes Bugatti-Typ-35-Chassis eingebaut. Das Fahrzeug wurde als PBM (Premoli-Bugatti-Maserati) bekannt. Premoli fuhr sehr viel mit dem Fahrzeug.

3004: In der Werksliste als »kein Maserati« aufgelistet. Möglicherweise nicht gebaut oder in Komponentenform als Ersatzteile an Raymond Sommer verkauft.

3005: 620 mm breiter Chassisrahmen. Hydraulische Bremsen. Im März 1933 an Raymond Sommer geliefert und ein Jahr später an Piero Taruffi verkauft.

3006: 620 mm breiter Chassisrahmen. Mechanische Bremsen. An Raymond Sommer für Goffredo Zehender geliefert, 1933 im Renneinsatz und für Rekordversuche in Montlhéry genutzt. Ende 1936 in Chambost schwer verunglückt. Im Werk mit einem Chassis aus rostfreiem Stahl und einer neuen Karosserie wieder aufgebaut.

3007: 620 mm breiter Chassisrahmen. Hydraulische Bremsen. Im April 1933 an Tazio Nuvolari ausgeliefert. Chassis verstärkt von Imperia. Nuvolari kam damit im April 1934 in Alessàndria von der Strecke ab, brach sich sein linkes Bein zweimal, und das Fahrzeug wurde schwer beschädigt. Man kann darüber streiten, ob es wieder aufgebaut wurde oder ob es eine neue Fahrgestellnummer bekam (siehe unten).

3008: 620 mm breiter Chassisrahmen. Hydraulische Bremsen. Im Oktober 1933 an Hans Ruesch, Zürich, ausgeliefert.

3009: 620 mm breiter Chassisrahmen. Mechanische Bremsen. Im Januar 1934 an Mme Nelly Braillard ausgeliefert und von Benoit Falchetto erfolgreich gefahren beim Picard-GP und dem GP de France in Montlhéry 1934. Peter de Paolo hatte mit diesem Fahrzeug einen schweren Unfall beim Training zum Penya-Rhin-GP 1934 in Barcelona.

3010: 620 mm breiter Chassisrahmen: Hydraulische Bremsen. Im Dezember 1933 an Philippe Etancelin ausgeliefert und viel bei Rennen eingesetzt. 1935 an Armand Girard verkauft. Ausgestellt im Musée Nationale/Collection Schlumpf in Mülhausen.

3011: Der berühmteste 8CM. 620 mm breiter Chassisrahmen. Hydraulische Bremsen. Im Februar 1934 an Whitney Straight ausgeliefert. Modifiziert von Reid Railton mit einem Armstrong-Siddeley-Vorwahlgetriebe, einem versteiften Chassis und einer verstärkten Aufhängung. Das Fahrzeug hatte eine überarbeitete Karosserie mit einer herzförmigen Kühlermaske und einem Grill. Ursprünglich weiß mit blauem Chassis lackiert, 1934 wurde in Schwarz umlackiert. Es wurde von Prinz Chula für seinen Cousin Prinz Bira gekauft, der es bis in die frühen Nachkriegstage fuhr. Kenneth McAlpine fuhr es bei Sprintrennen, Bergrennen und einigen anderen Veranstaltungen bis 1950. McAlpine erwarb es und baute einen Motor mit 3015 ccm Hubraum ein, um es bei Veranstaltungen, die für Fahrzeuge ohne Hubraumlimit ausgeschrieben waren, einsetzen zu können. Spätere Besitzer waren unter anderem H.C. Spero und Dan Margulies.

3012: 850 mm breiter Chassisrahmen. Hydraulische Bremsen. An Whitney Straight im März 1934 ausgeliefert. Wie oben modifiziert von Reid Railton. Neu aufgebaut mit einer Zweisitzer-Sportwagenkarosserie von Gurney Nutting. In den 1960er-Jahren zurückgebaut zum Einsitzer durch Bill Black. Während der 3012 sich im Besitz von Whitney Straight befand, hatte er den Motor vom 3011, und der 3011 hatte den Motor vom 3012. David Heiman brachte die richtigen Motoren wieder in ihre ursprünglichen Chassis, nachdem er beide Fahrzeuge erworben hatte.

3013: 850 mm breiter Chassisrahmen. Hydraulische Bremsen. Im März 1934 ausgeliefert an Lord Howe. Verkauft an T.P. Cholmondley Tapper (siehe *Amateurrennfahrer*, G.T. Foulis, circa 1954). Mit A.B. Hyde beim Großen Preis von Deutschland 1938 schwer verunglückt. Kenneth McAlpine fuhr damit für kurze Zeit Rennen nach dem Krieg. Danach wurde er als Sportwagen neu aufgebaut.

3014: Es wird angenommen, dass es sich um einen 850 mm breiten Chassisrahmen handelt. Hydraulische Bremsen. Im März 1934 ausgeliefert an Carlo Pedrazzini. Der Besitzer wurde am Steuer seines Fahrzeugs im April 1934 in Alessàndria getötet.

3015: Es wird angenommen, dass es sich um einen 620 mm breiten Chassisrahmen handelt. Mechanische Bremsen. Im Mai 1934 ausgeliefert an Mme Nelly Braillard.

3016: 620 mm breiter Chassisrahmen. Hydraulische Bremsen. Es wird vermutet, dass es sich um den wieder aufgebauten 3007 handelt, nachdem Whitney Straight einen Prozess wegen der verspäteten Auslieferung seines dritten Fahrzeugs, das er bestellt hatte, angestrengt hatte. Das Fahrzeug wurde im Mai 1934 ausgeliefert. Zerstört bei Hugh Hamiltons tödlichem Unfall beim Grand Prix der Schweiz im August 1934, bevor die Modifikationen von Reid Railton ausgeführt werden konnten.

3017: Wahrscheinlich nicht gebaut, da 3017 in Italien eine Unglückszahl ist.

3018: 850 mm breiter Chassisrahmen. Hydraulische Bremsen. Als Ersatzfahrzeug für Nuvolaris 3007 gebaut. Im Mai 1934 ausgeliefert. Anschließend von Straight mit einem Vorwahlgetriebe ausgestattet. Für den Grand Prix von Italien wurde ein Motor des Tipo 6C/34 mit 3234 ccm Hubraum eingebaut. Als Achtzylinder restauriert und in der Donington Grand Prix Car Collection ausgestellt.

3019: 850 mm breiter Chassisrahmen. Hydraulische Bremsen. Verchromte Kühlermaske. Im Juni 1934 an Graf José de Villapadierna ausgeliefert.

3020: 620 mm breiter Chassisrahmen. Hydraulische Bremsen. Es gibt Vermutungen – hauptsächlich weil es ein sehr später Zeitpunkt für einen schmalen Chassisrahmen war –, dass es sich hier um das wieder aufgebaute Chassis 3006 handelt. Im Juni 1934 an Graf José de Villapadierna ausgeliefert.

3021: Die Maserati-Liste enthält über dieses Fahrzeug keine Angaben, es könnte aber das Fahrzeug mit dem Tipo-6C/34-Motor gewesen sein, das an Josef Bradzil verkauft wurde und mit dem er einen tödlichen Unfall beim Training zum Masaryk-Grand-Prix im September 1934 erlitt (siehe S. 48–49).

3022: 850 mm breiter Chassisrahmen. Hydraulische Bremsen. Im Juli 1934 an Hans Ruesch ausgeliefert. Danach mit einem 6C/34-Motor ausgestattet.

3023: 6C/34, ursprünglich mit einem 3,2-Liter-Motor im Dezember 1934 an Gino Rovere, *Scuderia Subalpina*, ausgeliefert. Später wurde ein 3,7-Liter-Motor eingebaut.

3024: 6C/34-3,7-Liter-Motor, ausgeliefert im Februar 1935 an Hans Ruesch.

3025: 6C/34-3,7-Liter-Motor, im März 1935 an Gino Rovere, *Scuderia Subalpina*, ausgeliefert. Dieser Wagen wurde erst kürzlich als bloßes Chassis mit einem Vierventile-Tipo-6CM-Motor mit der Nummer 1558 im Werk entdeckt. Zeichnungen des 6C/34-Motors existieren noch, und Matteo Panoni wird diesen Wagen wieder komplett restaurieren.

3026: 6C/34-3,7-Liter-Motor, im April 1935 an die *Scuderia Subalpina* ausgeliefert.

3027: 850 mm breiter Chassisrahmen. Hydraulische Bremsen. Angeblich im Oktober 1935 an Piero Taruffi für das Fahrzeug in Genua ausgeliefert. Orsi behauptete, dass der Wagen einen modifizierten Motor mit 312 PS bei 6200 U/min besaß, der ein Prototyp für den 8CTF gewesen sein soll (unwahrscheinlich). In einer abgemagerten Version wurde es von Giuseppe Furmanik zur Aufstellung von Klassenrekorden im Januar 1936 benutzt.

3028: 6C/34. Siehe unter 8CM-3000 oben.

Die Tipo V8RI

4501: Werkswagen aus dem Jahr 1935, gefahren von Philippe Etancelin. Er hatte im September in Monza einen schweren Unfall, sodass das Fahrzeug für 1936 komplett neu aufgebaut werden musste; mit einer neuen unabhängigen Hinterradaufhängung und einer neuen Karosserie. *Scuderia Torino* kaufte dieses Fahrzeug, setzte es aber nur selten ein. 1937 kauften es Alistair und Esmond Bradley-Martin aus den USA. Deacon Litz fuhr es im Training zum Vanderbilt-Cup-Rennen 1937, ging damit aber nicht an den Start. George Robson fuhr es mit einem auf 4,5 Liter reduzierten Motor ohne Kompressor beim Rennen in Indianapolis 1939, verpasste aber die Qualifikation. Jim Brubaker konnte sich 1946 bis 1949 in Indianapolis nicht qualifizieren. 1950 wurde das Fahrzeug an George Weaver und anschließend an Phil Cade verkauft. Cade baute später einen Chrysler-V8-Motor ein und behielt das Fahrzeug in dieser Form.

4502: *Scuderia Subalpina* übernahm das Fahrzeug im September 1935. 1936 ging es an die *Scuderia Torino*, und 1937 wurde es an George Rand in die USA verkauft. Enzo Fiermonte fuhr es im Training für das Vanderbilt-Cup-Rennen 1937, aber Wilbur Shaw übernahm im Rennen das Fahrzeug und wurde Achter. Rand fuhr es 1938 bei kleineren Veranstaltungen. Deacon Litz reduzierte den Hubraum des Motors auf 3 Liter, qualifizierte sich 1939 für Indianapolis und fiel mit Ventilproblemen aus (klassifiziert als 31.). Es fuhr bei kleineren Veranstaltungen und wurde danach von Hinnershitz 1947 in Indianapolis gefahren, konnte sich aber nicht qualifizieren. 1947 wurde es von den Granatelli-Brüdern gekauft. 1948 fuhr es Walt Brown in Indianapolis, konnte sich aber nicht qualifizieren. 1949 bauten die Granatelli-Brüder einen 4,5-Liter-Offenhauser-Motor ein und gaben dem Fahrzeug eine neue Karosserie. Der Motor wurde an George Weaver verkauft. Jim Rathmann fuhr das Fahrzeug 1949 in Indianapolis, qualifizierte sich aber nicht. 1954 wurde das Fahrzeug als Sport-Rennwagen neu aufgebaut, mit einem Chrysler-Motor und vielen anderen mechanischen Veränderungen. Später wurde es ein Fall für eine langfristige Restaurierung.

4503: Im Februar 1936 übernahm Philippe Etancelin dieses Fahrzeug, gewann in Pau und fuhr danach ohne Erfolge. Nach dem Vanderbilt Cup verkaufte Etancelin das Fahrzeug an Henry »Bob« Topping jr., Besitzer der New York Yankees. »Babe« Stapp fuhr es 1937 in Indianapolis, als man den Motor auf fünf Liter aufgebohrt und eine linksgesteuerte Karosserie daraufgesetzt hatte. Es ging als »Topping« an den Start. Die Regeln verlangten in diesem Jahr zusätzlich, dass die Fahrzeuge mit »serienmäßigem« Benzin betrieben wurden. Stapp qualifizierte sich, fiel aber wegen Kupplungsproblemen aus und wurde 31. Stapp fuhr das Fahrzeug, das jetzt wieder auf seine ursprünglichen Spezifikationen zurückgerüstet war, in diesem Jahr im Vanderbilt Cup, musste aber wegen Motorproblemen aufgeben. Zwei Jahre später brachte Topping das Fahrzeug nach Hawaii, wo er es auf seinem Besitz fuhr, nachdem er den Kompressor ab- und Ford-Vergaser eingebaut hatte. 1945 wurde das Fahrzeug zerlegt: Die Komponenten wurden nach Kalifornien verschifft, und der Motor wurde in einen Sprintwagen für Rundstrecken eingebaut. Trevor Harris benutzte einige Komponenten in einem von einem Oldsmobile-Motor angetriebenen »Special«. Später wurden alle Teile wieder zusammengesucht, ein britischer Händler brachte sie 1977 nach England, und im folgenden Jahr begann Wing-Commander Douglas Marr mit der Komplettrestaurierung. Diese wurde 1989 abgeschlossen, und das Fahrzeug wurde später nach Deutschland verkauft.

4504: Raphael Bethenod de Las Casas kaufte dieses Fahrzeug und setzte es nur beim Vanderbilt Cup 1936 ein. Townsend B. Martin erwarb das Fahrzeug in den USA, und Mauri Rose fuhr es 1937 beim Vanderbilt Cup, fiel aber aus, weil die Hinterachse Probleme machte. Henry Banks fuhr es als Cheeseman-Maserati mit einem auf drei Liter reduzierten Motor 1939 in Indianapolis, konnte sich aber nicht qualifizieren. Henry Banks fuhr das Fahrzeug 1940 wieder in Indianapolis, konnte sich aber wieder nicht qualifizieren. George Weaver kaufte nach dem Krieg das Fahrzeug für Club-Rennen. Er behielt den Wagen bis zu seinem Tod 1990, danach wurde das Fahrzeug von seiner Witwe einem amerikanischen Enthusiasten geliehen, der damit am VSCC-Meeting in Donington Park teilnahm. Es erlitt einen Schaden am Zylinderkopf, wurde nach Donington zurückgebracht und ist heute eine Leihgabe in der Donington Grand Prix Car Collection.

Die Tipo 8CTF

3030: Werkswagen aus dem Jahr 1938 (erschien erstmals beim Grand Prix von Tripoli und wurde von Felice Trossi gefahren). Werkswagen 1939 (Villoresi beim Großen Preis von Deutschland), danach an Laury Schell verkauft. Fuhr 1940 in Indianapolis, ebenso 1941 als *Elgin Piston Pin Special*. 1946 fuhr er in Indianapolis als *Jim Hussey's Special*, 1947 wurde er in Indianapolis von Snowberger gefahren und fuhr 1948 als *Federal Engineering Special* wieder in Indianapolis, konnte sich aber mit Sam Hanks hinter dem Lenkrad nicht qualifizieren. 1950 wurde er für Indianapolis mit einem aufgeladenen 3-Liter-Offenhauser-Motor von *Maserati Race Cars* gemeldet. Er blieb in den USA und ist zum Zeitpunkt, als dieses Buch geschrieben wird, im Besitz von Dean Butler.

3031: Werkswagen 1938 (erster Auftritt bei der Coppa Ciano, gefahren von Goffredo Zehender). 1939 Werkswagen (einziger Auftritt mit Pietsch beim Großen Preis von Deutschland, wurde Dritter), danach an Laury Schell verkauft. Fuhr 1940 in Indianapolis, ebenso

1941 und 1946, in letzteren beiden Jahren als *Elgin Piston Pin Special*. 1951 von Joe Barzda für Indianapolis gemeldet, aber im Qualifying von Bud Sennett gecrasht. Von Cameron Millar nach England importiert. Als das Buch geschrieben wurde, befand sich das Fahrzeug im Besitz von Joel Finn in den USA.

3032: Von Cotton Henning für Wilbur Shaw erworben, um damit 1939 in Indianapolis zu fahren. Kam in den USA mit gebrochenem Zylinderblock an. Eine Ersatzmaschine wurde eingebaut, und Shaw gewann das Rennen mit dem Fahrzeug, das als *The Boyle Special* gemeldet worden war. 1940 gewann Boyle wieder in Indianapolis. 1941 führte Boyle in Indianapolis, bis ein Rad brach und er verunglückte. Beim Indianapolis-Rennen 1946 wurde das Fahrzeug, gefahren von Ted Horn, Dritter. 1947 wurde es zum Rennen als *Bennett Brothers Special* gemeldet, und wieder wurde Horn Dritter. 1948 wurde Horn mit dem Fahrzeug Vierter. 1949 wurde es von der *Indianapolis Race Car Incorporated* gemeldet und fiel, mit Lee Wallard am Steuer, aus. 1950 wurde es vom selben Team wieder gemeldet, konnte sich aber nicht qualifizieren. 1951 meldete es *Maserati Race Cars,* machte aber keinen Versuch, es zu qualifizieren. Das Fahrzeug wurde in seiner originalen roten Lackierung restauriert und ist im Indianapolis Speedway Museum ausgestellt.

3033: Nur als Motor gebaut und an Cotton Henning als Ersatz für den vom Frost zerstörten 3032 ausgeliefert.

Die Tipo 8CL

3034: Nach der Komplettierung 1940 in die USA verschifft und beim 500-Meilen-Rennen von Indianapolis von dem argentinischen Veteranen Raoul Riganti gefahren, der damit verunglückte.

3035: 1941 fertiggestellt und während der Kriegsjahre abgestellt. Von der *Scuderia Milano* in die USA verschifft und 1946 von Luigi Villoresi beim 500-Meilen-Rennen von Indianapolis gefahren. Nach Europa zurückgebracht und von Villoresi bei zwei anderen Rennen gefahren.

Der Tipo 250F

Es wurden 34 250Fs gebaut (einschließlich der Tec-Mec), aber es gibt so viele Fälschungen und Nachbauten, dass – so schrieb Matteo Panini –, stellte man sie alle an einem Ort nebeneinander, 50 bis 60 Fahrzeuge präsent wären.

2501: Diese Nummer wurde ursprünglich für den A6GCM mit dem 250F-Motor verwendet, der für Roberto Mieres gebaut wurde. Der 250F mit dieser Nummer stammt aus der Mitte des Jahres 1954. Von 1955 bis 1957 Werkswagen und auch als Versuchswagen genutzt. Neu aufgebaut 1958 mit der Nummer 2526 und an den Moto-Guzzi-Werksfahrer Keith Campbell verkauft. Er wurde von ihm wenig gefahren.

2502: Diese Nummer wurde zuerst für den A6GCM mit einem 250F-Motor benutzt, der an Jorge Daponte verkauft wurde. Einer der ersten beiden 250Fs, die 1954 in Argentinien am Start waren, hatte ebenfalls diese Nummer. Später im Jahr 1954 wurde das neue Fahrzeug von Sergio Mantovani gekauft und gefahren. Sein weiteres Schicksal ist unbekannt.

2503: Diese Fahrgestellnummer nicht vergeben.

2504: Nummer benutzt für einen A6GCM mit einem 250F-Motor, der von Prinz Birabongse gefahren wurde als Ersatz für seinen A6GCM mit 250F-Motor. Der Motor wurde in den neuen 250F eingebaut, den Bira Mitte 1954 und Mitte 1955 fuhr. Anschließend wurde das Fahrzeug für einige Rennen an Horace Gould verliehen. Schließlich wurde es von Bira an Bruce Halford verkauft. Im Werk nach einem Unfall mit einem neuen Chassisrahmen versehen, wurde es weiter von Halford in Rennen gefahren. In Neuseeland wurde es 1960 mit einem Chevrolet-Motor eingesetzt.

2505: Von Fangio gefahren als Siegerwagen im Grand Prix von Argentinien 1954. 1954 Werkswagen. Verkauft an André Simon und dann an Joakim Bonnier. Blieb lange Zeit in Modena, bevor er renoviert und im Turiner Museum mit der Chassis-Nummer 2500 ausgestellt wurde.

2506: Werkswagen, 1954 von Marimon gefahren. An Louis Rosier verkauft und von ihm permanent eingesetzt. Er stand lange Zeit im Henri-Malartre-Museum in Rochetille-sur-Saone und ging dann in die Schlumpf-Sammlung.

2507: Für Gilby Engineering gebaut und von Roy Salvadori 1954 bis 1956 gefahren. Jim Russel, Ivor Bueb und der 17 Jahre alte Keith Greene (Sohn des Gilby-Bosses Sid Greene) fuhren ihn 1957. Durch Performance Cars Brentford an einen portugiesischen Sammler verkauft. Später kam er nach England zurück.

2508: Für Stirling Moss gebaut und von ihm 1954 gefahren. War Teil des Werksteams in Caen. Im Winter 1954/55 mit einer SU-Treibstoffeinspritzung ausgestattet, außerdem mit Dunlop-Scheibenbremsen und Magnesium-Leichtmetallscheibenrädern. Von Moss 1955 für verschiedene Fahrer einschließlich Mike Hawthorn, »Johnny« Claes, Lance Macklin, John Fitch und Bob Gerard gemeldet. 1956 wieder von Moss gefahren und anschließend an Ross Jensen in Neuseeland verkauft mit Papieren, die ihn als 2513 ausweisen. Er blieb viele Jahre in Australien und wurde in seine ursprüngliche Form zurückversetzt, kam nach England und ging dann in die USA.

2509: Für die Owen Racing Organisation gebaut und von dieser bei Rennen eingesetzt, bis der neue BRM 25P fertig war. Er wurde stark modifiziert, einschließlich des Einbaus von Dunlop-Scheibenbremsen und der Montage von Magnesium-Leichtmetallrädern. 1956 an Jack Brabham verkauft und anschließend nach Neuseeland, wo er von Chris Amon in Rennen gefahren wurde. Später stand das Fahrzeug in einem Museum in Neuseeland. Die Schlumpf-Sammlung hat ein Fahrzeug mit der Nummer 2511, das auf dem Chassisrahmen 2509 aufgebaut ist. Ein BRM mit Ron Flockhart am Lenkrad fuhr in den verunglückten von Bira ausgeliehenen 2504 und zerstörte ihn, woraufhin es zum Tausch der Rahmen kam.

2510: Fahrgestellnummer nicht vergeben.

2511: Werkswagen von Mantovani. Er wurde an die *Scuderia Centro-Sud* verkauft. Wurde viel bei Rennen eingesetzt und blieb, allerdings zerlegt, erhalten. Teile wurden von Cameron Millar gekauft und wieder in ein Chassis mit der Nummer 2511 eingebaut. Verkauft nach Japan.

2512: Werkswagen, in dem Marimon beim Training für den Großen Preis von Deutschland 1954 getötet wurde. Er wurde wieder aufgebaut und von Mantovani gefahren. Es wird angenommen, dass er vom Werk später als der 2518 verkauft wurde. Man sollte ihn nicht mit der CM-Replica verwechseln, die auch unter dieser Chassis-Nummer fuhr.

2513: Als rollbares Chassis an Tony Vandervell ausgeliefert, ohne Motor und Karosserie, für Studienzwecke in Verbindung mit einer Vanwall-Entwicklung. Nach Vandervells Tod und einige Zeit nach der Übernahme von VP Products durch GKN komplettierte David Sankey, Sohn des GKN-Direktors, das Fahrzeug und fuhr historische Rennen.

2514: Im September 1954 für Luigi Musso gebaut und 1955 als Werkswagen eingesetzt. Von Mantovani im April 1955 beim Training in Turin gecrasht. Er wurde wieder aufgebaut und Ende 1955 an Horace Gould verkauft. Von ihm wurde das Fahrzeug 1956 bis 1958 in Rennen eingesetzt und anschließend zurückgestellt. Es wurde an H.C. Spero verkauft und von ihm in historischen VSCC-Rennen gefahren, indem er es als A6GCM mit der Chassis-Nummer 2504 »umbaute«, weil jüngere Fahrzeuge als Baujahr 1953 zu dem damaligen Zeitpunkt vom Vintage Sports Car Club für historische Rennen nicht zugelassen wurden. Er wurde später nach Japan verkauft.

2515: Werkswagen für 1955. Er wurde 1956 an die *Scuderia Guastalla* verkauft und von Gerino Gerini gefahren. 1957 wurde er von dem Schweizer Enthusiasten Graf Ottorino Volonterio gekauft, ein wenig gefahren und schließlich an Tom Wheatcroft für die Donington Grand Prix Car Collection abgegeben. Irgendwann wurde das Fahrzeug mit einer »Leichtbau«-Karosserie versehen und rot mit einer gelben Nase lackiert. Diese Farben wurden von Fangio 1957 in manchen Rennen gefahren.

2516: Werkswagen 1956. Nach dem Grand Prix von Australien 1956 wurde dieses Fahrzeug an Reg Hunt verkauft. Es wurde viel gefahren und schließlich von Cameron Millar nach England zurückgebracht. Zu einem späteren Zeitpunkt wurde es an Anthony Mayman verkauft.

2517: Unglückszahl in Italien, besonders bei Spielern. Wurde nicht vergeben.

2518: Stromlinienfahrzeug, das von Behra beim Grand Prix von Italien 1955 gefahren wurde. Es wurde später bei einem Brand im Werk schwer beschädigt. Die geretteten Komponenten wurden aufgehoben. Es scheint so, dass die Zeichnungen für dieses Fahrzeug an einen deutschen Enthusiasten abgegeben wurden, der eine Replika nach Art eines CM nachbauen wollte.

2519: 1956 für Luigi Piotti gebaut. Er wurde 1958 an die *Scuderia Centro-Sud* verkauft und von Gerino Gerini gefahren. Kam augenscheinlich ins Werk zurück. Teile davon können unter denen gewesen sein, die Cameron Millar kaufte.

2520: Werkswagen für 1956. Nach dem Grand Prix von Australien von 1956 an Stan Jones verkauft. Später bei historischen Veranstaltungen in England gefahren und schließlich nach Italien verkauft.

2521: Werkswagen für 1956. An John du Puy, einen Amerikaner, der in der Schweiz wohnte, verkauft. Von Jean Lucas, André Testut und gelegentlich Bruce Halford gefahren. An Serge Pozzoli verkauft.

2522: Werkswagen 1956. 1957 verkauft an die *Scuderia Centro-Sud* und von dieser viel eingesetzt. War Teil der Sammlung der Komponenten, die Cameron Millar kaufte und mit einem neuen »Leichtbau«-Chassis zusammenbaute, das in England hergestellt worden war. Nach Holland verkauft.

2523: Es gab zwei Fahrzeuge, die die Fahrgestellnummer trugen. Sie können wie folgt unterschieden werden:
- Das erste Chassis wurde vom Werk hergestellt, indem man den beschädigten Chassisrahmen 2507 benutzte. Nachdem ein neues Chassis 2523 im August 1956 fertiggestellt war, wurden Motor und Getriebe ausgebaut und das Fahrzeug in einem Lager abgestellt. Das Chassis wurde dann 1957 als mobiler Teststand für die neuen Grand-Prix-Motoren genutzt. Nach dem Test wurde der neue V12-Motor ausgebaut und das Chassis wieder ins Lager gebracht. 1958 wurde es renoviert, mit einem Sechszylindermotor versehen und von Marie-Thérèse de Filippis gefahren. Schließlich wurde es in die USA verkauft.
- Der neue 2523 war ein Werkswagen des Jahres 1956 und wurde für den Grand Prix von Australien ver-

schifft. Es gibt Zweifel daran, ob er jemals nach Italien zurückkam, obwohl das nach der Ansicht des Autors der Fall war. Auf jeden Fall wurde das Fahrzeug später nach Neuseeland gebracht. In den USA wurde ein Fahrzeug aufgebaut, von dem behauptet wird, dass es aus Teilen dieses Fahrzeugs besteht.

2524: 1956 für Francesco Godia-Sales gebaut. Anschließend 1958 an Joakim Bonnier verkauft. In die USA gebracht und an Phil Cade verkauft.

2525: Eines der beiden Fahrzeuge, die für den Grand Prix von Italien gebaut wurden. Danach an Tony Parravano verkauft. Nach Jahren wurde es nach England importiert, um Teil der JCB (Sir Anthony Bamford)-Sammlung zu werden. Später an einen amerikanischen Sammler verkauft.

2526: Eines der beiden Fahrzeuge, die für den Grand Prix von Italien 1956 gebaut wurden. Es wurde 1958 überarbeitet und an Antonio Creus mit der Chassis-Nummer 2530 verkauft. Es wurde von ihm einmal bei einem Rennen gefahren und später an die Schlumpf-Brüder verkauft.

2527: T2-Werkswagen für 1957. 1958 an den Moto-Guzzi-Werksfahrer Ken Kavanagh verkauft. Wurde nur wenig gefahren und nimmt gelegentlich an den VSCC-Rennen teil. Bei einer Veranstaltung schwer beschädigt und fast komplett mit einem neuen Chassisrahmen wieder aufgebaut. Wurde an einen amerikanischen Sammler verkauft.

2528: T2-Werkswagen für 1957. 1958 an Francesco Godia-Sales verkauft. Später von Neil Corner erworben und viel bei historischen VSCC-Rennen gefahren.

2529: T2-Werkswagen 1957. Gefahren von Fangio. Siegerwagen bei den GPs von Frankreich und Deutschland. 1958 verkauft an Giorgio Scarlatti und anschließend an Joakim Bonnier. Von Bonnier an einen amerikanischen Sammler abgegeben; stand anschließend im Cunningham-Museum in Kalifornien und wurde schließlich an einen deutschen Sammler verkauft.

2530: T2-Chassis mit einem V12-Motor; im Training zum Grand Prix von Frankreich von Fangio gefahren sowie von Menditeguy und Schell. Wurde in dieser Form nicht mehr gesehen. Die Chassis-Nummer wurde an Antonio Creus für den 2526 vergeben.

2531: Chassis für das Fahrzeug für den Grand Prix von Italien 1956 mit einem V12-Motor. 1957 von Behra im Training zum GP von Frankreich gefahren und von Fangio und Behra im Training zum GP von Pescara. Es wurden Modifikationen vorgenommen, bevor das Fahrzeug im GP von Italien 1957 von Behra gefahren wurde. Anschließend erschien es beim Training in Modena und Casablanca. Offensichtlich mit einem Sechszylindermotor nach Argentinien verkauft. Später unvollständig und ohne Motor wiederentdeckt.

2532: Sechszylinder-Versuchsfahrzeug von 1958 mit Chassis-Nummer 2530 und mit dem neuesten Motor. Tatsächlich war dies der *Piccolo*-Prototyp. Er wurde auf dem Nürburgring getestet und erschien beim Training zum Grand Prix von Belgien 1958. Das Fahrzeug, das beim GP von Frankreich von Fangio gefahren wurde, hatte auch die Nummer 2532, war aber ein ganz anderes Fahrzeug. Beide Fahrzeuge wurden in Südamerika verkauft, Teile vom 2530/2532 wurden nach England zurückgebracht und mit einem neuen Rahmen als 2532 wieder aufgebaut. Aber der eigentliche 2532 blieb, nach Wissen des Autors, in Südamerika.

2533: T3-Sechszylinder-*Piccolo*, 1958 für Temple Buell gebaut. Wahrscheinlich das Fahrzeug, das 1958 am Grand Prix von Italien teilnahm. Beim GP von Neuseeland 1959 vom Temple-Buell-Team gefahren, und anschließend von Ross Jensen, der für die *Scuderia El Salvador* fuhr. Schließlich kam es ins Werk zurück. 1961 wurde es an Joe Lubin, USA, verkauft und schließlich 1984 an Don Orosco.

2534: Zweiter T3-Sechszylinder-*Piccolo*, der 1958 für Temple Buell gebaut und im September ausgeliefert wurde. Er wurde in Neuseeland gefahren, kehrte nach Europa zurück, wurde an einen italienischen Sammler verkauft und kam dann 1972 in die JCB/Sir Anthony Bamford-Sammlung.

2535: Keine Chassis-Nummer, die von Maserati vergeben wurde, hätte aber 2535 werden sollen. Nach der Schließung der Maserati-Rennabteilung wurde dieses Spaceframe-Fahrgestell mit dem 250F-Motor mit der Nummer 2523 von Valerio Colotti als Tec-Mec komplettiert. Er wurde erfolglos von Fritz d'Orey 1959 beim Grand Prix der USA gefahren und anschließend vom *Camoradi*-Team 1960 in Daytona. Er wurde später herrenlos auf einem Trailer in Florida stehen gelassen. 1968 erwarb ihn Tom Wheatcroft für die Donington Grand Prix Collection. Er wurde restauriert und von Tony Merrick gefahren. Später wurde er vom derzeitigen Besitzer Barrie Baxter erworben, der ihn komplett restaurieren ließ und die Handlingprobleme löste.

Anhang 3

Spezifikationen der Maserati-Wettbewerbswagen

Die 8-Zylinder-Fahrzeuge

Tipo 26, ab 1926
Motor: Reihenachtzylinder, 1492,6 ccm (60 × 66 mm), zwei obenliegende Nockenwellen, angetrieben über Zahnräder vom vorderen Ende der Kurbelwelle, einfacher Kompressor nach Roots-Prinzip; Leistung etwa 115 PS bei 5300 U/min.

Antrieb: Mehrscheibenkupplung und Vierganggetriebe.

Chassis: U-Profil, Starrachse mit Halbelliptik-Federung vorn und hinten.

Dimensionen: Radstand 2650 mm; Spur vorne 1340 mm, hinten 1360 mm. Leergewicht 650 kg.

Tipo 26B, ab 1927
Wie Tipo 26 oben, außer Motor: 1980 ccm (62 × 82 mm); Leistung 150 PS bei 5500 U/min.

Tipo 8C-1500, ab 1928
Aus dem Tipo 26 entwickelt, mit ähnlichen Spezifikationen, außer 120 PS bei 5000 U/min. Leergewicht 690 kg.

Tipo 8C-1100, ab 1929
Wie 8C-1500 oben, außer Motor: 1077 ccm (51 × 66 mm). Leistung 100 PS bei 5000 U/min.

Tipo 26M 8C-2500, ab 1930
Wie 8C-1500 oben, außer Motor: 2495 ccm (65 × 94 mm). Leistung 175 PS bei 5300 U/min. Leergewicht 720 kg.

Tipo 26M 8C-2800, ab 1931
Wie 8C-2500 oben, außer Motor: 2795 ccm (68 × 94 mm). Leistung 198 PS bei 5300 U/min.

Tipo 26M 8C-3000, ab 1933
Wie 8C-2500 oben, außer Motor: 2992 ccm (69 × 100 mm). Leistung 230 PS bei 5500 U/min.

Tipo 8CM-3000, ab 1933
Motor: Wie 8C-3000, außer der auf 260 PS bei 5800 U/min erhöhten Leistung.

Antrieb: Mehrscheibenkupplung und Vierganggetriebe.

Chassis: U-Profil; Starrachse und Halbelliptik-Federn vorn und hinten.

Dimensionen: Radstand 2570 mm; Spurweite vorne 1330 mm, hinten 1300 mm. Leergewicht 700 kg.

Tipo 6C/34, ab 1934
Motor: Reihensechszylinder, 3326 ccm Hubraum (84 × 100 mm), zwei obenliegende Nockenwellen, angetrieben vom vorderen Ende der Kurbelwelle, einfacher Kompressor nach dem Roots-Prinzip; Leistung etwa 260 PS bei 5000 U/min. 1935 hatten diese Fahrzeuge einen Motor mit 3729 ccm Hubraum (84 × 112 ccm) mit einer Leistung von 280 PS bei 5300 U/min.

Antrieb, Chassis und Dimensionen: wie beim 8CM-3000.

Die 16-Zylinder-Fahrzeuge

V4, ab 1929
Motor: 90-Grad-V16, 3960 ccm (62 × 82 mm), vier obenliegende Nockenwellen, angetrieben über Zahnräder vom vorderen Ende der Kurbelwelle, Doppelkompressor nach Roots-Prinzip; Leistung etwa 305 PS bei 5500 U/min.

Antrieb: Mehrscheibenkupplung und Vierganggetriebe.

Chassis: U-Profil, Starrachsen und Halbelliptik-Federn vorn und hinten.

Dimensionen: Radstand 2750 mm; Spur vorne 1350 mm, hinten 1370 mm. Leergewicht 900 kg.

V5, ab 1932
Motor: Wie V4 oben, außer Hubraum 4905 ccm (69 × 82 mm); Leistung etwa 360 PS bei 5500 U/min.

Antrieb, Chassis, Dimensionen: Wie V4 oben, außer Leergewicht 920 kg.

Die frühen 4-Zylinder-Fahrzeuge

Tipo 4CM-1100, ab 1931
Motor: Reihenvierzylinder, Hubraum 1088 ccm (65 × 82 mm), zwei obenliegende Nockenwellen, angetrieben vom vorderen Ende der Kurbelwelle, Kompressor nach Roots-Prinzip; Leistung etwa 105 PS bei 6600 U/min.

Antrieb: Mehrscheibenkupplung und Vierganggetriebe.

Chassis: U-Profil, Radaufhängung an Starrachsen mit Halbelliptik-Federung vorn und hinten.

Dimensionen: Radstand 2400 mm, Spur vorne 1200 mm, hinten 1200 mm. Leergewicht 480 kg.

Bemerkungen: 4CS-1100-Sportversion von 1932 mit breiterem Chassis, Zweisitzer-Karosserie und einem Motor mit einer Leistung von 90 PS bei 5300 U/min.

Tipo 4CM-1500, ab 1932
Wie 4CM-1100 oben, außer Motor mit 1496 ccm Hubraum (69 × 100 mm); Leistung etwa 130 PS bei 6100 U/min. Leergewicht 500 kg.

Bemerkungen: 4CS-1500-Sportversion ab 1933 mit breiterem Chassis, Zweisitzer-Karosserie und einer Motorleistung von 115 PS bei 5000 U/min.

Tipo 4CM-2000, ab 1933
Wie 4CM-1100 oben, außer Motor mit einem Hubraum von 1969 ccm (80 × 98 mm); Leistung 155 PS bei 5500 U/min.

Tipo 4CM-2500, ab 1934
Wie 4CM-1100 oben, außer Motor mit einem Hubraum von 2482 ccm (84 × 112 mm); Leistung 175 PS bei 5300 U/min. Leergewicht 580 kg.

Die späten 8-Zylinder-Fahrzeuge

Tipo V8RI, ab 1935
Motor: 900 V8, 4329 ccm Hubraum (84 × 100 mm), mit einer obenliegenden Nockenwelle pro Zylinderbank, angetrieben vom vorderen Ende der Kurbelwelle, einfacher Kompressor nach Roots-Prinzip; Leistung etwa 300 PS bei 5300 U/min. 1936 hatten diese Fahrzeuge einen Motor mit 4788 ccm Hubraum (84 × 108 mm) mit einer Leistung von etwa 320 PS bei 5300 U/min.

Antrieb: Mehrscheibenkupplung und Vierganggetriebe.

Chassis: U-Profil-Leichtmetall, unabhängige Vorderradaufhängung an ungleich langen Querlenkern und Torsionsstäben, unabhängige Hinterradaufhängung an Schwing-Halbachsen und Halbelliptik-Federn.

Dimensionen: Radstand 2700 mm; Spur vorne 1350 mm, hinten 1370 mm. Leergewicht 750 kg.

Tipo 8CTF, ab 1938
Motor: Reihenachtzylindermotor, 2992 ccm Hubraum (69 × 100 mm), mit zwei obenliegenden Nockenwellen, angetrieben vom vorderen Ende der Kurbelwelle; zwei separate Kompressoren nach dem Roots-Prinzip mit Memini-Doppelvergasern. Leistung etwa 360 PS bei 6000 U/min.

Antrieb: Mehrscheibenkupplung und Vierganggetriebe.

Chassis: U-Profil mit unabhängiger Radaufhängung an ungleich langen Querlenkern und Torsionsstäben, hinten unterbaute Starrachse und Viertelelliptik-Federung.

Dimensionen: Radstand 2720 mm; Spur vorne 1340 mm, hinten 1360 mm. Leergewicht 700 kg.

Tipo 8CL, ab 1940
Motor: Wie 8CTF, außer 2978 ccm Hubraum (78 × 78 mm), vier Ventile pro Zylinder; Leistung etwa 420 PS bei 6400 U/min.

Antrieb, Chassis und Dimensionen: Wie für 8CTF, außer Radstand 2790 mm und Leergewicht 690 kg.

Die Voiturettes der späten 1930er-Jahre

Tipo 6CM-1500, ab 1936
Motor: Reihensechszylindermotor, 1493 ccm (65 × 75 mm), zwei obenliegende Nockenwellen, angetrieben über Zahnräder vom vorderen Ende der Kurbelwelle, einfacher Kompressor nach dem Roots-Prinzip; Leistung etwa 155 PS bei 6800 U/min (später auf 175 PS bei 6700 U/min angehoben). Bemerkung: Es wurde nur ein Motor mit vier Ventilen pro Zylinder gebaut.

Antrieb: Mehrscheibenkupplung mit Vierganggetriebe.

Chassis: U-Profil mit unabhängiger Vorderradaufhängung an ungleich langen Querlenkern und Torsionsstäben. Hintere Starrachse mit Halbelliptik-Blattfederung.

Dimensionen: Radstand 2490 mm, Spur vorne 1200 mm, hinten 1200 mm. Leergewicht 620 kg.

Tipo 4CL-1500, ab 1939
Motor: Reihenvierzylinder mit einem Hubraum von 1489 ccm (78 × 78 mm), zwei obenliegende Nockenwellen, angetrieben über Zahnräder vom vorderen Ende der Kurbelwelle; vier Ventile pro Zylinder, einfacher Kompressor nach dem Roots-Prinzip; Leistung etwa 220 PS bei 6600 U/min.

Bemerkung: Ab 1947 wurden einige Fahrzeuge mit einem Doppelkompressor ausgerüstet.

Antrieb: Mehrscheibenkupplung und Vierganggetriebe.

Chassis: U-Profil mit unabhängiger Aufhängung der Vorderräder an ungleich langen Querlenkern und Torsionsstäben. Starre Hinterachse, an Viertelelliptik-Blattfedern befestigt. Bemerkung: 1947 wurden einige Rohrrahmen-Fahrgestelle gebaut, die unter der Bezeichnung 4CLT geführt wurden.

Dimensionen: Radstand 2500 mm; Spur vorne 1250 mm, hinten 1272 mm. Leergewicht 630 kg.

Die frühen Nachkriegs-6-Zylinder-Fahrzeuge

Tipo A6-1500, 1947-1948
Motor: Reihensechszylinder mit 1488 ccm Hubraum (66 × 72,5 mm), einfache obenliegende Nockenwelle, angetrieben über Zahnräder vom vorderen Ende der Kurbelwelle, ohne Kompressor; Leistung etwa 65 PS bei 4700 U/min.

Antrieb: Einscheibenkupplung und Vierganggetriebe.

Chassis: Doppelrohr-Chassis mit unabhängiger Aufhängung der Vorderräder an ungleich langen Querlenkern und Schraubenfedern, Hinterradaufhängung an Starrachse mit Schraubenfedern.

Dimensionen: Radstand 2550 mm; Spur vorne 1247 mm, hinten 1252 mm. Leergewicht 570 kg.

Tipo A6G, 1947
Motor: Wie A6-1500 oben, außer Hubraum 1954 ccm (72 × 80 mm); Leistung etwa 90 PS bei 4700 U/min.
Antrieb, Chassis, Dimensionen: Wie A6-1500, außer Leergewicht 550 kg.

Tipo A6GCS Monofaro, ab 1947
Motor: Wie A6-1500 oben, außer Hubraum 1978 ccm (72 × 81 mm), drei Vergaser; Leistung etwa 130 PS bei 6000 U/min.

Antrieb: Einscheibenkupplung und Vierganggetriebe.

Chassis: Doppelrohr-Chassis mit unabhängiger Vorderradaufhängung an ungleich langen Querlenkern und Schraubenfedern; hinten Starrachse an halbelliptischen Blattfedern.

Dimensionen: Radstand 2310 mm; Spur vorne 1210 mm, hinten 1150 mm. Leergewicht 550 kg.

Die Nachkriegsfahrzeuge mit Kompressor

4CLT/48, ab 1948
Motor: Reihenvierzylinder mit 1489 ccm Hubraum (78 × 78 mm), zwei obenliegende Nockenwellen, angetrieben vom vorderen Ende der Kurbelwelle; vier Ventile pro Zylinder, ein Weber-Doppelvergaser; Leistung etwa 260 PS bei 7000 U/min.

Bemerkung: Der 4CLT/50 hatte 1719 ccm (78 × 90 mm) Hubraum und eine Leistung von 290 PS bei 6800 U/min. 1950 hatte der 4CLT/48 eine Leistung von 280 PS.

Antrieb: Mehrscheibenkupplung und Vierganggetriebe.

Chassis: Doppelrohr-Chassis mit unabhängiger Vorderradaufhängung an ungleich langen Querlenkern und schräg stehenden Schraubenfedern; hinten Starrachse mit Viertelelliptik-Federung.

Dimensionen: Radstand 2500 mm; Spur vorne 1250 mm, hinten 1200 mm; Leergewicht 645 kg.

8CLT/50, 1950
Motor: Reihenachtzylinder mit 2978 ccm Hubraum (78 × 78 mm), zwei obenliegende Nockenwellen, angetrieben über Zahnräder vom vorderen Ende der Kurbelwelle, vier Ventile pro Zylinder, Doppelkompressor. Leistung etwa 430 PS bei 6500 U/min.

Antrieb: Mehrscheibenkupplung und Vierganggetriebe.

Chassis: Doppelrohr-Struktur mit unabhängiger Vorderradaufhängung an ungleich langen Querlenkern und schräg stehenden Schraubenfedern; hinten Starrachse mit Viertelelliptik-Federung.

Dimensionen: Radstand 2720 mm; Spur vorne 1390 mm, hinten 1355 mm. Leergewicht 900 kg.

Die Einsitzer ohne Kompressor

A6GCM, 1952–1953

Motor: Reihensechszylinder mit 1988 ccm Hubraum (75 × 75 mm), 1952; 1978 ccm (76,2 × 72 mm), 1953; zwei obenliegende Nockenwellen, angetrieben vom vorderen Ende der Kurbelwelle über Zahnräder; einfache Zündung (Doppelzündung ab September 1952); Leistung etwa 165 PS bei 7000 U/min (1952), 177 PS bei 7000 U/min (Doppelzündung ab September 1952), 190 PS bei 8000 U/min 1953.

Antrieb: Mehrscheibenkupplung und Vierganggetriebe.

Chassis: Doppelrohr-Struktur mir unabhängiger Vorderradaufhängung an ungleich langen Doppel-Querlenkern und Schraubenfedern, die gegen Gummiblöcke arbeiten; hintere Starrachse mit Viertelelliptik-Federn.

Dimensionen: Radstand 2310 mm; Spur vorne 1225 mm, hinten 1160 mm. Leergewicht 500 kg.

250F, ab 1954

Bemerkung: Der 250F wurde in drei Serien gebaut, die unter den nachfolgend aufgeführten Bezeichnungen bekannt wurden:

T1: Das Originalmodell, gebaut von 1954–1956, vom Werk eingesetzt und an private Fahrer verkauft. Während dieser Periode wurden auch zwei Werkswagen für den Grand Prix von Italien gebaut, deren Motor und Antrieb schräg im Chassis saßen, sodass das Fahrzeug eine niedrigere Gesamthöhe hatte.

T2: Der »Leichtbau« von 1957, von dem drei Exemplare gebaut wurden, die ausschließlich vom Werksteam gefahren wurden. 1957 brachte Maserati auch den 250F mit dem V12-Motor heraus, der bei einigen Rennen eingesetzt wurde.

T3: Die leichteren und kürzeren *Piccolo*-Wagen des Jahres 1958.

Motor: Reihensechszylindermotor mit 2493 ccm Hubraum (84 × 75 mm), zwei obenliegende Nockenwellen, angetrieben über Zahnräder vom vorderen Ende der Kurbelwelle; Doppelzündung; Leistung etwa 220/240 PS bei 7200 U/min (1954), 270 PS bei 8000 U/min (1956), 280 PS bei 8000 U/min (1957), 290 PS bei 8000 U/min (1958). Der 60-Grad-V12-Motor hatte einen Hubraum von 2490 ccm (68,7 × 56 mm), zwei obenliegende Nockenwellen pro Zylinderbank, die über Zahnräder vom vorderen Ende der Kurbelwelle angetrieben wurden, Doppelzündung und eine Leistung von etwa 310/320 PS bei 10 000 U/min.

Antrieb: Mehrscheibenkupplung und Vierganggetriebe in einem Gehäuse mit und hinter dem Achsantrieb (Fünfganggetriebe ab 1955 verfügbar und seitdem bei den meisten Wagen eingebaut).

Chassis: Mehrrohr-Chassis mit unabhängiger Vorderradaufhängung an ungleich langen doppelten Querlenkern und Schraubenfedern. De-Dion-Hinterachse mit einem Rohr zur Achsantriebs-/Getriebeeinheit, aufgehängt an halbelliptischer Querblattfeder.

Dimensionen: Radstand 2280 mm (1954–1956), 2225 mm (1957), 2200 mm (1958). Spur vorne: 1300 mm (1954–1957), 1310 mm (1958); hinten 1250 mm. Leergewicht 630 kg 1954–1956, 550 kg 1958.

Tipo 420/M/58

Motor: 90-Grad-V8, 4190 ccm (93,8 × 75, 8 mm). Zwei obenliegende Nockenwellen, über Zahnräder vom vorderen Ende der Kurbelwelle angetrieben, Doppelzündung; Leistung etwa 410 PS bei 8000 U/min.

Antrieb: Mehrscheibenkupplung und 2-Geschwindigkeitsgetriebe in gemeinsamem Gehäuse hinter dem Achsantrieb.

Chassis: Mehrrohr-Struktur mit Vorderradaufhängung an ungleich langen Querlenkern und Schraubenfedern. De-Dion-Hinterachse mit dem Rohr vor dem Hauptantrieb/Getriebe mit Halbelliptik-Querblattfeder.

Dimensionen: Radstand 2400 mm; Spur vorne 1300 mm, hinten 1250 mm. Leergewicht 758 kg.

Die Sportwagen der 1950er-Jahre

A6GCS, ab 1953

Motor: Reihensechszylinder, Hubraum 1985,6 ccm (76,5 × 72 mm); zwei obenliegende Nockenwellen, über Zahnräder vom vorderen Ende der Kurbelwelle angetrieben, Doppelzündung; Leistung etwa 165 PS bei 7300 U/min.

Antrieb: Mehrscheibenkupplung und Vierganggetriebe.

Chassis: Doppelrohr-Chassis mit unabhängiger Aufhängung der Vorderräder an ungleich langen Querlenkern und Schraubenfedern. Starre Hinterachse mit Viertelelliptik-Federn.

Dimensionen: Radstand 2310 mm; Spur vorne 1335 mm, hinten 1220 mm. Leergewicht 580 kg.

250S, 1954

Wie A6GCS oben, mit Ausnahme von 2493,8 ccm Hubraum (84 × 75 mm); Leistung 220 PS bei 7000 U/min.

300S, ab 1955

Motor: Reihensechszylinder, Hubraum 2992,5 ccm (84 x 90 mm), zwei obenliegende Nockenwellen, über Zahnräder vom vorderen Ende der Kurbelwelle angetrieben, Doppelzündung; Leistung etwa 245 PS bei 6200 U/min.

Antrieb: Mehrscheibenkupplung und Vierganggetriebe in einem Gehäuse hinter dem Achsantrieb (1958 Fünfganggetriebe).

Chassis: Mehrrohr-Chassis mit einer Vorderradaufhängung an ungleich langen Querlenkern und Schraubenfedern. De-Dion-Hinterachse mit vor dem Achsantrieb/Getriebe laufendem Rohr, befestigt an halbelliptischen Querblattfedern.

Dimensionen: Radstand 2310 mm; Spur vorne 1300 mm, hinten 1250 mm. Leergewicht 780 kg.

Bemerkungen: Der 350S (Tipo 53) hatte eine vergrößerte Version dieses Motors von 3483 ccm (86 × 100 mm) mit einer Leistung von fast 325 PS bei 6000 U/min. Das Fahrzeug hatte auch ein überarbeitetes Chassis und ein Fünfganggetriebe vor dem Achsantrieb, aber im selben Gehäuse.

Die gleiche Bezeichnung 350S (Tipo 57) wurde für eine Version des 300S benutzt, die 1957 erschien: 60-Grad-V12-Motor, 3495 ccm Hubraum (73,8 × 68 mm) mit einer Leistung von etwa 335 PS bei 9000 U/min. Dieses Fahrzeug wurde 1957 von Herrmann bei der Mille Miglia gefahren und für den Grand Prix von Venezuela gemeldet, dann aber zurückgezogen. In dieses Fahrzeug wurden andere V12-Motoren mit unterschiedlichen Zylindergrößen experimentell eingebaut.

Der Tipo 58 aus dem Jahr 1958 war ein 300S-Chassis mit einem 60-Grad-V12-Motor mit 3000 ccm Hubraum (68,2 × 68 mm) und etwa 305 PS bei 10000 U/min. Er war für die Sportwagen-Weltmeisterschaft vorgesehen, kam aber nicht zum Einsatz.

Tipo 150S, ab 1955

Motor: Reihenvierzylinder mit einem Hubraum von 1484,1 ccm (81 × 72 mm), zwei obenliegende Nockenwellen, über Zahnräder vom vorderen Ende der Kurbelwelle angetrieben, Doppelzündung; Leistung etwa 140 PS bei 7500 U/min.

Antrieb: Mehrscheibenkupplung und Vierganggetriebe gemeinsam in einem Gehäuse mit dem Achsantrieb, aber dahinterliegend (ab 1956 war ein Fünfganggetriebe verfügbar).

Chassis: Mehrrohr-Chassis mit unabhängiger Vorderradaufhängung an ungleich langen Querlenkern und Schraubenfedern. De-Dion-Hinterachse mit dem Antriebsrohr vor dem Achsantrieb/Getriebe, befestigt an Halbelliptik-Querblattfedern.

Dimensionen: Radstand 2200 mm; Spur vorne 1250 mm, hinten 1200 mm. Leergewicht 630 kg.

200S (Tipo 52), ab 1955

Motor: Wie Tipo 150S, mit Ausnahme von 1994,3 ccm Hubraum (92 × 75 mm). Leistung etwa 186 PS bei 7500 U/min (Tipo 200SI, 1956 eingeführt, hatte eine Leistung von annähernd 190 PS bei 7800 U/min).

Antrieb, Chassis, Dimensionen: Wie bei Tipo 150S oben, außer Leergewicht 670 kg.

Tipo 450S (Tipo 54), 1957
Motor: 90-Grad-V8, Hubraum 4477 ccm (93,8 × 81 mm), zwei obenliegende Nockenwellen pro Zylinderbank, über Zahnräder vom vorderen Ende der Kurbelwelle angetrieben, Doppelzündung; Leistung etwa 400 PS bei 7500 U/min.

Antrieb: Mehrscheibenkupplung und Fünfganggetriebe in einem Gehäuse vor dem Hauptantrieb. Die Fahrzeuge wurden bei Rennen auch mit einem zusätzlichen 2-Gang-Getriebe gefahren, das sich zwischen der Kupplung und dem eigentlichen Getriebe befand und höhere oder niedrigere Übersetzungen ermöglichte.

Chassis: Mehrrohr-Chassis, unabhängige Vorderradaufhängung an ungleich langen Querlenkern und Schraubenfedern. De-Dion-Hinterachse mit den Antriebsrohren vor dem Hauptantrieb/Getriebe, an halbelliptischer Querblattfeder aufgehängt.

Dimensionen: Radstand 2400 mm; Spur vorne 1350 mm, hinten 1300 mm. Leergewicht 786 kg.

Die »Birdcage«-Fahrzeuge

Tipo 60, ab 1959
Motor: Reihenvierzylinder, Hubraum 1994 ccm (92 × 75 mm), zwei obenliegende Nockenwellen, über Zahnräder vom vorderen Ende der Kurbelwelle angetrieben; Doppelzündung; Leistung etwa 195 PS bei 8000 U/min.

Antrieb: Mehrscheibenkupplung und Fünfganggetriebe in einem Gehäuse mit dem Hauptantrieb.

Chassis: Mehrrohr-Spaceframe-Chassis mit sehr kurzen Rohrsegmenten. Motor in das Chassis integriert und 45 Grad geneigt. Unabhängige Vorderradaufhängung an ungleich langen Querlenkern und einer Schraubenfeder-Dämpfer-Einheit. De-Dion-Hinterachse mit Querblattfederung. Dunlop-Scheibenbremsen.

Dimensionen: Radstand 2200 mm; Spur vorne 1250 mm, hinten 1200 mm. Leergewicht 570 kg.

Tipo 61, ab Ende 1959
Motor: Wie Tipo 60 oben, Hubraum jedoch 2890 ccm (100 × 92 mm); Leistung etwa 250 PS bei 6500 U/min.

Antrieb und Chassis: Wie bei Tipo 60 oben.

Dimensionen: Wie bei Tipo 60 oben, Ausnahme: Leergewicht 600 kg.

Tipo 63, ab 1961
Motor: Reihenvierzylinder wie bei Tipo 61, aber mit etwa 260 PS Leistung bei 7000 U/min. Auch mit 60-Grad-V12-Motor wie Tipo 58, allerdings mit verschiedenen Zylindergrößen: 2989 ccm (70,4 × 64 mm), 290 PS bei 7500 U/min. Es wurden auch Motoren mit den Dimensionen 75 × 56 mm in diese Wagen eingebaut.

Antrieb: Mehrscheibenkupplung und Fünfganggetriebe in einer Einheit mit dem Achsantrieb.

Chassis: Mehrrohr-Spaceframe-Chassis aus sehr kurzen Rohrsegmenten. Hinten eingebauter Motor, unabhängige Vorderradaufhängung an ungleich langen Querlenkern und einer Schraubenfeder-Dämpfer-Einheit. De-Dion-Hinterachse mit unabhängiger Radaufhängung.

Dimensionen: Radstand 2200 mm; Spur vorne 1225 mm, hinten 1200 mm. Leergewicht 640 kg.

Tipo 64, ab Ende 1961
Motor: 60-Grad-V12-Motor mit einem Hubraum von 2989 ccm (70,4 × 64 mm), zwei obenliegende Nockenwellen pro Zylinderbank, vom vorderen Ende der Kurbelwelle angetrieben, Doppelzündung; Leistung etwa 320 PS bei 8500 U/min.

Antrieb: Mehrscheibenkupplung und Fünfganggetriebe in einer Einheit mit dem Achsantrieb.

Chassis: Mehrrohr-Spaceframe-Chassis aus sehr kurzen Rohrsegmenten. Motor hinten eingebaut. Unabhängige Vorderradaufhängung an ungleich langen Querlenkern und Schraubenfeder-Dämpfer-Einheit. Unabhängige Hinterradaufhängung.

Dimensionen: Radstand 2200 mm; Spur vorne 1200 mm, hinten 1200 mm. Leergewicht 640 kg.

Tipo 65, 1965
Motor: 90-Grad-V8-Motor mit einem Hubraum von 5064 ccm (95 × 89 mm), zwei obenliegende Nockenwellen pro Zylinderbank, vom vorderen Ende der Kurbelwelle angetrieben; Lucas-Treibstoffeinspritzung; Leistung etwa 430 PS bei 7000 U/min.

Antrieb: Mehrscheibenkupplung und Fünfganggetriebe in einer Einheit mit dem Achsantrieb.

Chassis: Mehrrohr-Spaceframe-Chassis aus sehr kleinen Rohrsegmenten. Motor hinten eingebaut. Unabhängige Vorderradaufhängung an ungleich langen doppelten Querlenkern und Schraubenfeder-Dämpfer-Einheit. Unabhängige Hinterradaufhängung an doppelten Querlenkern und längs liegenden Torsionsstäben.

Dimensionen: Radstand 2400 mm; Spur vorne 1400 mm, hinten 1370 mm. Leergewicht 960 kg.

Die GT-Prototypen mit Frontmotor, ab 1962

Tipo 151
Motor: 90-Grad-V8 mit einem Hubraum von 3943 ccm (91 × 75,8 mm), zwei obenliegende Nockenwellen pro Zylinderbank, vom vorderen Ende der Kurbelwelle angetrieben; vier Weber-Doppelvergaser, Doppelzündung; Leistung etwa 360 PS bei 7000 U/min.

Antrieb: Mehrscheibenkupplung und Fünfganggetriebe in einer Einheit mit dem Achsantrieb.

Chassis: Bestehend aus langen Rohren, Motor vorn eingebaut, Vorderradaufhängung an ungleich langen Querlenkern und einer Schraubenfeder-Dämpfer-Einheit. De-Dion-Achse mit unabhängiger Hinterradaufhängung, doppelten Längslenkern und einer Schraubenfeder-Dämpfer-Einheit.

Dimensionen: Radstand 2300 mm; Spur vorne 1250 mm, hinten 1280 mm. Leergewicht 895 kg.

Bemerkung: Der Tipo 151/1 ab 1963 hatte einen V8-Motor mit 4941 ccm Hubraum (94 × 89 mm) mit Treibstoffeinspritzung und einer Leistung von etwa 430 PS bei 7000 U/min.

Bibliografie

Beaulieu, Lord Montagu of *Lost Causes of Motoring: Europe, Volume 1* (Cassell & Company, 1969)

Blunsden, John *Formula Junior* (Motor Racing Publications, 1961)

Cholmondley-Tapper, T.P. *Amateur Racing Driver* (G.T. Foulis, 1954)

Clutton, Cecil, Posthumus, Cyril und Jenkinson, Denis *The Racing Car, Development & Design* (B.T. Batsford, 1956)

Costin, Michael und Phipps, David *Racing and Sports Car Chassis Design* (B.T. Batsford, 1961, 1965, 1974)

Crump, Richard und Box, Rob de la Rive *Maserati Sports, Racing and GT Cars from 1926* (2. Auflage, Foulis/Haynes, 1983)

Dreyfus, René (mit Beverley Rae Kimes) *My Two Lives* (Aztex Corporation, 1983)

Eason Gibson, John *Motor Racing 1947* (Motor Racing Publication Limited, 1949)

Fangio, Juan Manuel *My Twenty Years of Racing* (Temple Press Limited, 1961)

Fusi, Luigi *Alfa Romeo, Tutte Le Vetture Dal 1910* (Emmetigrafica, 3. Auflage, 1978)

Hull, Peter und Slater, Roy *Alfa Romeo, A History* (Cassell & Company, 1964)

Jenkinson, Denis *A Story of Formula 1* (Grenville Publishing Company, 1960)

Jenkinson, Denis *The Maserati 250F* (Macmillan 1975)

Jenkinson, Denis *Directory of Historic Racing Cars* (Aston Publications, 1987)

Jenkinson, Denis *Maserati 3011, The Story of a Racing Car* (Aries, 1987)

Lewis, Peter *Alf Francis, Racing Mechanic* (G.T. Foulis, circa 1958)

Lurani, Giovanni *Mille Miglia, 1927–57* (Automobile Year, 1981)

Mathieson, T.A.S.O. *A Pictorial Survey of Racing Cars Between the Years 1919 and 1939* (Motor Racing Publications, 1963)

Monkhouse, George und King-Farlow, Roland *Grand Prix Racing Facts and Figures 1894–1963* (3. Auflage, G.T. Foulis, 1964).

Moss, Stirling mit Nye, Doug *My Cars, My Career* (Patrick Stephens Limited, 1987)

Nye, Doug *Cooper Cars* (Osprey Publishing 1983)

Pritchard, Anthony *Maserati, A History* (David & Charles, 1976)

Reggiani, Giancarlo *Racing Maseratis* (Giorgio Nada Editore, 2001)

Salvadori, Roy und Pritchard, Anthony *Roy Salvadori, Racing Driver* (Patrick Stephens Limited, 1985)

Taruffi, Piero *Works Driver* (Temple Press Books, 1964)

Venables, David *The Racing Fifteen-Hundreds* (Transport Bookman Publications, 1984)

Venables, David *First Among Champions, The Alfa Romeo Grand Prix Cars* (Haynes Publishing, 2000)

Yates, Brock (mit Fotos von Smith Hempstone Oliver) *Vanderbilt Cup Race Photo Archive, 1936 and 1937* (Icongrafix Photo Archives Series, 1997)

Il Tridente, Storra Della Maserati (3. Auflage, Editoriale Il Borgo, 1964)

Maserati: Una Storia nella Storica dalle origini al 1945 (Editrice, Mailand 1980)

Vittorie Maserati, 1926–54 (Officine Alfieri Maserati)

Magazine: *The Autocar, Autocourse, Autosport, Classic & Sports Car, The Motor, Motor Racing, Motor Sport, Road & Track.*

Periodica: *The Motor Year Book* (Temple Press 1949–57)

Register

Abate, Carlo: 204
AC Ace-Bristol: 183
Agadir-Rennen: *1954*, 127; *1956*, 147
Aintree-»200«-Rennen: *1954*, 118, 225; *Daily Telegraph Trophy 1954*, 125; »200«-Rennen *1956*, 142, 227, 230; »100«-Rennen *1956*, 231; »200«-Rennen *1958*, 235
Aitken, Hon. Peter: 72
Aix-les-Bains, Rennstrecke: *1952*, 106; *1953*, 110
Albi-Grand-Prix: *1933*, 39; *1934*, 45; *1946*, 85; *1947*, 89; *1948*, 93; *1949*, 96, 218; *1950*, 98 f.; *1955*, 133
Albi-*Voiturettes*-Grand-Prix: *1935*, 53; *1936*, 59; *1937*, 66; *1938*, 69; *1939*, 76
Alboreto, Michele: 214
Aldrighetti, Giordano: 74, 76
Aldrighetti, Mario: 131
Alfa Corse: 30, 33, 71, 74 ff., 78
Alfa-Romeo, Fahrzeuge:
 allgemein: 18, 24, 67, 69, 93, 103
 P2: 17, 20 ff., 25
 6C 1500: 32, 215
 6C 1750: 20, 31
 8C 2300 *Le Mans*: 29
 8C 2300 *Monza*: 26, 29 ff., 35 ff., 39, 44 f.,
 Tipo B *Monoposto*: 30 ff., 35 f., 38 ff., 43 ff., 49 ff., 57, 64
 Tipo 8C 35: 50
 Tipo 12C 36/37: 50, 91
 Tipo 8C 308: 83 ff., 91, 94 f.
 Tipo 312: 70 ff.
 Tipo 8C 2900B: 114
 Tipo 158: 70 f., 73 f., 76 ff., 83 ff., 88 f., 92 f., 98, 101, 160, 216, 218 f.
 Tipo 159: 84, 119, 160, 219 f.
 6C 2500: 78
 6C 3000: 114
 1900 Limousine: 127
Alfa Romeo, Firma: 13, 22, 36, 50, 54, 99

Alfieri, Giulio: 115 f., 135, 141 ff., 147, 153, 155, 178 f., 199 f., 205, 208 f., 211 ff.
Algerien, Grand Prix von: *1934*, 49
Allison, Cliff: 192, 199
Alvis-Frontantriebswagen: 30
Amilcar-Fahrzeuge: 33
Andrey, Gaston: 198
Ansell, R.E. »Bob«: 84, 91
Aosta, Großes San-Bernardino-Bergrennen, 1948: 94
Arcangeli, Luigi: 24 f.
Argentinien, Grand Prix von: *1953*, 107; *1954*, 117 f., 222, 224; *1955*, 130; *1956*, 141; *1957*, 155; *1958*, 188; *1960*, 201
Armagnac, Paul: 129
Arzani, Egidio: 131
Arzani-Volpini-Fahrzeug: 131
Ascari, Alberto: 78, 87 ff., 99, 104, 106, 108, 111 ff., 117, 122, 128, 130 ff., 149, 218 f.,
Aston-Martin-Fahrzeuge
 allgemein: 72, 138, 147
 DB3S: 138 f., 147, 150 ff., 229
 DBR1: 182, 200
Astor, Madeline Force: 65
Atkins, C.T.: 195
Austin-7-Fahrzeuge: 28, 67
Austin-Healey 100: 186
Austin-Healey 100S: 133
Australien, Grand Prix von: *1956*, 146
Australien, Tourist Trophy: *1956*, 146, 153
Austro-Daimler: 39
Auto-Union-Fahrzeuge: 13, 40, 44 ff., 48 ff., 56, 64 ff., 69 ff., 74, 76, 78
Autodrome Grand Prix, Monza: *1952*, 103, 104
Automobili Tec-Mec: 196
Automovil Club Argentina: 87, 91, 107
Autosport-Team: 84, 89, 107, 216
Avellino, Rennstrecke: *1930*, 25; *1932*, 32

Avusrennen: *1932*, 31; *1933*, 37; *1934*, 44; *1935*, 52; *1937*, 64
Avusrennen, *Voiturette*-Rennen: *1934*, 44; *1937*, 64

Babs Wagen: 39
Baghetti, Giancarlo: 204
Balbo, Marschall Italo (Gouverneur von Libyen): 74, 78
Bandini, Lorenzo: 204
Barbieri, Ferninando: 37 f., 51 ff., 59, 74
BARC-Bergmeisterschaft, Brooklands: *1931*, 29
Bari, Grand Prix von: *1954*, 118
Bari, Sportwagen-Grand-Prix von: *1955*, 136 ; *1956*, 151
Basadonna, Ciro: 84, 86, 216
Bayol, Elie: 79, 110
Beauman, Don: 118
Beech »Stagger-Wing« (Flugzeug): 65
Behra, Jean: 104, 118, 123, 129 ff., 140 ff., 150 ff., 178, 180 f., 183 f., 188, 191, 194, 223, 228, 233
Belgien, Grand Prix von: *1931*, 29; *1933*, 27; *1934*, 45; *1939*, 215; *1947*, 88, 216; *1949*, 95 f., *1951*, 119; *1953*, 108, 222; *1954*, 118 f., 142; *1955*, 133; *1956*, 142 f., *1958*, 189; *1966*, 210
Bellentani, Vittorio: 106, 116 f., 139
Bellucci, Luigi: 128 f., 136 ff., 151
Benelli-Motorräder: 214
Bergere, C.: 75
Bergweltmeisterschaft, Brooklands: 1934, 49
Berlin, Grand Prix von: *1954*, 125
Bertocchi, Guerino: 15, 27, 30, 41, 51, 55, 87, 90, 93, 106, 114, 123, 149, 184, 190 f., 193, 199, 204, 208, 213, 224, 230
Bertoni, Gianni: 114
Bianchi, Firma: 11
Bianchi, Lucien: 206
Bianco, Ettore: 51, 53, 55 f., 59, 63 ff., 69, 71

Bianco, Gino: 103
Bicknell, Reg: 231
Biella-Rennstrecke: *1934*, 47
Biella-Rennstrecke, *Voiturette*-Rennen: *1935*, 52
Biondetti, Clemente: 27 ff., 37, 43, 70, 74, 76 ff., 94, 129
Birabongse, Prinz: 58 f., 63 ff., 74, 76, 79, 88, 90 f., 93, 95 ff., 107, 112, 117 ff., 125, 130, 132 f., 217 ff., 224 f., 229 f.
Birkin, Sir Henry (Tim): 28 f., 35 ff.
Bjornstadt, Eugen: 63 f.
Black, Norman: 29
BMW 328: 78
Boffa, Mennato: 196, 204
Bois-de-Boulogne-Rennen: *1945*, 83
Bolster, John (Journalist): 110
Bolzano-Mendola-Bergrennen: *1948*, 94; *1949*, 97
Bonetto, Felice: 39, 98, 101, 103 f., 107 ff., 115, 220
Bonnier, Joakim: 178, 183, 188 f., 193, 196, 199 f., 204, 208, 235
Bordeaux, Grand Prix von: *1953*, 222; *1954*, 118; *1955*, 131 f.
Border Reivers: 235
Bordoni, Franco: 114 f., 137 f., 140
Bordini, Grand Prix von: *1929*, 21; *1931*, 28; *1934*, 42 f.
Bornigia, Mario: 137
Borzacchini, Baconin: 16 ff., 20 f., 24 f., 28 f., 31, 33, 38 f.
Bowes-Seal-Fast Special: 78
Boyle, Mike »Umbrella«: 66, 74
Brabham, Jack: 210, 230, 235
Bracco, Giovanni: 90, 94, 99, 140
Brackenbury, Charles: 64
Bradzil, Josef: 49
Brands Hatch: *August Bank Holiday Monday 1955*, 226; *Oktober 1956*, 228, 232
Brauchitsch, Manfred von: 44, 67, 69, 71, 78

251

Brecknock, Earl of (später Marquis von Camden): 41
Brescia-Mantua-Brescia-Rennen: *1900*, 11
Brighton Speed Trials: *1933*, 39
Brilli-Peri, Graf Gaston: 12, 20 ff.
Bristol 450: 129
British Empire Trophy, Brooklands: *1934*, 44
British Empire Trophy, Donington Park: *1938*, 215
British Empire Trophy, Isle of Man: *1950*, 218 f.
British Empire Trophy, Oulton Park: *1956*, 147
British Grand Prix (Grand Prix von England): *1949*, 90, 95, 217; *1950*, 28; 1953, 109 f., *1954*, 121 ff., 225; *1955*, 133; *1956*, 144, 228; *1957*, 159 f.; *1967*, 212, 231
British Leyland Motor Corporation: 214
British Racing Partnership: 234
Brivio, Antonio: 37, 45, 49, 51, 67
BRM-P15-V16-Wagen: 103, 125 f., 131, 219, 222, 225 ff.
BRM-P25-2,5-Liter-Wagen: 134, 142, 155, 160, 178, 191, 227 f., 233, 235
BRM-V8-1,5-Liter-Motor: 204, 208
Brooke, Leslie: 74, 93
Brooke, Special: 74
Brooklands, *August Bank Holiday Monday, 1931*, 29
Brooks, C.A.S. «Tony»: 135, 142, 151, 155 f., 158 f., 177, 182, 191, 227
Brown, Alan: 129
Brunet, Robert: 44, 49 f.,
Brynfan-Tyddn-Rennen, USA: *1953*, 115
Bueb, Ivor: 160, 180, 228, 235
Buell, Temple: 180, 183, 191 ff.
Buenos-Aires-1000-Kilometer-Rennen: *1954*, 127; *1955*, 136; *1956*, 147; *1957*, 180; *1960*, 199
Buenos-Aires, City-Grand-Prix von: *1953*, 107; *1954*, 118, 222 f.; *1955*, 130; *1956*, 141; *1957*, 155; *1958*, 188 f.
Bugatti, Ettore: 216
Bugatti, Fahrzeuge:
  allgemein: 12, 18, 72
  Typ 35 (alle Varianten): 15 ff., 20 f., 25, 27
  Typ 37A: 32
  Typ 50: 26
  Typ 51: 26 ff., 30 f., 33, 36 f., 39 f., 44, 88
  Typ 51A: 37, 44, 53, 59
  Typ 54: 26, 29, 31, 38, 40
  Typ 55: 216
  Typ 57SC: 34
  Typ 59: 37 ff., 45, 48 f., 55, 57
Bugatti, Firma: 26, 27, 29, 40, 50
Bugatti, Jean: 216
Burgess, Ian: 196

Burggaller, Ernst: 33 f.

Cabianca, Giulio: 150
Cabral, Mario: 196
Cadours, Rennstrecke: *1952*, 106, 211
Caen, Grand Prix von: *1954*, 123; *1956*, 144, 228, 231; *1957*, 160, 233, 234; *1958*, 235
Calabria, Rennstrecke: *1954*, 129
Camoradi USA: 196 ff., 204
Campana, Karosseriebauer: 232
Campari, Giuseppe: 17 f., 20 f., 25, 28 f., 31, 35 ff.
Campbell, Sir Malcolm: 29
Campbell Trophy Brooklands: *1938*, 215
Campione d'Italia, Rennstrecke: *1937*, 67
Campos, Benedicto: 217
Canonica, André: 223
Caracciola, Rudolf: 25, 29 f., 32, 35, 46 f., 49, 51, 67 ff., 74, 76
Carini, Piero: 97, 104, 109, 127
Carnaria, Rennstrecke: *1939*, 76
Carraroli, Karosseriebauer: 90
Carrera Panamericana Mexico, Straßenrennen: *1953*, 115
Carrozzeria Touring: 78
Casablanca, Grand Prix von: *1932*, 31; *1934*, 44
Caserta, Rennstrecke: *1939*, 25; *1953*, 114
Casner, Lloyd: 198 f., 201 ff.
Castagna, Karosseriebauer: 29
Castelbarco, Graf Luigi: 27 f., 31 f., 44, 47, 52
Castellotti, Eugenio: 130 f., 133 ff., 138, 143, 145, 150 f., 155, 180
Castle Combe: *Oktober 1955*, 227
Cecci, Raphaele: 49
Chaboud, Eugene: 84, 88, 90
Chambost, Robert: 33, 37
Chapman, Colin: 197
Chilometro Lanciato di Bologna Speed Trial: *1926*, 15
Chiron, Louis: 20, 25, 28 f., 31, 33, 37 f., 41, 43 ff., 49, 51, 79, 85, 88 f., 91, 96, 98, 106, 142, 217, 221
Chrysler Corporation: 214
Ciano, Graf Galeazzo (Italienischer Außenminister): 55
Circuit Automobile della Superba, Genua: *1937*, 64
Citroën SA: 213
Citroën SM: 213
Claes, »Johnny«: 108
Clark, Jim: 210, 235
Collins, Peter: 118, 125 f., 131, 133, 143 f., 146 f., 150 f., 155 f., 159 f., 183, 189, 222, 226 ff.
Colombo, Giaocchino: 106, 116
Colotti, Valerio: 102, 116, 178, 180, 196 f.

Comminges, Grand Prix von: *1932*, 32; *1933*, 38; *1934*, 47; *1947*, 89, 216; *1948*, 93; *1952*, 221
Comotti, Gianfranco: 43, 47, 68, 101
Conelli, Graf Caberto: 16, 18
Connaught, Fahrzeuge:
  allgemein: 155
  A-Serie F2: 118, 221
  B-Serie F1: 132 ff., 141 f., 145 f., 226 ff., 231
Coombs, John: 195
Cooper, Charlie: 209
Cooper, John: 209
Cooper-Alta F2: 222
Cooper-Bristol F2: 221 f., 229, 231
Cooper-Bristol-Sportwagen: 129, 229
Cooper-Climax-Sportwagen: 228
Cooper-Climax F1 und F2: 160, 187 ff., 201, 233, 235
Cooper-Maserati 2-Liter-Wagen: 115
Cooper-Maserati 2500 ccm F1: 196, 201
Cooper-Maserati 1500 ccm F1: 204
Cooper-Monaco: 195 f., 204, 235
Cooper T80-Maserati: 210
Cooper T81-Maserati: 210 ff.
Cooper T86-Maserati: 212
Coppa Acerbo: *1927*, 17; *1930*, 25; *1932*, 32 f.; *1933*, 38; *1934*, 46; *1935*, 53; *1936*, 56; *1938*, 70 f.
Coppa-Acerbo-Voiturette-Rennen: *1932*, 33; *1933*, 38; *1934*, 46; *1935*, 53; *1936*, 59; *1938*, 70; *1939*, 77
Coppa Ciano: *1930*, 25; *1931*, 29; *1932*, 32; *1933*, 37; *1934*, 45; *1938*, 70
Coppa-Ciano-Voiturette-Rennen: *1932*, 32; *1933*, 37; *1936*, 59; *1938*, 70, 215; *1939*, 76
Coppa Collina Pistoiese, Bergrennen: *1927*, 16
Coppa Edda Ciano: *1935*, 56; *1936*, 59; *1938*, 71
Coppa Florio: 107, 11
Coppa Galenga: *1927*, 16
Coppa Leonardi: *1927*, 17; *1928*, 20
Coppa Messina: *1927*, 13
Cork, Rennen für leichte Wagen: *1938*, 68
Coronation Trophy, Crystal Palace: *1937*, 64; *1938*, 68
Corsi, Secondo: 46
Cortese, Franco: 64 ff., 69 ff., 74, 76, 78, 84, 90
Costin, Frank: 182
Coupe Delamare Debouteville, Rouen: 197
Coupe de Commission Sportive, Reims: *1939*, 75
Coupe de Paris: *1939*, 216
Coupe des Petits Cylindres, Reims: *1948*, 94

Coupe Rainier, *Voiturette*-Rennen, Monaco: *1936*, 58
Coventry Climax Engines: 204, 208, 210
Cozza, Ermanno: 106, 116, 129, 178, 236
Crawford, Bill: 199
Cremona, Rennstrecke: *1929*, 21
Crystal Palace: *August Bank Holiday Monday 1954*, 225; *September 1954*, 226; *Pfingstmontag 1955*, 226; *August Bank Holiday Saturday 1955*, 226
Cucinotta, Lettorio Piccola: 25
Cumberland-Rennen, USA: *1953*, 115
Cuneo–Colle della Magdalena, Bergrennen: *1930*, 25
Cunningham, Briggs: 199, 201 ff.
Cunningham-Reid, Noel: 182
Czaikowski, Graf Stanislas: 38

Daigh, Chuck: 200
Daily Telegraph Trophy, Aintree: *1955*, 227
Dakar, Rennen: *1954*, 127; *1956*, 147
Dakar, Sportwagen-Grand-Prix: *1955*, 136
Danaher, Sean: 34, 63
Daponte, Jorge: 114, 223
Davis, Cliff: 114, 129
Davis, Colin: 80, 196, 204
Davis, »Sammy«: 80
DB-Wagen: 129, 133, 137
De Filippis, Marie Thérèse: 137, 139, 195
De Graffenried, Baron Emmanuel: 64 f., 75, 84 f., 89, 91, 95 f., 98, 105 ff., 115, 117, 127, 137, 215 ff., 234
De Las Casas, Raphael Bethenod (Georges Raph): 56 f., 68 f., 91
De Paolo, Peter: 44
De Portago, Marquis Alfons: 128, 144, 150, 153, 160, 180, 182, 223
De Sterlich, Marquis Diego: 16 ff.
De Tomaso, Alejandro: 146, 214
De Tomaso, Isabelle (geborene Haskell): 214
De Tomaso, Fahrzeuge: 214
Dei, Giuglielmo: 188, 192, 196, 223, 236
Del Parco, Marchese Carcano di Anzanio: 11
Delage, Fahrzeuge:
  allgemein: 22, 50, 88, 90
  Delage V8-1500ccm: 58 f.
Delahaye-Fahrzeuge: 50, 68, 76, 84
Delamont, Dean: 231
Delius, Ernst von: 64
Della Chiesa, Luigi: 50, 54
Della Stufa, Marquis de: 51
Deutschland, Großer Preis von: siehe Großer Preis von Deutschland
Dewoitine (Flugzeug): 48
Diatto, Fahrzeuge: 12 ff.

Diatto, Firma: 12, 14
Dickson, Tom: 235
Dieppe, Grand Prix von: *1934*, 45
Divo, Albert: 18, 21
Dobson, Arthur: 64 ff., 71
Dobson, Austin: 63
D'Oliveira, Casimiro: 115
Dolomiten-Gold-Cup-Rennen: *1948*, 94; *1950*, 99; *1955*, 137
Don, Kaye: 29
Dona Eva Duarte de Peron, Internationaler Grand Prix: *1949*, 94
Donington Grand Prix: *1937*, 67; *1938*, 71
Donington Park Trophy: *1934*, 49; *1935*, 54
Dönitz, Admiral Karl: 83
Doret, Marcel (Pilot): 48
D'Orey, Fritz: 196
Douglas, Kirk: 223
Dragoni, Eugenio: 210
Drake, Bob: 201
Dreyfus, René: 25 ff., 32, 36, 38 f., 45, 50 f., 53, 63 ff., 68, 77 f.
Drogo, Piero, Karosseriebauer: 195 f., 205, 207
Dubonnet, André: 232 f.
Duesenberg, Fahrzeuge: 35, 38
Duncan, Dale: 183
Du Puy, John: 64 f., 75, 151, 215, 234
Dusio, Piero: 51, 56, 64, 69
Dutch Grand Prix (Grand Prix der Niederlande): *1950*, 99; *1953*, 108, 222; *1955*, 133

Ecurie Bleue: 76
Ecurie Braillard: 44, 48
Ecurie Ecosse: 152, 157, 193, 235
Ecurie Lucy O'Reilly-Schell: 76 f.
Edgar, John: 180
Eifelrennen: *1934*, 44; *1936*, 55; *1937*, 65; *1953*, 108, 222
Eifelrennen, *Voiturette*-Rennen: *1935*, 52; *1936*, 58
Elva, Fahrzeuge: 138
Embiricos, Nicholas: 59
EMW-Fahrzeuge: 140
Ensley, Jack: 147
Equipe Devone: 229
ERA-Fahrzeuge: 48, 52 f., 57 ff., 63, 65 ff., 71 f., 76, 87, 91, 93, 95, 215, 217, 219
Erlen, Rennstrecke: *1950*, 218
Ermini, Pasquino: 66
Escuderia Bandeirantes: 103 ff., 107
Etancelin, Philippe: 25, 37 f., 41, 43 ff., 50 ff., 84, 96 f., 218 f.
Eva-Peron-Cup-Rennen: *1947*, 87, 91
Everitt, Bill: 54, 67, 69
Eyston, Captain George: 28 f., 44

Fagioli, Luigi: 18, 24 f., 27 ff., 33, 35 ff., 45 ff., 51 f., 218
Fairfield, Pat: 59, 64 f.
Falchetto, Bruno: 48, 50
Fangio, Juan Manuel: 81, 87, 91, 95 f., 98, 101, 103 f., 107 ff., 117 ff., 123 ff., 129 f., 132, 134 ff., 139, 141 ff., 150, 153 ff., 158 ff., 177 ff., 182, 188 f., 191, 193, 217, 219 f., 223 f., 228, 231, 234 ff.
Fantuzzi, Medardo, Karosseriebauer: 90, 114, 135, 139 f.
Farina, Dr. Giuseppe (»Nino«): 47, 49 f., 52, 54, 65, 69 ff., 76 ff., 91 f., 94 ff., 99, 101, 108, 117, 119, 127, 151, 216 ff., 220
Farinacci, Roberto (Sekretär der Faschistischen Partei Italiens): 33, 35
Featherstonhaugh, R.E.L. »Buddy«: 41, 45
Ferrari, Enzo: 36 f., 41, 46, 81, 89, 109 f., 113, 133, 142, 160, 201
Ferrari, Fahrzeuge:
  125/F1: 93, 95 ff., 218 f.,
  166C: 94 f., 103
  340F/1: 219
  375F/1: 98 f., 220
  Dünnwand-Fahrzeug Spezial: 118, 125, 222
  500 F2: 104, 107 ff., 111 ff., 221 f.
  625 F1: 117 ff., 121, 123 ff., 132, 225
  625 (*Monza*-Motor): 130
  553 *Squalo* F1: 117, 119, 121, 125 f.
  555 *SuperSqualo* F1: 134
  555 (*Monza*-Motor): 146
  Lancia-Ferrari F1: 141 ff., 223, 228, 231
  801 (ehemaliger Lancia-Ferrari): 155 f., 159 f., 177
  156 *Dino* F2: 156
  246 *Dino* F1: 178, 188 f., 191
  312 F1: 210
  159: 90
  166 Mille Miglia: 79, 93 f., 99, 114, 129
  250 *Mille Miglia*: 128
  340 *Mexico*: 115
  375 *Le Mans*: 109, 114, 127
  500 *Mondial*: 114, 128 f.
  735 *Sport*: 129, 135
  750 *Monza*: 129, 133, 136 f., 139, 151 ff., 182, 223
  375 *Plus*: 127
  410 *Sport*: 147
  118 *Le Mans*: 136
  121 *Le Mans*: 138
  290 *Mille Miglia*: 147, 153
  860 *Monza*: 150
  500 *Testa Rossa*: 151, 223
  315 *Mille Miglia*: 180
  335 *Sport*: 183, 193
  Dino 206 Sport: 198

  250 *Testa Rossa*: 199 f., 203 f.
  Dino 246: 199
  Dino 246 SP: 203 f.
  250 GT: 182, 203
  330P: 208
Fiandri, Celestine, Karosseriebauer: 139 f.
Fiat-Fahrzeuge: 12, 51, 61, 63, 80
Fiat, Firma: 11, 22, 133, 214
Fiermonte, Enzo: 65
Filippini, Corrado (Journalist): 61
Fisher, John: 235
Fitch, John: 201, 223
Flockhart, Ron: 126, 146, 152, 235
Florenz, Rennstrecke: *1937*, 65
Francis, »Alf«: 120, 123, 125, 130, 230
Franco, Francisco (spanischer Diktator): 61
Frankenberg, Richard von: 140
Frankreich, Grand Prix von: *1923*, 160; *1931*, 28; *1932*, 32; *1933*, 37; *1934*, 44 f., 47 f., *1935*, 52; *1936*, 69; *1939*, 75, 85; *1947*, 89, 217; *1949*, 96; *1953*, 109, *1954*, 120 f., 225; *1956*, 143; *1957*, 157 f.; *1958*, 191; *1959*, 196; *1966*, 210
Frazer Nash Le Mans Replica: 113, 224
Freiburg, Bergrennen: *1953*, 222
Frere, Paul: 143, 222
Friderich, Ernst: 26
Fronteras, Luis: 29
Frontieres, Grand Prix von: *1947*, 88; *1954*, 118; *1956* (Sportwagen), 150
Furmanik, Giuseppe: 37, 46, 49

Galliazi, Prof. Riccardo: 34
Galvez, Oscar: 87, 91, 94 f., 107
Garda, Rennstrecke: 1923, 12; 1924, 12; 1950, 99
Gardner, »Goldie«: 37
Garibaldi, Giuseppe (italienischer Patriot): 9
Gaze, Tony: 130
Gendebien, Olivier: 150, 182, 200
Gentilini, Karosseriebauer: 196
Gerard, F.R. »Bob«: 87, 91, 93, 95, 217, 219, 231
Gerini, Gerino: 127
Ghersi, Pietro: 28 f., 31, 53, 70
Ghia, Karosseriebauer: 214
Giacomazzi, Ing. Alceste: 61, 81
Giambertone, Marcello (Fangios Rennmanager): 188
Giardini, Francesco: 129, 139. 150
Gilby Engineering: 114, 117, 131 f., 144, 160, 224 ff., 228
Gilco, Chassishersteller: 146
Giletti, Emilio: 113 ff., 127, 222
Ginther, Richie: 204
Glass, Arnold: 194
Gobbato, Ugo (Geschäftsführer von Alfa Romeo): 50

Godia-Sales, Francesco: 126, 129, 142, 144 f., 153, 182, 188, 194, 233
Gomm, Maurice, Karosseriebauer: 234
Gonzalez, Froilan: 87, 99, 103 ff., 107 ff., 118 ff., 127, 129, 135, 141 ff., 147, 220
Goodacre, Charles: 28, 67
Goodwood: *September 1948*, 93; *Ostermontag 1950*, 98, 218; *September 1950*, 219; *Pfingstmontag 1951*, 99; *Ostermontag 1953*, 108, 221, 222; *September 1953*, 114, 224; *Ostermontag 1954*, 224, 225; *September 1954*, 125, 226; *Ostermontag 1955*, 130, 131, 226; *Ostermontag 1956*, 141, 227; *Ostermontag 1958*, 235
Gordini, Amédée: 79, 218
Gordini-Formel-1-Wagen: 111, 118, 123, 142, 144 f.
Gordini-Formel-2-Wagen: 104
Gordini-Sportwagen: 114 f., 127, 153
Gordini-Team: 129, 155, 226
Gould, Horace: 129, 133, 156, 158, 182, 229, 231, 233
Grazzabini, Carlo: 34
Greene, Keith: 228
Greene, Sidney: 114, 224, 226 ff.
Gregory, Ken: 230
Gregory, Masten: 136 f., 153, 156, 177 f., 180, 182 f., 188 ff., 199 ff., 205, 208, 223
Griffiths, Guy (Motorsportfotograf und Historiker): 21, 34
Grignard, Georges: 84
Großer Preis von Deutschland: *1931*, 29; *1932*, 32; *1934*, 45; *1936*, 55 f.; *1938*, 70; *1939*, 76, 215, 216; *1952*, 104; *1953*, 110 f., 222; *1954*, 123; *1956*, 144, 228, 231; *1957*, 160, 234
Grosvenor, Grand Prix von: *1938*, 67; *1939*, 72
Guards Trophy, Brands Hatch: *1962*, 206
Guelfi, André: 127
Guidotti, Giovanni Battista: 24, 219 f.
Guidotti, Liborio, Speedboot-Rennfahrer: 139
Gruppo San Gorgio: 37
Gurney, Dan: 199 f.

Halford, Bruce: 160, 215, 229 ff.
Hall, Eddie: 36, 42
Hamilton, Duncan: 129, 137, 150, 153, 235
Hamilton, Hugh: 41, 43 ff.
Hansgen, Walt: 199, 201, 203 ff.
Hanson, Robin: 63, 65, 68
Hanstein, Huschke von: 78, 150
Harrison, T.C.: 220
Hartmann, Laszlo: 58 f., 67, 69
Hartz, Harry: 25
Hasse, Rudolf: 64 f.

Hawthorn, John Michael (Mike): 109, 111 ff., 118 f., 123 ff., 129, 134, 136 ff., 142, 144, 151, 155 f., 159 f., 178, 180, 183, 188, 191, 222, 226 ff.
Henning, Cotton: 74
Herrmann, Hans: 114, 121, 125 f., 152, 156 f., 182, 187, 196, 199
Hill, Graham: 137, 201 f., 208, 210
Hill, Phil: 147, 183, 199, 203
Hitler, Adolf: 40, 54, 61, 73, 76, 83
Howe, Earl: 41, 44 f., 47, 59, 67, 69, 71
Howell, John: 34
Hug, Armand: 68 f., 71 f., 75 f.,
HWM, Formel-2-Wagen: 104, 106, 221

Ibsley: *April 1955*, 226
Imola, Sportwagen-Grand-Prix von: *1954*, 128; *1955*, 137
Imperia, Automobilfabrik: 37
Imperial Trophy, Crystal Park: *1937*, 67
Indianapolis, 500-Meilen-Rennen: *1930*, 25; *1939*, 74 f.; *1940*, 78; *1941*, 78; *1946*, 85
Innocenti: 214
International Trophy, Silverstone: *1949*, 96, 218; *1952*, 106, 221; *1953*, 107, 222; *1954*, 118, 225; *1955*, 132, 226; *1956*, 142, 227 f.; *Sportwagenrennen 1956*, 150; *1957*, 178, 234; *1958*, 189, 235; *1966*, 210
Irischer Grand Prix: *1931*, 28
Iso, Motorräder und Roller: 186
Isotta Fraschini: 11 f., 24, 30, 57
Isotta Fraschini, Fahrzeuge: 11 f.
Itala, Fahrzeug: 28
Italien, Grand Prix von: *1925*, 13 f.; *1926*, 15; *1928*, 20; *1932*, 31; *1933*, 38; *1934*, 47; *1935*, 54; *1936*, 56; *1938*, 71; *1947*, 89, 216; *1948*, 93; *1949*, 96, 101, 218; *1950*, 219; *1951*, 220; *1952*, 104, 221; *1953*, 112 f., 1954, 125; *1955*, 133 f.; *1956*, 145 f., 223, 228, 231 f.; *1957*, 177, 215, 233; *1958*, 192, 193; *1966*, 210
Italmoto, Motorräder: 81
Itier, Madame Rose: 37

Jaguar-Fahrzeuge:
  XK-Serie: 186
  C-Type: 129, 137
  D-Type: 136 ff., 147, 150, 152 f., 157, 180, 183, 235
  E-Type: 205
Jano, Vittorio: 26, 30, 40, 50, 59, 117
JBW-Wagen: 194 f.
JCC 200-Meilen-Rennen, Donington Park: *1937*, 66
JCC Double Twelve Race, Brooklands: *1931*, 28
JCC International Trophy, Brooklands: *1933*, 36; *1934*, 43; *1937*, 66; *1939*, 72, 74

Jenkinson, Denis: 101, 139, 147, 149, 181 f., 234 ff.
Jensen, Ross: 193 f., 235
Jersey International Road Race: *1947*, 88; *1948*, 91, 217; *1949*, 95; *1950*, 219
Juan-D.-Peron-Grand-Prix: *1949*, 94
Juan Peron Cup: *1947*, 87; *1948*, 91
Jugoslawien, Grand Prix von: *1939*, 78

Kaiserpreis, Qualifikationsrennen: *1907*, 11
Kannonloppet, Rennen, Schweden: *1959*, 194
Kautz, Christian: 88 f., 92, 215, 217
Kavanagh, Ken: 188
Kimberley, Bill: 201 f., 204 ff.
Klausen, Bergrennen: *1934*, 45 f.
Kling, Karl: 121, 125 f., 134
Klinger, Umberto: 25, 29
Kloster, Fritz: 114 f.
Kopenhagen, Grand Prix von: *1958*, 194
Kuba, Grand Prix von: *1957*, 180; *1958*, 193; *1960*, 199
Kyffin, Tom: 229, 234

La Baule, Sandrennen: *1938*, 71
La Turbie, Bergrennen: *1939*, 216
Lago, Anthony: 152
Lampredi, Aurelio: 98
Lancia-Fahrzeuge:
  Aprilia: 78
  Aurelia B20 GT: 114
  D20 Sportwagen: 114
  D23 Sportwagen: 110
  D24 Sportwagen: 115, 127, 128
  D50 F1: 117, 126, 130 ff., 227
Landi, Francesco »Chico«: 87, 91, 103, 107, 112, 141, 222
Landi, Guido: 37
Lang, Herrmann: 64, 69 f., 74, 76, 111 f., 114
Lausanne, Grand Prix von: *1947*, 89, 217; *1949*, 218
Le Begue, René: 78
Lehoux, Marcel: 27, 29, 31, 37, 39, 45, 48
Le Mans, 24-Stunden-Rennen: *1954*, 128; *1955*, 133, 137; *1956*, 151 f.; *1957*, 182 f., 232; *1960*, 200 f., 235; *1961*, 203, 235; *1962*, 205 f.; *1963*, 207; *1964*, 208; *1965*, 208
Le Mans, Trainingswochenende: *1961*, 203; *1963*, 207; *1964*, 208; *1965*, 208
Les-Sables-d'Olonne-Rennstrecke: *1952*, 106; *1956 (Sportwagen)*, 151
Levegh, Pierre Bouillon: 88 f., 135
Lewis, Hon. Brian: 28, 36, 43
Lewis, Charles: 34
Lewis, David: 34
Lewis-Evans, Stuart: 158 f., 177, 228
Ligier, Guy: 210

Liguori, Ralph: 194
Lissabon, Sportwagen-Grand-Prix von: *1953*, 110; *1955*, 137, 223
Lister, Brian: 234
Lister-Bristol: 115
Lister-Jaguar: 193, 234 f.
Lister-Maserati: 115, 153
Lloyd, Bill: 153
Lockbourne-Air-Base-Rennen, Ohio, USA: *1953*, 115
Loens, André: 151, 232
London Trophy nach der freien Formel, Crystal Palace: *1938*, 69
Lorraine, Grand Prix von: *1932*, 32
Lotus, Fahrzeuge:
  Lotus Eleven: 153, 197, 231
  Lotus 15: 197
  Lotus 16: 192, 197, 235
  Lotus 49: 210 f.
Louveau, Henri: 85, 88 f.
Loyens, Bert: 34
Lucas, Jean: 132, 223
Lucca, *Voiturette*-Rennen: 1937, 66
Lugo, Aldo: 106
Lurani, Graf »Johnny«: 42, 47, 52, 63 f., 67, 69, 87 f., 93 f.

Mackay Fraser, Herbert: 159
Macklin, Lance: 106, 133, 221
Maclure, Percy: 65
Madrid, 1100-ccm-Sportwagenrennen: *1949*, 218
Maggi, Graf Aymo: 16, 18, 20, 25, 27
Maglioli, Umberto: 109, 114, 125, 127 ff., 136 f., 144, 150, 199, 202 f.
Mailand, Grand Prix von: *1946*, 85, 216
Mailand, Rennstrecke: *Voiturette*-Rennen: *1936*, 59; *1937*, 65
Mailand, *Voiturette*-Grand-Prix von: *1937*, 71
Mailand, Wagen: 96, 98, 101, 131, 218
Mainwaring, Dick: 138
Mairesse, »Willy«: 203
Malaguti, Romano: 45, 47, 49
Mallory Park: BRSCC *Meeting Juli 1956*, 231
Maloja, Bergrennen: *1946*, 216
Mancini, Luigi: 114, 140
Mantovani, Sergio: 112 ff., 118 f., 123 ff., 128 ff.
Manzon, Robert: 121, 142, 150, 153
Marazza, Aldo: 64 f., 69 f.
Mar-del-Plata-Grand-Prix: *1948*, 91; *1949*, 95; *1950*, 97, 218
Margulies, Dan: 137
Marimon, Onofre: 87, 107 f., 110, 112 ff., 118 ff.,
Marinoni, Attilio: 71
Mario, Carlo: 204
Marne Grand Prix: *1931*, 29; *1933*, 37; *1934*, 45; *1935*, 53; *1948*, 88

Marokko, 12-Stunden-Rennen von: *1953*, 114
Marokko, Grand Prix von: *1957*, 178; *1958*, 193
Marseille, Grand Prix von: *1932*, 33, 35; *1933*, 38; *1946*, 84, 216; *1947*, 88; *1952*, 106, 221
Martin, Charles: 55, 64, 67
Martin, Townsend Bradley: 57, 65
Marzotto, Paolo: 99, 128
Marzotto, Vittorio: 128, 136
Masaryk, Rennstrecke: *1934*, 48, 49; *1937*, 67
Masaryk, *Voiturette*-Rennen: *1937*, 67
Maserati, Alfieri: 9 ff., 20 f., 25 f., 28 ff., 35
Maserati, Bindo: 10 ff., 26, 30, 61, 79, 90
Maserati, Carlo: 10
Maserati, Caroline (geborene Losi): 10
Maserati, Ernesto: 10, 12, 15 f., 18, 20 f., 24 ff., 61, 63, 79, 90, 117
Maserati, Ettore: 10 ff., 61, 79, 90
Maserati, Mario: 10, 13
Maserati, Rodolfo: 10
Maserati Corporation of America: 186
Maserati, Fahrzeuge:
  Tipo 26: 14 ff., 30 ff., 37
  Tipo 26B: 16 f., 20 f., 24 f.
  8C-1100: 22, 24 f.
  8C-1500: 15, 18, 20
  8C-2500 (Tipo 26M): 22 ff., 27 ff., 31 f., 38, 41
  8C-2800: 29 ff., 35, 37
  TA-2800: 30
  8C-3000: 35 f., 38, 41, 43, 46
  8CM-3000: 35 ff., 55, 66 f.
  4CTR-1100: 29
  4CS-1100: 30, 41, 47, 51, 55, 63
  4CM-1100: 30 ff., 35, 49, 53 f.
  4CM-1500: 30, 37 f., 44, 47, 49, 51 ff., 57 ff., 64 f., 68 f., 215
  4CS-1500: 51, 52, 55, 59, 65
  4C-2000: 37 f.
  4C-2500: 41, 44, 56
  V4 *Sedici Cilindri*: 21, 24 f., 27 ff., 34, 52
  V5 *Sedici Cilindri*: 30 f., 33, 35, 40, 43 f., 46, 52
  6C/34: 13, 47 ff., 54, 56, 215
  V8RI: 13, 52 ff., 65 f.
  6CM-1500: 57 ff., 63 ff., 76, 78, 84, 90 f., 216
  6-CS 1500: 58
  6CM mit 4CM-Motor: 65 ff., 69 ff., 75
  4CL-1500: 61, 72 ff., 81, 83 ff., 91 ff., 101, 216, 224
  8CTF: 61, 66, 68 ff., 74 ff., 78
  8CL: 78, 85 f., 91
  4CLT: 88, 216 f.
  4CLT/48: 53, 61, 81, 91 ff., 101, 217 ff.

254

4CLT/50: 97
8CLT/50: 97 f.
A6-1500: 61, 81, 90
A6G: 90
A6GCM: 102 ff., 221 f., 224
A6GCM/250F: 117 ff., 123, 125 f., 222 f.
A6GCS: 90, 93 f., 97, 99
A6GCS (Zweite Serie): 113 ff., 127 ff., 135 ff., 150 ff., 222 ff.
A6GCS *Mille Miglia*: 127
Tipo 250S: 128 f., 149
4CF2, Motor: 115
250F/1: 106, 116 ff., 129 ff., 141 ff., 153 ff., 177 f., 188 f, 192 f., 201, 223 ff.
250F V12: 154 ff., 177, 189, 222
250F *Piccolo*: 189, 191 ff., 196
300S: 129, 135 ff., 146 ff., 178, 180, 182 ff., 193 f.
350S: 147 ff. 151 f., 178 f.
150S: 129, 139 f., 146 f., 150 ff., 230
200S: 140, 146 f., 151, 180, 189
200SI: 146, 151 ff.
250S: 195
450S: 152 f., 157, 178 ff., 187
350S V12 (Tipo 57): 181 ff., 187
420/M58 Eldorado Special: 190 f., 194
V12 3-Liter (Tipo 58): 194
60 »Birdcage«: 197 f., 201, 204
61 »Birdcage«: 198 ff.
63 »Birdcage«: 201 ff.
64 »Birdcage«: 204
65 »Birdcage«: 208
151: 205 f.
151/1: 206 ff.
8/F1, Motor: 207 f.
9/F1, Motor: 209 f.
10/F1, Motor: 211
A6G/54 GT: 149, 186
3500 GT: 148, 186
Bora: 213
Merak: 213
Biturbo: 214
Barchetta: 214
Maserati, Firma: 26 f., 41, 49 f., 54, 59, 61, 75, 78, 133, 144, 212 ff.
Maserati France: 206, 208
Maserati SpA, Fabbrica Candele Accumulatori: 62, 81 f.
Maserati, Motorräder: 81
Maserati, Nutzfahrzeuge: 81
Eletrocarri Maserati: 61
Masetti, Giulio: 12
Massacurati, Dr.: 72
Massimino, Alberto: 61, 81, 90, 102, 104, 106, 115
Materassi, Emilio: 13, 15 f., 20
Matrullo, Frederico: 33, 45
Mays, Raymond: 48, 52, 65 f., 69, 71

Mays, Rex: 78
McAfee, Ernie: 114
McDill Field Race, Tampa, Florida: *1953*, 114
McEvoy, Frank: 59
McLaren, Bruce: 201, 203 ff.
Menditeguy, Carlos: 133, 141 f., 147, 154 f., 157 ff., 180, 182, 188
Mercedes-Benz-Fahrzeuge:
  allgemein: 13, 40
  SSK: 21, 25
  SSKL: 29
  W25: 44 ff., 56
  W125: 64, 66 f.
  W154: 68 ff.
  W163: 74, 76, 78
  W165: 74
  W196: 116 f., 120 ff., 125 ff., 130, 132 ff., 225
  300SLR: 130, 133, 136 ff.
Meregalli, Guido: 12
Merrick, Tony: 161
Messina-Vinci, Cup-Rennen: *1927*, 16
Messina, 10-Stunden-Nachtrennen: *1954*, 129; *1955*, 137
Messina, Sportwagenrennen: *1959*, 196
Metternich, Prinz: 151
Mexiko, Grand Prix von: *1966*, 210
MG A Twin-Cam: 80
MG, Fahrzeuge:
  allgemein: 29, 37, 44
MG, Magnette-Wagen: 36, 38, 41 f., 47, 49
Mieres, Roberto: 117 ff., 123, 126, 129 f., 132 ff., 137, 139, 141
Millar, Cameron: 180, 236 f.
Mille Miglia: *1928*, 18; *1929*, 20; *1930*, 24; *1931*, 27; *1932*, 30; *1933*, 41; *1934*, 50 f.; *1935*, 55; *1937*, 63; *1938*, 78; *1940*, 78; *1947*, 90; *1948*, 93 f., *1949*, 97; *1953*, 114; *1954*, 128; *1955*, 136; *1956*, 149 f.; *1957*, 180 ff.
Miller, Fahrzeuge: 25, 30
Minoia, Ferdinando: 21, 29
Minozzi, G.: 28
Modena, Grand Prix von: *1952*, 104; *1953*, 113, 222; *1957*, 178, 234
Modena, Rennstrecke: *1934*, 49; *1935*, 54; *1947*, 90
Modena, *Voiturette*-Rennen: *1934*, 49; *1935*, 54; *1938*, 71
Moll, Guy: 38 f., 41, 43 ff.
Momberger, August: 21, 44
Monaco, Grand Prix von: *1931*, 28; *1932*, 30; *1933*, 36; *1934*, 41; *1935*, 51; *1936*, 55; *1948*, 91, 217; *1950*, 98; *1955*, 132 f.; *1956*, 142; *1957*, 156 f.; *1958*, 189
Moncalieri, Luigi: 230
Monkhouse, Peter: 88
Montlhéry, Rekordversuche: *1933*, 39

Montreux, Grand Prix von: *1934*, 44
Mont Ventoux, Bergrennen: *1933*, 39; *1934*, 47
Monza, Grand Prix von: *1929*, 21; *1930*, 25; *1931*, 29; *1932*, 33, 35; *1933*, 38 f.; *1948*, 93
Monza, Two Worlds' Trophy: *1957*, 157; *1958*, 190
Morgen, Heinrich-Joachim von: 28
Morris, M.C.: 29
Moss, Stirling: 117 ff., 123 ff., 129 ff., 139, 141 f., 149 ff., 155, 158 ff. 177 ff., 188 f., 191, 193 f., 197, 199 ff., 223, 225 ff., 234 f.
Moto Guzzi, Motorräder: 214
Mugello, Rennstrecke: 1922, 12
Munaron, Gino: 200
Musso, Giuseppe: 114, 129, 139, 147
Musso, Luigi: 112 ff., 118, 125 ff., 132 ff., 145 f., 155, 159 f., 178, 188, 223
Mussolini, Benito: 10, 13, 29, 40, 50, 54, 61, 73 f., 78, 83
Musy, Benoit: 129, 136 ff., 140, 150, 153
MV (Meccanica Verghera): 80

Nacional-Pescara-Wagen: 55
Nassau Trophy: *1956*, 153
Nationen, Grand Prix der: *1946*, 85, 216; *1948*, 217; *1950*, 101, 219
Naylor, Brian: 153, 194 f., 230, 234 f
Neapel, Formel-2-Grand-Prix: *1950*, 99
Neapel, Grand Prix: *1937*, 64, 215; *1939*, 74; *1953*, 108; *1954*, 132; *1957*, 156, 232
Neapel, Rennstrecke: *1934*, 49; *1936*, 64; *1938*, 69; *1948*, 79, 94
Neapel, Sportwagen-Grand-Prix: *1954*, 128
Neapel, Sportwagenrennen: *1959*, 198; *1960*, 196
Neerpasch, Jochen: 208
Nelson, Eddie: 182
Neuseeland, Grand Prix von: *1955*, 130; *1956*, 141; *1959*, 193
Nimes, Grand Prix von: *1932*, 31
Nimes, Rennstrecke: *1933*, 37
Nizza, Grand Prix von: *1933*, 37 f.; *1934*, 46; *1946*, 84; *1947*, 89
Nizza, *Voiturette*-Rennen: *1932*, 32
Nuckey, Rodney: 221
Nuffield Trophy, Donington Park: *1937*, 215; *1938*, 65; *1939*, 75
Nürburgring, 1000-Kilometer-Rennen *1953*, 114; *1956*, 150; *1957*, 182; *1960*, 199 f.; *1961*, 202; *1962*, 204
Nürburgring, 500-Kilometer-Rennen: *1955*, 139
Nuvolari, Tazio: 20, 24 f., 28 f., 31 ff., 37 ff., 41 ff. 54, 57, 65, 67, 71, 78, 84 f., 92 f., 112, 216

Offenhauser-Fahrzeuge: 75
Officina Alfieri Maserati: 12
Officine Alfieri Maserati: 13, 29. 40, 50, 58, 60, 77, 123, 128
OM-Fahrzeuge: 18, 21
Oran (Algerien), 3-Stunden-Rennen von: *1932*, 30
O'Reilly, Francis: 76
O'Reilly, Lucy: 76
Orsi, Adolfo: 9, 13, 41, 60 ff., 67 f., 70, 81, 90 f., 94, 102, 116, 134, 185, 209, 213, 224
Orsi, Armando: 60
Orsi, Bruna: 60 f., 81 f.
Orsi, Carolina: 60
Orsi, Dr. Adolfo: 116, 186
Orsi, Eida: 60 f., 81 f.
Orsi, Ermina: 60
Orsi, Marcello: 60
Orsi, Omer: 61, 116, 120, 123 f., 213
OSCA (*Officina Specializzata Construzione Automobili*): 79 f., 115
OSCA, Fahrzeuge:
  Sportwagen: 79, 94, 129, 150, 153
  V12-Formel-1-Wagen: 79, 219
  Formel-2-Wagen: 79 f., 110, 221
  Formel-Junior-Wagen: 80
  GT-Wagen: 80
Oulton Park: *Gold Cup Race: 1954*, 125, 225 f.; *Rennen nach der freien Formel 1954*: 125; *Gold Cup Race 1955*, 134, 227; *1959*, 196
Oulton Park: North Staffs. CC meetings: *1956*, 196, 230
Owen-Organisation: 117, 123, 125, 132, 141, 226, 230

Pabst, Augie: 204
Pagani, Nello: 88, 91, 102
Palmieri, Pietro: 87
Panini, Matteo: 201, 240, 242
Papst Pius XI: 54
Parenti, Rino: 29, 38
Paris Cup, Bois de Boulogne: *1946*, 85
Paris, Grand Prix von: *1950*, 99
Paris, 1000-Kilometer-Rennen: *1956*, 150; *1964*, 208
Parisio, Marchese Pietro: 33
Parnell, Reg: 84, 87, 89, 91, 93, 95 f., 98, 118, 217 ff., 222, 225, 227
Parravano, Tony: 140, 157, 179 f.
Pastore, Cesare: 24 f.
Pau, Grand Prix von: *1935*, 50; *1936*, 55; *1938*, 68; *1939*, 215; *1947*, 88; *1948*, 91, 217; *1949*, 95; *1950*, 98; *1952*, 106, 221; *1954*, 118 f.; *1957*, 155 f., 232
Pedrazzini, Carlo: 25, 43
Pelassa, G.: 69, 86
Penn-Hughes, Clifton: 29, 42
Penya-Rhin-Grand-Prix: *1934*, 44; *1946*, 86; *1948*, 93; *1950*, 219

Perdisa, Cesare: 128 ff., 132 f., 136 f., 141 ff., 147, 150 f., 180
Peron, Präsident (von Argentinien) Juan Domingo: 87, 91, 185
Perpignan, Grand Prix von: *1947*, 88
Perugina, Cup-Rennen: *1927*, 16; *1953*, 114
Pescara, Sportwagen-Grand-Prix von: *1956*, 152 f.
Pescara, 4-Stunden-Rennen: *1961*, 204
Pescara, 12-Stunden-Rennen: *1953*, 114
Pescara, Grand Prix von: *1951*, 101; *1954*, 125; *1957*, 160, 234
Peugeot, 4-Liter-Wagen: 25
Peugeot SA des Automobiles: 213 f.
Phoenix-Park-Rennen nach der freien Formel: *1937*, 66
Picard, F.: 127
Picardie, Grand Prix der: *1934*, 44
Picardie, *Voiturette*-Rennen: *1933*, 37; *1936*, 58 f.; *1937*, 65; *1938*, 69; *1939*, 75
Pietsch, Paul: 70 ff., 77, 111
Pilette, André: 118
Pinin Farina, Karosseriebauer: 81, 90, 127
Pintacuda, Carlo: 51, 54, 74
Piotti, Luigi: 141, 146, 151
Plate, Enrico: 69, 84 f., 88, 105, 107 f., 117, 216 f., 219, 221 ff.
Plate, Luigi: 64, 69
Plate-Maserati-Wagen: 105 f., 220 f., 223
Pompeo, Tony (US Maserati-Importeur): 114
Pontedecimo-Gioir-Bergrennen: *1959*, 198
Poore, Denis: 138
Porsche 550 Spyder: 140, 150, 152, 182
Porsche RSK: 199 f., 202
Porto, Grand Prix von: *1956*, 150
Portugal, Grand Prix von: *1958*, 191 f.
Portugal, Sportwagen-Grand-Prix: *1954*, 129; *1955*, 137; *1957*, 182
Pozzi, Charles: 90
Premoli, L.: 31 f.
Prix von Bern, *Voiturette*-Rennen: *1934*, 47; *1935*, 53 f.; *1936*, 59; *1937*, 66; *1938*, 71; *1939*, 77

Rabassada, Bergrennen: *1924*, 12
RAC, Grand Prix: *1948*, 93, 217
RAC, Internationales »Leichtwagen«-Rennen, Douglas: *1937*, 64 f., 215
Railton, Reid: 41
Rallye Motors: 201
Ramponi, Giulio: 20 f., 28, 41, 58 f.
Rand, George: 65
Rand Grand Prix: *1937*, 67
Rayson, E.K.: 64
Reggio Calabria, Rennstrecke: *1955*, 137

Reims, 12-Stunden-Rennen: *1953*, 109 f.; *1954*, 129; *1956*, 151; *1964*, 208
Reims, Grand Prix von: *1952*, 104; *1957*, 159, 233
Remparts, Rennstrecke: *1950*, 99
Renault 750: 103
Rheinland Cup, Nürburgring: *1956*, 152
Riganti, Raoul: 78
Riley, Fahrzeuge: 65
Riley TT Sprite: 229
Rindt, Jochen: 210 ff.
Rio de Janeiro, Grand Prix von: *1948*, 95; *1952*, 103; *1953 (Sportwagen)*, 222
Rivolta, Renzo: 186
Robinson, Tony: 230, 232 ff.
Rocco, Giovanni: 64 f., 69, 74, 76 f.
Rodriguez, Pedro: 199, 203, 211
Rodriguez, Ricardo: 203
Rol, Franco: 79, 97 ff., 104
Rolt, A P R »Tony«: 93, 106, 221
Rom, Grand Prix von: *1930*, 25; *1931*, 28; *1932*, 30; *1954*, 118
Rom, Sportwagen-Grand-Prix von: *1956*, 153
Rosa, A.: 21
Rosario, Grand Prix von: *1947*, 87; *1948*, 91; *1949*, 94 f.
Rose, Mauri: 65, 78
Rosemeyer, Bernd: 56, 66 f.
Rosier, Louis: 89, 96, 99, 103, 118, 125, 132 f., 144, 152 f., 218 f.
Rouen, Grand Prix von: *1954*, 225
Rouen, Sportwagen-Grand-Prix von: *1956*, 151; *1961*, 203
Roussillon, Grand Prix von: *1949*, 95, 217
Rovere, Gino: 13, 50, 52, 54, 58, 65
Rubin, Bernard: 35
Ruesch, Hans: 39, 44 ff., 49, 52, 59, 63
Ruggeri, Amadeo: 28, 30 ff., 35
Ruggeri, Arialdo: 84 f., 88
Ruggeri-Brüder: 83
Russell, Jim: 228

Said, Boris »Bob«: 129, 196
St. Cloud, Grand Prix von: *1946*, 85
Salon, Coupe du: *1956*, 153
Salsom, Fahrzeuge: 16, 25, 33, 37
Salvadori, Roy: 114, 117, 123, 129, 131 f., 144, 147, 151, 158 ff., 180, 189, 195, 205, 221, 224 ff., 233
San Remo, Grand Prix von: *1937*, 66; *1948*, 91; *1949*, 95, 217
San Sebastian, Grand Prix von: *1924*, 12
Sanesi, Consalvo: 85, 88, 92, 216, 220
Sao Paulo, Grand Prix von: *1948*, 95; *1953 (Sportwagen)*, 222
Sardinia Trophy, Straßenrennen: *1955*, 137
Scarlatti, Giorgio: 128 f., 137, 150, 154, 156, 160, 178, 182 f., 189, 193, 195, 196, 202 ff.

Scaron, José: 33
Schell, Harry: 76, 106, 117 f., 123, 125 f., 130, 137, 144, 150, 152 ff., 159 f., 177 f., 180, 182 f., 191, 193, 219, 221, 226 ff., 234
Schell, Laury: 76
Schweden, Grand Prix von: *1955*, 137; *1956*, 152; *1957*, 183
Schweden, Sommer-Grand-Prix: *1948*, 218
Schweden, Winter-Grand-Prix: *1936*, 55
Schweiz, Grand Prix der: *1934*, 46 f.; *1935*, 54; *1939*, 77, 215 f.; *1947*, 88, 216; *1948*, 92, 217; *1949*, 96, 101, 218; *1950*, 98, 218; *1951*, 220; *1952*, 221; *1953*, 111 f.; *1954*, 125
Schweiz, National-Grand-Prix der: *1937*, 215; *1939*, 216
Scott-Brown, Archie: 115, 141 f., 153, 227 f.
Scotti, Piero: 127
Scuderia Ambrosiana: 63 f., 66 f., 69, 71, 74, 76, 87 ff., 91 ff., 98, 118
Scuderia Argentina: 98 f., 101
Scuderia Capredoni: 37
Scuderia Centro-Sud: 142, 144, 155, 157, 177 f., 188 f., 192, 195 f., 201, 204, 236
Scuderia El Salvador: 194
Scuderia Ferrari: 25, 28 f., 35 ff., 41, 43 ff., 50 ff., 54 f., 64, 67, 94, 115, 227 f.
Scuderia Felipe Pemetti: 210
Scuderia Guastalla: 144
Scuderia Milano: 35, 83, 85, 87 ff., 91 ff., 99, 101, 112
Scuderia Serenissima Repubblica di Venezia: 195, 201 ff., 207
Scuderia Siena: 43, 48
Scuderia Subalpina: 47, 49 ff.
Scuderia Sud-Americana: 188
Scuderia Torino: 54 f., 58, 65
Seaman, Richard: 47, 53, 55 f., 58 f., 66, 70
Sebring, 12-Stunden-Rennen von: *1953*, 114; *1954*, 127, 153; *1955*, 136; *1956*, 147; *1957*, 180; *1960*, 199; *1961*, 201; *1962*, 204
Segrave, Sir Henry de Hane: 160
Selassi, Kaiser Haile (von Abessinien): 54
Senigallia-Rennen: *1954*, 129
Serafini, Dorino: 89, 99
Settember, Tony: 196
Severi, Francesco: 64, 66 f., 71, 74
Sgorbati-Brüder: 129
Shaw, Wilbur: 65 f., 74, 78
Shawe-Taylor, Brian: 219
Shelby, Carroll: 78, 136, 147, 180, 192 f., 198 f.
Shelsley-Walsh-Bergrennen: *1933 September*, 39; *1934 Juni*, 44; *1934 September*, 48

Shuttleworth, Richard: 54
Sieff, Jonatan: 209, 212
Siena, Eugenio: 41, 43 f., 52, 65, 67, 69
Siffert, Jo: 208, 210
Sighinolfi, Sergio: 129
Simca-Gordini-Fahrzeuge: 89, 91, 94, 99, 217, 218
Simon, André: 99, 132 f., 144, 183, 207 f., 228
Simone, Colonel »Johnny« (französischer Maserati-Vertreter): 127, 206, 208
Sizilien, Gold-Cup-Rennen: *1953*, 115
Sizilien, Tour von: *1954*, 127 f.; *1955*, 136, 147
Snetterton: *Juni 1954*, 225; *März 1955*, 226; *Pfingstmontag 1955*, 226; *August 1955*, 227; *Juli 1956*, 228; *September 1959 (Silver City Trophy)*, 235
Snyder, J.: 75
Soffietti, Luigi: 48 ff., 69
Sommer, Raymond: 35 ff., 44 f., 54 f., 69, 71, 75, 84 f., 88 ff., 93, 96, 98 f., 215, 218
Spa, Sportwagen-Grand-Prix: *1955*, 136
Spanien, Grand Prix von: *1930*, 25; *1933*, 39; *1934*, 48; *1951*, 220; *1954*, 126, 223
Speluzzi, Ing. Mario: 87, 95 f., 101
Squadra Achille Varzi: 50, 95 f., 98
Stabilamenti Farina, Karosseriebauer: 74
Stacy, Alan: 197
Stanguellini-Fahrzeuge: 218, 232, 234
Stoffel, Henri: 25
Storez, Claude: 137
Straight, Michael: 49
Straight, Whitney: 34, 36 f., 39 f., 43, 45, 47 ff.
Straßburg, Grand Prix von: *1947*, 89
Stuck, Hans: 39, 45 ff., 70
Such Men are Dangerous (Film): 223
Südafrika, Grand Prix von: *1934*, 49; *1938*, 67; *1939*, 72; *1967*, 211
Sunbeam 2-Liter-Grand-Prix-Wagen: 160
Sunbeam-Talbot-Darracq-Gruppe: 22
Sunbeam Tiger 4-Liter-Wagen: 29
Supercortemaggiore, Sportwagen-Grand-Prix: *1953*, 114; *1954*, 128 f., 135; *1955*, 133, 137, 223; *1956*, 150 f.
Surtees, John: 210 f.
Susa-Moncenisio-Bergrennen: *1949*, 97
Symondson, Ronnie: 34
Syracus, Grand Prix von: *1952*, 106, 221; *1953*, 108; *1954*, 118; *1955*, 134 f., 227; *1956*, 142; *1957*, 155, 232

Tadini, Mario: 43, 49, 54 f., 64
Talbot-Fahrzeuge:
 allgemein: 20, 28, 69, 90, 105
 4,5-Liter-Zweisitzer F1: 80
 Monoplace: 85 f., 89

Talbot-Lago T26 F1: 89, 91, 93, 96 ff., 146, 217 ff.
Talbot-Lago Sport: 50
Talbot-Maserati Sport: 152, 183, 232
Tanner, Hans (Journalist und Rennmanager): 193 f., 196
Tanner, Reg (Esso Wettbewerbs-Manager): 224
Targa Florio: *1925*, 15; *1926*, 15; *1927*, 16; *1928*, 18; *1929*, 21; *1930*, 23; *1931*, 28; *1932*, 31; *1937*, 64; *1938*, 69; *1939*, 74; *1940*, 78; *1953*, 114; *1954*, 128; *1955*, 139, 140; *1956*, 150; *1960*, 199; *1961*, 202; *1962*, 204
Taruffi, Piero: 37 f., 41, 43, 67, 69, 72, 76, 96 f., 101, 114, 127 f., 136, 143, 147, 149 ff., 182, 200, 219 f.
Tauber, Henri: 32
Teagno, Edoardo: 64, 69
Tec-Mec F/415: 196 f.
Tenni, Omobono: 55, 58
Terni-Passo-della-Somma-Bergrennen: *1927*, 17
Thomas, Parry: 39
Thompson, Dick: 201, 204, 206
Thompson, New England, USA, Rennen: *1953*, 115
Thomson & Taylor: 38, 41
Thorne-Engineering-Special-Wagen: 75
Titterington, Desmond: 134, 227
Tojeiro-Bristol-Wagen: 114
Tolentino–Colle Paterno, Bergrennen: *1928*, 20
Tomasi, Carlos: 128 f., 147
Tongue, Reggie: 64 f., 72, 75 f., 84
Tonini, Carlo: 16 f.
Toscanini, Arturo: 28
Touring, Karosseriebauer (Carrozzeria Touring): 78
Tourist Trophy: *1931*, 29; *1954*, 129; *1955*, 138
Tozzi-Condivi, Mario: 209
Tracta, Wagen: 30
Trento–Monte Bondone, Bergrennen: *1927*, 17
Trintignant, Maurice: 118 f., 123, 126, 129, 132, 147, 160, 178, 189, 193, 202 f., 206, 208, 218, 225
Tripoli, Grand Prix von: *1927*, 16; *1929*, 20; *1930*, 24 f.; *1932*, 34; *1934*, 43 f.; *1935*, 52; *1936*, 55; *1938*, 68 f.; *1939*, 73 f.; *1940*, 78

Tripoli, Rennstrecke: *1937*, 64
Trips, Wolfgang von: 177, 182, 191, 199, 203
Triumph TR2: 186
Trois Villes, Rennstrecke: *1946*, 85
Trossi, Graf Felice: 38, 43, 45 f., 55 f., 58 f., 64 ff., 69 f., 85, 92, 216
Trossi-Monaco, Wagen: 55
Trucco, Vincenzo: 12
Tschechoslowakischer Grand Prix: *1931*, 29; *1932*, 33
Tuffanelli, B.: 27, 30 f., 54
Tunis, 6-Stunden-Sportwagenrennen: *1931*, 27
Tunis, Grand Prix von: *1931*, 27; *1932*, 30; *1933*, 36; *1935*, 52; *1936*, 55
Turin, Grand Prix von: *1946*, 85
Turin, Rennstrecke: *1937*, 64; *1947*, 90
Turin, *Voiturette*-Rennen: *1937*, 64
Turner-Air-Base-Rennen, Albany, Georgia: *1953*, 115

Uboldi, Luciano: 59, 66
Ugolini, »Nello«: 118, 129, 143, 180, 190, 194 f., 202, 230
Ulster Trophy, Dundrod: *1952*, 103; *1953*, 222
United States Grand Prix: *1959*, 196; *1966*, 210; *1967*, 212

Vaccarella, Nino: 199, 202, 204
Vagniez, André: 30, 37
Valentino-Grand-Prix: *1955*, 130
Valenzano, Piero: 114, 137
Vanderbilt-Cup-Rennen: *1936*, 56 f.; *1937*, 65 f.
Vandervell, Guy Anthony »Tony«: 125
Vanwall-Fahrzeuge: 132, 134, 142, 145, 154 ff., 178, 182, 188, 191, 226 f., 234
Vanwall *Special*: 125 f., 226
Varese, Rennstrecke: 1938, 69 f.; *1947*, 90
Vargas, Getulio (brasilianischer Diktator): 222
Varzi, Achille: 20 ff., 25 ff., 31, 36, 38 f., 43 ff., 49 ff., 66, 85, 87, 91 f., 216
Venables, David (Autor): 38, 59
Venezian, Bruno: 128
Venezuela, Grand Prix von: *1955*, 139, 147, 223; *1956*, 153; *1957*, 183
Verkade, Eric: 34

Vermicino-Rocca-di-Papa-Bergrennen *1927*, 17
Veyron, Pierre: 30 ff., 44, 53, 59
Vichy, Grand Prix von: *1934*, 45
Vignale, Karosseriebauer: 114, 214
Vila-Real-Sportwagenrennen: *1958*, 194
Villoresi, Emilio: 51, 59, 66, 70 f., 74, 76
Villoresi, Luigi: 51, 59, 63 ff., 69 ff., 74, 76, 78 f., 84 f., 87 f., 90 ff., 98 f., 104, 108, 111, 117, 120 ff., 125 f., 130, 132, 135, 139, 145, 152 f., 217 ff.
Vittorio-Consiglio-Bergrennen: *1927*, 16
Voiturette-Grand-Prix, Dieppe: *1908*, 11
Volonterio, Graf Ottorino: 159, 223
Volpi, Graf Giovanni: 195, 201
Volpini, Gianpaolo: 131

Wakefiled, »Johnny«: 63, 65 f., 68, 71, 74 ff., 84
Walker, Peter: 138, 227
Walker, RRC »Rob«: 188 f., 210, 227 f.
Walsh, Dick: 234 f.
Walters, Phil: 136
Wavell, General Archibald Percival: 78
Wharton, Ken: 123, 125, 151, 153, 222, 225
Wheeler-Miller, Special: 78
Whiteford, Dough: 146
Whitehead, Graham: 150
Whitehead, Peter: 66, 95, 130, 146, 229
White Mouse Stable: 224
Whitney Straight Ltd.: 40
Wilson, Norma: 69
Wimille, Jean-Pierre: 38, 52, 55, 57, 85, 89, 91 ff., 215 ff.
WRE-Maserati-Wagen: 196

Zagato, Karosseriebauer: 29, 34, 182 f.
Zandvoort, Grand Prix von: *1948*, 93; *1949*, 96, 218
Zandvoort-Sportwagenrennen: *1954*, 129
Zanelli, Juan: 25, 55
Zehender, Goffredo: 36 ff., 43 ff., 51 ff., 55, 58 ff., 152, 232 f.
Zu Leiningen, Prinz Herrmann: 47

Die Abbildung auf den folgenden Seiten zeigt Juan Manuel Fangio in einem »Leichtbau«-250 F beim Grand Prix von Italien in Monza am 8. September 1957, bei dem er Zweiter wurde.